창조적 중도개혁주의

증오와 적대 정치의 종식을 위하여

황태연

창조적 중도개혁주의

증오와 적대 정치의 종식을 위하여

초판	1쇄 2019년 10월 15일 (넥센미디어)
개정증보판	1쇄 인쇄 2024년 4월 11일
	1쇄 발행 2024년 4월 15일

지은이	황태연
펴낸이	김영훈
펴낸곳	생각굽기
출판등록	2018년 11월 30일 제 2018-000070호
주 소	(07993) 서울 양천구 목동로 230 103동 201호
전 화	02-2653-5387
팩 스	02-6455-5787
이메일	kbyh33@naver.com

ⓒ 2024, 황태연

* 책값은 뒤표지에 있습니다.
* 잘못된 책은 바꾸어 드립니다.
* 이 책의 내용은 저작권법의 보호를 받는 저작물이므로 무단 전제 및 복제를 금합니다.
* 이 책의 본문은 ㈜한글과컴퓨터의 '함초롬' 서체를 사용하였습니다.

ISBN 979-11-968168-8-9

창조적 중도개혁주의

증오와 적대 정치의 종식을 위하여

황태연 黃台淵

황태연黃台淵 교수는 서울대학교 외교학과를 졸업하고, 동同대학원 외교학과에서 「헤겔에 있어서의 전쟁의 개념」에 대한 논문으로 석사학위를 받았고, 1991년 독일 프랑크푸르트 암 마인의 요한 볼프강 괴테대학교에서 *Herrschaft und Arbeit im neueren technischen Wandel: Zum Verhältnis der neuen Technik bzw. der neuen Reproduktionsweise des Kapitals zu Herrschaft, Arbeit und Umwelt* (최근 기술변동 속의 지배와 노동: 신기술과 자본의 새로운 재생산방식의 지배·노동·환경에 대한 관계)에 관한 학위논문으로 박사학위를 받았다. 그는 1994년 동국대학교 정치외교학과 교수로 초빙되어 2022년까지 재직했다. 현재는 동국대학교 정치외교학과 명예교수로서 동국대 대학원과 학부에서 동서양 정치철학과 정치사상을 연구하며 가르치고 있다.

그는 근 반세기 동안 동서고금의 정치철학과 제諸학문을 폭넓게 학제적으로 탐구하면서 공자철학과 한국·중국근대사에 관한 광범하고 철저한 연구를 바탕으로 공자철학의 서천西遷을 통한 서구 계몽주의의 흥기와 서양 근대국가 및 근대화, 그리고 한국의 근현대역사와 한국정치의 발전에 관한 연구에 헌신해 왔다. 그는 반세기 동안 총 74권의 책(저서 45부작 62권+역서 12권)을 썼다.

그는 언론·정치 분야에서도 활동했다. 아주 젊은 시절 그는 한겨레신문 유럽 통신원(1989-1992)으로 활약했었고, '국민의 정부'에서 김대중대통령자문 정책기획위원회 위원(1998-2003)을 지냈다. 또 새천년민주당의 국가전략연구소 소장을 2회(2002-2004, 2006-2008) 역임했고, 조순형 대표시절 민주당에서 대표비서실장직도 잠시 맡았었다. 지금은 2024년 2월 3일 (가칭) 정치검찰해체당 창당준비위원장으로 선출되어 2024년 3월 6일 창당한 소나무당의 당대표 권한대행을 맡고 있다.

그는 오랜 세월 한국정치사상 연구와 대한민국의 국가전략·비전의 개발에 헌신했다. 한국정치철학 및 한국정치사상사 분야로는『지역패권의 나라』(1997),『사상체질과 리더십』(2003),『중도개혁주의 정치철학』(2008),『조선시대 공공성의 구조변동』(공저, 2016),『갑오왜란과 아관망명』(2017),『백성의 나라 대한제국』(2017),『갑진왜란과 국민전쟁』(2017),『한국근대화의 정치사상』(2018),『

대한민국 국호와 태극기의 유래』(2023), 『일제종족주의』(공저, 2023), 『사상체질, 사람과 세계가 보인다』(2023), 『한국 금속활자의 실크로드』(2022), 『책의 나라 조선의 출판혁명』(2023), 김대중 대통령 탄신 100주년 기념 저작 『사상가 김대중』(편저, 2024) 등 여러 저서가 있다.

또한 그는 동서고금의 정치철학을 폭넓게 탐구하면서 공자철학의 서천西遷을 통한 서구 계몽주의의 흥기와 미국의 건국 및 근대화에 관한 연구에도 매진했다. 공자철학 저서 또는 동서정치철학 연구서로는, 『실증주역(상·하)』(2008), 『공자와 세계(1-5)』(2011), 『공자의 인식론과 역학』(2018), 『공자철학과 서구 계몽주의의 기원(1-2)』(2019), 『근대 영국의 공자숭배와 모럴리스트들(상·하)』(2020·23), 『근대 프랑스의 공자열광과 계몽철학』(2020·23), 『근대 독일의 유교적 계몽주의』(2020·23), 『공자와 미국의 건국(상·하)』(2020·23), 『유교적 근대의 일반이론(상·하)』(2021·23), 『공자의 자유·평등철학과 사상초유의 민주공화국』(2021), 『공자의 충격과 서구 자유·평등사회의 탄생(1-3)』(2022), 『극동의 격몽과 서구 관용국가의 탄생』(2022), 『유교제국의 충격과 서구 근대국가의 탄생(1-3)』(2022) 등을 연달아 공간했다. 공자관련 저서는 15부작 전 29권이다. 해외로 번역된 공자저서로는 중국 인민일보 출판사가 이례적으로 『공자와 세계』 제2권의 대중보급판 『공자, 잠든 유럽을 깨우다』(2015)를 중역中譯·출판한 『孔夫子與歐洲思想啟蒙』(2020)이 있다.

서양정치 분야에서는 *Herrschaft und Arbeit im neueren technischen Wandel* (Peter Lang 출판사, 1992), 『환경정치학』(1992), 『지배와 이성』(1994), 『분권형 대통령제 연구』(공저, 2003), 『계몽의 기획』(2004), 『서양 근대정치사상사』(공저, 2007) 등 여러 저서를 출간했다. 그리고 2024년 9월경에는 『서양 경험론과 정치철학: 공자의 눈으로 고대에서 현대까지 경험론적 철학사상을 조감하다』가 나올 예정이다.

동서 학문을 융합·포괄하는 저서들로는 『감정과 공감의 해석학(1-2)』(2014-2015), 『패치워크문명의 이론』(2016), 『놀이하는 인간』(2023) 등을 공간했고, 2024년에는 『도덕의 일반이론(상·하)』(2024. 1. 6.)을 출간했다. 2024년에 나올 저서들은 이 책 『창조적 중도개혁주의』와 『정의국가에서 인의국가로(상·하)』, 『예술과 자연의 미학』 등이다.

5년 전부터 대학원 강의를 그대로 송출하는 유튜브 "황태연아카데미아"를 통해 위 저서들과 관련된 강의를 시청할 수 있다.

- 편집부 -

책머리에

중도개혁주의로 증오와 적대 정치를 끝장내자

"전쟁은 다른 수단(무기)에 의한 정치의 연속이다"는 독일의 19세기 전쟁이론가 칼 클라우제비츠(Carl Clausewitz, 1780-1831)의 명제는 유명하다. 그러나 미셸 푸코(Michel Foucault, 1926-1984)는 이 명제를 "정치는 다른 수단에 의한 전쟁의 연속이다"로 뒤집었다. 그는 이 뒤집힌 명제를 정당화하기 위해 홉스의 "만인의 만인에 대한 전쟁", 헤겔의 전쟁 같은 변증법, "지금까지 사회의 역사는 계급투쟁의 역사다"는 마르크스의 계급투쟁 테제 등을 들이댔다. 여기에 "정치의 본질은 권력투쟁이다"는 막스 베버의 정치개념도 보탤 수 있을 것이다. 푸코의 뒤집은 정치 명제는 국경 밖에서 벌어지던 전쟁이 국경 안으로 들어와 정치를 전쟁 같은 '투쟁'으로 변화시킨 20세기 정치양상을 개념화한 것이다.

이것이 바로 막스 셸러(Max Scheler, 1874-1928)가 지적한 서양사회와 서양철학에 만연된 이른바 '투쟁유일주의(*Kampfsingularismus*)'다. 이는 사회의 모든 유의미한 변화와 발전의 동력을 전적으로 '투쟁'으로 환원시키는 관점이다. 마르크스의 계급투쟁·계급전쟁론을 이 투쟁유일주의의 견지에서 일반화하면 경제사회의 변화발전의 유일한 동력은 계급투쟁이고, 정치는 이 경제사회적 계급투쟁의 반영상으로서 '정치적 계급전쟁(political class warfare)'에 지나지 않을 뿐이다. 정치의 고유한 영역과 고유한 동력이 없다는 말이다. 그러나 혁명적 계급투쟁과 민족해방전쟁이 전 세계를 달구던 19-20세기에도 "만국의 프롤레타리아여, 단결하라"는 계급 간 연대, 민족적 대동단결(동포애), 인류애에 대한 외침에서 보듯이 '투쟁'과 정반대되는 요소인 '연대·단결·사랑'은 강고한 계급투쟁과 민족해방투쟁을 위해서라도 필수적이었다. 따라서 계급혁명과 민족혁명의 정치시대에도 푸코가 놓친 '연대·단결·사랑의 정치'가 엄존했다.

첨단산업기술의 계속적 투입 속에서 계급구조가 해체되고 기존 양대 계급이 분해를 겪으면서 가령 '골드칼라 노동자'의 소득이 중소자본가를 능가하고 세계시장에서 노는 몇몇 글로벌 슈퍼리치들이 지배하는 탈脫국가화된 21세기 탈산업사회에서는 그러한 계급투쟁과 계급적대마저도 경제사회 차원에서 거의 사라졌다. 이에 따라 복지개혁·연금개혁·국방 등의 정책들이 정당들 간에 수렴하고 있다. 따라서 경제에서든, 정치에서든 '계급투쟁'을 입에 담을 수 없는 시대가 되었다.

그러나 몇몇 주요 선진국가에서 정치는 진영 간 적대감과 증오심이 오히려 고조되어 특정정당 지지자들의 적대적 테러, 총기난동과 증오살인, 도시를 파괴·방화하는 폭력시위, 미국 연방정부의 21회 셧다운(shutdown) 등 전투적 적대행위로 더 첨예화되고 더 험악해지고 있다. 가령 2005년 3월 5일 한국에서 한 극좌 괴한은 마크 리퍼트 주한 미국대사를 과도로 습격해 중상을 입혔고, 2006년 5월 20일 괴한은 박근혜 대표를 커터 칼로 습격해 심각한 자상刺傷을 입혔고, 2022년 3월 7일에는 어떤 괴한이 대선유세 중의 송영길 민주당대표를 둔기로 타격해 중상을 입혔고, 2023년 9월 14일 한 민주당 여성지지자는 쪽가위로 난동을 부려 경찰 3명에게 심한 부상을 입혔고, 2024년 1월 2일 한 편향적 극우파는 이재명 대표를 예도銳刀로 살해를 기도했고, 2021년 1월 6일 트럼프 지지세력들은 미국 의사당에 무장난입해서 의회관리 4명을 쏘아 죽였고, 2023년 4-5월 파리 시민들은 연금연령을 2년 연기하는 연금개혁에 반대하는 시위를 벌여 파리 도심을 초토화시켰다. 이 전쟁 같은 살인적 증오·적대 정치는 경제사회적 계급갈등에 기인한 것이 아니다. 영국·독일·오스트리아·덴마크·네덜란드·스웨덴·노르웨이·스위스·호주·캐나다에서는 이런 전투적 적대 정치를 찾아볼 수 없기 때문이다.

한마디로, 미국·프랑스·한국 등지에서만 나타나는 이런 '살인적 증오·적대 정치'의 원인과 이유는 사회경제적 계급갈등에 기인하지 않는다. 그 원인과 이유는 이 나라들에만 '강력하게' 잔존하는 좌우 이념대결의 잔재와 승자독식의 선거제도다. 승자독식은 대통령제와 소선거구제를 결합한 정치제도를 운영하는 나라에서 극화極化된다. 기타 유럽제국諸國과 일본은 대통령제와 소선거구제를 둘 다 채택하지 않았거나 둘 중 하나를 채택하지 않은 나라다. 프랑스는 미국식 대통령제가 아니라 분권형 대통령제이지만 좌우 동거정부를 배제하기 위해 대선시기와 총선시기를 일치시켜 동거정부의 가능성을 봉쇄한 '어리석은' 선거법 개정으로 대통령선거에서 승리한 정당이 매번 소선구제 총선에서 압승하도록 만들었기 때문에 분권형 대통령제가 미국식 대통령제처럼 운영되는 통에 그 매력을 잃고 말았다. (오스트리아·핀란드 등 분권형 대통령제 국가에서는 좌우 동거정부가 일상적이고, 이 덕에 이 나라들의 정치는 매우 평온하다.)

이런 까닭에 패자부활을 허용치 않는 승자독식과 패자전실敗者全失 추세가 미국처럼 증폭된다. 그리하여 정당과 지지자들은 선거에 패배하면 증오심과 적개심에 싸여 자기편 이야기만 반복 청취함으로써 확증편향에 빠져 '진영화'하고, 패배감에 몸 둘 바를 모를 정도로 격한 울분과 복수심에 휩싸여 반대정당을 향해 격렬한 유혈난동을 부리기 일쑤다. 증오·적대 정치의 이 선거제도적 '원인'은 총선제도를 중대선거구제로 바꾸고 대통령제 헌법을 분권형으로 개헌해서 승자독식 구조를 해체시킴으로써만 제거할 수 있다.

한국·미국·프랑스에서 정치의 '진영화'와 전투적 적대 정치의 다른 원인은 낡은 좌우 이념의 '강력한' 잔존과 대결, 즉 뉴라이트와 좌익복고주의 간의 이념투쟁이다. 이것은 낡은 좌우 양극의 이념적 정치노선을 융합·초월하는 새로운 정치노선을 개발·투입함으로써만 극복할 수 있다. 한마디로, '창조적 중도개혁주의' 노선의 승리와 관철을 통해서만 극복할 수 있다.

미국은 창조적 중도개혁주의를 내건 클린턴·오바마·바이든 민주당 대통령의 계속적 출현, 그리고 트럼프 공화당 대통령의 일부 중도개혁 정책 채택과 집행 (근로소득세와 법인세의 동시 감세) 등으로 좌우 이념대결의 잔재가 많이 희석되어 가고 있다. 그리고 반중反中정책, 경제적 자국우선주의(보호주의) 정책 등 대외정책에서도 미국의 민주·공화 양당은 대동소이하다. 좌우 정책노선의 수렴현상은 미국·영국·독일에서 공히 확인된다. 미국 공화당 트럼프와 영국 보수당 테레사 메이·보리스 존슨은 '좌향좌'하여 클린턴과 블레어의 중도개혁 노선을 수용했다. 트럼프와 메이·존슨은 대처·레이건의 신자유주의(작은 정부, 시장방임, 자유무역, 세계화)를 폐하고, 기업의 사회적 책임, 법인세와 소득세의 동시 감세, 자국기업 보호주의를 채택했다. 독일 기민련의 메르켈도 2018년 블레어-슈뢰더의 법인세·소득세 동시 감세 노선을 수용했다. 또 트럼프는 FTA를 파기, 보호주의로 선회하고, '작은 정부' 정책과 긴축재정 정책을 버리고 사회보장지출을 유지하고, 클린턴과 오바마의 동시 감세 노선을 수용했다. 단, 트럼프는 동시 감세 정책을 비틀어 집행했는데 법인세를 35%에서 21%로 인하함과 동시에 부자 소득세율(35%)을 중산층 세율(37%)보다 2%나 낮게 차별적으로 인하했다. 나아가 메이와 존슨은 (한국 보수진영이 결사 반대하는) '노동이사제'를 도입하고, CEO 보수報酬의 인상을 제한하고, 외자의 적대적 M&A에 맞서 자국기업 보호주의를 채택하고, 브렉시트(Brexit)를 주도했다. 그리하여 미국공화당 싱크탱크 AEI(미국기업연구소)는 이를 총괄하기를, "트럼프 시절에 공화당의 신자유주의 노선은 완전히 무너지고 말았고", 영국·미국·독일 보수당의 노선은 모두 다 구미 진보정당의 중도개혁 노선으로 수렴되어 '중도화'되었다는 평가를 내놓았다.(중앙선데이. 2016. 7. 24일자 AEI 보고서 요약기사) 동시에 21세기 초까지 설치던 구舊좌익세력도 현재 미국에서 거의 완전히 자취를 감추었다. 따라서 미국의 전투적 적대 정치는 이념적 노선대결과 무관하고 순전히 대통령제와 소선거구제의 결합에 따른 극한적 승자독식 정치에 기인하는 것이다. 미국은 우드로 윌슨(Thomas Woodrow Wilson)이 주장한 분권형 대통령제 개헌과 중대선거구제 개혁이 없으면 영구히 전쟁 같은 극한의 살인적 증오 정치·적대 정치를 계속할 것이다.

그러나 한국의 살인적·전투적 적대 정치의 원인과 이유는 대통령제와 선거제도로 인한 극적 승자독식 외에 좌우 이념대결의 '강력한' 잔존에 있다. 좌우 이념대결의 강력한 잔존의 원인은 외부적 요인과 내부적 요인이 있다.

첫째 외적 원인은 북한의 갈수록 극렬화되는 대남對南도발·위협이고, 둘째 외적 원인은 일본의 일제화日帝化·재무장 속에서의 신新친일파의 준동(보수당의 친일화)이다. 셋째 내적 요인은 정부와 정당들의 고색창연한 계급편향적 정책이다.

첫째 외적 '원인'은 극우편향적 정부·여당이 강력한 반북정책을 추진하면서 극우·보수세력이 북한에 대해 교류협력을 추구하는 중도적 진보세력들을 '친북좌익'으로 몰 수 있는 '이유'로 활용되고, 둘째 외적 '원인'은 중도·진보세력이 징용·위안부피해자 문제·독도·친일막말 도발 등을 문제삼으며 반일의 기치를 새로이 높이 들고 극우·보수세력을 '친일매국'으로 비판하는 '이유'로 전화轉化된다. 셋째 내적 원인은 보수세력과 진보세력이 서로를 '좌경'과 '반동'으로 비난한다. 문재인 정부는 비서실장을 비롯한 청와대 관리들을 대거 '주사파 학생운동출신들'로 채워 보수세력을 경악케 하고 공급 측면을 도외시하고 수요 측면을 유일시하는 소위 '소득주도성장' 정책을 거의 임기 말까지 밀어붙여 경제를 망쳤다. 그러나 반대로 윤석열 정부는 복지예산을 삭감하고 노조를 적대하는 식으로 수요 측면을 위축시키며 법인세를 감세하는 등 대기업 위주의 극우반동 정책만을 추구하고, 주사파의 청와대 장악에 놀란 극우·보수세력은 주사파운동권출신 정치세력이 이미 종북성을 탈피했고 모든 운동권이 NL주사파가 아니었음에도 민주화에 역사적 공을 세운 운동권 일반의 타도를 정치목표로 부르짖는다. 노무현·문재인 정부의 구태의연하고 경악스런 복고적 좌편향과 이명박·박근혜·윤석열 정부의 뉴라이트적·반동적 우편향은 한국정치를 전투적 적대 정치로 만드는 근본 원인 중 하나다.

이런 유형의 구태의연한 좌우 이념대결 정치는 (중도개혁주의 정책을 공유하게 된) 미국과 (중도개혁정책으로 마크롱이 승리한) 프랑스에서도 해소되었다. 한국에서 전투적 적대 정치는 패자부활의 길을 열어주는 분권형 대통령제 개헌과 중대선거구제 개혁과 더불어 이념적 노선대결 정치의 청산을 통해서만 해소될 수 있다. 이 가운데 이념대결 정치의 청산은 오직 미국·영국·프랑스·독일에 일반화된 창조적 중도개혁주의 노선의 채택을 통해서만 극복할 수 있다.

중도개혁주의는 좌·우파로부터 좋은 정책요소들을 취사선택해 좌우를 초월하는 높은 차원으로 끌어올려 새로이 종합하는 창조적 방식의 중도적 정책을 개발하고, 이 창조적 중도정책으로 '복지국가'와 그 이념을 수정·혁신하고 이를 뛰어넘어 새로운 '사회보장국가'를 건설하려는 중도적 개혁노선이다. 따라서 '중도적 진보(centrist progress)'가 바로 창조적 중도개혁주의이고, 창조적 중도개혁주의가 곧 '중도적 진보'다. 이런 견지에서 중도개혁주의는 낡은 '복지국가' 이념에 목매는 구舊좌파의 옛 사회주의 노선과, 기존의 복지국가를 해체하고 글로벌 거대자본들을 자유의 이름으로 비호하려는 신新우파(New Right)의 경제적 신新자유주의(neo-liberalism)와 정치·군사적 신新보수주의(neo-conservatism) 노선을 둘 다 거부한다.

'중도개혁주의'는 필자가 클린턴의 핵심참모 앨 프롬(Al From)이 사용한 '*Reform-Minded Centrism*(개혁지향의 중도주의)'을 의역意譯한 용어다. 2000년 1월 새천년민주당 강령의 기초를 위탁받은 필자는 '중도개혁주의'를 새천년민주당의 제1강령으로 제시해 DJ의 재가를 받았다. 그리하여 한국에서 '중도개혁주의'는 2000년 새천년민주당의 당노선으로 첫선을 보였다.

'중도적 진보'를 뜻하는 DJ와 필자의 '중도개혁주의'는 미국대통령 클린턴이 '진보적 중도주의(Progressive Centrism)'라 부르고, 오바마는 '대담한 중도(Audacious Center)'라 부르고, 영국총리 블레어는 '급진적 중도(Radical Centre)' 또는 '제3의 길(The Third Way)'이라 부르고, 독일총리 슈뢰더는 '새로운 중도(Die Neue Mitte)'라 불렀다. 프랑스대통령 마크롱의 노선은 정치평론가들이 이구동성으로 '극중極中(L'extrême-centre)'이라 부른다. 애당초 중도개혁주의 또는 '제3의 길'은 빌 클린턴과 앨 프롬이 공동으로 창안한 미국민주당의 새 정치노선이었다. 이 정치노선은 클린턴의 집권과 동시에 서유럽의 주요국가로 확산되면서 모든 구舊좌파정당들을 중도화시키고, 영국노동당·독일사민당·이탈리아좌익민주당 등 모든 중도좌파정당의 연속집권과 마크롱의 대선승리를 가져왔다.

  중도개혁주의는 각국의 진보정당의 전통과 형편에 따라 저렇게 다양한 이름으로 불리더라도 새로운 첨단기술에 따른 노동·사회구조의 격변 속에서 급증하고 다양화하는 새로운 지식노동자 대중인 '신新중산층'(화이트칼라·골드칼라 대중)의 혁신적 가치관을 중심으로 국가와 사회를 다시 개혁·개편하려는 정치이데올로기라는 점에서는 유사하다. 신중산층은 정보기술(IT)과 5·6G 첨단기술(AI·가상현실·자율주행·사물인터넷)·3D프린터·드론·바이오헬스·2차-3차(베타)전지 기술에 기초한 제3·4차 산업혁명과 더불어 지금 급성장 중에 있다. 3·4차 산업혁명 속에서 한국의 '미래 먹거리'는 반도체에 더해 특히 '바2미'(바이오헬스·2-3차전지·미래차)에 있다. 한국의 신중산층은 반도체와 더불어 '미래의 주식主食'이 될 이 '바2미'와 더불어 급성장할 것이다.
  오늘날 '신중산층'은 욕망충족으로 잠시 '쾌락'을 느끼게 해주는 '물질적 가치'만을 추구하지 않는다. 신중산층은 일찍이 이것을 넘어 봉사·나눔·사랑·연대·어울림·덕행에서 느껴지는 '행복(wellbeing or happiness)'을 중심으로 한 '비非물질적·정신적 가치'도 추구한다. '쾌락'은 개인적 자아가 물적 '대상'이나 사태·상황을 통해 욕구(식욕·물욕·성욕·진리욕·호기심·만남욕구 등)를 충족시킬 때 잠시 일어나는 '기쁨(pleasure, 喜·悅)'일 뿐이다. 따라서 '기쁨'은 공감이 배제된 '단순감정(simple emotion)'으로서 욕망충족의 '유아적唯我的' 만족감에 불과하기에 무상無常한 것이다.

반면, '행복'은 복수적 사람끼리 느끼는 기쁨·재미·예술미·일체감과 도덕적 뿌듯함에 대한 '공감'에서 생겨나는 '공감감정(empathetic emotion)'으로서의 '즐거움(enjoyment, 樂)'이다. '즐거움'은 ㉮ 노동·음식·재물을 베풀고 나눔으로써 욕구충족의 기쁨을 같이하는 자아들끼리 공감적으로 공유하는 것, ㉯ 사회적 유희행위의 재미를 어울리는 자아들끼리 공감하는 것, ㉰ 노래·작품·공연·연기의 예술미를 공연자와 관중이 서로 나누며 공감하는 것, ㉱ 자기의 덕행에 대한 도덕적 자찬감自讚感으로서의 뿌듯함을 느끼거나 자기의 덕행에 공감하는 사람으로부터 칭찬을 받는 것, ㉲ 서로어울림과 사랑의 일체감을 공감하는 것 등에서 나온다.

유아적 '단순감정'으로서의 '기쁨'(쾌락)은 무상하고 덧없는 반면, 자아들끼리의 공감에서 일어나는 '공감감정'으로서의 '즐거움'(행복감)은 공감하는 자아들의 마음속에 반향反響으로 오래 남는다. 즐거움이 '마음속에 반향으로 오래 남는' 현상은 시공과 세대를 초월한 공감 속에서 '무한반향'으로 뻗칠 수도 있다. 가령 예술작품과 도덕적 선행(덕행)에 대한 찬양 또는 미담美談의 공감적 '무한반향'은 '예술작품의 미학적 공감'과 '덕행의 도덕적 공감' 속에서 생기는 즐거움이 시공을 초월해 광범하게 확산되고 오래도록 공감되는 현상을 말하는 것이다. 가령 『시경

詩經』·『일리아드와 오디세이』의 예술미, 부처·공자·예수의 언행의 도덕적 거룩함, 세종대왕·이순신·김구·프랭클린·제퍼슨·링컨·처칠 등의 위대한 공덕은 국민적·인류보편적 행복감 또는 즐거움의 원천으로서 공감적 무한반향을 일으키며 반≄영구적으로 회자되고 있다.

이런 까닭에 우리는 의식적·무의식적으로 늘 '기쁨'과 '즐거움'을 준별하고, 이 중 '기쁨'을 '덧없는 것'으로 여겨 하시下視하고, '즐거움'을 '인생의 낙樂'으로 여겨 높이 쳐왔다. 제아무리 '기쁨'을 '즐거움'과 혼동하고 '기쁨'만을 찬송하는 기독교인들이라도 무의식적으로는 '기쁨'과 '즐거움'을 아주 잘 준별해 사용한다. 광화문에서 태극기와 함께 성조기와 일장기까지 겹쳐 들고 설치는 '극우집단'도 "친구와 즐겁게 놀았느냐?"라고 말하지, "친구와 기쁘게 놀았느냐?"라고 말하지는 않을 것이기 때문이다.

물론 '행복'이란 궁극적으로 각자의 '마음(心)'에 달려 있기 때문에 국가는 국민에게 행복감을 주입할 수 없다. 그러나 국가는 국민의 행복추구를 가로막거나 파괴하는 각종 방해·장애물과 고충, 그리고 투쟁과 적대관계를 해소해 줄 수 있다. 행복감으로서의 공감적 '즐거움'은 적빈·질병·고충과 극한적 적대 정치(이에 따른 상호살상과 스트레스)에 의해 쉽사리 망가지거나 방해받는다. 국가는 국민의 물적 복지와 고용안정을 강화하고, 노동·생활환경을 개선하고, 국민고충을 해결하고, 의료서비스와 보건증진체계를 확충하고, 정쟁을 줄이는 협치·국민화합·평화증진을 통해 심신살상과 투쟁스트레스를 방지하고 해소함으로써 국민 개개인의 심적 행복감의 무한반향을 보호하고 촉진할 수 있다.

창조적 중도개혁주의도 하나의 '이데올로기'다. 하지만 중도개혁주의는 이전의 좌우이데올로기와 다르다.

첫째 차이점은 전통적 이데올로기들이 좌우편향의 정책을 '교조敎條'로 사수하며 좌우간의 양자택일을 위해 사생결단의 패싸움을 벌이며 적敵을 산출·설정하는 이념적 '경직성'을 특징으로 하는 반면, 중도개혁주의는 실사구시實事求是의 정신에 따라 좌우정책들을 가리지 않고 국리민복國利民福에 이로우면 가져다 쓰고 시행 중의 정책이라도 민복에 해로우면 언제든 수정하는 영구수정주의(permanent revisionism)의 '이념적 유연성'을 좌우명으로 삼는다. 이런 관점에서 중도개혁주의는 모든 교조주의를 배격한다.

둘째 차이점은 기존의 좌우이데올로기가 물질적 복지의 교조에 고착된 '복지국가'를 이상국가로 삼는 반면, 중도개혁주의는 20세기 '복지국가'를 넘어서는, 즉 워라밸과 기본소득의 보장, 그리고 적대적 투쟁과 증오 정치의 추방을 통한 동포애적 국민화합의 증진을 추구하는 새로운 복지국가를 추구한다. 이 '신新복지국가'는 물적 '복지를 넘어 노동시간 단축(워라밸), 기본소득, 노후 생활보장, 국민화합과 동포애를 중시한다.

1992년 이래 '중도개혁주의' 또는 '중도적 진보주의'는 '소련' 해체 이후 정치적 궁지에 처해 있던 서구제국의 진보정당들이 이념적 탈출구로서 창안하고 대변했고, 또 많은 진보적 정치인들이 이 노선 덕택에 권력을 잡았고, 뉴라이트로 일탈하던 보수정당들을 많이 '중도화'시켰다. 클린턴, 오바마, 블레어, 슈뢰더, 마크롱, 바이든 등이 이 중도개혁주의로 정권을 잡았다. 한국에서는 DJ가 당시 '우클릭'이라 불린 '중도화' 노선으로 50년 만의 수평적 정권교체를 이룩했다. 이어서 그는 새로 채택한 '중도개혁주의' 강령으로 글로벌 시장개방과 동시에 '금모으기 운동', '벤처산업' 열풍 등의 자발적 국민 참여로 1년 만에 경제를 일으켜 IMF구조 금융을 역사상 최단기간(3년 반)에 상환하고 IT강국을 건설함으로써 '민주주의와 시장경제·생산적복지의 병행발전'의 구호를 실제로 구현하고 온갖 반대와 난관을 뚫고 기존의 '의료보험제도'를 초월적으로 뛰어넘는 세계최첨단 수준의 포괄적 '국민건강보험' 제도와 '100% 의약분업' 체계를 확립했다. 또 "지원하나 간섭하지 않는다"는 중도적 문화정책으로 문화산업을 기간산업으로 육성하여 세계를 휩쓰는 '한류'를 일으켰다.

 그간 혁혁한 위업과 개혁성과 면에서 중도개혁주의는 이렇듯 국내외적으로 이미 유서 깊은 정치노선으로 확립되었다. 진보적 중도세력은 단순히 오랫동안 권력을 누리기 위해서가 아니라, 우리 국민을 위해 '신新복지국가로 가는 길'을 타개해야 한다. '신복지국가'는 노동과 가족에 근거한 낡은 물질적 복지국가가 아니라, IT·AI 산업혁명과 더불어 사라지는 노동과 해체되는 가족의 범주를 초월하여 국민의 기본소득, 비물질적·정신적 복지, 주週 3-4일 여가시간 등을 보장하는 신형 복지국가를 말한다. 세계역사상 초유로 신복지국가를 건설하기 위해서는 향후 권력을 잡더라도 최소 8년 이상의 시간이 필요하다. 기본소득제도를 확립하고 제왕적 대통령제 헌법을 분권형으로 고치고 소선구제 선거법을 개정하고 살인적·전투적 정치투쟁(증오 정치와 적대 정치)을 청산하고 국민화합을 정착시켜 신복지국가를 사상초유로 건설하는 일은 4-5년의 단기 집권으로는 불가능하기 때문이다. 그리고 진영 간 적대적·당파적 이해관계에서 극한정쟁을 일삼는 구舊좌우세력과 극우세력이 '신新복지국가' 건설을 집요하게 방해할 것이기 때문이다.

 주지하다시피, 전쟁이든 정쟁이든, 모든 극한투쟁과 전투적 적대·증오 정치는 인간의 몸과 마음을 손상시켜 즐거움과 행복을 파괴한다. 그간 시대착오적 보혁대결의 전투적 격돌 정치와 살인적 극한 정쟁은 우리의 판단력을 마비시키고 국민을 괴롭고 불행하게 만들었다. '창조적 중도개혁주의'는 이 전투적 증오·적대 정치를 끝장내고 '함께 잘 사는 일류국가', '선도적 신복지국가'로 나아가게 할 수 있다. 시끄러운 극소수의 극좌·극우세력이 나라를 '들었다 놓았다' 할 정도로 요란하게 극한 정쟁을 벌이는 살인적 보혁대결 구도를 부수고 여야가 평화공존하는 정치구도를 만들어내야만 신복지국가를 건설할 수 있을 것이다. 이런 의미에서 '창조적 중도개혁주의'를 통한 진영 간 전투적 적대 정치와 살인적 증오 정치의 극복은 국민화합으로 가는 길이자, 신복지국가로 가는 길이다.

  전투적·살인적 적대 정치를 청산한 국민화합적·동포애적 신복지국가를 꿈꾸는 모든 시민들과 정치세력들이 이 책을 일독하고 새로운 정치를 구상·실행할 수 있기를 간곡히 청한다.

서울 송파구 바람들이 토성土城에서
2024년 4월 어느 날

황태연 지識

차례

C·O·N·T·E·N·T·S

■ 책머리에 _ 중도개혁주의로 증오와 적대 정치를 끝장내자 · 7

제1부 창조적 중도개혁주의의 철학과 비전

제1장 _ 미국 민주당의 중도개혁주의의 기원과 현황 · 29
- 미국 민주당과 중도개혁주의의 창안 · 31
- 민주당리더십회의(DLC)의 출현과 소멸 · 33
- 빌 클린턴의 '제3의 길' 또는 중도개혁주의의 핵심원칙 · 37
- 앨 고어의 좌익복고주의와 대선패배 · 47
- 버락 오바마의 '담대한 중도주의' · 48
- 조 바이든의 중도주의적 정책수정 · 53

제2장 _ 서구 진보정당들의 중도개혁주의와 현황 · 57
- 미국 중도개혁주의의 국제적 확산 · 57
- 미국 민주당의 '경제성장·기회·중산층'의 삼각 논리의 견지 · 59
- 공자의 중용정치의 복권: 중도정치와 구舊좌우익의 비교 · 62
- 에마뉘엘 마크롱의 극중極中노선과 2017년 프랑스 대선 승리 · 64

창조적 중도개혁주의
증오와 적대 정치의 종식을 위하여

제3장 _ 한국의 중도정당 전통과 '중도개혁주의' · 81
- 김구와 임시정부의 중도주의 · 81
- 임시정부를 계승한 1955년 민주당의 중도노선 · 89
- 김대중의 창조적 중도개혁주의 · 99
- 참여정부와 열린우리당의 좌편향에 대한 DJ의 비판 · 122
- 노무현의 '진보적 실용주의'와 중도개혁주의의 파괴 · 130
- 문재인의 좌편향과 중도개혁주의의 종식 · 143

제4장 _ 사회중심대중의 중용적 세계관과 중도개혁의 세계사 · 153
- 18-19세기 진보적 중도세력으로서의 신흥부르주아지 · 153
- 20세기 중도세력으로서의 숙련노동자와 사회민주주의자들 · 155
- 21세기 중도세력: 화이트칼라 신중산층과 중도개혁주의자들 · 157

제5장 _ 한국 중도개혁주의의 정치철학과 10대 정책노선 · 163
- (1) 중산층과 서민의 꿈을 실현하는 중도주의와 개혁주의 · 163
- (2) 영구수정주의 · 165
- (3) 강력한 중도연합의 창설과 중도적 국민통합 정치 · 165
- (4) 정치적·시민적 자유주의와 질서자유주의적 시장경제 노선 · 166
- (5) 수요와 공급, 소득과 투자의 동시 중시 정책과 중산층 강화 · 167
- (6) 소극적·물질적 사후복지 대신 물심양면의 적극적 복지 · 171

차례 C·O·N·T·E·N·T·S

(7) 효율적·능동적·활동가적 정부 • 175
(8) 세계주의 외교와 저항적 민족주의의 동치추구 • 177
(9) 평화민족주의와 통일민족주의 노선의 대북정책 • 179
(10) 성찰적·공리적公理的 보수주의 • 180

제6장 _ 한국의 국가비전과 국가전략: 프런티어국가로서의 반도강국 · 183
- 아시아중심 태평양시대와 프런티어국가 • 183
- 프런티어 강국의 개념 • 185
- 반도세력과 반도강국의 지정학적 개념 • 186
- 프런티어·반도강국의 국가비전 • 188
- 연미聯美·선린善隣외교의 중도적 견지 • 190
- 중도적 연미·선린의 세 가지 원칙 • 202
- 중도개혁주의와 국민통합 • 204
- 신新복지정책으로 국민행복을 보장할 현명한 중도적 지도자 • 205

제2부 부록: 세계 중도개혁주의 국역자료

01 _ 미국 민주당 문서 • 213
❶ 클린턴의 「민주당리더십회의 클리블랜드 총회에서의 기조연설」
(1991) • 213

창조적 중도개혁주의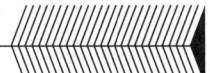
증오와 적대 정치의 종식을 위하여

❷ 「1992년 민주당 선거강령」• 224
❸ 「1993년 클린턴 대통령 취임사」• 257
❹ 「새 진보선언: 정보시대를 위한 정치철학」(1996.7.10.)
  – 미국 민주당리더십회의(DLC)와 진보정책연구소(PPI) • 263
❺ 「제3의 길」(2000)– 민주당리더십회의 • 268
❻ 「문제는 가치와 경제야!」(2001)– 앨 프롬 • 269
❼ 「올바른 싸움」(2004)– 앨 프롬과 브루스 리드 • 273
❽ 「미국 민주당은 무엇을 하려는가:
   미국인들은 민주당의 신념을 알지 못한다. 그들에게 말해야
   할 때다」(2005)– 앨 프롬과 브루스 리드 • 282

02 _ 영국 노동당 문서 · 293

❶ 「신新 노동당, 새로운 영국:
   토니 블레어의 새로운 노동당 비전」(1994) • 293
❷ 1997년 노동당선거강령: 「새로운 노동당, 영국은 더 좋아질 수 있기
   때문에 영국은 새로운 노동당과 함께 더 좋아질 것이다」• 318
❸ 토니 블레어, 「새로운 영국」(1998) • 385

03 _ 국제 문서 · 389

❶ 「블레어–슈뢰더 선언: 유럽의 '제3의 길'」(1999.6.8.) • 389

C·O·N·T·E·N·T·S

❷「파리선언」(1999.11.8-10.) - 사회주의 인터내셔널 • 407

04 _ 마크롱의 대선 전략에 대한 분석 기사 · 425

　❶「마크롱 기적을 푸는 열쇠」(2017.6.17.)- 조나던 펜비 • 425
　❷「미국을 다시 제정신 들게 만들 마크롱 압승의 교훈」
　　(2017.12.6.)- 크리스토퍼 디키 • 431

제3부　세계 중도개혁주의 영문자료

1. Materials of The Democratic Party of USA • 441

　1) Keynote Address of Gov. Bill Clinton to the DLC's Cleveland Convention(1991) • 441
　2) A Vision for America: A New Covenant(Bill Clinton) • 451
　3) 1992 Democratic Party Platform • 466
　4) Inaugural Addresses of the Presidents of the United States • 494
　5) The New Progressive Declaration: A Political Philosophy for the Information Age(DLC/PPI; Democratic Leadership Council/ Progressive Policy Institute) • 502
　6) Al From's Remarks at the 1996 Annual Policy Forum and Gala(Al From) • 507
　7) Understanding the Third Way • 512
　8) The Second Wave of Innovation(Will Marshall) • 516

창조적 중도개혁주의
증오와 적대 정치의 종식을 위하여

   9) It's Values And The Economy(Al From) • 525
   10) Revitalizing the Party of Ideas(Will Marshall) • 528
   11) The Third Way(DLC) • 538
   12) The Right Fight(Al From and Bruce Reed) • 539
   13) What We Stand For(Al From and Bruce Reed) • 546
   14) Waking the Dems(Al From) • 554
   15) Democrats Must Adopt a Centrist Course(Al From) • 564

2. UK Labour Party's Documents • 569
   1) Tony Blair's New Labour Vision – 1994: New Labour, New Britain • 569
   2) New Labour, because Britain deserves better, Britain will be better with new Labour • 593
   3) The New Britain(Tony Blair) • 655

3. International Documents • 659
   1) Tony Blair and Schroeder Manifesto – Europe: 'The Third Way' • 659
   2) Declaration of Paris: The Challenges of Globalisation • 675

4. Articles on Macrons • 693
   1) The key to the Macron miracle(17 June 2017) - Jonathan Fenby • 693
   2) Macron's Landslide Lessons to Make America Sane Again (6 December 17)- Christopher Dickey • 697

제1부
창조적 중도개혁주의의 철학과 비전

제1장
미국 민주당의 중도개혁주의의 기원과 현황
제2장
서구 진보정당들의 중도개혁주의와 현황
제3장
한국의 중도정당 전통과 '중도개혁주의'
제4장
사회중심대중의 중용적 세계관과 중도개혁의 세계사
제5장
한국 중도개혁주의의 정치철학과 10대 정책노선
제6장
한국의 국가비전과 국가전략: 프런티어국가로서의 반도강국

미국 민주당의
중도개혁주의의 기원과 현황

　오늘날 전 세계 진보정당들이 표방하는 창조적 중도개혁주의는 미국 민주당에서 기원하여 서구로 확산된 이념이다. 이 중도개혁주의는 일종의 이데올로기이지만, 각종 '강한 이데올로기들'의 교조주의를 거부하는 영구수정주의의 '약한 이데올로기'다. 이 중도개혁주의는 미국 민주당이 IT신기술의 산업적 확산과 더불어 급증하는 신도시 신新중산층의 이익과 세계관을 대변하기 위해 창안한 정치노선이다.

　20세기 후반 미국과 서유럽의 '구舊좌파'는 전통적 좌우논리를 초월하는 정보화와 세계화 추세의 새로운 기회와 위험에 대처할 능력이 없는 낡은 시혜적·물질적 사회복지국가 이념에 갇혀 자기혁신 의지를 잃고 보수화되고 있었다. 그리하여 물질적 복지국가 이념은 급증하는 신도시 중산층의 이익과 점차 멀어져 갔다. 여기에 소련·동유럽 사회주의권의 몰락이라는 역사적 격변이 겹치면서 구좌파는 20여 년 동안 선거마다 연패連敗하고 정치무대에서 퇴출될 위기에 처해 있었다. 이에 소위 신新우파 = '뉴라이트(The New Right)'는 시장만능의 경제적 신자유주의(Neoliberalism)와 정치적 신보수주의(Neoconservatism)를 무기로 빈사상태의 구좌파에 치명적 타격을 가하면서 선거에서 연승하고 장기집권을 이어갔다. 그러나 신우파도 얼마 지나지 않아 '올바른 진단에 그릇된 처방'으로 불린 중첩된 정책오류와 함께 권위주의·군사력 위주의 이념적 경직성 때문에 세계화와 정보화의 '신新경제(New Economy)'에 내포된 새로운 기회와 위험에 제대로 대응하지 못하고 각국에서 점차 궁지에 빠져들었다.

1992년 빌 클린턴(Bill Clinton)이라는 애칭으로 불리는 윌리엄 제퍼슨 클린턴(William Jefferson Clinton)을 미국 대통령으로 당선시킴으로써 세계적으로 확산되기 시작한 '중도개혁주의(Reform-Minded Centrism 또는 Radical Centrism)'는 구좌파와 신우파의 이러한 정치적·경제적 궁경窮境을 돌파하는 제3의 타개책으로 등장했다. 정보통신기술과 각종 첨단기술과 지식경제에 기초한 '신新경제'는 세계화되면서 도약을 준비하고 있었지만 경직된 좌우대결에 입각한 편향적 좌우 정책노선은 이 신경제의 성장을 가로막는 제동기 역할을 함으로써 비생산적인 군산軍産복합체만 살찌고 세계 도처에서 무력대결을 도발하면서 각국을 정치경제적 궁경으로 몰아넣고 있었다. '중도개혁주의'는 이 백해무익한 좌우대결 정국을 타파하고 신경제가 제공하는 새로운 기회를 중산층 강화에 활용하고 새로운 위험에 제대로 대처하기 위해 (중간에서 좌우익을 아우르는 것이 아니라) '좌우익을 넘어서는(beyond left and right)', 더 이상 이제 '진보'와 '보수'를 상징하지 못하는 '좌우범주' 자체와 좌우대결주의를 극복하려는 세계 진보개혁정당들의 제3의 길(The Third Way)이다.[1]

---

1) 미국 민주당은 1992년 선거강령의 기회와 책임의 장에서 'a third way'라는 표현으로 처

▍미국 민주당과 중도개혁주의의 창안

미국 민주당리더십회의(DLC: Democratic Leadership Council) 회장 앨 프롬(Al From)에 의하면, "낡은 좌우 정통논리를 넘어서도록 국론을 움직이고 이 일을 해내기 위해 진취적이고 혁신적인 아이디어들을 제공할 가교"로서[2] '제3의 길'은 진보정당들을 길고긴 정치적 유배상태로부터 복귀시켰다. "'제3의 길'의 정치는 대부분의 유권자들이 좌파주의를 거부한 시점에 보수주의에 대한 효과적 대항물로서 역할을 했기 때문에 힘을 떨쳤다. 그러나 제3의 길은 유용한 전술지침 이상의 것이다. 그것은 신경제의 도전에 대처하는 철학인 것이다."[3]

미국 민주당의 새로운 노선으로 처음 등장한 '중도개혁주의' 또는 '제3의 길'은 영국과 독일을 위시한 서유럽의 다른 진보·개혁정당들에 의해 차례로 받아들여졌다. 이 노선을 바탕으로 각 정당은 정강정책을 '중도화'하는 대대적인 리모델링을 거쳐 사실상 '새로운' 정당으로 '재창당'되었다. 미국 민주당은 'New Democratic Party'로, 영국 노동당은 'New Labour'로, 독일 사민당은 'Die Neue Mitte(신중도)' 노선의 'Neue SPD(새로운 독일 사민당)'로 리모델링했다. 독일 사민당만이 '중도' 앞에 '새로운'을 붙인 것은 독일 사민당이 1959년 고데스베르크 강령을 채택함으로써 사회민주주의를 공산주의와 자본주의 사이의 중도노선을 "제

음 사용했고 이것을 기든스는 'The Third Way'로 정식화했다. 참조: *1992 Democratic Party Platform*, 본서 부록의 [영문자료 3], 470, 477쪽; Anthony Giddens, The Third Way (Cambridge: Polity Press, 1998). 앨 프롬은 1996년 민주당의 기회를 "지난 15년 동안의 (좌우)양극화를 끝내는 것"으로 선언했다. Al From, "Al From's Remarks at the 1996 Annual Policy Forum and Gala" (DLC 1996). 본서의 영문자료 6. 그리고 기든스는 1994년 "좌익과 우익을 넘어서기"를 주장했다. Anthony Giddens, *Beyond Left and Right* (Stanford: Stanford University Press, 1994).

2) 본서 부록의 영문자료 6: Al From, "Al From's Remarks at the 1996 Annual Policy Forum and Gala" (1996), 509쪽.
3) 본서 부록의 영문자료 7: Al From, "Understanding the Third Way" (1998), 513쪽.

3의 길"로 내건 적이 있었기 때문이다.

'제3의 길' 또는 중도개혁주의는 좌익을 '진보'와 동일시하는 전통적 어법을 폐기했다. 기존의 좌익이 19-20세기 계급투쟁 모델에 사로잡힌 좌익보수주의 또는 좌익복고주의로 전락했기 때문이다. 따라서 중도개혁세력은 구舊좌익과 뉴라이트 우익을 둘 다 '보수'로 규정하고, 자신들을 미래로 전진하는 '진보'로 자부한다. 그리하여 제3의 길을 걷는 정치세력은 중도개혁주의 또는 근본적 중도(radical center) 노선만을 '진보'로 지칭한다. 이런 까닭에 민주당리더십회의(DLC)와 이를 지원하는 진보정책연구소(PPI; Progressive Policy Institute)는 구좌익과 신우익에게서 진보이념을 박탈하고 중도개혁선언을 「새 진보선언(The New Progressive Declaration)」으로[4] 발표하기도 했다.

클린턴 정부 제2기 중반, 즉 1998년 앨 프롬은 "제3의 길"을 "정보화시대의 진보정책에 대한 범세계적 브랜드 네임"이 되었다고 확인한 바 있다.[5] 중도개혁주의는, 안으로 사회복지국가가 붕괴 위기에 봉착하고 밖으로 '사회복지국가'에 대한 신자유주의적 뉴라이트세력의 복지국가 해체 공세가 한계에 부딪히고 공산체제가 참담하게 붕괴한 '20세기 말의 세계사적 대격변'과, 새로운 기회와 위험을 야기하는 '정보화·세계화 물결'에 대한 새로운 패러다임의 답변이었다.

중도개혁주의는 1990년대 초 미국 민주당의 빌 클린턴(당시 아칸소주지사) 및 민주당리더십회의와 이를 지원하는 진보정책연구소 PPI가 창안하고 발전시킨 노선이다. 앨 프롬이 창립하고 초대 회장을 맡은 민주당리더십회의는 1985년 '미국 민주당은 1960-1980년대의 낡은 좌편향

---

4) 이 책의 부록 국역자료: 미국 민주당리더십회의와 진보정책연구소의 「새 진보선언」 (1996. 7. 10.). 본서 부록미국민주당 자료 중 4. 국문자료 및 5. 영문자료 - 미국민주당 자료: The New Progressive Declaration: A Political Philosophy for the Information Age (DLC/PPI; Democratic Leadership Council/Progressive Policy Institute).
5) Al From, "Understanding the Third Way", 513쪽.

을 탈피해야 한다고 주장하면서 창립되었다. 민주당리더십회의의 주요 목표 중의 하나는 중산층의 관심사를 해결하는 아이디어들을 가지고 미국의 백인 중산층을 다시 얻는 것이었다. 민주당리더십회의는 빌 클린턴을 '제3의 길' 정치인들의 생존능력의 증거로, 그리고 민주당리더십회의의 성공 스토리로 내세웠다.

민주당리더십회의 부설 씽크탱크는 진보정책연구소였다. 민주당리더십회의의 철학을 지지하는 민주당원들은 종종 스스로를 "New Democrats"라고 불렀다. 이 "New Democrats"라는 명칭은 민주당의 진로에 관해 유사한 견해를 가진 NDN(New Democratic Network; 중도적 후보를 지원하는 씽크탱크)과 'Third Way'(2005년 창립된 공공정책 씽크탱크)와 같은 다른 집단들에 의해서도 쓰였다.

민주당리더십회의(DLC)의 출현과 소멸

민주당리더십회의는 1985년 공화당의 현직 대통령 로널드 레이건(Ronald Wilson Reagan)에 의한 민주당 대선후보 먼데일(Walter Mondale) 전 부통령의 파멸적 패배의 여파 속에서 창립되었다. 창립자는 앨 프롬, 버지니아 주지사 롭(Chuck Robb), 애리조나 주지사 바빗(Bruce Babbitt), 플로리다 주지사 차일스(Lawton Chiles), 조지아 상원의원 넌(Sam Nunn), 미주리 하원의원 게파트(Dick Gephardt) 등이었다.

로널드 레이건

민주당리더십회의는 43명의 선출직 공직자와 앨 프롬과 윌 마셜(Will Marshall) 2명의 참모로 구성된 집단으로 출발해서 1960년대 이래의 좌파 영향으로부터 민주당을 교정하는 목표를 공유했다. 그들의 원래 초점은 넌이나 롭과 같은 남부지역의 보수적 민주당원을 1988년 대선후보로 지명받는 것이었다. 민주당리더십회의의 비판자인 제시 잭슨(Jesse Jackson)이 1988년 슈퍼 화요일 예비선거에서 지명되자, 민주당리더십회의는 수많은 남부 주들의 지지를 획득한 뒤에 초점을 공개논쟁에 영향을 미치는 쪽에 맞췄다. 1989년 마셜은 민주당리더십회의를 위해 정책청사진을 제공하는 씽크탱크로 진보정책연구소(PPI)를 창설하고, 정책보고서들을 내기 시작했다. 가장 많은 페이퍼는 "New Economy Policy Reports" 시리즈였다.

   경제적 포퓰리즘은 정치적으로 생존가능성이 없다는 것이 민주당리더십회의의 지론이었다. 민주당리더십회의는 1972년 조지 매거번과 경쟁한 1984년 먼데일의 대선패배를 예로 들었다. 민주당리더십회의는 "진보적 이상, 메인스트림 가치, 혁신적·비관료적·시장기반적 해법들에 기초한 새로운 공공철학에 대한 대중적 지지를 정의하고 고취하려고 모색한다"는 입장을 천명했다. 민주당리더십회의는 The Personal Responsibility and Work Opportunity Reconciliation Act of 1996(빈곤을 재생산하는 '종속적 어린이를 가진 가정에 대한 원조' 프로그램을 '궁핍한 가정에 대한 임시적 지원'[주정부의 복지정책 자율권 확대 및 5년 한정지원] 프로그램으로 대체한 생산적 복지 법률), The Earned Income Tax Credit(세제에 의한 수입소득 보전 정책)의 확대, AmeriCorps(케네디의 피스코를 본뜬, 타인들을 돕고 지방자치체의 절실한 요구를 충족시키는 국내용 사회원조 단체) 등과 같은 복지개혁을 지지했다. 민주당리더십회의는 보험 미가입자들을 위해 일정소득에 미달한 가정을 타인들의 세금으로 지원해주는 세금신용(*tax credits*) 세제로 건강보험을 확대한 것을 주장하고, 단일지출자 보편건강복지계획(*plans for singlepayer universal health care*)에 반대했다. 이 '단일지출자 보편복지' 정책이란 사私보험 회사의 측면지원 없이 공공기관이 단독으로 모든 주민들을 위한 필수적 건강관리에 필요한 모든 비용을 대는 복지시정 유형, 즉 공공 세수재정만으로 지탱되는 보편적 건강복지 유형을 말한다. 민주당리더십회의는 취학전학교, 차터스쿨(주정부 예산으로 설립되지만 학교에 독립권한을 주어 운영되는 자율형 공립학교, 개방형 자율학교), 학교 선택의 자유 확대를 지지하고, 수학 성과 격차를 다양한 방법으로 뒤처진 학도들을 없애는 No Child Left Behind Act를 지지했다. 그리고 민주당리더십회의는 북미자유무역협정(NAFTA)과 중미자유무역협정(CAFTA)을 주장했다. 나아가 민주당리더십회의는 편파적 낙태금지 정책, 1994년 공격용 무기 판매금지 조치의 실효를 방치하는 정책, 자치단체 폴리스 서비스 프로그램에 대한 재정지원 미흡 등을 비판했다. 그리고 2001년 중산층 세금 감면을 지지했지만 부자 감세에 반대했다.

  그러나 민주당리더십회의는 Democracy for America나 블로그 MyDD와 같은 진보적 정치서클로부터 많은 비판을 받으며 인기를 잃어갔다. 어떤 비판자들은 광범한 지지를 얻기 위한 좌익과 우익 사이의 삼각화 전략(the strategy of triangulation)이 근본적으로 결함이 있다고 비판했다. 장기적으로 이 전략은 공화당에 대한 거듭된 양보, 공공서비스 민영화론자·기업법인·기업가들에게 유리한 자유시장 경제 의제의 부양으로 귀결되는 반면, 전통적 동맹관계의 투표자들과 노동대중을 소외시킨다는 비판이 나왔다. 이것은 전통적 민주당계열에서 나온 비판이다. 다른 비판자들은 클린턴이 북미자유무역협정을 조인한 뒤 1994년 선거에서 조직된 노동자들의 투표율이 낮은 것이 1994년 하원에서 공화당이 다수파가 되는 불상사를 낳았다고 지적했다. 공화당의 하원 지배는 2006년까지 계속되었다.

진보적 비판자들로부터 민주당리더십회의의 중도주의가 비판받았을 지라도 민주당리더십회의 후보들, 선출직 공직자, 이들의 중도적 정책들은 미국 유권자들에 의해 일반적으로 지지를 받았다. 민주당이 1986년 상원에서 다수를 차지했을 때, 상원은 민주당리더십회의를 따르는 중도개혁파에 의해 지배되었다. 1992년 민주당리더십회의의 전 회장 빌 클린턴이 대통령후보 경선에 나가기로 결심했을 때 민주당리더십회의는 그를 지지했다. 클린턴은 'New Democrat'를 기치로 재선을 달성함으로써 프랭클린 루스벨트 이래 최초의 민주당 대통령이 되었다. 'New Democrat'들은 2006년 중간선거와 2008년 선거에서 엄청난 이득을 취했다. 그리고 2003년 민주당리더십회의와의 어떤 직접적 연관도 없다고 부인했던 버락 오바마가 2009년 5월에는 대통령으로서 하원 신민주연합(the House New Democrat Coalition)에서 "나는 New Democrat다"라고 선언했다. 이렇게 보면 민주당리더십회의는 간접적일지라도 오바마라는 두 번째 대통령을 탄생시킨 것이다. 아닌 게 아니라 오바마의 선거전략과 집권 후 정책노선도 줄곧 중도개혁주의를 견지했기 때문이다.

프랭클린 루스벨트

정치분석가 베이어(Kenneth Baer)는 민주당리더십회의가 트루먼-케네디 시대 민주당 정신을 체현하고 맥거번·먼데일·두카키스 등의 연속된 대선패배 이후 민주당의 소생에 사활적 역할을 했다고 주장한다. 2009년 오랜 민주당 선거운동 전략가 로젠버그(Simon Rosenberg)는 "민주당리더십회의가 지난 세대를 통틀어 미국정치에서 가장 영향력 있는 씽크탱크였다고 하는 강력한 주장이 있다"고 말했다. "민주당이 뉴라이트의 강력한 흥기를 극복하고 궁극적으로 파멸시키도록 민주당 현대화를 시동하고 관철시키는 것을 민주당리더십회의가 도왔다"는 것이다.

민주당리더십회의는 다대한 성과를 올리고 창립 27년 만인 2011년 2월 해체되었다. 2011년 7월 5일 창립자 앨 프롬의 웹사이트 성명에 따르면, 민주당리더십회의의 모든 기록과 문서들은 클린턴재단(1997년 창립)에 의해 매입되었다. 민주당리더십회의의 마지막 회장은 해럴드 포드(Harold Ford) 테네시 주 하원의원이었고, 부회장은 토마스 카퍼(Thomas R. Carper) 델라웨어 주 상원의원이었다.

민주당리더십회의에 의해 1989년 창설되어 미국의 씽크탱크로 이바지한 진보정책연구소(PPI)의 회장 겸 경영자는 윌 마셜이다. 워싱턴 포스트 지는 2019년 3월 3일자 보도기사에서 PPI를 샌더스(Bernie Sanders) 등의 "좌편향에 맞서려고 한 최근의 중도주의 민주당기구"로 상기시켰다. PPI는 수많은 정책문건을 생산했다.

▌빌 클린턴의 '제3의 길' 또는 중도개혁주의의 핵심원칙

'제3의 길'의 핵심원칙은 1990년 3월 클린턴이 의장으로서 주재했던 민주당리더십회의 연례회의에서 채택된 독창적 문건 「뉴올리언스선언」에서 처음 공식화되었다. 클린턴은 "복지개혁, 범죄대책, 교육, 경제성장에 관한 이 협회의 아이디어가 민주당과 국가의 미래에 중요하다고 확신해" 의장직을 수락했었다.[6] 이것은 '신新민주당운동'의 핵

빌 클린턴

심 신조이자 '제3의 길'과 클린턴의 대선도전의 철학적 토대로 기여했다.

---

6) Bill Clinton, *My Life* (New York: Alfred A. Knopf, 2004), 357쪽.

클린턴은 1980년대 진보정책연구소가 창안한 좌익과 우익 사이의 삼각화 전략(the strategy of triangulation)에 따라 모든 원칙을 수립했다. 이 삼각화 중도론에서 '중도中道'는 아리스토텔레스가 개념화한 양극단 간의 산술적 '중간'으로서의 단순한 일차원적 가운뎃길도 아니지만 상황에 따라 중간을 벗어날 수도 있는 헤겔과 레닌의 그런 '동적 중도'도 아니다. 그것은 3차원의 창조적 가운뎃길, 즉 트라이앵글 형태의 중도다. 좌·우파 정책의 양극단을 잇는 직선을 밑변으로 삼아 이 직선 위의 어느 한 점을 꼭짓점으로 정하고 양극단의 점과 이 꼭짓점을 이어 삼각형을 그린 뒤 그 꼭짓점의 노선을 취하는 것이 삼각화의 가운뎃길이다. 이 삼각형의 가운데 꼭짓점은 양극단과 다르고(different) 또 양극단보다 더 많은(more) '제3의 중도'다. 이 '다름(difference)'은 양극단과의 거리만큼 다른 것일 뿐만 아니라 삼각형의 높이만큼 다른 것이기도 하다. 이 '높이'는 정책적 '창조성'의 정도를 함의한다. 이 중도는 양극단을 잇는 직선상의 위치로 보면 중간의 어느 곳에 있지만 이 중도는 임의의 삼각형(정삼각형, 또는 좌우 양극의 점으로부터 얼마간 멀기도 하고 가깝기도 한 다양한 삼각형)에서 다양한 지점의 꼭짓점으로 변화를 보일 수 있다. 따라서 이 중도는 극단들과 '다르기'도 하고 극단들보다 '더 많기'도 하고 '다양하기'도 한 '창조적 중도'인 것이다. 이 창조적 중도는 꼭짓점 위치와 그 높낮이에 따라 다양한 변화를 보일 수 있고, 따라서 얼마든지 다양하게 창조될 수 있는 중도다. 이것은 실제정책에서 기존의 좌우정당 정책노선에서 취사선택한 두 정책의 창조적 융합을 통해 이 두 정책을 초월하는 제3의 정책을 창안하는 것을 뜻한다.

이 '삼각화 중도주의(triangulational centrism)'를 근거로 클린턴은 1991년 「민주당리더십회의 클리블랜드 총회에서의 기조연설」에서 이렇게 천명한다.

▶ 지금 우리의 새로운 선택은 낡은 범주들과 이것들이 강요하는 그릇된 대안들을 명백하게 기각하는 것이다. 내가 방금 여러분에게 말했던 것이 진보인가 보수(liberal or conservative)인가? 진실은 그것이 둘 다이면서, 또 그것이 다르다는 것이다(The truth is, it is both, and it is different). 이것은 새로운 대안들을 고려치 않으려는 민주당의 과거 고정관념과 (이에 대한) 공화당의 공격을 (둘 다) 기각한다.[7]

그 핵심 신조는 첫째, 미국의 약속은 '균등한 결과'가 아니라 '균등한 기회(equal opportunity)'이고, 민주당의 원칙적 사명은 '정부를 확대하는 것'이 아니라 '기회를 확대하는 것'이라는 신조, 또 미국의 약속이 '포용의 정치(politics of inclusion)'에 있다는 신조다.

둘째, 미국은 세계로부터 후퇴하는 것이 아니라 개인의 자유와 인권, 그리고 번영을 위한 세계적 투쟁에 대한 정력적 참여를 견지해야 한다는 신조, 미국은 '강하고 실전능력 있는 국방력을 유지해야 한다'는 신조다.

셋째, '경제성장'은 모두에게 '기회를 확대하는' 전제조건이라는, 미국의 경제적 안전을 재건하는 바른 방도는 국민의 직업훈련과 창의력 개발에 투자하는 것이라는 신조다.

넷째, 범죄자의 행태를 두둔하는 것이 아니라 범죄예방과 범죄자 처벌의 병행에 대한 신조, 사회복지의 목적은 빈자를 종속상태에 유지시키고 표밭으로 삼는 것이 아니라 중산층으로 만들어 주류主流국민 속으로 복귀시키는 것이라는 신조다. 시민권의 보호와 (인종적, 성적, 민족적

---

7) 빌 클린턴, 「민주당리더십회의 클리블랜드 총회에서의 기조연설」(1991년 5월 6일). 황태연, 『창조적 중도개혁주의』, 부록 국역문, 161쪽; 부록 영문원전자료, Bill Clinton, "Keynote Address of Gov. Bill Clinton to the DLC's Cleveland Convention" (DLC, Speech, May 6, 1991), 360쪽.

분리주의가 아니라) 경제·문화적 주류 속으로의 소수집단들의 폭넓은 이동에 대한 신조다.

다섯째, 양심의 자유, 개인적 책임, 차이의 관용, 근로의 지상명령, 신앙에 대한 요구, 가족의 중요성 등 미국인들이 공유하는 도덕적·문화적 가치에 대한 신조다.

여섯째, 미국 시민권은 권리만이 아니라 책임도 수반한다는 신조다.[8] 훗날 클린턴은 이 신조들로써 "전통적 미국의 가치에 뿌리박은 새로운 사상들의 역동적이되 중도주의적인 진보운동(centrist progressive movement)"을 창조한 것으로 회고했다.[9]

최초의 '제3의 길' 통치 의제는 클린턴이 역시 주재한 1991년 5월 민주당리더십회의 클리블랜드대회에서 호평 받은 연설 「미국의 새로운 선택(New American Choice)」으로 기안되었다. 여기서 '제3의 길'의 기본개념들인 '기회(opportunity)·책임(responsibility)·공동체(community)'가 처음 선언되었다. 클린턴은 이 연설에서 천명했다. 앨 프롬은 이것을 이렇게 정리한다. "우리의 새로운 선택은 낡은 이데올로기들과 이것들이 강요한 그릇된 선택을 분명히 배격하는 것이다. 우리의 어젠다는 좌파적이지도 보수적이지도 않다. 그것은 둘 다이지만, 둘과 다르다(It is both, and it is different)."[10]

클린턴은 훗날 이 연설을 "내가 했던 가장 효과적이고 중요한 연설들 가운데 하나였다"고 회상하면서, "17년 정치생활에서 배운 것과 수백만 명의 미국인들이 생각하고 있는 것의 정곡을 찔렀다"고 말했다. 이것은 그의 '선거운동의 청사진'이 되었다. "그 연설은 수년 동안 민주당 대통령후보를 지지한 적이 없는 유권자들로 하여금 민주당 메시지에 귀

---

8) Al From, "Waking the Dems" (2006), 이 책의 영문원전자료, 455쪽.
9) Clinton, *My Life*, 357쪽.
10) Al From, "Waking the Dems" (2006), 455-156쪽.

를 기울이도록 만들었다". 클린턴의 클리블랜드연설의 '기회' 의제는 '공정한 자유시장을 통한 경제성장, 신기술 투자와 세계수준의 교육과 훈련 투자'를 뜻한다. '책임' 의제는 국민봉사(national service)에 상응하는 청년들의 대학교육 지원, 건강한 부모들에게 일할 것을 요청하되 그들의 자녀들에게 더 많은 보조를 주는 복지개혁, 더 강력한 자녀지원 정책 시행, 자녀양육, 공립 차터스쿨(개방형 자율학교), 직업훈련, 지역이웃 경비치안(community policing: 지역사정을 잘 아는 이웃사람과 함께 하는 지역경비), 노인보호, 공공주택 관리 등에서의 '더 적은 관료, 더 많은 선택을 보장하는 정부혁신(reinvented government)', '모든 시민들로부터 무언가를 요구하는 것' 등이다. '공동체' 논제는 서민에 대한 투자 확대, 인종분단의 철폐, 미국인 간의 대립 조장이 아니라 미국인의 고양高揚에 기초한 정치를 구축할 것 등 국민통합의 정치를 뜻한다. 이 연설에서 클린턴은 공론을 지배하던 '이것이냐 저것이냐' 하는 좌우파적 논쟁(수월성秀越性 교육이냐 평준화 교육이냐, 보건제도의 질적 수준이냐 일반적 보급이냐, 환경보호냐 경제성장이냐, 복지정책에서의 일이냐 자녀양육이냐, 작업장에서의 노동이냐 경영이냐, 범죄예방이냐 범죄자 처벌이냐, 가족 가치냐 빈민지원 확대냐 등)을 타파하고 이 양자선택 사항들을 둘 다 동시에 선택하는 식으로 정리했다. 클린턴은 가령 "가족가치는 굶는 아이를 먹일 수 없으나 당신은 이 가족가치 없이 굶는 아이를 잘 키울 수 없다, 우리는 둘 다 필요하다"는 식으로 두 가치를 통합했다. 그는 이 클리블랜드 연설에 대한 대회참가자들의 호평과 이어지는 대통령출마 권유를 들으면서 경선출마의 '확신'을 얻었다고 회상했다.[11]

1년 뒤인 1992년, 건전재정(fiscal discipline), 무역증대, 근로소득 세금공제, 복지개혁, 지역이웃 경비치안, 차터스쿨 또는 개방형 자율학교

---

11) Clinton, *My Life*, 366-367쪽.

(*charter school*), 정부 내 경쟁원리 도입 등 많은 아이디어들은 나중에 민주당강령 속으로 들어갔다.[12] 그리하여 '신新민주당' 강령은 지난 4반세기 동안의 민주당강령과 근본적으로 다른 것이 되었다:

(1) 이제 소득재분배가 아니라 경제성장(*economic growth, not redistribution*)이다. 클린턴은 소득재분배보다 성장을 강조함으로써 민주당을 미국의 보통민주주의를 확립시킨 7대 대통령 앤드류 잭슨(Andrew Jackson)의 '만인에게 기회를 주고 누구에게도 특권을 주지 않는다(*opportunity for all, special for none*)'는 신조와 재결합시켰다. '제3의 길'은 공공목표를 추구하는 데 있어 시장 기제를 신봉하고 시민들의 성공에 필요한 도구로 무장시키는 정부의 권능의 강화를 장려한다. 그것은 오늘날 기회균등을 위한 전제인 민간영역의 성장을 촉진하는 것을 겨냥한다. 제3의 길은 경제적 역동성의 요청과 사회정의의 요청 간의 균형을 모색한다.[13]
(2) 정책은 미국적 주류가치(개인책임, 개인자유, 신앙, 관용, 가족, 힘들여 부지런히 일하는 것)에 근거를 두고 있다.
(3) 새로운 상호성의 정신을 강조했다. 신민주당강령은 뉴라이트의 '작은 정부'가 아니라, '활동가적 정부(*activist government*)'를 요구하면서 동시에 정부로부터 혜택을 받은 사람들이 나라와 공동체에 뭔가를 돌려줄 것을 요구한다.
(4) 좌우극단세력이 제기하는 새로운 고립주의에 대한 요구를 배격하고 세계에서 미국의 이익과 민주적 가치를 지키고 촉진하는 국제주의적 대외정책을 천명했다.

---

12) *1992 Democratic Party Platform*, 이 책의 영문원전자료, 358-386쪽.
13) 참고: DLC, "The Third Way" (2000), 이 책의 영문자료, 457쪽.

(5) 강령은 정부를 분권화해 보다 유연화하고 책임감 있게 만들고 공공서비스에서 보다 많은 선택을 제공함으로써 참호 같은 관료체제와 편협한 이익으로부터 정치권력을 분리시켜 보통사람의 손으로 돌려주기 위해 정부 내 혁명을 요구했다.[14]

이 '제3의 길'의 정치철학은 클린턴 집권 2기에 들어선 시점인 1996년에 「새 진보선언: 정보화시대를 위한 정치철학」에서[15] 가장 선명하고 완벽하게 종합된다. 이 「새로운 진보선언」에서 클린턴의 민주당은 21세기 초 정보화시대를 미국 역사의 전환점으로 보았다. 거대한 경제력과 정치권력을 결집시켰던 '20세기의 산업질서'는 '정보화시대의 원심력들'이 만들어내는 '새로운 사회'로 바뀌고 있다는 것이다. 민주당은 이러한 혁명적 변화가 산출하는 '불안정'도, 이로 인해 터져 나올 것 같은 '반동적 충동'도 무시할 수 없다. 민주당은 '이 변동을 관리해' 모든 미국인들로 하여금 새로운 조건에 적응하게 하고 '새로운 기회의 이점'을 얻을 수 있도록 만들어 주어야 한다. 대부분의 사람들은 이런 문제들에 대한 해결책이 '크고 강한 중앙집권정부'에서 마련될 수 있다는 전통 좌파적 노선을 믿지 않지만, '연방정부가 문제의 근원이고 이것을 해체하는 것이 문제의 해법'이라는 네오콘들(Neocons, 신보수주의자들)의 주장을 받아들이지도 않는다. 따라서 미국은 '관료적 현상유지에 대한 좌파의 향수 어린 방어'를 대체하고 '단순히 정부를 해체하라는 우파의 파괴적 요구'에 대항할 '제3의 선택(a third choice)'을 필요로 한다. 이러한 '새로운 진보적 통치철학'은 정부를 '사회의 주인'이 아니라 시민들과

---

14) Al From, "Waking the Dems" (2006), 456쪽.
15) 이 책의 부록 국역자료: 민주당리더십회의/진보정책연구소, 「새 진보선언: 정보화시대를 위한 정치철학」, 이 책의 영문원전자료: DLC/PPI, *The New Progressive Declaration: A Political Philosophy for the Information Age* (1996).

시민공동체에 의해 통제되고 시민의 필요에 응하는 '더 광범한 시민기획(civic enterprise)에 대한 촉매'로 본다. 제3의 새로운 진보노선은 위에서 아래로 베풀어주는 시혜적 '온정주의(paternalism)의 낡은 정치'를 '개인적·시민적 권능부여(empowerment)의 새로운 정치'로 대체하려는 것이다. 우리들을 보살피는 일을 이제 '거대한 관료기구'에 맡길 수 없기 때문에 '우리로 하여금 우리를 서로서로 보살피도록 할 수 있는 새로운 정책과 제도'를 공들여 만들어야 할 때다. 결론적으로 제3의 새로운 진보적 과업은 지난 중앙집권화시대 내내 위축되었던 '시민기획'의 기량과 습관을 촉진하는 새로운 통치방식을 창출하는 것이다.[16]

'정보화시대를 위한 통치철학'의 3대 초석은 기회균등(equality of opportunity)·상호책임(mutual responsibility)·자치(self-government)다. '만인에게 균등한 기회를 제공하고 누구에게도 특권을 인정치 않는다는 약속'인 첫 번째 초석은 여러 세대의 미국 지도자들을 활력화해 주고 수백만의 이민자들을 미국으로 끌어들였다. 균등한 기회를 창출해 주는 '보이지 않는 손'은 없다. 그것은 차별장벽의 제거, 의미 있는 자치영역의 제공, 공적투자 공약, (강자에게 날개를 달아주는) 특권적 지원의 철폐 등 적극적 조치의 의식적인 사회적 성취물이다. '상호책임의 원칙'이라는 두 번째 초석은 윤리적 문제로서 우리가 우리의 공정한 지분을 기부할 용의가 없는 조직은 정당한 혜택을 받을 수 없다는 핵심사상이다. 이것은 '우리가 선택한 것과 다른 그 어떤 의무도 짊어지지 아니 한다'는 무책임 방종주의(libertarianism)를 배격하고, 주는 것 없이 달라고만 하는 '복지병적 근성'도 마찬가지로 거부한다. '진정한 자치'라는 세 번째 초석은 분권, 개인선택의 확대, 공공재와 공공서비스 전달 장치 속으로의 경쟁개념 투입에 의해 시민들이 스스로를 위해 활동할 수 있도록 시

---

16) 민주당리더십회의/진보정책연구소, 「새 진보선언: 정보화시대를 위한 정치철학」, 178쪽.

민권능을 강화해 주는 공공제도를 요한다. 개방형 자율학교에서 매매 허용 오염허가증에 이르기까지 새 모델은 공공목적에 이바지하는 자유시장의 탄력성과 창조성을 활용한다.[17]

이 세 가지 초석의 토대 위에서 클린턴 정부는 정보화시대의 도전과 맞서도록 미국인들을 무장시키는 5대 전략을 제시했다:

(1) 부富를 재분배하기보다는 부를 증대시키고, 경제성장과 교육에 대한 투자로 기회를 늘리며, 자신의 경제적 안녕에 대한 더 큰 책임을 질 수 있도록 능력을 강화해 근로자의 안전을 높임으로써 아메리칸드림을 복원한다.
(2) 가족을 강화하고 범죄를 제압하고 도시빈민에게 자활능력을 강화해줌으로써 '사회질서'를 재건한다. 상호신뢰와 책임을 반영하는 안정적 사회질서는 성공적 자치의 기반이다.
(3) 정책결정을 지배하는 특수이익에 도전하고 시민들과 지방기구에 권력을 돌려줌으로써 민주주의를 쇄신한다. 특수이익의 돈이 영향력을 잃도록 '공개적이고 경쟁적인 정치제도'를 창출해야 한다. 정부에 대한 불평을 중지하고 정책결정에 대한 책임과 정치권력을 되찾아옴으로써 '정부를 교정하기(reclaiming our government)' 시작해야 한다.
(4) 미국의 놀랄만한 다양성으로부터 힘과 통일성을 끌어낼 수 있게 해주는 공통의 시민적 이상과 관용정신을 수호해야 한다. 이 관용 또는 포용의 정신은 중도를 중심으로 한 '정치연합'을 구성하는 전략과도 직결되어 있다. 2006년에도 프롬은 거듭 밝힌다. "훨씬 더 동질적인 공화당과 달리 민주당은 광범한 연합(broad coalition)으

---

17) 민주당리더십회의/진보정책연구소, 「새 진보선언: 정보화시대를 위한 정치철학」, 179쪽.

로만 이길 수 있다는 것이 현실이다. 당 기반의 확장은 포용의 정신에 달려있다. 민주당 하원의원총회는 중간선거 이전보다 이데올로기적으로 더 다양해졌다."[18]

(5) 경제·정치적 자유를 보장할 국제주의적 대외정책을 구축함으로써 세계적 혼돈을 해소해야 한다. 냉전질서의 붕괴는 민주주의·자유시장·인권의 기초 위에서 새로운 국제체계를 구성함으로써 미국의 이익과 민주적 가치를 재확인하고 수호할 기회를 준다.[19]

이 5대 전략은 사회보장과 의료보험제도 개조, 정보화시대를 위한 교육제도의 혁신, 자녀를 중심에 놓는 방향에서의 이혼제도의 개선, 경제적 능력강화를 통한 도시빈곤 축소 등 '근본개혁(radical reform)'을 채택할 정치적 대담성과 상상력을 요구한다.[20]

1996년 12월 프롬이 '진보적 중도주의'로 명명하고 클린턴이 2004년 회고록 『나의 삶(My Life)』에서 '중도주의 진보운동'이라고 부른 클린턴 정부의 이 새로운 진보정치철학은 미국 국민의 정치의식에 뚜렷한 자취를 남겨놓았다. 클린턴의 여론조사담당관 마크 펜(Mark Penn)의 2000년 조사에 의하면, 유권자들은 클린턴 대통령을 "거의 모든 주제에서 중도주의자(centrist)"로 여겼고 또 "중도주의(centrism)를 단순히 정치적 좌우 사이의 한 중간지점으로 보는 것이 아니라 사안들에 대한 전혀 판이한 접근법(distinct approach)으로 여겼다".[21]

---

18) Al From, "Democrats Must Adopt A Centrist Course" (2006). 이 책의 영문원전자료, 461쪽.
19) 민주당리더십회의/진보정책연구소, 「새 진보선언: 정보화시대를 위한 정치철학」, 181쪽.
20) 민주당리더십회의/진보정책연구소, 「새 진보선언: 정보화시대를 위한 정치철학」, 181쪽.
21) Mark Penn, "The Decisive Center - Candidates Who Embrace Centrist Issues Can Gain a Decisive Edge" (2000), 187, 189쪽. 국가전략연구소, 『중도개혁주의란 무엇인가? 중도개혁주의 국제자료집』(서울: 민주당국가전략연구소, 2007).

▌앨 고어의 좌익복고주의와 대선패배

그러나 2000년 앨 고어(Al Gore)는 과거의 계급투쟁의 구좌파전략으로 되돌아감으로써 클린턴이 다 이겨 놓은 선거를 망치고 만다. 진보정책연구소 소장 윌 마셜은 2001년 「이념정당의 재활성화」라는 글에서 앨 고어의 2000년 대선패배의 근본원인을 '중도로부터의 이탈'로 규정했다.

엘 고어

> 앨 고어의 선거운동은 종종 고색창연한 계급투쟁 주제와 열성당원들에게 딱 들어맞는 호소로 가득 찬 어두운 1980년대 민주당선거운동으로 복귀한 것처럼 보였고 그런 것처럼 들렸다. "개혁지향적 중도주의"로부터 '압력집단 좌파주의'로의 이러한 퇴락은 고어가 다 이긴 선거레이스를 사실상의 동점同點으로 쉽사리 뒤바꿔놓은 핵심요인이었다.[22]

정부의 역할, 경제발전, 시민책임, 주류主流가치, 개인과 국가의 안전 – "이 다섯 분야에서 고어는 당의 통치 어젠다를 현대화하고 '결정적 중도(the Decisive Center)'를 택했던 신민주당의 성공을 디딤돌로 삼는 데 실패했다. 민주당은 원상태로 돌아가는 것처럼 보였고 결국 다 이긴 선거를 지고 말았던 것이다."[23]

마셜의 이 혹독한 비판이 있은 지 5년 뒤인 2006년 중간선거에서 민주당은 압승을 거두었다. 앨 프롬은 2006년 민주당의 이 중간선거 압승이 실은 '중도주의의 승리'임을 확인한다. "결국 이 선거는 극단세력들

---

22) Will Marshall, "Revitalizing the Party of Ideas" (2001), 이 책의 영문원전자료, 423쪽.
23) Penn, "The Decisive Center – Candidates Who Embrace Centrist Issues Can Gain a Decisive Edge" (2000), 187–189쪽.

에 대한 미국정치의 중추적 중도의 승리(a victory for the vital center of American politics over the extremes)였다. (…) 그리고 민주당은 정력적인 기층당원들의 덕을 보기도 했지만 승리의 열쇠는 유권자들의 경쟁적 중앙 속에, 즉 온건파, 무당파, 중산층 유권자, 교외 시도시거주자들 사이에 있었다."[24]

▍버락 오바마의 '담대한 중도주의'

버락 오바마(Barack Hussein Obama)는 포퓰리즘 시대에 이루는 진보의 벤치마킹 모델로서 극심한 정치양극화 속에서 시끄러운 소수의 좌우활동가들의 적대적 공생을 타파하고, 문제해결을 바라는 조용한 다수를 대변하고, 정치를 정상화하는 '담대한 중도(the audacious center)'를 표방했다.[25] 부시 시대는 좌우의 극단적 정치양극화 시대였다. 오바마

버락 오바마

는 부시를 집권 8년 동안 정치를 파괴하고 결국 국가를 파괴했던 '거대한 양극분열주의자(Great Polarizer)'로 규정했다. 부시는 "사람들이 대통령 부시를 좋아하기 때문에 투표하지 않는다. 분노가 훨씬 더 강한 투표 동기다"는 확신 속에서 지지층 확대가 아니라 열렬지지자들의 동원에 집중하는 네거티브 올인 전략인 '51% 전략'을 강행했기 때문이다. 이에 맞서 민주당 구舊좌파 활동가, 특히 무브온(Move On), 데일리코스(Daily Kos) 등 블로거와 SNS 키보드워리어 넷루트(netroot)도 또한 부시 증오

---

24) From, "Democrats Must Adopt A Centrist Cours", 459-460쪽.
25) Alan Kennedy-Shaffer, *The Obama Revolution* (Phoenix Books, 2009); James Carville,. *It's the Middle Class, Stupid!* (Plume, 2013). Ronald Brownstein, *The Second Civil War* (Penguin Book, 2007); Barack Obama, "Yes, We can Change" (2008. 1. 27). DNC Acceptance Speech "Change We Can Believe In" (2008. 8. 28).

에 올인했다. 이들은 부시 대통령의 정통성까지 부정했고, 2000년 대선은 물론 2004년 대선도 공화당이 선거를 조작한 것으로 생각했다. 테러와의 전쟁, 특히 이라크전쟁을 둘러싼 치열한 찬반 논쟁은 '시끄러운 소수'의 구좌우파 운동을 활성화해서 정치의 문제해결 능력을 파괴하는 극좌와 극우의 적대적 공생이 다시 복고되었다.

이 와중에 오바마는 '비전 있는 중도주의자(visionary centrist)' 또는 '근본적 중용론자(radical moderate)'로서 시끄러운 소수 극좌·극우의 공생관계를 부수고 정치를 복원하면서 대선에 승리했다. 그 이유는 그가 대중의 중도적 인식 변화를 반영했기 때문이다. 조용한 대중은 부시 시대의 포퓰리즘적 좌우양극화 정치 속에서 중도가 정치 정상화의 비전이고, 온건이 문제해결의 혁신이고, 구좌우파가 정치파괴의 극단이고, 과격이 문제 악화의 구태라고 여기고 있었다. 오바마는 이라크전을 둘러싼 국론분열이 최고조에 달했던 2004년 민주당 전당대회 연설에서 이미 정치를 정상화하는 중도대통합을 주장했고 이를 계기로 전국적 인물로 부상했다. 그는 외쳤다. "진보의 미국도 없고 보수의 미국도 없습니다. 미합중국만이 있습니다. 흑인의 미국도, 백인의 미국도 라티노의 미국도, 아시아계의 미국도 없습니다. 미합중국만이 있습니다. (…) 이라크전에 찬성하는 애국자도 있습니다. 이라크전에 반대하는 애국자도 있습니다." 금융위기의 한복판에서 치러진 2008년 대선에서 오바마의 메시지는 '변화'와 '희망' 그 자체였다.

'변화'는 단순한 정권교체를 넘어 기성 정치체제의 구태를 청산하는 것이었다. 오바마는 대선유세에서 외쳤다. "우리는 단순히 백악관을 차지하는 정당교체 이상을 추구한다. 우리는 워싱턴의 구태를 근본적으로 변화시키려 한다. (…) 이는 어떤 특정 정당을 넘어서는 구태다. 지금 구태세력은 사람들이 직면한 문제해결로부터 우리를 분열시키고 이탈시키는 동일한 낡은 전술로 자신들의 모든 것을 걸고 싸우고 있다."

구태정치는 타협을 적대시하는 낡은 고정관념, 그릇된 진영논리에 근거한 것이다. 그것은 "종교를 분열 수단으로, 애국심을 비난 수단으로 사용하는 정치다. 우리를 규정하는 범주의 한계 내에서 생각해야 하고 행동해야 하고 투표해야 한다고 말하는 정치. 청년은 냉소적이라는 생각, 공화당세력은 콘크리트 지지층이라는 생각, 부자는 가난한 사람을 신경 쓰지 않고 가난한 사람은 투표하지 않는다는 생각, 아프리카계 미국인은 백인 후보를 지지하지 않고, 백인은 아프리카계 흑인 후보를 지지하지 않으며 흑인과 라티노는 함께 할 수 없다는 생각이다."

오바마는 '그래 할 수 있어(Yes we can)'라는 '희망'을 역설하면서 대선의 의미를 '냉소주의 정치(politics of cynicism)'와 '희망의 정치(politics of hope)' 간의 선택으로 규정했다. "결국 이것이 이번 대선의 의미다. 냉소주의 정치에 참여할 것인가? 희망의 정치에 참여할 것인가? (…) 낙관에 직면해서도 희망을 갖고, 불확실성에 직면해서도 희망을 갖자. 담대한 희망을."

테러와의 전쟁은 공화당의 필승카드이자 좌우파의 극단적 국론분열 이슈였으나 오바마는 '강하면서 영리한(strong and smart)' 중도적 해법을 제시함으로써 테러와의 전쟁 이슈에서 공화당의 우위를 무력화시켰다. 이것은 파키스탄에 은닉한 테러 주범 오사마 빈라덴과 알 카에다를 신속히 제거하는 것이고, 이를 위해 이라크에서 책임 있는 철군과 동시에 아프가니스탄으로 미군의 증파를 주장했다. 이것은 좌파의 이라크전 반대와 우파의 테러와의 전쟁 승리를 동시에 만족시키는 지극히 상식적인 해법이었다.

오바마의 이 '담대한 중도' 노선은 좀 더 설명을 요한다. 오바마는 실사구시와 성과를 중시하는 중도주의자로서, 즉 'New Democrat'로서 "좌파도 우파도 아닌 새롭고 다른 길로 국가를 지도할" 것을 공약했다. 오바마는 자신을 "자유무역과 공정무역에 찬성하고 보호주의에 반대하며 재정건전성을 중시하는 성장친화적 민주당원(pro-growth Democrat)"이라고 하면서 클린턴의 신민주당, 제3의 길을 계승한 자임을 고백했다. "나는 언제나 'New Democrat'란 말을 좋아했다. 신민주당과 그 철학은 이 시대의 이데올로기적 교착상태를 넘어 새롭게 생각하려는 것이다." 물론 구좌파는 클린턴을 '공화당 2중대 민주당원 (me-too Democrat)', '유한계급 민주당원(Democrat for the Leisure Class)'으로 비판했었지만, 오바마도 '부시 2중대(Bush 2.0)', '파괴적 중도 (Destructive Center)'로 비판했다.

오바마는 민주당 강성 지지자들의 티파티 멘털리티를 경계하고, 분노의 정치의 자제를 촉구했다. "변화는 정의로운 분노 이상을 요구한다. 변화는 프로그램을 요구한다. 변화는 조직을 요구한다. (…) 특히 변화는 당신이 동의하지 않는 자들에게 귀를 기울이고 들을 것을 요구하고 타협할 준비가 되어 있어야 한다."

좌우 극단의 '시끄러운 소수' 활동가의 정치파괴로 인해 조용한 다수의 정치혐오가 심화되는 악순환 속에서 오바마는 초당적인 문제 해결을 중시하는 '담대한 희망'을 주창하고 '담대한 희망'을 '담대한 중도'로 천명했다. "(부시 집권 이후) 민주당은 반사이익정당(the party of reaction)이 되었다. (…) 그러나 더 첨예한 당파적·이데올로기적 전략을 추구하려는 민주당의 어떠한 시도도 현재의 상황을 잘못 파악하고 있다고 나는 믿는다. 나는 우리가 상대를 악마화하거나 우리의 대의를 과장할 때마다 패배한다고 생각한다. 이데올로기적 순수성, 경직된 정설, 정치적 논쟁의 뻔한 예측성 때문에 한 국가로서 우리가 직면한 도전에 대응할 새로운 방법을 찾지 못하고 있다. 이는 양자택일적·이분법적 사고에 빠지는 것이다. 국민을 정치에 무관심하게 만드는 것이 이런 교조적 사고와 노골적 당쟁이다." 그러나 "지금 필요한 것은 국민의 광범한 다수, 즉 선의를 가진 민주당원, 공화당원, 무당층이 국가혁신 프로젝트에 다시 함께 하는 것이다." 왜냐하면 "국민은 우파와 좌파, 보수와 진보를 이해하지 못하지만 도그마와 상식, 책임과 무책임, 지속적인 것과 일시적인 것 간의 차이는 알고 있기" 때문이다.

2012년 대선에서 오바마는 자신의 재선을 '전진이냐 후퇴냐'를 결정하는 결정적 선거로 규정하면서 2008년 대선승리를 가능하게 했던 '새 진보연합(new progressive coalition)'의 핵심인 '분쇄된 중산층(smashed middle class)'의 신뢰를 회복하기 위해 '중산층의 상식'을 핵심 메시지로 내세웠다. '희망'을 업그레이드한 구호 "전진(Forward)"은 오바마의 2012년 선거운동 슬로건이었다. "맹목적 낙관주의가 아니라 희망, 부질없는 기대가 아니라 어려움에 직면해서도, 불확실성에 직면해서도 희망을 갖는 것. 이 나라가 힘들 때도 나라를 앞으로 전진시켰던 미래에 대한 신뢰를 추구하자. (…) 우리는 후퇴하지 않는다. 우리는 전진한다." 그리고 동시에 오바마는 중도개혁주의자답게 "*It's middle class, stupid!*(문제는 중산층이야, 바보야!)"라는 슬로건을 내걸었다. 당시 중산층은 부자와 빈곤층이 둘 다 무임승차하고 있고, 자신은 책임을 다하고 있지만 아무것도 얻지 못했다고 생각했다. "중산층의 조건과 미래를 해결하는 메시지, 가치, 프로그램을 통해 중산층을 재활성화할 수 있고 연합할 수 있다." 오바마는 '누가 중산층을 대변하는지', 즉 '누가 선거표밭의 결정적 중원中原(decisive center)을 차지하는지'가 선거승패를 결정한다고 봤다.

오바마는 중산층의 꿈을 대변하는 '중산층 대통령'을 자임하면서 '중산층 상식'에 기초한 중산층 스토리를 일관되게 이야기해나갔다. "미국의 힘은 언제나 위로 상승하는 중산층에 기초해 있다. (…) 근로와 책임은 보상받아야 한다. 그러나 중산층은 버림받았다. 오랫동안 국민의 실질소득은 오르지 않았고 경제위기는 국민을 벼랑으로 내몰았다. 중산층을 재건하는 것이 국가의 최우선과제가 되어야 한다. 중산층을 위해 교육에 지속적으로 투자하고 의료비용을 낮추고 사회보장을 튼튼히 하자. 우리는 모든 미국인이 아메리칸드림을 믿고 성공을 달성할 수 있다는 목표를 결코 잊지 않을 것이다."

이런 정책노선의 연장선상에서 오바마는 프랑스 대선후보 마크롱을 공개 지지했다. "마크롱은 리버럴 가치를 지지해왔다. 그는 프랑스가 유럽과 세계에서 하고 있는 중요한 역할에 비전을 제시했다. 그는 프랑스 국민을 위해 더 나은 미래를 공약했다. 그는 공포가 아니라 희망에 어필한다." 반면, 트럼프는 그를 벤치마킹한 민족전선(Front National)의 르펜을 지지했다. 아무튼 어느 모로 보나 버락 오바마는 민주당리더십회의와 클린턴에 의해 정력적으로 추진된 신新민주당운동으로부터 태어난 "*New Democrat*"로서 중도개혁주의자였다.

▌조 바이든의 중도주의적 정책수정

조 바이든(Joe Biden, 1942-)은 한국과, 그리고 김대중 대통령과 인연이 많은 미국의 46대 대통령이다. 그는 모든 정책에서 클린턴과 오바마의 중도개혁정책을 견지했으나 경제정책 분야에서는 트럼프와의 차별화를 위해 법인세 인상을 내걺으로써 중도주의로부터 얼마간 일탈한 정책으로 대선을 치러 아슬아슬하게 당선되었다. 그러나 하원 다수당

조 바이든

인 민주당은 이 노선에 따른 입법을 거부하여 바이든 정부의 경제정책을 클린턴·오바마의 법인세·소득세 동시 감세 정책으로 되돌아가게 만들었다. 이에 바이든은 국내적으로 법인세율을 최하 15%로 못박고 국제적으로 법인세 인하 하한선을 15%에 고정시키도록 만들었다.

바이든은 도널드 트럼프 전임 대통령이 법인세를 35%에서 대폭 인하하여 고정시킨 21%를 28%로 인상하겠다고 공약했으나 집권 후 입법과정에서 민주당의 강력한 반대에 부딪혔다. 공화당 의원들이 바이든의 법인세 증세 정책을 강력히 비판했을 뿐만 아니라, 민주당 의원들도 급격한 법인세 인상에 반대했다.[26] 게다가 헤리티지재단의 알려진 보고서는 28% 인상 시時 고용축소-성장율하락-자본이탈 등의 여러 측면에서 참담한 상황을 초래할 것이라는 시뮬레이션 결과를 내놓았다.

바이든은 이러한 전면적 비판에 부딪혀 법인세 증세정책을 포기하고 자국기업의 해외이탈을 막는 정책으로 선회하여 국내외적으로 최저세율을 15%로 제한하는 합의를 이끌어냈다. 최저세율 15% 정책은 국내적으로 모든 기업이 적어도 15%의 법인세는 내야 한다는 정책이다. 미국의 기업 중에는 기후변화 대응 세액 공제, 일자리 창출 세액 공제, 기술혁신 세액 공제 등 다양한 세액 공제 특혜로 세금을 한 푼도 내지 않는 대기업이 무려 55개에 달했다. 최저세율 15% 정책은 이 기업들도 이제 특혜에도 불구하고 15% 이상의 법인세는 내야 한다는 것이다.

그리고 대외적으로 15% 최저세율 정책은 세계의 모든 나라에 대해 법인세를 15% 미만으로 낮추면 아니 된다는 것이다. 아일랜드, 헝가리, 룩셈부르크, 스위스 등은 법인세를 아주 낮춰 미국·영국·프랑스·독일·일본의 수많은 유수 사업들을 자국으로 유치했다. 이에 따라 영·미·불·독

---

26) 『중앙일보 Korea Daily』, 2021년 4월 20일자, 「바이든 법인세율 최고 25% … 민주당서 급격한 인상 반대」.

기업들이 무수히 자국을 떠나 이 저低법인세 국가로 쇄도해 들어갔다. 아일랜드는 20년간 12.5% 법인세 정책을 견지했고, 이로써 2023년 1분기 현재 1,800개의 글로벌 슈퍼기업들을 유치했다.[27] 헝가리는 아일랜드를 모델로 해서 법인세를 아일랜드보다 더 낮은 9%로 대폭 인하했다. 바이든의 요구는 아일랜드와 헝가리 같은 나라도 법인세를 15% 이상으로 올리라는 압박이었다. 바이든은 G7 재무장관·정상회의를 주최하여 이 요구를 국제적 합의로 관철시켰다. G7 선진국들은 제각기 자국기업을 국내에 붙들어두기 위해 모두 이 요청에 즉각 합의했기 때문이다.

　이렇게 하여 바이든의 최저법인세 15% 정책으로 중요한 국제적 조세정책이 국제적으로 확립되었다. 그러나 바이든이 법인세 증세정책을 철회한 대신 내놓은 최저법인세 15% 정책에도 불구하고 미국 내 법인세는 트럼프가 정한 21%로 유지되고 있다. 트럼프는 재집권하면 자신이 원래 공약했던 대로 법인세를 15%대로 낮출 것이라고 호언했다.[28]

---

27)　『서울경제』, 2024년 1월 9일자, 「더블린의 '법인세 혁명 … 글로벌 기업 1,800개 몰렸다'」.
28)　『연합뉴스』, 2024년 1월 13일자, 「트럼프, 재집권 시 법인세율 추가 인하 검토」.

서구 진보정당들의 중도개혁주의와 현황

▌미국 중도개혁주의의 국제적 확산

미국 유권자들의 뇌리에 종래의 이데올로기와 뚜렷이 다른 독특한 접근법으로 각인된 중도개혁주의는 1992년 클린턴의 대선승리와 함께 영국·독일·이탈리아 등 서유럽 진보·개혁정당으로 확산되었다. 다만 고색창연한 구좌파이데올로기를 정리하지 못하고 방향감각을 상실한 채 헤매고 있던 프랑스 사회당만은 소극적이었고 클린턴과 민주당리더십회의의 중도개혁 철학을 사실상 외면했다. 그러나 당시 유럽의 기타 진보·개혁정당들은 클린턴과 '신민주당'의 이 진보주의적 중도노선 또는 중도개혁주의를 새로운 진보이념으로 환호했다. 영국 노동당은 '*The Third Way*' 또는 '*Radical Centre*'로, 독일 사민당은 '*Die Neue Mitte*(새로운 중도)'로 미국 민주당의 신新노선을 수용해 토착화시켰고, 윔 콕

(Wim Kok) 총리 주도의 네덜란드 사회노동당, 마시모 달레마(Massimo D'Alema) 총리 주도의 이탈리아 좌파민주당, 캐나다, 라틴 아메리카, 오스트레일리아, 뉴질랜드 등으로도 확산되었다.[29] 마침내 1999년 블레어 영국총리와 슈뢰더 독일총리는 「블레어-슈뢰더 선언」을 통해 중도개혁주의의 유럽적 확산을 꾀했고,[30] 이들의 주도로 같은 해 '사회주의 인터내셔널(SI: Socialist International)'도 파리대회를 열어 구舊좌파주의를 청산하고 중도개혁주의를 강령으로 못 박는 「파리선언」을 채택하고 사실상 '중도주의 인터내셔널(CI: Centrist International)'로 변신했다.[31] 이로써 중도개혁주의는 '사회주의'를 과거로 흘러 보내고 현실세계를 창조하고 경영하는 새로운 세계적 정치철학으로 확립되었다.

클린턴이 2004년 회고록에서 '*Centrist Progressive Movement*(중도주의 진보운동)'으로 부른 '중도개혁주의'는 프롬에 의해 '*Progressive-Centrist Course*(진보적 중도주의 노선)' 또는 '*Centrist Course*(중도주의 노선)'로, 기든스에 의해 '*Radical Centre*(근본적 중도, 급진적 중도)' 또는 '*The Third Way*'로, 마셜에 의해 '*Radical Centrism*(근본적·급진적 중도주의)' 또는 '*Reform-Minded Centrism*(개혁지향적 중도주의)', 펜에 의해 '*Centrist Track*(중도주의 트랙)' 또는 '*Centrism*(중도주의)' 등으로 다양하게 불린다.[32] 미국의 중도개혁주의는 서유럽의 중도개혁주의에 결정적

---

29) Clinton, *My Life*, 201쪽.
30) Tony Blair & Gerhard Schroeder, "Tony Blair and Gerhard Schroeder Manifest: Europe 'The Third Way'" (1999), 554-570쪽; 「블레어-슈뢰더 선언: 유럽의 '제3의 길'」, 287-303쪽.
31) 사회주의 인터내셔널, 「파리선언」 (21차 회의, 1999년 11월 8-10), 이 책의 부록 국역자료, 303-318쪽; The Socialist International, "Declaration of Paris: The Challenges of Globalization" (XXI Congress of the Socialist International, Paris: 8-10 November 1999), 이 책의 영문원전자료, 570-587쪽;
32) 프롬은 1996년 클린턴 대통령의 정치노선을 '진보적 중도주의 노선(Progressive-Centrist Course)'으로, 또 2006년에는 '중도주의 노선(Centrist Course)'으로 명명했다. From, "Al From's Remarks at the 1996 Annual Policy Forum and Gala" (DLC

영향을 미쳐 이것과 긴밀히 연결된 노선이지만 논리와 강세 면에서 서로 다른 점도 있다. 미국의 중도개혁주의는 미국의 정치적 맥락에서 정보화시대의 '경제성장·기회·중산층'의 삼각으로 짜인 미국적 논리와 칼라를 띠고 있는 한편, 서구의 중도개혁주의는 신新중산층의 '생활정치'와 연관된 논리가 중시되고 있다.

▌미국민주당의 '경제성장·기회·중산층'의 삼각 논리의 견지

미국 민주당의 '경제성장·기회·중산층'의 삼각 논리는 2000년대에 들어서도 변함없다. 앨 프롬과 브루스 리드(Bruce Reed)는 말한다.

▶ 민주당은 우리가 중산층의 가치를 영예롭게 하고 그들의 나라를 방위하고 그들이 힘들게 일해 번 세금 달러를 지출하기 전에 두 번 생각한다는 것을 중산층에게 보여주어야 한다. 가장 중요한 것은 우리가 중산층에게 희망을 다시 줄 필요가 있다. 그들의 공포를 완화해 주고 그들의 미래가 과거보다 좋을 수 있다는 것을 그들에게 확신시켜 줄 필요가 있다는 것이다. (…) 우리는 다시 기회의 땅(*land of opportunity*)이 되어야 한다. 세계

1996), 이 책의 영문자료, 401쪽; From. "Democrats Must Adopt a Centrist Course" (2006), 459쪽. 기든스는 1997년 'Radical Centre'로 표현했다. 참고: Anthony Giddens, "Centre Left at Centre Stage"(1997), 196쪽. Anthony Giddens and Christopher Pierson, *Conversation with Anthony Giddens* (Cambridge: Polity Press, 1998). 1998년에는 기든스가 'The Third Way'라는 새로운 개념을 도입하면서 'Radical Centre'를 '제3의 길'의 첫 번째 강령으로 언급한다. 참고: Giddens, *The Third Way*, 44, 70쪽. 그리고 진보정책연구소(PPI) 소장 윌 마샬은 2000년에 'Radical Centrism'으로, 2001년에는 'ReformMinded Centrism'으로 표현한다. 참고: Will Marshall, "The Second Wave of Innovation. Democrats Cannot Afford to Revert to Old Habits" (DLC, The New Democrat, August 2000), 이 책의 영문원전자료, 414쪽; Marshall, "Revitalizing the Party of Ideas" (2001), 423쪽. 마크 펜은 '중도주의 트랙(Centrist Track)' 또는 '중도주의(Centrism)'라고도 부른다. Penn, "The Decisive Center" (2000), 185, 188쪽.

에서 우리의 사명은 희망과 자유와 존경의 봉화烽火이어야 한다. 민주당은 미국을 위해 더 많은 것을 원한다. 우리는 중산층의 가치, 안전, 열망이 더 이상 망각되지 않을 것이라는 확신을 주어야 한다. (…) 중산층의 형성을 도왔던 정당은 이제 중산층을 구하는 플랜을 제시해야 한다."[33]

이를 위해 경제성장은 필수적이다. "우리는 번영을 소수가 아니라 모든 미국인들에게로 확대하고 중산층을 높은 조세부담으로 질식시키는 것이 아니라 중산층 소득을 증대시키기 위해 조세제도를 개혁해야 한다. (…) 우리는 경제를 성장시키고, 청정에너지 기술, 에너지보존 등과 같은 신생산업에서의 고수입 미래직업을 만들어냄으로써 거대한 미국식 직업 창출 기제를 재再가동시킬 것이다."[34] 1년 뒤 2005년에는 이 점을 더욱 분명히 한다.

▶ 기회 사회(*Opportunity Society*)를 건설하는 것. 우리의 최대 강점은 민주당이 줄곧 중산층과 그 대오에 끼기를 열망하는 사람들의 정당이라는 것이다. 기회는 그 어떤 것보다도 우리 당을 단결시켜 주는 가치다. 더구나 우리는 (…) 기회의 정당이다. 그러나 미국인들은 자신들을 앞으로 나아가도록 만들어줄 대담하고 명확한 경제성장 비전을 제시하지 않는다면 우리가 기회의 정당이라는 사실을 알지 못할 것이다. (…) 좋은 소식은 우리가 열심히 일하고 싶은 모든 시민들에게 보다 좋은 삶의 약속과 이 약속을 소중히 뒷받침할 찬스를 주는 국가공동비전을 공유하고 있다는 것이다. 부시는 소유권 사회(*Ownership Society*)를 약속했다. 이에 대해 존 에드워즈(John Edwards) 등은 기회 사회를 제안하는데, 이는 옳은 말이다. (…)

---

33) Al From & Bruce Reed, "The Right Fight" (2004), 이 책의 영문자료, 436쪽.
34) From & Reed, "The Right Fight" (2004), 438쪽.

부富가 아니라 일을 보상해 주고, 더 큰 빚더미가 아니라 한 뭉치의 돈을 소유할 찬스를 각 개인들에게 주는 조세개혁을 요구하고, 공부하고 싶은 모든 이들에게 대학 학비를 면제해 주고, 재무책임을 복원하고 시장을 작동하도록 하기 위해 법인체의 세금탈루를 봉쇄하는 것 등이다. 이런 생각들은, 클린턴 식으로 말하면, 매일 일하러 가고 규칙을 지켜 살아가는 모든 사람들과, (…) 저임금국가들과의 경쟁과 급속한 경제변동에 직면한 모든 이들에게 상향이동전략(*upward mobility strategy*)을 제공한다.[35]

이런 미국적 논리와 달리 기든스는 '*radical centre*'에 '생활정치(*life politics*)'와 관련된 독특한 의미를 부여한 바 있다. 그에 의하면, 생활정치는 "선택, 정체성, 상호성의 정치"다. 가령 지구온난화, 핵에너지 문제, 노동의 삶의 의미, 지방분권, '유럽연합의 미래' 중 어느 것도 "명백한 좌파적·우파적 이슈가 아니다". 이것은 "정치적 중도를 새롭게 바라볼 것"을 시사한다. 좌와 우가 이전처럼 모든 문제를 포괄하는 시대가 아니기 때문에 '정치적 중도'는 이제 시대의 근본요청인 것이다. 이제 '활동적 중도(*active middle*)' 또는 '근본적 중도(*radical centre*)'는 "진지하게 받아들여져야 한다." '중도'는 '온건성'을 뜻하는 것이 아니라 세계화와 지식정보화 시대의 '생활정치'를 위한 – 광범한 합의에 의거한 – 근본개혁성을 내포한다. 가령 "생태문제를 다루는 것은 종종 근본적 관점을 요구하고 이 급진주의(*radicalism*)는 원칙적으로 광범한 합의의 형성을 명령한다." 정보화·세계화에 대한 대응에서부터 가족정책에 이르기까지 "동일한 관점이 적용된다." 지식정보화시대에 좌우 범주로 포착할 수 있는 정치이슈는 급감했고 '중도적' 접근을 요하는 이슈는 줄곧 확대되고 있다. 이런 까닭에 '중도' 노선만이 21세기의 다양한 생활양식을

---

35) Al From & Bruce Reed, "What We Stand For" (2005), 447쪽.

충족시키는 개혁정책의 수립과 집행을 위한 - 주변화된 좌우 한계세력을 제외한 - '광범한 합의(widespread consensus)'와 다양한 라이프 스타일을 조직하는 '동맹(alliances)'을 가능케 한다. 가령 '복지국가 개혁'은 이전처럼 사회정의만이 아니라 좌우범주로 포착할 수 없는 수많은 새로운 요구들도 충족시켜야 하는 것이다. 기든스는 새로운 능동적 복지정책으로 '라이프스타일의 능동적 선택'의 길을 터주고 '생태전략'과의 유기적 통합 요청과 정보화·세계화시대의 '새로운 위험부담(리스크)'에도 답해야 한다고 말한다.[36]

▌공자의 중용정치의 복권: 중용정치와 구舊좌우익의 비교

미국과 유럽 간의 중도개혁주의의 의미 차이가 어떠하든, 공자와 아리스토텔레스가 공히 강조하던 최고의 정치적 실천덕목으로서의 '중도' 이념이 세계적 좌우대결 시대를 마감하며 이처럼 정치일선에 복귀한 것은 매우 다행스러운 일이다. 근대사를 성찰하면, 중도주의는 근현대 극단세력들의 살벌한 준동 속에서도 늘 실질적이고 따라서 진정한 '개혁'노선을 주도해 왔다고 해도 과언이 아니다. 후세에도 치적으로 평가받는 진정한 개혁과 진보를 이룩한 이념세력은 어떤 시대든 중간계급의 권익과 세계관을 대변하는 중도세력이었기 때문이다. 기계파괴운동, 자코뱅 공포정치, 공산혁명, 파쇼반동 등 극좌·극우세력들의 혁명(급진변혁)과 반反혁명은 시대마다 참된 의미의 '진보'를 저해하고 문명파괴를 자행하다가 다 도로徒勞로 끝났을 뿐이다.

역사적으로 비교하자면, 18-19세기 산업혁명과 시민혁명으로 정치경제적 근대화(민주화·시장화·산업화)를 주도한 근세 초 부르주아적 중산

---

36) Giddens, *The Third Way*, 42-43쪽.

계급(middle class)과 시민혁명세력의 고전적 자유주의는 '19세기 버전의 진보적 중도노선'이었다. 그리고 전전戰前 정치개혁('보통민주주의' 확립)과 전후前後 사회문화개혁(사회복지국가 건설)을 주도한 20세기 산업시대 대량생산·대량소비의 주력대중이었던 '새로운 중간계층'(숙련노동자·화이트칼라 대중)의 중도좌파적 사회민주주의와 중도우파적 사회자유주의는 '20세기 버전의 진보적 중도노선'이었다. 오늘날의 중도개혁주의는 21세기 정보혁명과 지식경제를 이끌고 있는 지식근로자·전문직 서비스근로자와 중소 벤처 기업가를 위시한 '신중산층'의 권익과 세계관을 대변하는 '21세기의 진보적 중도노선'이다.

이렇기 때문에 새로운 21세기 중도와 전통적 20세기 구舊좌우파 간의 정책 차이는 분명하다. 이해를 돕기 위해 이를 도식화하면 다음과 같다:

중도와 좌우파간 정책비교 [37]

분야	좌파 노선	중도 노선	우파 노선
경제	경상수지 흑자의 경우에 소득세 인하, 그러나 건강보험 확대 및 빈곤퇴치 등의 다른 중요한 우선항목 때문에 법인세 인하 반대	경상수지 흑자의 경우에, 균형 예산 유지, 사회보장, 건강보험의 미래 확보, 국채상환의 여력이 있는 범위 안에서 세금인하 찬성	경상수지 흑자의 경우에 세금면제 제공, 강력한 경제력 유지 등을 위해 법인세 대폭 인하
사회	정부는 가치문제에 대해 중립을 지키되, 낙태권리, 동성애자의 병역이행 권리 등의 개인권리 보호	주류가치를 강화하고 부모에게 개인가치를 강화하는수단을 제공하되, 다양성을 관용하고 특수한 도덕코드를 강요하지 않음	정부는 학교 안에서 기도를 허용하고 동성애자의 특수한 권리를 반대하고 낙태를 금지함으로써 더 강한 가치를 장려해야

---

37) Penn, "The Decisive Center", 192쪽.

정부	정부의 비대화 추세에도 정부는 만인을 위한 강력한 공교육, 강력한 건강보험, 서민을 위한 강력한 사회안전망 등을 위한 사회보장공약을 확대해야	정부는 기회를 만들어 주어야 하나, 정부로부터 혜택을 받은 사람들은 일정한 의무를 다해야 하고 뭔가를 나라에 돌려줄 필요가 있음	세금을 줄여 정부의 규모를 줄이고, 정부의 간섭에 의해 방해받지 않고 작동하도록 자유시장을 허용해야
통상	무역장벽을 낮추는 데 신중해야, 통상을 축소시키더라도 자국 근로자 보호 우선	경제성장 유도를 위해 통상 확대와 동시에 신경제에서 성공을 보장하는 수단을 제공할 주도적 조치를 취해야	무역장벽을 낮추고, 각자가 자유시장으로부터 결국 혜택을 입을 것이기 때문에 자유시장을 육성해야

■ 에마뉘엘 마크롱의 극중極中노선과 2017년 프랑스 대선 승리

2017년까지 프랑스 사회당은 미국과 유럽제국의 진보·개혁정당들의 중도화 노선을 사실상 거부하고 고색창연한 구舊좌파이데올로기를 정리하지 못한 채 방향감각을 잃고 헤매고 있었다. 이로 인해 사회당 안에서 격심한 내부갈등과 분열이 표면화되었다. 이런 와중에 사회당 소속 프랑수아 올랑드(François Hollande) 대통령 아래서 경제산업부장관을 지낸 에마뉘엘 마크롱(Emmanuel Macron, 1977-)

프랑수아 올랑드

이 사회당을 탈당한 뒤 2016년 4월 - 정치비평가들에 의해 '극중極中(l'extrême-centre)'이라고 불린 - '중도'를 기치로 '라 레퓌블리크 앙 마르쉬(La République En Marche!, 전진 공화국)' 당을 창당해 대선에서 승리했다. 정치분석가들은 이 승리를 "마크롱 혁명"이라고 불렀다.[38] 원래 'En Marche!'에서 확장된 "La République en Marche!"의 당명은 버락 오바마의 2012년 선거운동 슬로건 "Forward"를 본뜬 것으로 보인다. 오바마는 종전의 구호 '희망'을 업그레이드해서 "Forward"로 표현했었다. 그러나 2022년 9월 총선 후 당명을 '르네상스(Renaissance)'로 개명했다.

에마뉘엘 마크롱

이 선거혁명의 결과로 구舊좌·우익정당의 적대적 공존이라는 '구체제'가 붕괴되었다.[39] 2017년 프랑스 대선(4월 23일, 결선 5월 7일)과 이어서 치러진 총선(6월 18일)에서 소위 '5공화국 앙시앵 레짐(ancien régime)'이 와해됨으로써 사회당과 공화당이 번갈아 집권하던 70년 타성의 양당체제, 즉 구좌우파의 반사이익 체제가 종식되었다. 양대 기성정당인 사회당 후보와 공화당 후보가 둘 다 대선 결선에 진출하지 못한 것은 진짜 '이변 중의 이변'이었다. 더욱이 이 양당 후보들의 1차 선거 득표율은 도합 전체의 25%에 불과했다. 반면, 마크롱을 위시해 구체제 청산을 요구하는 소위 반란자 후보들의 득표율은 도합 75%에 달했다. 대선 결선은 구체제 청산을 공유하는 정치 아웃사이더인 라 레푸블리크 앙 마르쉬 당의 에마뉘엘 마크롱과, 프롱 나쇼날(Front National, 민족전선)의 마린 르펜(Marine Le Pen) 간의 양자 대결로 치러졌고, 결과는 마크롱의 압

---

38) 이하의 마크롱 분석은 민주연구원 이진복 박사의 2017년 발표논문 「'마크롱 현상': 포퓰리즘 시대의 진보」을 요약·수정·보완한 것이다.

39) Matthew Elliott. 2017. *A Brief Guide to the French Election : Populism across the Spectrum – Left, Right and Centre*. Legatum Institute. 4. 21. Philippe Le Corre. 2017. "A Brief Guide to the French Presidential Election." 3. 21. The Nrookings Institute. Pauline Bock. 2017. "4 Things We Learned from the French Presidential Debate." The New Statesman. 4. 5.

승이었다. 대선 1차 투표에서 마크롱 후보(24.01%)는 르펜(21.30%)을 꺾고 1위를 차지했고, 5월 7일 열렸던 결선 투표에서는 66.10% 득표율로 압승한 것이다.

이어서 6월에 치러진 총선에서 마크롱 대통령의 집권여당 라 레푸블리크 앙 마르쉬!(La République En Marche!), 기타 중도정당, 민주운동(Democratic Movement) 등의 선거연합이 압승하고, 창당 된 지 1년 남짓밖에 되지 않는 신생정당 '라 레푸블리크 앙 마르쉬'가 전체 의석 577석 중 350석 획득했다. 총선에서 구좌우파 정당의 득표율 합은 1/3에 불과했고, 사회당은 지난 총선 대비 30% 이상 득표율(286석의 의석)을 잃고 45석의 군소정당으로 전락했다. 공화당도 사회당의 국정실패로 인한 반사이익 체제가 작동하지 않자 10% 이상의 득표율(93석)을 잃고 136석의 소당小黨으로 추락했다. 더구나 총선에서 사회당과 공화당의 간판급 정치인과 차세대 주자가 대거 낙선하거나 마크롱 정부로 이탈함으로써 당지도부가 무너져 당의 재건이 당분간 어렵게 되었다.

구체제 붕괴의 근본적 원인은 프랑스의 적폐였다. 오랫동안 쌓여온 폐단은 무엇보다 먹고사는 문제, 함께 사는 문제를 방치하는 무능, '시끄러운 소수 활동가들'의 이념논쟁이나 정쟁이슈를 외면하는 '조용한 다수 생활인'의 민생고, 국가경쟁력 하락 등이었다. 구체제는 그들만의 정쟁에 함몰되어 문제의식과 해결능력을 잃고 지난 수십 년간 생활인의 절박한 민생과제를 악화시키고, 구조개혁을 방치함으로써 국가경쟁력을 훼손한 것이다. 특히 글로벌 금융위기 이후 우파 사르코지(Nicolas Sarkozy) 대통령의 히스테리 리더십, 좌파 올랑드 대통령의 유약한 리더십은 경제 위기를 심화시켰을 뿐 아니라 부정부패 스캔들로 점철

니콜라 사르코지

되었다. 프랑스 국민의 대다수가 경제적 전망에 대한 보통 사람의 절망과 무능하고 부패한 정부와 정치인에 대한 분노, 내 삶에는 별 차이 없는 사회당·공화당의 반사이익 체제 자체를 적폐 체제로 느끼면서 적폐청산을 위해서는 구체제를 청산하는 정치체제 혁명이 불가피하다는 대중적 공감대가 형성되었다. 마크롱은 '라 레푸블리크 앙 마르쉬' 운동을 통해 구좌파와 우파를 넘어서고자 했다. 마크롱은 문제를 악화시켜 왔던 고색창연한 사회주의와 드골주의, 구좌우파의 적대적 공생을 타파하고 문제해결을 주창하며 '좌파와 우파를 넘어 전진하자는 의미에서 '라 레푸블리크 앙 마르쉬' 혁명을 선언했다.

프랑스의 문제가 해결되지 않고 쌓여 적폐가 된 것은 좌파와 우파의 낡은 고정관념에 기인했다. 구좌파 사회당은 안전을 강조하면서 우파를 불안전 세력으로 낙인찍었고, 우파는 유연성을 앞세우면서 사회당의 교조적 경직성을 비난했다. 그리하여 마크롱은 복지와 시장의 양자택일적 고정관념을 깨지 않고서는 적폐청산이 불가능하다고 생각하기에 이른 것이다. 마크롱은 보수가 아니라 진보를 자임했으나 구좌파 사회당과 우파 공화당을 문제해결을 위한 해법이 없고 아이디어를 억압하는 현상유지의 보수세력으로 비판하고, '라 레푸블리크 앙 마르쉬'를 문제해결을 우선하면서 교조적 도그마에 도전, 기성정치체제를 타파하려는 근본적 진보(radical progressive)로 자리매김했다.

마크롱은 구좌파의 안전성과 우파의 유연성을 조화시키는 '유연한 안전성'의 비전과 정책을 제시하고, 복지와 시장을 적대적 관계가 아니라 상생의 파트너십 관계로 정립했다. 그리하여 시장의 유연성과 복지의 안전성을 동시에 강조하고 유연성을 뒷받침하기 위해서는 복지의 안전성이 필요하고, 복지가 지속가능하기 위해서는 시장의 유연성이 요구된다는 중도노선 채택했다. 이것은 클린턴과 민주당리더십회의의 '근본적 중도(the radical centre)'와 유사한 노선이었다. 프랑스 정치분석가들은 마크롱의 중도노선에 프랑스 혁명기의 "엑스트렘 상트르(extrême-centre)"라는 명칭을 붙여주었다.[40] 마크롱의 이 "엑스트렘 상트르"는 구좌파 사회당처럼 사회주의 인터내쇼날(SI)의 새로운 노선인 '중도개혁주의'에 대해 사회당처럼 어정쩡한 자세를 취하지 않고 우파에 대해 기울지도 않고 단호하고 철두철미하게 근본개혁을 추구하는 중도를 의미했다. "extrême-centre"라는 용어는 로베스피에르 중심의 자코뱅 과격파가 처형되고 테르미도르 정파(les Thermidoriens)에 의해 국가수뇌부가 교체된 1794년으로 거슬러 올라간다. 이 용어는 원래 앙시앵 레짐으로 복고하지 않으면서도 1789년 로베스피에르 세력의 교조적 과격성을 종식시킨 혁명노선을 가리켰다.

'엑스트렘 상트르(extrême-centre)'는 '극단적 중도'가 아니라 고색창연한 구좌파와 시대착오적 극우파, 이 양극단세력과 치열하게 싸워 이들을 깨부수는 '극렬 중도'로 이해되어야 할 것이다. 따라서 '엑스트렘 상트르'는 정중앙을 굳세게 지킨 채 좌우익에 대해 극렬하게 '투쟁하는 중도'다. 이것은 미국 민주당의 '근본적 중도(radical centre)'와 같고, 공자의 개념으로는 '정중正中'을 뜻한다. "extrême-centre"는 우리말로 최근에 '극중極中'으로 번역되었다. '극중'은 구좌·우파와 싸워 중도좌익과 중도보수의 양편을 모으는 '정중앙'이다. '극중'이 이 양편을 끌어모으는 데 성공하면 이것은 큰 중도, 즉 '대중大中'이 된다. '극중'이 '대중'을 이루면, 이 '대중'은 이미 '강력한 중도', '강중强中'이다. 마크롱은 극중 → 대중 → 강중으로 가는 이 행정을 대차게 걸어 대선과 총선에 연승한 것이다.

---

40) Gauthier Boucly "l'extrême-centre : de la Révolution française à Macron". *Le Vent Se Leve* 3 septembre 29, 2017.

2000년대 프랑스에서는 구좌우익 포퓰리즘이 동시에 발호하면서 사회당이 더욱 교조적으로 좌경화되고 공화당은 더욱 우경화되는 정치적 역행이 벌어졌다. 사회당 대선후보 경선에서는 향수의 정치(the politics of nostalgia)와 절망의 정치(the politics of despair)를 지향하는 강경좌파 아몽(Benoît Hamon)이 예상을 뒤엎고 중도좌파 발스(Manuel Valls) 전 총리를 누르고 대선후보로 선출되었다. 사회당은 대선 승리를 포기하고 이탈한 고정 지지층을 회복해 제1야당이 되는 것을 목표로 하는 패배주의를 선택한 것이다. 공화당 대선후보 경선에서는 뉴라이트적 강경우파 프랑수아 피용(François Fillon)이 당초 유력했던 중도우파 알랭 쥐페(Alain Juppé)를 누르고 승리했다. 공화당은 사회당 소속 올랑드 대통령의 인기 추락으로 승리를 당연시하면서 르펜의 극우 노선을 일부 수용했다. 사회당 안에서는 아몽 선출 후 강경좌파와 중도좌파 간 대립이 격화되었다. 지지도가 크게 추락하는 가운데 대선을 포기한 아몽은 사실상 사회당에서 이탈해 신당 '굴하지 않는 프랑스(La France Insoumise)'를 창당한 강경한 복고적 구좌파 멜랑숑(Jean-Luc Mélenchon) 후보를 지지한다고 선언했다. 그러자 사회당 중도좌파세력이 대거 이탈해 라 레푸블리크 앙 마르쉬로 들어갔다. 포퓰리즘적 권위주의, 리버럴 보수주의, 반혁명적 민족주의세력으로 구성된 프랑스 우파 중 반혁명적 민족주의세력이 민족전선을 형성했고, 드골주의는 포퓰리즘적 권위주의와 리버럴 보수주의 간의 균형을 추구했다. 그런데 피용이 대선후보로 선출된 것 자체가 파란을 몰고 온 데다 부패 스캔들로 그의 지지도마저 급락했다. 그러자 중도보수(리버럴 보수)세력이 라 레푸블리크 앙 마르쉬로 대거 이탈했다. 이로써 라 레푸블리크 앙 마르쉬는 대선 전 몸집을 크게 불리게 되었다. 사회당과 공화당이 이처럼 극단화되면서 분열하자 국민의 중도적 요구를 충족시키지 못하는 거대한 정치적 공백이 발생하면서 중도정치의 공간이 형성되고 확장된 것이다.

마크롱은 구좌파와 뉴라이트를 넘어 중도적 진보를 주창하는 정책방향에서 클린턴·블레어·슈뢰더·오바마 노선을 따르는 '제3의 길', 급진중도 후보로 평가되는 대선 정책공약들을 내걸었다.

- 실업률, 현재 10%에서 7%로 축소
- 탄소세를 높이고 기업의 조세회피에 엄격하면서 법인세를 33.3%에서 25%로 인하
- 저임금 노동자에 대해 근로소득세 영구 감세, 저소득자에 대한 일부 사회복지세 면제
- 2022년까지 매년 600억 유로 공공지출 삭감. 그러나 직업교육, 재생가능에너지, 교통과 지방 인프라 현대화, 농업, 공공행정의 현대화와 디지털화에 5년 동안 500억 유로 투자
- 구직활동을 하지 않거나 합리적 일자리 제공을 거부하는 실업자에 대해 실업수당 유예. 그러나 5년에 1회 새로운 일자리를 찾기 위해 자진 사직한 실업자(해고자 제외)에 대해서는 실업수당 허용
- 주35시간 노동 유지. 그러나 노동시간 유연성에 대한 노사협상권을 산별노조가 아니라 개별기업에 부여. 초과근로 소득에 대한 사회복지세 면제
- 1만 명의 경찰과 5,000명의 국경경비대 신규고용. 테러방지 정보기관 강화
- 유럽 단일 디지털시장과 에너지시장 신설. 유럽에서 절반 이상을 생산하는 기업에 대해 정부조달을 허가하는 바이유럽 법령(Buy Europe Act) 제정
- 저녁과 토요일에도 공공서비스 유지. 모든 공공서비스에 대한 서비스 품질 정보 공개

- 국회의원의 보좌진에 가족을 채용하는 관행 철폐, 국회의원연금 폐지
- 하원의원과 상원의원 수를 1/3 감원. 지방의원수를 최소 1/4 감원
- 형사전과자의 공직취임 금지, 선출직의 컨설팅 금지
- 프랑스어 구사 능력을 국적 획득의 주요 조건으로 함

민족전선(프롱 나쇼날, Front National)의 마린 르펜은 주로 트럼프 스타일을 계승하고 영국에서 민족주의적 일방주의 관점에서 브렉시트를 선동했던 영국 민족당의 니겔 패러지(Nigel Farage)의 정책과 유사한 우익 포퓰리즘적 정책들을 내걸었다. 그러나 르펜은 이주민 배제정책을 제외하면 국내정책은 사실상 구좌파와 유사했다.

- 62세에서 60세로 연금수령 연령을 낮추고 연금과 장애수당을 높이고 가스와 전기요금을 인하하는 등 공공지출을 크게 인상. 그러나 자격조건으로 20년 이상 프랑스에 거주한 프랑스 국적자로 제한
- 수입에 대한 3% 사회기여를 재원으로 저소득자를 위한 기본소득인 구매력 보너스(Purchasing Power Bonus) 도입. 사실상의 관세 신설 (그러나 이것은 유럽단일시장과 양립불가)
- 부유세를 유지하면서 부가가치세, 사회보장 기여금 인상 반대
- 조세회피를 단속하고, 대기업이 프랑스에서 발생한 수익을 타국으로 이전할 경우 과세하는 전환수익세(diverted profit tax) 도입. 외국 노동자 고용 과세
- 하위 과세 3단계층에 대해 소득세 10% 감세. 상속세 25% 인상
- 기존 15%~33.3%의 법인세를 24%로 단일화. 중소기업에 대한 중앙은행의 여신 지원
- 글로벌 자유무역과 노동시장 개혁 반대
- 유럽연합 탈퇴에 대한 국민투표. 나토 탈퇴

- 외국인 범죄자와 용의자에 대한 자동 추방
- 1만 5,000명의 경찰 신규고용. 법집행기관에 대한 지원 강화
- 동물 복지를 국가정책상 최우선 순위로 추진

마크롱은 좌우포퓰리즘에 과감하게 맞섰다. '라 레푸블리크 앙 마르쉬' 혁명은 아이디어가 고갈된 구좌파의 좌익복고주의와 뉴라이트 강경우파의 보수주의에 대항한 '진보'일 뿐 아니라 포퓰리즘적 퇴행에 맞서는 '전진'을 의미했다. 대선 1차 투표가 진보 대 보수의 정치구도였다면, 결선 투표는 르펜의 포퓰리즘에 맞서는 진보 대 퇴보 구도로 치러졌

마린 르펜

다. 프랑스의 진보는 포용을 통해 가능하고 이는 프랑스의 상식을 대변한 반면, 르펜의 포퓰리즘은 희생양을 찾아 배제하고 프랑스를 퇴보시키는 몰상식이었고, 마크롱은 이 점을 부각시켰다.

그런데 구좌우파의 적대적 공생체제, 구체제의 적폐세력에 대항한다는 점에서 마크롱과 르펜은 동일했고, 둘은 기성체제에 저항하는 아웃사이더 정치, 또는 '반란자 정치(insurgent politics)'를 공유했다. 그러나 르펜은 나치즘을 옹호하는 아버지 장-마리 르펜(Jean-Marie Le Pen)의 극우 포퓰리즘 노선을 폐기하고 좌익 포퓰리즘적 공약을 대거 흡수하면서 선거에서 이기려는 '보통정당화'를 추진했다. 그리고 엘리트 세계화주의자에 저항하는 애국자를 자처했다. 반면, 마크롱은 세계화의 양면성을 인정하고 포퓰리즘 지지자의 분노에 공감해 세계화의 위험을 줄이려고 하면서 세계화의 기회를 살리는 것이 프랑스의 국익이고, 애국임을 강조했다. 인류보편적 가치에 기초한 세계주의가 대혁명 이래 프랑스의 고유한 가치이고 프랑스의 이 고유한 가치를 지키는 것이 애

국이라고 외쳤다. "프랑스인은 언제나 전지구적 범위에서 생각해왔다. 프랑스는 언제나 세계의 일부분이기 때문에 성공했다. 우리의 언어, 역사, 문명은 전 세계 대륙을 비치고 있다."

르펜의 포퓰리즘 정당 '민족전선(프롱 나쇼날)'은 지도자의 카리스마에 전적으로 의존해서 사당화되어 있는 까닭에 대선에서 선전할 수도 있지만 총선에서는 망할 수밖에 없는 구조를 가지고 있었다. 반면, 마크롱의 라 레푸블리크 앙 마르쉬 당은 위로부터의 리더십과 아래로부터의 조직을 결합하고 상호 보완케 했다. 그러나 구체제의 적폐를 청산하는 지속가능한 조직을 만들기 위해 정당이 아니라 운동을 조직한 라 레푸블리크 앙 마르쉬는 전진을 위한 초당적 운동으로서 운동에 누구나 참여할 수 있는 것처럼 다른 정당의 당원도 환영하는 '다중多重당원제'도 채택했다. 또한 당비를 내야만 당원이 되는 것이 아니라, 라 레푸블리크 앙 마르쉬의 가치에 동의하면 누구나 당원이 될 수 있는 집회 참가자 같은 '지지자 중심 정당'이었다.

르펜이 대중의 공포심을 선동해서 분노의 정치를 통해 정치체제를 통째로 악마화함으로써 대화와 타협을 통해 문제를 해결하려는 정치의 토대까지 해체하려 했다면, 마크롱은 기성체제 해체를 추진하지만 세력교체를 통해 정치체제를 재구성해 구체제의 적폐를 청산하려는 의지와 문제의식, 아이디어를 갖고 있는 모든 정치인과 생활인을 포용하려고 했다. 따라서 르펜이 선악구도로 위로부터 정치를 파괴해 문제를 증폭시켰다면, 마크롱은 밑으로부터 실생활에 주목할 것을 지속적으로 요구하고 실천하려고 했다. 라 레푸블리크 앙 마르쉬 지지자는 직접 가가호호 방문해서 보통사람의 희망과 절망, 프랑스에서 작동하는 것과 작동하지 않는 것에 대해 생생하게 소통하고, 이를 종합해서 '라 레푸블리크 앙 마르쉬'의 대선공약으로 집대성했다.

마크롱은 자기의 정치노선을 정립하면서 클린턴, 블레어, 오바마를 결정적으로 많이 모방했지만 자기 노선을 '중도'로 지칭한 적이 없다. 그러나 전술했듯이 프랑스 정치분석가들은 그의 노선을 "*l'extrême-centre*(극중)"이라고 부르고, 미국 정치평론가들은 "*the radical centre*(근본적 중도)"라고 바꿔 부르기도 하고, "*the extreme center*"로 직역하기도 했다. 가령 *The Washington Post* 지의 애플바움(Anne Applebaum)은 마크롱이 "새 브랜드의 근본적 중도(*the brand-new radical center*)를 대표한다"고 평했다.[41] 그리고 사학자 자레츠키(Robert Zaretsky)는 마크롱의 노선이 "특유하게 프랑스적 유형의 중도, 극중의 체현(*the embodiment of a particularly French kind of center – the extreme center*)"이라고 말했다. 그는 "좌익도 아니고 우익도 아니다"라는 마크롱의 선언을 지적하고, 그 정책적 증거로서 전통적 정당들이 모순으로 느끼는 '공공부문 긴축 속의 환경투자 확대'와 같은 정책을 들었다.[42] 미국 정치인 데이브 앤더슨(Dave Andersion)은 '*Radical Centre*'로 종종 표현되어 온 클린턴·블레어·민주당리십회의·기든스 등의 '제3의 길'에 대한 미흡한 인식 속에서 마크롱과 클린턴의 노선을 아주 다른 것으로 인식하기까지 한다. 마크롱의 승리는 "새로운 중도(*a new center*)의 이름으로 현재의 양극화된 정치를 초월하고 싶은" 사람들에게 길을 제시해 주었다는 것이다. 이때 이 '새로운 중도'는 "미국과 영국의 '제3의 길' 정치를 연상시키는 온건한 중도(*moderate center*)가 아니라 마크롱의 '*radical center*' 관점으로 묘사되어온 것"이다. "그것은 좌익과 우익을 초월하지만 양익의 중요한 요소들을 취한다."[43] 이 말에 '새로운 혁신

---

41) Anne Applebaum, "France's Election Reveals a New Political Divide" (23 April 2017). *Washington Post online*. Retrieved 16 October 2017.
42) Robert Zaretsky, "The Radical Centrism of Emmanuel Macron". *Foreign Policy* (24 April 2017). Retrieved 16 October 2017.
43) Dave Anderson, "Why the 'Radical Center' Must Be the Future of American

요소들을 추가한다'는 말을 덧붙이면 마크롱의 극중 노선을 제대로 포착한 것이리라.

아무튼 마크롱의 '극중' 또는 '근본적 중도'는 단순한 정권교체를 넘어 수명이 다한 낡은 체제의 교체를 요구하기 위해 좌파와 우파의 중간이 아니라 라 레푸블리크 앙 마르쉬, 전진하는 진보를 선창했다. 기성정치체제가 조용한 다수 생활인의 민심을 제대로 반영하지 못하는 민주주의 결손을 해결하기 위한 '민주 혁명'을 주창하면서 정치체제 혁명을 추구했다. "나는 우리 정치체제의 공백을 안에서 들여다보았다. 프랑스 정치체제는 아이디어 대부분을 중단시켰다. 아이디어가 정치체제의 작동기제, 전통적 정당, 기득권 등을 위협하기 때문이다. (…) 우리 정치체제는 봉쇄당했다." 기성정치체제의 문제해결 능력 상실은 좌파와 우파의 철 지난 고정관념에 사로잡힌 직업적 정치계급이 프랑스 사회의 역동적 부문과 단절되고 생활인의 삶을 대변하지 못했기 때문이다. 마크롱은 근본적 혁신이 없다면 극단적 포퓰리즘이 정치를 접수, 파괴할 수 있다고 하면서 이렇게 경고했다. "현상 유지는 자기파괴를 야기한다. 우리의 정치가 변할 수 없다고 생각하는 것은 나라를 극단주의자에게 진상하는 최선의 방법이다."

마크롱의 극중 노선은 기성정치체제의 해체를 넘어 이데올로기 재편성과 정치세력의 재구성을 지향했다. 그는 그릇된 이데올로기에 집착해서 문제제기만 하는 좌파와 우파를 둘 다 '퇴행적 보수주의'로 규정하고 현실을 직시하면서 문제해결의 혁신적 아이디어를 중시하며 미래로 전진하는 '혁신적 진보'를 자임했다. 그리고 그는 스스로를 개혁적이고 현대적인 "제2 좌파(*deuxième gauche*)"로 묘사했다. 그는 우파의 '자유'와 좌파의 '평등'의 그릇된 분열을 혁신적 진보의 '박애'로 전진적으

Politics". *The Hill newspaper* (16 May 2017). Retrieved 16 October 2017.

로 통합함으로써 공화국 정신을 복원할 것도 약속했다. 그는 국가와 시장의 양자택일을 거부하고 시민사회의 능력과 역할에 주목하고 특정이념보다 실사구시를 강조하면서 분권, 자율, 인도人道를 최상의 가치로 내걸었다. 그리고 그는 구좌파와 우파의 진영논리를 현실을 반영하지 않은 정치계급의 기득권 논리로 비판하고 좌우진영 내부보다 이를 가로질러 중도좌파와 중도우파는 좌우 진영의 극단적 좌우익 포퓰리즘세력보다 훨씬 더 많은 공통점을 갖고 있다는 사실에 주목했다. 그는 프랑스의 적폐를 방치·악화시켜왔던 시끄러운 소수 활동가의 좌우 정치 양극화를 해소하고 조용한 다수 생활인들의 중도주의 연합을 형성했다. "프랑스에서는 현실을 인정하지 않는 20%의 극좌가 있다. 대략 동일하게 20% 이상의 극우가 마찬가지로 현실을 인정하지 않고 있다. 그리고 60%가 있다. 이 60%가 좌우 진영으로 분열한다면 개혁을 위한 다수파를 결코 형성할 수 없다." 따라서 그는 "좌파도 우파도 아닌 정치운동이 필요하다"고 역설했다. 이것이 마크롱이 오바마처럼 좌우의 진영을 가리지 않고 인재를 등용하고 초당적 문제해결에 집중하는 '패치워크 국정'을 펼치는 '공화국 군주'가 대통령의 사명임을 강조한 배경이었다.

마크롱은 첫 내각을 조직한 뒤 말했다. "나는 사회주의자가 아니다. 나는 좌파 출신이지만 우파 출신과 일하는 것에 행복하다. 프랑스의 공통 프로젝트에서 우리는 좌파와 우파의 선의를 가진 사람들과 함께 할 수 있다." 그리하여 마크롱의 라 레푸블리크 앙 마르쉬 운동에 시민사회의 혁신가만이 아니라 좌우 주류정당의 유력 정치인이 대거 참여했다. 공화당 중도주의자는 "현대적 좌파와 진보적 우파의 정치재편성"을 주장하면서 라 레푸블리크 앙 마르쉬에 참여했고, 사회당 중도주의자는 "좌파와 더 광범한 정치재편성을 위한 준비"를 지지자에게 호소하며 라 레푸블리크 앙 마르쉬에 참여했다.

중도통합의 라 레푸블리크 앙 마르쉬 운동은 '잊힌 중산층(forgotten middle class)'을 대변한다. 마크롱은 좌파의 부자 적대와 우파의 서민 경시를 넘어 프랑스 중산층의 수호자를 자임했다. 마크롱의 '극중'은 서민을 중산층으로 만들고 중산층을 부자로 키움으로써 정치파괴에 대항하고 민주혁명을 완성하는 포퓰리즘 시대의 진보다. 그는 강조한다. "우리 민주주의의 정치·경제적 기반인 중산층과의 계약이 깨졌다. 경제적으로 성공한 민주주의는 중산층에 달려있다. 중산층이 잊힘으로써 극단주의가 득세하고 민주주의가 깨지고 있다. 이것이 브렉시트가 일어난 이유이다. 이것이 트럼프가 득세한 이유이다."

마크롱은 중산층과 서민의 지극히 상식적인 잘 삶의 '열망'을 '욕망'으로 경멸하는 시끄러운 소수, 활동가의 관념적 좌파노선에서 벗어나 조용한 다수, 생활인의 '중산층의 꿈'을 중심으로 중산층과 서민의 '평범한 열망의 정치(the politics of common aspiration)'를 실천하고자 했다. 공동체 존망의 이슈, 절박한 삶의 문제, 민생을 개선하고 치열한 국제경쟁 속에서 미래를 위해 매우 어렵지만 반드시 필요한 구조개혁을 추진했다. 그는 좌우 양자택일이 아니라 자신만의 정치적 스마트폰 앱을 능동적으로 조합하는 '스마트 유권자' 즉, 일관된 좌우 이념의 추종자가 아니라 능동적 다수의 '이념적 혼재' 유권자의 상식을 대변코자 했다.

마크롱의 비전은 '혁신강국', '프랑스 르네상스'에 의해 번영하는 중산층강국으로 귀착된다. 그는 좌우 기성정당의 '냉소'와 좌우익 포퓰리즘 정당의 '분노'를 넘어 '희망'을 호소했다. "프랑스가 돌아오고 있다(France is back). 우리는 힘과 에너지와 결단을 가져야 한다. 우리는 공포에 굴복해서는 안 된다. 나의 핵심 메시지는 혁신적이고 야심적이다. 첫날부터 지구적이고 크게 생각하자." 혁신강국은 "모험적이고 야심찬 프랑스"다. 그는 프랑스를 창조적 계급(creative class)이 꿈과 끼를 마음

껏 발휘하는 '유럽연합의 캘리포니아'로 변형하고자 한다. "창의성과 혁신은 진정으로 프랑스의 DNA다. 프랑스는 기술에서 유럽의 리더가 될 것이고 스타트업국가(start-up nation)로 변형될 것이다. 나는 프랑스가 새로운 기업가, 새로운 연구자를 끌어들이고 혁신과 벤처국가가 되기를 원한다." 마크롱은 자신의 승리를 프랑스에 확신을 주는, 낙관주의와 희망을 다시 얻는 '새로운 출발'로 규정했다.

그리고 마크롱은 프랑스의 양극화를 성역 없이 비판했다. 그는 "공공부문 노동자의 보장된 보호와 민간부문 노동자의 위태로운 조건, 극소수 그랑제콜(Grandes Écoles) 특권 대학생과 다수의 버림받은 대학생, 번영하는 대도시와 조용하게 질식되고 있는 소도시와 농촌, 쾌적한 도시와 불결한 인구밀집 지역, 안락하고 상향이동하는 세계화의 승자와 소외된 패자"를 지적하면서, 양극화로 인해 좌절한 패자의 분노는 정치를 파괴하는 포퓰리즘을 소환, 정치 양극화를 심화시키고 문제를 악화시켰음을 각성시키고 마크롱은 대선 승리연설에서 거듭 국민통합을 약속했다. "나는 우리나라의 분열을 깨닫고 있다. (…) 나는 많은 사람들이 표출하는 분노, 우려, 의심을 깨닫고 있다. (…) 나의 책임은 모든 여성과 남성이 함께 우리 앞에 놓인 임박한 도전에 대처하고 행동하도록 하는 것이다." 그리하여 그는 국민통합을 위해서는 르펜 등, 극단적 포퓰리즘 정치인을 비판하되 비난하거나 야유하지 말고, 그 지지자들의 심정을 이해하고 존중할 필요가 있음을 역설했다. "르펜 여사에게 투표하는 사람들을 야유하거나 비난하지 말라. 이것은 희망 없는 사람들이 하는 짓이다. 그들은 오늘날 분노, 무력감, 때때로 믿음을 표현하고 있다. 나는 그들을 존중한다. 그러나 나는 앞으로 5년간 그들이 극단주의자에게 투표할 이유를 갖지 않도록 할 수 있는 모든 일을 할 것이다." 또 마크롱은 양극화를 승자와 패자의 화해할 수 없는 제로섬 게임으로 보는 포퓰리즘의 시각을 비판하고 모두가 상향이동의 기회가 보장되고 모두가 능력과 노력을 발휘하고 모두가 재기할 수 있는 포지티브섬 게임으로 보는 진보의 시각에 초점을 맞췄다.

마크롱은 또한 양극화의 패자를 냉소적이거나 분노하는 무력한 자로 보는 것을 거부하고 패기 있는 도전을 고취했다. "우리는 억만장자가 되기를 원하는 프랑스 청년이 필요하다. 우리는 불가능한 것을 꿈꾸고 아마도 실패하고 때때로 성공하는, 그러나 어떤 경우든 포부를 가진 사람이 필요하다." 양극화 해소의 출발점은 일자리, 일자리를 죽이는, 따라서 양극화를 심화시키는 장벽을 제거하는 것이다. "나는 장벽을 없앨 때, 많은 일에 대해 규제를 풀 때, 기본적으로 기회의 평등이 향상된다는 것을 강하게 믿는다." 투자를 촉진하기 위해 노동시장 개혁을 추진해야 한다. "투자 없이 일자리를 만들 수 없다. 우리는 노동자의 권리를 줄이기 위해서가 아니라 투자자와 고용주에게 더 큰 가시성과 더 큰 효율성을 주고 실패비용을 줄이기 위해서 심층적 노동시장 개혁을 추진하고 있다. 이것이 일자리 창출의 열쇠이기 때문이다." 유연한 안전성을 실현하는 노동시장 개혁의 핵심은 모든 산업부문에 적용되는 만병통치 단일처방(one size fits all) 접근방식에서 벗어나 맞춤형 정책을 추진하는 것이다. 노동시장 개혁의 출발점은 모든 노동자의 동일한 주당 노동시간을 노동자의 조건에 맞게 탄력적으로 정하는 것이다. 청년층은 일을 배우기 위해 더 많이 일하기를 원하고 노년층은 더 적게 일하기를 원할 수 있다. 나아가 구직노력을 하지 않는 자들에게 실업수당을 유예한다. '책임 없이 기회 없다.' 한편, 낡은 경제모델에 근거한 낡은 복지모델을 개혁한다. 유연성을 보장하기 위한 안전성을 강화하고 평생직장 또는 공무원에 친화적인 복지모델을 넘어 프리랜서와 자영업 노동자 등, 노조의 보호를 받지 못하는 유연노동자로 실업수당 대상을 확대하고 더 나은 직장을 찾아 자발적으로 사직한 경우에도 수당을 지급한다.

집권 후 마크롱은 공약을 대체로 집행했다. 특히 그는 2019년 9월 법인세와 소득세를 동시에 내리는 동시 감세 정책을 발표하고 시행했다. 소득세는 기존의 14%에서 11%로 낮추고, 법인세는 연수익 2억 5,000만 유로 이상 대기업의 경우에 33.3%를 31%로 낮추고, 연수익 2억 5,000만 유로 이하의 중소기업의 경우에는 31%에서 28%로 낮췄다. 이로써 기업들의 법인세 부담액은 9억 유로만큼 줄었다. 그리고 2022년까지는 이를 점진적으로 25%까지 낮출 계획이다.[44] 그 결과 3개월이 못 되어서 프랑스경제가 흥하기 시작했고, 실업률도 하락하면서 2019년 8월 30% 법인세를 25%로 낮춘 독일의 경제를 앞지르기 시작했다.[45] 마크롱은 공급과 수요의 동시 중시 정책, 또는 투자주도 성장과 소득주도 성장을 동시에 추구하는 중도개혁주의 경제정책을 제대로 시행해서 성공을 선취하고 있다.

마크롱은 2022년 4월 10일과 24일 1·2차로 치러진 대선에서 58.55% 재선에 성공했다. 그러나 6월 12일과 19일 1·2차로 치러진 총선에서는 마크롱 소속의 '르네상스' 당이 주도한 '앙상블' 명의의 정당연합으로 총 577석 중 245석을 얻었고, 르네상스 당 단독으로는 133석(38.6%)밖에 얻지 못해 과반을 잃었다. 여소야대 상황이지만 과반(289석)에 44석이 모자라는 소수 연립정부로 버티며 좌·우정당과의 '동거정부'를 꾸리지 않고 있다.

---

44) Noemie Bisserbe and Stacy Meichtry, "France Unveils Billions in Tax Cuts to Reset Pro-Business Plan - President Emmanuel Macron faces a delicate balancing act as he tries to modernize France's economy without reigniting street violent protests", *The Wall Street Journal* (Sept. 26, 2019).
45) "마침내 성과 내는 '마크롱 개혁'… 佛경제, 獨과는 달리 훨훨 나나". 『파이낸셜 뉴스』 (2019. 11. 10).

한국의 중도정당 전통과 '중도개혁주의'

▌김구와 임시정부의 중도주의

한국의 정치적 중도노선은 상해·중경 대한민국 임시정부의 민족혁명노선으로까지 거슬러 올라가는 긴 전사前史를 가진다. 임시정부는 극좌·극우세력을 제외하고 온건좌파 민족세력으로부터 건전보수 민족세력까지 모든 민족혁명적 독립운동세력을 망라하는 '중도적·국민적' 정부로 탄생해서 우여곡절을 뚫고 그 성격을 끝까지 유지했다. 그리고 귀국 후에도 중도적 민족혁명 노선을 견지했다.

김구

우리나라 역사를 돌아보면, 한국 현대사에서 중도노선은 항일독립운동시대로까지 소급한다. 최초의 중도세력은 김구 주석이 이끈 대한민국

임시정부였다. 임시정부는 대한제국 장교 출신 이동휘·지청천·노백린·조성환·황학수, 개신유학자 이동녕·박은식·이상룡, 3·1운동과 동시에 형성된 민족혁명세력 김구·조소앙·김규식·신익희·신규식·조병옥(국내 신간회총무) 등 이른바 민족계열 인사들이 주도했다. 그러나 민족계열 정치세력은 임정을 (연안파·소련파 극좌공산주의를 제외한 온건한 좌파세력으로부터 탄핵당한 이승만의 숭미崇美 극우노선을 제외한 건전한 보수세력까지 모든 정치세력을 아우르는) 무지개 스펙트럼의 반계급적·중도적 범국민 민족정부로 운영했다. 임정은 극좌 공산주의와 극우 숭미주의 사이의 중도정치 노선을 끝까지 견지하며 일본제국주의와 견결堅決하게 싸웠다.

3·1운동의 민족적 열기 속에서 애당초 좌우 분화가 없던 민족계열 정부로 출발한 임시정부는 1920-1921년 초창기에 당시로서는 유일하게 약소민족의 해방을 지원할 분명한 의사를 표명한 레닌과 소비에트공화국과 협력하는 노선을 취했다.[46] 당시 소련만이 세계 약소민족, 특히 동방 약소민족을 지원하는 정책을 공개적으로 발표했기 때문이었다.[47] 임시정부는 레닌이 보내준 혁명자금 횡령사건이 나기 전까지 소비에트러시아와 우호관계를 유지했다. 그러나 이 횡령사건 이후 소비에트러시아와의 외교관계는 완전히 단절되었다.[48] 그리고 임시정부는 점차 한민족의 독자적 독립운동을 인정치 않는 소련공산당과 중국공산당, 그리고 친소파와 연안파 공산주의자들의 극좌 공산혁명·민족해방노선과 멀어졌고, 이승만 대통령 탄핵(1925. 3. 21.) 이후에는 무장투쟁을 배격하는 극우

---

46) 신주백, 「독립전쟁과 1921년 6월의 자유시 참변」, 『지식의 지평』(1921년 6월), 6-7쪽.
47) 1918년 1월 8일 미국 하원에 제출된 윌슨의 연두교서의 14개항은 '유럽' 영토문제의 전후 처리원칙을 밝힌 것이다. 따라서 이 교서는 극동 약속민족들의 광복을 지원하는 것과 본질적으로 아무 관계가 없는 것이었다. 그러나 극동의 약소민족들은 이를 확대 해석해서 '민족자결주의 선언'으로 오해하고 확대응용하고 싶어 했다. 참조: 황태연, 『갑진왜란과 국민전쟁』(파주: 청계, 2017), 487-488쪽.
48) 김구(도진순 탈초·교감), 『정본定本 백범일지』(파주: 돌베개, 2016·2019), 390쪽.

적 숭미崇美 독립외교노선과도 멀어졌다. 임정은 안창호의 실력양성론부터 만주독립군들의 무장투쟁론과 북미·하와이 교민들의 대對서방 독립외교론까지 모든 독립투쟁노선을 아우르는 입장이었기 때문이다.

공산주의로 변신한 임시정부 국무총리 이동휘는 임정의 공산당식 조직개편과 이승만 탄핵을 주장하다가 여의치 않자 1921년 1월 임정을 탈퇴했다.[49] 그리고 자신이 이끌던 한인사회당을 '고려공산당'('상해파 고려공산당')으로 개편하여 임정의 '개조'를 주장했다. 그러자 코민테른의 동방지부의 지원을 받은 이르쿠츠크의 한인 공산주의자들은 동일한 당명의 '고려공산당'(이른바 '이르쿠츠크파 고려공산당')을 급조해서 상해파와 맞섰다. (이들 간의 헤게모니 다툼에서 '자유시참변'이 터졌다.[50]) '이르쿠츠크파 고려공산당'은 1923년 1-6월에 상해에서 소집된 '국민대표회의'에서 임시정부 해체와 신新정부 '창조'를 주장했다.[51] 특히 레닌 사망(1924) 이후 소련공산당을 추종한 모든 공산계열의 정치세력들은 대한

---

49) 주미희, 「자유시참변 1주년 논쟁에 대한 고찰」, 『역사연구』, 43권(2022), 235쪽; 신주백, 「독립전쟁과 1921년 6월의 자유시 참변」, 8쪽. 그러나 김구는 이동휘가 레닌에 의해 임정에 공여된 혁명자금 횡령사건으로 임정 국무회의에서 문죄(問罪)당하자 국무총리직을 사직하고 러시아로 도주한 것으로 기술하고 있다. 임정은 소비에트 러시아에 파견하는 임정의 공식대표로 여운형·안공근·한형권을 결정하고 여비를 지급했다. 그러자 이동휘 총리는 심복 한형권을 비밀리에 모스크바에 먼저 보내 레닌으로부터 혁명자금(40만 루블, 40만 원)을 수령하게 했고, 다시 자기의 비서 김립을 밀파해 이 자금을 입수하게 했다. 그런데 김립은 이 돈으로 북간도의 자기 가족에게 땅을 사주고, 몇몇 공산주의자들에게도 이 돈을 조금씩 나눠주고, 상해에 잠입한 뒤 첩을 얻어 향락하면서 이 공금을 다 사적으로 유용해버렸다. 이동휘는 국무원 회의석상에서 이 일련의 문제로 문죄를 당한 것이다. 그러자 그는 임정을 탈퇴해 러시아로 달아나 버렸다는 것이다. 김구(도진순 탈초·교감), 『정본定本 백범일지』, 387-389쪽. 김립의 횡령사건이 '뜬소문'이었다는 평가(반병률)도 있으나, 이런 평가가 오히려 상해파 고려공산당 측의 변명에 근거한 것이 아닐지 심히 의심스럽다.
50) 이르쿠츠크 공산당세력은 홍범도·최진동·안무·지청천 등 독립군장군들의 명의를 도용하여 포로로 붙잡힌 상해파 장병들에 대한 판결문과 이들에 대한 수차례의 비난성명을 공표했다. 이로 인해 홍범도 등이 이르쿠츠크파 편에 서서 자유시참변에 가담한 것으로 오해되어 왔다. 이에 대한 상론은 참조: 주미희, 「자유시참변 1주년 논쟁에 대한 고찰」, 215-216쪽.
51) 주미희, 「자유시참변 1주년 논쟁에 대한 고찰」, 237쪽.

인大韓人의 독자적 독립운동과 상해 임시정부를 부정하고 모든 독립운동을 소련 공산당과 소련군 휘하에 편입시켜 무장투쟁을 전개했고, 나중에 생겨난 연안파 공산주의자들은 독립군들을 중국공산당과 팔로군 휘하에 편입시켜 무장투쟁을 계속하려고 했다. 반면, 이승만을 위시한 숭미崇美독립외교론자들은 만주 독립군들의 무장투쟁을 "무익하고 위험한 것"으로 비웃고 독립전쟁론을 부정했다.

3·1운동으로 건국된 대한민국의 정통적 임시정부를 해체하려는 공산주의자들의 기만적 통합운동("유일독립당촉성운동")의 소동과 곡절을 겪은 뒤 1930년 1월 이동녕·안창호·조완구·이유필·차리석·김명준·김구·송병조 등 민족주의자들은 한국독립당을 조직했다. 이후 공산세력은 임시정부를 완전히 경멸하며 멀리했다.[52] 그리하여 임시정부는 어쩔 수 없이 극좌 공산혁명세력과 조직적으로도 분리되었다. 그리고 반反나치·반反파쇼, 미·영·불·소 연합항전 시기에도 시대착오적으로 '반공反共'을 주장하는 이승만 추종 극우세력도 임정을 무시하며 거리를 두었다.[53] 그리하여 극좌·극우의 양극단세력은 대한민국 임정의 대오에서 저절로 멀어져 갔다. 그러나 임시정부는 대한민국 임정의 독립운동 노선을 부정하지 않는 모든 세력, 즉 김원봉의 의열단 등 좌경세력으로부터 미주의 온건한 우익 친미세력들까지 아우르고, 정책적으로 독립전쟁파로부터 실력양성파를 거쳐 대미對美 독립외교파까지 망라하는 광범한 중도적 범국민 민족정부로 거듭났다.

그리고 1941년 6월 4일 김구 주석은 임시정부 인사들의 반발에도 불

---

52) 김구(도진순 탈초·교감), 『정본定本 백범일지』, 391쪽.
53) 영·미·불·소련이 연합해 히틀러 독일·이탈리아·일제와 싸우던 1940년대 초 김구는 "나는 결코 程朱學說을 신봉하는 자가 아니고, 馬克思(마르크스)와 레닌주의 排斥者가 아니다"라고 밝히고, 동시에 "程朱가 오줌을 싸도 香臭라고 주장한다고 非笑하던 그 口吻으로 레닌의 방귀는 甘物이라 할 듯한" 당시 한국 공산주의자들의 주체성 없는 소련 종속주의를 비판하고 있다. 김구(도진순 탈초·교감), 『정본定本 백범일지』, 423쪽.

구하고 '주미외교위원부'를 설치해 1925년 3월에 탄핵당했던 전 대통령 이승만까지도 재활용하기 위해 그를 주미외교위원장으로 임명하는 방식으로 재영입했다. 김구는 임정 '주미외교위원부'의 대외명칭을 이승만이 3·1운동과 함께 선포된 '한성정부'에 의해 추대된 집정관 자격으로 1919년 8월 설치한 '구미주차한국위원회(Korean Commission in America and Europe)'의 영문명칭 'Korean Commission'을 그대로 사용토록 허용함으로써 이승만의 위신과 대미외교의 연속성을 살렸다.[54] 그리고 우여곡절 끝에 비非공산주의 좌경세력 김원봉과 그 군사조직을 영입해 광복군 창설을 완료했다. 김구는 임시정부에 대한 김원봉의 적대행위와 좌편향적 전력을 잘 알고 있어 개인적으로 그를 좋아하지 않았다. 그러나 그는 개인감정을 접고 대의를 위해 김원봉을 끌어안은 것이다.

　1932년경 김원봉은 극렬한 임정해체 활동을 전개했었다. 이 때문에 김구는 그에 대해 아주 비판적이었다. 『백범일지』의 1932년 기록에 의하면, 당시 중국 내 항일세력들 안에서는 임정을 끌어들여 전선을 통일

---

[54]　그러나 이승만은 구미외교위원부의 위원장에 임명된 뒤에도 극우적 실책을 연달아 범했다. 미·영·소가 연합관계에 있는 당시 상황에서 그는 미국과 접촉할 때면 반소(反蘇) 언동을 했고, 소련은 이 사실을 접하고 미국에 항의를 하는 일이 발생했다. 1943년 이 외교분쟁에 임정 외무부 산하 외교연구회 위원 김성숙(1982년 건국공로훈장 국민장 추서)은 이승만을 면직시켜야 한다는 의견을 냈다. 이승만은 1945년 해방 직전까지도 반소설화를 계속 일으켰다. 1945년 2월 이승만은 미국 국무부에 OSS 합동군사훈련을 제의하고 한국의 독립을 승인해줄 것을 요청하면서 소련이 적화야욕을 드러내며 한반도를 강제로 삼킬 것이라고 발언했다. 이승만은 이 발언이 중국으로 전해지고 나서 김성숙으로부터 비판·항의 전보를 받았다. 또 5월 이승만은 유엔 창립총회에 참석하려는 한국인들에게 중국의 외교부장 송자문이 좌우합작을 주장한 데 대해 맹렬히 반대하는 성명을 발표했다. 또 5월 샌프란시스코에서 열린 유엔창립총회에서 이승만은 프랭클린 루스벨트가 얄타에서 한반도를 소련에 양도해 주기로 했다는 그릇된 정보를 접한 뒤 소련을 맹공격하는 악선전을 했다. 이때 이승만이 돌린 반소 전단지가 소련측 대표들의 수중에도 들어갔고 소련 외상 몰로토프(Vyacheslav M. Molotov)는 이때부터 임시정부와 이승만을 극도로 적대시하게 되었다. 김성숙은 이에 임정 국무위원회 석상에서 이승만을 주미외교위원장직에서 해임하고 임정은 소련에 공식 해명과 사과를 해야 한다고 다시 주장했다. 그러나 김구 주재 국무위원회는 이 제안을 채택하지 않았다. 임정의 '주미외교부'는 1948년 8월 15일 대한민국이 건국되면서 '주미한국대사관'으로 바뀌었다.

하려는 운동이 일어나고 있었는데, 김구는 이 통일동맹에 참가하는 제諸세력이 '동상이몽'을 꾸고 있어 참가를 거부했다.

> 이때 우리 사회에서 또다시 통일 바람이 일어나 대일對日전선 통일동맹의 발동으로 의론이 분분했다. 하루는 의열단장 김원봉이 특별면회를 청하기에 난징 친화이의 강둑에서 비밀히 만났다. 김 군이 말했다. "저는 지금 발동되는 통일운동에 부득불 참가하겠으니 선생도 동참하는 것이 어떻습니까?" 김구는 "내 소견으로는 통일의 대체는 동일하나 동상이몽으로 보이오. 군의 소견은 어떻소?"라고 되물었다. 이에 그는 "제가 통일운동에 참가하는 주목적은 중국인들에게 공산당이란 혐의를 면하고자 함이올시다"라고 답했다. 나는 "그렇게 목적이 각각 다른 통일운동에는 참가하고 싶지 않다"고 말했다. 이후 이른바 5당 통일운동이 개최되니 의열단·신한독립당·조선혁명당·한국독립당·미주대한인독립단이 통합해 '조선민족혁명당'으로 나타나게 되었다.[55]

"제가 통일운동에 참가하는 주목적은 중국인들에게 공산당이란 혐의를 면하고자 함이올시다"라는 김원봉 자신의 답변에 의거할 때, 김원봉이 공산주의자가 아님은 분명했다. 그러나 이승만의 영향을 받은 미국과 하와이 독립운동단체들은 1939년 즈음에도 김원봉을 공산주의자로 단정하고 거부하는 입장을 표명했다.[56]

그런데 김구의 임시정부가 '조선민족혁명당' 참여를 거부하자 김두봉

---

55) 김구, 『백범일지白凡逸志』(파주: 돌베개, 1997·2012), 1932년조 기록.
56) 미국과 하와이 독립운동단체들은 한국국민당이 김원봉의 조선민족혁명당·한국독립당과 3당 통일을 추구하는 중에 김구에게 이렇게 편지를 써 보냈다. "김약산은 공산주의자니 선생이 공산당과 합작하여 통일하는 날 우리 미국교포와는 입장상 인연과 관계가 끊어지는 줄 알고 통일운동을 하려면 하라." 김구(도진순 탈초·교감), 『정본定本 백범일지』, 444쪽.

과 김원봉은 임정을 해체하는 운동을 벌이기 시작했다.

> 5당 통일 시에 임시정부를 눈엣가시로 생각하던 의열단원 중 김두봉·김원봉 등이 임시정부 취소운동을 극렬히 벌였다. 당시 국무위원 김규식·조소앙·최동오·송병조·차리석·양기탁·유동열 7인 중에서 김규식·조소앙·최동오·양기탁·유동열 5인이 통일에 심취했으나 임시정부의 파괴에는 무관심했다. 이를 본 김두봉은 임시 소재지인 항저우로 가서 송병조·차리석 두 사람에게 '5당 통일이 되는 이때에 명패만 남은 임시정부를 존재케 할 필요가 없으니 해체해 버립시다' 하고 강경히 주장했으나 송병조·차리석 두 사람은 강경하게 반대했다.[57]

『백범일지』의 이 기록에 의하면, "통일에 심취했던" 김규식·조소앙·최동오·양기탁·유동열·송병조·차리석 등 7인의 임정요인들이 "임시정부의 파괴"에 동조하지 않아서 다행히도 김두봉과 김원봉의 임정해체공작은 불발로 끝났지만, 임정파괴분자 김원봉에 대한 김구의 개인감정은 좋을 수가 없었다.

그러나 김원봉은 비록 임정을 해체하는 운동에 앞장섰을지라도 공산주의자가 아니었기 때문에 대의를 위해서라면 임정이 안을 수 있는 '온건좌파'였다. 그런데 6년 뒤 김원봉세력은 국민당정부의 지원을 얻는 데 성공해서 1938년 10월 200여 명의 조선독립군들을 수습해 '조선의용대'를 조직했다. 박효삼이 지휘하는 조선의용대의 제1지구대(소위 '화북지대')는 호남·강서 등 화북지대에 주둔했고, 이익봉이 지휘하는 제2지구대는 안휘·낙양에 주둔했다. 1940년 초 조선의용대는 314명으로 증강되었다. 김원봉은 이 조선의용대의 총사령관이었다.

---

57) 김구, 『백범일지白凡逸志』, 1932년조 기록.

임시정부는 1940년 9월 중국 전역의 동포사회에 지청천 광복군총사령관 휘하의 광복군 창설을 선포하고 광복군 조직의 확대작업에 나서면서 김원봉과 접촉했다. 그러나 그는 광복군을 얕보며 냉대했다. 그러자 김원봉의 미온적 태도에 불만을 품은 조선의용대 대원들은 삼삼오오 부대를 이탈해 광복군으로 넘어오기 시작한 반면, 대大본부 장병들을 제외한 의용대 장병들은 화북으로 올라가 김두봉을 따라 연안으로 탈영했다. 그리하여 가령 1941년 5월 190여 명이었던 제2지대가 절반(81명)으로 축소되어 부대해체 지경에 이르렀다. 이로 인해 김원봉은 본부장병들을 제외하고 조선의용대에 대한 지휘권을 사실상 다 잃을 처지가 되고 말았다. 이런 상태에서 임정을 한국 국민을 대표하는 정통조직으로 인정하는 중국 국민당과 장개석의 명령에 밀려 그는 하릴없이 광복군 참여로 돌아섰다.[58] 이때 김구와 임정은 김원봉을 받아들여 1942년 4월 20일 잔류 조선의용대를 광복군에 편입할 것을 결의했다. 조선의용대에서 넘어온 병력은 1942년 5월 18일자로 광복군 제1지대로 편성되었고, 김원봉에게 광복군 부사령관 겸 제1지대장의 직책을 보장해주었다.

그러나 조선의용대 제1지대(화북지대)는 김원봉의 통합명령을 무시하고 대부분 집단적으로 탈영하여 연안으로 들어가 버렸다. 이 화북지대가 1942년 7월 연안파 공산당 지도자 김두봉의 조선독립동맹의 지휘에 따라 '조선의용군'으로서 중국공산당의 팔로군으로 편입되었다. 이 사건의 부정적 후과는 거의 파멸적이었다.

중국군은 '화북지대'가 팔로군으로 넘어가자 광복군 장병들까지 사상적으로 의심하면서 광복군을 중국군의 일부로 편입시켜 중국군 사령부의 작전명령을 따르게 하는 것을 골자로 하는 소위 '9개항 준승準承'을 요구한 것이다. 임정은 광복군 출범을 늦출 수 없어 수모를 감수하고

---

58) 참조: 한시준, 『韓國光復軍硏究』(서울: 일조각, 1993·1997), 162-166쪽.

이 요구를 받아들였다. 임정은 갖은 협상 끝에 3년 뒤인 1945년 4월 4일에야 뒤늦게 '한국광복군'의 자립적 지위를 되찾았다.[59] 그러나 광복군은 군사적 독립성의 이 때늦은 회복으로 말미암아 미국 OSS(Office of Strategic Service; CIA 전신)와 한미연합 국내진공작전을 1945년 8월 8일에야 지각 합의했다. 이로 인해 1주일 뒤 일제가 항복함으로써 광복군의 국내진공이 불발로 그치고 말았다.

김구는 한국광복군과 OSS부대의 국내진공 연합작전이 좌절된 것을 누구보다도 통탄해 마지않았다. 그럼에도 불구하고 그는 김원봉과 그 세력을 임정으로부터 추방하지 않고 대의를 위해 끝까지 임정의 품에 안았다. 이렇듯 중국에 체류한 26년 동안 대한민국 임시정부는 공산주의세력을 제외한 온건좌파로부터 대서방 독립외교를 중시하는 용미적用美的 보수우파 민족계열까지 아우르는 포괄정당으로서 민족혁명과 광복을 위해 중도적 위상을 끝까지 견지했다. 임정의 이 민족혁명적 중도노선은 해방공간에서 남북 양측의 단독정부 노선을 비판하는 통일지향적·개혁적 중도노선을 확산시키는 촉매가 되었다.

■ 임시정부를 계승한 1955년 민주당의 중도노선

임정의 법통을 잇는 중도정치세력은 임정세력을 중심으로 해방공간에 친소親蘇·반미反美노선의 공산세력들과 대결하고 반소·숭미 성향의 친일親日 (극)우익세력들과 싸우면서 상해 임시정부의 중도적 항일독립정신을 계승한 반反공산독재·반일·용미用美노선의 여러 '중간 세력들'로 형성되었다. 미군정의 분류에 의하면, 이들은 김구의 '한국독립당'과 홍명희·이극로 등의 '민주독립당'을 비롯한 14개 중도정당(중간우익 5,

---

59) 참조: 한시준, 『韓國光復軍硏究』, 109-115쪽 및 124-138쪽.

중간 4, 중간좌익 5)이었다.[60]

　해방과 동시에 등장한 건국준비위원회는 당시로서 공산당과 (김성수·송진우·장덕수 등의 지주세력의) 한민당이 아직 없는 중도좌익세력들의 집결체였다. 독립군들의 정당으로 알려졌지만 실은 공산당지도자 김두봉이 1946년 2월에 연안파 공산주의자들을 중심으로 친親중국 공산세력들을 모아 창당한 '조선신민당'이 있었다. 이들은 남한에도 당조직을 뻗치고 있었다. (나중에 신민당과 조선공산당이 합당해서 조선노동당이 탄생한다.) 남한 청년들은 처음 이 정당의 정체를 모른 채 독립군들의 정당으로 알고 입당했다. 그러나 청년들은 곧 노선갈등을 겪다가 갈등 과정에서 '조선신민당'의 주축이 중국공산당 추종세력이라는 것을 알게 되면서 1946년경 탈당하기에 이른다.[61]

　당시 국내 이슈는 이승만의 남한단독선거·단독정부론과 북한노동당의 북한단독선거·단독정부론이었다. 북한노동당은 단독정부 수립을 은밀히 준비하면서도[62] 통일선거·통일정부론을 위장용 간판으로 내걸었다. 이때 한국독립당과 민주독립당을 위시한 14개 중간파세력들은 통일선거·통일정부론을 주창했다. 이 노선은 겉으로 북한노동당의 선전용 노선과 합치되는 것처럼 보였지만, 북한노동당의 '통일선거·통일정부' 구호를 믿지 않은 중간파 본류의 입장에서는 북로당의 노선과 정반대였다. 얼마 지나지 않아 김일성이 1948년 3월 이미 '조선인민군'을 창건하고 4-5월경에는 '조선민주주의인민공화국' 국호를 공공연하게 연

---

60)　도진순, 『한국민족주의와 남북관계』(서울: 서울대학교출판부, 1997), 188쪽.
61)　김대중도 이러한 행로를 밟는다. 참조: 김대중, 『경천애인』(서울: 맑은물, 2002).
62)　북측의 '조선인민위원회'는 1948년 3월 이미 '조선인민군'의 조직을 완료했다. 참조: 북조선국립영화촬영소 제작 영상, 「인민군대」(평양: 1948. 3.). 이 기록영상에서 행사장 연단 뒤에는 '민족의 영도자 김일성 장군 만세!'라 쓴 플래카드가 좌우로 길게 쳐져 있고, 연단 옆에는 대형 태극기가 세워져 있고, 도로변 시민들도 간간히 태극기를 손에 들고 있는데, 올드랭사인 곡에 맞춘 옛 애국가가 불려지고, 마지막 장면에서는 정율성의 인민군 행진곡이 흘러나온다.

호하고 있었기 때문이다.

　김구는 당시 상황을 분단을 막을 최후의 기회로 보고 북측에 '남북사회단체연석회의'를 제안하고 북측이 수락하자, 중간파단체들의 충언과 만류에도 불구하고 1948년 4월 18일 경교장을 뒷문으로 몰래 빠져나가 북행길에 올랐다. 중간파들은 김구가 북으로 가면 김일성의 들러리로 이용만 당할 것이라고 우려해서 그의 북행을 강력히 만류·저지하려고 했었다. 남한에서 김구의 인기는 이 북행으로 인해 급락했다. 그렇지 않아도 김구는 1948년 3월 장덕수 암살 사건(1947. 12. 2.)과 관련해 재판을 받았고, 이후에도 배후로 지목받으면서 우익세력의 신뢰를 많이 잃고 있었다. 김구는 1948년 5월 15일 평양에서 서울로 돌아왔다. 이로 인해 김구와 한국독립당에 대한 국민의 지지는 당분간 회복할 수 없이 추락했다.

　대통령선거를 앞두고 있는 대선정국에서 중간파세력들은 이미지가 망가진 김구를 대통령후보로 내세우는 것을 조용히 마음속에서 포기했다. 그리고 그들은 김구(당시 72세)도 아니고 이승만(73세)도 아닌 '제3의 인물'을 대통령후보로 찾기 시작해서 이승만보다 더 노쇠한 서재필(84세)을 '울며 겨자 먹기'식의 대안후보로 내세우려는 움직임을 보였다. 그리하여 '민주독립당'을 비롯한 불특정의 중도세력들은 「서재필박사 대통령출마 촉구요청서」 연판장을 돌려 정치인들의 서명을 받는 운동을 시작했다. 중도노선(건준)에서 좌(조선신민당)로 갔다가 다시 우(한민당)로 갔다가 우왕좌왕하던 청년들은 이 제3의 통일지향적 중도정당운동을 기점으로 '중도'에 확고하게 착근했다.[63]

---

63) 청년 김대중도 같은 길을 걸었다. 그는 한민당의 활동을 그만 둔 뒤 1948년 초 어느 시점에 '민주독립당'에 입당한 것으로 보인다. 왜냐하면 청년 김대중은 '민주독립당' 당원 신분으로 「서재필박사 대통령출마 촉구요청서」에 1948년 5월 25일 날짜로 서명하고 있기 때문이다. 청년 김대중이 친필로 "소속정당단체 민주독립당(民主獨立黨) 김대중"이라고 서명한 이 현존 문서는 그의 중도노선을 보여주는 중요한 사료다. 「서재필 박사 대통령 출마 촉구 요청서」, 연세대학교 김대중서관 편, 『김대중전집(Ⅱ)』 제1권 (서울: 연세대학

그러나 서재필을 추대하는 데 앞장선 '민주독립당'은 단명으로 끝났다. '민주독립당'은 1947년 10월 19-20일 중간파세력들이 결성한 정당이었다. 민주독립당은 신한국민당, 민중동맹, 신진당, 건민회健民會, 민주통일당 등 5개 정당이 해체·통합해 창설되었다.[64] 당대표는 홍명희였고 상무중앙집행위원은 홍명희·박용희朴容羲·이극로·오화영·김평·김원용·이순탁李順鐸이었다. 이 당은 이승만의 단선·단정론을 반대하고 김구·김규식의 남북협상론을 지지했지만, 1948년 4월 남북사회단체연석회의 이후 양김파와 친북파로 분열하고 당대표 홍명희의 북한잔류로 인해 몇 차례의 대량 탈당 사태 끝에 친북 군소정당으로 전락해 1949년 10월 18일 존립 2주년을 1-2일 앞두고 소멸하고 말았다.

민주독립당은 1948년 1-4월 당시 단독선거·단독정부를 반대하고 남북협상 참가를 지지했다. 1월 13일 민주독립당은 남한단선안單選案을 반대하는 당의 견해를 천명했다. "일부에서 소련의 비협력으로 남북통일 완전독립이 불가능할 때에는 남한만의 단선에 의한 정부 수립을 적극 주장하는 편도 있으나 이 결과는 우리 독립을 포기하는 것이고 우리 민족을 멸망의 구렁이로 몰아놓는 것 이외에 아무 소득이 없다는 것을 명백히 지적한다."[65] 그러나 12일 뒤 "소련의 비협력으로 남북통일 완

교 대학출판문화원, 2019), 1쪽. 요청서의 내용은 이렇다. "삼천만의 우리 겨레가 가장 존경하는 老大革命家이신 徐載弼 선생에 건강을 축복하옵고 兼하야 선생에게 우리의 간곡한 요청을 드리나이다. 선생은 근대조선의 선각자로서 조국에 대개혁운동을 추진식히든 赫赫한 경력자이시라. 이제 조국 강토가 美蘇에 의하야 분단되고 민족이 三八線에 의하야 분열되었으며 인생의 고난이 극심할 뿐 안이라 무의미한 분쟁으로 동포간의 相殘이 日甚하야 도처에서 유혈극을 보는 이때이니 위대하신 선생이 조선민족의 최고지도자로 나서시지 않고서는 민족 금일의 혼란과 慘虐을 수습할 수 없을가 하나이다. 바라건대 저들 連名者들의 微衷을 저바림이 없으사 위대한 결의로써 大指導에 역량을 조속히 발휘해주심을 바라나이다. 오직 애국애족의 일념으로서 선생을 추대하옵고 선생의 뒤를 따르고저 맹세하나이다." 그 다음에 이런 서명이 붙어있다. 「단기 4281년 5월 25일. 소속 정당단체 民主獨立黨 김대중. 徐載弼 박사 道下.」

64) 「민주통일당 결성대회에서 중앙집행위원 및 감찰위원 선출」, 『한국사데이터베이스』.
65) 「민주독립당의 구 민중동맹계 집단 탈당」(1948. 1. 13.), 『한국사데이터베이스』.

전독립이 불가능할 때에는 남한만의 단선에 의한 정부수립을 적극 주장하는" 선전부장 엄우룡嚴雨龍과 상무위원 이순탁이 당과의 노선 불합치를 이유로 민주독립당을 탈당했다.[66] 그러나 1948년 2월 3일 민주독립당의 홍명희 지도부는 남북 양측의 단선·단정 위험을 저지하기 위해 김구의 남북협상론을 지지하는 담화를 발표하고,[67] 3월 9일에는 남한총선거 불참을 결의했다.[68] 그리고 3월 13일 한국독립당·민족자주연맹·민주독립당은 남북협상을 위한 행동통일을 모색하고,[69] 3월 30일 민주독립당은 민족자결원칙에 의한 남북협상 추진을 천명했다.[70] 이에 따라 4월 20일 당대표 홍명희와 30여 명의 민주독립당 일행은 김구 일행과 별도로 북행길에 올라 '전조선정당단체대표자회의'라 명명된 '남북사회단체연석회의'에 참석했다.[71] 그리고 1948년 5월 4일 민주독립당은 남북협상 결과에 대해 다음과 같이 발표했다.

"1) '전조선정당단체대표자회의'에서 결정된 결정서와 미소 양국에 제출한 요청서는 민족자결원칙에 의해 완전 자주독립을 달성하자는 본당의 기본노선과 합치함을 확인한다. 2) 본당이 금번 회의의 결정을 지지하는 것은 어느 나라의 제안을 지지하거나 어느 나라를 반대키 위한 것이 아니라 오직 우리 민족의 진정한 이해를 위해 행동하는 것뿐이다."[72]

그러나 1948년 5월 10일 제헌의회 선거는 UN한국임시위원단(UNTCOK: United Nations Temporary Commission on Korea)의 감시 아래

---

66) 「민주독립당 상무위원 엄우룡과 이순탁 탈당」 (1948. 1. 25.). 『한국사데이터베이스』.
67) 「민주독립당과 민의, 김구의 對조선의견서에 대해 담화 발표」(1948. 2. 3.). 『한국사데이터베이스』.
68) 「민주독립당, 남한총선거 불참 결의」(1948. 3. 9.). 『한국사데이터베이스』.
69) 「한독당·민족자주연맹·민주독립당, 행동통일 모색」(1948. 3. 13.). 『한국사데이터베이스』.
70) 「민주독립당, 민족자결원칙에 의한 남북협상 추진 천명」(1948. 3. 30.). 『한국사데이터베이스』.
71) 「민주독립당위원장 홍명희 등 30여 명 북행」(1948. 4. 20.). 『한국사데이터베이스』.
72) 「민주독립당, 남북협상에 관한 담화」(1948. 5. 4.). 『한국사데이터베이스』.

실시되었다. 이에 따라 민주독립당 지도부는 궁지에 몰리기 시작했다. 그리하여 5월 14일 민주독립당 선전부는 선거무효론을 들고 나왔다.

"1) 금번 실시한 선거(제헌 국회의원 선거)는 공포와 불안에 떨면서 강요당한 강제투표였으므로 당연히 무효를 주장한다. 2) 금번 선거를 토대로 조직되는 단정은 우리 민족이 인정하지 않을 것이므로 본당은 자주적 통일정부수립에 매진할 것을 재강조한다."[73]

이런 뒷북치기로 인해 민주독립당 지도부는 지도력을 상실하고 말았다. 게다가 당대표 홍명희와 대표단의 일부 인사의 북한 잔류는 당의 권위를 무너뜨렸고, 당은 북한 잔류를 지지하는 친북파와 이에 반대하고 귀경한 김구·김규식 지지파로 분열되었다.

바로 이 무렵 김구·홍명희·이승만을 셋 다 배제한 「서재필박사 대통령 출마 촉구요청서」를 연판장 형식으로 돌려 서명을 받는 운동을 주도한 세력은 당지도부의 북한잔류에 반대하는 당내 세력이었던 것으로 보인다. 이에 청년 김대중은 '민주독립당' 당원 신분으로 「서 박사 출마촉구요청서」에 1948년 5월 25일 날짜로 서명한 것이다.

1948년 6월 23일 구舊민중동맹 계열 200여 명이 탈당했다. 그리고 1948년 8월 12일에는 정치부장 유석현劉錫鉉이 탈당하고, 1948년 9월 23일에는 친북파에 밀린 노선견지파 간부 374명이 집단 탈당했다. 이로 인해 민주독립당은 사실상 와해되었다. 홍명희, 이극로 등 북한잔류파를 지지하는 친북파만 남은 민주노동당은 1949년 10월 18일 등록취소 처분을 받았다.[74] 민주독립당은 창당 2년 만에 해산당한 것이다.

14개 중도정당과 기타 사회단체 등 여러 중간파세력들, 김규식 주도의 '민족자주연맹'(1947) 잔류파, 상해임정 각료출신 신익희 주도의 '대

---

73) 「민주독립당 선전부, 당면문제에 대해 담화 발표」(1948. 5. 14.). 『한국사데이터베이스』.
74) 「李哲源 공보처장, 정당·단체 정리와 관련된 담화 발표와 등록취소 처분 내용」(1949. 10. 18.). 『한국사데이터베이스』.

한국민회', 광복군총사령관 지청천 주도의 '대동청년단' 등 중간세력은 총결집해 1949년 '민주국민당'을 창당하는 데 성공했다.[75] 이것이 전쟁 직전 중도세력이 보인 가장 뚜렷한 정치행동이었다. 그러나 '민주국민당'은 6·25전쟁과 사사오입 개헌을 막지 못해 전후 와해되고 만다.

1955년 9월 18일 중도세력이 모여 현 민주당의 전신인 민주당을 창당했다. '민주당'은 신익희·지청천·조병옥·곽상훈 등 임정세력이 전후 지리멸렬하던 중간세력을 모아 창당된 명실상부한 중도주의 정당이었다. 신익희는 임시정부의 내무·법무·문교·외무부장을 두루 역임한 임정요인이었고, 지청천은 광복군총사령관이었고,[76] 조병옥 박사는 임정을 지원하기 위해 조직된 '신간회'의 전 총무로 8년의 옥고를 치르고 해방과 동시에 석방된 국내파 임정요인이었고, 곽상훈은 신간회 회원으로 독립운동을 하다가 옥고를 치른 인물이었다. 이 임정요인 중심의 이 정치인들은 무력화된 '민주국민당'을 중심으로 6·25 전쟁과정에서 흩어진 중간세력을 다시 모으고 무소속의원들을 흡수해 '민주당'을 창당함으로써 이승만 친일극우독재에 맞서 임정의 적통을 잇는 '대한민국 정통세력'으로서 한국 중도정당의 초석을 놓았다.[77] 민주당은 사사오입 개헌에 반발하는 모든 반대세력이 총집결한 의미도 있었다. 따라서 민주당은 흥사단 등의 반反이승만세력과, 사사오입 개헌에 반대한 자유당 탈당세력들까지도 영입했다. 이런 정치인으로는 김영삼 전 대통령이 대표적이다. 그럼에도 '1955년 민주당'은 신익희·지청천·조병옥·곽상훈 등 임정세력이 임정의 법통을 계승해 창당한 유일정통 중도정당이라는 의미가 더 근본적이었다.

신익희·지청천·조병옥·곽상훈의 '1955년 민주당'은 「창당선언문」에

---

75) 참조: 도진순, 『한국민족주의와 남북관계』, 188쪽.
76) 지청천은 1955년 9월 18일 당시 70세 고령으로 1957년 1월 급서했다. 따라서 그는 민주당창당 당시 명의와 광복군출신 자파세력만 제공하고 당 활동은 하지 못했다.
77) 이진복, 『민주당의 역사와 정치철학』 (서울: 더불어민주당 민주연구원, 2023), 2쪽.

서 김구의 정치이념에 따라 "공산독재는 물론, 여하한 형태의 독재도 배격한다"고 천명하고, "자유경쟁 원칙에 의한 생산성의 증강"과 동시에 "분배의 공정"을 기할 것을 선언하고, 이승만 대통령의 '북진통일론'이 연호되는 전후戰後상황에서 대담하게 "자유와 민주의 통일"을 주창했다. 「정강」은 공산주의와 자본주의 사이의 중도를 뜻하는 당시 독일사민당의 '제3의 길'을 비롯한 서구 진보정당들의 정책노선을 수용한 것으로 보이는 중도노선을 표방했다. 「정강」은 "일체의 독재를 배격하고 민주주의의 발전"을 기하고, "자유경제 원칙하에 생산을 증강하고 사회주의에 입각해 공정한 분배"를 기하고, "근로대중의 복지향상", "국토통일과 국제주의의 확립"을 기한다고 명시했다. 나아가 「정책」에서는 시대를 앞질러 "국민기본생활 보장", "중소상공업의 적극적 보호육성", "사회보장제도의 확립과 의료의 기회균등" 등 선진적 정책항목들을 열거하고 있다.

'1955년 민주당'의 이 정강정책은 오늘날에도 얼마간 적실성을 가진 정책노선이라고 할 만큼 대담한 진보적 중도노선을 담고 있다. "자유와 민주의 통일" 정책은 당시 상황에서 당연시되던 급진적 무력통일('북진통일'이나 '적화통일')과 분단고착화 사이의 중도中道를 걷는 통일, 즉 민주적(비폭력적·평화적) 방법에 따른 주민의 자유로운 선택에 의한 '자유·민주적 통일'로 이해된다.

이것은 오늘날 남북교류를 통해 평화를 정착시켜 현행헌법 4조의 "자유민주적 기본질서에 입각한 평화적 통일"을 이룩하려는 대북 햇볕정책 또는 대북교류·협력정책과 맥을 같이 하는 것이다. 따라서 현행헌법상의 "자유민주적 기본질서"는 이 노선의 기원적 관점에서 볼 때 (공산주의가 세계적으로 몰락해 버린 오늘날 '시대착오'가 되어버린) '자유민주주의(liberal democracy)'라는 반공이데올로기를 뜻하는 것이 아니라, '자유'와 '민주주의'의 합성 이념이라는 것을 알 수 있다.

한편, "자유경제 원칙하에 생산을 증강하고 사회주의에 입각해 공정한 분배"를 기한다는 과감한 주장은 기업가 위주의 '자본주의'와 근로자 위주의 '사회주의'('사회민주주의'의 50년대 용어)의 대립 속에서 경제성장과 공정분배를 동시에 중시하는 '제3의 길'로서의 단호한 중간노선을 표현하는 것이다. 이 노선은 시장경제의 토대 위에서 경제성장을 가속화하되 분배 측면에서 사회주의적 복지정책을 가미한 일종의 '복지지향의 혼합경제'를 말하고 있는 것이다. 훗날 김대중은 이 '복지지향의 혼합경제론'을 뛰어넘어 제3의 이론으로 시장경제에 더 충실한 '대중경제론'을 발전시킨다. 이것은 오늘날 민주주의와 시장경제의 토대 위에서 성장을 가속화하고 이를 바탕으로 중산층의 강화와 서민의 중산층화를 통해 '중산층강국'을 건설하려는 (다음에 상론하는) 김대중의 창조적 중도개혁주의 정치철학과 상통한다.

민주당은 1960년 4·19혁명 후 혁명적 열기 속에서 치러진 총선에서 압승을 거둬 장면 총리와 윤보선 대통령 정권을 출범시켜 내각제의 제2공화국을 개창했다. 민주당은 7월 29일 제5대 민의원 선거에서 지역구 총 233석 중 175석(75%)을 얻었고, 참의원 선거에서도 압승을 거뒀다.(58석 중 31석, 53%)

그러나 민주당과 민주당정부는 1961년 5·16쿠데타로 해산당하고 말았다. '1955년 민주당'이 3년 뒤 제3공화국이 출범하면서 정당활동이 다시 자유화되자 야권세력은 민주당을 복원했다. 그러나 제6대 국회의원선거 결과 박순천·유진오 중심의 민주당은 제2당의 지위로 밀리고 말았고, 윤보선 중심의 민정당이 제1당의 지위를 차지했다. 야당분열로 인해 반反군사정부 투쟁에 어려움을 겪던 민정당과 민주당은 1965년 6월 통합야당으로 '민중당'을 창당하고 박순천 여사를 대표최고위원으로 선출했다. 그러나 '민중당'은 1965년 8월 '한일협정 비준과 베트남 파병문제를 둘러싸고 당론이 양분되었다. 민정당 계열은 의원직 사퇴와 당 해산을 주장한 반면, 민주당 계열은 원내투쟁을 주장했다. 갈등 끝에 1966년 3월 윤보선 등 민정당 계열은 탈당해 '신한당新韓黨'을 창당하고, 제6대 대통령 후보로 윤보선을 내세웠다. '민중당'은 유진오를 대선후보로 선출했다. 그러나 양당은 세가 불리함을 통감하고 야권의 대통령후보 단일화 및 두 당의 재통합을 추진해 1967년 2월 '신민당新民黨'을 창당했다.

중도정당의 이후 역사는 더 추적할 필요가 없을 것이다. 1955년부터 김대중의 대통령 당선까지 기간을 요약적으로 총람하는 것이 좋을 것이다. 중도세력은 '1955년 민주당' 이래 민중당(1965)·신민당(1967)을 거쳐 통일민주당·평화민주당(1987)·국민회의(1995)로 전통과 법통을 이어왔다. 이 중도세력은 1960년 4·19혁명 직후의 총선을 통해 '혁명적 정권 교체'를 달성해 최초의 민주당정권을 수립했다. 그러나 민주당은 1961년 박정희의 5·16군사정변으로 강제 해산당했다. 그러다가 민주당은 1963년 박순천의 민주당으로 재건되어 '민정당'과의 합당으로 통합야당 '민중당'이 되었고 한일협정과 월남파병 문제 때문에 1966년 유진오의 민중당과 윤보선의 신한당으로 다시 쪼개졌다가 1967년 신민당으로 다시 통합되었다.

그러나 박정희 군사정부와 치열하게 싸우던 김대중과 김영삼 주도의 신민당은 1980년 박정희 암살 직후 신군부의 내란으로 다시 해체되어 지하로 들어갔다. 하지만 민주당의 적통은 1983년 5월 18일 '민추협'을 거쳐 '통일민주당'으로 부활해 1987년 6월 민주항쟁을 주도했다. 그러나 이 통일민주당은 김영삼과 김대중의 대통령후보를 둘러싼 갈등으로 분열했다. 김대중은 분열 후 평화민주당을 창당했다. 따로 출마한 통일

민주당 후보 김영삼과 평화민주당 후보 김대중은 1987년 대선에서 노태우 후보에게 어부지리를 주며 패하고 말았다.

이후 1988년 통일민주당은 '3당합당'으로 인해 여당 속으로 소멸하고, 평화민주당은 야권으로 홀로 남아 1991년 4월 '신민주연합당'(약칭 '신민당')으로 개명했다. 그러던 중 9월 이기택 등 통일민주당 잔류파와 더불어 '통합민주당'을 창당했다. 그러나 제14대 대통령선거에서 통합민주당 대통령 후보로 나선 김대중은 다시 대선에 패하고 말았다.

한동안 정계에서 은퇴했던 김대중은 정계 복귀와 함께 자파세력을 데리고 통합민주당을 탈당해서 1995년 "중도적 국민정당"으로 '새정치국민회의'를 창당했다. 그리고 그는 'DJP 지역연합' 노선으로 1997년 12월 18일 치러진 제15대 대선에서 대통령에 당선함으로써 진정한 '수평적 정권교체'를 이룩하고 두 번째 민주당 정권을 수립했다.

김대중 대통령은 새천년을 맞아 선진세계의 진운에 발맞춰 '진정한 중도정당'을 창설하기 위해 선거용 급조정당 '새정치국민회의'를 발전적으로 해체해 새천년민주당을 창당하기에 이른다. 새천년민주당에 이르러서야 사상가 김대중은 이념적으로 모호한 세력들과의 전술적·전략적 타협 없이 1955년 민주당의 창조적·개혁적 중도노선을 순수하게 가시화시킬 수 있었다.

▌김대중의 창조적 중도개혁주의

김대중은 급조한 선거용 중도정당 새정치국민회의를 자진 해체하고 미국과 서유럽 진보개혁정당들의 새로운 '중도' 노선을 수용하고 당을 재정비하기 위해 2000년 1월 20일 한국 최초의 명실상부한 중도개혁주의 정당인 '새천년민주당'을 창당했다. 당시 선진세계의 진보세력진영에

김대중

서는 거대한 노선변화의 바람이 불고 있었다. 프랑스사회당을 제외한 미국민주당·영국노동당·독일사회민주당을 위시한 모든 서구 진보정당들은 구舊좌파적·좌익보수주의적 진보노선을 신중산층(화이트칼라)의 수적 급증과 세계관에 부응하는 '제3의 길(The Third Way)', 또는 '신新중도(Die Neue Mitte)'로 전환해서 선거에 승리했거나 재조정하고 있었다.

상론했듯이 이 새로운 중도노선은 원래 1980년 대통령선거 이래 연패하던 '미국민주당' 내부에서 클린턴을 지지하는 '미국 민주당리더십회의(DLC)'와 부설 '진보정책연구소(PPI)'에 의해 소련·동구권 붕괴 이후 민주당과 진보진영의 장기침체를 돌파하기 위해 1980년대 말과 1990년대 초에 개발된 중도노선이었다. 이 '제3의 길'은 1992년 대통선거에서 빌 클린턴에게 승리를 안겨주었다.

사회주의인터내셔날(SI)은 1999년 11월「파리선언(Declaration of Paris)」을 통해 미국 민주당의 이 '제3의 길'을 전면적으로 수용했다. 이 '제3의 길'은 다양한 명칭으로 불렸다. 다시 상기하자면, 미국 민주당은 1992년 선거강령의 "기회와 책임"의 장에서 새로운 중도노선을 'a third way'라 표현했다.[78] 이 새로운 중도노선의 원작자이자 클린턴의 핵심참모였던 민주당리더십회의(DLC) 회장 앨 프롬(Al From)은 이 새로운 노선을 1996년 'Progressive-Centrist Course'(진보적 중도주의 노선)이라 불렀고, 2000년에는 그냥 'Centrist Course(중도노선)'이라 불렀다.[79] 그리

---

78) Bill Clinton, *1992 Democratic Party Platform*. 자료는 참조: 본서 부록, 228쪽(국역), 477쪽(영문).

79) 앨 프롬은 1996년 클린턴대통령의 정치노선을 '진보적 중도주의 노선(Progressive-Centrist Course)'으로, 또 2006년에는 '중도주의 노선(Centrist Course)'이라 명명했다. Al From, "Al From's Remarks at the 1996 Annual Policy Forum and Gala" (DLC 1996). 영문원전자료는 참조: 본서, 507쪽; Al From. "Democrats Must Adopt a Centrist

고 원작자그룹에 속하는 진보정책연구소 소장 윌 마셜(Will Marshall)은 2000년 다시 'Radical Centrism'(급진적·근본적 중도주의)라 바꿔 부르더니, 2001년에는 'Reform-Minded Centrism'(개혁지향적 중도주의)이라 불렀다.[80] 클린턴의 여론조사관 마크 펜(Mark Penn)은 2000년의 한 논고에서 'Decisive Center'(결정적 중도), 'Centrist Track'(중도주의 트랙), 'Centrism'(중도주의)이라 자유롭게 불렀다.[81] 그러나 앤서니 기든스는 1997년 'Radical Centre'라 표현했고,[82] 1998년에는 'The Third Way'라는 미국민주당의 개념을 수용하면서 'Radical Centre'를 '제3의 길'의 첫 번째 강령으로 규정했다.[83]

클린턴은 2004년 회고록에서 자기 노선을 'Centrist Progressive Movement'(중도주의적 진보운동)라 불렀다.[84] 독일사민당 총재 게르하르트 슈뢰더(Gerhard Schroeder)는 사민당 역사상 1959년 이미 고데스베르크강령에서 자본주의와 사회주의 사이의 중도라는 뜻의 '제3의 길(Der Dritte Weg)'을 정책슬로건으로 사용해 왔기 때문에 미국의 '제3의 길'을 1998년 '신新중도(Die Neue Mitte)'라는 용어로 수용해 총선에 승리했다.

그러나 프랑스 사회당은 '제3의 길'을 2017년까지 줄곧 거부하며 구舊좌파노선의 좌익보수주의를 견지했었다. 그러던 중 에마뉘엘 마크롱

Course" (2006). 영문원전자료는 참조: 본서 부록, 564쪽.
80) Will Marshall, "The Second Wave of Innovation. Democrats Cannot Afford to Revert to Old Habits" (DLC, *The New Democrat*, August 2000); Will Marshall, "Revitalizing the Party of Ideas" (2001), 이 두 영문자료는 참조: 본서 부록, 528쪽.
81) Mark Penn, "The Decisive Center - Candidates Who Embrace Centrist Issues Can Gain a Decisive Edge" (2000), 185, 188쪽. 국가전략연구소, 『중도개혁주의란 무엇인가? 중도개혁주의 국제자료집』(서울: 민주당국가전략연구소, 2007).
82) Anthony Giddens, "Centre Left at Centre Stage"(1997), 196쪽. Anthony Giddens and Christopher Pierson, *Conversation with Anthony Giddens* (Cambridge: Polity Press, 1998).
83) Anthony Giddens, *The Third Way* (Cambridge: Polity Press, 1998), 44, 70쪽.
84) Bill Clinton, *My Life* (New York: Alfred A. Knopf, 2004), 357쪽.

은 이에 불만을 품고 사회당의 구좌파노선을 비판하면서 사회당을 탈당한 뒤 2016년 4월 'l'extrême-centre(極中)'이라 불린 '중도' 노선을 기치로 2017년 4월 23일과 5월 7일 대선에서 압승했고, 5년 뒤 2022년 대선에서도 연승했다. 마크롱은 '선거혁명'을 일으켜 기존 사회당과 드골주의 우익정당을 군소정당으로 전락시켰다. 클린턴의 중도노선("New Democrat")을 계승한 미국 대통령 버락 오바마는 프랑스 대선 기간 내내 마크롱을 연대적으로 지지해 그의 승리를 도왔다.

이제와 밝히는 바지만 필자는 1999년 상반기 어느 때 요로를 통해 김대중 대통령에게 신당 창당의 역사적 필요성을 설명하고 선거용 '새정치국민회의'의 발전적 해체와 신당 창당을 강력하게 건의했다. 김대중 대통령은 이 건의를 선뜻 수용했고, 이렇게 하여 창당작업이 개시되었다. 김대중 대통령으로부터 창당 지시가 떨어지고 나서 필자는 극비리에 강령 기초 작업을 위임받았다.

필자는 미국 클린턴의 새로운 중도노선을 수용해 2000년 1월초 신당 강령을 기초하면서 강령 전문前文에 "중도개혁주의·국민통합주의·세계주의·통일민족주의·노장청통합주의·여야화합정치"를 신당의 6대 지향노선으로 명문화하면서 "이념대립을 극복하는 중도개혁주의"를 이 6대 지향 가운데 첫 번째로 열거했다. 당시 용어로는 앨 프롬의 'Progressive-Centrist Course'(1996), 앤서니 기든스의 'Radical Centre'(1997)와 'The Third Way'(1998), 윌 마셜의 2000년 'Radical Centrism'(2000) 등의 용어만이 등장해 있던 때였다. 이 중 'Progressive-Centrist Course'와 'Radical Centre', 이 두 명칭들이 중요했다. 필자는 우리 어감과 ('진보'와 '급진'이라는 말만 나오면 경기驚氣를 일으키는) 한국 특유의 정서를 고려해서 이 두 용어를 의미론적으로 혼합해 '중도개혁주의'로 의역했다. 그리고 필자는 이 의역어를 미국 전후 사정 설명과 의역어 해설과 함께 당시 '새정치국민회의' 총재였던 김대중 대통령에게 상신해서 총재의 재가를 받았다. 이렇게 하여 '중도개혁주의'라는 신조어가 탄생한 것이다.[85]

그런데 2001년 진보정책연구소 소장 윌 마셜이 새천년민주당 강령이 제정된 지 1년 뒤인 2001년 이전의 자기 용어 'Radical Centre'를 버리고 'Reform-Minded Centrism(개혁지향적 중도주의)'로 바꿔 불렀다. 이로써 '중도개혁주의'라는 필자의 의역어는 그 의미론적 적실성이 '새로운 중도' 원작자의 한 사람에 의해 확증되었다.

이 '중도개혁주의'는 실은 사상가 김대중의 오랜 창조적 중도노선과 거의 그대로 부합하는 것이었다. 그리고 '1955년 민주당'의 창조적 중도노선과도 부합되는 것이었다. 김대중이 아태재단이사장 시절 '새정치국민회의' 창당을 준비하면서 1995년 7월경 그의 핵심참모를 통해 이런 말을 내보냈다.

> 한마디로 야당은 이제 탈냉전 시대의 정당으로 변모해야 할 때다. 일본 자민당은 냉전 이후 화이트컬러 정당으로 변신해야 한다는 시대적 요구를 따라가지 못해서 생존에 실패했다. 야당의 대전환이 시급한 실정이다.[86]

그리고 1995년 9월 신당 창당 선언에서 김대중은 '서민과 중산층의 정당' 프레임을 '중산층과 서민의 정당' 프레임으로 바꿀 것을 천명했다.[87] 이것은 중산층을 서민에 앞세워 중산층을 강화하고 서민을 중산층화하려는 취지의 로고였다. 그리고 새정치국민회의는 강령 전문에서 자당을 "중도적 국민정당"으로 규정했었다.[88]

---

85) 참조: 황태연, 『창조적 중도개혁주의』, 머리말(5-6쪽), 71쪽.
86) 『시사저널』, 「김대중, 신당 만들어 대권 향해 돌진」 (1995년 7월 20일자).
87) 『시사저널』, 「김대중, 신당 만들어 대권 향해 돌진」.
88) 중앙선거관리위원회, 『大韓民國政黨史』 제5집[1993-1998] (과천: 2009), 796쪽 (새정치국민회의 강령 전문).

1999년 8월경 새정치국민회의를 발전적으로 해체하고 '새천년민주당'을 창당하려는 김대중 대통령의 의중이 어렴풋이 세상에 알려지고 나서 그는 직접 KBS 방송에 대고 "신당은 '중산층과 서민의 당'이 되어야 한다"고 강조했다. 그리고 그는 "중산층을 중심으로 한 그러한 개혁정당을 만들면서 우리는 개혁적인 보수세력 그리고 건전한 혁신세력까지 안아서 개혁정당을 만들어 가야 되지 않는가"라고 부연했다.[89] 이 중도적·국민적 포괄정당 표현은 "온건한 진보세력으로부터 건전한 보수세력까지 망라하는" 개혁적 국민정당으로 바꿔 표현되기도 했는데, 아무튼 이 말은 김대중이 기회 닿는 대로 반복적으로 강조했던 표현이었다.

　그리고 김대중 대통령은 새천년민주당 창당준비위원회 결성대회 치사「정치적 안정은 절대적인 명제」에서 "신당의 성격"을 "전국민적 지지를 기반으로 21세기의 위대한 미래를 열어가는 국민적 개혁정당이 되어야" 한다고 규정하고, "대한민국을 중산층과 서민이 우대받는" 나라로, 그리고 "동도 없고 서도 없이 모두가 하나 되는 전국민적 화합의 공동체"로 만들자고 촉구했다.[90]

　그리고 창당대회 치사「새천년을 책임질 국민의 정당」에서도 "마침내 국민의 신망이 두터운 수많은 개혁적이고 전문적인 인사들과 더불어 오늘 새천년민주당을 창당한다"고 확인하고, 새천년민주당의 이념을 "민주주의, 시장경제, 그리고 생산적 복지를 지향하는 개혁정당", "유일하게 중산층과 서민의 이익을 대변하는 국민정당"으로 규정한 데 이어 "이러한 새천년민주당의 민주 정통성과 이념, 그리고 계층 대표를 통해서 민주당이야말로 가장 자랑스러운 유일한 국민적 개혁정당임을 역사 앞에 선언한다"고 천명했다. 그리고 "올해에는 중산층과 서민의

---

89)　KBS 9시 뉴스, 「김대중 대통령, 신당은 중산층–서민의 당」, (1999년 8월 9일).
90)　김대중, 「새천년민주당 창당준비위원회 결성대회 치사: "정치의 안정은 절대적인 명제"」 (1999년 11월 25일), 『김대중대통령연설문집』 제2권/대통령비서실.

복지를 위해서 전력을 다하겠다"고 공약하고 "근로소득세와 생필품에 대한 특별소비세를 대폭 감면하여 중산층과 서민의 세稅부담을 크게 줄일 것이다"고 밝혔다.[91]

그리고 남북정상회담 이후 개최된 전당대회에서도 김대중 대통령은 「꿈과 희망을 주는 정당」이라는 전당대회 치사에서 이렇게 천명했다. "우리 당은 중산층과 서민의 정당이다"고 다시 확인하고, "중산층이 두터울 때 나라가 건강합니다. 일할 능력이 있는 사람은 정보화 교육 등 능력개발을 통해 중산층으로 안정될 수 있도록 만들어야 합니다."[92]

강력하게 잔존하는 한국정치의 이념논쟁과 관련해 특별히 상기해볼 점은 김대중이 평생 '반공·용공조작의 때'가 묻은 '자유민주주의'라는 극우·초超보수 용어를 쓰지 않고 '민주주의'라는 용어만을 썼다는 것이다. 이 어법은 1955년 민주당으로부터의 관행("자유와 민주의 통일")이기도 했지만, 나름대로 더 깊은 이유가 있는 것으로 보인다. 한국 헌법에 "자유민주적 기본질서"라는 말이 처음 등장한 것은 1972년 유신헌법에서부터였다. 제헌헌법은 전문前文에 "민주독립국가", "민주주의 제諸제도"라고만 언급하고, 제1조에 "민주공화국"만을 명시했었다. 제3공 헌법도 "민주공화국"과 "민주주의 제諸제도"라는 개념만 명문화했다. 1972년 유신헌법에서야 비로소 처음으로 "자유민주적 기본질서"라는 말이 전문에서 딱 한 번 등장했다. 그리고 현행헌법은 전문에 "자유민주적 기본질서"를, 그리고 제4조에 "자유민주적 기본질서에 입각한 평화적 통일"을 명문화하고 있다.

그러나 반공주의에 오염된 "자유민주주의"라는 용어는 쓰지 않고 있

---

91) 김대중, 「새천년민주당 창당대회 치사: "새천년을 책임질 국민의 정당"」(2000년 1월 20일). 『김대중대통령연설문집』제2권/대통령비서설.
92) 김대중, 「새천년민주당 전당대회 치사: "꿈과 희망을 주는 정당"」(2000년 8월 30일). 『김대중대통령연설문집』제3권/대통령비서설.

다. 한국헌법이 명시한 "자유민주적 기본질서"는 '자유민주주의적 기본질서'와 본질적으로 다르기 때문이다. 그리고 헌법재판소도 헌법의 "자유민주적"이라는 술어를 '이념'(이데올로기)의 의미가 아니라 '자유와 민주'의 합성어로 해석한 바 있다. 2013년 헌법재판소는 헌법 제8조 4항에 규정된 정당의 "민주적 기본질서"를 "자유민주적 기본질서"와 동일한 규정으로 보고 이렇게 결정했다.

▶ 헌법 제8조 4항의 '민주적 기본질서'는 개인의 자율적 이성을 신뢰하고 모든 정치적 견해들이 각각 상대적 진리성과 합리성을 지닌다고 전제하는 다원적 세계관에 입각한 것으로서, 모든 폭력적·자의적 지배를 배제하고, 다수를 존중하면서도 소수를 배려하는 민주적 의사결정과 자유·평등을 기본원리로 하여 구성되고 운영되는 정치적 질서를 말하며, 구체적으로는 국민주권의 원리, 기본적 인권의 존중, 권력분립제도, 복수정당제도 등이 현행 헌법상 주요한 요소라고 볼 수 있다.[93]

이 결정문에는 그간의 다수의견 및 판례와 반대로 "(자유)민주적 기본질서"를 '자유민주주의적 기본질서'로 간주하지 않고 있다. 그간 민주화로 개명開明된 2013년의 헌법재판소는 "자유민주적 기본질서"를 『독일연방공화국 기본법(*Grundgesetz für die Bundesrepublik Deutschland*)』의 제10·11·18·21조에 명문화된 "자유로운 민주적 기본질서(freiheitliche demokratische Grundordnung)"로, 즉 1955년 민주당 강령처럼 "자유와 민주"의 "기본질서"로 해석한 것이다. 그간의 판례와 법조계 일각에서는 이 "자유민주적 기본질서"로부터 자유민주주의를 도출하거나 이것을 '자유민주의'로 좁혀 이해하고 싶어 하지만, 이것은 어디까지나 '도

---

93) 「2013헌다1 통합진보당 해산 결정문」(통합진보당 해산 청구 사건).

출'이나 '오해'일 뿐이고, 명문은 전혀 그렇지 않은 것이다. "자유민주적"은 '자유롭고 민주적인'을 가리키는 것으로 이해되어야 하는 것이다.

헌법의 영문본도 "자유민주적 기본질서"를 'liberal-democratic basic order'로 영역하지 않고 "basic free and democratic order"로 영역했다. 그리고 고등학교 1학년 사회교과서 2단원에 자유민주적 기본질서에 대한 내용이 나오는데, 이 대목과 관련된 교사용 지도서는 보면 "자유민주적 기본질서"가 '자유민주주의적 기본질서'를 뜻하는 것이 아니라는 점에 유의하라고 적고 있다. 따라서 사회민주주의 정당도 "자유민주적 기본질서"에 위배되지 않는 것이다. 제헌헌법 설계자 중 1인이었던 유진오는 '민주주의'를 '자유민주주의'보다 훨씬 폭넓게 해설했다.[94] 김대중은 이런저런 이유에서, 그리고 자유민주주의의 이름으로 자행된 반공·용공조작의 위험 때문에 '자유민주주의'라는 말을 끝내 입에 담지 않은 것으로 보인다.

민주당강령 제정 이후 '중도개혁주의'는 국내정치에서 급진개혁주의와 보수주의에 대비되는 새로운 이념적 기치旗幟로서 유행어처럼 진영을 넘어 도처로 번져갔다. 2002년 민주당 대선후보경선 때는 노무현 후보와 이인제 후보가 중도개혁주의를 표방했고, 대선 때는 노무현 후보만이 아니라 심지어 이회창 후보도 '중도개혁주의'를 내걸었다. 그리고 2007년 제17대 대통령선거에서 이명박 후보는 '중도실용주의'를 기치로 내걸었다. 이로써 '중도개혁주의'라는 말은 널리 확산되어 천하통일을 이루는 듯했다. 이로써 미국 민주당과 서구 좌파정당들이 중도정당으로 재탄생하는 과정에서 창안된 '중도개혁주의'는 우리나라 민주당의 중도 전통과 접목되어 한국의 주류이념으로 올라서는 역사적 전기를 맞았다. '비주류'로 밀려난 한국의 보수세력은 중도개혁주의의 압박

---

94) 유진오, 『헌법해의』(서울: 명세당, 1949), 10-18쪽.

으로 어느 정도 중도노선에 접근한 반면, 극우·극좌이념은 점차 주변화週邊化되든가 생존을 위해 얼마간 '중도화 제스처'를 취했다.

그러나 이런 '중도개혁주의'라는 용어가 좌우진영에서 유행했다고 해서 김대중을 제외하고 어떤 정치인이 그 깊은 의미를 이해했을 것이라고 아무도 생각하지 않을 것이다. 미국의 원작자들이 "삼각화(*triangulation*)" 전략이라 부른 이 창조적 중도개혁주의 노선은 '1955년 민주당'의 강령에 담긴 "자유경제 원칙하에 생산을 증강하고 사회주의에 입각해 공정한 분배를 기한다"는 '파격적' 중도노선과 유사한 사고방식을 담고 있었다. '중도中道'는 공자의 경우에도 중간·중도中度·균형·조화 등 여러 가지 뜻이 있다. 그리고 헤겔과 레닌이 말한 "동적動的 중도"도 있다. 이 "동적 중도"는 가령 0과 100 사이에서 산술적·기계적으로 50을 취하는 중간이 아니라, 상황이 30 대 70, 20 대 80으로 경사되었을 때는 상황을 중간으로 회복시키려면 50의 산술적 중간을 선택해서는 아니 되고 70이나 80을 택해서 이후의 동학動學 속에서 결과적으로 중간(50)으로 움직이게 한다는 의미의 중도를 말한다.

그러나 "자유주의로 생산하고 사회주의로 분배를 기한다"는 정책은 '기계적·산술적' 중도든, '동적' 중도든 그런 의미의 중도개념을 활용하고 있지 않다. 보통 이런 식의 중간절충적 중도라면 생산도 자유주의와 사회주의의 혼합경제로 하고, 분배도 자유주의와 사회주의의 적절한 혼합방식으로 한다고 말해야 할 것이다. 그러나 '1955년 민주당'은 이런 기계적·동적 중도를 따르지 않고 "자유주의로 생산하고 사회주의로 분배를 기한다"는 중도노선을 제시하고 있다. 이것은 경제적 자유주의(자본주의)와 사회주의에서 중도를 택하라 하면 으레 그럴듯이 자유주의적 생산·분배의 극단적 원칙과 사회주의적 생산·분배의 극단적 원칙 간의 중간을 택해 절충하는 것을 생각할 것이다. 그러나 독일 사민당정부의 정책노선이 그랬듯이 이런 절충적 중도노선은 '효율적' 생산과 '공정한' 분배를 둘 다 어렵게 했다.

하지만 '1955년 민주당'은 경제를 생산과 분배로 나누고 이것에 각각 다른 원칙을 적용했다. 즉, 생산의 증강(성장)을 자유경제 원칙으로 완전히 해방하고 분배는 사회주의적 공정성을 추구하는 중도노선을 내놓은 것이다. 이것은 이전에 아무도 생각해보지 못한 '창조적 중도'다. 이 창조적 중도노선은 사회주의적 분배를 하는 점에서 자본주의와도 '다르고', 자본주의적 생산을 하는 점에서 사회주의와도 '다른' 제3의 길이었다.

물론 생산과 분배를 분리하고 이에 대해 각각 다른 원칙(자본주의와 사회주의)을 적용하는 '1955년 민주당'의 정책노선은 사실상 불가능한 유토피아적 노선이었다. 그러나 사상가 김대중은 '창조적 중도주의'가 체화體化되어 있어서 "자유경제 원칙하에 생산을 증강하고 사회주의에 입각해 공정한 분배"를 기한다는 '1955년 민주당'의 유토피아적 노선을 실현가능한 노선으로 수정·재창조한다. 시장경제의 기반 위에서 대중의 복지향상을 추진하는 그의 '대중경제론'이 그것이다. 그는 적수정당의 정책이 국민에게 해로우면 사활을 걸고 반대투쟁을 전개했지만, 그 정책이 국민에게 조금이라도 이로운 측면이 있다면 받아들여 창조적 수정과 수선을 거쳐 자신의 정책으로 삼았다. 그의 대표적인 '창조적 중도정책'은 "시장경제와 민주주의의 병행발전", 나아가 "시장경제·민주주의·생산적복지의 병행발전"이었다.[95] 자유주의자들이 강조하는 건전

---

95) "시장경제와 민주주의의 병행발전" 노선을 "시장경제·민주주의·생산적 복지의 병행발전" 노선으로 확대하는 것을 건의한 것은 필자였다. 1999년 상반기에 김대중 대통령에게 올린 신당창당 건의서에서 필자는 IMF국난 속에서 야기된 국민의 생활위기와 궁핍화에 대한 대처 방안으로 '국민복지'의 강화가 필수적이라고 주장하고 기존 병행발전 노선을 "시장경제·민주주의·국민복지의 병행발전" 노선으로 확장해 산당의 정책구호를 삼아야 할 것이라고 요청했다. 필자가 김대중 대통령이 공약으로 내건 영국 블레어 식의 "생산적 복지(welfare to work)" 대신 "국민복지"라는 개념을 택한 것은 이 '생산적 복지' 정책이 영국에서 이미 비판을 받고 있었기 때문이다. 그러나 김대중 대통령은 공약대로 필

한 자본주의적 시장경제는 생산의 효율화로 성장을 추동하면서 민주주의의 발전을 물질적으로 뒷받침해주고, 역으로 한국의 민주화 투사들이 반독재투쟁을 통해 추구해온 인권·자유·평등의 민주주의는 정경유착을 없애 시장경제를 발전시킨다. 또 민주주의는 평등이념을 통해 공정한 분배와 국민복지의 정치문화를 지탱해주고, 역으로 사회주의자들이 중시하는 복지는 유효수요를 늘려 생산을 돕고 빈곤을 없애 민주시민의 육성에 기여한다.

"시장경제·민주주의·생산적복지의 병행발전" 노선은 민주주의·경제성장·공정분배의 동시 중시 정책으로서 '1955년 민주당'의 자본주의적 생산+사회주의적 분배 노선을 수정한 그의 대중경제론의 표현이었다. 이 창조적 수정은 불가피했다. "자유경제 원칙하에 생산의 증강"과 "사회주의에 입각해 공정한 분배"의 결합 정책이 실은 그 취지야 이해할 수 있지만 이론적·실천적 관점에서 '공상적'이었기 때문이다. '시장을 통한 분배'와 '복지정책적 분배'로 구성되어 있는 '분배' 정책과 관련해 사회주의적 분배(사회복지적 분배원칙)만을 거론하고 '시장을 통한 분배'를 망각하는 것은 자본시장에 따른 이윤 분배와 노동시장에 따른 임금 분배를 포함하는 '자본주의적 생산'의 원칙과 충돌한다. 이 때문에 김대중은 시장을 통한 공정한 분배를 '대중참여경제' 정책으로 먼저 확보하고자 했다.

'대중참여경제론'은 시장을 통한 공정한 분배를 사회복지적 분배(사회주의적 분배)원칙보다 더 근본적인 것으로 중시한다. '대중참여경제론'은 '시장을 통한 공정한 분배'를 노동자·농민·중소상공인 대중이 생산과 분배에 참여할 기회를 최대로 확대해 중소기업가·농가·노동자의 소득을 높여 이들이 값싸고 질 좋은 제품을 파는 소비시장에 참여하는 길을

자의 "국민복지"를 다시 "생산적 복지"로 바꿔 "시장경제·민주주의·생산적 복지의 병행발전"으로 내걸었다.

넓히는 것이다. 이를 위한 전제로서 '대중참여경제론'은 정경유착과 재벌기업(독과점기업)의 문어발식 확장을 해소해 자유시장을 창설하고 이 자유시장에서의 자유로운 경쟁적 생산을 통해 제품의 질을 높이고 값을 낮춰 대중이 이 제품들을 살 수 있게 한다. 이것은 시장을 통한 분배를 비교적 공정하게 보장한다. '시장을 통한 분배'의 결함은 '생산적 복지' 정책으로 메운다.

김대중은 "자유경제 원칙하에 생산을 증강하고 사회주의에 입각해 공정한 분배"를 기하려던 '1955년 민주당' 생산·분배 노선으로부터 그 의도만을 취해 계승하고 시장노선과 복지노선의 이념적 대립을 초월해 시장노선과 복지노선을 둘 다 취함으로써 이 두 노선을 창조적으로 결합시킨 것이다. 즉, 시장노선을 생산과 분배를 가리지 않고 유보 없이 적용하고 자유경쟁을 회복시켜 제품의 품질을 제고하고 가격을 저렴화하고 일자리를 늘려 대중이 소비시장에 참여할 수 있게 만드는 '시장을 통한 복지노선'을 근본으로 삼고 이 시장분배의 결함에 대해서는 정부의 시장외적市場外的 복지정책으로 대처하는 것이다. 이 노선은 자본주의적 시장노선과 사회주의적 복지노선의 이념적 극단을 '둘 다(both)' 유보 없이 수용한 것이지만 이 극단의 단순한 절충적 합성과 '다르게(differently)' 결합시킨 '창조적' 중도개혁 노선이다.

한편, 어느 시점부터인가 사상가 김대중은 중도정당이 노동자·농민을 '서민'으로 영구화시키려는 좌익 계급정당이 아니라, 서민을 중산층으로 만들고 중산층을 두텁게 만드는 중산층의 정당이 되어야 한다고 생각했다. 그리하여 평화민주당 시절부터 사용하던 '서민과 중산층의 정당'이라는 프레임을 버리고 '중산층강국 건설'의 메시지를 강화하기 위해 '서민'에 '중산층'을 앞세우는 '중산층과 서민의 정당' 프레임을 내걸었다. 사상가 김대중은 노동자·농민의 계급정당 프레임에서 조금 벗어난 '서민과 중산층의 정당'의 절충적 중도좌익 프레임이 서민을 앞세움으로써 서민을 서민으로 영구화시키고 지식기반경제 속에서 새로이 급성장하는 (신)중산층의 서민기피 심리(과거 서민으로 살던 시절을 잊고 싶은 심리)를 건드릴 위험이 있는 시대착오적 프레임임을 간파한 것으로 보인다. 실제로 아파트나 신도시로 바뀐 동네마다 국민회의의 지지층이 급감했다.

　이런 이유에서 김대중은 '서민과 중산층의 정당'의 절충적 중도좌익 프레임을 과감하게 버리고 '중산층과 서민의 정당' 프레임을 선택했다. 그는 이 새로운 정당프레임으로 신당이 중산층을 앞세우는 정당임을 선언함으로써 급성장하는 화이트칼라 계층(신新중산층)의 세계관·가치관에 부응하고 서민을 서민으로 영구 고정시켜 '표밭'으로 삼는 좌익적 계급정당이 아니라 서민의 중산층화와 중산층 강화에 "전력을 다하는" 국민정당이라는 메시지를 내보냈던 것이다. 김대중은 군부독재세력처럼 민주주의와 사회복지 없이 시장경제만 추구하면 시장경제마저 정경유착 재벌들의 (자유경쟁 없는) 독과점 경제체제로 전락하고, 공산당처럼 자유시장과 민주주의 없이, 또는 서구의 구舊진보정당처럼 사회주의적 이념에 따라 민간경제와 자유시장을 제약하며 사회복지만 추구하면 경제가 몰락하거나 퇴락한다고 경고하면서 구舊진보주의와 신자유주의를 둘 다 거부한 것이다. 그는 '시장경제·민주주의·사회복지의 병행발전' 테제로써 구舊진보와 신新우익 노선을 거부하는 '창조적 중도'의 길을 간 것이다.

　1955년 민주당의 중도노선을 창조적으로 변형시킨 김대중의 이런 '창조적 중도' 노선은 우연치 않게 미국민주당의 중도노선 원작자들의 '삼각화(triangulation)' 전략의 창조적 중도노선과 거의 그대로 합치되었다. 상론했듯이 1980년대 미국 민주당리더십회의와 진보정책연구소에서 개발해 활용한 이 삼각화 중도론에서 '중도中道'는 양극단을 잇는 직선의 단순한 산술적 가운뎃길이 아니라, 이 직선을 밑변으로 삼아 그려지는 삼각형의 꼭짓점으로서의 가운뎃길이다. 구좌파와 신우파 정책의 양극단을 잇는 직선을 밑변으로 삼아 이 직선의 위쪽에 위치한 한 지점을 꼭짓점으로 잡고 이 꼭짓점과 직선의 양극 지점을 이어 삼각형을 만든 뒤 그 꼭짓점의 정책을 취하는 것이 삼각화 중도다. 이 삼각형의 가운데 꼭짓점은 양극단과 다르고(different) 또 양극단보다 더 많은(more) '제3의 중도'다. 이 '다름(*difference*)'은 양극단과의 거리만큼 다른 것일 뿐만 아니라 삼각형의 높이만큼 다른 것이기도 한다. 이 '높이'는 정책적 창조성의 정도를 함의한다.

이 삼각화 중도는 양극단을 잇는 직선상의 위치로 보면 가운데에 있지만 이 중도는 임의의 삼각형(정삼각형, 또는 좌나 우로 얼마간 기운 다양한 삼각형)에서 나타나는 꼭짓점의 다양한 높이와 다양한 위치만큼 변화를 보일 수 있다. 따라서 이 중도는 양극단과 '다르기'도 하고 양극단보다 '더 많기'도 하고 '다양하기'도 한 '창조적 중도'인 것이다. 이 창조적 중도는 꼭짓점 위치와 그 높낮이에 따라 다양한 변화를 보이고, 따라서 얼마든지 다양하게 창조성을 보일 수 있는 중도다.

클린턴은 상론했듯이 1991년 「민주당리더십회의 클리블랜드 총회에서의 기조연설(Keynote Address of Gov. Bill Clinton to the DLC's Cleveland Convention)」에서 창조적 삼각화 중도를 명확하게 천명한다. 앞서 인용했지만 다시 한번 그의 설명을 상기해보자.

▶ 지금 우리의 새로운 선택은 낡은 범주들과 이것들이 강요하는 그릇된 대안들을 명백하게 기각하는 것이다. 내가 방금 여러분에게 말했던 것이 진보인가 보수인가? 진실은 그것이 둘 다이면서, 또 그것이 다르다는 것이

다(The truth is, it is both, and it is different). 이것은 새로운 대안들을 고려치 않으려는 민주당의 과거 고정관념과 (이에 대한) 공화당의 공격을 (둘 다) 기각한다.[96]

이어서 클린턴은 "가난한 어린이에 관한 논쟁"을 예로 들어 이 새로운 중도개념을 길게 설명한다.

▸ 공화당원들이 논쟁을 설정하는 식으로 말하기를, 민주당이 이런 문제마다 더 많은 돈을 써서 해결하려고 한다고 하는데, 우리는 여러분이 문제마다 돈으로 해결할 수 없다는 것을 안다. 우리는 방금 바로 그런 말을 했고, 그래서 우리는 가족 가치(family values)를 지지하는 것이다. 여러분에게 뭔가를 말하겠다. 가족 가치는 굶주린 아이를 바로 먹이지 않을 것이지만 당신은 가족 가치 없이 굶주린 아이를 아주 잘 키울 수 없다. 우리는 (돈과 가족 가치를) 둘 다 필요로 한다. 내가 꼬맹이였을 때 증조부모의 도움을 많이 받으면서 조부모가 나를 키웠다. 나의 증조부모님들은 시골에서 각주 角柱 위에 지은 방 두 칸짜리 오두막집에서 살았다. 그 집의 가장 좋은 방은 폭풍 대피용 지하실이었는데, 그곳은 땅속 토굴이었다. 나는 그곳에서 등유 랜턴과 뱀을 가지고 밤을 보내곤 했다. 그리고 증조부모는 당시 우리가 정부물자를 – 우리가 그때 그것을 다시 회상해 보면 – 정부의 도움을 받았다. 그들은 자신들이 가지고 있던 것으로 대단한 일을 해냈다. 나의 할아버지는 아칸소주 호프(Hope, Arkansas)라는 작은 마을의 흑인 동네에서 잡화점을 운영했다. 생계를 위해 힘들게 일하는 흑인 손님들은 식량 배급

---

96) 빌 클린턴, 「민주당리더십회의 클리블랜드 총회에서의 기조연설」 (1991년 5월 6일). 황태연, 『창조적 중도개혁주의』, 부록 국역문, 161쪽; 부록 영문원전자료, Bill Clinton, "Keynote Address of Gov. Bill Clinton to the DLC's Cleveland Convention" (DLC, Speech, May 6, 1991), 360쪽.

표(food stamps)가 없어서 돈 없이 그냥 왔고, 할아버지는 어떤 식으로든 그들에게 먹을 것을 주고 그것을 적어 놓았다. 할아버지는 자신이 지역공동체의 일부라고 생각했다. 할아버지는 가족 가치를 믿었고, 개인적 책임을 믿었다. 그러나 그들은 또한 정부가 최선을 다하는 사람들을 도울 의무가 있다는 것도 믿었다. 그리고 우리는 그것을 해냈다. 그런데 여러분이 이것을 (공화당이 다스려온 이래) 미국의 그토록 많은 곳에서 오늘날 벌어지고 있는 상황과 비교하면 이 상황은 진짜 충격적이다.[97]

클린턴은 어린 시절 자기 가족이 '가난한 가족'이었을지라도 증조부모-조부모-부모로 이어지는 '가족 가치', 즉 대를 잇는 따뜻한 가족적 친애와 연대 속에서 정부의 보조를 받아 자기를 잘 키울 수 있었다는 사실을 들어 좌파가 고수해온 정부의 금전적 가족지원과 공화당이 강조하는 가족가치를 동시 중시해서 하나로 통합하는 새로운 중도적 가족정책을 설명하고 있다.

그리고 클린턴은 조지 부시 1세 치하의 심각한 가족붕괴 상황을 약물남용 지역인 남중부 로스앤젤레스의 예로 설명했다. 이 지역에서 그가 만난 "10여 명의 6학년생들" 중 "대부분이 조부모를 본 적도 없고 증조부모가 있다는 것은 단지 상상할 뿐이고, 그들 중 한 아이는 부모의 약물남용 때문에 자기 부모를 경찰에 신고했다고 말했다"는 것이다.[98] 따라서 문제마다 돈으로 해결하려고 드는 것은 문젯거리라는 것이다. 클린턴은 '가족 가치'를 강화해야 한다는 공화당의 주장도, 빈민 아동을

---

97) 클린턴, 「민주당리더십회의 클리블랜드 총회에서의 기조연설」, 황태연, 『창조적 중도개혁주의』, 부록 국역문, 161-162쪽; 부록 영문원전자료, Clinton, "Keynote Address of Gov. Bill Clinton to the DLC's Cleveland Convention", 360-361쪽.
98) 클린턴, 「민주당리더십회의 클리블랜드 총회에서의 기조연설」, 황태연, 『창조적 중도개혁주의』, 부록 국역문, 162쪽; 부록 영문원전자료, Clinton, "Keynote Address of Gov. Bill Clinton to the DLC's Cleveland Convention", 361쪽.

금전으로 지원해야 한다는 민주당의 이전 주장도 둘 다 옳다고 인정하되, 새로운 관점에서 가족 가치 강화와 금전적 지원을 동시에 시행해야 한다는 창조적 중도의 가족정책을 취함으로써 가족가치만 강조하고 빈민아동들에 대한 금전적 지원을 중단한 공화당 정책도 기각하고, 가족가치를 무시한 채 금전만 던져주고 나 몰라라 하는 구舊민주당의 과거 가족정책도 기각하는 제3의 중도정책을 주장한 것이다.

15년 뒤인 2006년 앨 프롬은 클린턴의 저 기조연설을 상기시켰다. "우리의 새로운 선택은 낡은 이데올로기들과 이것들이 강요한 그릇된 선택을 명백하게 기각하는 것이다. 우리의 어젠다는 진보도 보수도 아니다. 그것은 둘 다이면서, 또 그것은 다르다(It is both, and it is different). 그것은 새로운 대안을 고려하지 않으려는 민주당의 과거 고정관념과 우리 당에 대한 공화당의 공격을 (둘 다) 기각한다."[99] 이런 의미에서, 즉 "그것은 둘 다이고, 또 그것은 다르다"는 의미에서 클린턴과 프롬의 삼각화 방식의 중도도 '창조적 중도'인 것이다.

또 클린턴은 "It is both, and it is different"의 창조적 삼각화 중도노선을 조세정책에도 적용했다. 그는 공급 측면(투자)을 강화하기 위해 법인세를 인하해야 한다는 공화당 정책과 수요 측면(소득)을 강화하기 위해 근로소득세를 인하해야 한다는 전통적 민주당 정책을 둘 다 취해 양측의 일면적 주장을 극복한 그 유명한 '신경제(The New Economy)' 정책을 수립·시행한 것이다. IT경제를 진흥하기 위한 이 '신경제'의 핵심정책은 공급·수요 측면의 동시 중시, 이에 따른 법인세와 소득세의 동시 감세 정책, 즉 경제와 복지를 둘 다 살리는 제3의 창조적 중도노선이었다.

상론했듯이 1999년 영국의 토니 블레어 총리와 독일의 게르하르트

---

99) Al From, "Waking the Dems: How the New Democrat Movement Made the Party of Roosevelt, Truman, and Kennedy Relevant Again", DLC, *Blueprint Magazine* (February 9, 2006). 황태연, 『창조적 중도개혁주의』, 부록, 영문원전자료, 476쪽.

슈뢰더 총리는 클린턴의 이 공급·수요 측면 동시 중시, 법인세와 소득세의 동시 감세 정책을 지지해서 「블레어-슈뢰더 공동선언 - 유럽: '제3의 길'(Tony Blair & Gerhard Schroeder Manifesto- Europe: 'The Third Way')」에서 "수요와 공급 측면 정책은 함께 가는 것이지, 양자택일이 아니다(Demand and supply-side policies go together, they are not alternatives)"라고 선언했다.[100] 그리고 블레어와 슈뢰더는 다음과 같이 부연했다.

> 과거에 사회민주주의자는 성장과 높은 고용 목표가 성공적 수요 관리만으로 성취될 수 있다는 인상을 주곤 했다. 현대적 사회민주주의자는 공급 측면 정책들이 중심적·상보적 역할을 한다는 것을 인정한다. 오늘날의 세계에서 대부분의 정책 결정은 공급 측면과 수요 측면, 양자의 조건에 영향을 미친다. 성공적인 생산적 복지(Welfare to Work) 프로그램은 이전의 실업자에게 소득을 증대시켰고 고용주에게 쓸모 있는 노동 공급을 향상시켰다. 현대적 경제정책은 근로자의 세금을 뺀 순소득을 증대시키고 동시에 고용주의 고용 비용을 줄이는 것을 목적으로 한다. 그러므로 미래지향적인 사회보장제도의 구조적 개혁, 고용 친화적 조세와 분담금 구조를 통한 비임금 노동비용의 축소는 특히 중요하다. 사회민주주의적 정책의 목적은 미시경제적 유연성과 거시경제적 안정성의 유익한 결합을 위해 수요 측면과 공급 측면 정책 간의 명백한 모순을 극복하는 것이다.[101]

블레어와 슈뢰더는 법인세와 소득세의 동시 감세 정책을 시행해서 자

---

100) 「블레어-슈뢰더 공동선언 - 유럽의 '제3의 길'」. 황태연, 『창조적 중도개혁주의』, 국문부록, 314쪽; 영문부록: "Tony Blair & Gerhard Schroeder Manifesto - Europe: 'The Third Way'", 583쪽.
101) 「블레어-슈뢰더 공동선언 - 유럽의 '제3의 길'」. 황태연, 『창조적 중도개혁주의』, 국문부록, 314-315쪽; 영문부록: "Tony Blair & Gerhard Schroeder Manifesto - Europe: 'The Third Way'", 583쪽.

국 경제를 오랜 침체의 늪에서 건져냈고 처음으로 청년실업률을 현저히 낮출 수 있었다. 그들은 집권(1997·1998)과 동시에 각각 자국에서 이 정책을 시행해서 큰 효과를 본 뒤 이 경험을 1999년 공동선언으로 모아 발표한 것이다.

김대중 대통령도 법인세와 소득세의 동시 감세 정책을 추진했다. 이 동시 감세 정책은 외환위기 속에서 빈사 상태에서 사경을 헤매던 경제를 살려냈다. 그는 소득세와 법인세 감세를 거의 동시에 시행했다. 상론했듯이 그는 2000년 1월 20일 창당대회 치사 「새천년을 책임질 국민의 정당」에서 "올해에는 중산층과 서민의 복지를 위해서 전력을 다하겠다"고 공약하고 "근로소득세와 생필품에 대한 특별소비세를 대폭 감면해 중산층과 서민의 세 부담을 크게 줄일 것이다"고 천명하고,[102] 이 공약을 그대로 시행했다. 거의 동시에 2001년 DJ는 1억 원 이하의 법인소득에 대한 법인세를 16%에서 15%로, 1억 원 이상의 법인세는 28%에서 27%로 낮춰 각 구간 1%씩 세율을 인하했다.[103]

이 동시 감세 정책은 경제를 빠른 속도로 되살리는 견인차가 되었다. 김대중 대통령은 회복된 경제력을 바탕으로 1997년 12월 3일 IMF구제금융을 받은 지 '3년 반' 만인 2000년 10월 4일 195억 달러의 금융차관을 완전히 상환했다. 이것은 한국 외에 IMF구제금융을 받은 영국·아르헨티나·동구제국·동남아제국 등 수십 개국 중에서 가장 빠른 상환이었고, '6년 상환 예정' 시점보다 3년 이른 상환이었다.

나아가 김대중은 국가의 존망을 좌우하는 한국 외교의 중요성을 말하면서 외교에서도 창조적 중도주의 원칙을 강조했다. 그는 한국과 한반도가 해양세력과 대륙세력 간에 끼어 교차점에 위치하는 옹색한 지정

---

102) 김대중, 「새천년민주당 창당대회 치사: "새천년을 책임질 국민의 정당"」 (2000년 1월 20일). 『김대중대통령연설문집』 제2권/대통령비서실.
103) 한국조세재정연구원, 『한국세제사』 제2편·1권 (세종: 2012).

학적 위치를 잘 알지만, 이 중간적 위치를 오히려 역이용하는 외교정책을 추구해 이 지정학적 위치에서 "도랑에 든 소가 양 둑의 풀을 뜯어 먹듯이" 대륙세력과 해양세력 양편으로부터 이익을 취해 자유·독립과 국운 융성을 기해야 한다는 창조적 외교노선을 제시했다.

▶ 한반도는 중국과 만주, 러시아의 연해주와 맞닿아 있다. 동쪽으로 일본, 서쪽으로 중국과 바다를 사이에 두고 서로 바라보고 있다. 한반도는 군사대국인 중국·일본·러시아 사이에 끼어있다. 한반도는 강대국들이 서로를 견제하는 군사적 요충지이다. 때문에 한반도는 과거로부터 열강의 각축장이 되어 왔다. 또한 태평양에서 대륙으로 나가는 반도이기 때문에 미국이나 서구 여러 나라들도 한 발이라도 걸쳐 놓고 싶어 했다. 지금은 미군이 주둔하고 있다. 한국처럼 4대 강국에 둘러싸여 있는 나라는 지구상에 없다. 그러므로 우리나라는 세계에서 가장 외교가 필요한 나라이다. 외교가 운명을 좌우한다고 해도 과언이 아니다. (…) 우리에게 주변 4대국은 약이 될 수도 있고, 독이 될 수도 있다. 우리가 힘이 약하고 분열되어 있으면 서로 지배하려 들겠지만, 강하고 단합해 있으면 우리와 협력하려고 할 것이다. 모든 것이 우리에게 달려 있다. 한국은 지리적으로 작은 나라이지만 지정학적으로 매우 중요한 나라이다. 우리의 4강 외교는 '1동맹 3친선 체제'가 되어야 한다. 미국과는 군사동맹을 견고히 유지하고 중국·일본·러시아와는 친선 체제를 유지해야 한다. (…) 중국은 '한국은 미국 일변도'라는 인식을 가지고 있다. 우리는 이를 불식시키려는 노력을 해야 한다. (…) 한반도는 4대국의 이해가 촘촘히 얽혀있는, 기회이자 위기의 땅이다. 도랑에 든 소가 되어 휘파람을 불며 양쪽의 풀을 뜯어 먹을 것인지, 열강의 쇠창살에 갇혀 그들의 먹이로 전락할 것인지 그것은 전적으로 우리에게 달렸다.[104]

---

104) 김대중, 『김대중 자서전(2)』 (서울: 삼인, 2010), 595-597쪽.

이것은 미국과의 동맹을 고수하면서도 그래도 탄력적으로 대륙의 중국·러시아와도 척지지 않게 선린·친선 외교를 잘 꾸려서 양측으로부터 이득을 얻는 '창조적 중도'의 4강 외교론이다.

DJ는 "설사 통일이 늦어지더라도 남북이 화해·협력하여 한반도가 대륙과 해양을 잇는 평화의 다리가 되고, 바다로, 대륙으로 열려 있어야 한다"고 역설했다.[105] 나아가 이것은 한반도가 "열강의 쇠창살에 갇혀 그들의 먹이로 전락할" 땅, 즉 해양과 대륙의 양대兩大세력에게 수동적으로 결정 당할 땅이라는 비관주의를 떨쳐버리고, 동맹국 미국의 적극적 후원과 주변 3국의 친화·협조를 얻으려는 균형 잡힌 "1동맹 3친선" 외교로 '반도 강국(peninsula superpower)'으로 도약할 수 있는 진로를 국제적으로 개척·확보하고 '제3세력'으로서의 '반도세력(peninsula force)'으로 발전·정립鼎立되는 반도국가 특유의 중도적 국가비전이다. 그리고 김대중은 이것을 "양쪽의 풀을 뜯어 먹는 도랑에 든 소"가 되는 것으로 표현하고 있다. "도랑에 든 소"는 우리 속담이다. 도랑에 든 소는 이곳 저곳 양쪽 둔덕의 풀을 뜯어먹을 수 있다. 가운데 끼어 양쪽으로부터 다 이익을 취할 수 있다는 뜻이다.

김대중은 우리 속담이 말하듯이 한국이 양 둑을 풀을 뜯어 먹을 수 있는 "도랑에 든 소"가 되도록 반도의 '강국'으로 올라설 수 있는 국가역량을 그간 쟁취된 민주주의와 시장경제, 지식정보화 시대에 알맞은 우리 국민의 교육·문화능력, 국제적 한류, 한국에 대한 세계인의 비상한 관심 등에서 보고 있다.

▶ 제2차 세계대전 이후 세계에서 독립한 150여 개 나라 중에서 민주주의와 시장경제를 제대로 하는 나라는 우리 한국뿐이다. 우리·한국 국민은 높은

---

105) 김대중, 『김대중 자서전(2)』, 598쪽.

교육열, 지적 호기심을 지니고 있다. 지식정보화 시대에 가장 알맞은 민족이다. 산업화 시대에는 맨 뒤에 서서 국운이 쇠퇴했지만, 지식정보화 시대에는 강국으로 떠오를 것이다. 높은 교육열, 지적 호기심에 민주주의가 합해져서 우리 문화가 세계의 주목을 받을 것이다. 그 첫 번째 현상이 한류이다. 프랑스 문명비평가 자크 아탈리(Jacque Atalli)는 한국이 앞으로 30년 내에 거점국가가 될 것이라고 말했다. 미국 투자은행 골드만삭스는 한국은 앞으로 50년 내, 21세기 중반에는 미국 다음으로 발전하여 국민 1인당 소득이 8만 1,000달러가 될 것이라고 전망했다. 독일의 『디 벨트(Die Welt)』지는 앞으로 30년 내에 한국은 독일을 앞서갈 가능성이 있다고 보도했다. 세계가 한반도를 주시하고 미래는 한민족에게 열려 있다.[106]

김대중의 반도 강국은 이와 같이 일차적으로 소프트파워 강국, 김구가 꿈에 그리던 '문화강국'이다.

그러나 김대중은 여기서 한 걸음 더 나아가 국력 증강에서도 소프트파워와 군사적 하드파워를 치우치지 않게 둘 다 키워 새로운 국력을 갖추는 창조적 중도노선, 즉 '스마트파워' 증강 노선을 추구했다. 김대중은 시장경제를 통한 국부의 증대는 새삼 말할 것도 없고 군사력증강과 방위산업 발전을 통한 하드파워 강국의 건설에도 각별한 노력을 기울인 것이다. DJ는 대통령으로서 1999년 10월 1일 빅딜(대규모 사업교환)을 통해 대우중공업·삼성항공(현 삼성테크윈)·현대우주항공 등 3사를 통폐합해 '한국우주항공산업'(KAI)를 출범시켜 첨단전투기 개발에 착수케 했다.

KAI는 '국민의 정부'의 집권기간이 끝나기 전인 2000년 전투기 KF-16을 생산·납품했고, T-1 기본훈련기를 자체 개발했다. 그리고 이로부터 6년 뒤인 2016년에는 T-50A 초음속 고등훈련기, FA-50 경공격기를 생

---

106) 김대중, 『김대중 자서전(2)』, 597쪽.

산해 수출하기 시작했다. 그리고 KAI는 2015년부터 4.5세대급 초음속 전투기 KF-21(보라매) 개발을 시작해 2022년 7월 국산화율 65%의 보라매 개발을 완료하고 시험비행을 마쳤다. 이로써 한국은 세계에서 8번째 음속 1.8배의 초음속전투기 생산국가가 되었다. 2032년까지 KF-21 120대를 실전배치할 계획이다. 폴란드, 필리핀 등지로 수출될 전망도 밝다.

▎참여정부와 열린우리당의 좌편향에 대한 DJ의 비판

DJ는 "온건한 진보세력으로부터 합리적 보수세력까지 모든 정치세력을 망라하는" 중도적 정치노선에 따라 집권 후 정부를 국민적 지지기반을 최대로 확대한 거국내각 또는 대연정 식의 'DJP 공동정부'로[107] 운영해 국민통합을 기했다. 좌우 보혁대결을 극복하고 국민통합을 이룩한 대통령은 지금까지 김대중밖에 없었다. DJ는 이른바 DJP지역연합으로[108] 대선에 승리한 뒤 보수파 지도자 김종필(JP)과 박태준(TJ)을 총리로 삼고 내각의 절반(9개 부처 장관)을 (의석 50석도 안 되는) 자민련에 배당했다. 또 대통령비서실장에 보수적 경북 인사 김중권을, 통일부 장관에 '월남越南 인사·국정원 북한국장 출신' 강인덕康仁德을 임명함으로써 지역연합 겸 보혁연합 정부를 수립했다. 그리하여 '국민의 정부' 시절에는 지금과 같은 살인적 보혁대결과 적대 정치가 없었고, 유일하게 요란한 갈등은 의약醫藥분업 과정에서 의사들과 약사들이 밥그릇 싸움을 벌이

---

107) 좌우·여야를 망라하는 정부를 대통령제 국가에서는 '거국내각'이라 하고, 내각제국가에서는 '대연정'이라 하고, 프랑스 같은 분권형 대통령제 국가에서는 '동거정부'라 한다.
108) 필자는 1996년 총선 전, 그리고 총선 후 두 번에 걸쳐 지역연합전략을 강력히 건의했고, 사상가 김대중은 필자의 이 지역연합 대선전략론을 경청한 뒤 이를 다음날부터 그대로 집행했고, 언론은 이에 "DJP연합"이라는 명칭을 붙여주었다. 필자는 이 같은 논지의 책도 출간했다. 참조: 황태연, 『지역패권의 나라: 5대 소외지역과 영남서민의 연대를 위하여』(서울: 무당출판사, 1997).

는 집단이기주의적 '의약 갈등'뿐이었다.

그러나 김대중 대통령의 정치적 성공을 배경으로 당선된 노무현은 제16대 대통령선거(2002. 12. 19.)에서 중도개혁주의를 기치로 대통령에 당선되었음에도 2003년 중반 새천년민주당을 탈당해 11월 '열린우리당'을 창당해서 중도개혁주의를 버리고 좌편향 노선을 걸었다. 노무현 대통령은 얼마 지나지 않아 자신의 노선을 '진보적 실용주의'라 칭했다. 열린우리당은 노무현보다 더 좌편향적인 급진성을 보이며 국민에 대해 교만하게 굴었다.

열린우리당은 가령 1948년 '반민족행위처벌법'보다 더 광범한 친일매국노 개념을 가지고 '친일논란'을 일으켜 나라를 뒤집어 놓았다. 열린우리당의 친일매국개념은 기본적으로 단기적 군사점령지와 장기적 식민지를 구별하지 않고 중국과 프랑스의 전후 처리방식에 따라 식민지의 친일행위자들을 군사점령지의 군사범죄에 적용되는 '이적의 죄'로 다스리는 것이었다. 이적의 죄에 의한 단죄는 반민족행위처벌 특별법에 의한 친제親帝행위에 대한 단죄보다 가혹하고 광범하다. 그러다 보니 '친일매국' 개념이 너무 넓고 가혹해서 칼끝이 열린우리당의 지도자들(정동영, 신기남, 이미경, 홍영표 등)도 찌르는 부메랑 효과까지 야기되었다.

그리고 외교적으로는 과대망상적 '동북아균형자론'으로 한미동맹을 위협하고 이 때문에 국민을 불안케 하는 좌편향적 대외정책을 표방했다. 경제정책도 서구의 옛 좌익정당의 정책으로 돌아가 '안정'을 앞세우고 '성장'을 뒤로 밀쳐놓았고, 그 결과 경제는 5년 내내 세계경제 성장률보다 낮은 2%대의 저성장을 면치 못했다.

한미 FTA는 노무현 대통령의 유일한 긍정적 공적이었다. 그러나 당정 일각에서는 이것마저도 "좌회전 깜박이 켜고 우회전하는 좌향우" 정책이라고 비웃으며 나라 경제가 망할 것처럼 맹렬하게 비판해 댔다. 가령 참여정부에서 법무부장관을 지낸 천정배 의원은 단식투쟁까지 하며 한미 FTA에 반대했고, 정태인 청와대비서관은 대통령을 비판하며 청와대를 뛰쳐나와 한미 FTA체결 저지를 외쳤다.

노무현시대 정치구도는 좌익이념 논란을 동반하는 보혁대결구도로 빠르게 재편되어 해방정국의 진영대결을 방불케 했다. 이 진영대결 정국에서 열린우리당은 거듭된 정책 실패로 완전히 궁지에 몰렸다. 이로 인해 2005년 말경 열린우리당은 마침내 존립 위기에 봉착했다.

이때 김대중은 전직 대통령으로서 열린우리당과 참여정부 좌편향적 급진성을 지적하고, "국민은 하늘이다, 국민을 하늘처럼 받들어야 한다"는 자신의 좌우명에 따라 반드시 국민과 같이 가고 국민보다 앞서가더라도 반 족장만 앞서가는 '중도개혁 노선으로의 복귀'를 당부했다. 김대중은 2006년 5월 31일 지방선거를 5개월 앞둔 2006년 새해 첫날 인사차 찾아온 김한길 등 열린우리당 지도부에게 열린우리당의 '뺄셈정치'를 비판하며 반걸음만 앞서가라는 지침을 주었다.

> 과반수 의석을 주고 대통령을 만들어 준 지지층이 누구입니까? 열린우리당은 잃어버린 식구를 찾는 일에 집중해야 합니다. 국민의 손을 잡고 반걸음만 앞서 나가시오.[109]

그리고 김대중은 2010년 『자서전』에서 이 비판과 당부의 말을 계속 이어 이렇게 비판적 조언을 했다.

> 나는 참여정부가 일련의 민주적 조치들을 펼치고 있음을 평가하지만, 국민 의사를 수렴하는 데는 문제가 있다고 보았다. 현대 정치는 국민을 무시

---

109) 김대중, 『김대중 자서전(2)』, 546쪽.

하고는 결코 성공할 수 없다. 민심보다 앞서 뛰거나 뒤처져 낙오해서도 안 된다. 국민으로부터 고립된 뜀박질은 실패를 향한 돌진에 다름 아니다. 어떤 형태로든 정치에 참여하는 사람은 '국민과 함께'라는 이 엄숙한 원칙을 숙지해야 한다. 목적이 정의롭고 고상할수록 '국민과 함께'라는 방법상의 원칙을 더욱 지켜야 한다. 나는 참여정부와 열린우리당에게 겸손하라고 일렀다. 국민에게 배우고 국민과 같이 가라고 말했다. 그래야 집을 나간 토끼들이 돌아오고, 거기에 덧붙여 새로운 토끼들을 불러들일 수 있을 것이라고 조언했다.[110]

김대중은 2006년 3월 21일 같은 취지의 말을 영남대학교 명예박사학위를 받는 기념연설 후에 주고받은 정치지망 학생과의 질의응답에서도 반복했다.

▶ 정치인으로서 훌륭하게 성공하려면 다른 분야도 그렇지만 서생적 문제의식과 상인적 현실감각을 가져야 한다고 생각합니다. 서생적 문제의식, 즉 원칙과 철학의 확고한 다리를 딛고 서서 그 기반 위에서 상인적 현실감각을 갖춰야 합니다.[111]

그리고 여기에다 김대중은 열린우리당 지도부에게 했던 것처럼 "국민의 손을 잡고 반걸음만 앞서가라"는 조언을 덧붙였다.[112]
김대중은 "국민은 하늘이고, 국민을 하늘처럼 섬겨야 한다"는 평소의 지론에 따라 "국민의 손을 잡고 반걸음만 앞서가는" 중도개혁주의 리더

---

110) 김대중, 『김대중 자서전(2)』, 546-547쪽.
111) 김대중, 『김대중 자서전(2)』, 547쪽.
112) 김대중, 『김대중 자서전(2)』, 547쪽.

십을 "국민을 섬기는 리더십"이라 부르고[113] 기회 닿는 대로 반복했다. "국민은 하늘이고, 국민을 하늘처럼 섬겨야 한다"는 엄숙한 원칙은 국민은 좌편향적 진보정책의 실험대상이 아니라는 말, 아니 국민은 모든 정치인이 받들어야 할 주권자라는 말이다. '국민보다 앞서가는' 것은 '진보적' 정책을 추구한다는 것이다. '반걸음만 앞서가는' 것은 국민을 받들어 모셔 안내하고 함께 진보하는 것인 반면, '한걸음' 앞서가는 것은 국민을 '끌고 가는' 것이다. '한걸음' 앞서 끌고 가려고 하면, 주권자로서 국민은 자빠지지 않으려고 앞장서 끌고 가는 세력을 갈아치워 버린다.

그러나 참여정부와 열린우리당은 김대중의 중도개혁 노선을 때 지난 '우향우' 노선으로 얕보고 그의 충정 어린 비판과 당부를 완전히 무시하고 '좌익복고주의적 역주행'을 멈추지 않았다.

그리하여 2006년 6월 31일 지방선거의 결과는 비참했다. 호남에서조차도 작은 새천년민주당에 참패를 면치 못했다. 이를 기점으로 탈당 행렬이 이어지면서 열린우리당은 해체되었다. 집권당이 대통령 임기가 끝나기도 전에 해체된 것은 헌정사상 전대미문의 대(大)참사였다.

삼삼오오 탈당 행렬에 오른 열린우리당 정치인들은 '대통합민주신당'으로 다시 모여 잔류 열린우리당을 흡수통합해 대선에 임했다. 그러나 친일 논란의 유탄을 맞은 때문인지 경선과 대선 유세 과정에서 가장 좌편향적인 언행을 보이던 정동영이 대통령후보로 나서 제17대 대통령선거(2007. 12. 19.)에서 또 크게 패했다. 대선패배 후 대통합민주신당은 김대중 전 대통령의 압박에 따라 잔류하던 새천년민주당과 합당해 2008년 2월 17일 '통합민주당'을 창당해 총선에 임함으로써 가까스로 민주세력의 정치생명을 구했다.

그러나 민주당은 그래도 좌편향 급진주의를 청산하지 않았기 때문에

---

113) 김대중, 『김대중 자서전(2)』, 547쪽.

좌편향 후보 문재인을 내세운 제18대 대선에서도 패배했다. 다행히 촛불혁명으로 2017년 5월 9일 제19대 대선에서 승리해 집권한 문재인 대통령은 그 특유의 좌편향 노선을 고수하고 주사파운동권 출신들로 대통령비서실을 비롯한 청와대비서실을 채웠다.

국민은 문 대통령의 이 '적색 인사'에 경악했다. 게다가 문재인 정부는 법인세와 소득세를 동시에 감세하는 중도개혁주의 노선을 완전히 무시하고 전형적인 구舊좌파적 '소득주도 성장정책' 노선에 따라 거꾸로 법인세 최고세율을 24%에서 26%로 올리고 소득세를 그대로 둔 채 현금지급 형태의 복지지출만을 늘렸다. 당연히 이 때문에 문재인 정부 5년간 성장률은 노무현 정부 시절처럼 세계 경제 성장률보다 줄곧 낮았다.

그리하여 승자독식과 패자전실敗者全失의 소선구제와 제왕적 대통령제로 인해 야기되는 격렬한 정치대결과 시대착오적 이념논쟁이 뒤섞인 보혁대결은 문재인 정부 5년 내내 작열했다. 그리하여 국제적으로 평가받은 코로나19의 선방, 국민적 저력을 통한 국력신장, 국제기구에서의 선진국 승격 등 많은 정치적 호조세가 도와주었지만 제20대 대선에서 국민기본소득 정책을 핵심공약으로 내세운 민주당 후보(이재명)가 국민을 경악시킨 문재인 정부의 좌편향정책 및 후보 자신의 도덕적 결함과 소소한 비리로 인해 친일·극우성향의 검사 출신 후보(윤석열)에게조차도 애먼 패배를 당하고 말았다.

『주역』에서 중도가 상하 균형을 얻으면 '정중正中'[114] 또는 '중정中正'이라고[115] 한다. '정중' 또는 '중정'이 좌에서 우까지 결집시켜 대중大衆을 이루어내면 '대중大中'이 된다. "대중이니 상하가 이에 응하는데, 이는 대유大有(=大富)라 한다.(大中而上下應之 曰大有)".[116] 사상가 김대중金

---

114) 가령『周易』「文言」傳 (九二); 水地比「小象」傳 (九五) 등.
115) 가령『周易』水天需「小象」傳 (九五); 天水訟「小象」傳 (九五) 등.
116) 『周易』火天大有「彖傳」.

大中은 이름 그대로 '대중大中'이 됨으로써 대통령에 당선되어 우리 국민이 30년 이상 먹고 살 새로운 '쌀' IT·반도체의 산업을 일으켜서 나라를 '대부大富'의 IT최강국으로 만들었다.

우리나라는 이로써 IMF로 망실되었던 국가발전동력을 중도개혁세력의 국정주도로 최단기간에 회복했고, 군사독재세력과 민주세력 간의 장구하고 파란만장한 대결도 민주세력의 완전한 승리로 끝남으로써 나라가 정치적으로 안정되었다. 김대중 대통령시절에 여야는 국회 안에서 여전히 티격태격했지만, 옛 민간·군사독재 시기와 비교해 보든, 김대중 대통령 이후 25년과 비교해 보든 정치는 가장 안정되었고, 국민화합도 가장 잘 이루어졌다.

이를 배경으로 김대중 대통령은 중도적 경제·복지정책으로 경제를 살려 IMF구제금융을 세계 최단시일(3년 반)에 상환하고, "산업화에는 뒤졌지만 정보화에서는 앞서나가자"는 구호를 내걸고 단 5년 만에 우리나라를 세계최강의 IT강국으로 발전시켰다. 그리고 "지원하나 간섭하지 않는다"는 원칙에 입각한 문화산업을 적극 진흥해 기간산업으로 육성함으로써 국제적으로 글로벌 한류韓流를 일으켰다. 그 사이 한국은 세계적 인권·민주국가로, 복지·문화·언론자유국가로 올라섰다. 햇볕정책 추진으로 남북 간의 긴장도 크게 완화되고 남북교류협력도 크게 진척되었다.

DJ의 '국민은 하늘이다'는 말의 깊은 속뜻은 국민이란 급진좌파적 경제·사회정책을 시험해보는 실험대상이 아니라 '국민을 섬기는 리더십'으로 하늘 높이 모셔야 할 '주권자'라는 것이다. 그러나 노무현·문재인 정부는 선진각국에서 이미 성공한 것으로 입증되었고 국민의 정부에서 시행해서 경제를 다시 성장시키는 데 성공한 '법인세와 소득세의 동시 감세'의 중도개혁적 경제성장 정책을 폐기하고 '성장'이 아니라 '안정'이 더 중요하다는 – 서구제국의 진보정당들이 실패한 것으로 자인한 –

구舊좌파적 저低성장 정책으로 경제실험을 자행해 5년 내내 우리 경제의 성장률을 휴전 이래 최초로 세계경제의 성장률 아래로 떨어뜨려 국민의 경제생활을 최대 난국에 빠뜨리는 실책을 저질렀다. 문재인 정부도 법인세·소득세 동시 감세의 중도개혁적 경제성장 정책을 외면하고 사방의 호된 비판과 조롱에도 맞서 '소득주도 성장'이라는 실험적 경제정책을 5년 내내 고집해 '선진국형 경제로의 도약'이 필요한 결정적 시기에 나라 경제를 제자리걸음하게 만든 경제정책적 과오를 범했다.

돌아보면, 모든 '급진개혁'은 언제나 국민을 실험 대상으로 삼아 그릇된 진단과 그릇된 처방을 내리고 그릇된 수단과 방법으로 이를 시행해 혼란과 파괴를 초래하고 우연히 의미 있는 성과를 냈더라도 수법상의 과격성과 잔학성 때문에 이마저도 망가뜨리고 말았다. 창조적 중도개혁주의는 뉴라이트의 신보수·신자유주의와 싸울 뿐 아니라 공상적·실험적·급진적 구舊진보주의(좌익복고주의)를 반대하고 좌우이념의 교조에 매이지 않는 실사구시 정신에 입각해 국민에게 실리와 실익을 주는 정책을 추구한다. 따라서 수정주의에 대한 구좌파의 교조주의적 비판에 맞서 '영구수정주의(permanent revisionism)'를 옹호하고 방법론적 철학으로 삼는다.[117] '영구수정주의'는 시의에 적중하도록 원칙을 끊임없이 다듬고 고치는 데 있다. 이 '영구수정주의' 방법론은 바로 탈脫교조주의적 '실용주의'다.[118]

---

117) Tony Blair, *The Third Way: New Politics for the New Century* (London: Fabian Society, 1998), 4쪽.
118) "김구와 임시정부의 중도주의", "임시정부를 계승한 1955년 민주당의 중도노선", "김대중의 창조적 중도개혁주의", "참여정부와 열린우리당의 좌편향에 대한 DJ의 비판" 등에 관한 논의는 『사상가 김대중』(황태연 책임 편집, 서울: 지식산업사, 2024)에 실린 필자의 「김대중의 중도정치와 중도개혁주의」를 대폭 손질한 것이다.

▎노무현의 '진보적 실용주의'와 중도개혁주의의 파괴

　DJ의 '국민의 정부'의 성공을 바탕으로 민주당은 어렵지 않게 노무현 대통령을 당선시킴으로써 세 번째 민주당 정권을 수립했다. 그러나 그간 민주당에 의탁해 있던 섣부른 좌편향의 급진개혁세력들은 정권을 잡자마자 민주당을 배신하고 기회주의세력들을 끌고 나가 '지역구도 타파'라는 허울 아래 포퓰리즘적 급진개혁세력 주도의 '열린우리당'을 창당했다. 이로 인해 급진좌파세력은 열린우리당으로 가고 정통 중도세력은 민주당을 지키고 일부는 정계에서 밀려났다. 이로써 중도세력은 사분오열 상태에 빠져 주도권을 상실하고 무력화되었다. 이와 함께 한국 정치지형은 갑작스레 좌우대결 구도로 재편되고 여야 간에 한 치도 양보 없는 이념갈등의 파란정국으로 급변했다. 급진좌익세력의 반反의회적 포퓰리즘은 그간 급진좌익세력이 탄핵 당시 국회의 '의회주권'에 대한 불법 '촛불시위'를[119] 조직적으로 선동한 것,[120] 면책특권이 있

---

119) 의회주의에서 국민주권은 선거와 선거 사이의 기간에 국민의 대표기관인 의회가 대신 행사한다. 이것이 바로 '의회주권(parliamentary sovereignty)'이다. 말하자면, 의회민주주의란 '의회의 의사'를 '국민의 의사'로 의제(擬制)하는 헌정체제다. 따라서 국민이 선거에서 주권을 직접 생사하는 경우를 제외하고는 주권을 간접적으로만 행사해야 하는 의회주의적 간접민주주의 체제에서는 국민의 일부만이 아니라 '전체 국민'도, 따라서 이 '전체 국민'을 대표하는 왕 또는 국가원수도 모두 의회주권에 복종해야 한다('The King in the Parliament' 원칙). 이것은 1689년 영국 명예혁명으로 확립된 의회민주주의의 근본원리다. 이 원리의 연장선상에서 선거일 외의 모든 날에 유일하게 합법적으로 국민주권을 대변하는 의회는 대통령을 탄핵할 수 있지만, 거꾸로 대통령은 의회를 탄핵할 수 없는 것이다. 고로 행정부와 사법부, 대통령에 대한 저항과 시위는 시민의 자유일지라도, 의회에 대한 저항, 가령 국회의 의회주권적 탄핵의결에 대한 저항, 그것도 불법저항과 조직적 방조행위(촛불시위, 두 TV방송국의 영상테러, 경찰청의 야간불법시위 묵인 등)는 '국민주권'에 대한 '반역', 의회헌정에 대한 '반란'이다. TV방송과 연계된 이 '촛불반란'에 대한 단죄문제는 언젠가 다시 제기될 수밖에 없을 것이다. 2004년 2월 개정된 새 '집시법'에 따라 당국의 허가를 받지 않은 6시 이후 야간시위·집회는 불법이었다. 당시 정부 당국은 촛불반란을 방조하는 위법을 저질렀다.
120) 촛불시위 참여를 독려하는 일은 열린우리당이 주도했는데, 열린당발(發) 핸드폰 독려메시지가 심지어 새천년민주당 당직자들의 핸드폰에도 수없이 찍힐 정도였다.

음에도 국회발언을 문제 삼아 자당自黨의원 홈페이지를 융단폭격한 것, 걸핏하면 당사 앞 피켓시위로 자당지도부와 신당세력을 과격한 언어폭력으로 규탄하는 것 등에서 유감없이 드러났다.

노무현

그러나 노무현 대통령은 '중도개혁주의'를 내걸고 대선에 승리했고, 정치노선을 김대중 대통령보다 좀 더 왼쪽으로 가져갔을지라도 저런 급진주의로부터 거리를 두는 편이었다. 노무현 대통령은 2006년 '진보적 실용주의'로 밝힘으로써(11월 9일) 좌클릭 급진주의와 다름을 다시 한번 분명히 했다. 그리고 한미韓美FTA를 추진했다.

그러자 일부 급진좌익세력은 심지어 노무현 대통령도 비판하고 나섰다. '좌회전 깜빡이 켜고 우회전한다'는 것이 당시 노 대통령에 대한 구舊좌파 친로親盧들의 주된 비난 내용이었다. 한미FTA를 비판하여 청와대를 뛰쳐나와 민노당으로 넘어가서 FTA체결을 계속 비난하는 비서관이 있는가 하면, 국회 앞에 천막을 치고 한미FTA 반대 단식농성까지 하는, '서민의 정부'에서 전前 법무부장관을 지낸 국회의원(천정배)도 있었다.

천정배·신기남·정동영 주도로 '지역구도타파' 구호 아래 창당된 열린우리당은 2006년 해체되어 소멸하고 말았다. 이 정당은 창당시점부터 세 가지 문제점이 있었다.

첫째, 이른바 '호남당'의 영남출신 대통령후보 노무현이 '영남당'의 서울출신 대통령후보 이회창을 이기고 당선됨으로써 지역갈등이 가장 완화된 시점에 아이러니하게도 '지역구도타파'를 구호로 급진세력은 한국 최초의 '전국정당'인 새천년민주당을 깨부수고 '진보' 칼라를 내걸고 신당을 창당한 점에서 시대착오적이었다.

둘째, 열린우리당 급진세력은 동서양에서 이미 청산된 낡은 좌파주의의 복고로 경도되어 철지난 좌우대결 정치를 밀어붙여 2003년부터 5년 동안 국민을 분열시키고 나라를 후퇴시켰다는 점에서 시대착오적이었다.

셋째, 열린당은 '당원중심 정당'에서 '지지자정당'으로[121] 진보하는 세계적 정당발전 추세에 역행해 소위 당비를 낸 '기간당원'을 특권화하고 지지자참여 새천년민주당의 국민경선제를 무력화시킨 점(2006년 서울시장후보 경선에는 지지자가 1,200명밖에 오지 않았음)에서 시대착오적이었다.

집권당의 이런 시대착오성 때문에 국민의 정치의식은 연일 해방정국을 방불케 하는 철 지난 보혁保革대결로 혼미해졌고 국가는 발전동력을 잃고 경제난·외교안보난·사회혼란·정치혼란의 4대 국난國難에 처하고 말았다.

이런 국난 속에서 결국 2006년 지방선거 패배 이후부터 집권당이 대통령 임기를 채우지 못하고 무너지는 초유의 사태가 벌어졌고, 탈당세력들의 이합집산으로 대선을 앞두고 일대 정치혼란이 일어나면서 급진주의에 대한 반성과 비판의식이 팽배해졌다. 이런 분위기 속에서 좌편향으로 국정을 파탄시킨 급진세력을 배제한 '중도개혁통합신당'과 '중도개혁대통합'의 구호와 함께 한때 '중도개혁주의'가 다시 연호連呼되었다. 2007년 5월에는 김한길 중심의 국회의원 20명이 열린우리당을 탈당해서 '중도개혁통합신당'을 창당하기도 했다.

노무현 대통령의 정치적 성패와 열린우리당의 출현과 해체에 관련해서는 좀 더 상세한 분석이 필요하다. 노무현은 평소에 '정의의 투사'로서 남의 비리와 부정부패를 가차 없이, 그리고 지나친 시비지심으로 세세하게 시비를 가려 단죄해 온 격렬한 타인비판 전력과 자신과 자기편

---

121) '지지자정당'은 '당비 낸 당원'보다 당비를 내지 않는(못하는) '자원봉사 당원'을 중시하고 나아가 당지지자를 당원과 동일시하며 지지자들이 당원과 동등하게 공직후보를 뽑는 국민경선까지도 수용해 민심과 당심을 일원화하려는 '지지자중심 정당제도'다.

의 비리행각을 '별것 아닌' 것으로 보는 이중 잣대 간의 현격한 대조와 모순은 국민의 눈에 그를 표리부동한 위선자로 비치게 만들었다. 왜냐? 노무현은 부끄러움을 타는 내성적 성격이지만 시비지심이 지나쳐서 남에 대한 비판에 능하고 입바른 소리를 잘하고 풍자와 반어(비꼬기)를 좋아했으나 자기와 자기 집단에는 관대했고 자기 집단의 잘못에 대해서는 비판적 잣대를 느슨하게 적용했다. 반성적 수신을 통해 공감적으로 비판적 잣대를 자기와 자기 집단에 그대로 적용하는 것과는 거리가 멀었다. 비판적 잣대를 제멋대로 적용하는 '천심擅心'을 다스리는 수신이 결여된 인물형은 이중 잣대를 쓰는 전형적 위선자가 되기 쉽다. 노무현은 수신하는 것이 아니라 독하게 정의로운 언변과 지나치게 의로운 행동의 도덕적 가리개로 위선적 언행을 감추려고만 했다. 따라서 이런 인물형의 이런 위선이 발각되어 만천하에서 폭로된다면 그것은 곧 죽도록 뼈아픈 고통이었다.

결국 노무현은 자신의 비리가 만천하에 드러날 위기 시점에 사람들의 시선을 의식해서 자살하고 말았다. 노무현은 30대에 이미 요트를 사서 놀러 다닐 만큼 큰 돈맛을 보았다. 40대에 막 형성되기 시작한 민주투사로서의 사회적 정체성과 늦게 배운 탓에 끝 간 데를 모르는 경직된 이념적 양심 또는 '경직된' 이념적 리더십은 이미 짜릿한 돈맛을 본 그의 체질적 탐심을 누르지 못했으면서도 이 영예에 대한 탐심과 자존심은 그를 죽음으로 내몰았고, 이 영예적 탐심은 그77의 일관된 이념적 리더십을 파탄시키고 말았던 것이다.

민주화투쟁 시절 노무현의 민주화운동 경력은 1987년 41세 나이에 부산에서 '대통령직선제쟁취운동 부산본부 상임집행위원장'으로서 부산지역의 6·10민주항쟁을 주도해 구속당한 것이 전부였다. 그런데 1988년 이후 민주화세력은 전반적으로 승리를 거두고 전국이 아무나 민주적 언행과 운동을 하더라도 잡혀가지 않을 정도로 정치적으로 안전해졌을 때, 한마디로 신新군부세력이 탈권脫權되어 국회청문회에 줄줄이 불려 나오게 되면서 음지가 양지가 되었을 때, 중도를 모르는 그의 지나친 타인 비판은 노골화되었다. 그즈음 승리한 민주투사들이 '집권'과 '건설'을 논하고, 승자가 된 민주투사의 태도는 사죄한 군부독재자들을 용서할 만큼 관대해지고 있었다. 그런데 이런 때 노무현은 거꾸로 더 가혹한 비판과 더 격렬한 정치투쟁을 벌여 소위 '청문회스타'로 떠올랐다. 마치 부마사태와 5·18내란으로 아군을 공격하던 적군에게 양처럼 순종하며 요트 타고 놀던 사람이 갑자기 '전사'로 돌변하여 퇴각하는 적군의 등 뒤에다 총탄을 무자비하게 갈기는 격이었다.

장구하고 험난한 민주화운동이 민주투사들에게 과하는 치열한 수신修身 과정을 통과하지 않고 단기간에 무임 승차하듯 쉽사리 승자의 대열에 끼게 된 노무현은 거침없었고, 본류 운동권 인사들보다 더 악착스럽게 신군부잔당들을 공격했다. 그의 비판적 발언들은 가령 김근태 전 의원이 "노무현이 무슨 운동권이냐? 운동권도 아닌 자가 운동권 행세를 한다"고 짜증을 낼 정도로 혹독했다. 그의 '혹독한 비판'과 끝 간데없는 비판적 천단은 행검行檢(금도를 지켜 바르게 행하는 품행 능력)도, 도량度量(적절성에 대한 가늠 감각)도 없이 지나치게 세세한 손익감각과 '깨알시비'로 천심擅心과 탈심奪心을 보이는 체질의 발로였다. 이런 까닭에 훗날 노무현이 변호한 부림사건 피의자들조차도 그의 법정변론이 너무 무자비하고 멋대로 천단해서 종종 위태롭고 불안하게 느낄 때가 있었다고 회고했다.

노무현은 새천년민주당 대통령후보로서 당선되어 민주당의 정강에 따라 공식적으로 '중도개혁주의 후보로 나섰다. 하지만 속으로는 중도화되기 전의 과거 서구 좌익정당들의 낡은 진보노선을 복고적으로 추종했다. 늘 과거를 지향하고 과거에 사는 자신의 성향에 따라 그는 중도개혁주의자라기보다 일관되게 각주구검刻舟求劍하는 과거회귀적·시대착오적 '좌익복고주의자'로 행세했다. 그리하여 그는 상술했듯이 대통령 임기 중반이 지나면서 대선 때 표방했던 민주당 강령상의 '중도개혁주의'를 버리고 자신의 노선을 '진보적 실용주의'로 밝혔다.

이 '진보적 실용주의'는 중도개혁주의를 노무현식으로 더 좌편향시켜 파괴한 것이다. 그는 이 '진보적 실용주의'라는 좌회전 깜빡이를 켜고 우회전하여 한미FTA를 추진했다. 열린우리당의 좌파들은 당혹했다. 곧바로 '친노親盧 좌익복고주의자들'은 이것을 '좌회전 깜빡이 켜고 우회전한다'고 비판했고, 격앙되어 심지어 노무현까지도 공격했다.

노무현은 복고적 각주구검刻舟求劍도 '일관되게' 할 정도로 초지일관하고 강인한 성정을 지녔다. 그의 참여정부의 비공식 구호는 대부분의 보통사람들이 질겁할 '처음처럼'이었다. 그는 과거로 돌아가고 싶은 욕망에 사로잡히는 낭만적 '과거지향'의 정치인이었다. 그에게는 과거청산이나 역사바로잡기가 앞날의 개척보다 중요하고, 창의적 미래 비전은 중요치 않았다. 이런 까닭에 그는 2004년 '일제강점하 반민족행위 진상규명에 관한 특별법'을 제정케 했으나 이로 인해 그는 자기의 과거 행적을 도마에 올리는 자가당착에 빠지고 말았다. 이 법에 따라 과거에 그를 키워주고 잘살게 만들어준 동양척식회사 출신 김지태가 '민족반역자'로 드러나 야당의 공격을 받았기 때문이다.

노무현은 포용적 '덧셈정치'와 거리가 멀었다. 그는 오히려 자기만의 논리적 순수성에 집착하여 지나친 시비지심으로 정치적 친소와 색깔을 세밀히 가르고 줄곧 자기와 친하지 않은 사람, 자기와 생각이 다른 사람들을 빼고 자기들끼리만 정치를 하려는 '축소지향'의 전형적 '뺄셈정치인'이었다. 이 뺄셈정치는 바로 온건한 진보에서 합리적 보수까지 망라하려던 DJ의 중도개혁주의를 파괴하는 정치노선이었다. '천심', 즉 자기 마음에 들지 않는 의견들을 제치고 제멋대로만 하려는 그의 아집은 "고래심줄 고집"이었다.[122] 이 때문에 그는 자기 혼자 생각하고 결정하는 경우가 많았다. 그는 자주 오기와 아집에서 참모들의 의견을 무시하고 천단했다. 이로 인해 친노집단 안에서도 불평이 터져 나오곤 했다.

노무현은 사석에서 일관성이 있고 이 때문에 그는 사석을 더 편하게 생각했다. 반면, 공개석상(공개토론, 공개인터뷰, 연설, 유세 등)에서는 언변의 일관성을 잃어 앞뒤가 안 맞는 말실수와 설화를 자주 일으켰다. 그는 친숙한 사석에서나 가능한 속어나 비속어를 공개석상에서도 내뱉어 물의를 일으켰다. 가령 그는 대통령 시절 관리들을 상대로 가진 한 강연에서 "관리들이 '이리로 가시오, 저리로 가시오' 하며 국민을 뺑뺑이 돌리면 국민들이 관리들에게 '개새끼'라고 욕합니다"라고 말하는가 하면, 심지어 대선유세 중에는 "반미反美 좀 하면 안 됩니까?"라는 연설로 '반미'를 선동했다. 그는 천단하는 성깔대로 비속어와 욕설을 써가며 열을 올려 말하는 것을 '화끈한 것'으로 여겼다.

노무현은 대아大我를 버리고 세세한 이유로 소아小我를 지향하는 '빼셈정치'의 연장선상에서 기득권자들과 부자들에 대해 적개심과 열등감을 가졌다. 그는 이미 소싯적에 부자 아이들의 멜빵 가방을 몰래 뒤에서 면도칼로 그었다고 자술하기도 했다. 그는 대통령 시절 경제운영도 부자 적대로 일관했다. '강남 적대'의 부동산 정책은 실로 '가관'이었다. 그는 '강남 적대'를 '서민 사랑'으로 여겼다. 그러나 '서민의 정부'로 자임한 참여정부는 실은 역대정부 중에서 집값을 가장 높이 폭등시키고 서민들의 내 집 마련을 가로막고 경제성장을 둔화시켜 서민을 가장 궁핍화시킨 정부였다.

---

122) 「盧후보의 발가락양말」, 5쪽. 『중앙일보』 2002년 9월 23일자.

노무현 정부의 강남 적대적 부동산정책을 뜯어보자. 참여정부하에서 2003년 3월 전국 미분양 주택은 2만 3,000여 가구에 불과했으나, 2007년 12월 참여정부 말기에는 4.7배 이상 증가하여 11만여 가구에 달했다. 또한 참여정부 5년 동안 전국 집값은 36% 상승했고, 신도시에서는 56%나 상승했다. 그의 부동산정책은 참여정부 5년간 가장 철저하게 실패한 정책이다.

노무현의 부동산정책이 실패한 가장 큰 원인은 부동산시장의 해법을 경제문제로 접근하지 않고 계급관점에서 접근한 데 있었다. 노무현은 서울 강남 등 일부 부유층을 향해 반反시장적 규제를 가했다. 이로 인해 주변 집값마저 인상되는 부작용이 야기되었다. 또한 전 국토의 동시다발적 난개발로 인한 토지가격 급등과 저금리 기조에 따른 과잉유동성에 대한 대처 등 부동산시장의 근본적 원인을 제대로 해결하지 못했다. 노무현은 수요가 몰리는 곳에 공급을 확대하는 정책이 아니라 단순히 부자들의 투기적 수요를 근절해 부동산 시장을 잡겠다는 식으로 수요 측면에서만 접근함으로써 정상적 수요도 '투기'로 간주해 차단했고 지나친 가격 규제로 공급을 더욱 축소시킨 실책들을 범했다.

동시에 '서민의 정부'에서 빈부격차와 소득양극화는 더욱 심화되어 서민생활은 더욱 쪼들렸다. 지니계수는 DJ치세(1998.2 - 2003.2.)에 2002년 0.293에서 2003년 0.283으로 낮아졌으나, 노무현 치세(2003.2. - 2008.3.)에 이르러서는 0.293(2004), 0.298(2005), 0.305(2006), 0.316(2007)으로 악화되었다. 이 영향으로 2008년 0.319로, 2009년에 0.320으로 악화되었으나 무능한 이명박 치세에서도 0.315(2010), 0.313(2011), 0.310(2012)으로 개선됐다. 심지어 박근혜 치세에서도 0.307(2013), 0.308(2014), 0.305(2015)로 개선된 것을 감안하면 노무현의 서민정책은 대실패였다. 성장보다 분배를 강조했던 참여정부 시절에는 오히려 지니계수가 악화되고 소득불평등이 심화된 반면, 참여정부보다 성장을 강조했던 이명박·박근혜정부 시절에는 오히려 지니계수가 감소하면서 소득불평등이 개선된 것이다.

2018년 8월 23일 통계청이 발표한 소득부문 2분기 가계동향조사에 따르면, 노무현 정부 2004-2007년간에 1분위 가구(최저소득층) 연평균 소득성장률은 4.0%였으며, 5분위 가구(최고소득층)는 5.0%를 기록해 빈부가구 간의 소득성장률이 큰 차이를 보이지 않았다. 보수정권으로 분류되는 이명박·박근혜 정부에서는 오히려 1분위 가구의 소득성장률이 높게 나타났다. 이명박 정부에서 1분위 가구의 가계소득은 연평균 6.6%나 오른 반면, 5분위 가구의 가계소득 성장률은 4.6%에 그쳤다. 박근혜 정부는 1분위 가구가 2.5%, 5분위 가구는 2.0%의 성장률을 보였다. 보수정권 아래서는 소득격차가 작아졌으나 진보정권에서는 도리어 커진 것으로 나타났다. 2003년 7.23배였던 소득 5분위 배율(상위 20% 소득을 하위 20% 소득으로 나눈 값)은 해마다 증가해 2006년 7.64배까지 벌어졌고, 지니계수는 2003년 0.341에서 2006년 0.351로 증가해 소득은 갈수록 불평등해졌다. 그리고 참여정부 시기 한국의 경제성장률은 1953년 휴전 이래 처음으로 세계경제 성장률을 밑돌았다. 노무현 시대 경제성장률은 2003년 2.9%, 2004년 4.9%, 2005년 2.9%, 2006년 5.2%, 2007년 5.5%로서 연평균 성장률은 4.3%에 불과했다. DJ시대 연평균 8.3%의 절반에 가까이 추락한 것이다. 노무현 시절 경제성장률은 '경제파탄' 수준이었다. 그러나 노무현 경제팀은 이 낮은 성장률이 선진국으로 진입하면서 나타나는 자연스러운 수치라고 강변했다.

노무현 정부에서 한국경제의 실질성장률도 악화되었다. 한국은행의 한국경제성장률 통계치와 IMF의 세계경제성장률 통계치를 바탕으로 노무현시대 한국의 실질 경제성장률을 살펴보자. (실질경제성장률은 한국

경제성장률에서 세계경제성장률을 빼고 얻는 수치다.) 괄호 안의 수치는 실질경제성장률이다. 2003년 한국 경제성장률은 2.9%(-1.6%), 2004년은 4.9%(-0.5%), 2005년은 2.9%(-1.0%), 2006년 5.2%(-0.2%), 2007년은 5.5%(-0.1%)였다. 노무현 시대 5년간 연평균 실질경제성장률은 5년 간 -0.7%였다. 이렇듯 노무현 시대 성장률이 휴전 이래 처음으로 세계경제 성장률보다 낮았던 것이다.

이런 파탄 수준의 경제성과는 '부자 적대'를 '서민 사랑'으로 오해하고 경제를 계급 적대적으로 이끌었던 노무현의 경직된 이념적 리더십, 즉 "늦게 배운 도둑질 날 새는 줄 모르는" 격의 과거지향적 좌익복고주의의 일관되다 못해 경직된 '이념적 리더십'에 기인한다. 그는 한미 FTA 외에 그 어떤 경제적 거대프로젝트도, 어떤 경제건설도 수행하지 않고 온갖 비난 속에서 권좌에서 내려왔다. 그가 새천년민주당을 분당해서 만든 열린우리당은 2006년에 치러진 5·31 지방선거에서 완패하면서 그가 청와대에서 나오기 전에 사라졌다.

대부분의 국민들은 정치적 이유에서건 경제적 이유에서건 노무현 시대를 떠올리고 싶어 하지 않는다. 이것은 서민들도 마찬가지다. 오직 친노親盧 극렬분자들만이 노무현을 '그리워할' 뿐이다. 이들은 노무현의 상스러운 무위의無威儀 언행을 '대통령의 언어'가 아닌 '서민의 언어', '서민의 몸짓'이라고 미화했고, 또 오늘날도 미화한다. '서민적 풍모'로 미화되는 노무현의 이런 위의 없는 풍모와 품행은 봉하마을에 살면서 찾아온 지지자들과 자주 시골아낙네처럼 담 너머로 이 말, 저 말을 주고받는 행태에서도 그대로 드러났다. 노무현은 일국의 대통령을 지낸 사람이라면 필수적으로 갖춰야 할 최소한의 위의도, 행검도 다 내팽개쳤다.

변호사 시절 노무현이 했던 '유일한 해외여행'은 30대에 요트 타고 갔던 일본여행뿐이었다. 그러나 교우交友에도 박약한 노무현은 대통령이 되어서 대일對日 외교도 다 망쳐놓았다. 그는 2003년 6월 8일 일본방문 중 도쿄에서 가진 공개 인터뷰에서 존경하는 인물에 대해 "과거에는 김구 선생이었으나 정치적으로 성공을 못해 뒤에 링컨으로 바꿨다"라고 말했다. 이에 어떤 광주 인사는 "평생을 항일독립운동으로 민족의 재단 앞에 부끄럼 없이 살아온 분을 일국의 대통령이 침략자였던 일본 국민들 앞에서 실패한 정치인으로 평가한 것은 적절하지 못했다"며 "그렇다면 항일독립운동이 실패한 정치활동이란 말이냐"고 분개했다. 또 대통령 노무현은 2004년 7월의 한일 정상회담에서 독도를 '다케시마'라고 불렀다. 이로 인해 노무현은 한나라당으로부터 "굴종 외교"라는 비판을 당했고, 한나라당 이상배 정책위의장이 그의 외교를 "등신외교"라고 비판했다. 지금은 떠올리기도 싫지만 노무현 시절 내내 이런 외교적 소란이 그치지 않았던 것이다.

행검과 위의를 체득할 수신이 전혀 없는 상태에서 교우 능력까지 박약하기만 했던 노무현이 뱉은 '반미反美 막말'과 그가 보인 반미적 태도는 주요 미국인들로 하여금 그를 '반미주의자'로 여기게 만들었다. 미국인들이 반미적인 자신에 대해 못마땅하게 여길 것이라고 예감한 노무현은 2006년 9월 미국을 방문했을 때 "미국이 없었더라면 나는 아오지 탄광에 갔을 것이다"라고 발언하여 자기에 대한 미국인들의 나쁜 인상을 상쇄시켜 보려고 했다. 하지만 우리 국민들은 대통령의 입에서 나온 이 발언을 한국인의 자존심을 긁는 '지나친 아부'로 여겨 분개해 했다. 지난 2007년 11월 서울에서 노무현 대통령을 만나본 로버트 게이츠(부시·오바마 정부의 국방부 장관)는 자신의 회고록 『임무(Duty)』에서 노무현 대통령의 저런 대미對美 아부 발언에도 불구하고 "나는 그가 반미적(anti-American)이고 '아마도 약간 정신 나갔다(crazy)'고 결론내렸다"고 적었다. 콘돌리자 라이스 전 미국무장관은 자신의 저서 『최고의 영예』

에서 노무현을 "좀처럼 심중을 알 수 없는 사람이었다"고 평가하면서 "반미 감정을 공공연히 드러내는 발언을 서슴지 않았다"고 기록하고 있다. 2007년 9월 호주 시드니에서 있었던 한미정상회담 기자회견장에서 '종전선언'을 요청한 노무현을 보고는 "이상한 성격"을 가진 사람으로 쓰고 "어디로 튈지 모르는 사람"이라고 평했다. 미국 정책담당자들의 노무현 비판은 교우능력과 행검·위의 감각이 거의 전무한 소음인이 수신도 하지 않은 채 대통령이 되었을 때 어떤 외교적 파탄을 초래하는지를 잘 보여주었다.

당시 열린우리당 소속이었고 참여정부에서 보건복지부 장관(2004-2005)과 열린우리당 의장(2006)을 지낸 김근태 의원은 노무현 외교를 격하게 비판했다. "그는 외교에 있어서도 실패하고 있다. 중국 가서 하는 이야기, 일본 가서 하는 이야기가 다르다. 국민의 자부심을 상처 낸다. 한미 정상회담까지는 분명하게 지적하고 비판했지만, 한일 정상회담은 너무 기가 막혀서 얘기를 하지 않았다. 과거사를 진정으로 반성하고 있지 않은 일본 천황과 건배하는 것이나, 일본 국민들과의 대화에서 '김구 선생이 실패한 정치인'이라고 말하는 것은 납득할 수 없다."

노무현 대통령도 한미FTA·남북정상회담 등 여러 치적이 있다. 그러나 야멸찬 세상은 그의 실정이 산더미 같아서 그의 이 치적들을 잊어버린다. 하지만 한미FTA체결과 남북정상회담은 중요한 치적이다. 트럼프와 바이든 미국 대통령이 자국우선주의 정책을 밀어붙이는 때 한미FTA가 없었더라면 이 정책들을 저지하거나 협상할 버팀목이 없었을 것이다. 또 그가 2000년 DJ의 첫 남북정상회담에 이어 두 번째로 2007년 10월 2일부터 4일까지 평양을 방문해 남북정상회담을 갖고 '남북정상선언문'을 채택해 남북관계를 안정시킨 것은 그의 중요한 치적으로 입론되어야 할 것이다. 이 '선언문'의 골자는 6·15공동선언 적극 구현, 한반도 핵核문제 해결을 위한 3·4자 정상회담 추진, 남북경제협력의 적극 활성화, 이산가족상봉 확대 등이었다. 그러나 노무현은 임기 내내 세월을 허송하고 있다가 대북정책 태만에 대한 DJ의 호된 비판과, 제2차 정상회담에 대한 그의 강력한 촉구에 따라 뒤늦게 부랴부랴 정상회담을 추진해 겨우 임기 말에 이 '선언문'을 만들어낸 것이다. 이 때문에 '선언문' 채택 4개월 뒤인 2008년 2월 노무현이 권좌에서 물러나고 이명박이 대통령에 취임하자 2007년 10월의 '선언문'은 즉각 사문화되어 버렸다.

다 알다시피, 노무현 대통령의 의식 속에는 그의 순수한 정의감만큼이나 어두운 그림자들이 있었다. 민주화와 사회적 약자를 위한 투쟁의 '대업大業'을 수행할 경우에 자잘한 잘못은 가볍게 용서해 주는 흔한 '윤리적 사면' 의식 또는 이중 잣대에서 보면 '별것 아닌'으로 보이는 '내로남불' 식의 각종 수뢰 의혹들, 그와 그의 가족, 친인척이 받은 수뢰 건은 6-7개나 된다. 500만 달러(50억 원)짜리 수뢰 건도 있었다.[123] 노무현 전 대통령은 이 혐의들에 대한 검찰 수사가 본격화되는 시점에 갑자기 자살해 버렸다. MB정부의 '좁쌀수사'로 코너에 몰리던 노무현 전 대통령이 2009년 5월 23일 갑자기 부엉이바위에서 뛰어내림으로써 그를 비난하던 사람들은 다 말문이 막혀 버렸다. 그의 자살이 준 감성적 여파는 참으로 허리케인급이었다. 500만 명을 훌쩍 넘는 시민들이 전국 각지에서 조문했다. 마치 대한민국에 '정치 성인聖人'이 탄생한 것 같았다.[124]

동시에 이명박 대통령의 지지율은 20%대로 떨어졌다. 그러자 직전까지 멸문지경에 '폐족廢族'을 자인하던 친노세력은 대통령의 자살로써 또 한 번 국가를 망신시킨 '죽은 노무현'의 국장國葬 무드를 타고 실로 역리적으로 기사회생했다. 그들은 이 죽음의 탄력으로 야권을 제패했

---

123) 전성철, 「진보의 콤플렉스 '노무현 신드럼'」, 『조선일보』, 2020년 10월 21일자.
124) 전성철, 「진보의 콤플렉스 '노무현 신드럼'」.

다. 그리고 국민이 2016-2017년 촛불혁명으로 그간 더 형편없이 권력을 잡고 농단하던 과거지향적 극우·초超보수세력의 반민주적 횡포를 단죄하자 친노들이 주류를 이룬 '죽음의 세력들'은 태음인 문재인이 대통령이 되자 다시 정권을 잡았다. 그리하여 역대 대통령에 대한 선호도 여론조사에서 노무현은 DJ를 앞질렀다. 전문가집단의 여론조사에서도 살짝 그러했다.

'충격적 죽음의 그림자'와 함께 노무현 대통령에게 씌어진 '정치 성인'의 가상假像은 줄곧 사람들 사이에 아롱댔다. 그러나 대통령 노무현의 시비곡직은 문재인 시대가 끝난 뒤 DJ까지 앞지르는 '정치 성인'의 가상假像이 사라짐과 동시에 상술된 냉철한 비평대로 명약관화하게 드러났다. 두 좌편향 대통령을 겪은 국민들과 전문가집단은 노무현·문재인의 정치와 대조되는 DJ의 중도개혁주의 정치에 대한 회상 속에서 노무현의 공과를 제대로 평가할 것이다. 미상불 2024년 1월 실시된 한 정치학자집단 여론조사에서 정치학자들은 42.5%가 민주화 이후 가장 성공한 정부를 DJ정부로 꼽았는데, 이 수치는 노무현 정부(23.9%)를 거의 2배 앞지르고, YS정부(14.2%)를 3배 앞질렀다. MB정부는 8%, 문재인 정부는 4.4%, 박근혜 정부는 1.8%였다.[125]

▎문재인의 좌편향과 중도개혁주의 종식

주지하다시피 문재인은 '박근혜탄핵 바람' 속에서 대통령이 되었다. 문재인 19대 대통령(2017.5.10. - 2022.5.9.)은 특별히 이념을 표방한 적이 없지만 노무현의 '진보적 실용주의'를 따른 것으로 보인다. 문재인 대통령이 추진한 정책을 중도개혁주의 관점에서 전반적으로 평가해 보면,

---

125) 『매일경제』, 2024년 1월 14일자, 「잘한 정부 DJ·盧·YS 순 … 尹·文은 낙제점」.

문 대통령은 집권 초기에 DJ의 중도개혁주의와 대중참여경제론으로부터 한참 이탈한 복고좌익 노선의 "소득주도성장" 정책으로 경제를 망쳤다. 뒤늦게 그는 2020년 말부터 '공급 측면', 즉 기업지원정책과 신新성장산업 지원정책을 강화하여 어느 정도 '수요·공급 동시 중시노선'으로 돌아왔으나 이미 때늦은 상황이었다.

문재인

문재인 대통령은 대북정책에서 DJ와 노무현 전 대통령의 햇볕정책을 계승해 MB·박근혜 시절에 악화된 남북관계를 다시 안정시켰다. 문재인은 '통일로 가는 장기정책'을 대북전략으로 설정하고, 북한에 대한 UN 경제제재와 병행해 대화를 통해 평화협정과 북핵·미사일개발 중단을 교환하는 방식을 제안했다. 북한은 사드배치를 비판하며 "남조선 당국이 '사드배치가 북핵위협에 대비하기 위해 미국과 공동으로 결정한 것이며 전임 정부의 결정이지만 정권이 교체됐다고 해서 그 결정을 가볍게 여기지 않는다'고 떠들고 있다"고 문재인 대통령을 비난했다. 북한은 "남조선 당국이 정녕 촛불민심을 대변하는 정권이라면 '미국 상전'의 강요를 받아들일 것이 아니라 이제라도 제정신을 차리고 사드 배치 철회를 요구하는 남조선 각계의 민심을 따르는 것이 마땅한 처사일 것"이라고 주장했다.

그러나 평창동계올림픽을 계기로 북한은 전향적 대남정책으로 선회했다. 이런저런 난관을 뚫고 문재인 대통령은 2018년 4월 27일과 5월 26일 판문점에서 1·2차 남북정상회담을 가졌고, 9월 18-20일 평양을 방문해 제3차 남북정상회담을 가졌다. 그는 김정은 위원장과 백두산 천지에도 올랐다. 그러나 하노이 북미정상회담 실패 후 남북관계는 다시 긴장하기 시작했다. 북한의 남한 정부 비난이 도를 넘었다. 그러다가 북한은 2020년 6월 16일 개성의 남북공동연락사무소를 폭파했다. 9월 23일에는 북한군이 NLL을 넘은 남한 공무원을 사살하는 사건이 나서 남북관계는 긴장이 최고조로 치달았으나, 24일 김정은 위원장이 사과와 사건경위 설명을 담은 전통문을 보냄으로써 한숨 돌리는 국면이 전개되었다. 아무튼 문재인 대통령은 북한의 이런 예측불가능한 행동과 완강한 태도, 그리고 트럼프 미국대통령과 그 참모들, 그리고 보수적 한반도 전문가들의 거부 자세에도 불구하고 평화주의적 대북정책노선을 뚝심으로 밀어붙여 판문점선언을 이끌어내고 북미정상회담을 성사시키는 등 2017년부터 5년간 남북평화를 지켜냈다.

그러나 문재인 대통령의 대북정책은 줄곧 대북굴종 정책이라는 비난을 받았다. 이런 비난은 그가 주사파 운동권 출신들로 임종석 대통령비서실장을 비롯한 청와대 비서진을 채움으로써 국민을 경악시킨 까닭에 더욱 증폭되었다. 이 주사파 대거 등용은 좌편향 경제정책의 신호탄이기도 했다. 경제정책에서 문재인 대통령은 집권 초기에 DJ의 중도개혁주의와 대중참여경제론으로부터 이탈해서 노무현의 좌익복고주의를 계승하고 소위 '소득주도성장'이라는 좌경노선을 내세웠다.

이 '소득주도성장' 노선은 ILO가 내건, 아전인수 격의 잘못 해석된 케인스주의였다. 그러나 케인스주의는 기본적으로 경기후퇴 시 불황을 타개하는 정책노선이지, 성장정책이 아니다. 소득 주도로 성장이 이루어질 수 있겠으나 정부의 인위적 소득증대 정책에 의한 성장유발 효과는 미미한 것이다. 인위적 유효수요 확대는 높은 법인세, 수많은 규제, 신기술개발 지원 부재, 투자자본 부족 등 기업의 체력과 투자환경이 나쁘면 투자를 유발하지 못하고 결국 케인스주의적 승수효과는 미미할 것이기 때문이다. 문재인 대통령은 이 구舊좌익적·유사類似케인스주의적 소득주도성장 노선을 굳게 확신하고 이에 입각해 경제정책을 집행했다. 그는 노동시간을 주당 52시간으로 단축하고, 최저임금을 올리고, 3,000억 원 이상의 최고소득 기업에 대해 법인세 최고세율을 (미국이 15%대로 내리는 판국에 계급적대적 역주행으로) 기존의 22%에서 25%(지방세를 더하면 27.5% 수준)로 올렸다. 그리고 '소득주도성장' 정책에 따라 현금 지급 복지정책을 다양하게 실시했다. 2-3년 뒤 그 결과는 참담한 것이었다.

 2017년 세계경제 성장률이 3.8%인 상황에서 한국경제 성장률은 3.1%, 2018년은 2.8%(세계 경제 성장률 3.9%)였다. 2019년은 2.2%, 2020년은 -0.7%, 2021년 4.1%였다. 5년 평균 성장률은 2.46%였다. 이것은 노무현 정부 5년 평균 성장률(4.74%)보다 낮은 수치이고, 이명박 정부(3.34%)와 박근혜 정부(4년 평균 3.025%)보다는 더욱 낮은 수치다.

 중도개혁주의를 벗어난 '소득주도성장' 정책의 이런 참담한 결과는 가계소득 통계에서도 그 실상이 적나라하게 드러났다. 최저임금 인상을 통해 취약계층의 소득을 올려주는 방식으로 새로운 성장 모델, 소득주도성장 모델을 만들어낼 수 있다는 문재인 정부의 주장과는 정반대로 저소득층의 소득이 절대적·상대적으로 큰 폭으로 감소했다.

 2019년 4월 11일 통계청이 공개한 소득분배지표에서 일단 2011년부터 2017년까지 보수정권에서는 한국의 분배 상황이 오히려 개선된 것으로 나타났다. 이것은 과거 보수정권에서 소득분배가 지속적으로 악화됐기 때문에 소득주도성장이 필요하다는 문재인 정부의 주장과 상반되는 결과다. 팔마비율(Palma ratio)에 비춰보면, 이는 확연하다. 팔마비율은 상위 10% 인구의 소득점유율을 하위 40% 인구의 소득점유율로 나눈 값이다. 따라서 '낮은 수치'는 소득 불평등의 개선을 뜻한다. 통계청의 가계금융복지조사 소득분배 부문 추가 지표에 따르면 한국의 팔마비율은 2011년 1.74배에서 2017년 1.44배까지 하락했다. 가처분소득이 증대된 것이다. 또 다른 분배 지표인 소득 10분위 경곗값 비율(P90/P10)도 2011년 6.42에서 2017년 5.79까지 떨어졌다. '소득10분위 경곗값 비율'은 처분가능소득 기준 가계소득 상위 10% 경곗값을 하위 10% 경곗값으로 나눈 수치다. 이 기간은 이명박 정권 중반기인 2011년부터 약 6년 반 동안 보수정권이 이어진 기간이다. 마지막 반년가량만 문재인 정부 집권기에 속한다.

그러나 문재인 정권에서는 팔마비율이든, 소득 10분위 경곗값 비율이든 악화되어 서민들의 경제적 궁핍이 심화되었다. 문재인 대통령이 2018년 1월 신년회견에서 "우리는 부의 양극화와 경제적 불평등이 세계에서 가장 극심한 나라"라고 언급했고, 진보진영에서는 지난 두 차례의 보수정권 집권기간에 분배 상황이 악화됐다고 주장했었다. 가령 민주당 이해찬 대표는 2018년 8월 19일 국회 의원회관에서 가진 기자간담회에서 '소득주도성장'을 다시 강조하면서 최저임금을 급속도로 인상해 일어난 '고용 참사'의 책임이 이명박·박근혜 정부에 있다고 주장했다. "지난 10년간 이명박·박근혜 정부 때 성장잠재력이 매우 낮아져서 그 결과가 지금 나타나고 있는 것이다." 김진표도 동월 24일 역시 "양극화가 유례없이 심화된 것은 이명박·박근혜 정권의 경제정책이 역주행한 것에 근본 원인이 있다"고 거들었다. 그는 그 근거로 "한국의 소득불평등이 최근 10년간 악화됐다는 OECD 보고서"를 들이댔다. 기획재정부 장관 홍남기는 동년 12월 인사청문회에서 "박근혜 정부에서 양극화가 지속됐다"고 말했다.

좋지 않은 경제적 결과는 가계 소득증가율과 지니계수로도 포착된다. 2018년 8월 23일 통계청이 발표한 2분기 가계동향조사(소득부문)에 따르면, 노무현 정부(2004-2007)에서의 1분위 가구(최저소득층) 연평균 소득성장률은 4.0%로서 5분위 가구(최고소득층) 5.0%보다 높지 않은 것으로 나타났다. 그러나 이명박·박근혜 정부에서는 오히려 1분위 가구의 소득성장률이 높게 나타났다. 이명박 정부에서 1분위 가구의 가계소득은 연평균 6.6%나 오른 반면, 5분위 가구 성장률은 4.6%로 약간 하락했다. 박근혜 정부에서는 1분위 가구의 소득증가율은 2.5%로서 5분위 가구 2.0%를 약간 상회했다. 지니계수도 2008년 0.314에서 꾸준히 줄어 2015년 0.295까지 떨어졌고, 2016년에만 0.304로 소폭 올랐다. 문재인 정부와 집권여당의 주장과 반대로 과거 정부에서 소득분배가 악화되지 않았던 것이다. 상론했듯이 실상은 IMF 자료에 입각해 경제실적을 평가하면 이명박 – 박근혜 – 노무현 – 문재인 순이었다.

2019년에는 최저임금이 2018년 대비 10% 올랐다. 그러나 2019년 7월 17일 문재인 대통령은 최저임금 1만 원 공약을 파기했다. "2020년까지 최저임금 1만 원을 이룬다는 목표는 사실상 어려워졌다. 결과적으로 대선 공약을 지키지 못하게 된 것을 사과드린다." 그러면서 "무엇보다 중요한 것은 올해와 내년에 이어서 이뤄지는 최저임금의 인상 폭을 우리 경제가 감당해 내는 것"이라며 속도조절론을 공식화했다. 그리고 2019년 8월 7일에는 문재인 대통령이 인터넷전문은행의 은산銀産분리 완화를 추진하겠다고 밝혔다. 처음으로 공급 측면을 강화하는 정책을 내놓은 것이다. 기존에 반대 목소리를 냈던 일부 여당의원들은 침묵했고, 여당 원내대표는 찬성 의사를 밝히면서도 안전장치를 마련하겠다고 덧붙였다.

문재인 대통령은 2017·2018년 2년간의 참담한 저성장과 서민의 가계소득 악화 및 실업률 증가세가 2019년에도 계속되자 2020년 코로나 시국을 타고 난타를 당한 '소득주도성장' 정책에만 매달리지 않고 투자주도 성장 정책도 아울러 쓰는 방향으로 경제운영 노선을 슬슬 수정했다. 문재인 대통령은 2020년부터 소득주도성장 노선을 완화하고 소득증대

정책과 투자유인정책을 동시에 구사하는 '투 트랙정책의 성장' 노선, 즉 '수요·공급 양 측면 동시 중시 정책' 노선으로 선회한 것이다.

문 대통령은 이 경제정책 노선의 전환과 함께 '한국판 뉴딜' 정책을 선언하고 신新성장산업 투자촉진·기술개발지원정책과 규제완화정책을 쏟아냈다. 우선 문재인 정부는 규제완화의 일환으로 신기술 개발·실험에 한해 '규제자유특구(규제 자유 2-4년)'을 2019년 7월과 11월 지정한 데 이어 2020년 7월에 3차 규제자유특구 지정을 예고했다. 그리고 문 정부는 전경련 등의 규제 완화 건의(2020. 3. 19.)를 받아들여 코로나19로 타격을 입은 기업들의 구조 차원에서 2020년 6월 17일 일련의 규제개혁 조치를 발표했다. 정세균 총리가 발표한 '규제혁신 10대 과제'는 ① 원격교육, ② 바이오헬스, ③ 가상현실, ④ 로봇산업, ⑤ 인공지능, ⑥ 미래차, ⑦ 리쇼어링 지원, ⑧ 공유경제, ⑨ 규제자유특구, ⑩ 스마트도시였다. 만시지탄이지만 아주 다행스런 방향 전환이었다.

이런 경제정책적 방향 전환의 백미는 최첨단 기술개발 및 신新성장산업 지원강화 정책에 있었다. 2019년 5월 22일 정부는 수출 확대를 통한 경제활력, 일자리 창출, 혁신적 신약·의료기기·치료기술 개발을 통한 희귀 난치질환 극복과 국민의 건강 보장을 목표로 바이오헬스산업을 진흥하기 위해 「바이오헬스산업 혁신전략」을 수립·발표한 데 이어 2020년 1월 문 정부는 바이오헬스산업분야 규제를 개선할 목적에서 「바이오헬스 핵심규제 개선방안」을 수립했다. 그리고 문 정부는 코로나19 사태와 더불어 국민이 비대면 오락으로 게임을 즐기는 추세가 강해지자 게임산업 규제를 완화하기 위해 2020년 6월 7일 '게임산업 진흥종합계획'을 발표했다. 골자는 게임을 언택트 유망사업으로 보고 규제완화와 더불어 게임산업 활성화를 위해 문화예술진흥법상 게임을 문화예술 범주에 포함시켰다. 이 '종합계획'은 적극적 규제·제도 개선으로 혁신성장

지원, 창업에서 해외시장 진출까지 지원 강화, 게임의 긍정가치 확산과 e스포츠산업 육성, 게임산업 기반 강화 등 4대 핵심전략과 16개 역점 추진과제를 포함하고 있었다.

그리고 문재인 정부는 2019년 10월 15일 「2030 미래차산업 발전전략」을 발표해 미래차의 국내 신차비중을 (현재 2.6%에서) 2030년까지 33%로, 세계시장 점유율을 10%로 확대할 목표를 제시했다. 레벨4의 자율주행차(완전한 자율주행차) 상용화 시점을 2030년에서 2027년으로 앞당기고, 2025년에는 플라잉카(비행자동차)도 실용화·확산시킬 계획이었다. 나아가 정세균 총리는 2020년 7월 1일 2025년까지 수소차 10만 대 생산, 2030년 수소차 85만 대 보급, 2040년까지 275만 대 보급, 수소전문기업 1,000개소 육성, 수소를 자동차로부터 선박·열차·드론까지 적용 계획을 발표했다. 수소경제선도국가를 목표로 7월 1일 출범한 수소경제위원회는 신도시 2곳을 수소도시로 조성하고, 전담기관을 지정하며, 수소차 가격을 5년 뒤 5,000만 원 대로 낮추고, 수소충전소 (현재 20기에서) 2022년 310기, 2030년 660기로 확대, 수소충전 핵심부품 국산화를 추진하기로 했다. 그리고 2020년 7월 14일 문 정부가 발표한 『'한국판뉴딜' 종합계획』 중 디지털 뉴딜 부분은 '바이오헬스·2차전지·미래차 먹거리 신산업 지원정책'으로 계승하는 데 중요한 역할이 기대되었다. 소득주도(수요 측면)와 투자촉진(공급 측면)을 동시에 중시하는 중도개혁주의 경제정책노선으로의 이러한 대대적 방향전환은 아직도 미흡하지만 향후 구체적 성과를 기대하게 만든 노선확립이다. 그러나 경제파탄은 돌이킬 수 없었고, 이 전환된 정책의 성과는 임기 내에 거둘 수 없었다.

하지만 문재인 대통령은 대북 화해협력정책을 추진하면서도 다른 한편으로 자주국방력을 강화했는데, 이는 문재인 대통령의 뜻밖의 치적이었다. 문재인은 대통령 후보로서 2017년 4월 한국방송기자클럽 토론회에서 "핵을 무기로 사용하지 않고 연료로 사용하는 것은 국제협정에 어긋나지 않지만 문제는 한미원자력협정에서 군사적 목적으로는 무기로든 연료로든 다 사용하지 못하게 되어있다. 대통령이 되면 미국과 원자력협정 개정을 논의할 것이다"고 천명함으로써 한미원자력협정 개정을 대선공약으로 내걸었었다. 문 대통령은 1990년대 K9 자주포의 개발 이래 계속된 자주국방력 강화노선을 이어 2017년 트럼프와의 협상에서 미사일 사거리를 800km로 연장하고 탄두중량을 무제한으로 늘렸다. 그리고 2020년 3월에는 미국의 벙커버스터를 능가하는 현무 4를 개발해 시험 발사했다. 이 미사일은 8월에 개발성공의 판정을 받았다. (이 괴물 미사일은 2021년부터 수백 기가 실전 배치되었다.) 그리고 한국형 전투기 KF-X 시제품이 2020년 9월부터 최종조립에 들어갔다. 이로써 한국은 일본 다음의 세계 6대 군사강국으로 올라섰다. 그리고 한국은 K9자주포·K2전차·FA-50경공격기·KF-X전투기·잠수함 등 무기수출로 세계 10대 무기수출국으로 올라섰다. 2019년 현재 무기수출로 벌어들이는 국방산업의 수익이 우리나라 GDP의 8%를 차지한다. 그리고 2020년 8월 10일 문 정부는 3,600-4,000톤급 잠수함 6척과 핵잠수함 3척 및 배수량 3-4만 톤급 경輕항공모함 2척을 건조해 2035년경 실전 배치하는 것을 골자로 하는 「2021-2025년 국방중기계획」을 공개했다. 그리고 바이든 대통령의 취임 후 이루어진 한미정상회담에서 미사일 지침의 종식을 얻어냈다.

문재인 대통령의 다른 치적은 '경제왜란'에서 승리한 것이다. 문 대통령은 2018년 9월 25일(현지 시각) 미국 뉴욕에서 아베 신조 일본 총리를 만나 "위안부 피해 할머니와 국민의 반대로 화해·치유재단이 정상적 기능을 못 하고 고사할 수밖에 없는 상황"이라면서 화해·치유재단을 해산하겠다는 뜻을 통보했다. 그리고 일본 정부에 대법원의 징용자배상 판결을 집행할 것을 통보했다. 일본 정부는 이에 반발해 2019년 7월 1일 결정하고 8월 28일부터 발효시킨 무역 보복 조치를 취했다. 그러나 한국경제의 기술 수준은 일본의 무역 보복을 견디어낼 만큼 이미 성숙해 있었고 일본제품의 대체재를 즉각 개발해서 양산하거나 제품의 수입선을 다변화해서 일본의 공격에 반격했다. 오히려 한국기업들은 이 위기를 기회로 이용해 '탈脫일본'에 성공해 일본으로부터의 '경제 독립'을 달성한 것이다. 국민들은 일제 불매운동으로 힘을 보탰다.

문재인 대통령은 ① 남북평화관계를 확립하고, ② 대일對日 무역전쟁에서 승리하고, ③ 자주국방력을 세계 6강 수준으로 강화하고, ④ 신성장산업 육성계획을 수립했다. 그리고 문 대통령은 ⑤ K-방역으로 팬데믹 코로나19를 퇴치해서 한국을 세계의 '모범국가'로 업그레이드시켰다. 한국을 세계 일류 국가로 만드는 데 크게 기여할 이 중도개혁정책의 5대 치적은 중도에서 벗어나서 벌어진 그 실정失政 때문에 묻힐 것이다. 미상불 문재인 대통령은 2024년 1월 실시된 한 정치학자집단 여론조사에서 4.4%의 정치학자들만이 문재인 정부를 민주화 이후 7개 정부 중 가장 성공한 정부로 꼽았다. 꼴찌(박근혜 정부 1.8%)에서 두 번째였다.[126]

---

126) 『매일경제』, 2024년 1월 14일자, 「잘한 정부 DJ·盧·YS 순 ... 尹·文은 낙제점」.

사회중심대중의
중용적 세계관과 중도개혁의 세계사

▌ 18-19세기 진보적 중도세력으로서의 신흥부르주아지

18-19세기의 고전적 자유주의는 중산계급(신흥부르주아지) 특유의 진보적 중도노선이었다. 당대 사회의 중심대중인 신흥 중산계급의 진취적 권익(신분해방과 자유무역)과 중용적 세계관을 대변한 자유주의적 시민혁명세력은 봉건세력의 복고주의적 반혁명과 반동적 수공업자층의 기계파괴운동을 극복하고 극좌세력의 자코뱅 공포정치와 공상적 급진변혁을 분쇄하고 시민혁명과 산업혁명을 완수했다.

부르주아지는 귀족세력(왕과 왕족, 봉건영주와 기타 귀족, 봉건적 성직자, 특권 상인·금융 귀족 등)과 평민계급(수공업자·빈농대중) 사이에 위치한 중간계층이었다. 이런 까닭에 당시 부르주아지는 'middle class(중간계급, 중산층)'로 불리었던 것이다. 19세기 부르주아 중산층은 중소상공인, 부농(요먼리, 자유보유농), 교양 부르주아지(지식인층)로 편성되었다.

18-19세기 부르주아지와 자유주의 혁명세력은 봉건세력의 반反혁명적 탄압과 자코뱅 류의 급진주의적 공포정치를 뚫고 시대에 적중한 중도의 길로 산업혁명과 시민혁명을 주도해 정치의 근대화를 달성했다. 시민혁명을 통해 인간과 시민의 이름으로 전제군주제와 신분제를 타파하고 헌법·의회주의·민주공화제를 창설한 것이다. 동시에 산업혁명을 통해 중상주의적 특권 상인체제와 금융 귀족층의 금융독점, 수공업 길드체제와 봉건적 토지제도를 해체하고 산업자본주의와 자유시장 체제를 확립했다.

그러나 이 시대의 양극단에 위치한 극우세력과 극좌세력들은 둘 다 시민혁명과 산업혁명을 저지하고 문명을 파괴했다. 봉건귀족을 위시한 극우 반동세력은 프랑스혁명을 진압하고 비엔나체제를 수립해 절대왕정을 복고시키고 각국의 혁명운동을 탄압했고, 수공업자 계층의 이해관계를 대변한 러다이트세력들은[127] '문명의 이기'인 기계를 파괴해 산업혁명을 가로막았다. 반면, '상퀼로트(sans-culottes)'의[128] 폭민정서와 폭동심리에 영합한 로베스피에르 중심의 자코뱅(Jacobin) 극좌세력은 '공포정치'와 공상적 급진변혁 기도로 민주주의와 시민의 자유를 유린하고 무수한 인명을 살상하고 봉건세력의 반동을 초래해 시민혁명 자체를 위기로 몰아넣었다. 그러나 테르미도르세력은 '극중(l'extrême-centre)'을 기치로 자코뱅 세력을 타도하고 중도적 부르주아 정권을 회복했다.

---

[127] '러다이트(Luddite)'는 산업혁명 당시 실직을 염려해 기계파괴운동(181116년)을 전개한 수공업자세력을 가리킨다. 이 명칭은 기계파괴세력의 지도자였던 Ned Ludd의 이름에서 나왔다.
[128] 프랑스대혁명 당시 중상류층이 입던 고급반바지 '퀼로트(culotte)'를 입지 않은 하층집단. '무하의(無下衣)당'이라고도 번역한다.

20세기 중도세력으로서의
숙련노동자와 사회민주주의자들

또 20세기에는 중도좌익세력의 사회민주주의(social democracy)와 중도우익세력의 사회자유주의(social liberalism)'가 당대 '중간계층'의 진취적 권익과 중도적 세계관을 대변한, 자본주의와 공산주의 사이의 '제3의 길'이었다. 사회민주당(중도좌익)과 기독교민주당(중도우익)으로 상징되는 20세기 중도세력들은 극우파쇼세력의 반동적 복고변혁과 극좌공산세력의 공상적 급진변혁을 물리치고 불멸의 개혁성과를 이룩했다.

20세기의 대중화된 숙련노동자·화이트칼라 계층은 독점부르주아지와 하층노동자(비숙련노동자·빈농대중) 사이에 위치한, 이른바 상층노동대중으로서 20세기 내내 'Mittelschichten'(middle classes: 중간 계층들)로 불리었다. 노동조합으로 조직된 이 '중간 계층들'은 생산수단의 관점에서 소위 '무산자'였지만 신기술로 숙달되고 근대적 노동기율과 생활양식을 체득한 '신식 대중'이었고 노조를 통해 노동공급 통제권을 장악함으로써 생활수준을 향상시키고 나름의 개인자산(주택, 토지, 저축, 연금 등)을 보유하게 되어 나름의 '중산층 의식'을 갖추었다.

20세기 숙련노동자·화이트칼라 계층은 테일러-포디즘적 대량생산 체제를 떠받치는 중심대중이었다. 이 숙련노동자·화이트칼라 대중과 진보개혁정당은 중소부르주아지의 '고전적 자유주의' 이념과 서민층(하층노동자)의 '개량적 사회주의' 이념을 종합해 '사회민주주의'와 '사회자유주의'를[129] 확립하고, 20세기 전후반의 포괄적인 정치개혁(참정권의 빈부등권·남녀등권, 노동삼권 쟁취로 '보통선거'와 '보통민주주의' 확립)과 사회개

---

129) 여기서 'social liberalism'은 그 중도좌파적 버전이 밀(John S. Mill)에 의해 대표되었고 중도우파적 버전은 베버(Max Weber)에 의해 대표된 것으로 단순화해 이해하고자 한다.

혁·복지국가 건설을 이룩했다. 보통 기독교민주당의 중도파, 자유당 등 중도보수세력과 연정을 펴온 '사민당', '사회당', '노동당' 등 20세기 서구 진보 정당들은 나치즘·파시즘의 극우세력과 공산주의·무정부주의 극좌세력 사이에서 이 양극단 세력과 싸워온 20세기의 중도개혁주의 세력이었다.

20세기 사회민주세력과 중도우익세력의 범汎중도 진영은 1930-40년대 한때 극좌·극우세력에 밀려 약화됨으로써 중도 헤게모니를 상실했다. 이로 인해 일부 국가들은 파멸적 좌우 갈등과 나치즘·파시즘·일제 전쟁광기에 말려들고 말았다. 그러나 범중도세력은 그래도 20세기 전반을 통틀어 보면 지난 세기의 정치·사회개혁과 개혁 성과의 수호를 주도한 세력이었다. 특히 전후 유럽의 범중도세력은 미국의 지원으로 좌우극단세력을 제압해 주변화시키는 데 성공함으로써 좌우 갈등을 실효적으로 완충하고 중도화해 여야 간의 중도 수렴과 생산적 경쟁체제로 재편함으로써 나라를 정치·사회평화 속에 안정시키고 부강하게 만들었다.

이에 반해 극우파쇼세력과 극좌공산세력들은 기술적 숙련과 현대적 기율을 결여한 폭동적 비숙련노동자층·빈농층(소위 '노농계급')을 포퓰리즘으로 선동하고 폭민화해 파쇼·공산당의 혁명전사로 만들어 전쟁과 폭동으로 내몰았고 인류 보편적 가치와 자유를 유린하고 인류문명을 파괴했다.

동유럽, 아시아·아프리카, 중남미 등 주로 반半봉건적 후진 지역에서 소위 '노농계급'의 폭동정서를 이용하고 이른바 '군중노선'의 폭민적 좌익포퓰리즘을 조직적으로 구사하며 강력하게 성장한 마르크스-레닌주의적 극좌공산세력은 1917년 이래 하층대중을 폭력혁명과 혁명전쟁으로 내몰아 무수한 인명을 희생시키고 자유와 인륜을 유린하고 인류문명을 파괴했다. 결국, 공산주의는 폐허와 극빈, 원한과 가치혼돈, 독재와 권위주의를 남긴 채 아무런 진보성과도 없이 도로로 끝났다. 반세기 이상 허장성세하던 소련은 러시아와 주변 민족에게 70년의 세월을 허송케 한 채 실로 '거대한 폐허'만 남기고 사라졌으며, '조선민주주의인민공화국'은 대한민국 1인당 GNP의 30분의 1에도 미치지 못하는 세계 최저 소득수준의 나라로 전락했다.

한편, 중도세력이 취약한 곳이면 도처에서 준동하는 극우파쇼세력은 극우포퓰리즘으로서 하층대중을 폭민화해 의회민주주의를 부수고 국기國基를 변경해 '반혁명적' 파쇼독재 체제를 수립하고 대중을 침략전쟁으로 내몰았다. 파쇼세력들은 공산혁명으로부터 독점자본가와 관료자본가의 특수이익을 수호하기 위해 주로 잔학무도한 테러를 자행했다. 이들은 침략전쟁, 집단·대량학살, 생체실험 등 전대미문의 야만적 홀로코스트로 동서양에서 2,000만 명 이상 인명을 살육하고 자유와 인류 보편 가치를 유린했으며 세계도처에서 인류의 유구한 문명을 파괴했다.

▎21세기 중도세력: 화이트칼라 신중산층과 중도개혁주의자들

21세기의 중도개혁주의는 지식·정보혁명을 주도하는 화이트칼라 신중산층(new middle class)의 중도적 이익과 진취적 개혁 의지를 대변하는 노선으로서, 오늘날 뉴라이트 노선(공급 우선의 경제적 신자유주의와 정치적 네오콘)과 구舊좌파 노선(수요 우선의 케인스주의·시혜적 사회복지주의) 사이의 '제3의 길' 이념이다. 21세기 '신중산층'은 IT·BT·NT·CT·ET 혁명 과정과 제4차 산업혁명 과정에서 수적으로 급증하고 있는 대중이자 또 이 신新경제혁명을 이끄는 중심대중이다. 이 신중산층은 새로운 지식근로자(knowledge workers)와 전문직종의 서비스근로자(service workers) 대중,[130] 정보·지식·문화생산을 담당하는 고급지식근로자(high-knowledge workers) 집단,[131] 벤처·중소기업인 등으로 구성된다.[132] 오늘날 '중산층' 개념은 '전통적 중산층'과 함께 증가일로의 이 신중산층을 포괄한다. 지식경제(knowledge economy) 건설과 더불어 흥기하는 신중산층은 지식경제의 핵심대중이다. 신중산층도 수구적 대자본소유주와 주변화되는 전통적 숙련·비숙련노동자 사이의 '중간위치'를 점한다.

오늘날은 전통적 대기업은 벤처·중소기업으로 변하거나 여러 개의 벤처기업으로 분해되는 한편, 수많은 중소·벤처기업들이 창업되는 시대다. 이런 의미에서 금세기는 19세기 초처럼 다시 '새로운 중소기업'의 시대다.

반면, 전통적 숙련·비숙련노동자들은 수적으로 점점 줄어들면서 이제 기타 도시빈민들과 함께 서민층(underclasses)으로 주변화되고 있다. 전통적 숙련노동자들은 올바른 리더십을 세우지 못할 경우 재벌 등 대

---

130) '지식근로자'는 교수·의사 등 '고급지식근로자(high-knowledge workers)'도 포함하지만 무엇보다도 먼저 제2차 세계대전 이후 수적으로 크게 늘어나기 시작한 각종 경제·경영전문가·고급기술자·세라피스트·스타일리스트·디자이너·엔지니어·정보데이터처리사 등 '지식기술자들(knowledge technologists)'를 가리킨다. '지식근로자'는 이처럼 '고급지식근로자'에서 '지식기술자'까지 포괄하기 때문에 상하분화가 심하고 유동성이 비교적 높은, 고용형태가 피고용직에서 반(半)자유직까지 다양한 화이트·골드칼라대중으로 나타나고 있다. Peter F. Drucker, PostCapitalist Society (Oxford: Butterworth-Heinemann, 1993), 5쪽 이하; Peter F. Drucker, *Managing in the Next Society* (New York: Truman Tally Books, 2002) 256. 『Next Society』(서울: 한국경제신문, 2002), 45쪽.
131) 이들은 여론조사전문가, 기자, PD, 방송인, 연예인, 예술가, 교수(교사), 과학자, 의사, 법조인, 각종 컨설턴트, 프리랜서 지식인 등 반(半)자유직업들이다. '고급지식근로자'는 피터 드러커의 용어다.
132) '신중산층' 개념에는 주관적 요소도 가세한다. 가령 스스로 자신이 중산층에 속한다고 '믿는' 또는 그렇게 '생각하는' 일부 특상층(特上層)숙련노동자들도 ('사회학적' 관점에서가 아니라) '정치적' 관점에서 '신중산층'에 집어넣어야 한다. 이렇게 추산하면, '신중산층'은 대부분의 나라에서 전인구의 60%를 넘는다. 참조: Philip Gould, *The Unfinished Revolution* (London: Little, Brown and Company, 1998), 396.

자본소유자와 더불어 '노조'의 철갑을 두른 집단이기주의적 기득권세력으로 전락, 더 이상 '진보'가 아니라 '퇴보'의 움직임을 보일 위험이 있다. 오늘날 노조는 지나간 '산업사회'의 낡은 시혜적 복지제도, 고임금, 종신고용, 퇴직금 특혜 등을 고수하려는 하층 기득권세력으로 기능하고 있다. 전통적 숙련노동자들이 21세기를 이끌 비전도 역량도 완전 상실했음은 우리나라의 외환위기 당시 민주노총의 신기술·구조조정 반대, 세계화 반대, 외자유치 반대 등 구舊재벌과 공조하는 퇴행적 구호와 수구적 기능에서 명증明證된다. 노조의 이런 움직임은 변화를 능동적으로 수용하고 벤처화化 하는 진취적인 대기업가보다도 반동적이다. 다행히 최근 일부 노조들이 이런 퇴행적 흐름에서 벗어나 과감한 제3노조 운동을 전개하고 있는 것은 고무적인 일이다.

  21세기는 경제의 지식·정보화·로보트화·소프트웨어화·문화화·패션화와 함께 생산과정은 수직적 대공장 산업자본주의 생산체계로부터 월마트(WalMart), 더 갭(The Gap), 코스트코(Costco), 리복(Reebok), 알리바바(Alibaba), 애플(Apple), 킹피셔(Kingfisher), 에점마케팅(EEZEEMARKETING), Ikea, Murata, LAOX, AEON, Dinos Cecile Co., Abodee 등 브랜드 대소매상인들(big retail merchants with brand)과의 계약으로 수평적 네트워크로 연결된 작은 작업장들(workshops)로 이루어진 '브랜드상인 주도의 네트워크 생산체계'로 전환되어 대공장과 공장노동자는 급감하고, 상업유통과정에서 상거래가 전자상거래로 바뀜으로써 상점과 쇼윈도가 사라지고 상업노동자도 급감하고 있다. 이와 동시에 '경제적 가치'와 '국부國富'가 급속히 탈脫물질적으로 바뀌어 가고 있다. 가령 노인층의 고독사와 급증하는 자살 추세는 그 원인이 궁핍이 아니라 고독이기 때문에 생계복지 강화로 해결할 수 없다. 이전에 중요했던 물질적 부는 정보·자동화·로보트화 덕택에 전체 생산인구의 20%

미만의 인력을 투입하면 생산 가능한 것으로 주변화되고 있고, 이 생산에 참여할 수 없는 비非자활 계층의 기초생계도 국민기초생활보장제도로 커버되는 상황이 되었다. 21세기를 주도하는 가치는 통신·서비스, 지식·정보, 문화와 미학적 가치(패션·취향·영상오락·향락), 안전·환경·보건·스포츠·레저·웰빙 등 '행복' 개념에 포괄되는 탈脫물질적 가치인 것이다. 21세기 일류국가는 이 무형의 탈물질적 가치의 생산과 유통에 인력의 80% 이상을 투입하는 고부가가치 지식·정보·문화국가이어야 한다. 이에 따라 국부의 개념도 물질적 부에서 탈물질적 부로 변화하고 있다. 지식정보산업이 경제의 주력업종이 되고 전통산업에 정보화와 첨단기술이 접목되면서 모든 제품과 서비스가 정보화·지식화·미학화·보험화된다.

물질적 복지만을 생각하는 것이 아니라 물심양면의 '행복'을 중시하는 신중산층의 탈물질적 가치지향과 정치적 세계관은 향후 한국과 인류의 미래를 좌우할 것이다. 부가가치가 높은 탈물질적 가치의 자유로운 생산과 유통을 주도하는 지식경제의 중심대중인 신중산층은 역동적인 고高리스크 사회의 한 복판에서 도전정신과 모험심을 발휘해 정보화혁명과 경제사회개혁을 추동하고자 한다. 기득권에 집착하기보다 진취적 자세로 변화와 이동성을 선호한다. 신중산층은 '다양한' 철학과 지향들의 (양극단을 배제한) 공존, 목적과 방법에서의 중용과 포용을 중시하고, 공허한 교조적 명분과 이념보다 실익과 실리를 앞세우는 실용주의와, 시대정신에 입각해 원칙들을 끊임없이 다듬고 고치는 시중時中정신, 즉 '견선즉천見善則遷 유과즉개有過則改'(선을 보면 행하고 과오가 있으면 고침)의 원칙을 따른다. 20세기의 낡은 좌우대립, 수단과 방법을 가리지 않는 극단주의, 비현실적 공상과 교조주의, 극한 대결을 멀리한다.

또한 신중산층은 인권과 민주주의, 환경, 소수자와 약자의 권익, 시민

활동과 생활정치에 특별히 민감한 감각을 가졌다. 고로 신중산층은 21세기 인권민주국가의 기둥이다. 신중산층이 늘어날수록 민주적 시민사회, 민권·인권의식, 이성적 여론이 강화된다.

창조적 중도개혁주의가 미국과 유럽 각국에서 승리함으로써 일어난 특히 중요한 변화는 좌우 정당 간의 정책적 수렴현상이다. 바꿔 말하면, 중도개혁주의가 뉴라이트(신자유주의+신보수주의) 이념을 퇴출시키고 보수세력의 정책을 거의 다 중도화시킨 것이다. 미국은 창조적 중도개혁주의를 내건 클린턴·오바마·바이든 민주당 대통령이 계속 출현하고 트럼프 공화당 대통령이 근로소득세와 법인세의 동시 감세 등 중도개혁정책들을 채택·집행함으로써 적어도 좌우 '이념대결'은 많이 희석되었다. 그리고 반중反中정책, 경제적 자국우선주의(보호주의) 정책 등 대외정책에서도 미국의 민주·공화 양당은 대동소이해졌다.

좌우 정당 간 정책노선의 이런 이념적 수렴현상은 영국과 독일에서 공히 확인된다. 미국 공화당 트럼프와 영국 보수당 테레사 메이·보리스 존슨은 '좌향좌'하여 클린턴과 블레어의 중도개혁정책들을 소리 없이 수용했다. 트럼프 대통령과 캐머런·메이·존슨 영국총리는 대처 총리와 레이건 대통령의 신자유주의('작은 정부', 시장방임주의, 자유무역, 세계화) 정책을 퇴출시키고, 기업의 사회책임, 근로자 주식소유제, 법인세와 소득세의 동시 감세, 자국기업 보호주의 정책을 채택·강화·확대했다. 독일 기독교민주연합의 메르켈 총리도 2018년 블레어-슈뢰더의 법인세·소득세 동시 감세 노선을 수용했다. 또 트럼프는 NAFTA 등 FTA를 파기하고 보호주의로 선회했고, '작은 정부' 정책과 긴축재정 정책을 버리고 사회보장지출을 유지하고, 클린턴과 오바마의 동시 감세 노선을 수용했다. 물론 트럼프는 법인세를 35%에서 21%로 인하함과 동시에 부자 소득세율(35%)을 중산층 세율(37%)보다 2%나 낮게 차별적으로 인하하는 식으로 동시 감세 정책을 비틀어 집행했다. 나아가 메이와 존슨 총리는 (한국 보수진영이 결사 저지하는) '노동이사제'를 도입하고, CEO 보수報酬의 인상률을 제한하고, 외자의 적대적 M&A에 맞서 자국 기업 보호주의를 채택하고, 브렉시트를 주도했다.

그리하여 미국공화당 싱크탱크 미국기업연구소(AEI)는 "트럼프 시절에 공화당의 신자유주의 노선은 완전히 무너지고 말았고", 영국·미국·독일 보수당의 노선은 모두 다 미국과 서구 진보정당의 중도개혁 노선으로 수렴되어 '중도화'되었다는 총괄적 평가를 내놓았다.[133] 동시에 21세기 초까지 설치던 구舊좌익세력도 현재 미국에서 거의 완전히 자취를 감추었다. 따라서 미국의 전투적 적대정치는 이념적 노선대결의 대결과 무관하고 순전히 대통령제와 소선거구제의 결합에 따른 극한적 승자독식 정치에 기인하는 것이다. 미국은 우드로 윌슨이 주장한 분권형 대통령제 개헌과 중대선거구제 개혁이 없다면 영구히 전쟁 같은 극한의 살인적 증오·적대 정치를 계속할 것이다.

---

133) 『중앙선데이』. 2016. 7. 24일자 AEI 보고서 요약 보도.

한국 중도개혁주의의
정치철학과 10대 정책노선

　중도개혁주의 정치철학과 정책노선은 한국과 서구의 논의와 경험의 바탕 위에서 다음 10대 원칙으로 정리해 볼 수 있다.

(1) 중산층과 서민의 꿈을 실현하는 중도주의와 개혁주의

　중도개혁주의는 신新중산층의 안정 희구심리와 중도적이되 진취적인 세계관을 대변하고 중산층 상승을 꿈꾸는 서민층의 진보적·개혁적 세계관을 동시에 대변하는 정치철학이다. 한 마디로, 중도개혁주의는 중도주의와 개혁주의를 결합시킨 철학이다.

　중도개혁주의는 전통적 좌우논리를 초월하는 정보화와 세계화 추세가 창출하는 새로운 기회를 최대로 활용하고 이 추세가 야기하는 새로운 위험에 적절히 대처하기 위한 21세기 정치철학이다. 중도개혁주의의 중도주의 철학은 좌우이념을 뛰어넘어 시대에 적중한 제3의 중용적 노선을 창조하는 이 시대의 정치철학이고, 개혁주의는 '중산층의 강화와 서민의 중산층화'를 위한 근본개혁을 부단히 밀고 나가는 정치철학이다.

중도개혁주의는 전통적 좌우논리를 초월하는 정보화와 세계화 추세가 창출하는 새로운 기회를 최대로 활용하고 이 추세가 야기하는 새로운 위험에 적절히 대처하기 위한 21세기 정치철학이다. 중도개혁주의의 중도주의 철학은 좌우이념을 뛰어넘어 시대에 적중한 제3의 중용적 노선을 창조하는 이 시대의 정치철학이고, 개혁주의는 '중산층의 강화와 서민의 중산층화'를 위한 근본개혁을 부단히 밀고 나가는 정치철학이다.

중도주의 철학은 중도(과유불급의 시의적 적중성)를 중시해 좌우극단주의의 교조적 관점을 배제하고 양자의 상대적 장점을 골라 양자와 본질적으로 다른 제3의 중도노선을 창조한다. 그러므로 중도주의 철학은 가령 분배와 수요 측면을 우선시하는 구좌익의 '케인스주의적 복지주의' 노선과, 성장과 공급 측면을 지나치게 특화하는 신우익의 '신자유주의' 노선 사이의 '제3의 길'을 추구한다. 제3의 길은 성장과 분배, 공급과 수요 측면을 동시에 중시하는 길이다.

또 '개혁주의'는 급진주의와 보수주의 사이의 제3의 길인 중도노선이다. 급진주의는 획일적이고 과격한 변혁정책으로 공동체의 정체성에 속하는 유구한 역사와 전통을 파괴하는 부작용을 초래하면서도 국민이 바라는 실질적 진보성과를 이룩하지 못하는 반면, 보수주의는 정당한 기득권이든 부당한 기득권이든 가리지 않고 기득권을 보호하는 데에만 집착해 일체의 변화를 거부하는 우愚에 빠진다. 이 양자 사이의 중도 노선인 중도적 개혁주의는 중산층과 서민대중의 실리와 비전을 구현하는

'실질적 개량·개선'이라는 의미에서의 '근본개혁', 따라서 '적중한 개혁', '진정한 중도개혁'을 합리적 절차로 부단히 추진한다.

(2) 영구수정주의

중도개혁주의는 항상 시대변화에 능동적으로 적응하기 위해 이념적 교조와 질곡에 매이지 않고 중도원칙과 개혁주의를 자기의 노선에도 적용해 부단히 자기수정을 단행하는 영구수정주의(*permanent revisionism*)를 표방한다.

시의적합성과 '과유불급過猶不及'의 관점에서 유연성을 발휘해 시대적 요구의 정곡을 적중시키는 창조적 중용정신은 이데올로기적 교조로부터 자유로운 영구적 자기수정과 자기혁신을 요한다.[134] 이 영구수정주의 원칙은 실사구시 정신에서 이데올로기에 얽매이지 않고 '명분'보다 '실리', 교조보다 실익, 관념보다 실재實在를 중시하고 이 현실적 실재 속에서 미래 가치를 추구하는 실용주의와 통한다.

(3) 강력한 중도연합의 창설과 중도적 국민통합 정치

중도개혁주의는 '중도세력의 강화'를 통한 연속집권을 위해 광범위한 '미래연합(*progressive coalition*)'을[135] 창설해 국민통합을 이룩하는 포용적 중도통합주의를 표방한다.

중도개혁주의는 좌우극단세력을 제외하고 중도개혁세력을 중심으로 '합리적 중도좌익세력'에서 '개혁적 중도보수세력'까지 모든 정치

---

134) 이것은 공자가 강조하는 '군자의 중용'인 '시중(時中)'개념과 상통한다.
135) Philip Gould, *The Unfinished Revolution* (London: Little, Brown and Company, 1998), 396쪽.

세력들을 하나의 블럭으로 묶는 '중도대통합'을 '강력한 중도(powerful center)'의 핵심전략으로 삼는다. 동시에 사회로부터 배제당한 각종 취약·주변·소수집단을 보호해 사회 속으로 다시 끌어안는 한편, '자발적 자기배제'를 선택한 상층의 사회적 관심과 복귀를 북돋워 상층도 끌어안는 '포용적 민주주의(inclusive democracy)'를 추구한다. 국민통합과 상생화합정치는 포용적 중도통합주의의 당연한 귀결이다.

(4) 정치적·시민적 자유주의와 질서자유주의적 시장경제 노선

중도개혁주의는 자유민주주의와 시장경제를 신봉한다. 대한민국임시정부와 민주화운동의 정통성을 이어받은 한국의 중도개혁주의는 자유민주적 기본질서와 시장경제 원리를 구현한 우리 헌법을 수호하고, 정치생활과 시민생활에서 의회민주주의적 참정권과 기본인권을 최대로 보장하는 정치적 자유주의(political liberalism)와 시민적 자유주의(civic liberalism)를 표방한다.

정치와 시민사회 분야의 최대주의적 자유주의와 달리 경제 분야에서는 자유시장 원리를 신봉하되 우리 헌법의 경제이념에 따라 자유방임적 '시장자유주의'가 아니라 최적의 자유주의를 찾는 질서자유주의(ordo-liberalism)를 표방한다.[136] 자유방임적 '시장자유주의'(오늘날 신자유주의)는 시장만능주의적 폐해(단기적 배당수익 위주의 기업경영을 강요하고 경제 불안을 증폭시켜 저투자·저성장·저고용 추세를 유발하는 세계적 금융자본주의와 주주자본주의 편향)를 초래한다. 이 폐해를 줄이기 위해 중도개

---

136) 정치적 자유주의'와 '시민자유주의'는 최대주의를 따르는 반면, 경제적 자유주의는 독점자본의 존재로 인해 최적주의를 따른다. 그것은 질서자유주의가 적격이다. 이에 관해서는 참조: Giddens, *The Third Way*, 106쪽.

혁주의는 우리 헌법의 시장이념인 '질서자유주의'를 표방한다. '질서자유주의'는 시장의 창출과 시장왜곡·독점의 방지 및 시장경제의 순항順航을 위해 국가가 '시장적합적' 방식으로 시장을 규제·조정하는 우리 헌법의 시장경제 원리이다.[137]

중도개혁주의는 자유주의에서 도출되는 다원주의를 특히 중시한다. 사물의 변화와 발전의 다양성은 예측할 수 없다. 이 때문에 법칙에도 예외가 있는 법이다. 이런 관점에서 중도개혁주의는 '획일주의'를 배격하고 각 사물의 본질과 특성에 합당한 독특한 노선과 원칙의 다양성을 인정하고 촉진한다. 중도개혁주의는 '자유주의'조차도 획일적 형태를 강요하지 않고 정치·사회·경제의 각 분야에서 노선의 독특한 변형과 분화(가령 정치적 자유주의·시민적 자유주의·질서자유주의)를 인정한다. 심지어 중도개혁주의 자체에도 다양한 해석·분화·창조적 변형을 인정한다.

따라서 중도개혁주의는 한편으로 개혁주의와 세계주의를 표방할지라도 모든 형태의 민족주의와 보수주의를 전면 거부하는 획일주의를 취하지 않고 다원주의적 입장에서 그 예외적 형태들의 시대적 진보성과 적실성에 주목한다.

(5) 수요와 공급, 소득과 투자의 동시 중시 정책과 중산층 강화

중도개혁주의는 수요와 공급, 소득과 투자의 동시 중시 정책으로 '성장을 통한 분배' 노선을 확립하고 이를 통해 서민의 중신층화와 중산층의 강화를 적극 추진한다.

---

137) 개인과 기업의 자유와 창의를 존중하는 바탕 위에서 국가가 (1)국민경제의 성장과 균형발전, (2)적정소득 분배, (3)시장지배 방지, (4)경제주체들의 조화, (5)경제의 민주화 등을 위해 규제하고 조정하는 시장경제 이념. 대한민국 헌법 제119조 ①항과 ②항.

'성장을 통한 분배' 노선은 공급과 수요, 투자와 소득, 성장과 분배가 불가분적 관계에 있다는 인식을 전제로 경제성장을 촉진하고 이로써 달성되는 성장의 혜택을 서민과 중산층에게 고루 분배해 성장과 분배의 선순환(virtuous circle of growth and distribution) 효과를 극대화하는 노선이다. 우파는 성장을 강조하고 좌파는 분배를 강조해 왔다. 그러나 성장과 분배는 마차 바퀴처럼 좌우로 갈리는 좌우대립 관계에 있는 것이 아니라 자전거의 앞뒤 바퀴처럼 앞뒤로 결합되어 앞에서 선도하고 뒤에서 밀어주는 선도후원先導後援의 순환관계에 있다. 따라서 정부는 성장과 분배의 불가분적 결합관계와 함께 '성장의 선도적 역할'을 분명히 해야 한다. 분배·복지 재정을 늘리려면 성장의 선도적 역할이 그만큼 더욱 강조되어야 하는 것이다. 성장을 방치한 채 분배만 늘리면 저성장과 마이너스성장이 벌어져 분배·복지의 재정기반이 파탄 난다. 성장의 혜택을 부자들에게만 독식시키는 대기업 중심의 경제성장도 문제지만, 반反시장적 정책기조로 성장을 저해하면서 분배정책을 강화하는 것도 문제이다. 씨암탉마저 잡아먹는 이런 정책노선은 필연적으로 민생파탄을 초래하고 만다. 중산층은 무너지고 서민은 분배확대에도 더 가난해지기만 하는 것이다. 이런 까닭에 「블레어-슈뢰더 선언」은 공급과 수요 측면을 동시에 중시하는 원칙을 천명하고 기업을 사회주의로 선언함으로써 기업에 대해 적대시 성향을 청산해 기업들의 성장과 경제 전체의 성장을 적극 긍정하고 있다. "수요와 공급은 같이 가는 것이지, 양자택일이 아니다.(Demand and supplyside policies go together; they are not alternatives)"[138]

도널드 트럼프 미국 대통령은 법인세를 절반으로 줄여 공급 측면에

---

138) 「블레어-슈뢰더 선언 – 유럽의 '제3의 길'」, 294쪽: "Tony Blair & Gerhard Schroeder Manifesto – Europe: 'The Third Way'", 560쪽.

힘을 쏟음으로써 미국 내 투자를 활성화하고 밖으로 나간 미국자본들을 귀국시켜 일시적으로 미국경제를 급성장시키는 데 성공했다. 하지만 그는 근로소득세를 낮추지 않음으로써 경제성장의 효과를 대중적으로 확산시키는 데 실패했다. 이로 인해 많은 분석가들이 향후 미국경제가 애로에 직면할 것이라고 내다본다.

그러나 마크롱은 전술했듯이 법인세와 소득세를 동시에 낮췄다. 이로써 그는 침체된 프랑스경제를 살려내서 독일경제를 앞질러 유럽 1등경제로 만들고 있다. 반면, 문재인 정부는 수요(소득) 측면만을 중시하고 공급(투자) 측면을 무시해서 구좌파의 소위 '소득주도성장' 정책으로 물질적 복지시혜를 늘렸지만 법인세를 오히려 높이고 제4차 산업혁명에 대한 전면적 지원정책을 소홀히 하고 신규기술의 개발과 상업화를 가로막는 각종 낡은 규제를 철폐하지 않음으로써 공급·투자 측면을 애로에 빠뜨렸다. 한국경제의 궁경은 문재인 정부의 이 좌익복고주의적 정책으로 말미암은 것이다. 문재인 정부는 제4차 산업혁명 추진에 게으른 국가들을 자연스럽게 도태시킬 2020년의 세계경제 둔화추세에 대응하는 데 지출되어야 할 공공재정을 제4차 산업혁명과 신기술의 개발과 상업화에 투입하는 것이 아니라 계속 복지확대에만 투입했고, 그리하여 세계적 경제불황을 돌파해서 5대 경제강국으로 부상하는 길을 가로막았다.

그러므로 세계주의와 세계화에 원칙적으로 찬동할지라도 자본시장 개방의 금융자본주의적·주주株主자본주의적 폐해를 최소화하고 그 이점을 극대화해 투자와 성장을 촉진하는 국가의 정책적 역할은 매우 중요하다. 국가는 더 많은 분배를 원하는 만큼 성장을 더 많이 강조해야 한다. 국가는 국내기업의 경영권을 보호하는 최소한의 적대적 M&A 방지 허용조치, 산업자본의 투자장벽 제거(특히 병원, 제약과 의약품판매, 신약개발, 학교, 방송·언론사 등 대표적 지식경제 분야), 규제완화 조치 등 일련의 성장촉진정책을 시행해야 한다. 특히 성장촉진을 위해 중요한 정책 노선은 법인세(기업세)와 근로소득세의 동시 인하이다. 공급 측면의 법인세와 수요 측면의 근로소득세를 동시 인하해 성장이 가속화되어 경제규모가 배가되면 국가의 세수稅收는 오히려 증가할 수 있다. 투자유인을 강화하기 위해 법인세의 대폭 인하를 주장하는 우파와 근로소득세 인하와 기업세 인상을 주장하는 좌파의 일면적 편향정책을 둘 다 거부하는 중도개혁주의 정당들은 줄곧 법인세와 소득세의 동시 인하와 공급 측면과 수요 측면의 동시 중시의 '제3의 길'로 경제를 살려냈다. 그래서 상술했듯이 블레어와 슈뢰더가 "공급과 수요는 같이 가는 것이지, 양자택일적이 아니다"고 선언한 것이다.

동시에 세계화시대에 경제성장을 촉진하려면 국가는 금융산업의 성장을 촉진해야 한다. 세계화 시대는 금융산업에서 뒤떨어지면 땀 흘려 일하고서도 그 과실을 다 해외 금융산업에게 빼앗기게 되는 시대다.[139] 따라서 반드시 금융산업을 일으켜야 한다. 이를 위한 전제로서 우리나라의 경우 '금산金産분리'를 완화하고[140] '금융산업에 대한 진입장벽'을 낮추는 조치가 필요하다. 현재 7개의 시중은행 중 6개(외환·한국씨티·국민·하나·신한은행)가 외국계다. 외환은행·씨티은행·SC제일은행은 외국계이고, 국민·하나·신한은행은 한국인에게 경영권을 잠정적으로 맡겨 놓고 눈치를 보고 있다. 은행들을 외국 투기자본에게 다 넘기지 않으려면 은행을 외국 산업자본이 소유하는 것을 허용하면서 우리 산업자본에게는 그 소유를 불허하는 정책을 폐지하고 우리 산업자본에게도 일정한 조건에서 소유권을 허용해야 할 것이다.

---

139) 가령 국제투자은행(IB)은 조선(造船)산업으로 수년 동안 벌어들여야 하는 돈을 몇 초 사이에 금융자본을 굴려 벌어들인다.
140) 금산분리: 금융자본과 산업자본 간에 벽을 치는 것. 대기업 등 산업자본이 금융산업을 지배하는 것을 막기 위해 1982년 도입되었다. 은행법은 산업자본이 은행의 의결권 있는 주식을 4% 이상 가지지 못하도록 하고 있다.

금융산업을 일으키려면 국민적 자질과 전문인력이 필요하다. 우리 민족은 타고난 금융 DNA가 있다. 선물先物·옵션시장은 우리가 (세계 2등과의 1,020배 격차를 두고) 세계 1등이다. 금융전문인력은 육성과 수입을 병행해야 한다.[141]

(6) 소극적·물질적 사후복지 대신 물심양면의 적극적 복지

중도개혁주의는 '소모적·사후적·소극적 복지체계'의 시혜적 '복지국가(welfare state)' 이념을 청산하고 사전복지(예방적 복지)·사후복지, 찾아가는 적극적 복지, 물질적 생계복지, (독거노인 방문·사교서비스를 제공하는 자원봉사에 대한 지원, 사기피해·범죄예방교육 등의) 비물질적 서비스복지, 도서관·지식강좌·레크레이션·오락·유흥 등 문화적·지식적·정신적 복지 등 인간생활 전반의 결속을 메워주는 '포괄적 복지' 체계를 완비해 거의 모든 국민이 물심양면으로 잘사는 '중산층강국'으로서의 행복국가(well-being state) 창조를 추구한다.[142]

서구의 '복지국가(welfare state)'는 '시혜적·소모적·사후적·소극적 복지체계'를 완벽하게 구축해 한 때 세계적 모델 노릇을 했으나 근로의욕과 학습의욕을 잃게 만드는 복지병과 도덕적 해이를 야기하고 복지관청의 권위주위적 온정주의와 소극적 행정으로 인해 방치되거나 복지수급을 거부하는 '신新빈곤층'을 산출하고 기업의 투자의욕과 고소득자의 근로

---

141) 전문인력을 육성할 기반을 마련하기 위해서는 외국계 은행도 이사의 절반 이상을 한국인으로 쓰도록 하는 제도를 만들어야 한다. 미국은 은행임원의 자격으로 미국국적만이 아니라 반경 몇 km 안에 몇 년 이상 살아야 한다는 거주지 요건까지 요구하고 있다.
142) "The Joy of Economics", *Newsweek* (May 7. 2007.), 42. 행복국가의 관점에서는 '복지국가'를 대체하려는 기든스의 '적극적 복지사회'나 '사회투자국가' 개념도 기능적인 것으로서 오늘날 매우 미흡한 것이다. 기든스의 '적극적 복지사회'나 '사회투자국가' 개념에 관해서는 참조: Giddens, *The Third Way*, 111128쪽.

의욕을 떨어뜨리는 누진적 중과세의 폐해와 정부와 건강·연금보험기관의 누적적 재정적자를 초래해 위기에 봉착했다.

이에 반해 '포괄적 복지정책'은 전통적이고 새로운 노동능력 개발과 근로의욕 진작에 적극 투자해 실업을 해소, 방지하고 근린공원과 운동시설 설치, 무료보건상담, 카운셀링 확대 등 보건환경정책을 강화해 질병을 미리 방지하고 도움이 꼭 필요한 복지수요자를 발굴하고 능동적으로 찾아가고 지속적으로 살피는 능동적 복지행정을 전개하는 기회창출적·예방적·적극적·정신적·봉사적(서비스적) 복지정책이다. 이를 통해 물질적·비물질적·정신적 배려를 모두 망라하는 '포괄적 복지' 체제를 구축하고, 이 포괄적 복지노선으로 중산층을 재건하고 서민을 중산층화해 중산층강국을 건설해 국민 모두가 물심양면으로 잘사는 행복국가를 지향한다. 이 '신新복지·행복국가' 이념에서는 의식주의 물량만이 아니라 육체적·정신적으로 넉넉하고 건강하며 안전하고 정의로운 개인적·공동체적 삶의 '행복'이 초점이다. 이 '신복지국가'의 관점에서는 물질적 풍요나 노동시간 단축만이 중요한 것이 아니다. '신복지국가'는 노동과 가족에 근거한 낡은 물질적 복지국가가 아니라, IT·AI 산업혁명과 더불어 사라지는 노동과 해체되는 가족의 범주를 초월하여 국민의 기본소득, 비물질적·정신적 복지, 1주일 3-4일 여가시간 등을 보장하는 신형 복지국가다. 이 '신복지국가'의 관점에서는 보람차게 열심히 일할 수 있는 일거리와 안정적이고 안전한 일자리가 중요하고, 보건상 안전한 건축자재로 지어진 주택, 층간소음 없는 아파트, 강자의 범죄에 대한 정의로운 처벌, 건강을 위한 보건운동, 맛있고 안전한 먹거리, 정부행정의 속도, '삶의 공간'으로의 한강漢江의 복원과 접근가능성의 제고 등도 중요한 것이 된다. 즉, GDP만이 아니라 이제 행복지수가 중요한 정책기준이 되는 것이다.

한국의 행복지수는 유엔 산하 자문기구 지속가능해법네트워크(SDSN)의 156개국을 조사해 발표한 '2018 세계행복보고서'에 따르면 행복지수가 10점 만점에 5.838을 얻어 57위였다. (참고로 1위는 핀란드, 2위는 노르웨이, 덴마크, 스위스 순이고, 독일은 15위, 미국은 18위, 싱가포르, 34위, 일본은 54위, 중국은 86위다.) '2019 세계행복보고서'에 따르면, 한국의 행복지수는 5.895로서 54위로 반등했다. 일본은 58위로 한국보다 뒤로 밀렸고, 중국은 93위로 추락했다. 그래도 한국은 행복국가의 기준으로 보면 선진국보다는 후진국에 가까운 실정이다. 그러나 일정수준의 물질적 풍요에 도달한 우리나라 국민의 행복욕구는 '운동'과 '건강방송코너', '웰빙'이라는 말과 '웰빙음식'이 확산된 것을 통해 알 수 있듯이 폭발하고 있다. 이 실정과 국민요구 사이의 엄청난 갭에 국가가 시급히 해야 할 일이 있다.

신복지국가 창조를 위해 요청되는 정치는 복지국가건설 시대의 '계급정치'도 아니고 세기말 환경위기·평화위협 시대의 '생활정치'도 아니다. 시대의 요청은 행복경제(well-beings or happiness economics)와 행복정치(well-being or happiness politics)이다. 영국의 신노동당은 이미 2001년 이래 행복개념에 편승해왔고, 영국 노동당정부는 한때 행복정책을 전담할 '화이트홀 행복정책그룹(WWW: Whitehall Well-being Working Group)'을 설치하고, 행복문제 전공인 노동당 경제전문가 블랜치플라워(David Blanchflower)를 잉글랜드은행(Bank of England) 자문위원으로 임명했다. GDP와 함께 GNW(Gross National Well-being: 국민총행복) 지수를 제고하려는 행복경제와 행복정치를 본격화하기 위해서다. 행복경제학과 행복정치 개념은, 세계화의 혼돈에 맞서는 방법을 제공해 주기 때문에,[143] 이미 오스트레일리아, 미국 등 중도개혁진영으로 확산하였고 나

---

143) Rana Foroohar, "The Joy of Economics", *Newsweek* (May 7. 2007.), 423.

아가 세계 보수진영으로도 확산하였었다. 영국 보수당 당수 데이비드 캐머론(David Cameron)도 행복경제와 행복정치 개념을 수용해 "오늘날 우리는 사회적 번영으로 가는 트랙, 즉 행복의 열망에 응하는 트랙 위에 우리를 마치 혁명적으로 되 밀어 넣어야 할 필요"가 있고 "우리의 삶에 의미를 주는 사회적, 문화적, 도덕적 요소들을 재조직함"으로써 "우리의 정력을 GNW에 다시 집중시킬 필요가 있다"고 말한다.[144] 미래는 행복경제·행복정치의 시대다. '행복정치'는 다른 근대헌법과 더불어 대한민국 헌법이 이상적理想的 취지에서 헌법의 궁극목적으로 명시한 행복과 행복추구권을[145] 단순한 '수사修辭'로 방치하지 않고 역사상 최초로 정책적으로 구현하려는 것이다. 말하자면 '신복지·행복정치'란 노동과 빈부, 결혼과 가족, 부모와 자녀, 건설과 교통, 건강과 환경, 음식과 레저·스포츠, 소통과 문화, 국적과 사회정의, 자유와 인권, 도덕과 윤리 등 모든 전통적 이슈와 새로운 이슈들을 GNW의 관점에서 다시 고찰하고 이를 제고할 정책을 수립·집행하는 정치이다.

신복지로서의 행복은 정부가 본질적이고 내면적인 차원에까지 간섭해 들어갈 수 없을 정도로 개인적이고 사적인 측면이 있다. 따라서 사람들을 자유롭게 혼자 놓아두는 것이 가장 잘 행복을 촉진시키는 정책이라고도 말할 수 있다. 그러나 "우리는, 개인들이 행복추구를 잘할 수 있도록 정부가 해줄 수 있는 많은 일들이 있다는 말에도 역시 동의한다. 행복이 아주 사적인 것인 반면, 사람이 행복하거나 불행할 때 보통 뭔가

---

144) David Cameron, "Aristotle Got It Right", *Newsweek* (May 7. 2007.), 445.
145) 우리 헌법 전문(前文)은 "우리들과 우리들의 자손의 안전과 자유와 행복을 영원히 확보할 것"을 다짐하고, 헌법 제10조에는 모든 국민은 "행복을 추구할 권리를 가진다"라고 명문화하고 또 제34조에는 "모든 국민은 인간다운 생활을 할 권리를 가진다", 그리고 "국가는 사회보장·사회복지의 증진에 노력할 의무를 진다"고 명시하고 있다. 우리 헌법도 이 점에서 다른 근대헌법과 마찬가지로 '행복론적 헌법(eudemonistic constitution)'의 성격을 띠고 있다.

를 말해주는 징표가 있다. 그리고 누군가를 행복하게 만들어주는 많은 것들은 대부분의 다른 사람들도 역시 행복하게 만들어줄 것이다. (…) 그러므로 인간 사이에 많은 공통성이 존재한다는 것은 의심할 바 없다." 자신들의 생명이나 사랑하는 사람들의 생명이 위험에 처할 때, 직업이 불안전할 때, 불확실한 미래에 직면할 때, 개인적 자유가 제한될 때, 불공정하게 대우받을 때, 자신이나 자신의 사랑하는 사람이 아파도 의료조치를 받지 못할 때, 사람들은 걱정하고 비참하게 느낀다. 많은 공공정책은 다양한 예방조치와 제도적 장치를 통해 이러한 걱정을 줄이는 것, 전염병의 위협을 줄이는 것, 자연재해의 위협, 범죄의 위협을 줄이는 것, 육해공로의 여행안전을 높이는 것, 산재의 위험을 줄이는 것 등과 관련되어 있다. "사람들은 다양한 가능화 조치와 제도(various enabling measures and institutions)를 통해 자신들의 꿈을 더 잘 추구할 수 있다면 더 행복하게 느낀다. (…) 환경이 존재한다면 인간 내부의 잠재력은 밖으로 실현되고 개인은 생산적이고 보람찬 삶을 영위한다. 가능화 조치와 제도들은 좋은 교육, 더 나은 교통통신시설, 효과적인 법질서 유지를 통한 위해危害의 방지, 문화·레크리에이션·스포츠 프로그램의 정부지원, 이자율·환율안정·물가안정 등의 보다 안정적인 거시경제적 환경 등과 같은 것들을 포함한다."[146]

(7) 효율적·능동적·활동가적 정부

중도개혁주의는 정부의 규모(size)를 키우고 줄이는 데 초점을 맞추는 것이 아니라, 정부의 효율성과 능동적 활동성에 초점을 맞춰 정부개혁

---

[146] YewKwang Ng & Lok Sang Ho, "Introduction". YewKwang Ng & Lok Sang Ho, *Happiness and Public Policy. Theory, Case Studies and Implications* (New York: Palgrave MacMillan, 2006), 23.

을 단행한다.

　만인에게 기회를 제공하면서 건전재정을 견지하고 재무책임성을 보장하는 해법들을 개발하기 위해 민간 섹터와 협력하는 능동적 정부(active government) 또는 효율적·활동가적 정부(effective and activist government)가[147] 해답이다. 구좌파가 그랬듯이 정부를 더 크게 만들거나 뉴라이트가 그랬듯이 정부를 사라질 듯 작게 만든 것으로는 전지구적 경쟁경제에 대등할 수 없다.[148] 프롬은 말한다. "정부의 규모와 역할에 대한 낡은 좌우파적 주장을 뜯어보자. 많은 좌파들이 제시하듯이 정부를 더 크게, 더 강하게, 그리고 더 중앙집권적으로 만들어서는 급변하는 세계경제 안에서 미국인들에게 경제안보를 보장할 수 없다. 더구나 많은 우파들이 요구하듯이 정부를 사라지게 만들어서는 미국인에게 기회를 창출해주거나 이들을 차별로부터 방어할 수 없다. 분명해지는 것은 이 문제에 대한 해법이 제3의 길에서 나와야 한다는 것이다." 정부혁신 문제에는 '제3의 길'의 기본가치로부터 접근해야 한다. "제3의 길은 우리 대부분이 공유하는 가치들, 즉 일, 가족, 개인책임, 개인자유, 신앙, 관용에 근거한다. 그것은 크고 중앙집권화된 정부에 대한 좌파의 옹호와 정부해체에 대한 우파의 요구에 대한 대안이다. 제3의 길의 정부는 자기 공동체 안에서 자신의 문제들을 해결하는 데 필요한 도구들을 시민들에게 제공해줌으로써 결과물을 보장해주기보다 기회를 창출해준다."[149]

　정부권력의 효율화·민주화와 국가균형발전을 위해서 추가로 반드시 필요한 것은 분권이다. 지방과 중앙, 국회와 대통령 간에 정부의 권한을 균형 있게 재분배하는 것은 이제 중앙과 지방의 불균형 시정과 지방발

---

147) 「1992년 민주당 선거강령」, 145쪽.
148) Penn, "The Decisive Center" (2000), 185쪽.
149) From, "Understanding the Third Way", 407쪽.

전, 그리고 제왕적 대통령의 업무경감 및 민주화와 의회주의적 책임정치의 강화를 위해 필수적이다. 이를 위해서는 정부기관의 지역적 분산배치보다 조세권, 인허가권 등 실제적 권한을 지방자치단체로 이양하는 실질적인 지방분권화로 지방자치를 균형 있게 강화하는 것이 중요하고, 정부권력을 집중시키고 있는 현행 대통령제의 제왕적 권력을 대통령과 국회(총리)로 나누는 분권형대통령제 개헌이 불가피하다.

(8) 세계주의 외교와 저항적 민족주의의 동치추구

중도개혁주의는 국내외에서 인도주의와 민주주의의 인류보편적 가치규범과 한국의 국익을 지키고 촉진하는 세계주의적·국제주의적 대외정책을 지향한다.

모든 시장이 세계시장으로 통합되고 재외국민과 국내외국인·국제이주민이 급증하는 세계화 시대에는 국내외에서 국익을 지키고 건전한 외자 유치를 극대화하는 데 각별한 노력을 기울여야 한다. 좌우극단세력이 전통적으로 주창해온 '반외세 민족주의'와 이들이 새로이 제기하는 '반反세계화 고립주의'는 국익과 인도에 반反하는 시대착오적 이념이다. 외국인 배우자와 외국인노동자에 대해 세계주의적 인류애를 함양하고 이에 입각해 외국인과 국제이주민을 대하고, 세계주의적 자세에서 한미FTA에 이어 아태제국들과 FTA를 다각적으로 확대하는 '국제주의적' 대외정책을 펼쳐야 한다.

그러나 19-20세기에도 제국주의와 투쟁하는 '저항적 (반외세) 민족주의'는 중요한 정치노선이다. 특히 서유럽에서 네오나치스의 발호와 일본에서 신新제국주의 움직임이 강력해진 오늘날과 미래에 한국은 '저항적 민족주의'를 고취하고 견결히 고수해야만 "3·1운동으로 건립된 대한

민국임시정부의 법통"을 계승한 반일독립국가 대한민국의 국기國基를 지킬 수 있다. 따라서 신제국주의적 움직임을 보이고 있고 그럴 개연성이 없지 않은 중국과 일본에 대해서는 줄곧 경계하고 저항적 민족주의를 언제나 예열豫熱해 두어야 할 것이다.

하지만 이 저항적 민족주의를 대對중국·대일본 경제관계에까지 확대해서는 아니 될 것이다. 경제관계에도 확대하는 것은 국익을 해치는 영역혼동이다. 또한 수많은 아태지역 약소민족들에 대해서까지도 저항적 민족주의를 확대해서는 아니 될 것이다. 이런 소국들에 대해서까지 정치적·경제적으로 반외세 자세를 취한다면, 이것은 대상 착오일 것이다. 이것은 아시아와 환태평양이 세계사의 중심이 된 '아시아중심 태평양시대'에 아태지역을 무대로 활동하는 우리나라 국민과 기업에 해로운 영향을 끼쳐 '프런티어국가' 비전의 구현을 어렵게 할 것이다.

오늘날 우리나라 같은 태평양연안沿岸의 반도국가가 프런티어강국으로 발전하려면 많은 인구와 넓은 영토가 아니라 지식정보·문화산업·금융산업의 고도화와 함께 세계주의적 프런티어의식이 필요하다. 우리 국민은 제4차 산업혁명과 21세기 '두뇌국가(brain state)' 시대에 IQ 세계 1위의 두뇌능력을 바탕으로 '아시아중심 세계화' 시대에 아태전역의 한상네트워크와 한류경제문화권을 더욱 확대, 강화해야 한다. 또한 지식·문화개발과 교육개발에 반도강국 도약의 승부를 걸고 아시아 영재들을 불러 모으고 가르치는 '아시아의 교육문화중심'으로 발돋움해 하루빨리 한상네트와 한류문화산업의 국제적 기반을 깔고 강화해야 한다. 이러려면 세계주의 정신과 국제주의적 외교노선이 필수적이다. 우리나라는 아태 전역의 두뇌들을 불러오고 받아들여 가르침으로써 아태지역의 제諸민족과 더불어 번영하는 아태 프런티어의 교육·문화강국으로 발전하는 세계주의적 국가전략을 수립, 시행해야 한다.

세계주의 원칙에도 불구하고 세계화의 부작용을 최소화하려는 국내적 조치마저 부인되는 것은 아니다. 세계화시대에도 '나'와 '우리'가 소실消失되는 것이 아니기 때문이다. 오히려 인류보편적 가치가 강조될수록 개인과 일국의 독특한 개성個性도 강조된다. 따라서 우리나라의 국익과 우리 기업의 이익을 지키기 위한 가령 '최소한의 적대적 M&A방어조치'와 같은 기업경영권 보호정책을 취하는 것은 세계주의 원칙에 결코 반하지 않는다.

(9) 평화민족주의와 통일민족주의 노선의 대북정책

분단한국의 중도개혁주의는 세계주의를 지향함과 동시에 평화민족주의와 통일민족주의를 표방한다.

중도개혁주의는 민족주의를 넘어 세계주의를 옹호함에도 불구하고 분단국가의 상존하는 무력갈등 위험과 분단의 고통을 완화하고 극복하려는 절박한 필요에서 평화민족주의와 통일민족주의를 적극 표방하고 이에 대한 국제적 지지의 확보를 위해 노력한다. '민족평화'와 '민족통일'을 지향하는 평화·통일민족주의는 동족 간의 무장 적대와 분단 질곡을 완화하는 방향에서 커다란 진보적 역할을 하고 있다. 1955년 이래 평화민족주의와 통일민족주의를 구현해 온 한국 중도개혁세력의 50년 전통 남북평화교류·평화통일 노선은 안보지상주의적 '시대착오적 반공·반북反北' 노선과 통일지상주의적 '친북·종북從北' 노선 사이의 '중도' 노선, 즉 북한을 선하게 만들어 북과 선린하려는 선북善北정책과, 북한을 바로잡는 정북正北정책을 동시에 추진함으로써 북한으로 하여금 국제사회에 진입하도록 돕고 결국 종남從南하도록 만드는 선북善北·정북正北노선이다. 공자는 "정사는 바로잡는 것이다(政者正也)"고 말했다.

이 명제는 대북정책에도 타당하다. 튼튼한 안보의 바탕 위에서 남북화해협력을 추진하는 대북포용정책(policy for Including the North Korea)은 반북과 종북을 둘 다 거부하는 중도개혁주의적 선북·정북 노선으로부터 도출되는 당연한 정책이다.

(10) 성찰적·공리적公理的 보수주의

중도개혁주의는 수구·극우보수주의를 반대하고 개혁주의를 옹호함에도 성찰적·공리적公理的 보수주의를 예외로서 인용認容한다.

자연스런 초역사적 정당성을 갖는 ① 가족, ② 생명윤리, ③ 미풍양속과 전통, ④ 역사와 문화, ⑤ 자연 등을 보전하고 육성하기 위해서는 성찰적 보수주의(philosophic conservatism)가 필수적이다.[150] 성찰적 보수주의는 무분별한 개발주의와 실험적 급진주의의 역사적 파탄에 대한 반성과 성찰 차원에서 인간의 자연스런 토대질서(자연, 생명, 가족, 전통, 문화, 역사)를 좀 더 사려 깊게 성찰하고 보호하는 '지혜로운' 보수주의이다. 환경보전과 '자연육성(nature culturing)', (생명질서를 지키는) 윤리적 과학정책, 가족관계와 가족윤리의 '민주적 재건', 아름다운 전통과 역사문화유산의 복원과 보전 등을 위한 성찰적 보수주의 관점의 노력은 오늘날 보수세력의 과업만이 아니라 중도개혁세력의 과업이기도 한 것이다. 바로 이런 점에서 중도개혁주의는 '개혁적 중도보수주의'와 상통한다.

'정당한 기득권'의 수호와 국가안보를 위해서는 보수주의가 '자명한 공리公理'다. '공리적 보수주의(axiomatic conservatism)'는 (서구 공산당이나 구좌·우파세력조차도 가령 민주선거로 얻은 자신들의 정당한 기득권과 성과

---

[150] Anthony Giddens, *The Third Way* (Cambridge: Polity Press, 1998), 678.

를 포기하지 않는 것처럼) 이데올로기와 정파를 초월해 '공리公理'로서 전제되는 '정당한 기득권'의 보호와, 어떠한 실험적 사고도 허용치 않는 특수과업으로서의 '100만분의 1'의 위험성이 있는 만일의 사태에도 대비하는 '포괄안보(comprehensive security)체제' 구축을 위한 '자명한' 보수주의다. 안보문제에 대한 접근은 사리 상 보수적이면 보수적일수록 이성적理性的인 것이다. 특히 국가안보 개념이 군사·외교·외환·자본시장·산업정보·사회·보건·환경·해킹보안 분야 등 거의 전분야로 확대된 오늘날의 '포괄안보 시대'에는 더욱 그렇다.

정당한 기득권과 진보적 개혁 성과의 보수와 포괄안보 체제 구축 등을 위한 공리적 보수주의 관점의 노력은 오늘날 보수세력의 과업일 뿐만 아니라 중도개혁세력의 과업이기도 한 것이다. 또한 민족적 리더십이 각각 대한민국과 조선민주주의인민공화국을 중심으로 매일 경쟁하는 분단국가에서 대한민국 한쪽의 민족적 리더십과 국체國體를 보존하기 위한 국가보안법 같은 특수한 안보관련법은 공리적 보수주의 자세로 신중히 접근해야 한다. 국보법은 흔히 주장하듯이 내란죄나 간첩죄로 대체되거나 폐지될 수 없는 것이다. 공리적 보수주의에서 중도의 길은 인권 관점에서 국보법을 정교하게 손질하는 실효적 '법개정'이나 '다른 국보법으로의 대체입법'일 것이다. 하지만 국보법은 그간 6차의 개선을 통해 인권침해 없는 법으로 변해서 현안으로서 의미를 잃었다. 오히려 일제식민통치를 옹호하고 신新일본제국주의에 내응해 헌법전문에 명시된 반일독립국가 대한민국의 국기를 흔드는 작금의 부왜附倭역적들을 처벌하는 데 현재의 국가보안법을 적용할 수 있는지를 검토하고 여의치 않으면 부왜노附倭奴처벌 특별법을 제정하는 것이 급무急務다.

한국의 국가비전과 국가전략: 프런티어국가로서의 반도강국

▌아시아중심 태평양시대와 프런티어국가

21세기는 단순히 '아시아·태평양시대'가 아니라 아시아가 과거에 누렸던 세계문명의 중심지위를 회복하는 '아시아중심 태평양시대'다. 프리스토위츠(Clyde Prestowitz)는 이를 '부와 권력의 동쪽으로의 대이동(*Great Shift*)'이라고 부르고,[151] 토플러 부부는 이를 '대순환(*the Great Circle*)'이라고 부른다.[152] 한국·중국·일본·싱가포르·대만·인도 등 아시아 6개국의 GDP 합계(2005년)가 유럽연합 25개국 전체 GDP와 맞먹고 미국 GDP에 육박하는 상황이다.

---

151) Clyde Prestowitz, *Three Billion New Capitalists. The Great Shift of Wealth and Power to the East* (New York: Basic Books, 2005). 『부와 권력의 대이동』(서울: 지식의 숲, 2006).
152) Alvin Toffler and Heidi Toffler, Revolutionary Wealth (New York: Curtis Brown, 2006). 『부의 미래』(서울: 청림출판사, 2006), 105쪽 이하.

주지하다시피, 아태지역의 요충에 위치한 우리나라는 아태 통상강국으로 발전할 수 있는 지정학적 이점과 물류인프라를 갖추고 있다. 우리는 미국·일본·중국·러시아 등 세계 4대 경제권과 연계되고, 3시간 이내 비행거리에 100만 명 이상 도시를 43개나 가지고 있으며, 최첨단 인천공항, 부산신항, 고속철도 등 육해공 물류인프라를 고루 갖추고 있다. 북한을 관통해 시베리아와 철도를 연결시킬 수만 있다면 한국은 유라시아와 태평양을 연결하는 '철의 실크로드'의 중심지점에 있게 된다.

기든스는, 흔히 '국경 없는 시대'로 얘기되는 세계화시대는 실은 국경(border)이 없어지는 것이 아니라, '프런티어(frontier)'로 변하는 시대라고 갈파한 바 있다.[153] '국경'이 '프런티어'로 변하는 원인과 이유는 얽히고설킨 온갖 지역적 유대와 연대의 강화, 국가들의 여러 국제기구 참여, 하드파워·소프트파워 강국들의 경제적·문화적 영향력의 초국가적 확산, 인구의 세계적 이동, 국제적 상호방문과 국제여행의 폭발적 증가 등이다. '프런티어'는 기존 영토를 거점으로 국가역량에 따라 외부세계로 끊임없이 확대되는 '유동적인' 개척공간이자 분야별 '유사영토'로서의 활동무대. 세계는 군사·정치와 경제에서는 미국의 프런티어이고, 농업·원예 분야는 네덜란드의 프런티어이다. 이 때문에 미국을 비롯한 초강대국들조차도 한반도의 1/5밖에 되지 않는 소국小國 네덜란드에 육종·원예 분야에서 '유사조공(로열티)'을 바치고 있는 것이다. 사람과 물건의 출입을 엄중 통제하는 '국경'으로 닫힌 '영토국가(territorial state)'는 국경을 넘어 프런티어를 개척하고 확장하며 국외로 뻗어 가는 열린 '프런티어국가(frontier state)'로 변하고 있는 것이다.

---

153) Giddens, *The Third Way*, 130쪽.

프런티어 강국의 개념

 정보화와 세계화를 적극적으로 추진해온 민주당은 '동북아중심국가'니, '동북아시대'니 하는 협소한 동북아의식을 타파하고, 산업화시대의 도로·운하건설·토목사업과 공단건설로 상징되는 대량생산의 물량적 발전모델을 뛰어넘고 반도에 갇혀 제 땅만 파는 내부지향적 개발단계를 넘어서야 한다. 이제 정보화·지식화, 소형화·경량화·소량화·다양화, 문화화·미학화 및 인간·사회·문화·환경개발로 질적·탈脫물량적 발전을 이룩하고 이를 기반으로 과감하게 광대무변의 아태 프런티어로 뻗어나가는 외부지향적 발전에 노력을 집중해야 한다. '대북포용정책'의 끈기 있는 추진으로 유라시아와 태평양을 잇는 '철의 실크로드'를 개척해야 한다. 그리하여 반도를 거점으로 세계화의 파도를 타고 넘어 아태세계를 우리의 활동무대로 만들어야 한다.

 이미 개척정신이 있는 산업역군들과 문화창조 선도先導집단, 그리고 해외동포들은 지금 세계최강의 IT산업과 지식기반 철강·조선·자동차·제조업 및 지식·문화·관광산업을 주축으로 세계적 한류韓流·한상韓商네트워크를 확장, 강화해 나가고 있다. 삼성전자-반도체, 현대자동차, 포항제철, 7대 조선업체, K-필름, K-드라마, K팝, K-푸드, K-뷰티 등 K-컬처의 글로벌 확산으로서의 '한류' 등은 대한민국의 힘찬 질적·대외적 발전의 상징이다. 우리국민에게는 이미 아태전역을 우리의 '경제·문화적' 프런티어로, 대한민국의 유사영토로 만들 수 있는 저력이 있다. 중도개혁세력은 이 저력을 적극 활용해 한국을 발전시킴으로써 조지프 나이(Joseph S. Nye)의 말대로 하드파워(hard power)와 소프트파워(soft power)를 겸비한 스마트파워(smart power)로서의[154] '반도강국'을 건설해 아태

---

154) Joseph S. Nye, Jr., *Soft Power: The Means to Success in World Politics* (New York, NY:

亞太프런티어·반도강국(APFPP: Asian-Pacific Frontier Peninsular Power)으로 올라서야 한다. 아태프런티어강국(*Asian-Pacific frontier power*)과 반도강국(*peninsular power*)은 상관관계 속에서 형성된다. '아태프런티어강국'이란 대내적으로 세계최강의 지식정보·문화산업과 금융산업을 건설하고, 대외적으로는 아시아와 태평양지역에서 영향력을 공고히 하고 아태 평화공영에 기여하며 아태제민족의 문화적 애착과 호감을 확보함으로써 광대무변의 아태전역을 '유사영토'로 개척, 확보한 반도강국이다. 경제활동인구가 비경제활동인구보다 적어지는 2030년 이전에 우리나라를 프런티어강국으로 발전시켜야만 한다. 2024년 초부터 계산하면 향후 7년이 프런티어강국으로 가는 문턱을 넘을 수 있는 유일한 기회이다.

▌반도세력과 반도강국의 지정학적 개념

우리나라가 아태전역을 '유사영토'로 확보한 아태프런티어강국이 되려면 우선 초강대국들에 둘러싸인 반도국가의 지정학적 특성에 합당한 지혜로운 외교안보철학을 갖추어야 한다. 대륙세력과 해양세력의 각축 속에 들어있는 반도국가로서 우리나라는 우리의 주체적 역량에 따라 '천혜의 땅'이 '수난의 땅'으로 뒤바뀌고 반대로 '수난의 땅'이 '천혜의 땅'으로 바뀌는 상반된 지정학적 발전법칙에 의해 규제되어 왔다.

반도국가가 강국이 되면, 한반도는 대륙세력의 남하南下와 해양세력의 북상北上을 완충할 수 있는 제3의 '반도세력'으로 부상해 항구적 역내평화를 조성하고 대륙과 해양 양쪽으로 뻗어나가며 대번영을 구가하는 천혜의 땅이 된다. 반면, 반도국가가 약해지면 반도는 완충능력과 항

PublicAffairs, 2004).

구적 평화조성 능력을 잃고 오히려 전쟁을 부르는 요충지의 '전리품'으로 굴러떨어져 양쪽에서 침략을 받고 강점·분할당하는 수난의 땅이 된다. 이러면 동북아와 아태 지역도 전체가 전장戰場으로 전락한다. 이런 까닭에 120여 년 전 청淸나라 외교관 황준헌黃遵憲이 일찍이 "조선 일토一土는 실로 아시아의 요충에 거하는지라 지형이 승한 곳이 되어 반드시 싸우게 되니 조선이 위태로우면 동양 중심부의 정세가 날로 절박해지게 된다(朝鮮一土 實居亞細亞要衝 爲形勝之所 必爭 朝鮮危則中東之勢 日亟)"라고 갈파한 바 있다.[155] 지난 100년 동안 우리가 안팎에서 겪은 여섯 차례의 대전란(갑오왜란, 청일전쟁, 갑진왜란, 러일전쟁, 중일·태평양전쟁, 한국전쟁)과 일제강점, 그리고 지금도 계속되는 민족분단은 반도의 이 지정학적 법칙을 웅변으로 증명해 준다.

그러나 우리나라가 협소한 동북아를 탈피해 아시아·태평양지역으로 뻗어나가 번영하는 반도강국으로 올라선다면, 우리는 완충능력을 극대화해 전쟁위험을 종식시키고 아태지역의 평화공영에 이바지할 수 있다. 반도는 지금 '수난의 땅'에서 '천혜의 땅'으로 바뀌는 과도기에 있다. 우리가 한 번 더 분발해 1인당 GDP 5-6만 달러의 부강한 '반도강국'으로 도약한다면, 우리나라는 (멀리 떨어져 있는 미국의 방조 아래) 대륙세력에게 해양세력의 북상을, 해양세력에게는 대륙세력의 남하를 막아주는 '반도세력'으로 지위를 굳히고 두 세력의 정면충돌을 완충해주는 완충국가(buffer state) 역할을 수행해 대륙·해양·반도세력 간의 안정적 세력균형을 정립鼎立하고 아태 역내의 항구적 평화안보체제를 확립할수 있다.

완충국가로서의 반도강국은 반드시 하드파워와 소프트파워를 겸비한 국력을 갖춰야 한다. 한국의 하드파워로서의 국방력은 현재 세계 6

---

155) 黃遵憲, 『朝鮮策略』(1882, 서울: 건국대학교출판부, 2001), 3쪽.

위의 군사강국 수준에 도달했고, 한국 소프트파워의 급성장은 문화예술에서 경제적 기술제품에 이르기까지 세계를 누비는 '한류'로서 입증되고 있다. 앞으로 조금만 더 노력한다면 한국은 세계정상 수준의 하드파워와 소프트파워를 겸비한 반도강국으로 올라서 그 영향력을 광대무변의 대륙과 해양의 양방향으로 뻗치고 반도를 중심으로 양대세력을 완충하는 3극정립을 이룰 수 있다.

3극정립의 세력균형체제에서 우리나라는 동북아와 아태지역의 역내 평화유지와 대륙·해양세력의 국방안보에 기여하는 완충역할을 대가로 양쪽으로부터 정치외교적 지원을 받아 남북평화조약과 민족의 평화공존, 또는 남북간 민족번영동맹, 나아가 평화통일을 이룩하는 길을 뚫을 수 있다. 통일 후에는 더욱 강력하고 안정적인 완충국이 되어 역내의 항구평화를 더욱 확고히 보장해 줄 수 있을 것이다.

우리나라가 강력하고 안정적인 완충국 노릇을 하려면 강국이 되어야 하되, 직접적으로는 주변국의 침략에 대해 스스로를 방위하고 주변국들의 충돌을 완충할 수준의 튼튼한 군사적 자위·완충능력을 갖춰야 한다. 이 군사적 국방력은 현재 주로 직접적인 대북억지력으로서만 기능하지만 장차 통일 이후에는 스스로를 지키고 아태지역의 항구평화를 보장하는 자위·완충력으로 기능할 것이다.

▌ 프런티어·반도강국의 국가비전

오늘날 우리나라가 반도강국이 되려면 아태프런티어강국으로 발전해야 하고, 이러려면 강한 군사력과 넓은 영토가 아니라 세계주의적 프런티어의식 및 지식문화능력과 IT·문화산업·금융산업의 고도화가 필요하다. 우리 국민은 21세기 '두뇌국가' 시대에 IQ 세계 1위의 두뇌능력을

156) 개발하면 틀림없이 21세기 지식정보혁명 시대의 최대 승자가 될 수 있을 것이다. 이를 바탕으로 우리나라는 '아시아중심 세계화' 시대에 아태전역의 한상네트워크와 한류경제문화권을 더욱 확대·강화해 '아태프런티어·반도강국'으로 발전할 수 있다. 이 '아태프런티어·반도강국'으로 발전하기 위해서는 세계주의적 자세로 특히 지식·문화개발과 교육개발에 반도강국 도약의 승부를 걸고 아시아 영재들을 불러 모으고 가르치는 아시아의 교육문화중심으로 발돋움해 하루빨리 한상네트와 한류문화산업의 국제적 기반을 지원하고 강화해야 한다. 과거 미국은 '기회의 땅'으로 몰려든 세계의 두뇌를 가르치고 활용함으로써 초강대국으로 부상했다. 세계적으로 두뇌경쟁이 치열한 이때, 우리나라도 아태전역의 두뇌들을 받아들여 가르치고 활용하고 귀국시킴으로써 아태지역의 제諸민족과 더불어 번영하는 아태프런티어의 교육·문화강국으로 발전해야 할 것이다.

이제 한국이 배우고 모방할 소위 '선진국'은 없다. 서구제국과 일본은 우리에게 가르쳐주는 나라가 아니라 모두 경쟁국들이다. 이제 우리의 세계최고 두뇌로 세계 최고의 물건과 제도를 만들어내야 한다. 서구를 능가하는 독창적 방향으로 교육문화와 관련된 정책·제도를 일류화하고, 아태지역의 다양한 문화와 교류하고 그 장점을 배울 수 있도록 지식문화적 대외개방 풍토를 정착시켜야 한다. 또한 첨단과학기술 정책을 더욱 강화해 '5T입국'을 달성하는 한편, 문화산업과 문화경제를 전략분야로 육성해 우리나라 대도시들을 아시아문화산업의 거점도시로 발전

---

156) 국민의 IQ와 GDP의 긴밀한 상관관계를 조사한 영국 Richard Lynn 교수와 핀란드 Tatu Vahanen 교수의 공동연구(2002), 오스트리아 빈대학 메디컬 스쿨의 조사보고서(2003), 스위스 취리히대학 Thomas Volken 교수의 연구보고서(2004) 등 세 연구조사보고서는 공히 - 중국으로 반환된 홍콩(IQ 107)을 제외하면 - 한국 국민의 두뇌능력이 IQ 106으로서 전 세계에서 단독 1위인 것으로 보고하고 있다. 한국에 이어 일본(105), 독일·이태리(102), 중국·영국(100), 스페인(99), 미국·프랑스(98), 러시아(91) 등이 뒤따르고 있다.

시키고 한류문화의 확산과 연계해 관광산업을 더욱 발전시켜야 한다. 우리나라 문화경제와 문화산업의 정신문화적 인프라를 확충하기 위해 순수문화예술과 문사철文史哲 인문학을 더욱 강력히 진흥하고, 문화유산과 역사유적 발굴보존 및 역사상 최초의 각지역 방언 총람 나라말문화대사전 편찬 등 국어학·국학 및 전통문화 발전을 지원해야 한다. 그리해 일대 '지식·문화·교육혁명'을 일으켜야 한다. 따라서 앞으로는 이러한 문화·지식·교육혁명을 이끌 문화창조적 리더십이 요구된다.

대외적으로는 아태제국과의 우호선린 외교를 강화하고 철저한 내부준비를 바탕으로 아시아·환태평양국가들과 자유무역협정을 확대해나가야 한다. 나아가 정치사회이념을 중도화·유연화해 배타적이고 배외적인 '민족국가'의 의식 잔재를 극복하고 세계주의적 '포용' 역량을 키워야 할 것이다.

▌연미聯美·선린善隣외교의 중도적 견지

이를 위해 우리는 튼튼한 군사적 완충·자위능력을 갖춤과 동시에 동북아 반도국가에 특유한 중도적 외교안보철학을 확립해야만 한다. 무릇 국경을 맞댄 인방隣邦들보다 영토와 인구가 훨씬 작고 또 분단된 반도 국가는 대륙과 해양의 갈등을 완충하고 인접국들과 대등한 지위를 확보해 선린관계를 발전시키기 위해서는, 동아시아에 큰 관심을 가지고 있지만 우리의 영토를 탐할 수 없을 만큼 멀리 떨어져 있고 또 동시에 인접강대국을 움직일 만큼 초강력한 나라의 지원을 필요로 한다. 역사상 이런 까다로운 조건을 충족시킬 나라가 존재하기란 매우 드문 일이지만 다행히도 제2차 세계대전 이후부터 우리에게는 이 조건을 충족시키는 미국이 맹방으로 존재해 왔다. 지금까지 미국을 맹방으로 삼아

온 덕에 우리나라는 강대한 인방들에 무시당하지 않고 이 인방들과 선린관계를 발전시킬 수 있었다. 말하자면, 주변 인방들과의 선린관계의 성공과 안정은 미국과의 동맹을 뜻하는 '연미聯美', 즉 '한미동맹'을 전제하는 것이다.

이 대목에서 100년 전 대한제국의 외교를 되돌아보는 것은 큰 도움이 된다. 대한제국은 동북아 반도국가 특유의 이 '연미와 선린의 상관관계'를 절실하게 인식했지만, 먼로독트린을 취한 미국의 거부로 '연미'를 성사시키지 못했기 때문에 국망國亡의 비극을 면치 못했다.

당시 국제적 판세는 대변동 중에 있었다. 미국은 1890년대에 이미 종합국력(국민총생산) 면에서 세계 최강국으로 올라섰고[157] 1900년에는 제조업생산에서도 세계 1위로[158] 올라선 단계에 있었다. 영국은 최강국 지위를 잃었으나 미국 다음의 이등국가 지위를 견지하고 있었다. 조선은 1894년 청일전쟁 이후 주변 인방들의 노골적인 병탄야욕을 막으려면 어떻게든지 당시 세계 1·2위 최강국이었던 미국과 영국 가운데 하나를 동맹국으로 삼았어야 한다. 그러나 영국과 미국은 지리적으로 아득히 멀리 떨어진 한국에 큰 관심을 보이지 않았고 더구나 종교와 윤리가 다른 한국을 '맹방'으로 삼는 것에 대해서는 꿈도 꾸지 않았다. 그리해 조선과 대한제국은 일본의 야욕을 저지하기 위해 영·미의 공적共敵인 러시아라도 동맹국으로 선택할 수밖에 없었다.

그러나 러시아제국은 외양에 비해 골병이 든 나라로서 1900년대 초부터 사회주의혁명운동에 침윤되어 혁명적 내홍으로 대일對日전쟁도 제대로 치를 수 없었고, 곧 혁명물결 속에 침몰하고 말았다. 혁명운동

---

157) Stephen Krasner, "State Power and the Structure of International Trade", World Politics, 28:3, 1976.
158) Joseph S. Nye Jr., *Bound To Lead: The Changing Nature of World Power* (New York: Basic Books, 1990), 6068쪽.

속에서의 러시아제국의 급격한 쇠락과 러일전쟁 패배는 러시아와 사실상 동맹관계에 있던 대한제국의 동반몰락의 서막이었다.

반면, 미국과 영국은 러시아의 국력을 과대평가하고 여전히 러시아의 남하야욕을 지나치게 경계했다. 이런 까닭에 양국은 대륙세력 러시아의 조선 접근과 남하에 너무 크게 놀랐다. 이에 일본은 이런 불안에 처한 미국과 영국에 접근해 1902년 영국과 동맹을 맺고 1905년 필리핀과 한국을 맞교환하는 태프트-가츠라 밀약으로 미국의 암묵적 지원을 얻어내 1904년부터 혁명적 내홍으로 군사동원의 난관에 처한 러일전쟁으로 러시아를 제압하고 대한제국을 졸지에 막다른 궁지에 몰아넣었다가 미국과 영국, 그리고 러시아의 암묵적·명시적 승인을 얻어 대한제국을 병탄했다.

일찍이 1882년 시점에 황준헌이『조선책략』에서 미국이 "천하에서 가장 부강한 나라(天下首富之國)"임을 정확히 밝히고 '연미국聯美國(미국과의 동맹)'을 강력히 권고했지만,[159] 1882년부터 1896년까지 조선이 고립주의 노선을 걷는 미국을 설득해 '연미聯美'하는 것은 사실상 불가능한 일이었다. 또한 미국이 중국에 대해 문호개방을 요구하며 극동으로 제국주의적 진출을 하기 시작한 1898-1899년 이후에도 미국이 일본에게서 필리핀의 안전보장을 얻어내기 위해 일본으로 기울어지기 시작했기 때문에 한국이 미국을 설득해 '연미'를 성사시키는 것은 여전히 불가

---

159) 黃邊憲,『朝鮮策略』(1882), 7쪽. 당시 국제관계에 정통했던 황준헌은 미국을 영토 탐욕이 없는 '天下首富之國(천하에서 가장 부강한 나라)'으로 규정하고 있다: "曰美之爲國 分國施政 而合三十七邦 爲合衆國 統以統領 故得土不加廣隣 (…) 而其國尙多廣土 其土多産金銀 其人善於工商 爲天下首富之國 故得土不加富 其不貪人土地 不貪人人民 其人土地 此天下萬國之所共信者(미국의 국가성격은 나라를 나눠 시정하는데 37개 주를 합해 합중국을 이루고 통령으로 통치한다. 고로 땅을 얻어 이웃으로 더해 넓히지 않는다. [...] 그 나라는 오히려 광토가 많고 그 나라 땅에서는 금은이 많이 나오는 데다 사람들은 상공업을 잘해 천하에서 가장 부강한 나라가 되었다. 고로 땅을 얻어 부를 더하려 하지 않고 남의 토지를 탐하지 않고 남의 인민을 탐하지 않는다. 그 나라 사람, 그 나라 토지는 만국이 공히 믿는 바이다.).

능했다.

  당시 대한제국은 미국이 영국을 앞질러 세계최강국으로 떠오르고 러시아가 혁명적 붕괴를 향해 치닫고 있는 국제적 판세변화를 인식하지 못한 것도 아니고, 반도국가에 특유한 '원방遠邦동맹과 인방隣邦선린의 구조적 상관관계'에 대해 몰랐던 것도 아니었다. 이런 것들은 본능적으로 알 수밖에 없는 뻔한 사실들이었기 때문이다. 그러나 미국의 고립주의, 제국주의로 선회한 미국과 제국주의 국가 영국의 친일노선, 러시아제국의 러일전쟁 패전, 혁명적 쇠락과 자멸 등 당시의 국제적 여건은 연미의 동맹외교를 가로막고 대한제국과 러시아 간의 사실상의 동맹관계를 망가뜨려버렸다.

  이에 반해 일본은 러시아에 대한 과잉 공포에 빠진 영국에 접근해 '러시아남하 저지'라는 공동목표에서 1902년 영국을 동맹국으로 얻었을 뿐 아니라 1905년 7월에는 태프트-가쓰라밀약으로 미국제국주의의 협조를 확보했다. 영미와의 동맹·협력관계를 이렇게 겹겹이 확보한 해양세력 일본은 동북아 세력관계에서 허약한 반도세력과 '덩치만 큰 약골들'인 중국·러시아의 대륙세력에 대해 압도적으로 우세한 지위를 점했다. 이후 19045년 러일전쟁, 1905년 을사늑약, 1910년 대한제국병탄, 러시아혁명기 1918-24년 일본군의 시베리아강점, 1931년 만주사변, 1937-45년 중일전쟁 등으로 이어지는 반도국가 대한제국과 대륙세력 중국·러시아의 50년 수난은 이로써 이미 예정된 것이었다.

  오늘날도 만에 하나 우리가 원방인 미국과의 동맹을 단절하고 강대한 인방과 선린을 넘어 동맹을 맺는다면, 우리나라는 동맹한 인방에 위성국으로 종속당하고 다른 인방들과는 더 이상 선린할 수 없는 처지가 될 것이다. 인방과의 '동맹'이 불러들이는 반도국가 대한민국의 종속국화와 위성국화 위험은 '자주'와 '주체'를 국시로 삼는 북한이 영토문제 및 중국정부의 동북공정과 관련해 동맹국 중국에 한 마디 말도 못 하고 있는 사실에서 명증된다.

또는 주변국을 동맹국으로 삼지 않더라도 국제정치를 모르는 정치외교아마추어 학자들의 머릿속에서 흔히 떠도는 (결코 '반도국가'가 아니라 좁은 유럽대륙의 내륙국가인 스위스를[160] 흉내 낸) 어설픈 '중립화론'을 좇아 한미동맹관계를 단절하고 나라를 '중립화'하는 섣부른 짓을 저지른다면, 한국은 인방과의 선린의지가 아무리 충만하더라도 인방들에게 무시당할 것이고 그러다가 결국에는 대륙세력과 해양세력 가운데 우세한 쪽의 압박에 밀려 어느덧 중립의 허상은 날아가고 가장 강대한 인방에게 종속당하고 말 것이다. 국제정치적 상황이 이럼에도 집권초기 열린우리당 의원들 대다수는 중국의 '동북공정'이 알려지기 전까지 망조亡兆의 반미·친중親中 경향에 빠져 있었다. 노무현 대통령은 『코리아, 다시 기로에 서다』라는 비非전문 외교서적을 읽고 감탄한 뒤 정부의 주요

---

160) 스위스의 중립은 동북아로 옮겨놓을 수 없는 그 지역 특유의 조건에 기초한 것이다. ① 스위스는 반도국가가 아니라 좁은 유럽의 복판에 위치한 '내륙국가'이고 당연히 주변의 세력권은 대륙·해양을 포괄하는 반도주변의 세력권보다 훨씬 좁다. 경쟁하는 독불(獨佛)은 좁은 땅에서 국경을 맞댄 인방으로서 긴밀히 얽혀 유사한 방향과 속도로 발전해왔다. 따라서 양편의 발전격차 때문에 세력균형이 깨질 가능성이 아주 낮다. 반면, 한반도 주변의 세력권은 광대무변이라서 대륙·해양세력의 국제적 영향관계와 기후풍토가 너무 달라 늘 발전양상과 속도가 서로 크게 다르다(과거에는 중·러의 몰락에 대비되는 일본의 급성장, 지금은 중국의 급성장). 따라서 단기간에 양편의 세력격차가 커져 판세가 늘 요동치고 불안정하다. 고로 스위스의 중립은 안정적일 수 있는 반면, 한국의 '중립'은 인방에 의해 존중되기 어렵다. ② 영미는 독불을 균형잡고 EU는 독불경쟁을 협력으로 바꿔 관계를 안정시키는 반면, 구미각국 등 동북아의 역외세력들은 저들간의 경쟁관계를 옮겨와 대륙·해양간 세력관계를 오히려 불안정에 빠뜨린다. ③ 스위스 인구의 대다수(65%)가 독일계이기 때문에 스위스의 중립은 강한 독일의 힘을 덜어내는 것이므로 영·불·이태리 등 주요국가가 지지하지만, 한국의 중립은 동북아 어느 나라도 지지할 이유가 없다. 결국, 동맹 거부를 뜻하는 한국의 '중립' 지위는 유지될 수 없는 것이다. 한국은, 통일이 되더라도 각축을 완충하는 반도강국 수준을 넘는 인접강대국 수준의 초강국이 되지 않는 한에서, 맹방의 도움이 없으면 세력변화 속에서 가장 센 어느 인방에 종속되고 말 것이다. 따라서 통일이전이든 이후든 한국이 중립화한다면, 이는 실효성 없는 '중립'의 관념유희 속에서 – 영·미·불·이·중·일·러 등 세계 주요국가들이 다 동맹을 맺고 있는 마당에 – 스스로 동맹을 버리는 것으로서 우리의 행동반경만 좁히는 망국적 우행이다.

인사와 장군들에게 이 도서의 일독을 권한 바 있듯이 한국중립화론과 동북아조정자론의 자대自大정서에 빠진 상태였다.

진지하고 냉철한 실리타산에 기초한 실용적 '연미론聯美論'은 '천하수부지국天下首富之國(세계에서 가장 부강한 나라)' 미국의 힘을 이용해 우리의 독립과 국익을 지키고 선린과 번영을 지속하기 위한 반도소국 특유의 외세활용론이다. 아시아의 정치적·경제적 비중이 커갈수록 동북아에 대한 미국의 관심과 우리와 미국의 공동이익은 미국이 대對아시아 무역관계를 확대강화하고 중국을 견제할 새로운 정치경제적 필요성이 더해지면서 더욱 증대하고 있다. 또한 현재 군사적으로 유일무이한 초강대국인 미국은, 150-200년 정도 유지되는 강대국의 흥망법칙에 비추어 볼 때,[161] 앞으로 적어도 30년 내지 50년 이상 초강대국으로 남아 있을 것이다. 미국은 그간 반도한국과 인접한 강대국들의 패권주의적 각축을 실효적으로 조정하고 주변관계를 안정시킴으로써 한국의 독립을 공고히 해주는 동북아지역의 '역내 균형자(inside balancer)' 역할을 효과적으로 수행해왔다.

그럼에도 과거 노무현 정권은 해괴한 '반미·친중국론', '반미자주론', '무동맹중립화'의 망념 속에서 소위 '동북아중심국가론', '한국균형자론'과 '협력적 자주국방', '독자작전권'의 과대망상적 외교안보론을 주장하며 한미동맹을 이완시켰었다. 다행히도 지금에 와서는 구舊좌익들의 이런 과대망상적 외교안보론이 잦아진 상태다. 중도개혁세력들은 언제든 다시 고개를 들 구좌익들의 이런 과대망상적 외교 움직임에 맞서 한미동맹을 정상화하고 강화하는 쪽에 서야 할 것이다.

중도세력은 구좌파에 맞서 우리의 땅을 넘볼 수 없을 만큼 멀리 떨어

---

161) Paul Kennedy, *The Rise and Fall of Great Power: Economic Change and Military Conflict from 1500 to 2000* (Random House, 1987).

진 초강대국 미국과의 동맹관계를 우리의 안보의 초석으로 근본적으로 중시해야 하지만 그럼에도 불구하고 우리나라가 미국의 위성국이 되어야 한다거나 미국의 지시에 위성국처럼 복종하는 것에는 단호히 반대하고 한미동맹관계 안에서도 한국의 자주와 이익을 마찬가지로 근본적으로 중시해야 한다. 미국의 대對한반도 정책이 언제나 한국의 국익과 일치하는 것도 아니고 언제나 옳은 것도 아니기 때문이다.

우리 국민은 2002년 미군장갑차의 효순·미선 압사사건과 관련된 미군의 부당한 조치에 장기 촛불시위로 미국을 굴복시켜 클린턴 대통령의 사과와 보상조치 및 미군범죄자에 대한 합당한 처벌 약속을 얻어냈다. 또 DJ는 클린턴의 북폭정책에 단호히 반대해서 1년에 걸친 갈등 끝에 미국으로 하여금 '페리보고서'를 산출하게 만들었다.

또한 미국이 세계의 방방곡곡을 마음대로 주물럭거릴 수 있는 전능한 나라도 아니기 때문에 미국의 국력을 과대평가해서 미국당국자들의 비위를 맞추는 아부행각이 최선의 외교인 양 생각해서도 아니 된다. 한국의 숭미주의자들 중에는 미국을 괴대평가하고 '대미동맹외교'를 '대미아부'로 착각하는 자들이 많다. 미국이 진짜 전능하다면, 미국은 왜 한국전쟁에서 완승을 거두지 못했고, 월남전에서는 왜 패했으며, 동독시민들이 밀어붙인 독일의 통일을 왜 저지할 생각을 하지 못했겠는가?

미국은 우리의 동맹국이지만 때로 우리에게 가끔 행패를 부리고 정책상의 오류를 범하고, 자기들의 세계전략이 한국의 대북전략과 상충되는 것을 보지 못하고, 또 초강대력이라도 힘의 한계에 봉착한다. 한국의 중도개혁세력은 미국의 이런 행패·오류와 미국의 제한된 국력, 미국당국자들의 인식의 한계를 직시하고 한미동맹을 지혜롭게 중도적으로 운용해야 한다. 한국정부가 미국의 비위를 거스르며 정당하게 논쟁을 벌이거나 미국과 일시적으로 갈등을 벌이더라도 이것은 한미동맹을 흔들거나 반미反美하는 것이 아니다. 그것은 동맹을 조절·관리하고 변화·발전시키는 과정일 뿐이다. 따라서 이 과정은 반드시 필요한 것이다.

그러므로 중도개혁세력은 한미동맹을 흔드는 구좌파의 반미성향에 대해 분명히 반대하지만, 미국의 비위를 거스르는 일이 없어야 하고 언제든 미국 당국자들의 비위에 맞춰 아부하는 것을 동맹외교로 생각하며 한국을 자진 미국에게 위성국으로 '진상'하려는 한국 우익·뉴라이트 숭미주의자들 및 태극기모독단에 대해서도 단호하게 반대하지 않을 수 없는 것이다.

현재 미국과 한국의 국익을 상충에 빠뜨리는 현안은 미국이 한반도주둔 미군의 역할을 대북 억지력에서 대對중국 억지력으로 전환시키려고 하고 또 중국봉쇄·견제를 위한 인도-태평양안보전략에 따라 한국을 미국의 대對중국 봉쇄전략에 동원하고 한일관계를 긴밀한 무역관계와 외교적 공조 관계를 넘어 군사·안보협력관계로 바꾸도록 한국에 압박을 가하는 반면, 한국은 주둔 미군의 이러한 역할전환, 한국을 중국봉쇄에 가담시키려는 미국의 시도, 일본군의 한국진출의 빌미를 줄 수 있는 한일 군사·안보협력을 거부하고 있다. 왜냐하면 한국의 국익은 중국의 발전을 견제하고 중국을 정치군사적으로 봉쇄하는 데 있지 않고, 반대로 중국의 부흥을 성원하고 중산층이 곧 6억 명에 육박할 광대한 중국시장에서 한국의 경제적·기술적·문화예술적 고급상품을 팔 판로를 개척·확대하는 데 있기 때문이다.

대북 억지력에서 대중국 억지력으로의 한국 주둔 미군의 은밀한 역할 변동과 맞물려 미국의 대북 비핵화 협상이 한계에 부딪혀 있는 것으로 보인다. 북한은 핵 포기를 대가로 종전협정과 김정은 정권의 안전보장을 요구하고, 한국도 이 종전협정을 간절히 원하고 있다. 그런데 문제는 종전·평화협정이 체결되면, 주둔 미군의 대북억지 역할이 사라진다는 데 있다. 주둔 미군의 대북억지 기능이 사라지면 미군의 계속 주둔 명분은 크게 약화될 것이다. 동북아 안정자로서의 미군의 계속 주둔 명목마저도 미국을 대신해 동북아를 감당할 수 있는 중국 국력의 급신장과 미국의 '미국제일주의적(America First)' 신新고립주의로 인해 미국 안팎에서 급속히 약화되고 있다. 북한과 남한의 반미세력, 중국과 러시아는 한반도 미군의 철수를 압박할 것이다. 이럴 위험 때문에 미국의 전략가들은 한국과 북한이 간절히 원하는 종전·평화협정을 꺼릴 것이고, 따라서 한국주둔 미군의 지위를 흔들 종전협정의 체결을 앞당길 대북 비핵화 협상을 지연시킬 가능성이 커 보인다.

한편, 중국봉쇄를 위한 미국의 인도-태평양안보전략이 확고하면 확고할수록 미국의 눈에 한반도의 대중국對中國 전략적 요충지로서의 가치와 중요성은 더 커질 것이다. 그리고 미국과 중국의 GDP 증가속도를 감안할 때, 미국의 중국봉쇄 전략은 갈수록 성공할 가망이 낮아질 것이다. 이런 까닭에 아마 중기적으로 한국은 미국과의 전략마찰을 해소할 틈새를 찾을 수도 있을 것이다.

반미와 숭미를 둘 다 거부하는 한국 중도개혁세력들은 미군주둔비 증액협상에서 우리의 이익을 대변하듯이 한미 간의 이런 전략적 국익 상충 현안에서도 우리의 국익에 따라 대응해야 할 것이다. 한 마디로, 한미동맹과 관련하여 중도개혁세력은 한미동맹을 흔드는 구좌파적 외교정책과, 우리나라를 미국의 위성국으로 전락시키는 뉴라이트들의 숭미주의적 동맹정책, 이 양자를 둘 다 반대하고, 한미동맹을 안보의 토대로 중시하는 가운데서도 한국의 이익을 결연히 수호하고 어떻게든 한미 간의 국익적 교집합을 타협해 내는 길을 찾아야 한다.

우리의 다른 중요한 외교목표는 국경을 맞댄 인방들과의 '선린善隣', 즉 '이웃나라와 사이좋게 지내는 것'이다. 이웃과 벌인 단순한 입씨름

이 먼 동네 사람과 주먹다짐을 벌인 것보다 더 불편하고 더 파국적인 법이다. 마찬가지로 이해관계가 다면적으로 얽히고설킨 인방과 작게나마 불화하면 원방과 크게 불화하는 것보다 훨씬 더 큰 손해를 입고, 반대로 인방과 잘 지내면 원방과 잘 지내는 것보다 훨씬 더 큰 이익을 얻는다. 이것은 노무현 대통령 시절 국가원수의 감정외교로 선린관계가 냉각되어 큰 국익손실을 입은 저간의 경험이 입증해 준다. '이웃사랑'은 만고의 진리다. 인방관계의 이런 특성 때문에 '선린'은 우리나라의 특별한 외교적 과업인 것이다.

하지만 인방과 잘 지내기는 원방과 잘 지내기보다 훨씬 어렵다. 일찍이 미국 국부 알렉산더 해밀턴(Alexander Hamilton)은 국경을 맞댄 인방들은 영토·역사문제 등 오랜 갈등요인들이 누적되어 있는 까닭에 "사회의 진보의 오랜 관찰로부터, 지리적으로 가까운 나라들이 근접성으로 인해 오히려 천적이 되는 것은 정치에서 일종의 공리가 되었다(*it has from long observation of the progress of society become a sort of axiom in politics, that vicinity, or nearness of situation, constitutes nations' natural enemies*)"라고 갈파한 바 있다.[162] 특히 반도국가의 선린외교는 대륙세력과 해양세력이 반도를 둘러싸고 각축하는 까닭에 더욱 어렵다. 선린의 어려움은 현재 한·중·일 삼국 간의 영토분쟁과 과거사문제, 역사왜곡과 무역분쟁, 어로漁撈분쟁 등에서 잘 입증된다. 반도국가의 약화와 분열에 정비례해서 선린의 어려움은 증가한다. 이런 이유에서 중도개혁세력은 오늘날 중국·러시아·일본 등과의 선린외교에서 '적대'와 '동맹'의 어느 쪽으로도 치우치지 않는 중도의 선린전략을 짜내야 할 것이다.

---

162) Alexander Hamilton, *The Federalist*. no. 6 "Concerning Dangers from War between the States", "Concerning Dangers from War between the States", 26쪽. James Madison, John Jay and Alexander Hamilton, *The Federalist* [Gideon ed. 1818], ed. by George W. Carey (Indianapolis: Liberty Fund, Inc., 2001).

선린외교에서 지혜와 분별은 약이고, 포퓰리즘적 감정외교는 독이다.

특히 멀고도 가까운 나라 일본과의 선린은 가장 어렵다. 중국과 러시아는 우리나라를 병탄하거나 식민화한 적이 없으나, 삼국시대 이래 일본은 우리나라를 쳐들어와 토착왜구가 되어 수십 년씩 눌러 살거나 아예 우리나라를 병탄해 식민화한 적이 있기 때문이다. 우리는 일반적으로 주변 강대국들을 선린국가로 삼을 수 있을지언정 결코 정치적·군사적 '우방'으로 삼을 수 없다. 특히 고려시대 이래 무수한 왜변을 일으키고 임진년과 갑오년(1894)에 조선을 침략하고, 갑진년(1904) 2월부터는 대한제국을 침략해 병탄했고, 기해년(2019)에 경제왜변을 자행한 인방 일본은 결코 우리의 정치적·군사적 동맹이거나 우방일 수 없다. 따라서 미국의 강요로 2016년에 체결된 지소미아(GSOMIA, 군사정보보호협정)는 한국에 매우 위험한 움직임이다. 지소미아를 통해 일본 자위대가 한반도를 작전구역으로 삼거나 한반도로 진출할 길을 터줄 위험이 있기 때문이다. 지소미아는 2019년 일본정부의 무역보복으로 인해 문재인 대통령에 의해 파기되었다. 그러나 윤석열 친일정부가 대일 굴욕외교로 지소미아를 다시 복원하고 말았다.

인방은 혹시 우리를 돕는 경우가 있더라도 우리나라의 주권적 독립을 존중해줄 정치적·군사적 차원의 진정한 '우방'일 수 없다. 우리는 명대 중국조차도 임진왜란 때 원군을 파병한 뒤 조선의 독립을 무시하고 방자하게 굴었고, 청국도 임오군란을 계기로 파병한 뒤 청군을 계속 주둔시킨 채 내정에 간섭해 고분고분하지 않는 고종의 폐위를 획책하고 대원군을 잡아가는 등 수많은 행패로 조선의 왕권과 독립을 사실상 무력화시켰던 사실史實을 결코 잊어서는 아니 될 것이다. 반일독립국가 대한민국의 국민들은 이 사실에서 한 점 착각이나 환상이 없어야 한다. 일본에 대해서는 특히 그렇다.

그러나 이명박·박근혜 뉴라이트 정부는 친일파들을 각 국가기관에 등용하고 뉴라이트 친일역사교과서를 만듦으로써 국민을 친일화려고 발광을 했다. 그리고 박근혜는 일제징용피해자들의 무無지불노임 청구 소송을 두고 일본을 의식해 대법원과 재판을 흥정해 징용피해자들을 패소시켰고, 위안부피해자 '배상'문제를 위안부강제동원 불법행위에 대한 일본정부의 사과도 받지 않고 한일정부의 공동출자 기금으로 '보상'하는 것으로 약정함으로써 제2차 한일협정의 매국적 만행을 저질렀다. 만주일본군 중위출신 박정희의 딸 박근혜의 이런 부왜附倭만행에 비하면 문재인 정부는 대법원이 징용피해자들의 무지불노임을 배상하라는 판결을 내린 것을 이유로 무역제재를 가한 일본정부에 대항하는 대일외교에서 원칙적으로 올바른 길을 걸었다.

삼국시대 이래 한국의 왕조와 정부가 제거되고 한국이라는 나라가 없어지는 망국을 겪은 적은 오직 왜정시대뿐이다. 한국역사상 우리나라를 멸망시키거나 우리의 땅을 빼앗아 눌러앉아 살려는 목적의 외침은 왜구들의 서해·남해연안의 지방점령과 토왜土倭로서의 장기정착, 임진왜란, 갑오왜란·갑진왜란을 통한 한국병탄 등을 초래한 '남풍'이었지, 거란침입·몽골침략·병자호란 등을 불러온 '북풍'이 아니었다. 삼국시대 이래 '북풍'은 대개 우리의 힘으로 물리쳤고 우리가 패배했을 때에도 우리나라를 속국으로 만드는 것으로 그쳤지, 멸망시키고 병탄·식민화한 적이 없다. 이런 까닭에 과거 사대주의자나 친로파의 언동, 또는 오늘날 숭미주의자들의 미국숭배보다 부왜역적들이 일으키는 광기어린 '남풍'에 더 각별한 경계심을 가져야 하는 것이다. 대한민국이 헌법상 "3·1운동으로 건립된 대한민국임시정부를 계승한" 반일독립국가인 점에서 더욱 그렇다. 이런 점에서 극동제국이 EU와 같이 집단적 지역동맹체가 되지 않는 한, 이웃나라에 대한 '적대'와 이웃나라와의 정치군사적 '동맹'

을 둘 다 거부하는 한국 중도개혁세력들은 특히 일본과의 관계에서 언제나 경계심을 가져야 한다. 따라서 중도개혁세력은 일본의 신新제국주의적 기도와 공세에 대해서 언제나 저항적 민족주의를 강화해 단호하게 대응해야 할 것이다.

▎중도적 연미聯美·선린善隣의 세 가지 원칙

그러므로 우리나라의 외교안보철학은 군사적 완충·자위능력에 기초한 연미·선린聯美善隣 노선으로서 다음 세 가지 명제로 요약된다.

첫째, 우리나라는 북한과 주변국으로부터 스스로를 지키고 주변국의 충돌을 완충해 아태지역의 항구평화를 보장하려면 튼튼한 군사적 완충·자위능력을 보유, 유지해야 한다.

둘째, 이 바탕 위에서 독립과 평화, 안정과 번영을 다 얻으려면, '반미'도, '숭미'도 아닌 제3의 관점, 즉 '용미적用美的 친미'의 중도적 관점에서 미국 같은 강대한 원방과는 오히려 동맹하고 이를 뒷심으로 ('이웃사랑'의 관점에서) 인방과는 동맹도 냉대도 아닌 선린관계만을 발전시키는 중도적 대외정책을 굳건히 견지해야 한다는 것이다.

셋째, 한미동맹을 해소하고 인방과의 동맹 또는 중립을 택하거나 인방들과 무분별한 감정충돌을 일삼는다면, 이는 독립과 선린, 평화와 번영을 다 잃는 길이라는 것이다.

빌 클린턴 정부의 외교·안보정책을 보좌한 바 있는 조언자 조지프 나이(Joseph S. Nye)는 말한다.

> 한국이 어느 한쪽으로부터 지배받지 않기 위해선 역외의 힘을 빌리는 것이 매우 효과적일 것이다. 한국이 일본과 반목하고 중국과 연대할 경우엔

중국이 한국을 장악할 것이다. 반대의 경우엔 일본이 한국에 지배적 영향력을 미칠 것이다. 그런데 만약 한국이 미국을 이용해 중국과 일본을 견제할 경우 보다 많은 행동의 자유를 얻게 될 것이다. 미국에 실망한 사람이 많고 반미감정도 커지고 있지만, 한국이 미국과 동맹을 유지하는 것이 유리한 이유가 바로 여기에 있다.[163]

그리고 향후 한국의 대對중국 관계는 '선린'의 선을 넘지 않는 것이 현명하다는 것이다.

▶ 중국경제가 과거 10년처럼 급팽창하는 한, 또 중국이 군사예산을 최근처럼 두 자리 숫자로 증액하고 소프트파워가 계속 커지는 한, 중국은 현재보다 더 강한 지위를 차지할 것이다. 한국이 중국과 좋은 관계를 갖는 것은 매우 중요하지만 너무 의존할 경우에는 중국의 위성국으로 전락할 가능성도 있다.[164]

조지프 나이의 이 판단이 특히 일본에 대해서는 더욱 타당한 것으로 보인다. 앨빈 토플러도 동일한 취지로 말한다. "한국이 중국친화적으로 가면 국제외교와 경제문제에서 지금과 같은 영향력을 가질 수 있을지 의문이다. 중국이 한국에 지배적 권력을 행사한다면 한국의 영향력은 줄어들 것이다. 한국은 미국과의 관계를 하나의 지렛대로 활용해야 할 것이다. 중국의 위성국으로 전락하는 길을 택해서는 아니 된다. 중국의 푸들밖에 더 되겠는가?"[165] 지당한 말씀이다.

---

163) Joseph S. Nye 인터뷰. 「조선일보」 2006년 11월 7일자.
164) Joseph S. Nye의 위 인터뷰.
165) Alvin Toffler 인터뷰. 「조선일보」 2006.12.16. (B6).

▌ 중도개혁주의와 국민통합

그런데 이러한 연미·선린의 외교안보철학적 지혜에 앞서 전제로서 필요한 것이 있다. '위대한 양극화 분열주의자들(Great Polarizers)'인 노무현·문재인의 舊좌파 정권은 좌우대결을 극화시켜 극심한 국민분열로 대한민국을 국난에 처하게 만들었다. 국제적 사례를 봐도 좌우갈등과 정치혼미에 시달리는 나라들은 정체와 퇴보에 빠져 있다. 특히 남미제국이 그렇다. 국내외 사례를 두루 살펴보면 결론은 하나, 지금 우리에게 '전제'로서 필요한 것은 국민통합이라는 사실이다. 2019년 1인당 국민소득 3만 달러를 넘은 대한민국도 정치가 국민통합의 리더십을 발휘해야만 4-5만 달러를 넘어 선진국으로 도약할 수 있다는 것이다. 이를 위해서는 국민의 중도통합을 가능케 할 중도개혁주의 헤게모니 또는 "강력한 중도 연합(Powerful Center Coalition)"의 결성이 필수적이다. 중도개혁주의만이 현재의 극한적 좌우대결 지형을 개편해 여야 상생정치로 국민적 에너지를 결집하고 국론을 통합할 수 있다.

무릇 여야간 중도수렴과 '상생적 정치패러다임'을 갖춘 나라들은 좌우로 사분오열된 국민을 통합해 일찍이 선진국 도약에 성공했다. 반면, 그렇지 못한 나라들은 좌우갈등과 정치혼미 속에서 아직도 1인당 국민소득 1-2만 달러 언저리에서 발전이 둔화하거나 되레 뒷걸음질 치고 있다. 그리스, 포르투갈, 대만, 중남미제국을 보라. 반도강국 창조의 역사적 책무를 걸머진 중도세력은 이제 좌우대결주의를 종식시키고 국민통합과 상생정치를 이룩하기 위해 역사적 정치개혁에 떨쳐나서야 한다.

이를 위해서는 '강력한 중도정당'의 재건이 절실하다. 이 강력한 중도개혁정당 재건과정에서 舊좌·우파의 국정실패 책임으로부터 자유로운 브랜드가치를 중도개혁 세력은 비록 시작은 미약할지라도 역사적으로 위대한 역할을 할 강대한 세력이 될 수 있다. 이러면 대한민국은 세계 3-5위 안팎의 경제강국, 프런티어국가로서의 반도강국이 될 것이다. 정치개혁을 위해서는 '중도개혁세력'을 중심으로 '합리적 중도진보세력'에서 '중도보수세력'까지 모든 중도정치세력이 정파를 초월해 '중도대연합'을 이루어야 한다. 좌우 극단세력은 중도를 적대하는 세력이므로 애당초 연합의 대상이 아니다. 공자도 "도부동도不同 불상위모不相爲謀(도가 다르면 정치를 함께 도모하지 않는다)"라고[166] 하지 않았던가! '연합'과 '야합'은 다른 것이다. '중도연합'은 '화이불류和而不流 강재교强哉矯(화합하되 휩쓸리지 않아서 굳세어 꿋꿋함)'의[167] 금도襟度를 지키는 한 '야합'으로 일탈하지 않는다.

신新복지정책으로
국민행복을 보장할 현명한 중도적 지도자

중도개혁주의는 정치적 중도통합 및 '성장을 통한 분배'와 물질적·정신적 복지를 통합한 '포괄적 복지'를 바탕으로 서민의 중산층화와 중산층의 육성·강화를 추구함으로써 사회적 양극화를 완화하고 정치사회적 국민통합을 달성하고 지식정보강국·금융강국·복지문화강국을 건설해 중산층강국·신복지국가를 창조하는 것을 국가비전으로 삼는 정치철학이다. 시대가 요구하는 중도통합 정치를 실현하기 위해서는 어떻게든 새로운 패러다임의 강력한 중도개혁정당을 건설해야만 할 것이다. 아태제국과 평화·공영하는 민족사 최초의 '프런티어 반도강국' 건설과 세계최초의 '신新복지국가' 창조는 중도개혁세력의 국가비전이고, 세계

---

[166] 『論語』「衛靈公」(1540).
[167] 『中庸』(10장).

최강의 지식정보·금융강국, 문화강국, 중산층강국 건설은 이 국가비전을 구현할 국가전략이다. '신복지국가'는 노동과 가족에 근거한 낡은 물질적 복지국가가 아니라, IT·AI 산업혁명과 더불어 사라지는 노동과 해체되는 가족의 범주를 초월하여 국민의 기본소득, 비물질적·정신적 복지, 1주일 3-4일 여가시간 등을 보장하는 신형 복지국가를 말한다.

국민통합을 위해서는 도덕적으로 강력한 중도적 정부가 필요하다. 우리나라 정부는 늘 대통령과 정권 핵심 인사들의 부정부패와 비리로 인해 도덕성을 상실해 붕괴되었다. 이명박과 박근혜 전 대통령은 그들 자신의 부정부패로 수감되었다. 문재인 정권도 예외 없이 김의겸 청와대 대변인의 부정부패 등으로 도덕성을 많이 상실했다. 따라서 국민은 '정치인은 다 도둑놈'이라고 하면서 '도덕적 정치인'에 대한 국민의 요청이 강렬하다. 그러나 중도진보세력의 정권 재창출 기회는 열려 있다. 그간 김대중 대통령이 외환위기를 뚫고 창출한 지식경제 역량을 먹고 살아온 국민은 현재의 경제불황과 더불어 향후 30-40년 먹거리에 대한 걱정과 불안을 해소해 주고 여야협치로 국민의 스트레스를 줄여줄 현명한 지도자를 찾고 있다.

따라서 중도연합은 ① 우리나라의 '결정적 중앙' 또는 '결정적 중원'을 차지하기 위해 중도개혁주의 이념으로 무장함과 동시에 ② 제3·4차 산업혁명과 신新성장산업에 대한 깊은 지식을 갖춘 ③ '현명한 정치인'을 "현명한 국민, 현명한 대통령"의 구호와 함께 국민 앞에 대통령후보로 내세워야 할 것이다. '중도적 진보'는 정치적·이념적으로 '정중앙'을 굳게 지킨 채 중도좌파와 중도보수의 양편을 모으는 '정중正中'을 견지하며 앞으로 나아가는 진보다. 이 양편을 둘 다 끌어 모은 '중도'는 이미 '대중大中'이고 '강중强中'이다. '중도적 진보' 또는 '진보적 중도'의 지도자'가 고색창연할 정도로 구태의연한 구좌파와 시대착오적일 정도로 권위주의적인 극우파, 이 양극단의 정당들을 깨부술 각오로 극렬하게 싸운다면 중도좌익과 중도보수를 좌우의 양극단으로부터 분리해 내 정중앙에 결집시킬 수 있을 것이고, 이러면 '대중大中'은 자연히 이루어질 것이다. 이런 의미에서 중도개혁주의는 이제 이도 저도 아닌 '밋밋한 중도'가 아니라, 시대착오적 좌우이데올로기를 극복하고 새판을 짜는 '중도개혁주의'가 되어야 한다. 중도와 균형의 '현명'과 '신복지국가' 브랜드를 가진 '진보적 중도'의 주자가 '정중앙', 즉 '중도의 중도'에 확고히 서서 '신복지국가로 가는 중도 노선'을 대차게 밀어붙이면 연승할 것이다. 한국이 코로나 방역의 '모범국가'로 떠오른 오늘날, 다음 대선의 승자는 '현명' 브랜드와 '신복지국가' 브랜드를 둘 다 갖춘 진보적 중도의 대선후보일 것이다.

그런데 아담 스미스도, 마르크스도, 케인스도 전혀 알지 못했던 '브랜드 자본'은 단시일에 만들어질 수 있는 얕은 쇼맨십이나 몸짓의 이미지가 아니라, 장기간에 걸쳐 국민대중의 공개적 인식과 이해 속에 각인되어 축적된 좋은 가성비 이미지들로 이루어진 플러스 자산이다. 중도와 균형의 '현명' 브랜드와 '신복지국가' 브랜드를 겸비한 사람은 찾을 수 없을 정도로 정말 희귀한 인물일 것이다. 그러나 찾기만 한다면 그는 분명 국민이 다 아는 사람일 것이다. 왜냐하면 '브랜드'란 온 국민의 뇌리에 각인된 공공의 이미지이기 때문이다.

이 시대 중도개혁 정치의 요체는 '계급복지국가' 건설을 위한 '계급정치'도 뛰어넘고, (유럽의) 사사롭고 자잘한 '생활정치'도 뛰어넘어 제4차 산업혁명과 새로운 기하급수적 생산력 증가에 기반을 두고 전 국민에게 물질적·비물질적 복지를 포괄하는 '포괄적 복지'와 '행복'을 동시에 보장하는 '신복지국가' 건설이다. 이 신복지국가 건설은 물질적·정신적으로 어려운 처지의 동포들의 구제, 서구제국의 네오나치스화와 일본의 신新제국주의적 군국주의의 발호 등에 맞서 3·1운동으로 건국된 대한민국의 반일독립국가로서의 국기國基의 수호, 저항적 민족주의와 평화·통일민족주의에 입각한 외교와 대북정책, 자연환경 보전과 경제발전, 국방과 안보 등의 거대한 공공정치를 견지하고 프런티어국가로서의 반도강국을 건설할 때만 실현가능할 것이다.

제2부
부록: 세계 중도개혁주의 국역자료

01.
미국 민주당 문서
02.
영국 노동당 문서
03.
국제문서
04.
마크롱의 대선 전략에 대한 분석 기사

※ 이 14건의 국역자료들의 영문 텍스트는 이 책의 'Ⅲ. 영문원문자료'에 실려 있다.

미국 민주당 문서

1 클린턴의
「민주당리더십회의 클리블랜드 총회에서의 기조연설」

1991. 5. 6. 빌 클린턴(bill Clinton)

정말 감사합니다. 저를 소개한 메리 로즈(Mary Rose) 의원에게 감사합니다. 나는 그 소개를 듣고 좋아했지만 더 훌륭한 정치인이 먼저 말하는 것이라는 사실을 그 동안 알게 되었습니다. 우리가 클리블랜드에 온 것은 큰 영광입니다.

나는 이 총회에 온 여러분 모두를 다시 한번 환영합니다. 민주당리더십회의(Democratic Leadership

빌 클린턴

Council)는 매우 좋은 해를 보내고 있지만 진정한 의미에서 우리는 막 시작하고 있습니다. 민주당의 새로운 메시지를 형성하고 미국의 새로운 진로를 정하기 위해 여기에 여러분과 함께 있기 때문입니다.

나도 읽었고 여러분도 읽었을 것입니다. 모든 사람들은 민주당이 죽었다고 말합니다. 나는 '민주당의 혼수상태(Democratic Coma)'를 머리글로 다룬 『신공화국(New Republic)』을 읽었습니다.

나는 이에 정중하게 동의하지 않는다는 것을 여러분이 알아주길 바랍니다. 우리 민주당리더십회의는 600명 이상의 연방, 주, 지방의 선출직 공무원을 갖고 있습니다. 그들은 아이디어와 에너지로 가득 차 있고 매일 전선에 있고 실제로 문제들을 해결하고 있고 아무튼 전진하기 위해 유권자의 지지를 얻고 있습니다.

부시 대통령이 엄청나게 인기 있고 우리 모두가 그의 빠른 건강회복을 기원함에도 불구하고 미국이 모든 게 잘 되고 있지 않기 때문에 그에 동의하지 않습니다. 우리는 정당하게 걸프전의 압승을 자랑스러워하고 전 세계에서 유일하게 미국만이 압승을 가능하게 하는 정치적, 군사적 연합을 결성할 수 있다고 정직하게 말할 수 있습니다.

이런 의미에서 우리는 아직도 세계 일등국가입니다. 그러나 여러분이 전체적 그림을 본다면 상황은 전혀 다릅니다. 미국이 단순히 아이를 낳기만 할 때, 다른 18개국은 이보다 더 좋은 일을 하고 있습니다.

그리고 여러 나라들의 아이들이 우리 미래에 매우 중요한 국제 과학과 수학시험에서 더 잘하고 있습니다. 적어도 10개국에서 근로자들은 더 좋은 읽기 능력을 갖추고 일을 하고 있습니다. 읽기 능력은 소득이 대개 학습 능력에 달려있는 세계에서 매우 필요한 경쟁력입니다.

세계의 모든 주요 국가들 중, 미국만이 근로자가 일을 할 때, 고통스런 불안감을 느끼는 유일한 나라입니다. 수백만 명의 근로자가 자신들이 아프거나 아이들이 아플 때, 병원비를 지급하지 못하거나 의료보험이 없습니다.

세계의 모든 주요 산업 국가들에서 미국만이 대학미진학자가 밑바닥 일자리가 아니라 고임금과 유망한 좋은 일자리를 얻을 수 있게 하는 제도가 없는 유일한 나라입니다.

유감스럽게도 작년에 우리는 또 다른 분야에서 일등국가가 되었습니다. 우리는 소련과 남아공을 제치고 지금 교도소 수감자 비율에서 세계 일등국가입니다.

미래에 우리의 경쟁국은 독일과 일본입니다. 작년에 그들은 우리보다 3배, 4배의 생산성 성장을 달성했습니다. 독일과 일본은 국민들을 더 잘 교육시키고 미래에 더 많이 투자하고 세계적 경쟁을 위해 경제를 조직했지만 우리는 안 했기 때문입니다.

이것들이 우리가 직면한 사실입니다 그러나 10년 이상 동안 우리가 심각한 문제들을 갖고 있다고 인정하는 것이 버릇없고 끔찍한 정치라는 환상 속에 우리는 살았습니다. 그리고 국가 정치지도자들은 이 문제들에 전혀 책임지지 않고 있습니다.

나는 걸프전 승리의 가장 중요한 결과가 마침내 여기 국내에서 우리의 진짜 문제들을 해결할 수 있다는 국민적 자신감을 갖게 되는 것이기를 희망합니다. 이 문제들이 미래의 국가안보 이슈들이기 때문입니다.

언론의 많은 관심을 받고 있는 민주당의 미래보다 더 중요한 것이 미국의 미래입니다. 이 조건들이 계속된다면 우리가 애써왔던 미국의 세계적 리더십을 유지할 수 있을까요? 여기 국내에서 아메리칸드림(American dream)을 살아있게 할 수 있을까요? 나는 이 문제들에 대한 해답을 찾기 위해 민주당리더십회의에 참여했습니다.

1980년대에는 탐욕과 이기심이 찬미되었고 가난한 여성과 아동이 폭발적으로 증가했습니다. 1980년대에 우리의 경쟁력은 침식당했지만 미국의 CEO는 자신들의 종업원보다 4배 더 많고 기업의 이윤 증가보다 3배 더 많이 자신들의 봉급을 올렸습니다.

중산층 가족의 소득은 우리 기억에서 처음으로 떨어졌습니다. 이것은 우리가 게으르기 때문이 아닙니다. 근로 가족들은 1979년보다 1989년에 더 많이 일하고 있고 아이들과 더 적은 시간을 보내고 있습니다.

그리고 이것은 우리가 너무 많이 임금을 받기 때문이 아닙니다. 독일 공장 근로자들은 평균적으로 미국 근로자들보다 20% 이상 더 많이 생산하고 있습니다. 여러분은 다음과 같이 말할 수도 있습니다. 이 모든 것들에도 불구하고 민주당은 왜 이 조건들로부터 이득을 얻지 못하고 있을까요?

나는 그 이유를 여러분에게 말하겠습니다. 과거에 우리에게 투표했던 너무 많은 사람들이, 매우 힘들어하고 있는 중산층이 우리가 해외에서 국익을 수호하고 국내의 사회정책에서 그들의 가치들을 존중하고 또는 건전하게 과세하고 지출하는 것에 대해 연방선거에서 우리를 신뢰하지 못하고 있기 때문입니다.

우리는 이런 인식을 바꿔야 합니다, 그렇지 않다면 우리는 전국정당으로 계속 남아있을 수 없습니다. 그러나 이것이 가장 중요한 이슈가 아닙니다. 가장 중요한 것은 두려움 없이 국민들에게 진실을 말하고 국민들이 진짜 필요로 하는 것을 해결하는 하나의 정당이 적어도 이 미국에 필요하다는 것입니다.

우리는 많은 국민들을 정치혐오에 빠지게 하는 30초 네거티브 정치광고를 하지 않는 하나의 정당이 필요합니다.

나는 지난 몇 년간 론 브라운(Ron Brown)의 지도하에 민주당이 변화해 온 것에 박수를 보냅니다. 브라운은 중산층의 지지를 얻기 위해 진실로 노력했습니다.

그는 상이한 견해를 갖고 있는 민주당을 단결시키고 모든 당원들에게 말하고 종종 매우 힘든 상황에서 나와 같은 사람과 하원의원이 당선되도록 돕기 위해 진실로 노력했습니다. 그래서 우리는 매우 잘 견디어왔습니다. 그러나 전국정당이 되려면 우리는 훨씬 더 많은 일을 해야만 합니다.

우리는 모든 사람들을 감동시키고 모든 사람들이 이해하고 좌파와 우파의 진부한 정설을 넘어서는 메시지를 갖고 있어야 합니다. 이것은 보통 미국인들의 진짜 관심, 그들의 희망과 두려움에 공명하는 메시지입니다. 이것은 우리가 여기 클리블랜드에서 해야 하는 것입니다.

공화당의 부담은 그들의 부정, 회피, 태만의 기록입니다. 그러나 우리의 부담은 국민에게 오래된 가치에 근거한 새로운 선택(new choice)을 제공하는 것입니다. 단순하고 기회를 제공하고 책임을 요구하고 시민들에게 더 많은 발언권을 주고 그들에게 민감하게 반응하는 정부를 제공하는 새로운 선택 말입니다. 우리는 공동체이고 우리 모두가 공동체에 함께 있고 우리가 함께 성장하고 퇴보하기 때문입니다.

만인을 위한 기회(opportunity for all)는 무엇보다 경제성장에 대한 공약을 의미합니다. 이것을 하기 위해 우리는 세계무역을 확대해야 하지만 무역확대의 조건으로 우리 근로자들이 공정하게 대우받고 지구환경이 교란되는 것이 아니라 향상되는 것을 요구해야 합니다.

만인을 위한 기회는 신기술에 대한 더 많은 투자와 미국 기업들이 자국에 투자하는 것에 대한 더 많은 인센티브를 의미합니다.

만인을 위한 기회는 다른 무엇보다 세계적 수준의 기술을 의미합니다. 사람들은 여기 살고 있지만 돈과 경영권은 해외로 빠져 나갈 수 있기 때문입니다.

만인을 위한 기회는 또한 정부가 서민뿐만 아니라 중산층을 도와야 한다는 것을 의미합니다. 이것이 주로 역진적인 사회보장세의 650억 달러의 과잉 때문에 과중한 세금압박을 받고 있는 미국 근로자를 위해 근로장려세(earned income tax credit)의 인상에 우리가 찬성하는 이유입니다.

이것이 모든 어린이들을 위한 명령이 아니라 기회로서 모든 어린이들의 유치원(preschool)을 우리가 찬성하는 이유입니다. 이것이 대학미진학 청년을 위한 국립도제제도(national system of apprenticeships)와 대학에 들어갈 수 있는 모든 사람들이 교사 또는 경찰로서 국가에 뭔가 돌려준다면 대학입학금을 제공하는 국민봉사제도(national service)를 우리가 찬성하는 이유입니다.

그러나 만인을 위한 기회로는 충분하지 않습니다. 여러분이 책임을 주장하지 않고 기회만 제공한다면 많은 돈이 낭비될 것이고 국가의 힘은 여전히 약화될 것입니다. 그래서 우리는 만인을 위한 책임(responsibility for all)을 지지합니다. 이것이 국민봉사제도 뒤에 있는 아이디어입니다. 이것이 복지개혁 뒤에 있는 아이디어이고 우리가 모든 주들이 복지개혁을 힘차게 추진하도록 촉구하는 이유입니다.

우리는 복지수급권자들에게 성공에 필요한 기술을 주고 육아와 어린이 의료보장을 제공하기 위해 더 많은 돈을 투자해야 합니다. 그러나 우리는 일할 수 있는 모든 사람들에게 일하도록 요구해야 합니다. 근로가 미국이 고안한 가장 좋은 사회 프로그램이기 때문입니다.

민주당은 최대한 엄격하게 어린이 지원을 집행하는 정당이 되어야 합니다. 어린이 지원을 책임져야 하는 남성이 책임을 진다면 미국 복지재정의 40%가 납세자로부터 나올 필요가 없습니다.

여러분이 자신의 아이들을 포기한다면 정부가 아이들을 기를 것이라는 생각이 널리 유포되어 있습니다. 나는 여러분들에게 말씀드릴 것이 있습니다. 11년 동안 나는 어린이서비스와 가족서비스의 분리를 위해,

모성보호와 육아를 위해, 생각할 수 있는 모든 프로그램들을 위해 예산을 배정해왔습니다. 나는 더 많은 돈을 배정하기 위해 할 수 있는 모든 것을 해왔습니다. 그러나 나는 실토할 수밖에 없습니다. 정부는 아이들을 기를 수 없고 부모들이 길러야 합니다. 그들에게 자녀양육의 책임을 다 하도록 요청하고 거부한다면 강제해야 할 때입니다.

만인을 위한 책임은 학생이 학교에 다니지 않으면 운전면허증을 얻거나 유지할 수 없고 부모들은 아이들이 학교에 다니도록 하고 아이들이 말썽을 일으키면 학교에 출석해야 한다는 것을 의미합니다. 만인을 위한 책임은 모든 사람들이 해야 할 어떤 것이 있다는 것을 의미하고 우리가 미래에 대해 더 많은 돈을 투자하지 않고 앞으로 나아갈 수 없다는 것을 민주당이 인정한다는 것을 의미합니다. 우리는 모든 돈을 세상에 투자할 수 있습니다. 그러나 사람들이 올바르게 하지 않는다면 하기로 한 것을 하지 않을 것입니다.

그래서 민주당은 만인을 위한 책임을 지지합니다. 그리고 나는 우리가 더 많은 선택들을 지지해야 한다고 믿습니다. 선택(*choice*)은 엘리트주의 또는 인종주의의 코드 명칭이 아닙니다. 무엇보다 우리 모두는 채널수가 50 또는 60개 되는 케이블 텔레비전을 원하고 동유럽의 사람들이 무엇을 할지와 어떻게 할지를 결정하는 정부독점에 염증을 느끼고 이것이 실효가 없다는 것을 알기 때문에 베를린 장벽을 붕괴시킨 세계에 살고 있습니다.

정보화시대에 정부 관료제에 의한 결정의 독점은 언제나 최선의 방법은 아닙니다. 인종 또는 소득 차별에 대한 적합한 보호와 함께 우리는 국민들에게 더 많은 선택을 제공할 것입니다. 즉 육아 바우처(*child care vouchers*), 공립학교 선택 옵션, 직업훈련 프로그램, 노인의 더 많은 선택 등이 그것입니다.

우리는 정부를 혁신하여 효과적으로 만드는 민주당의 의무를 믿습니다. 우리는 중간 관료층을 제거하고 최대한 밑으로 의사결정 권한을 이양하고 국민의 권한을 강화하고 책무성을 높이고 시민을 고객과 상사처럼 대우하는 우리 기업의 가장 위대한 성공을 배워야 합니다.

이것이 우리가 공공주택의 임차인 관리를 지지하고 교장과 교사에게 학교운영에 대한 더 많은 권한을 주고 경찰이 주야로 거리를 순찰하고 동네사람들이 경찰을 거리안전의 파트너로 아는 지역이웃 경비치안(*neighborhood policing*)을 지지하는 이유입니다.

우리는 연방예산을 미래에 더 많이, 현재와 과거에 더 적게 지출해야 한다고 믿습니다. 현재의 지출증가를 미국인들이 감당할 수 있도록 연방예산을 미국인의 소득증가와 연계해야 한다고 믿습니다.

마지막으로 다시 한번 말하지만 우리는 자치공동체(*community*)를 믿습니다. 우리 모두는 지방자치공동체 안에 함께 있기 때문에 미국의 가장 취약한 부분, 즉 어린 시절을 빼앗긴 수백만 어린이들의 문제를 해결해야 합니다. 이것이 민주당이 계속 승리할 수 있는 새로운 선택(*new choice*)입니다. 즉 기회(*opportunity*), 책임(*responsibility*), 선택(*choice*), 작동하는 정부(*government that works*), 지역공동체(*community*)에 대한 믿음입니다.

지금 우리의 새로운 선택은 낡은 범주들과 이것들이 강요하는 그릇된 대안들을 명백하게 기각하는 것입니다. 내가 방금 여러분에게 말했던 것이 진보입니까, 보수입니까? 진실은 그것이 둘 다이면서, 또 그것이 다르다는 것입니다(The truth is, it is both, and it is different). 이것은 새로운 대안들을 고려치 않으려는 민주당의 과거 고정관념과 (이에 대한) 공화당의 공격을 (둘 다) 기각합니다.

두 가지 예를 들겠습니다. 민권에 대한 투쟁을 예로 들겠습니다. 공화당은 여러분이 민권법안을 지지한다면 할당제를 지지하는 것이고 할당제를 지지하지 않는다면 차별을 지지하는 것이라고 합니다. 이것은 가짜 논쟁입니다. 그리고 백악관은 새로운 선택을 하려는 미국의 기업 원탁회의(Business Roundtable)와 민권 그룹의 정직한 시도를 해체한 것에 대해 부끄러워해야 합니다. 새로운 선택은 경제성장, 소기업의 활성화를 지지하지만 여성과 소수자 등이 직장에서 부당하게 차별받지 않도록 보호합니다. 그리고 우리 모두는 미국에서 이것들이 여전히 존재한다는 것을 압니다.

가난한 어린이에 관한 논쟁을 예로 들겠습니다. 공화당원들이 논쟁을 설정하는 식으로 말하기를, 민주당이 이런 문제들마다 더 많은 돈을 써서 해결하려고 한다고 하는데, 우리는 여러분이 문제마다 돈으로 해결할 수 없다는 것을 압니다. 우리는 방금 바로 그런 말을 말했고, 그래서 우리는 가족가치(family values)를 지지하는 것입니다.

여러분에게 뭔가를 말하겠습니다. 가족가치는 굶주린 아이를 바로 먹일 수 없지만 당신은 가족가치 없이 굶주린 아이를 아주 잘 키울 수 없습니다. 우리는 (돈과 가족가치를) 둘 다 필요로 합니다.

내가 꼬맹이였을 때 증조부모의 도움을 많이 받으면서 조부모가 나를 키웠습니다. 나의 증조부모님들은 시골에서 각주角柱 위에 지은 방 두 칸짜리 오두막집에서 살았습니다. 그 집의 가장 좋은 방은 폭풍 대피용 지하실이었는데, 그곳은 땅속 토굴이었습니다. 나는 그곳에서 등유 랜턴과 뱀을 가지고 밤을 보내곤 했습니다. 그리고 증조부모는 당시 우리가 정부물자를 – 우리가 그때 그것을 다시 회상해보면 – 정부의 도움을 받았습니다.

그들은 자신들이 가지고 있던 것으로 대단한 일을 해냈습니다. 나의 할아버지는 아칸소주 호프(Hope, Arkansas)라는 작은 마을의 흑인 동네에서 잡화점을 운영했습니다. 생계를 위해 힘들게 일하는 흑인 손님들은 식량 배급표(food stamps)가 없어서 돈 없이 그냥 왔고, 할아버지는 어떤 식으로든 그들에게 먹을 것을 주고 그것을 적어 놓았습니다. 할아버지는 자신이 지역공동체의 일부라고 생각했습니다. 할아버지는 가족 가치를 믿었고, 개인적 책임을 믿었습니다. 그러나 그들은 또한 정부가 최선을 다하는 사람들을 도울 의무가 있다는 것도 믿었습니다.

그리고 우리는 이것을 해냈습니다. 그런데 여러분이 이것을 (공화당이 다스려온 이래) 미국의 그토록 많은 곳에서 오늘날 벌어지고 있는 상황과 비교하면 이 상황은 진짜 충격적입니다. 아내와 나는 1년 반 전에 약물 남용 지역인 남중부 로스엔젤레스에 갔습니다. 우리는 10여 명의 6학년 생들과 1시간 반을 보냈는데 그들 중 대부분은 조부모를 만난 적도 없었고 증조부모가 있다는 것은 단지 상상할 뿐이었고 그들 중 하나는 부모의 약물 남용 때문에 자기 부모를 경찰에 신고했다고 말했습니다.

여러분은 이 아이들이 무엇을 걱정했는지 아십니까? 첫째, 아이들은 통학할 때 총격을 당할 까 걱정했습니다. 둘째, 아이들은 13살이 되면 갱단에 들어가거나 그렇지 않으면 대낮에 그들에게 맞는 것을 가장 걱정했습니다.

지금 말할 것이 있습니다. 이 사람들은 좌파와 우파의 수사修辭에, 누가 위에 있고 밑에 있는지, 우리의 위치가 어디인지에 신경 쓰지 않습니다. 그들은 진짜 사람들입니다. 그들은 진짜 문제들을 갖고 있습니다. 그들은 정부의 목적이 포즈를 취하면서 다음 선거를 기다리는 것이 아니라 자신들의 문제들을 풀고 진보를 이루는 것이라고 믿는 사람을 절망적으로 찾고 있습니다.

미국 도처에 그들과 같은 사람들이 있습니다. 주지사 선거 때 나에게 질문을 했던 근로자가 있었습니다. 그는 말했습니다. 나는 당신의 교육

프로그램을 믿고 이를 위해 세금을 올리는 것을 지지합니다. 하지만 최선을 다하고 있는데 내가 언제 더 잘살 수 있겠습니까?

　카페에서 일하고 있는 4명의 자식을 가진 미망인이 말했습니다. 나는 복지 수급과 내 아이들을 위한 의료보험을 받을 수 있다는 것을 압니다. 하지만 내가 일할 수 있다면 이것은 비도덕적이라고 생각합니다. 그래서 나는 여기에서 매일 일하고 있습니다. 그런데 내 아이들이 아프다면 나는 무엇을 할 수 있겠습니까?

　이 사람들은 미국 정치를 마비시켰던 쓸데없는 수사에 신경 쓰지 않습니다. 그들은 새로운 선택을 원하고 새로운 선택을 할 자격이 있고 우리는 그들에게 새로운 선택을 주어야 합니다.

　우리가 이 조건들이 10년 또는 20년 또는 30년 동안 계속되도록 허용한다면 그리고 우리가 국가 정책이 10년 또는 20년 또는 30년 동안 현재의 부적절한 궤도로 계속 가도록 허용한다면 미국이 다음 세대 동안에도 세계를 지도하고 아메리칸드림을 유지할 수 있겠습니까?

　나는 내 딸이 내가 살았던 미국에서 자라기를 원합니다. 나는 내 딸이 부모 세대보다 더 나쁜 첫 세대 미국인의 일원이 되는 것을 원하지 않습니다. 나는 내 딸이 통합이 아니라 분열된 나라의 일원이 되는 것을 원하지 않습니다.

　25년 전에 한 서양문명사 교수는 우리 국민이 언제나 두 가지 단순한 것들을 믿었기 때문에 미국은 인류사에서 가장 위대한 국가라고 나를 가르쳤습니다. 첫째는 현재는 미래보다 더 좋지 않고 미래가 언제나 더 좋다는 것입니다. 두 번째는 우리 모두는 그렇게 하기 위한 개인적, 도덕적 책임을 갖고 있다는 것입니다. 이것이 바로 새로운 선택입니다. 이것이 우리가 여기 클리블랜드에서 하려는 것입니다.

　우리는 민주당을 구하기 위해 여기에 모이지 않았습니다. 우리는 미국을 구하기 위해 여기에 모였습니다.

감사합니다. 여러분께 하나님의 축복이 함께 하시기를.

 「1992년 민주당 선거강령」

■ 전문

Ⅰ. 기회 – 경제
- 미국에 대한 투자
- 혁신에 대한 지원
- 적자
- 국방력 전환
- 도시
- 농업과 농촌 지역사회
- 근로자 권리
- 평생 학습
- 국민봉사 지원법
- 저렴한 보건서비스
- 공정성
- 에너지
- 민권과 평등권
- 자치주와 영토

Ⅱ. 책임
- 가족
- 복지
- 선택
- 교육
- 노사
- 환경
- 책임 정부
- 공무원

Ⅲ. 공동체 복원
- 범죄와 마약에 대한 전쟁
- 지역이웃 경비치안
- 총기
- 모든 범죄에 대한 적극적 추적
- 여타 이니셔티브
- 영세민의 능력강화
- 이민
- 주택
- 국민봉사제도
- 예술

Ⅳ. 국가안보
- 군대의 구조조정
- 군사력
- 군사력의 사용
- 분쟁예방과 전투
- 미국의 경제적 리더십 복원
- 무역과 무역협정
- 민주주의 촉진
- 신생 민주주의국가
- 인권
- 인간적 필요
- 지구적 환경 보호

■ 결론

▎전문

　200년 전에 이 민주당은 펜으로 미국독립전쟁(American Revolution)의 정신을 불타게 했던 사람에 의해 창당되었다. 그는 우리의 자유를 혁신하고 세계의 변화와 보조를 맞추기 위해 20년마다 정부를 바꿔야 한다고 주장했다. 1992년 현재 토마스 제퍼슨(Thomas Jefferson)이 창당했던 당은 그의 혁명정신에 새롭게 호소한다.

　우리의 땅에 미국의 바로 이 영혼에서 나오는 절망의 함성이 울려 퍼지고 있다. 이 절망의 함성은 가까운 이웃에 사는 가족, 세계에서 가장 큰 민주주의와 경제 국가에 사는 평범한 무명 영웅으로부터 나오고 있다. 미국은 잘못된 길로 가고 있다. 미국인들은 상처입고 있다. 기회를 확대하는 아메리칸드림(American Dream)은 사라지고 있다. 중산층 가족들은 규칙을 지키면서 열심히 일하고 있지만 여전히 뒤처져 있다. 빈곤은 폭발하고 있다. 우리 국민은 분열되어 있다.

　공화당이 무책임하고 태만했기 때문에 지난 12년간은 악몽이었다. 미국의 리더십은 국내에서 서툴렀고 세계에서 불확실했다. 공화당의 부실경영은 우리 경제를 작동시키고 국민의 가장 기본적인 가치, 필요, 희망을 지원하는 도구로서 정부를 무장해제시켰다. 공화당은 미국을 소득이 아니라 차입에 근거한, 그릇되고 허약한 번영을 가져왔고 따라서 엄청난 공채와 연 이자에 대한 몹시 큰 부담을 남길 것이다. 우리 자신에게 지출하기 위해 차입을 함으로써 우리 자녀들이 우리 빚을 갚도록 하는 것은 잘못이다.

　우리는 미국인들의 고통과 분노를 듣고 있다. 우리는 이것이 권력을 잡고 있는 공화당 정부뿐만 아니라 정부 자체를 향하고 있다는 것을 알고 있다.

그들의 분노는 정당하다. 우리는 더 이상 보통 때처럼 일할 수 없다. 지난 12년간의 부자들을 위한 감세, 부실경영, 리더십의 실종, 중산층과 서민을 위한 서비스의 감축 정책도 안 되지만 새로운 생각이 없는 새로운 프로그램과 새로운 지출을 채택해서도 안 된다. 미국의 일반인들에게 귀 기울이면서 언제나 자유롭고 민주적인 사회의 시금석이었던 시민 활동가주의(citizen activism) 정신을 혁신할 때이다.

그러므로 우리는 권력을 워싱턴의 뿌리 깊은 관료제와 협소한 이익단체들로부터 일상인의 손으로 돌려주는 정부 내의 혁명(revolution in government)을 촉구한다. 우리는 공적 제도를 개혁하고 태만한 공무원을 교체하여 정부를 더 분권화하고 더 유연하고 더 책임 있게 할 것을 공약한다.

1992년의 혁명은 위대한 미국의 경제를 복원하는 것이다. 우리는 지난 10년의 공수표 윤리(something-for-nothing ethic)를 버리고 변화를 위해 사람을 우선시함으로써 미국을 재건해야 한다. 오직 번영하는 경제, 강력한 제조업 기반, 창조적 신생기업의 성장만이 국가의 절박한 인간적, 사회적 필요를 충족시킬 수 있는 자원을 만들 수 있다. 고숙련, 고임금 일자리를 확대하는 기업가 경제(entrepreneurial economy)만이 미국이 할 수 있는 가장 중요한 가족정책, 도시정책, 노동정책, 소수자정책, 외교정책이다.

1992년의 혁명은 정부를 일하는 남성과 여성의 편에 서게 하는 것이다. 열심히 일하고 세금을 내고 규칙을 지키고 감세를 위해 로비하지 않고 아이들이 좋은 교육을 받고 마약을 하지 않도록 최선을 다하고 가족을 위해 안전한 동네를 원하고 안정된 좋은 생산적 일자리를 원하고 부모의 품위 있는 생활을 원하는 사람들을 돕는 것이다.

1992년의 혁명은 정부가 작동하는 방식을 근본적으로 변화시키는 것이다. 정부는 어떤 역할도 할 게 없다는 공화당의 명제나 정부 프로그램으로 모든 문제에 대처하려는 낡은 관념이 아니라 서비스를 향상하고 선택을 확대하고 아래로부터 미국을 변화시키기 위해 시민과 지역사회의 능력을 강화하는 더 효율적이고 유연하고 성과지향적 정부이다. 우리는 활동적 정부(activist government)를 믿지만 다른 더 민감한 방식으로 일해야 한다.

1992년의 혁명은 어려운 선택들을 직시하는 것이다. 우회와 회피의 정치(politics of diversion and evasion), 그릇된 선택과 선택 없는 정치에 대해 미국은 계속 절망하고 있다. 워싱턴에 있는 모든 사람들처럼 나태에 대해 서로 비난하는 것이 아니라 우리는 결정적으로 행동할 것이고 우리가 못한다면 책임을 질 것이다.

무엇보다 1992년의 혁명은 이 나라를 건국하고 언제나 위대하게 만드는 미국의 기본적 가치들, 즉 개인적 책임, 개인적 자유, 관용, 신앙, 가족, 근로를 복원하는 것이다. 우리는 새로운 아이디어, 새로운 진로, 새로운 대통령을 미국인에게 제공할 뿐 아니라 미국을 특별하게 만드는 지속적 원리들, 즉 기회의 약속, 공동체의 힘, 노동의 존엄, 노인의 품위 있는 삶으로 돌아가야 한다.

이 혁명을 성공시키기 위해 우리는 미국인과 정부 간의 손상된 유대를 복구하는 새로운 약속(New Covenant)을 추구한다. 새로운 약속은 기회를 확대하고 그 대신에 더 큰 개인적 책임을 주장하고 공동체를 복원하고 완전히 새로운 시대에 국가안보를 보장할 것이다.

우리는 민주당이 기회를 거부당한 사람들의 옹호자라고 알고 있는 사람뿐만 아니라 민주당의 방식을 망각했다고 생각하는 미국인들을 포함한 모든 미국인들의 면밀한 검토를 환영한다. 이 선거강령은 미국인들에게 변화를 위한 민주당의 대의를 제시하는 것이다.

Ⅰ. 기회-경제

▍기회

　민주당의 첫 번째 우선순위는 기회이다. 인플레이션 없는 광범한 경제성장과 이로부터 나오는 기회이다. 1992년 민주당은 만인을 위한 성장과 일자리를 제공하는 경제가 미국에서 가장 중요하다고 단언한다.

　국내정책에 무관심한 부시 대통령 때문에 미국은 대공황 이후로 경제성장, 소득증가, 일자리 증가가 가장 낮았다. 그리고 미국인들은 부시의 장기 불경기가 단순한 경제주기가 아니라 장기적 하강이고 그 결과 빈약한 성장의 시기에도 우리가 가라앉고 있다는 것을 알고 있다. 부시정부의 급증하는 적자는 생산적 투자로부터 자본을 빼앗았다. 고리대부업자들이 나라를 희생시키면서 부자가 되었다. 주식시장은 3배 성장했지만, 평균소득은 그대로이고 우리 아이들의 빈곤은 더 늘었다.

　우리는 지난 12년간의 아무것도 하지 않는 정부(*do-nothing government*)와 번영을 위해 세금과 지출을 늘려야 한다는 큰 정부(*big government*) 이론 모두를 거부한다. 그 대신에 우리는 제3의 길(*third way*)을 제시한다. 우리가 언제나 일하는 남성과 여성을 우리 경제의 기반으로 보았듯이 기업을 고귀한 노력으로 영예롭게 하고 근로자의 능력을 강화하고 작업장을 혁신하고 환경을 존중하고 공동체에 잘 기여하는 기업과 독립 계약자를 위한 훨씬 더 좋은 풍토를 창출할 것을 공약한다.

　우리는 자유기업과 시장의 힘을 믿는다. 그러나 사람에 투자하는 국가적 경제전략 없이 경제성장은 가능하지 않다. 12년 동안 미국은 어떤 경제적 비전, 리더십, 전략도 없었다. 사람과 나라를 우선시 할 때이다.

▌미국에 대한 투자

미국의 번영을 위한 혁신적 토대를 놓는 유일한 방법은 공공과 민간의 투자 모두를 촉진하는 것이다. 우리는 예산적자와 투자격차 모두를 줄이기 위해 노력해야 한다. 우리의 주요 경쟁국들은 도로, 다리, 정보 네트워크, 미래의 기술에 우리보다 훨씬 더 많이 투자하고 있다. 우리는 교통, 환경기술, 국방력 전환, 국가정보네트워크에 더 많이 투자함으로써 미국을 재건할 것이다.

경제성장을 위하여 대통령과 의회는 절약된 국방비를 국내의 연구, 교육, 훈련 등에 재투자하는 것에 동의해야 한다. 이것은 지금 미래에 투자하는 얼마 안 되는 9%의 국가예산을 급격히 증가시킬 것이다. 우리는 과거와 현재에 쓰는 예산 부분과 별도로 우리를 더 부유하게 하는 투자를 위해 "미래 예산(future budget)"을 신설할 것이다. 민간부문을 위해 부자와 투기자의 엄청난 자본소득 횡재가 아니라 우리는 신기술과 신사업에 대한 장기투자자를 위해 투자세금공제(investment tax credit)와 자본소득공제(capital gains reduction)를 신설할 것이다.

▌혁신에 대한 지원

우리는 지금 일본과 독일에 뒤진 우위를 되찾을 것이다. 일본과 독일은 미국보다 더 많이 신기술에 투자하고 그에 따른 성장을 하고 있다. 우리는 연구개발세금공제(R&D tax credit)를 영구화하고 우리 미래의 핵심기술에 대한 기초연구를 2배로 증가시키고 핵심기술을 신속히 개발하기 위해 민간연구기관을 신설할 것이다.

▌적자

적자해소는 공동선을 위한 모든 미국인들의 공정하고 공유된 희생을 요구한다. 12년간의 공화당 통치기간 동안, 200년이 걸리는 국가 부채 규모가 4배로 증가했다. 지금 이 부채에 대한 이자의 증가가 7명 중 1명의 세금을 삼키고 있다. 공화당의 공급측면 재앙이 아니라 민주당의 투자, 경제전환, 성장전략이 경제성장으로부터 더 많은 세입을 만들 것이다. 우리는 또한 모든 것을 테이블에 올려놓고 지출문제를 다루어야 한다. 즉 비생산적 프로그램들을 없애고 국방비를 절감하고 급등하는 의료비를 통제하기 위해 수급권 프로그램들을 개혁하고 연방행정비를 4년 동안 매년 3% 줄이고 미국인의 평균급료의 성장률에 "현재의 예산" 증가를 연동시키고 새로운 비투자 지출에 엄격한 "성과기반지출" 원칙("*pay-as-you-go*"*rule*)을 적용하고 부자들이 공정한 세금 몫을 내도록해야 한다. 이 선택들은 노인들을 보호하고 영세민들을 희생시키지 않으면서 진행될 것이다. 이 적자축소 노력은 민간의 저축을 장려하고 예산 적자를 점차 해소하고 미국 경제의 건전성을 복원하는 재정정책을 가능하게 할 것이다.

▌국방력 전환

미국경제는 냉전종식으로 국방에서 방출된 사람과 자금 모두 필요하다. 우리는 국방력 전환에 반대하는 사람들, 즉 남녀 군인, 방위산업 근로자들이 새로운 시대를 최대한 활용하도록 도울 것이다. 우리는 지역사회, 기업, 근로자가 계획할 수 있는 시간을 충분히 갖도록 프로그램 변화에 대해 사전에 일찍 고시할 것이다. 우리는 퇴역군인을 존중하고 지원할 것이다. 퇴직한 군무원, 방위산업 근로자, 군수지원 직원은 직업 재훈련, 계속 교육, 직업 알선과 재배치 지원, 조기연금수당, 교직, 경찰 등의 중요한 민간분야로의 전직 인센티브를 활용할 것이다. 새로운 국립연구소와 민간연구기관이 중요한 민간기술 분야에 국방 과학자, 기술자, 전문가를 고용할 것이다. 중소방위업체는 민간시장으로의 전환을 돕는 기술지원과 전환 교부금과 대출을 받을 것이고 방위산업지역도 전환 계획과 이행에서 유사한 지원을 받을 것이다. 우리는 민간우주항공산업, 특히 환경부문을 강력하게 지원할 것이다.

도시

튼튼한 경제만이 미국의 도시를 활성화할 것이다. 도시가 다시 한번 열심히 일하는 가족들이 뿌리를 내리고 좋은 일자리, 양질의 보건서비스, 저렴한 주택, 훌륭한 학교를 찾을 수 있는 곳이 되는 것은 모든 미국인들의 관심사이다. 12년간의 태만한 공화당 통치 이후, 민주당은 미국의 도시를 재건하기 위해 새로운 파트너십을 창출할 것이다. 시장들과의 파트너십은 전국의 시장들이 제시한 7개항의 경제성장 이니셔티브(seven economic growth initiatives)의 고려사항에 포함될 것이다. 우리는 도심지 빈민가의 청년들을 위한 여름 일자리 이니셔티브(summer jobs initiative)와 훈련 프로그램을 실시하고 사람들을 일자리로 복귀시키기 위해 많은 자원을 투자함으로써 일자리를 창출할 것이다. 우리는 더 강한 지역사회 개발프로그램과 낙후도시의 맞춤형 재정지원을 지원한다. 국가 공공사업 투자와 기반시설 프로그램은 일자리를 제공하고 미국의 도시, 교외, 농촌 지역사회와 국가를 강화할 것이다. 우리는 맞춤형 기업지대(targeted enterprise zones)와 도시, 농촌 프로젝트에 투자하는 민간·공공 연금에 인센티브를 줌으로써 도심지 빈민가의 개발에 대한 투자를 촉진할 것이다. 계약금지지역설정(redlining)과 주택차별을 단속하는 한편, 우리는 또한 기업가와 개발 사업에 은행의 대출을 장려하는 지역사회재투자법(Community Reinvestment Act), 도시와 농촌의 소기업에 투자하는 지역사회개발은행(Community Development Banks) 전국 네워크, 복지의 대안으로 자영업을 하려는 영세민을 위한 영세기업 대출(*microenterprise lending*)을 지원하고 활성화할 것이다.

▎농업과 농촌 지역사회

미국의 수십만 가족농에 의해 생산되는 식량과 섬유가 공정한 가격을 받을 때, 생산자와 소비자를 막론하고 모든 미국인들이 이익을 얻는다. 미국의 풍부한 식량과 섬유를 당연시해서는 안 된다. 미국을 세계농업의 선두에 서게 했던 혁명은 독특한 민관 파트너십을 통해 이루어졌다. 과거 12년간, 공화당의 식량, 농업, 농촌개발정책을 특징지었던 무관심과 적대 때문에 미국 농촌은 위기에 빠졌다. 공화당의 농장정책이 야기한 비용은 엄청났고 기록적인 농촌 파산 수는 그 정책의 총체적 실패를 증명한다.

충분하고 지속가능한 농업경제는 재정적으로 책임 있는 프로그램들을 통해 성취될 수 있다. 가족농이 자신의 노동과 투자에 대한 공정한 보상을 받고 그 결과, 소비자가 안전하고 영양가 높은 식품을 구입하고 농촌 지역사회를 지속하기 위해 기초연구, 교육, 농촌사업개발, 시장개발, 기반시설에 대한 투자가 이루어지도록 보장하는 민관 파트너십(*private/public partnership*)을 다시 확립해야 할 때이다.

▎근로자의 권리

더 유연해지고 생산적이 되기 위해 미국의 작업장을 혁신해야 한다. 우리는 근로자의 권능을 강화하기 위하여 더 큰 권리를 주고 고용주가 직장의 위험에 책임지도록 직장안전법(*job safety laws*)을 개혁할 것이다. 우리는 작업장에서의 성희롱에 반대한다. 우리는 근로장려세(*earned income tax credit*)를 확대하여 전업노동을 하고 자녀가 있는 어떤 가족도 빈곤하게 살지 않게 함으로써, 가족농이 근로에 대한 공정한 보상을 받도록 함으로써, 농촌지역사회를 지속하기 위해 노력함으로써, 복지보다 근로를 더 가치 있게 함으로써, 노사분규에서 위협 또는 해직의 두려움 없이 근로자의 노조설립과 단체교섭 권리를 지원함으로써 근로윤리를 존중할 것이다.

▌평생학습

경쟁력 있는 미국경제는 세계시장에서 가장 잘 교육받고 가장 잘 훈련되고 가장 유연한 노동력을 필요로 한다. 학교에 더 많이 지출하는 것으로는 충분하지 않다. 우리는 성과를 강조해야 한다. 우리는 사립학교 바우처(private school vouchers)를 통해 민주주의의 기반인 공립학교를 파산시키려는 부시 정부의 노력에 반대한다. 어린이들이 학습준비가 되어 학교에 입학할 수 있게 하기 위해 우리는 아동보건영양프로그램(child health and nutrition programs)을 확대하고 헤드스타트(Head Start)[1]를 자격 있는 모든 아동들에게 확대하고 양질의 저렴한 육아를 모든 아동들이 받을 수 있도록 보장할 것이다. 우리는 전국적으로 공립학교 간의 심각한 불평등을 개탄하며 모든 아동들이 세계적 수준의 교육을 받을 균등한 기회가 있다고 믿는다. 이 목적에 자원을 재할당하는 것이 우선순위여야 한다. 우리는 차별에 대한 강력한 보호와 함께 현장기반의 사결정(site-based decision-making)과 공립학교의 선택 등의 교육개혁을 지원한다. 우리는 90%의 졸업률을 달성하고 중퇴를 종식시키는 프로그램을 지원한다. 우리는 교육기술에 투자하고 수학, 과학 등 핵심과목에서 세계적 수준의 표준을 확립하고 이에 부응하는 효과적인 시험을 지

---

1) 헤드스타트는 미국의 저소득 가정의 미취학 아동을 지원하는 교육, 보건, 영양 등의 종합프로그램이다.

지한다. 등록된 도제프로그램이 없는 곳에서 우리는 대학미진학자가 기술을 익혀 일자리를 쉽게 얻을 수 있게 하기 위해 국립도제방식의 프로그램(*national apprenticeship-style program*)을 채택할 것이다. 신경제에서 기회는 평생학습(*lifelong learning*)에 의존할 것이다. 우리는 모든 미국인이 읽고 쓸 줄 알도록 지원할 것이다. 우리는 기업이 회사운영만이 아니라 모든 근로자의 훈련에 투자하도록 요청할 것이다.

▎국민봉사 지원법

지난 12년간 급등하는 학비와 중산층의 소득하락 때문에 수백만의 미국인들이 고등교육을 받을 수 없었다. 학자금대출제도의 운영을 혁신할 때이다. 우리는 가족소득과 관계없이 입학시험에 합격한 모든 학생들이 대학을 다닐 수 있도록 할 것이다. 국민봉사 지원법(Domestic G.I. Bill)[2] 덕분에 모든 미국인들은 소득의 일부분으로 장기상환을 하거나 지역사회를 위해 국민봉사(*national service*)를 한다면 대학 학비를 빌릴 수 있다.

▎저렴한 보건서비스

모든 미국인들은 특권이 아니라 권리로서 양질의 저렴한 보건서비스를 보편적으로 이용해야 한다. 이것은 의료비에 대한 엄격한 통제를 요구한다. 의료비가 물가인상보다 2-3배 더 상승하면서 미국 가정과 기업을 경악시키고 수백만 명의 의료를 박탈하고 있다. 우리는 의료비를 통제하고 저렴하게 하고 의료공급자의 질과 선택을 보장하고 사전조건과

---

[2] G.I는 모든 보급이 관급품(government issue)인 군인을 가리키고 G.I. Bill은 루스벨트 대통령이 2차 대전 참전 군인에 대한 지원을 목적으로 만든 제대군인 원호법이다. 이 법의 취지는 시민의 책임을 이행하면 기회를 주겠다는 것이다. Domestic G.I. Bill은 제대군인 원호법의 취지를 살려 군인만이 아니라 경찰, 교사 등 국내에서 책임을 이행한 시민에게 기회를 줌으로써 국민봉사를 장려하는 것을 목적으로 한다. 이는 제3의 길의 '책임 없이 권리 없다'는 정신을 실현하는 한 방법이다.

무관하게 모든 미국인들이 의료보험에 가입할 수 있게 하고 낭비, 관료제, 남용을 제거하고 아동 예방접종을 포함한 1차 예방 의료와 지금 도시에서 창궐하는 결핵 등의 질병 예방을 향상하고 음식과 건강 간의 관계에 대한 교육을 확대하고 정신건강 치료서비스를 확대하고 보건소에 대한 지원을 통해 안전망을 제공하고 교육, 상담, 피임, 안전하고 합법적인 낙태의 권리를 포함한 완전한 임신선택권을 제공하고 의학연구를 확대하고 재택의료를 포함한 더 장기적인 의료를 제공하는 독특한 미국의 의료서비스체계 개혁법을 제정할 것이다. 우리는 유방암의 유행을 우선적으로 끝내고 유방, 자궁, 난소암, 불임, 임신 등 여성의 특수질병에 대한 연구를 확대할 것이다. 우리는 에이즈에 대한 전쟁을 선포하고 국립에이즈위원회(National Commission on AIDS)의 권고를 이행하고 라이언 화이트 의료법(Ryan White Care Act)[3]에 자금을 전면 지원할 것이다. 정직한 맞춤형 예방 캠페인을 전개하고 에이즈 관련 차별을 없애고 모든 감염자가 이용할 수 있는 약물치료법을 개발하고 양질의 의료를 보장하고 치료와 백신에 대한 임상실험을 확대하고 식품의약국(FDA)의 의약승인절차를 신속하게 할 것이다.

▎공정성

성장과 평등은 병행한다. 사람들은 그들의 지불능력에 따라 사회의 공동비용을 공유해야 한다. 지난 10년간 중산층이 치솟는 지불급여세 등을 과도하게 부담했다. 우리는 부자가 공정한 세금 몫을 내게 함으로써 중산층 미국인의 세금부담을 경감할 것이다. 우리는 자녀가 있는 가족이 오랫동안 지연된 세금경감을 받을 수 있도록 할 것이다. 기회를 확

---

[3] 라이언 화이트 의료법은 수술 중 우연히 에이즈에 걸려서 에이즈 관련 차별 투쟁을 한 십대 소년의 이름을 딴 법으로 에이즈에 걸린 저소득 보험미가입자에 대한 지원법이다.

대하기 위하여 우리는 공정한 대출관행을 지원할 것이다.

▎ 에너지 효율과 지속가능한 발전

우리는 에너지 효율과 환경보호가 경제성장의 적이라는 공화당의 신화를 거부한다. 우리는 에너지를 더 적게 사용하고 외국산 석유에 대한 의존을 줄이고 유독성 고체폐기물을 더 적게 생산함으로써 미국 경제를 더 효율적으로 만들 것이다. 우리는 강력한 대중교통 지원과 함께 교통종합정책을 채택하고 효율적인 대체연료 자동차를 장려하고 청정 천연가스의 이용을 늘리고 청정 석탄기술을 장려하고 새로운 에너지 자원에 대한 연구개발에 투자하고 공기와 수질오염에 대한 예방을 강화하고 국내산 석유와 가스 이용에 대해 인센티브를 제공하고 환경보호, 오염예방, 재활용을 장려하는, 세입에 무해한 인센티브를 줄 것이다.

▎ 민권과 평등권

우리는 한 명의 미국인도 버리지 않을 것이다. 민주당은 미국인이 능력과 무관한 인종, 성, 언어, 출신국가, 종교, 연령, 장애, 성적 취향 등에 근거해서 차별당하거나 권리가 박탈당하지 않도록 계속해서 지도할 것이다. 우리는 남녀평등 헌법수정안(Equal Rights Amendment)의 추인, 차별철폐조치(*affirmative action*), 투표에 대한 언어적 접근을 포함한 인종적, 민속적 소수자의 투표권에 대한 더 강력한 보호, 차별적인 영어 공용어 압력집단에 대해 계속적으로 반대한다. 우리는 민권집행에 대한 부시 정부의 공격을 역전시키고 그 대신 민권집행 기제를 구축하고 활발하게 사용할 것이다. 우리는 여성의 동등한 치료를 지원하고 증오범죄(*hate crimes*)를 적극적으로 기소하고 영세민을 위한 법률 서비스를 강화하고 출신지와 무관하게 모든 미국인이 외교정책 분쟁의 희생자가 되지 않도록 보장하고 게이와 레즈비언의 민권을 보호하고 국방부의 차별을 종식시키고 인디언의 문화와 미국의 인디언보호조약을 존중하고 미국정부가 하와이 거주자, 특히 하와이 원주민에 대한 신탁통치 의무를 준수하도록 요구하고 장애인들이 독립과 기능을 최대한 성취하도록 장애인평등법(Disability Act)을 완전히 집행할 것이다.

자치주와 영토

우리는 푸에르토리코(Puerto Rico)의 기존 자치주(Commonwealth) 지위와 푸에르토리코와 미국 간의 강력한 경제적 관계를 인정한다. 우리는 푸에르토리코 자치주민들이 미국의회와의 협조하에 미국과의 관계에서 강화된 자치주 또는 주 또는 독립국가가 되는 것을 자유롭게 선택할 권리를 지지한다. 우리는 연방 프로그램에서 푸에르토리코의 공정한 참여를 지지한다. 우리는 미국령 사모아, 괌, 북마리아나제도(Northern Mariana Islands), 버진제도(Virgin Islands) 사람들이 연방정책에서 공정하게 대우받고 그들의 경제적, 사회적 발전을 지원할 것을 공약한다. 우리는 그들과 팔라우(Palau) 사람들이 미국과의 미래 관계를 자유롭게 결정하고 그들에게 직접적으로 영향을 미치는 이슈와 정책에서 의견을 개진할 권리를 존중한다.

Ⅱ. 책임

60년 전, 프랭클린 루스벨트(Franklin Roosevelt) 대통령은 대공황의 도탄에 빠진 국민에게 희망을 주었다. 그는 말했다. 정부는 모든 미국인들에게 앞으로 나아갈 기회를 약속해야 하지만 이 기회를 최대한 활용하는 것은 사람들의 책임이다. "미국에 대한 신념은 우리가 오랜 사회적 계약의 새로운 조항들을 인정할 것을 요구한다. 위대한 희망의 힘으로 우리 모두는 공동의 짐을 짊어져야 한다."

12년 동안 공화당은 공공제도에 너무나 적은 것을 기대했고 우리 국민을 너무나 적게 믿었다. 우리는 냉담하게 아무것도 하지 않는 공화당의 태만이나 만능처방으로서의 프로그램에 대한 낡은 믿음에 근거하지 않는 새로운 사회계약을 제공한다. 우리는 정부를 규칙을 지키는 시민의 편에 다시 서게 하기 위하여 낡은 접근들을 넘어서는 제3의 길을 지지한다. 우리는 정부가 말하고 행동함으로써 다시 한번 국가적 목적의 도구로 책임을 다해야 한다고 믿는다. 하나의 국민으로서 우리의 미래는 모든 계층을 포괄하는 수백만 명의 미국인들이 갖고 있는 일상적인 개인적 책임, 즉 그들이 믿는 종교적 신앙, 그들이 실천하는 윤리, 그들이 주입하는 가치, 그들이 직장에서 가지는 긍지에 의존한다.

▍가족의 강화

정부가 아이들을 기르는 것이 아니라 부모들이 기른다. 아이들을 이 세상에 보낸 부모들은 아이들을 보살피고 가치, 동기, 기율을 주어야 할 책임이 있다. 아이들이 아이들을 가져서는 안 된다. 우리는 무책임한 부모들을 국가적으로 단속하고 아동지원집행체계를 전국적으로 효율화하고 모든 아동에 대한 아버지의 역할을 체계적으로 확립해야 한다. 우리는 또한 동일임금을 통해 부모들이 강한 가정을 만드는 것을 더 쉽게 해야 한다. 육아휴가와 병가휴가는 근로자가 가정과 일 간에 선택할 필요가 없도록 보장할 것이다. 우리는 가정위기에 대한 예방서비스와 보호를 제공함으로써 아동학대와 부부학대를 줄이는 가정보호프로그램(family preservation program)을 지원한다. 우리는 근로가족을 위한 양질의 저렴한 육아 기회와 모든 아동의 공정하고 건강한 출발을 보장한다.

우리는 기아 예방, 적합한 소득, 교통 이용, 학대 예방을 포함하는 노인의 생산적이고 건강한 삶의 필요를 지원한다.

복지는 생활방식이 아니라 재기(second chance)여야 한다. 우리는 일할 수 있는 사람은 복지에 영원히 의존해서는 안 되고 일하는 사람은 빈곤하게 살아서는 안 된다는 두 가지 단순한 원리에 충실함으로써 복지의 반복을 깨뜨리기를 원한다. 우리는 스스로 도울 수 없는 사람들을 계속 도울 것이다. 우리는 복지수급권자에게 새로운 사회적 계약을 제공할 것이다. 우리는 교육과 직업훈련에 투자하고 복지수급권자가 일하러 가고 장기적으로 자조를 성취하는데 필요한 육아와 의료서비스를 제공할 것이다. 우리는 그들이 복지에서 일로(from welfare to work) 이행하는데 필요한 도움을 제공하고 일할 수 있는 사람이 민간부문이나 지역사회 서비스의 준비된 일자리에서 2년 안에 일하도록 요구할 것이다. 이것은 복지가 원래 의미했던 약속, 즉 어려움을 당한 사람들을 위한 잠정적인 도움이라는 약속을 복원하는 것이다.

▎선택

민주당은 지불능력과 상관없이 로 대 웨이드 재판(Roe v. Wade)[4]과 일관되게 모든 여성의 선택권과 이 권리를 보호하는 연방법을 지지한다.

정부가 아니라 미국인 개인이 임신과 관련된 가장 어렵고 심각한 개인적 결정을 할 책임을 가장 잘 맡을 수 있다는 것은 근본적인 헌법적 권리이다. 미국의 목적은 낙태를 더 어렵고 더 위험하게 하는 것이 아니라 덜 필요하게 하는 것이 되어야 한다. 우리는 피임연구, 가족계획, 종합적인 가정생활교육, 건강한 자녀양육을 지원하고 부모들이 아이들을

---

4) 1973년, 로 대 웨이드(Roe v. Wade) 재판에서 미연방대법원은 임신 6개월 이전에는 헌법상 낙태의 권리를 가진다고 판결했다. 이때는 대부분의 주에서 여성이 생명의 위협을 받는 상황에서조차 낙태를 허용하지 않고 있었다.

가장 효과적으로 돌볼 수 있게 하는 정책들을 지지한다.

▍학교 정상화

　교육은 모든 사람들이 개인의 책임을 받아들이고 실천할 때만 성공할 수 있는 협력적 사업이다. 학생은 학교에 다니고 최선을 다해야 한다. 부모는 자녀의 교육에 신경 써야 한다. 교사는 교실에서의 능력을 얻고 유지하고 증명해야 한다. 학교운영자는 높은 수준의 기율과 교육을 성취해야 한다. 정부는 학군 간에 교육적 게토(educational ghettos)를 창출하는 불평등을 종식하고 만인을 위한 균등한 교육기회를 제공하고 교사의 급료가 교사의 능력에 따라 올라가도록 보장해야 한다. 그리고 미국인들은 교육을 미국 경제, 민주주의, 사회의 핵심으로 인식해야 한다.

▍노사 책임

　민간부문은 미국 경제의 엔진이고 국부의 주요 원천이다. 그러나 민간부문의 사람들이 최대한 돈을 벌도록 만드는 것만으로는 충분하지 않다. 1980년대 내내 가장 무책임한 사람들은 사다리의 꼭대기에 있는 사람들, 즉 국가는 생각하지 않고 자신들만 챙기는 내부 주식거래자들, 불로소득 예술인들, 저축대부조합 우두머리들(S&L kingpins)이었다. 미국의 기업지도자들은 자국에 투자할 책임이 있다. 평균 근로자보다 100배 더 많이 받는 CEO들은 성과와 무관하게 크게 인상된 봉급을 받아서는 안 된다. 기업이 경영진에 과도하게 많은 봉급을 주고 미래에 덜 투자하고 해외에 일자리를 이전한다면 특별대우와 세금감면을 받아서는 안 된다. 경영진은 종업원과 함께 작업장을 더 안전하고 더 만족스럽고 더 효율적으로 만들어야 한다.

　근로자들도 또한 신경제에서 부가된 책임을 받아들여야 한다. 기업성공에서 더 큰 목소리와 몫에 대한 보답으로 근로자들은 생산성, 유연성, 품질을 높이는 협력적 노력에 함께할 준비를 해야 한다. 노사에서 정부의 중립성은 공화당 정부가 의도적으로 무력화시켰던 단체교섭에 대한 중립성을 의미할 수 없다. 미국의 경제성장은 갈등을 초래할 수 있지만 노사가 함께 공동이익을 추구하는 단체교섭을 포함한 과정들에 의존한다.

▌환경에 대한 책임

우리 자신과 미래 세대를 위해 우리는 환경을 보호해야 한다. 우리는 원시림과 보존 서식지를 보호하고 습지에 대한 진정한 "순손실 제로(*no net loss*)"정책을 실시하고 유독성 화학물에 대한 의존을 줄이고 토양, 물, 공기의 중요한 자원을 보호하고 환경적으로 중요한 지역에서 새로운 해양굴착과 광물탐사·생산을 반대하고 석유와 유독성 폐기물 방출을 줄여 해양오염을 해결할 것이다. 우리는 미국 청년들이 민간환경보호단(*civilian conservation corps*)을 통해 국가에 봉사할 것이라고 믿는다. 공중보건을 위해 우리는 연방시설에서 환경위험물을 제거하고 민간 오염자가 자신의 유독성 폐기물을 제거하고 환경범죄자를 적극 기소할 것이다. 우리는 경쟁력의 미명하에 대기오염방지법(Clean Air Act)을 무력화하려는 공화당의 시도에 반대할 것이다.

우리는 고형 폐기물(*solid waste*)의 양을 줄이고 과도한 포장지 사용을 억제하고 재활용 재료의 사용을 장려할 것이다. 과거의 실수를 피하기 위해 우리는 에너지 효율, 재활용, 오염예방 전략을 적극적으로 지원할 것이다.

▌책임 정부

1992년에 민주당은 가장 어렵고 긴급한 적자와 경제성장의 문제들을 해결하면서 책임 정부를 달성함으로써 정부 내의 혁명을 지도할 것이다. 낡은 프로그램들에 돈을 쓰는 것이 아니라 우리는 불필요한 관리층을 제거하고 행정비용을 줄이고 국민들에게 그들이 받는 서비스에 대한 더 많은 선택을 제공하고 이 선택을 할 수 있도록 그들의 능력을 강화할 것이다. 모든 수준에서 정부의 더 큰 책임을 촉진하기 위해 우리는 연방명령을 완수하고 기존 프로그램을 수행하는데 있어 시, 군, 주에 더 큰 유연성을 부여할 것이다.

책임 공무원

정부의 모든 부서는 국민이 지키는 법을 지키고 공적 신뢰를 얻는 공개된 방식으로 공무원의 봉급을 정하고 특권을 제거해야 한다. 공무원은 그들이 대표하는 사람들에게 다가가야 한다. 미국 정치가 큰 돈이 들지 않고 국민들이 참여할 수 있도록 선거자금제도를 개혁할 때이다. 우리는 전반적인 선거자금 지출과 정치활동위원회(PACs)의 과도한 역할을 제한해야 한다. 우리는 보편적 동일 등록(universal same-day registration)과 같이 유권자들을 확대하는 새로운 유권자등록법이 필요하고 이와 함께 공무원의 완전한 정치적 권리를 보호하고 공중파 방송이 진정으로 시민들에게 후보와 정책의 선택에 대한 정보를 줄 수 있도록 보장하는 새로운 규제도 필요하다. 그리고 우리는 주의 지위(statehood status)를 받을 수 있고 받아야 하는 컬럼비아 특별구(District of Columbia)를 포함해서 미국의 모든 지역에서 공정한 정치적 대표가 필요하다.

Ⅲ. 공동체 복원

미국 민주주의의 성공은 우리의 공동체 제도, 즉 가족과 이웃, 공립학교, 종교제도, 자선조직, 시민단체 등 자발적 조직의 힘에 실질적으로 의존한다. 이 사회적 네트워크에서 우리가 자치의 습관과 기술을 배우듯이 미국 시민의 가치와 성격이 형성되고 시민으로서 우리의 공동 권리와 책임에 대한 이해가 습득된다.

12년간의 공화당 통치기간 동안, 우리를 함께 묶었던 상호의존과 의무의 정신이 붕괴되었다. 공화당 지도자들은 미국인들이 공적 책임을 무시하고 내향적이고 사적 이익을 추구하도록 촉구했다. 인종, 민속, 성에 근거한 정치를 함으로써 공화당은 우리를 서로 분열시켰고 비난, 거부, 공포의 분위기를 창출했고 평등과 공정성을 위한 어려운 싸움을 하지 않았다.

우리의 공동체는 정부와 시장 사이에 위치한 중요한 "제3섹터(*third sector*)[5]"를 형성한다. 미국의 문제들을 풀기 위해 필요한 지혜, 에너지, 자원은 정부에 집중된 것이 아니라 지난 10년간 급격히 성장한 미국의 비영리부문(*non-profit sector*)을 포함하는 우리의 공동체 도처에서 발견될 수 있다. 정부의 최선의 역할은 국민들과 공동체가 그들 자신의 문제들을 풀 수 있게 하는 것이다.

미국의 특별한 재능은 독특하고 다양한 배경들을 가진 사람들로부터 공유된 가치의 공동체를 형성하는 것이었다. 포용의 정당(*party of inclusion*)으로서 우리는 미국이 세계에서 가장 크고 가장 성공적인 다민속, 다민족 공화국으로 출현한 것에 특별한 자긍심을 갖는다. 우리는

---

[5] 제3섹터는 제1섹터인 정부, 제2섹터인 시장과 다른 비영리부문 또는 시민사회를 지칭한다.

반유대주의, 인종주의, 동성애 혐오, 편협함 등 모든 종류의 부정적 낙인을 비판한다. 우리는 모든 미국인들이 우리 문화유산의 다양성을 이해하도록 도와야 한다. 그러나 우리가 미국을 자유와 만인의 기회의 땅(*land of freedom and opportunity for all*)으로 만들었을 때, 이 모자이크 사회를 유지했던 공동 요소들을 보존하고 우리들의 아이에게 전달하는 것이 또한 필수적이다.

공화당의 태만과 전통적 지출 프로그램 모두 이 도전들에 적합하지 않다는 것이 입증되었다. 민주당은 근로, 가족, 개인적 책임을 강조하고 빈곤과 의존으로부터 스스로를 자유롭게 할 수 있도록 미국인의 능력을 강화하는 새로운 길을 추구한다. 우리는 시민사회의 제도를 뒷받침하고 미국의 문제를 해결하려는 민간 기획(*civic enterprises*)을 새로이 강조한다. 공동의 협력적 노력을 통해 우리는 우리의 공동체를 재구축하고 미국을 전환시킬 수 있다.

▌ 범죄와 마약에 대한 전쟁

범죄는 우리 공동체에 대한 끊임없는 위협이다. 지난 10년간 범죄는 놀랄 정도로 미국을 휩쓸었다. 1980년대에 베트남에서 죽은 숫자보다 4배 많은 20만 명 이상의 미국인들이 살해되었다. 폭력범죄는 1988년 이후로 16% 이상, 1975년 이후로 거의 2배 증가했다. 오늘날 미국에서 살인은 25분마다, 강간은 6분마다, 강도는 10초마다 일어난다. 범죄에 대한 광범한 공포는 미국의 공적 생활을 손상시키고 자유를 축소시키고 있다.

영세민이 가장 큰 고통을 받고 있다. 암담한 전망과 마약과 신형무기가 뒤섞여 많은 도심지 빈민가가 전쟁터가 되었다. 결과적으로 범죄는 도심지 빈민가를 괴롭히는 극심한 빈곤과 타락의 징후일 뿐 아니라 주요한 원인이다.

미국 지역사회의 능력을 강화하기 위하여 민주당은 정부를 범죄가 만연한 지역사회의 기본적인 법과 질서의 유지자로 복원할 것을 약속한다. 미국 도시의 질서를 회복하는 가장 단순하고 직접적인 방법은 길거리에 더 많은 경찰을 배치하는 것이다.

미국 경찰은 범죄와의 전쟁에서 불균등한 상태에 있다. 1951년 이후로 범죄를 수사하는 경찰관의 비율이 3대1에서 1대3으로 역전되었다. 우리는 경찰단(Police Corp)을 창설할 것이다. 경찰단 참가자는 졸업 후, 주 또는 지방의 경찰국에서 몇 년간 복무한 대가로 대학 학비를 지원받을 것이다. 우리가 사람과 자원을 국방에서 민간경제로 이전함에 따라 전역하는 군인을 위해 새로운 경찰관 일자리를 창출할 것이다.

우리는 약물 중독자를 위한 마약 상담과 치료를 확대하고 약물과 알코올 중독의 위험에 대한 어린이 조기교육을 강화하고 길거리에서 호화주택까지 모든 곳에서 마약수요를 억제함으로써 세계 인구의 2%를 차지하는 미국이 세계의 불법적 마약의 50%를 소비하지 않도록 할 것이다.

▎지역이웃 경비치안

지역이웃과 경찰은 범죄와의 전쟁에서 파트너가 되어야 한다. 민주당은 더 많은 지역이웃 경비치안(community policing)을 지원한다. 지역이웃 경비치안은 도보순찰과 상점 앞 방범초소를 이용하여 도시의 근린지역에서 경찰관이 항상 보일 수 있게 한다. 우리는 길거리 폭력을 방지하고 신뢰구축을 강조하고 범죄를 야기하는 문제들을 해결할 것이다.

▎총기

미국 도시에서 무기시장을 폐쇄해야 할 때이다. 우리는 치명적인 공격용 총기의 소유, 판매, 수입, 제조를 금지하는 공격용 총기의 통제뿐만 아니라 권총 구입 시, 신원확인을 위한 적당한 대기시간을 지지한다. 우리는 합법적인 사냥과 스포츠 목적의 무기를 제한하려는 시도를 지지하지 않는다. 우리는 총기규제법을 위반하는 모든 사람들에 대한 신속하고 확실한 처벌과 총기사용 범죄자에 대한 더 강력한 판결을 지지한다. 우리는 또한 총기 암시장을 폐쇄하고 아동에게 총기를 파는 사람들을 엄하게 처벌할 것이다.

▋ 모든 범죄에 대한 적극적 추적

미국 사법제도의 편파성에 대한 가난한 지역사회의 냉소를 야기하는 화이트칼라 범죄에 대한 공화당의 자비와 정반대로 민주당은 공적 신뢰를 배신하거나 금융시장을 조작하거나 예금주의 돈을 오용하거나 고객을 사취하는 자들을 추적하고 처벌하는 노력을 배가할 것이다.

▋ 여타 이니셔티브

민주당은 또한 초범에 대한 지역사회 봉사와 신병 훈련소 입소, 강간범에 대한 더 강력한 처벌, 범죄 희생자가 복잡한 형사재판에 고통 받지 않도록 보장하는 희생자 보호 진술과 손해배상, 폭력학생에 대한 대안적 학교 등의 학교 안전조치를 포함하는 혁신적 판결과 처벌 옵션들을 지지한다.

▋ 영세민의 능력강화와 중산층의 확대

우리는 1988년 가족지원법(Family Support Act)에서 규정된 생계의존에서 근로, 가족, 개인적 이니셔티브와 책임으로의 새로운 방향을 가속화해야 한다. 우리는 근로를 장려하기 위해 저소득자의료보조(Medicaid) 등의 수급조건을 개선하고 저소득자 가정이 자산을 모을 수 있도록 특별저축계좌(special savings accounts)를 신설하고 대부를 공정하게 하고 최저임금을 물가인상과 연동하고 청년직업훈련단(Job Corps)을 확대하고 개인저축 1,000달러 복지수급한계와 같은 가족해체를 촉진하고 개인의 노력을 벌주는 복지규칙을 폐지할 것이다.

▌이민

새로운 사람, 아이디어, 생활방식이 미국 모자이크의 부분이 되면서 이민자의 나라로서 미국은 활성화되었다. 민주당은 공정성, 비차별, 가족상봉을 촉진하고 언론, 결사, 여행의 헌법적 자유를 반영하는 이민법을 지지한다.

▌주택

안전하고 튼튼한 주택은 지역사회와 가족 제도에 필수적이다. 우리는 근로가족의 주택소유를 지원하고 알맞은 모기지 신용(mortgage credit)을 장려하는 정책을 통해 이 공약을 존중할 것이다. 우리는 또한 저렴한 저소득 주택을 개선하고 유지하고 확대함으로써 무주택 문제에 대처해야 한다. 우리는 임차인의 관리와 소유를 지원하여 공공주택 거주자들이 자신의 주택을 관리하고 소유권을 얻을 수 있게 할 것이다.

▌국민봉사

우리는 시민들이 서로와 지역사회와 국가에 봉사할 새로운 기회를 창출할 것이다. 수십만 명의 자원봉사자를 동원함으로써 국민봉사(national service)는 지역사회의 미해결문제들을 해결하는데 일반시민들의 역할을 증대할 것이다.

▌예술

우리는 정치적 조작으로부터 자유롭고 표현의 자유를 보장하는 수정헌법 제1조에 굳게 뿌리 밖은, 국립예술기금(National Endowment for the Arts)을 포함한, 예술에 대해 공적으로 지원해야 한다는 것을 믿는다.

Ⅳ. 국가안보 유지

지난 4년 동안, 부시 정부의 외교정책이 부식된 결과, 미국은 과거에 안주하고 미국의 가치와 결별하고 변화를 두려워하고 도전에 맞설 수 없었다. 부시 대통령하에서 위기는 예방되기보다 관리되었다. 미국은 사담 후세인과 같은 독재자들을 막는 것이 아니라 구애했고 세르비아의 구유고연방 국가들에 대한 공격에 엄격하게 대응하는 것이 아니라 소심하게 대응했고 인권유린자들을 제재하는 것이 아니라 보상했고 환경을 보호하는 것이 아니라 망각했고 세계경제에서 미국의 경쟁력을 강화하는 것이 아니라 약화시켰다. 변화하는 세계의 도전에 대응할 미국의 새로운 리더십이 필요한 때이다.

2차 세계대전이 끝났을 때, 미국의 힘은 폭정을 물리쳤고 미국의 재능은 대공황을 극복했다. 트루먼 대통령하에서 미국은 어려운 도전에 대한 대담한 접근방식으로 세계안보를 재규정하고 나토와 한국에서 공산주의를 봉쇄하고 국제연합 등의 기구를 통해 평화를 구축하고 새로운 다자간 제도를 통해 세계의 경제적 안전을 진전시키면서 새로운 시대로 세계를 이끌었다.

거의 50년 후에 미국은 역사의 또 다른 전환점에 서있다. 공산주의의 붕괴는 미국의 국익에 대한 위험 또는 위협의 종식을 의미하지 않는다. 그러나 이것은 진정 우리 미래를 더 안전하고 번영하게 할 수 있는 유례

없는 기회를 주고 있다. 다시 한 번 우리는 새로운 시대의 벽두에 세계적 리더십에 대한 매력적인 비전을 명확히 해야 한다.

▍군대의 구조조정

미국은 세계의 군사최강국이며 계속 그래야 한다. 미국 군대의 탈냉전 구조조정에서 생긴 절약은 부시 정부가 약속한 것보다 훨씬 많지만 이 구조조정은 안보에 대한 미래의 위협에 대응할 능력을 손상하지 않고 달성되어야 한다. 1990년대를 넘어서는 군대 구조는 네 가지 초석 위에 구축되어야 한다.

첫째, 우리가 무기통제협상 등 상호행동을 통해 핵무기를 감축함과 함께 모든 위협을 방지하기 위한 존속할 수 있는 핵무기.

둘째, 우리의 사활적 국익이 위협받는 곳에 군사력을 투사할 수 있는 재래식 무기. 이것은 나토에 대한 우리의 책임을 다하는 동시에 유럽에서 미군의 규모를 축소하고 독재자, 테러리스트, 국제마약밀매자, 지역 전체의 평화를 위협할 수 있는 국지적 무력분쟁에 의한 미국 안보의 새로운 위협에 대처하는 신속전개능력을 강화하는 것을 의미한다.

셋째, 미군을 세계최강으로 만드는 두 가지 특징, 즉 군인과 기술 우위의 유지. 이 특징들은 분쟁을 단축하고 미국인의 생명을 구하는 데 결정적이다.

넷째, 새로운 갈등을 야기할 수 있는 경제적, 정치적 조건들에 대한 훨씬 더 정교하고 시기적절하고 정확한 분석에 의해 재조정된 정보능력이다.

▍군사력의 사용

미국은 사활적 국익을 방어하기 위해 결정적으로 군사력을 사용할 태세를 갖추어야 한다. 새로운 시대에 집단안보의 부담은 공정하게 공유되어야 하고 미국은 국제연합 등의 국제적 노력을 통한 다자간 평화유지를 촉진해야 한다.

▎분쟁예방과 봉쇄

미국의 정책은 군사적 위협에 대응할 뿐 아니라 예방하는데 초점을 맞추어야 한다. 핵무기 등 대량살상무기가 확산되는 것을 막기 위해 미국은 핵무기와 화학무기 기술을 퍼뜨리는 기업에 대해 새로운 엄격한 국제적 노력을 지도하고 국제원자력기구(International Atomic Energy Agency)를 강화하고 국제적 제한을 위반하는 정부에 대해 강력한 제재를 가해야 한다. 포괄적 핵실험 금지(Comprehensive Test Ban)는 미국의 가장 큰 미래 안보위협이 될 수 있는 다른 나라들로 핵무기가 확산되는 것을 방지하는 능력을 강화할 것이다. 우리는 분쟁지역으로 위험하고 파괴적인 재래식 무기가 유입되는 것에 대해 강력한 국제적 제한을 촉구해야 한다. 북한이 남한에 대한 위협으로 존재하는 한, 주한미군은 유지되어야 한다.

▎미국의 경제적 리더십 복원

미국이 국내에서 약하다면 해외에서 강할 수 없다. 미국의 세계적인 경제적 리더십을 복원하는 것은 국가안보정책의 중심요소가 되어야 한다. 이전에는 국가의 힘이 군사적 의미로 규정되었지만 지금은 또한 근로자의 기술, 경영자의 상상력, 기술의 힘으로도 측정된다.

우리가 정부, 노동, 기업의 파트너십을 통해 경제재건을 위한 국가적 계획을 발전시키고 이를 추구하지 않으면 우리와 경쟁하고 성장하는 국가들에 뒤쳐질 것이다. 문제는 미국의 일자리, 생활수준, 삶의 질이다.

경제적 힘, 즉 진정한 국가안보는 건전한 국내 경제에 근거한다. 그러나 우리가 전 세계 사람들의 인권을 인정하고 생활수준을 향상하는, 활기차고 팽창하는 세계경제의 구성원이 되지 않는다면 국내에서 강력해질 수 없다. 이것은 미국인을 위한 양질의 고소득 일자리를 창출하기 위해 결정적으로 중요하다.

무역

미국정부는 공정한 세계무역을 주장하는 한편, 무역확대를 위해 노력해야 한다. 수출을 장려하고 농산물 등의 무역을 확대하고 주요 경쟁국들의 생산품, 서비스 분야 시장을 개방하고 호혜적 접근을 달성함으로써 미국의 국익을 지키기 위해 노력해야 한다. 이것은 가장 심각한 문제들에 대해 무역을 미국의 지레대로 삼는 새로운 권한을 포함한다. 미국정부는 또한 불공정 무역에 대해 미국법을 엄격하게 집행해야 한다.

무역협정

다자간 무역협정은 세계무역을 확대함으로써 미국의 경제적 이익을 진전시킬 수 있다. 북미자유무역지대(North American Free Trade Area, NAFTA)에 대한 협상 또는 관세 및 무역에 관한 협정(GATT)의 체결에서 미국정부는 환경, 보건과 안전, 노동기준에 대한 우리의 정당한 관심이 포함되는 것을 보장해야 한다. 일자리가 영향 받는 미국 근로자들은 효과적인 조정 지원의 혜택을 받아야 한다.

민주주의 촉진

베이징에서 탱크 앞에 서 있던 영웅과 모스크바의 탱크 위에 서 있던 지도자 같은 용감한 남성들과 여성들이 전 세계 민주화 대오에 생명을 바치고 있다. 그러나 구소련, 중국, 발틱해 연안국, 남아공에서 민주주의의 파도가 높아질 때만 마지못해 이 정부들은 현상유지를 포기했고 자유를 위한 투쟁을 받아들였다.

민주주의에 대한 지원은 미국의 이상과 국익에 기여한다. 세계가 민주화될수록 더욱 더 평화적이고 안정적이다. 민주주의를 위해 개입하는 미국 외교정책은 효과적으로 착수되어야 한다.

▌신생 민주주의국가

동구와 구소련에서 아직은 약한 신생 민주주의국가가 자유시장과 민주주의 제도를 구축할 수 있도록 지원하는 국제적 노력은 이 사회들을 비군사화하고 경제를 세계무역체계에 통합하는 것이다. 발틱해 연안국과 구소련 국가들의 새로운 민주정부를 승인하는데 너무 오래 걸렸던 부시정부와 달리, 민주당은 공산주의에서 민주주의로 이행하기 위해 분투하는 보스니아-헤르체고비나(Bosnia-Herzegovina)와 같은 구공산주의국가들에서 자유를 지원하고 인종 긴장을 줄이고 침략을 반대하기 위해 유럽 동맹국들과 함께 결정적으로 행동해야 한다. 발칸반도에서 변화가 몰아치고 있기 때문에 미국은 마케도니아(Macedonia)의 국명 사용에 대한 그리스의 우려에 유의해야 한다. 그리고 탈냉전시대에 아프리카, 카리브해, 라틴아메리카 등에 대한 미국의 외국 원조프로그램들은 압제자가 아니라 민주주의를 지원하는데 초점을 맞추어야 한다.

▌민주주의 지원단

민주주의 제도를 구축하기 위해 법, 재정, 정치 전문가들을 찾는 나라들에 미국의 자원봉사자를 보내는 민주주의 지원단(Democracy Corps)을 창설함으로써 민주주의 제도를 촉진하고 국립민주주의기금(National

Endowment for Democracy), 아시아재단(Asia Foundation) 등의 단체를 지원한다.

▌대중국 무역

중국과 티베트에서의 인권 존중, 미국 상품의 시장접근 확대, 무기 확산에 대한 책임 있는 행동을 우호적 대중국 무역의 조건으로 한다.

▌남아공

남아공에서 모든 시민이 완전한 권리를 갖는 민주적 정부를 수립하기 위해 다수인 흑인들과 역행할 수 없고 완전하고 공정한 화해를 이룰 때까지 남아공에 대한 투자 등의 제재와 외교적 압력을 유지할 것이다. 우리는 특히 보이파통 흑인거주지역(Boipatong Township)에서 폭력이 계속되고 있는 것에 대해 개탄하고 협상의 결렬에 대해 우려한다. 미국정부는 제재 연장을 다시 부과하는 것을 고려해야 한다. 민주당은 남아공의 민주주의 발전을 지원할 민관기금을 새로운 과도정부에게 제공하는 남아공/미국 기획 기금(South African/American Enterprise Fund)의 창설을 지원한다.

▌중동 평화

캠프 데이비드 협정(Camp David accords)의 전통에 근거해서 중동에서 지금 진행되고 있는 평화 프로세스를 지원한다. 해결책을 강요하지 않는 이스라엘, 관련 아랍 인접국가들, 팔레스타인 간의 직접협상만이 이스라엘의 지속적 안보와 지역의 모든 당사국들의 완전한 평화를 달성하는 유일한 방법이다. 냉전이 종식되었어도 미국은 공유된 가치, 민주주의에 대한 상호헌신, 양국에 이익을 주는 전략적 동맹에 기반한 이스라엘과의 장기적인 특수 관계에 대한 깊은 관심을 바꾸지 않을 것이다. 미국은 평화 프로세스에서 정직한 중재자로서 효과적으로 행동해야 한다. 부시 정부처럼 다른 쪽이 일방적인 양보를 할 것으로 믿게 할 정도로 한쪽만을 편들어서는 안 된다. 예루살렘은 이스라엘의 수도이고 모든 신앙인들이 갈 수 있는 분할되지 않는 도시로 남아야 한다.

▍인권

모든 곳에서 개인의 권리를 지지하고 정부의 억압적 조치, 즉 고문, 정치적 감금, 인간적 자유의 문명적 기준에 대한 모든 공격에 대해 인종적 소수자를 존중한다. 이것은 남아공의 자유를 지지하고 쿠바의 압제에 계속 반대하는 민주당의 자랑스러운 전통이다. 미국은 아이티 난민이든, 이스라엘로 귀화하기 위해 미국의 도움을 구하는 소련 유대인이든, 공산주의를 탈출한 베트남인이든, 모든 곳에서 정치적으로 억압받는 사람들을 위해 다시 한번 피난의 원리(*principle of sanctuary*)를 촉진해야 한다. 정치적 압제에서 탈출한 사람들의 강제귀국은 미국적 가치에 대한 배신이다.

▍인간적 필요

아프리카의 처참한 기아를 포함해서 개발도상국의 빈곤과 질병 퇴치를 지원한다. 우리는 동서갈등을 선진국과 개발도상국간의 증가된 격차인 남북갈등으로 대체해서는 안 된다. 미국의 개발프로그램은 그 혜택이 가장 필요한 사람들이 진정 스스로를 도울 수 있도록 재검토되고 재조정되어야 한다. 문제는 희망 없이 너무나 자주 기아에 시달리고 고향에서 추방된 수백만 인류의 삶이다. 미국은 세계에서 기아를 없애는 특별계획과 시간표를 확정해야 한다.

▌키프로스

국제연합 결의안에 의거한 키프로스(Cyprus) 문제를 해결할 것을 새로이 공약한다. 이 목적은 지금 미국의 외교 어젠다로 복원되어야 한다.

▌북아일랜드

영국과 아일랜드와의 미국의 전통적 유대에 비추어 그리고 세계평화, 민주주의, 인권에 대한 미국의 공약과 일관되게, 북아일랜드에서 폭력을 종식시키고 협상안을 도출하기 위한 평화와 정치적 대화에서 미국은 더 능동적인 역할을 해야 한다.

▌지구적 환경보호

핵전쟁의 위협이 줄어들면서 환경 위기의 축적으로 인해 지구의 미래가 도전받고 있다. 전 세계 정부들은 행동을 조화하는 방법을 찾고 있지만 외교정책 전문가를 자처하는 부시정부는 우리 모두에게 영향을 미치는 이슈에서 고립주의(isolationism)를 실천함으로써 변화의 리더가 아니라 진보의 장애가 되었다. 민주당은 우리가 지금 미래 세대를 위해 지구의 건강과 우리 아이들의 건강을 지키기 위해 행동해야 한다는 것을 알고 있다.

▌지구온난화 해결

미국은 지구온난화에 대한 투쟁에서 장애가 아니라 리더가 되어야 한다. 미국은 2000년까지 1990년 수준으로 이산화탄소 배출을 제한하는 데 합의하기 위해 유럽동맹국들과 함께 해야 한다.

▌오존층 파괴

미국은 프레온가스 등, 오존층 파괴물질을 대체하는데 세계의 리더가 되어야 한다.

▍생물다양성

미국은 지구의 생물다양성(*biodiversity*)을 보호하고 삼림을 지키기 위해 능동적으로 노력해야 한다. 리오지구정상회담(Rio Earth Summit)에서 부시정부는 생물다양성 조약의 협상에 실패함으로써 국제적 리더십을 포기했다.

▍개발도상국

미국은 개발도상국이 환경적 유산을 보호하도록 장려하기 위해 정부와 기업의 참신한 개입방법을 형성해야 한다.

▍인구증가

폭발적 인구증가는 선진국과 개발도상국, 가족계획 민간기구와 긴밀하게 협력함으로써 통제되어야 한다.

▍결론

한 국가와 한 사람으로서 우리는 새로운 시대로 진입했다. 공화당 대통령과 그의 보좌진은 냉전의 계명에 집착하여 새롭게 생각하거나 행동할 수 없다. 거의 반세기의 희생, 충실, 힘을 통해 미국인들은 냉전에서 민주주의의 승리를 이끌었다. 오직 국내에서 미국의 위대함을 복원하는 새로운 리더십만이 새로운 평화와 자유의 시대로 세계를 이끌기 위하여 미국인의 이 동일한 힘을 성공적으로 이용할 수 있다.

최근에 우리는 아메리칸드림이라 부르는 자유와 기회를 찾기 위해 탱크와 맞서고 쿠데타에 저항하고 보트로 해상을 탈출하는 해외의 용감한 사람들을 보았다. 여기 국내에서 이 동일한 기회가 쇠퇴하는 것에 대해 미국인들은 투쟁해야할 때이다.

결국 미국인들은 우리가 함께 상승하거나 몰락한다는 것을 안다. 다시 한번 미국 사회를 위해 민주당은 가족(*family*), 공동체(*community*), 공동목적(*common purpose*)의 미국의 건국가치를 복원할 것이다.

우리는 미국인들을 믿는다. 우리는 모든 미국인들이 국가에 뭔가 돌려줄 것을 요청할 것이다. 그 대신 그들은 부유해질 것이다. 개인이 책임을 다했을 때, 품위를 얻기 때문이다. 사람들이 일하러 갈 때, 그들은 상실된 자긍심을 다시 찾는다. 비양육부모들(*absent parents*)이 아이들을 부양할 때, 그들은 자신들과 아이들이 필요한 관계를 복원한다. 학생들이 더 열심히 공부할 때, 그들은 어느 누구보다 잘 배울 수 있다는 것을 안다. 기업경영자들이 단기 이득보다 근로자들과 장기적 성공을 우선시할 때, 기업이 잘 된다. 우리가 뽑은 지도자들이 미국의 문제들에 대한 책임을 다할 때, 우리는 미국을 함께 전진시키기 위해 노력할 것이다.

 「1993년 클린턴 대통령 취임사」

친애하는 국민 여러분, 오늘 우리는 미국 혁신의 신비를 경축하고 있습니다. 이 경축은 한겨울에 열리지만 우리가 하는 말과 세계가 우리를 보는 면면을 보면 우리는 봄을 오게 하고 있습니다. 세계에서 가장 오래된 민주주의 국가에서 봄은 다시 태어나고 있습니다. 그리고 그 민주주의는 미국을 혁신하게 하는 비전과 용기를 가져다주었습니다. 우리의 건국자들이 용감하게 미국 독립을 전 세계에 선언하고 우리의 목적을 하나님께 고했을 때, 사람들은 미국이 지속하기 위하여 변해야 한다는 것을 알았습니다. 변화를 위한 변화가 아닌 생존, 자유, 행복의 추구라는 미국의 이상을 보존하기 위한 변화라야 합니다.

비록 우리가 우리시대의 음악에 맞추어 행진하였지만 우리의 책무는 영원합니다. 모든 세대의 미국인은 미국인이 된다는 것이 무엇을 의미하는 지에 대한 정의를 가져야합니다.

조국을 대신하여 반세기 동안 조국을 위해 헌신한 부시 전 대통령께 경의를 표합니다. 공황과 파시즘과 공산주의에 대하여 승리를 거둘 수 있게 한 수많은 사람들의 성실함과 용기에 감사드립니다.

지금 냉전의 그림자에서 자란 한 세대가 자유라는 햇볕으로 따스해진 세상에서 새로운 책임을 떠맡고 있습니다. 그러나 세계는 과거의 증오와 새로운 전염병에 아직도 위협받고 있습니다. 비할 데 없는 번영에서 자라서 우리는 아직은 세계 최강입니다. 그러나 사업의 실패와 저조한 수준의 임금과 불평등의 심화와 바로 우리 국민의 분열로 인해 취약해진 경제를 이어받았습니다.

조지 워싱턴이 처음 대통령 선서를 했을 때, 그 소식이 말을 타고 대륙에 퍼져나갔고 배를 타고 대양을 건너갔습니다. 지금 이 식장의 장면과 소리는 세계의 수십억 명에게 생방송되고 있습니다. 통신과 통상이 세계적입니다. 투자는 유동적입니다. 기술은 거의 마법과 같고 더 좋은 삶을 위한 야망이 이제 보편화 되었습니다.

우리는 세계의 모든 사람과의 평화로운 경쟁을 통해 우리의 수입을 얻고 있습니다. 거대하고도 강력한 힘이 세상을 흔들며 다시 만들고 있습니다. 우리 시대의 중요한 문제는 우리 가족과 적을 변화시킬 수 있는지 여부입니다. 이 새로운 세계는 이미 경쟁하고 그 경쟁에서 이길 수 있는 수백만 미국인의 삶을 부유하게 했습니다. 그러나 대다수 사람들이 더 많이 일하고 손해를 볼 때, 다른 사람들이 전혀 일할 수 없을 때, 의료보험의 비용이 가족을 황폐하게 하고 대기업이든 소기업이든 우리 기업이 파산의 위협을 받을 때, 범죄에 대한 공포가 자유 시민을 지키는 법을 짓밟을 때, 수많은 빈곤 아동이 우리가 이끌어 주려 하는 삶을 꿈꿀 수조차 없을 때, 우리의 가족을 변화시키지는 못합니다.

고된 진실에 맞서서 힘찬 걸음을 걸어야 한다는 것을 우리는 알지만 그렇게 하지 않았습니다. 그 대신 표류하며 자원을 고갈시키고, 경제를 망가트리고, 우리의 믿음을 흔들었습니다. 우리의 도전이 두렵지만 우리의 힘도 두렵습니다. 우리 미국인은 쉬지 않고 탐구하며 희망찬 국민이었습니다. 우리 선조들의 비전과 의지를 이제 회복시켜야 합니다. 미국독립전쟁 이후 남북전쟁, 대공황, 민권운동까지, 우리 국민은 늘 이러한 위기에서 미국 역사의 초석을 만든 결정을 하였습니다. 토마스 제퍼슨은 국가의 바로 그 토대를 보존하기 위해서는 때때로 극적인 변화가 필요하다고 믿었습니다. 친애하는 국민 여러분, 지금은 우리의 시대입니다. 우리의 시대를 받아들입시다.

우리의 민주주의는 세계의 부러움일 뿐만 아니라 우리 자신의 혁신을 위한 엔진이 되어야 합니다. 미국과 더불어 선으로 치유될 수 없는 악은 없습니다.

그리하여 오늘 우리는 교착과 표류의 시대가 끝나고 새로운 미국의 혁신이 시작되는 계절이 도래했음을 선언합니다.

미국을 혁신하려면 용감해야 합니다. 우리의 어느 세대도 전에는 할 필요가 없던 것을 해야 합니다. 우리 국민, 직장, 미래에 더 많이 투자해야 합니다. 그리고 동시에 우리의 거대한 부채를 줄여야 합니다. 모든 기회를 위해 경쟁해야 하는 세계에서 우리는 그렇게 해야 합니다. 이것은 쉽지 않을 것입니다. 이것은 희생을 요구합니다. 그러나 할 수 있고 공정하게 할 수 있습니다. 희생을 위한 희생이 아니라 우리 자신을 위해 희생해야 합니다. 가정에서 자녀를 부양하듯이 우리는 국가를 부양해야 합니다. 우리의 건국자들은 후세의 시각으로 자신을 보았습니다. 우리도 그렇게 할 수 있습니다. 잠들어있는 어린이의 눈을 본 사람이라면 후세가 무엇인지 압니다. 후세는 미래의 세계, 후손을 위해 우리의 이상을 가져가야 하는 세계입니다. 그들에게서 우리는 이 땅을 빌렸으며 그들에게 신성한 책임을 다해야 합니다. 우리는 미국이 가장 잘하는 것을 해야 합니다. 만인에게 더 많은 기회를 주고 만인으로부터 더 많은 책임을 요구해야 합니다.

정부에게 또는 서로 간에 아무 대가 없이 무엇인가를 기대하는 나쁜 버릇을 없앨 시간입니다. 자신과 가족만을 위해서가 아니라 사회와 국가를 위하여 더 많은 책임감을 가집시다. 미국을 혁신하기 위하여 우리의 민주주의를 재활성화해야 합니다. 이 멋진 의회는, 문명의 여명기 때부터 나타난 여러 의회처럼, 가끔은 술수와 계산의 장소였습니다. 강자는 지위를 얻기 위해 책략을 사용하며, 누가 들어오는지, 누가 탈락하는지, 누가 승진되는지, 누가 강등되는지 끊임없이 걱정합니다. 노고와 땀으로 우리를 여기에 보냈고 우리의 길을 닦은 그들을 잊은 채 말입니다.

미국인은 더 좋아질 가치가 있습니다. 오늘 이 도시에는 더 좋아지기를 바라는 사람들이 있습니다. 나는 여기 계신 모든 분들께 밝힙니다. 우리의 정치를 개혁할 것을 결의합시다. 그리하여 권력과 특권이 더 이상 민의를 물리치지 않게 합시다. 사적인 이익은 제거합시다. 그리하여 우리는 미국의 고통을 느낄 수 있고 미국의 약속을 볼 수 있게 합시다. 우리 정부를 프랭클린 루스벨트 대통령이 말한 "대담하고 지속적인 실험, 과거가 아닌 우리의 미래를 위한 정부(bold, persistent experimentation, a government for our tomorrows, not our yesterday)"가 되게끔 결의합시다. 이 의회를 진정한 주인에게 돌려줍시다. 미국을 혁신하기 위하여, 우리는 국내만이 아닌 해외의 도전에도 맞서야 합니다. 국내와 해외 사이의 명백한 구별은 더 이상 존재하지 않습니다. 세계경제, 환경, 에이즈, 무기 경쟁 모두 우리에게 영향을 줍니다. 오늘날 낡은 질서는 사라지면서 신세계는 더욱 자유롭지만 덜 안정적이 되었습니다. 공산주의의 붕괴는 오래된 원한과 새로운 위험을 야기했습니다. 분명히 미국은 공들여 만들어 놓은 세계를 확실하게 계속 지도해야 합니다. 미국이 국내에서 재건하는 동안, 우리는 도전에 움츠러들지 않을 것이고, 새 시대의 기회를 잡는데 실패하지도 않을 것입니다. 우리의 우방과 동맹국과 함께, 같이 변화하고 변화에 침몰되지 않도록 노력할 것입니다. 우리의 결정적 국익이 위협받거나 국제사회의 의지와 양심이 무시될 때, 우리는 행동에 나설 것입니다. 최대한 평화적 외교로, 필요하다면 무력으로 행동에 나설 것입니다. 페르시아만과 소말리아와 그들이 어디에 있던 용감한 미군은 우리의 결의를 보여주는 증거입니다. 그러나 미국의 가장 큰 힘은 우리의 이상에서 나옵니다. 그리고 이것은 아직도 많은 나라들에서는 새로운 것입니다. 세계 도처에서 이 이상을 환영하는 그들을 보며 우리는 행복합니다. 우리의 희망과 열정과 도움은 민주주의와 자유를 구축하는 모든 대륙의 사람들과 함께 합니다. 그들의 대의는 우리의 대의입니다.

　미국인은 우리가 지금 축하하는 변화를 요청해 왔습니다. 여러분은 여러분의 뜻을 명백히 밝혀왔습니다. 여러분은 분명한 의사표시를 했습니다. 여러분의 투표권을 행사하였고 국회와 대통령을 그리고 정치과정 자체의 면모를 바꿨습니다. 그렇습니다. 친애하는 국민 여러분은 봄을 오게 했습니다. 지금 우리는 계절이 요구하는 일을 해야 합니다. 나는 지금 대통령의 모든 권한으로 이 일을 할 것입니다. 나는 국회가 동참하기를 부탁드립니다. 대통령도 국회도 정부도 홀로 이 책무를 행할 수는 없습니다.

친애하는 국민 여러분, 여러분 또한 우리의 혁신에서 자신의 역할을 해야 합니다. 나는 미국의 젊은 신세대들이 고통받는 어린이를 도움으로써, 도움이 필요한 이에게 친구가 되어줌으로써, 분열된 우리사회를 다시 연결함으로써, 여러분의 이상주의를 실행하는 봉사의 계절이 되기를 요청합니다. 해야 할 일은 너무나 많습니다. 스스로 봉사함으로써 여전히 젊은 영혼을 갖고 있는 수백만의 다른 사람들에게도 할 일은 정말 충분히 많습니다. 봉사에서 우리는 단순하지만 확고한 진리를 알고 있습니다. 우리는 서로를 필요로 하며 서로를 돌봐야 한다는 것입니다.

오늘 우리는 미국을 경축하는 것 이상을 하고 있습니다. 우리는 미국의 바로 그 이상, 미국독립전쟁에서 태어나 200년의 도전을 통해 혁신되고, 운명이 아니라 불운아이든 행운아이든 우리 각자가 가지고 있는 지식에 의해 조화되는 이상에 다시 전념하고 있습니다. 이 이상은 미국의 심오한 화합의 방법이 수많은 다양성으로부터 나올 수 있다는 신념에 의해 고귀해집니다. 이 이상은 미국의 긴 영웅적 여정이 영원한 향상이 되어야 한다는 확신에 의해 고취됩니다.

그리하여, 친애하는 국민 여러분, 21세기가 다가오고 있는 지금 힘과 희망을 가지고, 신념과 기율을 가지고 새로 시작합시다. 우리의 일이 끝날 때까지 일합시다. 성서에 쓰여 있습니다. "선행에 지치지 않게 하소서. 약해지지 않는다면 적절한 때에 수확하게 되리니" 이 기쁨이 넘치는 산 정상의 취임식장에서 우리는 골짜기에서 봉사하라는 소명을 듣습니다. 우리는 나팔 소리를 들었습니다. 우리는 파수꾼을 바꿨습니다. 그리고 지금 각자의 방법으로, 하나님의 가호와 함께, 우리는 그 소명에 반드시 대답해야 합니다.

감사합니다. 여러분 모두에게 하나님의 은총이 있기를.

  「새 진보선언: 정보시대를 위한 정치철학」(1996. 7. 10.)

The New Progressive Declaration: A Political Philosophy for the Information Age
미국 민주당리더십회의(DLC)/진보정책연구소(PPI)

21세기의 동틀 녘에 미국은 우리의 역사에서 하나의 전환점을 맞고 있다. 이것은 낡은 시민 덕목들이 새로운 민주적 제도기구들과 시민과 공동체 사이의 새로운 규약으로 참신한 표현을 얻어야 하는 중요한 모멘트다.

20세기의 산업적 질서는 경제력과 정치권력의 커다란 집중과 더불어 정보시대의 원심력에 의해 새로운 사회에 길을 내주고 있다.

우리는 이 원심력을 돌이킬 수 없다. 그러나 우리는 이 혁명적 변화들이 낳는 불안전이나, 이 변화들이 풀어놓을 것 같은 혁명적 충동들을 우리는 무시할 수도 없다. 우리는 진정으로 모든 미국인들이 새로운 조건에 적응하고 새로운 기회의 이익들을 취할 수 있게 만들기 위해 이 이행을 관리해야 한다. 무엇보다도 우리는 과거로부터 자유로워지고 더 이상 더 큰 공공복리에 기여하지 않는 낡아빠진 정치사상과 통치구조를 쓸어 내버릴 용기를 가져야 한다.

우리는 우리가 전에, 즉 미국인들이 빠른 산업주의와 도시화의 탈구현상들과 요구들을 해결하기 위해 민주주의를 재발명했던 이 세기의 진보주의 시대 동안에 일찍이 이것을 해냈기 때문에 또 이것을 우리가 할 수 있다는 것을 안다.

미국인들은 도전에 준비되어 있다. 대부분은 오늘날의 제문제에 대한 해법이 더 크고 더 강한 중앙정부에서 발견되어야 한다고 믿기를 그쳤다. 이런 믿음은 전통적 리버럴들에 의해 여전히 지지받는 노선이다. 대부분의 미국인들은 연방정부가 우리의 문제들의 원인이고 연방정부의 해체가 문제를 해결할 것이라는 보수적 논변도 받아들이지 않을 것이다.

미국은 관료적 현상유지現狀維持를 반사적으로 수호해 온 좌익의 기도를 대체하고 정부를 단순히 해체하려는 우익의 파괴적 요청에 대항하는 어떤 제3의 선택을 필요로 한다. 이러한 "새 진보" 통치철학은 정부를 사회의 주인이 아니라 사회의 공복으로 시민들과, 시민들이 살고 일하는 공동체의 필요에 의해 통제되고 이 필요에 조응하는 더 넓은 시민적 기도에 대한 촉매로 본다.

'새 진보주의자들(New Progressives)'은 하향식 온정주의의 낡은 정치를 개인적·시민적 권능부여의 새 정치(*a new politics of individual and civic empowerment*)로 대체하려고 모색한다. 우리가 우리를 보살피는 거대 기구들에 더 이상 의존할 수 없기 때문에 우리로 하여금 우리 자신과 서로를 보살필 수 있게 하는 새로운 정책과 제도들을 정교화할 때다. 궁극적으로, 우리의 도전은 지난 중앙집권화 세기 내내 위축당해 온 시민적 기도(*civic enterprise*)의 기량과 습관을 배양하는 새로운 통치방식을 창출하는 것이다.

▌정보시대를 위한 통치철학

'새 진보정치'는 미국 민주주의의 진보적 전통에 뿌리박은 세 가지의 초석, 즉 세 가지의 이상, 기회균등·상호책임·자치에 기초한다.

첫 번째 초석 – 만인에 대해 균등한 기회를 보장하고 누구에게도 특별한 특권을 인정치 않는다는 약속 – 은 미국 지도자들의 세대를 활성화하고 우리의 해안으로 수백만 이민자들을 끌어당겨 왔다.

이 초석은 개인들이 공정하고 열린 규칙체계 안에서의 자기의 재능과 노력을 통해 자기의 보상을 얻는 사회의 이성이다. 그것은 균등기회를 창출하는 어떤 보이지 않는 손도 없다는 것을 인정한다. 그것은 차별적 장벽의 제거, 자기향상을 위한 의미 있는 영역의 마련, 공공투자에 대한 공약, 영향력 있는 자들의 발을 손으로 받쳐주는 특수이익적 보조금의 배격 등의 적극적 작위作爲를 요구하는 의식적인 사회적 성취물이다.

두 번째 초석 – 상호책임의 원칙 – 은 이런 핵심 아이디어에 기초한다. 도덕적 문제로서 우리는 우리가 우리의 공정한 몫에 기여할 준비가 되어 있지 않은 어떤 단체로부터도 정당하게 혜택을 받을 수 없다는 것이다. 그것은 무책임방종주의(libertarianism) – 우리가 선택하는 것 외에 어떤 책임도 없다는 사상 – 를 배격한다. 이 초석은 마찬가지로 특권부여의 철학(philosophy of entitlement) – 우리가 타인들에게 뭔가를 돌려주는 것 없이 요구를 제기할 수 있다는 믿음 – 과도 상충된다.

세 번째 초석은 – 진정한 자치인데 – 분권화함으로써 우리 시민들에게 자신들을 위해 행동할 권능을 부여해 개인적 선택의 폭을 넓히고 공공재와 공공서비스의 전달 체계 속으로 경쟁을 주입하는 공기公器의 설치를 요구한다. 차터스쿨로부터 거래가능한 오염허가권에 이르기까지 새로운 모델은 공공목적에 이바지하기 위해 사적 시장의 유연성과 창의성을 활용한다.

종합하면, 이 원칙들은 오늘날 지배적인 것들과 아주 다른 정치목적, 사회윤리, 그리고 통치에 대한 접근법을 이룬다.

▍민주주의 혁신(Renewing Democracy)을 위한 다섯 가지 전략

이 초석 원칙들에 기초해서 우리는 정보시대의 도전에 대결하기 위해 미국인들을 무장시키는 다섯 가지 전략을 제안한다.

우리는 부를 재분배하기보다 차라리 부를 확대함으로써 아메리칸드림을 복구해야 한다. 경제성장과 교육에 투자함으로 통해 기회를 증대시킴으로써, 그리고 근로자들에게 자기의 행복에 대한 더 큰 책임을 질 능력을 부여함으로써 근로자들의 안전을 높임으로써 복구해야 한다.

우리는 가족을 강화하고 범죄를 진압하고 도시빈민에게 능력을 부여함으로써 사회질서를 재건해야 한다. 상호신뢰와 책임을 반영하는 안정적 사회질서는 성공적 자치가 의존하는 기초다.

우리는 결정수립을 지배하는 특수이익에 도전함으로써, 그리고 시민과 지방자치제도에 권력을 되돌려줌으로써 우리의 민주주의를 혁신해야 한다. 우리는 특수이익적 돈의 영향력을 급격히 경감시키는 더 공개적이고 보다 경쟁적인 체계를 창출해야 한다. 그리고 우리는 우리에 영향을 미치는 결정들에 대한 책임과 정치권력을 되찾음으로써 정부에 대해 불평하는 것을 그치고 우리의 정부를 고치기 시작해야 한다.

우리는 미국으로 하여금 경이로운 다양성으로부터 힘과 통일성을 끌어낼 수 있게 만드는 평범한 시민적 이상들과 관용의 정신을 수호해야 한다. 우리는 더 이상 우리의 문화적 응집력을 당연한 것으로 여길 수 없기 때문에 모두 더 힘써 미국의 평범한 공통기반 – 시민으로서 우리가 공유하는 가치와 제도 및 우리의 상호권리와 책임 – 을 우리를 분열시키려는 정치적 스펙트럼의 양극단에 있는 사람들에 맞서 수호해야 한다.

우리는 경제적·정치적 자유의 영구적인 새로운 국제구조를 구축構築함으로써 세계적 혼돈과 대결해야 한다. 냉전질서의 붕괴는 민주주의·자유시장·인권의 토대 위에 새로운 국제체계를 건설함으로써 미국에 우리의 이익과 기치를 재확인하고 방어할 기회를 주고 있다.

▌근본개혁을 감행할 때

이런 전략들은 프랭클린 루스벨트가 뉴딜을 발진시킨 이래 미국에서 찾아보지 못한 정치적 담대함(political audacity)과 상상력을 요구한다. 점진주의 정치(politics of incrementalism)는 충분치 않을 것이다. 우리는 근본개혁(radical reform)을 옹호해야 한다. 우리는 사회보장과 의료복지체계의 개조, 정보시대를 위한 교육체계의 창조, 자녀를 제일로 삼는 이혼법의 개정 및 경제적 권능부여를 통한 도시빈민의 축소와 같은 어려운 문제들과 대결함으로써 우리의 목적의 심각성을 증명해야 한다.

이 새 진보선언으로써 우리는 정보시대를 위한 새 진보정치(New Progressive Politics)를 개략했다. 간추린 단문短文 정치(sound bite politics) 시대에 변혁이념 운동은 정곡을 벗어난 것으로 보일 수 있다. 그러나 어떤 것도 이것보다 진리로부터 더 멀지 않을 것이다. 오늘날의 도전들은 1세기 전의 도전들과 닮았다. 그리고 우리가 제안하는 대응은 – 새로운 환경에서 – 우리의 정치를 개편하고 우리나라를 혁신한 진보운동을 반영하고 있다.

우리가 제시하는 아이디어들은 결정이 아니라 제언이다. 완결된 제품이 아니라 거친 초안들이다. 우리는 이것들이 오래 때 지난 전국적 토의를 위해 촉매와 틀로서 불모적 좌우논쟁을 넘어 우리를 움직이기 하는

데 기여하기를 바란다. 우리는 미국생활의 모든 대열과 모든 정치적 유형으로부터 나온 지도자들의 도움을 찾을 것이다. 1세기 전의 진보주의(Progressivism)와 같이 새 진보정치는 많은 손들의 일이어야 한다.

「제3의 길」

민주당리더십회의, 2000. 6. 13.

'제3의 길'은 전 세계 진보정당에 뿌리내리고 있는 통치철학이자 정치전략이다. 제3의 길은 정보화시대(Information Age)의 정책적 도전들과 우파의 정치적 도전에 맞서 진보정당의 성공을 이끌었다.

전통적 좌파의 큰 정부의 온정주의(*paternalism*)와 현대적 우파의 공적 책임의 포기를 모두 거부하기 때문에 제3의 길이라 불린다.

"정부가 당신을 돌볼 것이다" 또는 "당신은 혼자다"라고 말하는 대신에 '제3의 길'은 사람들에게 책임의 대가로 기회를 제공할 것이다. 제3의 길은 또한 정부의 규모와 비용에 대한 진부한 좌우논쟁을 초월하는 공공정책의 논쟁을 창출할 것이다. 제3의 길은 미국인이 자신의 문제들을 풀도록 정부가 실제로 도울 수 있는 것에 초점을 맞춘다.

제3의 길의 첫 번째 원리는 특권자가 아닌 만인을 위한 균등한 기회(*equal opportunity*)이다.

제3의 길의 공적 윤리는 상호책임(*mutual responsibility*)이다. 그 핵심가치는 공동체(*community*)이다. 그 전망은 세계적(*global*)이다. 제3의 길은 공공목적 추구를 위해 시장의 수단을 받아들이고 성공에 필요한 도구로 시민을 무장시키는 권능강화 정부(empowering government)를 촉진한다. 제3의 길은 오늘날 균등한 기회의 필수요건인 민간부문의 성장을 촉진하는 것을 목적으로 한다. '제3의 길'은 경제적 역동성과 사회정의의 명령 간의 균형을 추구한다.

제3의 길 운동의 목적은 현대적 수단들로 지속적인 진보적 가치들을 촉진하는 것이다.

급속하게 제3의 길은 세계에서 가장 성공적이고 영향력 있는 정치운동이 되고 있다. 미국의 신민주당(New Democrats)에서 시작하여 영국에서 토니 블레어의 신노동당(New Labour)으로 확대되고 지금은 독일, 네덜란드, 이탈리아, 캐나다의 진보정당들이 집권하도록 돕고 있다. 마찬가지로 제3의 길의 아이디어들은 라틴아메리카, 오스트레일리아, 뉴질랜드에서 영향력을 얻고 있다.

신민주당의 지도하에 제3의 길은 서방세계와 그 국민들이 세계적 정보화시대의 기회와 도전에 대응해 준비하도록 돕고 있다. 제3의 길은 공통의 문제들을 해결하는 새로운 아이디어들을 통해 진보적 정치전통의 지속적 가치들을 촉진한다.

6 「문제는 가치와 경제야!」

「청사진(Blueprint)」. 2001. 7. 12.
앨 프롬 (Al From)

1992년에 제임스 카빌(James Carville)은 클린턴 선거운동본부에 "문제는 경제야, 바보야!(It's the economy, stupid!)"라는 구호를 붙였다.

3년 후에 정치평론가 벤 와텐버그(Ben Wattenberg)는 『가치가 가장 중요하다(Values Matter Most)』는 제목의 책을 썼다.

경제적 우선인가 문화적 가치인가? 누가 옳은가? 나는 과거 20년간의 대통령 선거를 검토한 후, 정답은 둘 다라고 결론지었다. 경제적 이슈들에서 승리하지 않고서 민주당은 경쟁할 수조차 없고 가치 이슈들에서 경쟁할 수 없다면 민주당은 승리하지 못한다.

20년 전, 투표에서 계급 분할은 뚜렷했다. 민주당은 저소득 유권자들에서 이겼다. 1980년에 지미 카터(Jimmy Cater)와 1984년의 월터 먼데일(Walter Mondale)은 최하위 소득 유권자들에서 단지 15%를 이겼다. 공화당은 결정적으로 중요한 중산층을 포함해 다른 모든 계층에서 이겼다.

1990년대가 되자 상황은 변했다. 클린턴의 성장지향 신민주당 경제정책(growth-oriented New Democrat economic policies)은 미국인들을 더 부유하게 만들었고 더 부유한 미국인들이 민주당을 지지하도록 확신시켰다. 4명 중 3명의 유권자들이 오늘날 자신을 중산층 또는 상위 중산층(upper middle class)으로 생각하고 10명 중 7명이 주식을 소유하고 있다.

1996년에 클린턴은 최상위 소득 유권자에서 단지 18%만 졌을 뿐, 중산층과 상위 중산층에서 승리했다. 2000년에 앨 고어는 중산층을 반분했고 상위 중산층에서 경쟁할 수 있었고 최상위 소득 유권자들에서 단지 15%만 졌다.

우리 민주당이 경제정책에서 중산층 유권자들에게 신뢰감을 주는 한, 1980년대에 민주당에게 파멸적 타격을 주었던 첨예한 계급 분할은 다시 나타나지 않을 것이다.

그러나 지속적 다수를 구축하기 위하여 민주당은 커다란 문화적 격차(cultural gap)를 줄여야 한다. 고어는 자녀가 있는 기혼자, 총기소유자, 정기적 교회참석자, 낙태반대론자(pro-lifers), 작은 정부 옹호자에서 크게 졌다. 그러나 그는 미혼자, 총기미소유자, 불규칙적 교회참석자, 낙태선택론자(*pro-choice voters*), 큰 정부 옹호자에서 이겼다. 그는 고등학교 중퇴자와 대학원 졸업자에서 이겼다. 그러나 교육의 중간층, 즉 고등학교 졸업자, 대학 졸업자에서 졌다.

문화적 격차는 백인 유권자들, 특히 백인 남성에서 가장 명백하다. 그리고 이 격차를 줄이는 것은 매우 복잡하다. 가령, 우리의 낙태선택과 총기안전의 입장은 농촌지역의 지지를 떨어뜨리지만 점차 미국정치의 핵심적 전장이 되고 있는 교외지역에서 우리의 지지를 높이고 있다. 더 보수적인 입장으로의 후퇴는 도덕적으로 그릇된 것이고 정치적으로 비생산적이다.

그럼에도 불구하고 나는 민주당이 이 불안정한 문화적 영역을 성공적으로 가로질러 갈 수 있다고 믿는다. 1996년에 클린턴은 자녀를 가진 기혼자들에서 이겼고 총기소유자, 낙태반대론자, 작은 정부 옹호자에서 손실을 줄였다. 그는 고등학교 졸업자와 전문대학 졸업자에서 이겼고 대학졸업자에서 거의 지지 않았다.

민주당은 클린턴의 경험으로부터 중요한 교훈을 배울 수 있다.

첫째, 우리는 재분배가 아니라 성장과 기회를 장려할 필요가 있다. 건전재정, 사람과 기술에 대한 투자, 무역확대를 통해 민주당은 1990년대에 쟁취했던 중산층과 상위중산층에서의 우위를 지속할 수 있다. 민주당은 1980년대의 계급지향 투표패턴이 다시 출현하게 해서는 안 된다.

둘째, 범죄와 복지 같은 문화적 이슈들에서 신민주당의 입장을 강조함으로써 우리는 근로와 가족 같은 핵심적 가치들과 호혜적 책임의 윤리에 대한 우리의 신뢰를 강화할 수 있다. 기회는 책임을 동반한다는 것과 유권자들에게 국가에 뭔가 돌려줄 것을 요청함으로써 우리는 중산층 유권자들에게 강력한 가치 메시지(*values message*)를 보낼 수 있다.

셋째, 우리는 큰 정부가 아니라 큰 아이디어들을 지지해야 한다. 클린턴 대통령이 말했듯이 "큰 정부의 시대는 끝났다." 우리는 활동적 정부(*activist government*)를 믿는다. 그러나 활동적 정부는 관료적이고 경직된 것이 아니라 권능강화와 촉매이다. 민주당은 언제나 큰 정부 옹호자의 지지를 더 많이 받았지만 클린턴처럼 우리는 정부가 더 적은 것을 해야만 한다는 다수 유권자들에서 손실을 줄여야 한다.

넷째, 우리는 부모들이 아이들을 키우는 것을 돕는 가족친화정책들(*family-friendly policies*)을 지지해야 한다. 클린턴이 말했듯이 "정부는 아이들을 키울 수 없고 부모들이 키운다." 엘리트들은 1996년에 클린턴의 V칩[6], 교복, 아이들의 흡연금지와 같은 작은 아이디어들을 비웃었다. 그러나 클린턴은 고통 받는 부모들과 교감했다. 그가 지난 4반세기 동안 아이가 있는 기혼 유권자들에서 이긴 유일한 민주당 대통령 후보였다는 것은 결코 우연이 아니다.

마지막으로 우리는 낙태와 총기 같은 분열적 가치(*divisive values*) 이슈들에서 양극화의 언어를 피해야 한다. 클린턴은 낙태선택의 입장에서 흔들리지 않았지만 그가 낙태는 "합법적이고 안전하고 드물어야" 한다고 말했을 때, 지난 10년간 세력이 커진 낙태반대 유권자들에서의 손실을 최소화했다.

카빌과 와텐버그는 둘 다 옳다. 성장지향 경제정책 없이 민주당은 승리의 열쇠인, 점차 부유해지고 있는 유권자들에서 이길 수 없다. 그리고

---

6) 미국에서 1996년 2월에 폭력·외설·저속 언어 정보의 송신을 규제하기 위해 제정한 통신품위법에 따라 1998년 2월까지 미국에서 생산되는 모든 텔레비전 수상기에 반드시 장착하도록 의무화한 프로그램 수신 차단 장치. V는 폭력을 의미하는 violence의 약자이다. 소비자가 프로그램이나 정보 매체 내용 등급(연령별 등급 제어에 의한 등급)을 V칩에 입력하여 등급을 초과하는 내용을 차단할 수 있게 하기 위한 것이다. 폭력·외설·언어 등 내용별로 등급을 동시에 선택하여 실행하거나 해제할 수 있는 등, 다양한 기능을 갖고 있으므로, 폭력을 의미하는 V칩이라기보다는 선택(choice)을 의미하는 C칩이라고 하는 것이 적절하다는 의견도 있다.

민주당이 문화적 이슈들과 정부의 규모와 역할에 대해 양극화의 입장을 피하지 않는다면 민주당은 곤경에 처할 것이다. 유권자들의 반은 온건하지만 나머지 반에서 3대2로 좌파보다 우파가 우세하기 때문이다.

 「올바른 싸움」

「청사진(Blueprint)」. 2004. 1. 8.
앨 프롬과 브루스 리드 (Al From & Bruce Reed)

민주당은 단지 부시에게 화를 내서는 그를 이길 수 없다. 민주당은 더 좋은 것을 제시해야 한다. 지금이 중산층과 신민주당의 계약을 제시할 때이다.

수신인: (선출될) 민주당 후보
발신인: 앨 프롬과 브루스 리드
주제: 중산층과의 계약(The Middle-Class Bargain)

민주당이 2004년 대선에서 승리하지 못한다면 단 한 사람도 일자리를 찾거나 의료보험을 얻거나 대학을 다닐 수 있도록 도울 수 없다. 2004년 대선의 후폭풍은 특히 클 것이다. 민주당이 이번에 진다면 부시 정부는 계속적으로 한 세대 동안의 국가 재정을 파탄 내고 부자에서 근로자로 세금부담을 전가하고 테러와의 전쟁 명분을 파괴할 것이다. 다음 몇 주 동안에 민주당이 어려운 선거를 훨씬 더 어렵게 하는 후보를 선택한다면 정말 멍청한 짓이다.

그러나 우리가 이전의 글에서 썼듯이 민주당은 단순히 부시에게 화를 내거나 국가의 상황이 나쁘게 되기를 바람으로써 그를 이길 수 없다. 민주당이 설득력 있는 비전과 어젠다를 제시했을 때만 부시를 이길 수 있다.

이것은 해야만 한다. 우리가 집권해서 할 일은 유권자들에게 진짜 중요하기 때문이다. 대선은 원칙과 국가의 방향에 대한 싸움이 되어야 한다. 다른 모든 것들은 단지 정치일 뿐이다.

우리는 민주당의 비전이 중산층과 중산층이 되고자 열망하는 사람들과의 새로운 계약이 되어야 한다고 믿는다. 즉 소수의 협소한 이익이 아니라 다수의 필요를 우선하는 계약이 되어야 한다.

국가를 우선한다: 미국의 잊혀진 중산층과 우리의 새로운 계약

부자만 걱정하는 공화당과 전쟁만 걱정하는 민주당 일부 간의 무익한 국가적 논쟁에서 미국의 중산층은 잊혀졌다. 부시는 대부분의 미국인들이 직면한 문제들을 해결하는 데 실패했다. 즉 좋은 일자리의 창출, 치솟는 의료비와 대학 학비, 은퇴를 대비한 저축과 일과 가정을 균형 있게 하는 문제를 해결하지 못했다. 부시는 해결책 대신에 중산층에게 더 많은 부담을 전가했다.

중산층 가족은 부시의 공화당이 해왔듯이 중산층의 가치를 손상하고 중산층의 이익을 무시하고 중산층에게 부담을 전가하는 정당이 필요하지 않다. 민주당은 우리가 중산층의 가치를 영예롭게 하고 그들의 나라를 방위하고 그들이 힘들게 번 세금 달러를 지출하기 전에 두 번 생각한다는 것을 중산층에게 보여주어야 한다.

가장 중요한 것은 우리가 중산층에게 희망을 다시 줄 필요가 있다. 그들의 공포를 완화해주고 미래가 과거보다 좋을 수 있다는 것을 그들에게 확신시켜 줄 필요가 있다는 것이다. 2세기 이상 동안 단순하고 심오한 원칙이 미국을 지도해왔다. 근로와 책임이 더 좋은 생활과 더 강한 나라의 첩경이라는 것이다. 오늘날 우리의 적이 우리 생활방식을 파괴하려고 하는 바로 이 때, 그 원칙이 여기 국내에서 공격받고 있다.

부시 정부하에서 우리의 정치제도는 협소하고 돈 많은 이익단체들의 이기적 충돌에 불과했다. 그 꼭대기에 있는 자들은 지금까지 알려진 가장 위대한 사회적, 경제적 진보의 엔진인 우리의 중산층을 부담지우고 배신하고 버렸다. 부시 임기 동안 우리의 민간부문은 100년에 한 번 있을 가장 악독한 기업부패 스캔들에 의해 흔들렸다. 너무 많은 우리의 지도자들이 자신들의 가장 큰 책임, 즉 국가를 우선하는 것을 잊어버렸다.

우리가 현재의 진로로 계속 간다면 미국의 약속은 결코 전과 같을 수 없다. 국내외적으로 우리를 최강으로 만들었던 가치들을 우리가 잊어버린다면 우리는 세계의 최강국으로 남을 수 없을 것이다. 미국은 특권의 국가로 건국되지 않았다. 우리는 다시 기회의 나라(land of opportunity)이어야 한다. 세계에서 우리의 사명은 희망과 자유와 존경의 봉화이어야 한다.

민주당은 미국을 위해 더 많은 것을 원한다. 우리는 중산층의 가치, 안전, 열망이 더 이상 망각되지 않을 것이라는 확신을 주어야 한다. 부시와 그의 동맹자들은 미국의 미래를 위협하고 중산층의 등골을 휘게 하는 계획을 가지고 있다. 중산층의 형성을 도왔던 정당은 이제 중산층을 구하는 플랜을 제시해야 한다. 우리는 다음과 같은 미국의 잊혀진 중산층과의 10개항 계약(10-point Contract with America's Forgotten Middle Class)을 제안한다.

1. 우리는 미국의 안전을 공약한다.

부시 정부하에서 우리는 진주만 이후로 가장 큰 정보기관의 실수를 경험했다. 우리는 현 정부가 머뭇거리면서 못하고 있는 안보기관과 정보기관을 개혁함으로써 미국의 국내 방위를 강화할 것이다. 우리는 국내에서 테러리스트의 음모를 수사하고 예방할 수 있는 새로운 국내 정보기관을 창설함으로써 연방수사국을 개혁할 것이다. 부시 정부처럼 법집행 지원을 삭감하고 주와 지방의 세금을 올리는 것이 아니라 시민안전을 유지하는 자원을 지역사회에 제공하여 지역사회가 범죄를 줄이고 테러리즘을 막는 경찰과 소방관, 위급 시의 전화안내원을 더 많이 고용할 수 있도록 할 것이다.

2. 우리는 테러와 테러의 원인에 대한 전쟁에서 승리하고 미국이 승리에 필요한 존경과 동맹국을 얻을 수 있게 할 것이다.

일방주의를 채택함으로써 부시 정부는 미국을 고립시켜 우리의 동기에 대한 전 세계적 불신을 자초했고 우리뿐만 아니라 다른 국가들에도 이득이 되는 정책들의 비용과 리스크의 대부분을 우리가 짊어지게 했다. 우리는 미국의 동맹국과 적들 모두에게 반미적 분노의 위험한 빌미를 주지 않고 우리의 안보와 존경을 향상하기 위해 미국의 거대한 힘을 사용하는 강경한 국제주의(tough-minded internationalism)전략을 추구할 것이다. 우리는 중동의 안정이 아니라 민주주의를 지원함으로써 테러리스트의 온상을 제거할 것이다. 우리는 중동이 현대세계로 들어올 수 있도록 중동과의 무역을 확대할 것이다. 우리는 미국의 외국원조를 더 전략적이고 더 관대하고 더 선택적으로 만듦으로써 개혁을 지원할 것이다. 우리는 신속하고 결정적이고 지속적 결과를 가지는 승리를 위해 미군을 21세기의 병력, 무기, 교리에 적합하게 변화시킬 것이다.

3. 우리는 미국인들에게 국가에 뭔가 돌려줄 것을 요청할 것이다. 도전적인 미국이 아니라 부시 정부는 모든 사람들이 스스로 하도록 했다. 우리는 모든 미국 청년들에게 봉사할 기회를 주는 아메리코(AmeriCorps)[7]를 10배로 확대할 것이다. 우리는 모든 시민과 지역사회가 테러의 위기상황에 대비하는 시민방위단(civil defence corps)을 창설함으로써 미국의 안전을 위한 국가적 노력에 미국인들의 협력을 얻을 것이다. 국가에 봉사할 용의가 있다면 대학입학을 포함해서 돈이 없어서 기회를 살리지 못하는 경우가 결코 없도록 할 것이다.

4. 우리는 번영을 소수가 아니라 모든 미국인들에게 확대하고 중산층을 높은 조세부담으로 질식시키는 것이 아니라 중산층 소득을 증대하기 위해 조세제도를 개혁할 것이다.

부시 정부는 번영은 부자가 나머지 우리들과 공유하는 것이고 일자리는 국내총생산이 증가하는 한, 중요하지 않다고 믿고 있다. 우리는 경제를 성장시키고, 청정에너지 기술, 에너지보존 등과 같은 신생산업에서의 고수입 미래직업을 만들어냄으로써 거대한 미국식 직업창출기제를 재시동시킬 것이다.

부시 정부의 근로에 대한 전쟁은 세 부담을 부자에서 중산층으로 전가시켰다. 부자를 더 부자로 만들기 위해 중산층에 부담을 지우는 것은 그릇된 것이다. 우리는 중산층의 세금을 올림으로써 중산층의 소득을 향상할 수 없다. 그 대신 우리는 집을 장만하고 대학과 노후를 위해 저축하고 투자하고 가족을 부양할 기회를 중산층과 근로자들에게 주는 전면적인 세제 개혁을 제안한다. 미국의 모든 중산층과 서민은 최대한

---

[7] 아메리코는 1993년 클린턴 대통령에 의해 창설된 비영리단체, 공공기관, 신앙단체의 네트워크이다. 아메리코가 하는 일은 교육, 환경보호, 치안, 의료 등을 포함한다.

면세로 저축과 투자를 할 수 있어야 한다. 중산층과 근로 영세민을 위해 우리는 자본이득세율을 낮추거나 완전히 폐지할 것이다.

우리는 복잡한 세제혜택 저축 프로그램들을 모든 미국인들이 일자리마다 갖고 다닐 수 있는 단일한 보편적 연금으로 통합할 것이다. 우리는 퇴직자 적립제도를 확대하고 급여의 현대화와 비용급등의 예방을 위해 필요한 개혁을 하고 국고를 안정시킴으로써 사회보장제도를 강화할 것이다. 우리는 주택최초구입자에 대한 세금공제를 제공함으로써 모든 미국인들이 주택소유에 필요한 도움을 얻기 위해 일하도록 장려할 것이다. 우리는 일련의 아동세금공제들을 단일하고 단순한 가족세금공제(Simplified Family Tax Credit)로 대체함으로써 가족부양을 위해 전업으로 일하는 사람들이 중산일층의 일원이 될 수 있도록 할 것이다.

5. 우리는 정부지출이 당신의 급료보다 더 빨리 상승하도록 허용하지 않을 것이다.

부시는 재정보전의 윤리를 포기하고 큰 정부의 시대로 복귀했다. 우리는 감세가 필요 없는 사람들에게 우리가 감당할 수 없는 감세를 제공하는 것과 협소한 이익집단들과 기업들에게 특혜 보조금을 제공하는 것을 중단할 것이다. 그 대신 우리는 연지출 상한선(*annual spending caps*)과 성과기반지출 원칙(*pay-as-you-go rules*)을 복원함으로써 상쇄하는 절감 없이 연방정부가 새로운 지출 또는 감세를 제정할 수 없도록 할 것이다. 우리는 부당한 기업지원정책(*corporate welfare*)을 종식하기 위해 독립적 위원회를 신설할 것이다. 그리고 우리는 갑부가 아니라 중산층을 위해 감세할 것이다.

6. 우리는 민간부문이 성공할 수 있는 강한 경제풍토를 보장하겠지만 기업이 법을 지키고 종업원을 정당하게 대우하는 책임을 이행하도록 할 것이다.

부시는 워싱턴과 월스트리트가 몹시 필요로 하는 책임과 개혁을 수행하지 않았다. 지속가능한 경제성장은 만인을 위한 기회의 필수요건이다. 그러나 우리는 또한 경제정책을 미국의 가치와 조화시켜야 할 것이다. 우리는 재벌 자본주의(crony capitalism)를 일하고 세금을 내는 미국인들이 더 작은 국가부담과 더 큰 기업성공의 몫을 받는 민주적 자본주의(democratic capitalism)로 대체할 것이다. 우리는 주주에게 더 큰 발언권을 주고 최고경영자에게 옵션을 주는 기업이 모든 종업원에게도 옵션을 주도록 함으로써 과도한 최고경영자의 봉급 스캔들을 멈추게 할 것이다.

우리는 미국이 환경과 경제 모두에 좋은, 새로운 에너지기술 개발을 선도할 수 있도록 도울 것이다. 우리는 미국 상품과 서비스에 대한 해외의 장벽을 축소시킴으로써 미국의 성장엔진을 재가동시키고 의류, 신발 등의 수입품에 대한 국내의 역진적 과세를 철폐함으로써 소비자의 이익을 증진할 것이다. 우리는 또한 소비자만이 아니라 근로자가 승자가 되도록 할 것이다. 우리는 과도한 관료적 직업훈련제도를 현대화하고 실직자가 필요한 직업훈련과 기술을 선택하게 하는 신경제 근로장학금(New Economy Work Scholarships)을 제공함으로써 이것을 할 것이다.

7. 우리는 당신이 자녀들의 의료보험에 대한 가입 책임을 이행한다면 저렴한 의료보험의 기회를 제공할 것이다.

의료비의 상승은 기업과 근로자를 불구로 만들고 있지만 부시 정부는 저렴한 의료보험을 위해 아무 것도 하지 않았다. 우리는 모든 미국인들이 저렴한 의료보험에 가입할 수 있도록 보장할 것이지만 부모들에게 가족이 모두 가입하도록 할 책임을 요구한다. 우리는 모든 미국인들이 하원의원들이 가입한 것과 같은 보험을 구입하도록 하고 보험을 더 저렴하게 하는 세금공제를 제공하고 주요 만성병의 치료법을 연구하는 국립의료센터(National Cure Center)를 설립할 것이다.

8. 우리는 공립학교에 더 많이 요구하고 더 많이 투자할 것이다.
부시는 개혁에 투자할 것이라는 약속을 어겼고 주와 지역사회가 도움이 가장 필요할 때 그들을 속였다. 학교개혁에 대해 연방예산을 지원하지 않음으로써 부시 정부는 너무나 많은 아이들을 뒤처지게 하고 있다. 우리는 개혁에 대해 자원을 제공하겠다는 공약을 지킴으로써 공립학교를 모든 지역사회의 자랑으로 만들 것이다. 우리는 학교가 개혁의 도전에 나서도록 도울 것이다. 우리는 교사에게 봉급을 더 많이 제공하고 그 대신 더 많이 요구함으로써 모든 교실에 좋은 교사를 배치할 것이다. 우리는 학부모가 그들의 자녀들이 다닐 공립학교를 선택하도록 할 것이다. 우리는 불량학교를 향상시키거나 폐쇄하고 더 많은 개방형 자율학교(charter schools)와 소규모 학교를 신설함으로써 학부모들이 좋은 학교를 선택할 수 있게 할 것이다.

9. 우리는 청년들이 엄청난 빚을 지지 않고 대학을 다닐 수 있도록 일과 봉사의 기회를 제공할 것이다.
부시는 대학교육이 더욱 더 중요한 때에 4반세기만에 가장 급격하게 공립학교 학비를 상승시켰다. 우리는 복잡한 교육 세금공제들을 단순화하고 그것들을 모든 가족이 사용하고 이해할 수 있는 단일한 교육공제와 규정으로 대체할 것이다. 그리고 우리는 아메리코와 장학근로프로그램(*work-study programs*)을 확대하여 일하거나 지역사회 봉사를 하는 미국인은 빚을 지지 않고 대학에 다니고 졸업할 수 있게 함으로써 대학에 다니는 것을 더 어렵게 하는 것이 아니라 더 쉽게 할 것이다

10. 우리는 부모들이 자신들의 가장 중요한 책임, 즉 가족을 보살필 수 있는 더 많은 기회를 제공할 것이다.

일과 가족의 균형을 위해 미국인들을 도와주는 것이 아니라 부시 정부는 방과후학교 프로그램(*after-school programs*)을 줄이고 유급육아휴가(*paid parental leave*)의 기회를 주지 않음으로써 가족이 새로운 부담을 지게 했다. 우리는 부모들이 신생아와 더 많은 시간을 보낼 수 있는 세금공제와 유급휴가제도를 제공할 것이다. 우리는 필요로 하는 모든 아이들에게 방과후학교 보호를 제공할 것이다. 그리고 우리는 출산 후, 3년 동안 손실된 면세 퇴직 적립금을 보상함으로써 사회보장제도에서 어머니의 불이익(*motherhood penalty*)을 종식할 것이다.

우리의 영혼과 미래가 중산층에 달려있기 때문에 우리는 미국의 중산층을 구하고 확대하는 이 정책들을 공약한다. 미국의 약속은 소수 특권자의 전유물이 될 수 없다. 미국은 더 높은 목적을 가진다. 즉 미국 시민의 근로와 신이 주신 잠재력이 실현될 수 있는 최대한의 상승의 기회를 모든 시민이 가지도록 보장하는 것이다.

> **8** 「미국 민주당은 무엇을 하려는가:
> 미국인들은 민주당의 신념을 알지 못한다.
> 그들에게 말해야 할 때다」

「청사진(Blueprint)」, 2005. 3. 16.
앨 프롬과 브루스 리드 (Al From & Bruce Reed)

이 글에서 우리는 모든 민주당원들이 들을 필요가 있는 단순한 진리를 제시할 것이다. 2008년 대선에서 승리하기 위해서 민주당은 변해야 한다. 민주당은 우리를 기분 좋게 하지만 언제나 부족한 정치전략을 버려야 한다. 마지막으로 민주당은 고정 지지층을 흥분시키는 것과 호소력을 확대하는 것 간의 그릇된 선택을 거부해야 한다. 왜냐하면 민주당이 그 둘 모두를 자극하고 설득하지 못하면 모든 선거에서 질 것이기 때문이다.

그러나 무엇보다 민주당은 무엇을 하려는 가에 대해 과감하고 분명해야 한다. 안보(*security*), 기회(*opportunity*), 책임(*responsibility*)을 믿는 미국인이 민주당에서 안식처를 얻을 수 있다는 것을 민주당이 무엇을 하려는 가를 알지 못하는 수백만의 사람들에게 보여줄 때이다.

클린턴이 1992년에 여러 번 우리에게 말했듯이 변화는 결코 쉽지 않다. 민주당의 가장 큰 도전은 기회를 확대하고 책임을 요구하고 세계에서 자유와 미국의 국익을 수호하기 위한 새롭고 혁신적이고 진취적인 방식을 제공하는 것이다. 이것은 당의 정설에 도전하고 때때로 당내의 일부 사람들을 불편하게 할 수밖에 없다. 그러나 다음 4년 동안 우리는 국민들을 다시 한번 놀라게 해야 한다. 우리가 이것을 한다면 우리의 아이디어들을 실현할 수 있는 기회를 얻을 것이다. 그러나 우리가 못한다면 선거자금을 얼마나 모았는지, 선거조직이 얼마나 잘하는지와 상관

없이 질 것이다.

우리는 하워드 딘(Howard Dean) 주지사가 민주당전국위원회(Democratic National Committee) 의장으로 선출된 것을 축하한다. 그는 수억 달러의 선거자금을 모금하고 공화당의 거대 선거조직에 대항해 민주당의 선거조직을 강화하고, 특히 공화당 우세지역에서 당 조직을 재구축해야 할 것이다. 이것은 딘과 같이 활력이 넘치고 강인한 사람에게도 힘든 주문이다. 우리는 과거에 딘 주지사와 견해가 달랐지만 그가 이 임무를 잘 수행하기를 바란다. 그가 민주당을 잘 조직하고 모금을 잘 한다면 모든 민주당 당원에게 좋은 것이다.

결국 전국 당 의장의 성공은 일을 얼마나 잘했는가가 아니라 의장 임기 동안 자신의 당이 집권했는가에 달려있다. 의장의 역할은 당의 응원단장이다. 민주당이 2008년 대선에서 승리하려면 우리는 중앙당이 개선할 수 없는 몇몇 기본적 문제들을 상대해야 할 것이다. 당은 4년마다 한 번씩 유권자들에게 자신을 규정할 기회를 가진다. 이것이 대선후보 예비경선이고 이 규정은 당의 대선후보와 그 후보의 공약에 의해 결정된다. 역설적으로 당 의장이 해야 할 최선의 일은 열심히 노력해서 당의 잠재적 후보들에게 논쟁의 장을 제공하는 것이다. 딘이 히포크라테스 선서 제1항, '해를 끼쳐서는 안 된다'를 기억한다면 잘할 수 있을 것이다.

루스벨트 이후 열다섯 번의 대선에서 오직 2명의 민주당 후보, 즉 1964년의 존슨과 1976년의 카터만이 일반투표에서 다수를 얻었다. 이 60년 동안 오직 1명의 민주당 후보, 즉 1992년과 1996년의 클린턴만이 재선에 성공했다.

우리가 이 기록을 경신하려면 실패한 전략으로 복귀하는 것이 아니라 이를 버려야 한다.

가령, 민주당 지지자들만 동원해서 연방선거에서 이길 수 있다고 생각하는 것은 망상이다. 2004년 선거로 이 신화는 최종적으로 사라졌다. 민주당은 지지자 동원에서 모든 예상들을 능가하는 유례없는 성공을 거두었지만 그럼에도 불구하고 졌다. 다음 선거에서 우리는 지지자 동원만이 아니라 중도 유권자들에 대한 설득에서 유례없는 성공을 거두어야 한다. 지난 열 번의 대선에서 평균 44.5%의 득표율을 얻고 60년간 대선의 일반투표에서 단지 두 번만 다수표를 얻은 민주당은 상실한 유권자의 일부를 얻어야 한다.

고정 지지층(base)이냐 부동층(swing voters)이냐의 논쟁은 연방선거에서 가장 오래된 그릇된 선택(false choice)이다. 우리는 둘 다 얻어야 한다. 우리가 고정 지지층만 얻는다면 매번 질 것이다. 우리 고정 지지층이 많이 투표하지 않는다면 부동층에서 잘 해도 이길 수 없다. 그러나 우리가 미국이 직면한 큰 도전들에 분명하고 진취적으로 접근한다면 우리는 매번 잘 할 수 있고 국가도 잘 될 것이다.

민주당은 우리가 올바른 메시지를 갖고 있지만 문제는 우리의 메시지를 효과적으로 전달하지 못하는 커뮤니케이션이라고 믿고 싶어 한다. 공화당은 열등한 메시지를 갖고 있지만 잘 전달하기 때문에 이긴다고 주장한다. 그러나 민주당이 이길 것이라고 생각했던 두 번의 대선과 세 번의 의회선거에서 연속 패배한 후, 아마도 우리가 어떻게 크게 말할 것인가가 아니라 우리가 무엇을 말할 것인가에 대해 심사숙고해야 할 때이다.

마지막으로 민주당은 단결해서 공화당과 차이를 분명히 하면, 이길 것으로 생각한다. 우리 모두는 우리의 신념을 견지하는 민주당원이고 신민주당원은 가장 첨예하게 부시의 기업 보수주의(corporate conservatism)를 반대한다. 그러나 동시에 신민주당원은 너무 미숙하게 (공화당의 정치전략가) 칼 로브(Karl Rove)를 상대하는 당내 일부에도 동의하지 않는다. 민주당이 미국인의 삶에서 지속적으로 공화당과의 차이를 명백히 하려면 단순히 우리가 무엇에 반대하는가가 아니라 무엇을 하려는가를 분명히 해야 한다.

자신을 속이지 말자. 미국인들은 존 케리(John Kerry)와 조지 W. 부시(George W. Bush)의 차이를 말하는데 문제가 없었다. 그들이 가진 문제는 민주당이 무엇을 하려는가에 대해 말할 때이다.

우리는 1988년 대선 이후에도 유사한 문제에 직면했다. 지금처럼 그 때도 많은 민주당원들은 당의 문제가 모두 선거조직의 문제, 즉 커뮤니케이션의 문제, 지지층 동원의 문제라고 주장했다. 클린턴은 근본적인 문제, 즉 민주당의 비전의 문제를 해결한다면 이 모든 문제들이 스스로 치유될 것이라고 생각했다.

최근의 민주주의단(Democracy Corps) 조사에 의하면 2배 많은 유권자들이 공화당은 무엇을 하려는가를 안다고 말했다. 그 조사에서 지적된 민주당의 가장 큰 두 가지 약점, 즉 동성 결혼에 대한 지지와 국가의 방향을 강력하게 제공하지 못하는 것은 민주당의 쌍둥이 문제를 가리고 있다. 유권자들은 첫째, 민주당이 무엇을 하려는가를 알지 못하고 둘째, 민주당이 무엇을 하려는가에 대해 심각한 의문을 던지고 있다.

민주당의 약점을 뒷받침하는 것은 진정한 논쟁이 없다는 것이다. 국가안보와 국내의 우선순위에 대한 진정한 논쟁이 없다. 우리는 이것들을 회피해서는 안 된다. 민주당이 투표일이 아니라 지금 단결하는 것은 별로 중요하지 않다. 그리고 민주당이 지금 우리의 차이에 대해 논쟁을 해서 민주당의 방향을 정하고 우리의 선택에 유권자의 실질적 다수를 결집시킨다면 우리는 투표일에 훨씬 더 많이 단결할 것이다.

우리가 민주당의 모습을 일신하여 유권자들, 특히 미국의 중심부 지역(America's heartland)[8]을 장악하려면 우리 시대의 거대한 도전들

[8) 1960년대에 공화당이 남부전략(Southern strategy)을 추진하여 다수당이 되었듯이 민

을 상대하려는 용기를 가져야 한다. 이것은 미국의 안전, 기회의 사회(*opportunity society*) 건설, 책임과 핵심적 가족 가치의 옹호, 실패하고 부패한 정치제도의 개혁이다.

▌ 국가안보의 격차(national security gap) 축소

민주당과 미국의 가장 중요한 도전은 안보이다. 이것 때문에 민주당이 2000년 상원의원 선거에서 졌고 또한 2004년 대선에서도 졌다. 다음 10년 동안 안보는 민주당이 루스벨트, 케네디, 클린턴의 영광의 시대를 되찾을 수 있을지, 휘그당(Whigs)과 불가지당(Know-Nothings)[9]의 길로 갈지를 결정할 것이다. 옳건 그르건 매우 많은 유권자들은 새로운 위협에 직면해 민주당의 엄격함과 결의를 의심했다. 민주당이 루스벨트, 트루먼, 케네디의 강건하고 진보적인 국제주의(*muscular, progressive internationalism*)를 되찾을 때까지 그리고 우리가 더 편한 국내 이슈들로 이슈가 변할 때까지만 말하는 것이 아니라 국가안보가 민주당의 최우선순위라는 것을 유권자들이 확신할 때까지 우리의 재집권 이유를 유권자에게 설득하는 것은 어려울 것이다.

이것이 저명한 민주당 선출직 공무원과 사상가 집단이 민주당이 안보를 최우선순위로 놓도록 촉구하는 공개편지에 서명했던 이유이다. "미국인들은 자신들의 이상을 열렬히 수호하지 않는 지도자들을 신뢰하지 않을 것"이기 때문이다.

주당은 오늘날 상대적으로 공화당 지지성향이 적어 승리할 수 있는 미국의 중심지역에 초점을 맞춘 중심지역 전략(Heartland strategy)을 취하고 있다. 이 중심지역은 플로리다, 아칸소, 버지니아, 오하이오, 아이오와, 미주리, 뉴멕시코, 네바다, 콜로라도 주이다.

9) 휘그당은 민주당 잭슨 대통령에 대한 불만으로 1832년에 태동한 정당이었지만 단일후보나 공동정강을 만들지 못할 정도로 지리멸렬한 정당이었다. 불가지당은 1849년에 창당한 이민에 배타적인 미국본토인의 정당으로 노예문제에 대한 분열로 분당되어 사라졌다.

민주당의 도전은 국제연합, 마셜플랜(Marshall Plan), 봉쇄, 평화봉사단(Peace Corps)이 그랬듯이 오늘날의 문제의 규모에 맞는 일련의 국가안보 아이디어들을 명료히 하는 것이다. 가령, 진보정책연구소(Progressive Policy Institute) 윌 마셜(Will Marshall) 소장 등은 나토가 테러에 대한 전쟁에 승리하기 위해 완전히 새로운 임무를 맡아야 한다고 제안했다. 우리는 국내에서도 크게 생각해야 한다. 우리가 이 새로운 시대에 영세민과 소수자가 국가안보를 전담해서는 안 된다고 믿는다면 모든 사람이 역할을 할 수 있는 보편적 지원복무제도를 제안해야 한다.

2002년 실망스런 선거 이후, 클린턴 대통령은 민주당리더십회의 연설에서 하나의 이슈로서 안보의 영향력을 과소평가하지 말도록 민주당원에게 경고했다. 불확실성의 시대에 "강하고 틀린 것이 약하고 옳은 것을 이긴다(strong and wrong beats weak and right)"고 말했다. 아이러니하게도 많은 민주당원들은 클린턴의 핵심을 놓치고 있다. 당의장이 된 며칠 후, 딘은 민주당의 문제가 안보가 아니라 커뮤니케이션이라고 주장하면서 바로 이 클린턴의 말을 인용했다. 딘은 말했다. "민주당은 이데올로기의 위기가 아니라 단지 확신의 위기이다."

1988년에 마이클 듀카키스(Michael Dukakis)가 했듯이 "이데올로기가 아니라 능력"을 약속하거나 지금 딘이 하듯이 "이데올로기가 아니라 확신"을 약속함으로써 민주당원에 영합하는 것은 쉬운 일이다. 그러나 결국 아이디어들과 이데올로기가 선거를 결정하고 민주당이 이것들을 올바로 하는가에 따라 당락이 결정된다. 좋든 싫든 테러로부터 세계를 안전하게 하는 것은 앞으로 10년 동안 미국의 중심적 도전이고 유권자는 약하지도 틀리지도 않은 강하고 옳은, 더 좋은 선택을 할 것이다.

기회의 사회 건설

우리의 최대 강점은 민주당이 줄곧 중산층과 그 대오에 끼기를 열망하는 사람들의 정당이라는 것이다. 기회는 그 어떤 것보다도 우리 당을 단결시켜 주는 가치이다. 더우나 1920년대 이후 가장 크게 부가 집중되고 1970년대 이후 가장 크게 중산층의 기회가 침식된 지금도 민주당은 기회의 정당이다.

그러나 미국인들은 자신들을 앞으로 나아가도록 만들어줄 대담하고 명확한 경제성장 비전을 제시하지 않는다면 우리가 기회의 정당이라는 사실을 알지 못할 것이다. 민주당은 너무도 오랫동안 복지 프로그램들에 대해서만 말하고 있고 민주당 대통령이 이 프로그램들을 만들었던 원대한 비전을 잊어버렸다. 뉴딜(New Deal), 위대한 사회(Great Society), 새로운 약속(New Covenant)이 우선이었고 나중에 사회보장, 헤드스타트(Head Start), 근로장려세(Earned Income Tax Credit)가 만들어졌다.

좋은 소식은 우리가 열심히 일하고 싶은 모든 시민들에게 보다 좋은 삶의 약속과 이 약속을 소중히 뒷받침할 찬스를 주는 국가공동비전을 공유하고 있다는 것이다. 부시는 소유권의 사회(Ownership Society)를 약속했다. 이에 대해 존 에드워즈(John Edwards) 등은 기회의 사회를 제안하는데, 이는 옳은 것이다. 다시 한번 우리의 아이디어들이 문제의 척도가 되어야 한다. 부가 아니라 일을 보상해주고 더 큰 빚더미가 아니라 한 뭉치의 돈을 소유할 찬스를 각 개인들에게 주는 조세개혁을 요구하고, 일하고 싶은 모든 이들에게 대학학비를 면제해주고, 재무책임을 복원하고 시장을 작동하도록 하기 위해 법인체의 세금탈루를 봉쇄하는 것 등이다. 이런 생각들은, 클린턴 식으로 말하면, 매일 일하러 가고 규칙을 지켜 살아가는 모든 사람들과 그들과 아이들의 미래를 어둡게 하는 저임국가들과의 경쟁과 급속한 경제변동에 직면한 모든 이들에게 상향이동전략(*upward mobility strategy*)을 제공한다. 공화당은 이러한 전략이 없다. 우리 민주당이 이것을 명료히 할 수 있다.

▎ 책임의 옹호

우리는 공화당이 선거마다 도덕적, 문화적 논쟁을 정하도록 허용해서는 안 된다. 우리와의 논쟁에서 그들은 그들을 돕고 우리를 손상시키고 국가를 분열시키는 분열이슈들(*wedge issues*)을 계속해서 사용할 것이다. 이런 식으로 해서는 안 되고 변화를 위해 우리의 가치들을 타협해서도 안 된다. 우리는 문화적 논쟁에서 이길 수 있다. 그러나 우리 자신의 가치들과 문화적 어젠다를 제공할 때에만 이길 수 있다.

지난 두 번의 선거에서 민주당은 공화당의 동성결혼, 총기, 낙태에 대한 비난을 비껴가기 위해 내내 수동적이었다. 똑같고 낡은 가짜 문화적 이슈들에 대한 논쟁을 중단시키는 가장 좋은 방법은 진짜 이슈들, 즉 가족의 강화, 부모가 아이들을 올바르게 가르치도록 돕는 것, 권리와 책임이 함께하는 부부, 모든 미국인에게 국가에 뭔가 돌려줄 것을 요청하는 것을 중요하게 만드는 것이다.

중심부 지역의 미국인들은 우리가 그들의 관심을 정직하게 이해한다는 것을 증명하면 민주당이 그들을 무시한다고 생각하지 않을 것이다. 부모들이 문화가 난잡해지고 아이들과 더 많은 시간을 보내는 것에 대해 걱정하는 것은 정당한 것이다. 힐러리 클린턴(Hillary Clinton) 상원의원이 원치 않는 임신과 낙태를 줄이는 것을 우리의 목표로 분명하게 한 것은 정당하다. 버락 오바마(Barack Obama) 상원의원이 우리가 개인의 책임을 망각한다면 정부가 성취할 수 있는 것에 한계가 있을 것이라고 한 것은 정당하다. 공화당은 책임정당(*responsibility party*)이 결코 될 수 없을 것이다. 우리가 왜 할 수 없는가?

▌민주주의 회복을 위한 제도개혁

이 위대한 가치들을 부흥하기 위해 민주당은 진정한 개혁의 정당(*true party of reform*)으로서 우리의 소명을 상기해야 한다. 현재 공화당은 백악관과 상·하의원 그리고 주지사와 주 의회의 다수를 장악하고 있다. 그러나 공화당은 재정낭비, 특별이익단체, K가(K Street)[10] 부패의 정당이다. 의회 지도자들은 옛 소련보다 더 빨리 규정을 고쳤다. 자유언론에 기초한 나라에서 정부는 칼럼니스트들이 뇌물을 받도록 만들었다.

민주당은 휘슬을 불고 근본개혁(*radical reform*)을 옹호할 의무가 있다. 우리는 정치적 모험을 하고 새로운 아이디어들을 받아들여야 한다. 즉 현직의원들이 낙선이 아니라 죽을 때까지 있게 하는 선거구 재획정 소동을 분쇄하고 모든 미국인이 투표하고 그 투표가 기록될 수 있도록 보장하고 무당파 유권자들을 포함할 수 있도록 예비경선을 개방하고 경선과정과 정당에 대한 이익단체의 장악을 분쇄하고 국고의 안정을 위해 지출 상한선과 성과기반지출을 복원하고 중산층 가족이 퇴직저축, 대학 학비, 주택, 가족부양을 할 수 있도록 돕는 가족친화세금정책을 촉진하고 워싱턴의 낭비적인 전직 관리의 낙하산 인사를 끝내고 세법을 경매에 부치는 부당한 기업지원정책을 종식해야 한다.

우리는 개혁과 혁신의 화두를 되찾고 워싱턴, 부패, 현상유지의 정당(*party of Washington, corruption, and the status quo*)인 공화당의 본모습을 보여주어야 한다. 그런 다음 우리는 루스벨트, 케네디, 클린턴 하의 전성기에 했듯이 워싱턴의 관료적 허튼소리가 아니라 우리의 비전, 우리의 가치, 우리의 국가적 목적의식으로 미국인들에게 말할 수 있다.

미국인들은 광범한 중산층과 그 대오에 끼기를 열망하는 모든 사람의 가치, 이익, 안정을 옹호하는 민주당이 필요하다. 우리는 다시 다수당이

---

10) K가는 수많은 싱크탱크, 로비스트, 시민단체가 밀집한 워싱턴의 도로 이름이다.

될 수 있고 그렇게 될 것이다. 그러나 오직 우리가 다수의 신뢰를 얻기 위해 열심히 할 때만 가능하다. 2004년 투표일 밤에 지도를 보면서 미국의 중심지역이 (공화당의)빨간색으로 뒤덮이는 것을 본다는 것은 고통스러운 일이다. 누가 우리 당의 모세가 될지는 시간만이 말해줄 것이다. 그동안 우리 모두는 홍해(Red Sea)[11]를 가르기 위해 해야 할 일이 있다.

---

11) 공화당의 상징색이 빨간색이기 때문에 홍해를 가른다는 표현은 공화당의 우세가 상대적으로 약한 중심지역을 장악해야 한다는 것을 의미한다.

영국 노동당 문서

 「신新노동당, 새로운 영국:
토니 블레어의 새로운 노동당 비전」

1994. 10. 4. 토니 블레어(Tony Blair)

오늘 나는 노동당과 영국에 대한 나의 비전을 제시할 것입니다. 우리가 누구인가, 우리가 어디에 있는가, 우리가 어떻게 통치할 것인가.

우리는 희망에 차있습니다. 변화될 수 있다는 희망. 영국에서 이 보수당 정부, 그들의 파기된 약속, 그들의 실패한 정책, 그들의 신뢰 잃은 철학을 없앨 수 있고 그 대신 영국을 위해 노동당 정부가 집

토니 블레어

권할 수 있다는 희망에 차있습니다.

우리 모두가 존 스미스(John Smith, 블레어 직전 당대표)의 서거 소식을 들었을 때, 우리가 어디에 있었고 우리가 무엇을 하고 있었는지 기억합니다. 온 나라와 모든 당이 함께 슬퍼하고 그의 성실성, 그의 정직성, 그의 품격을 추념했습니다. 우리는 그를 알아서 자랑스럽고 그의 지도를 받아서 자랑스럽습니다. 우리는 그가 사랑했던 당을 그가 사랑했던 나라의 정부로 다시 한번 만듦으로써 우리는 그를 가장 잘 기념할 수 있습니다.

우리는 우리의 임무를 시작했습니다. 국민들은 이미 우리를 선출해서 175개의 지방의회를 통제하게 했습니다. 5월에 우리는 2,500개 이상의 새로운 의석을 획득했습니다. 우리는 올해 네 번의 보궐선거에서 이겼고 4명의 새로운 의원 중 3명이 여성입니다. 유럽의회 선거에서 우리는 기록적인 의석을 얻었습니다. 이것은 여론조사가 아닙니다. 이것은 선거입니다. 우리가 선거에서 승리하고 있습니다.

그리고 우리는 폴린 그린(Pauline Green) 유럽의회의원이 유럽의회 사회주의 그룹(Socialist Group)의 첫 여성 지도자가 된 것을 자랑스러워합니다. 우리가 존경하는 유럽의 또 한 명의 대표가 있습니다. 우리 당의 명예, 키녹(Neil Kinnock) 유럽위원회 위원입니다. 그는 브뤼셀에서 영국으로 올 것입니다.

우리는 또한 당대표를 선출했습니다. 100만 명이 우리 민주주의의 꽃인 당대표 선거에 참여했고 이로부터 우리는 단결했고 강력해졌습니다. 나는 노동당에 훌륭하게 기여한 존 프레스콧(John Prescott)에게 감사합니다. 그리고 우리 모두를 대신해 당 대표 선거를 잘 관리하고 품위 있게 우리를 지도한 마가렛 베켓(Margaret Beckett)에게 경의를 표합니다.

우리는 또한 당원의 기록적인 증가를 자축합니다. 8월에만 1만 4,000

명이 입당했습니다. 나는 오늘 이번 달 말까지 30만 명을 돌파할 수 있다고 말할 수 있습니다. 또한 우리가 보수당 청년당원보다 3배 많기 때문에 다시 능동적인 청년 노동당원을 갖게 되었다는 것이 기쁩니다. 나는 영국 청년에게 확신을 갖고 말할 수 있는 세대의 첫 번째 지도자입니다. 나는 청년의 영향력이 커지는 것을 보고 싶습니다.

또 다른 감사를 전하겠습니다. 래리 휘티(Larry Whitty)는 당과 유럽의 연결을 조정하는 새롭고 중요한 직책을 맡기 위해 당 사무총장직을 떠납니다. 래리는 내가 알고 있는 가장 재능있고 가장 덜 이기적인 사람들 중 하나입니다. 우리는 충성스럽고 헌신적인 그에게 감사를 표합니다.

우리는 국제적 연대를 자랑하는 당입니다.

나는 오늘 오후 여기서 새로운 남아공 정부대표를 환영하게 되어서 기쁩니다. 나는 넬슨 만델라(Nelson Mandela)가 로벤 섬(Robben Island)에 투옥되었을 때 10살이었습니다. 그 이후 넬슨 만델라의 말은 영감이 되었습니다. 그러나 대통령 만델라의 말이 훨씬 더 영감을 주지 않습니까?

우리는 또한 이스라엘 정부대표를 환영합니다. 우리는 가자지구(Gaza Strip)와 여리고(Jericho)에서 팔레스타인 자치정부 수립과 중동 평화의 물꼬를 튼 이츠하크 라빈(Yitzhak Rabin) 노동당 정부와 야세르 아라파트(Yasser Arafat) 팔레스타인해방기구(PLO)에게 박수를 보냅니다.

우리는 또한 최근 선거에서 승리한 스웨덴, 오스트레일리아, 덴마크, 네덜란드의 형제당들에게 축하를 보냅니다. 그리고 우리는 오스트리아와 독일의 사회당과 사회민주당이 다가올 선거에서 모두 승리하기를 바랍니다.

50년 전에 영국 노동당 정부는 국제연합 창설에 기여했습니다. 우리는 국제연합이 더 강하고 더 통합되고 냉전이 더 이상 지배되지 않는 세계에 새로운 질서를 가져올 수 있도록 계속 노력할 것입니다.

특히 보스니아에서 우리는 더 이상의 만행과 유혈사태가 없도록 지금 협상 중인 평화계획을 수용하도록 촉구합니다. 우리는 세계인구의 1/4이 식수가 없고 1/5이 굶주리고 르완다(Rwanda) 등에서 내전이 한창인 세계에 살고 있습니다. 우리는 이 사람들을 잊어버려서는 안 됩니다. 나는 언제나 해외원조와 발전이 내가 지도하는 노동당의 핵심이 될 것이라고 말할 수 있습니다.

우리는 또한 국제관계의 완전히 다른 부분인 유럽에서도 용기를 보여 주어야 합니다. 국익을 위해 영국은 새로운 유럽의 발전에서 최전선에 있어야 합니다.

물론 유럽은 변해야 합니다. 물론 우리는 다른 나라가 자국의 국익을 지키듯이 영국의 국익을 옹호해야 합니다.

진정 우리는 영국 보통가족이 주당 20파운드를 받을 수 있는 유럽연합 공동농업정책(Common Agricultural Policy)의 비용을 감당해야 합니다. 보수당은 아무것도 하고 있지 않습니다. 그러나 보수당은 유럽과 정치를 하고 있고 이 나라의 미래를 망치고 있습니다. 내가 지도하는 한, 나는 결코 유럽에서 영국을 고립시키거나 뒤처지도록 하지 않을 것입니다.

마침내 영국정치에서 이념의 조류가 변하기 시작했습니다. 한 세대만에 처음으로 방황하고 환멸을 받는 세력은 바로 우파입니다. 더 이상 그들 자신의 언어를 믿을 수 없어서 그들은 우리의 언어를 사용하고 있습니다.

일부는 "공동체", "파트너십", 심지어 "공정성"을 사용하고 있습니다. 일부는 지금 시민 보수주의(Civic Conservatism)를 말하고 있습니다.

용어 자체가 모순입니다. 정말 멍청하게도 노동조합회의(TUC)에서 절망한 데이비드 헌트(David Hunt)는 "완전고용"을 말했습니다. 그의 보상은 상상할 수 있는 가장 굴욕적인 강등입니다. 어느 날은 실업자를 세고 다음 날은 도로표지를 세고 있습니다.

▌다수당 (The Party of the Majority)

전국적으로 전 계층적으로 정치적 경계를 가로질러 노동당은 다시 한 번 모든 영국인을 대표하고 있습니다. 우리는 오늘날 정치의 주류 목소리입니다. 광범한 다수를 위하여 말하고 다수를 구속하는 기득권에 반대하며 다수를 지원하고 있습니다.

붕괴되지 않은 교실에서 자녀들이 교육받기를 원하는 부모들에게, 대학에 합격했지만 다닐 수 없는 학생들에게 보수당은 당신들을 망쳤지만 우리는 당신 편에 있습니다. 당신의 포부는 우리의 포부입니다.

아침에 일어나 도둑맞은 것을 아는 남녀들에게, 집을 나서는 것을 두려워하는 연금 수령자들에게 보수당은 당신들의 신뢰를 남용했지만 우리는 당신 편에 있습니다. 당신의 걱정은 우리의 걱정입니다.

탐욕스런 은행에 의해 문전박대당하는 중소기업들에, 정부실패에 의해 고통받는 고용주들에게, 해고통지서의 공포 속에 사는 종업원들에게, 무엇보다 치욕스럽게 해고당한 40대에게, 전국 모든 곳에서 일자리 불안에 시달리는 사람들에게 보수당은 당신들을 망각했지만 우리는 아닙니다. 당신의 근심은 우리의 근심입니다.

평시 역사에서 가장 큰 세금인상으로 고통 받는 영국의 중산층과 서민에게 보수당은 당신들을 배신했습니다. 노동당은 당신의 편에 있습니다. 당신의 열망이 우리의 열망입니다.

우리는 다시 영국정치에서 다수당이 되고 있습니다. 다시 영국을 위해 말하고 있습니다. 다시 국민의 당이 되었습니다.

▌공동체

대처가 총리로 취임한 후 15년의 영국을 보십시오.

불화가 있는 곳에 조화가 있습니까? 오류가 있는 곳에 진실이 있습니까? 의심이 있는 곳에 신뢰가 있습니까? 절망이 있는 곳에 희망이 있습니까?

조화? 범죄가 2배 이상 증가했습니다.

진실? 그들은 우리에 대한, 자기들이 한 것에 대한 거짓말로 선거에서 이겼습니다.

신뢰? 정치는 그들의 배신으로 품격이 떨어지고 있습니다.

희망? 300만 명의 사람들이 일자리가 없고 거의 600만 명이 소득보조를 받고 있습니다. 그리고 3명 중 1명의 어린이가 빈곤 속에서 자라고 있습니다.

그들은 우리에게 불의와 분열을 가져왔지만 이것들은 경제적 효율성의 비용이 아니었습니다. 보통 가족에게 매년 800파운드나 세금을 올리고 있기 때문입니다. 지출은 상승하고 성장은 지난 15년간 하락했습니다.

그리고 그들이 이 과정에서 낭비했던 것을 보십시오. 자연이 준 수십억 파운드, 신이 주신 북해 석유의 축복, 우리가 미래에 투자할 수 있었던 수십억 파운드, 그들이 탕진한 수십억 파운드. 영국의 모든 가정에 5,000파운드씩 줄 수 있는 1,180억 파운드가 버려졌고 사라졌습니다.

그리고 그들이 오랫동안 축적된 영국의 고정자산을 팔아 투자에 쓰지 않았던 국가적 문제의 진실을 숨기고 현재의 지출을 덮기 위해 700억 파운드가 영원히 사라졌습니다.

보수당이 영국에 했던 것 때문에 그들을 혼내줄 때입니다. 그들이 온정적이지 않기 때문이 아니라 그들이 영국정부를 방치한 가장 나태하고 무책임한 무능력자들의 집단이기 때문입니다.

그들의 시간은 왔습니다. 그들의 철학은 시행되었습니다. 그들의 실험은 끝났습니다. 그들의 실패는 명백합니다. 사라져야할 시간입니다.

그런데 왜 보수당이 무능할까요? 단지 개인들 때문만이 아닙니다. 책임져야 할 사람은 장관들이 아닙니다. 잘못된 것은 바로 정치적 가치 전체입니다. 그들은 국가가 개인들이 성공하기 위하여 공동체처럼 함께 해야 한다는 것을 이해하지 못하기 때문에 보수당은 실패하고 있습니다. 이것은 단순한 실패이지만 근본적인 것입니다.

성공하고 있는 기업을 가서 보십시오. 노동자를 하인이 아니라 파트너로 대우하고 있습니다. 근로자들에게 동기가 부여되고 훈련되고 공통 목적이 주어지고 있습니다. 물론 노동자 착취기업이 단기적으로 성공할 수 있습니다. 그러나 결국 실패합니다. 품질과 헌신이 거기에는 없습니다.

국가도 마찬가지입니다. 일시적으로 특권과 탐욕에 기초해 운영될 수 있습니다. 그러나 결국 실패합니다. 이것은 이론이 아닙니다. 그 증거가 우리의 삶입니다. 15년 동안 우리는 미래의 성공에 투자하는 것이 아니라 과거의 실패 때문에 더 많은 세금과 지출을 하고 있습니다.

나는 교육과 보건과 경찰에 세금을 내는 것을 싫어하지 않습니다. 내가 싫어하는 것은 실업, 범죄, 사회적 병폐에 세금을 내고 있다는 것입니다.

15년 동안 우리는 교육이 아니라 실업과 빈곤에 영국의 국가소득을 더 많이 지출하고 있습니다. 주택에 투자되는 국부의 몫이 1979년과 동일하다면 우리는 110억 파운드를 더 많이 지출하고 있습니다. 내년에 우리는 주택수당(housing benefit)에 110억 파운드를 지출할 것입니다.

지금 그들은 주택수당을 줄이기를 원합니다. 수당을 줄이는 대신에 왜 노숙자를 줄이고 실업을 줄이고 주택을 건설하지 않습니까? 그리고 초기자본투자가 필요하다면 주택건설 프로그램을 시작할 수 있도록 지방자치단체의 은행계좌와 연계된 자금을 방출해야 합니다.

보수당의 경제학은 조잡하고 낡고 비효율적인 시장관에 기반합니다. 그리고 그들의 사회관은 냉담하게 떠나버리는 무관심입니다. 그들은 우리가 이기심과 전체 사회 또는 국가 이익 간에 선택해야 한다고 생각합니다. 실제로 이기심은 혼자서 할 수 없는 것을 성취하기 위해 우리가 함께 해야 한다는 것을 요구합니다.

물론 능력이 삶에서 큰 역할을 하지만 상층과 하층을 가장 크게 구분하는 것은 생활기회입니다. 너무나 많은 재능이 낭비되고 있습니다. 너무나 많은 잠재력이 저개발되고 있습니다. 실업자만을 의미하는 것이 아닙니다. 일자리를 갖고 있는 사람도 포함됩니다. 그들은 상승의 전망과 희망이 있는 직업을 가져야 합니다.

우리는 가족으로부터 배울 수 있습니다. 보수당은 너무나 오랫동안 가족의 당(party of the family)으로 포즈를 취했습니다. 그들이 더 이상 법과 질서의 당(party of law and order)이 아니듯이 가족이 당도 아닙니다. 그들은 기억나는 어떤 정부보다도 더 영국에서 안정된 가족의 삶을 붕괴시켰습니다.

보수당의 가족관은 그들의 개인관과 동일합니다. 너는 혼자다. 그러나 가족생활의 본질은 당신이 혼자가 아니라는 것입니다. 당신은 가족 속에서 함께 합니다. 식구가 서로를 돕고 부양할 때 가족은 가장 잘 삽니다. 동일한 것이 공동체와 국가에서도 사실입니다.

공동체는 어렴풋한 향수가 아닙니다. 이것은 우리가 나누는 것을 의미합니다. 이것은 함께 하는 것을 의미합니다. 이것은 우리가 서로를 상대하는 방법입니다.

그래서 우리는 우리 자녀들이 자신의 학교, 자신의 마을, 자신의 나라를 자랑하도록 가르칩니다. 우리는 자녀들에게 자존을 가르칩니다. 그리고 우리는 타인에 대한 존중도 가르칩니다. 우리는 자녀들에게 자조와 자기개발을 가르칩니다. 그리고 우리는 상호지원과 상호향상도 가르칩니다.

보수당은 이 원리들을 경멸합니다. 그들의 관점은 단순합니다. 병원과 학교가 즐거운 초원에 세워지는 것을 보기만 하면 됩니다. 이 기적의 행성에 꼼짝 않고 있으면 됩니다. 이곳에서 자유시장은 기업을 세우고 종업원을 훈련시키고 물가인상을 잡고 수요를 유지하고 끝없는 성장을 보장합니다. 노인들이 안락하게 아무 일 하지 않고 어린이가 안전하게 노는 것을 자축합시다.

이 행성의 도처에서 사람들은 시장의 보이지 않는 손에 찬송가를 부르고 있습니다. 보이지 않는 손이 만인에게 평등과 번영을 가져오고 '부의 폭포'가 대대손손 쏟아지기 때문입니다. 포틸로 행성(*Planet Portillo*)[12]에 오신 것을 환영합니다. 이것은 정치적 광대극입니다.

시장의 힘은 급격한 기술적, 경제적 변동의 세계에서 우리를 교육시키지도 준비시키지도 못합니다. 우리는 함께 이것을 해야 합니다.

우리는 안전한 사회로 가는 길을 살 수 없습니다. 우리는 함께 이것을 위해 노력해야 합니다.

우리는 늙지 않는 옵션을 구입할 수 없습니다. 우리는 함께 이것에 대비해야 합니다.

우리는 방임하여 권력남용으로부터 보통사람들을 보호할 수 없습니다. 우리는 서로 보호해야 합니다.

이것이 우리의 통찰입니다. 사회, 협업, 연대, 협력, 파트너십에 대한 믿음입니다. 이것들이 우리의 말입니다.

---

12) 마이클 포틸로(Michael Portillo)는 신우파 보수당을 대변하는 정치인이다. 1997년 총선에서 노동당 동성애자 정치신인에 의한 그의 낙선은 영국정치에서 '보수당의 종말'을 상징했다.

이것이 나의 사회주의입니다. 그리고 우리는 이 말을 사용하는데 주저해서는 안 됩니다.

이것은 마르크스 또는 국가통제의 사회주의(*socialism*)가 아닙니다. 이것은 정직한 사회관에 근거합니다. 이것은 개인이 원리, 기준, 공동목적과 가치를 가진 강하고 훌륭한 공동체 안에서 최선을 다 할 것이라는 이해에 근거합니다. 이것이 사회주의(*social-ism*)입니다. 우리는 공동체의 당(*party of community*)이기 때문에 개인의 당(*party of the individual*)입니다.

우리의 임무는 이 가치들을 현대세계에 적용하는 것입니다. 이것은 좌파와 우파의 전통적 경계선을 변화시킬 것입니다. 그리고 이것은 도그마 없는, 그들의 편견을 우리의 편견으로 바꾸지 않는 새로운 정치를 요구합니다. 과거와 단절하고 영국을 위한 명백하고 근본적이고 현대적인 비전을 갖고 돌파해야 할 때입니다.

오늘날의 정치는 변화하는 세계에서 안전을 추구하는 것입니다. 우리는 안전을 제공할 수 있는 강하고 능동적인 사회를 건설해야 합니다. 이것이 영국을 위한 우리의 프로젝트입니다.

이것은 네 가지 초석에 기초할 것입니다. 기회(*opportunity*), 책임(*responsibility*), 공정성(*fairness*), 신뢰(*trust*).

기회

기회의 사회(*society of opportunity*)는 우리 모두가 지분을 갖는 강하고 안정적인 경제위에서 건설되어야 합니다. 대량실업은 문명사회와 일치하지 않습니다.

1944년 선구적인 백서에 쓰여 있듯이 높고 안정적인 고용수준을 유지하는 것이 정부의 의무라는 것을 분명하게 말할 때입니다. 이것은 우리가 한 사회로서 공유하는 책임입니다. 이 공약, 즉 완전고용의 목적을 오늘 나는 다시 확인합니다. 이것은 시간이 필요합니다. 이를 위한 수단은 변할 것입니다. 그러나 완전고용이 모든 사람들이 사회구성원이 되기 위해 필요하다면 해야 합니다.

더욱이 우리는 영국을 붙잡고 있는 우리 경제의 약점을 극복해야 합니다. 이것은 국가통제를 통해 할 수 없고 시장 도그마를 통해서도 할 수 없습니다. 이것은 정부와 산업 간, 노사 간, 공공부문과 민간부문 간의 파트너십에 기반한 역동적인 시장경제를 통해서만 할 수 있습니다.

기반시설에 대한 투자를 예로 들겠습니다. 오직 보수당이 집권한 영국에서만 정부가 공적 투자 없이 도버해협터널을 만들려고 했습니다. 그들은 심지어 터널에 반대하는 법안을 통과시켰습니다. 자포자기하여 그들은 납세자에게 그 비용의 절반 이상을 낼 것을 요청해야 했습니다. 지금 터널은 개통되었습니다. 열차는 시속 185마일로 프랑스를 관통하고 시속 85마일로 터널을 통과하고 그런 다음 시속 45마일로 영국을 달립니다. 프랑스는 고속철도를 갖고 있습니다. 우리는 시대에 뒤떨어진 철도를 갖고 있습니다. 그러나 이때 우리는 보수당을 갖고 있었습니다. 정부는 지도해야 합니다. 그리고 노동당 정부는 이것을 할 것입니다. 우리는 교통, 주택, 보건, 교육의 주요 사업에서 공공금융과 민간금융이 협조하도록 할 것입니다. 그리고 우리를 괴롭히는 재경부 규칙이나 낡은 공적 차입 관념을 바꿔야 합니다. 이것이 지능형 정부(intelligent Government)가 해야 할 일입니다.

기술에서 정보화 혁명이 진행 중입니다.
- 지금 영국에서 종업원의 50%가 정보처리부문에서 일하고 있습니다.
- 다음 세기에 부의 70%가 정보산업에서 창출될 것입니다.
- 세계에 저장된 모든 정보의 80%가 영어입니다.

이것은 엄청난 시장입니다. 우리는 엄청난 경쟁우위를 갖고 있습니다, 그러나 우리는 엄청난 보수당의 실패를 겪고 있습니다.

우리는 금세기의 도로와 철도처럼 다음 세기를 위해 새로운 정보경제의 중추신경인 위성원격통신기술, 즉 새로운 정보고속도로에 투자해야 합니다. 정부는 정보화 혁명이 도래하고 있다는 것을 알지 못했고 이 때문에 새로운 시장이 대기업이든 소기업이든 기업에 반하는 낡은 규칙 하에 작동하고 있습니다. 우리는 새로운 투자를 장려하는 틀을 설정할 것이고 그래서 영국기업이 뒤처지는 것이 아니라 앞서가도록 새로운 국가적 노력을 조정할 것입니다.

우리는 장기적으로 투자해야 합니다. 보수당 정부시기에 제조업에서 배당금은 매년 12% 올랐지만 이윤은 6%, 투자는 단지 2%만 올랐습니다. 이것은 장기적 공공재를 쫓아내는 단기적 민간이익입니다. 노동당은 모든 기업이 필요한 투자자금의 안정적 재원을 발전시키기 위해 금융과 산업 간의 장기적 투자협정을 장려하는 방법을 검토하고 있습니다.

우리는 경제부흥에 투자해야 합니다. 구산업의 도태로 황폐하게 된 국가 영역이 있습니다. 시장은 혼자서 재건될 수 없습니다. 파트너십 경제가 할 것입니다. 그리고 상상력이 풍부한 노동당 지방자치단체는 기업과 함께 하고 있습니다. 그러나 우리는 그 이상을 원합니다. 이것이 우리가 지방의 부를 창출하는 것을 돕는 원스톱 개발청(*one-stop-shop development agencies*)을 제안했던 이유입니다.

중소기업은 신경제의 추동력입니다. 보수당은 그들을 위해 아무것도 하지 않았습니다. 노동당은 최근에 영국에서 가장 포괄적인 중소기업 발전 프로그램을 제안했습니다. 중소기업을 환영합니다. 능동적 정부(Active Government)는 파트너십입니다.

지금 나는 일부 노동당원조차도 우리가 어떤 정책도 없다는 보수당의 공격에 빠져있다고 들었습니다. 정말 난센스입니다. 지금 우리가 개발하고 있는 많은 정책들이 있습니다. 차이는 보수당을 패배시키는 것이 아니라 지금 우리가 승리하는 정책들을 갖고 있다는 것입니다.

무엇보다도 우리는 영국 국민을 훈련시키고 교육시켜야 합니다. 교육은 노동당 정부의 열정이 될 것입니다. 나는 내 아이의 교육이 얼마나 중요한지 압니다. 나는 나쁜 기강, 낮은 수준, 구태의연한 기대, 형편없는 교사가 있는 불량학교에 아이들을 보내는 것을 용서하지 않을 것입니다. 다른 사람들도 그래야 합니다. 학교가 나쁘다면 좋게 만들어야 합니다. 교사들이 잘 가르치지 못한다면 가르쳐서는 안 됩니다. 그리고 보수당 정부가 교육이 중요한 이유를 알지 못한다면 그 정부를 해고하고 아는 정부를 고용해야 합니다.

요즈음은 돈 벌려면 평생 학습해야 합니다. 개방대학(Open University)과 유사한 산업대학(University for Industry)은 만인의 영구적 교육기회라는 목표를 달성하기 위하여 모든 집과 작업장이 정보, 기술, 교육에 대해 접근할 수 있도록 인공위성, 케이블, 새로운 정보고속도로를 이용할 것입니다. 교육기회를 위해 컴퓨터를 켜는 것은 축구경기를 보기 위해 텔레비전을 켜는 것만큼 자연스러울 것입니다.

교육은 우리 각자의 기회의 질을 향상하기 위하여 우리가 함께 제공하는 공공서비스의 하나일 뿐입니다. 이것은 시장에 맡겨둘 수 없습니다. 의료서비스, 군대, 경찰도 시장에 맡겨서는 안 됩니다. 철도나 우체국도 그래서는 안 됩니다. 이것들은 공공서비스입니다. 이것들은 국민을 위해 운영되어야 합니다. 그리고 이것들은 영국의 국민을 위해 공적 소유로 남아있어야 합니다. 그리고 보수당이 더 좋은 공공서비스를 지원할 돈이 없다고 말한다면 그들이 했던 감축에 대해 말합시다.

그들은 철도 민영화로 7억 파운드의 비용, 봉급 등을 절약할 수 있었습니다. 7억 파운드는 런던(London)에서 맨체스터(Manchester)와 리버풀(Liverpool)까지 고속철도를 만들 수 있고 거기서 헐(Hull)과 미들스보로(Middlesborough) 간의 철도를 개선할 수 있고 그래도 (수도권)남동부 네트워크(Network South East)에 대한 통근자 서비스를 향상할 수 있는 충분한 돈입니다.

환자들이 병상에 방치되어 있어서 국민보건서비스(NHS) 대기자가 100만 명이 넘습니다. 치과가 사실상 국민보건서비스에서 제외되어 국민보건서비스의 변화와 환자의 치료에 지출할 수 있는 16억 파운드를 절감할 수 있었습니다.

또한 3,000만 파운드가 경찰청에서 특수법인(*quangos*)으로 전용되었습니다. 이 돈으로 경찰을 더 배치할 수 있습니다.

그리고 대학생들은 대학교에 다니기 위해 절약하고 있지만 대학부총장은 압도적 불신임을 당하고도 50만 파운드의 보수를 챙기고 있습니다. 우리는 그 돈으로 50만 권의 책을 구입할 수 있습니다. 이것의 그들의 시스템입니다. 이것이 그들의 도그마입니다. 이것이 그들의 난장판입니다. 그러나 이것이 우리의 아이들이 처한 상황입니다.

노동당의 방식은 공공서비스의 일선에 재정을 투입하는 것입니다. 지금이 변해야 할 때입니다. 나는 병원 자원이 탈퇴의 행정적 혼란으로부터 해방되어 간호사가 다시 간호할 수 있기를 바랍니다. 나는 학교가 관료제로부터 해방되어 교사가 다시 가르칠 수 있기를 바랍니다. 나는 경찰이 보고서 작성에서 해방되어 다시 순찰할 수 있기를 바랍니다.

▌책임

기회는 책임과 동반하는 것입니다. 보수당에게 책임이란 말은 꼭대기에 있는 사람들이 자신은 태만하면서 나머지 사람들에게 설교하는 것입니다. 그러나 좌파는 책임과 의무의 관념을 과소평가했습니다. 우리는 책임이 우리 자신에게 얼마나 중심적인지 이해할 때입니다.

부모들은 아이들에게 책임을 다해야 합니다. 아버지도 마찬가지입니다. 기업은 종업원과 공동체에게 그래야 합니다. 성직자는 진리에 그래야 합니다. 시민은 서로에게 그래야 합니다.

책임은 범죄에 대한 우리 메시지의 핵심입니다. 노동당은 오늘날 영국에서 법과 질서의 당(Party of Law and Order)입니다. 이것은 완전히 옳은 말입니다.

- 50번의 범죄 중 한 번만 처벌받습니다.
- 선고는 아무렇게나 내려지고 있습니다.
- 희생자는 가차 없이 다루어지고 있습니다.

한편, 내무부장관은 자신이 너무 범죄에 엄격하기 때문에 매주 공격받고 있다고 항의합니다. 그는 꿈꾸고 있습니다. 그는 엄격하기 때문에 공격받고 싶어 합니다. 그는 말만 하고 실효 있는 정책이 없기 때문에 공격받고 있는 것입니다.

교도소를 책임지고 있는 마이클 하워드(Michael Howard)는 작년에 보수당 전당대회에서 6개의 엄격한 교도소를 세우고 있다고 말했습니다. 보수당 정부가 그 계약을 승인하지 않고 있다고 그는 말했습니다. 그는 옳습니다. 우리는 범죄가 가장 취약한 사람들을 괴롭히고 있기 때문에 정말 화가 납니다. 그러나 보수당 전당대회 연단에서 화내고 발을 동동 구르고 소리치는 것으로는 충분하지 않습니다. 이것은 부드러운 선택입니다.

우리는 새로운 접근방식이 필요합니다. 범죄에 엄격하고 범죄의 원인에도 엄격해야 합니다. 작년에 우리는 일련의 범죄퇴치 프로그램들을 제안했습니다.

범죄에 엄격해야 합니다.
- 청소년 범죄에 대해 엄격하게 대처해야 합니다.
- 불법총기를 단속해야 합니다.
- 인종폭력을 포함한 폭력범죄에 대한 철저하게 처벌해야 합니다.
- 고소가 취하되거나 변하기 전에도 희생자에게 상담권을 제공해야 합니다.

범죄의 원인에도 엄격해야 합니다.
- 종합적인 범죄예방 프로그램이 필요합니다.
- 마약방지 운동이 필요합니다.
- 마약문화, 가족불안정, 고실업, 일부 흉악범이 야기하는 도시황폐화를 막기 위한 장기적 조치가 필요합니다.

책임은 외부세계와 결별할 수 없다는 것을 아는 것입니다. 만인을 위한 사회적 책임입니다. 청년 실업자가 당신의 라디오를 훔칠 권리는 없습니다. 그러나 당신의 연금에 신경 쓰는 것처럼 다른 사람들이 도둑맞지 않도록 신경 써야합니다. 이것이 보수당이 실패한 곳입니다.

책임은 공유된 가치입니다. 책임이 모든 사람에게 적용되지 않는다면 결국 아무에게도 적용되지 않습니다. 책임은 복지수급을 절취하는 사람들에게 적용되어야 합니다. 책임은 탈세하는 사람들에게 적용되어야 합니다. 또한 책임은 우리를 희생시키고 엄청난 봉급, 주식옵션, 특혜, 퇴직금을 받는, 독점 서비스를 운영하는 수도, 가스, 전기 기업 경영진에게도 적용되어야 합니다. 그들도 역시 책임을 져야 합니다.

책임은 의료서비스에 적용되어야 합니다. 우리 모두는 내가 원하는 의사, 내가 원하는 시간, 내가 원하는 병원에서 치료를 받을 수 있다는, 더 좋고 더 빠른 환자치료의 미명하에 개혁이 어떻게 판매되었는지 기억해 보십시오. 누가 이 개혁으로 이익을 보았습니까? 환자가 아니라 병원 사무원입니다. 내가 원하는 양탄자, 내가 원하는 벽지, 내가 원하고 아내도 탈 수 있는 세단입니다.

책임은 금융서비스에 적용되어야 합니다. 런던 주식시장제도 대개혁(*big bang*)[13]으로 연금은 국민에 대한 역할과 책임감을 상실했습니다.

책임 없는 사회는 실력과 근로에 기반한 사회의 적입니다. 무책임은 기업이 불로소득자와 이음동의어인 경제를 창조합니다. 대처주의자(Thatcherites)는 반기득권론자라고 자랑하곤 했습니다. 그러나 그들이 가진 문제는 기득권을 해체하려는 것이 아니라 단지 돈을 써서 기득권을 얻으려는 것입니다. 그리고 새로운 기득권은 능력주의가 아니라 환전상인, 중개인, 투기자 등, 자신들의 이익을 언제나 국익 또는 공익보다 앞세우는 파워엘리트입니다. 그들이 자신들의 이익에 기초해 나라를 운영하는데 우리의 이익에 반한다는 것이 무엇이 놀랍겠습니까? 그래서 15년의 보수당 통치기간동안, 비열한 고위직이 양아치문화(*yob culture*)를 탄생시켰다는 것도 놀랍지도 않습니다. 보수당의 철학(Tory philosophy)은 가장 효과적인 양아치문화의 창출 도식입니다.

우리는 여기서 한 가지 제안을 하겠습니다. 영국에는 일자리나 훈련이나 교육을 받지 못한 거의 100만 명의 청년이 있습니다. 이것은 재능의 낭비일 뿐 아니라 분노, 범죄, 마약의 온상입니다. 사회정의위원회(Social Justice Commission)는 새로운 사회서비스를 요구했습니다. 건설적인 일이 주어지는 청년 자원봉사 전국 태스크포스(*voluntary national*

---

[13] 1986년에 영국 대처정부가 시행한 갑작스런 금융시장 탈규제 조치를 말한다.

task force of young people)입니다. 나는 이것을 지지합니다. 환경이나 노인보호처럼 지역사회를 위해 일하는 것은 지역사회와 개인만족에 유용하고 책임감, 자제심, 자존심, 성취감과 가치를 심어줍니다.

▎공정성

책임과 기회는 공정성, 정의, 시민의 평등권을 요구합니다. 이것은 인종, 성, 신조, 성적 취향에 근거한 차별에 반대하는 것을 의미합니다.

그러나 정의는 차별에 반대하는 것보다 훨씬 더 많은 것입니다. 이것은 실제의 우리 삶에 대한 것입니다. 우리가 살고 있는 규범과 우리가 내는 세금에 대한 것입니다.

보수당이 어느 편인지를 알고 싶다면 조세제도를 보십시오. 좋은 회계사를 가진 백만장자는 한 푼도 내지 않지만 연금 수령자는 연료 부가가치세(VAT on fuel)를 내고 있습니다. 해외신탁에는 세금감면을 주지만 주택소유자는 보험료에 부가가치세를 내고 있습니다. 중산층 납세자는 고통 받고 있지만 최상층의 특혜는 멈추지를 않습니다. 그리고 정부가 규정을 변경했기 때문에 지금 200만 명이 더 최고세율로 세금을 내고 있습니다.

우리는 지불능력과 연계된 공정한 조세제도를 만들 것입니다. 남용이 끝나고 특혜가 중단되고 보통사람이 특권자를 위해 압박받지 않을 것입니다.

내 지역구민이 한 달 동안 번 돈보다 반나절만의 상담으로 더 많이 버는 보수당 일부 의원이 최저임금제에 대한 우리의 제안을 비난하는 것을 보면 어이가 없습니다. 또한 납세자가 결국 기초생활보장을 보조하기 위해 수십억 파운드 이상을 내는 것도 잘못입니다. 최저임금은 사회적, 경제적 의미가 있다는 단순한 이유로 모든 유럽 국가들과 미국에도 존재합니다. 물론 최저임금은 합리적으로 결정되어야 하고 그럴 것입니다. 그러나 정당하기 때문에 그 기본원칙으로부터 후퇴할 수 없습니다.

그리고 우리나라에 좋기 때문에 우리는 사회헌장(Social Chapter)에 조인할 것입니다. 그리고 근로자들이 노조에 가입할 권리를 줄 것이고 그들이 원한다면 노조는 인정될 것입니다. 그리고 작지만 유의미한 조치가 근로자에 대한 우리의 공약을 상징합니다. 이것은 첼트넘 정부통신본부(Cheltenham GCHQ) 근로자에게 노조의 권리를 복원시킨 것입니다.

우리는 근로를 보상할 것(*make work pay*)입니다. 존 스미스가 사회정의위원회를 만들었을 때, 이를 요약했습니다. "사람들은 구걸하기를 원하지 않는다. 그들은 성취할 기회를 원한다."

보수당은 언제나 복지국가가 너무나 비싸다고 불평합니다. 복지급여가 적당해야 하지만 해결책은 단순한 복지급여의 증가가 아닙니다. 복지수급권자는 더 좋은 것이 필요하고 그럴 자격이 있습니다. 더 많은 복지급여가 아니라 복지에서 벗어나도록 돕는 것입니다. 변화하는 세계에서 복지는 기회와 안전입니다. 복지는 사람들이 현재 수준을 유지하고 상승하도록 돕는 것입니다. 세계가 변했기 때문에 복지국가도 함께 변해야 합니다. 그리고 우리는 복지국가를 믿는 사람들이기 때문에 복지국가를 변화시킬 수 있다고 신뢰받을 수 있는 유일한 사람들입니다.

보수당은 복지급여를 삭감할 것이고 빈곤을 악화시킬 것입니다. 우리는 복지를 근로와 연계시키겠습니다. 복지급여가 아니라 일하는 국민. 이것이 우리의 공약입니다.

신뢰

그러나 우리의 모든 변화를 위한 계획의 길에 하나의 큰 장애가 있습니다. 이것은 보수당 통치 시기의 유산, 즉 정치 자체에 대한 환멸입니다. 그리고 우리가 이 환멸을 없애고 싶다면 우리의 정치가 그들과 다르다는 것을 보여주어야 합니다. 우리의 영국을 위한 비전이 다를 뿐만 아니라 이것을 달성하는 우리의 수단도 다르다는 것을 보여주어야 합니다. 새로운 정치, 즉 용기, 정직, 신뢰의 정치를 보여주어야 합니다.

이것은 당리를 위해 다른 당들이 하는 것을 모두 반대하는 것이 아니라 현실을 있는 그대로 말하는 것입니다. 북아일랜드처럼 정부가 올바른 일을 한다면 우리는 지지를 보냅니다. 우리는 북아일랜드에서 시작된 새로운 희망을 유보 없이 환영합니다. 우리는 평화 프로세스에 노력한 우리 정부, 아일랜드 정부, 북아일랜드 독립반대파(Unionist), 북아일랜드 독립파(Nationalist)에 경의를 표합니다. 그리고 우리 형제당의 지도자인 존 흄(John Hume)[14]에게 특별한 경의를 표합니다. 그는 북아일랜드의 평화에 부단한 헌신을 했기 때문에 그가 내일 우리에게 연설하는 것을 환영합니다.

이것은 국익을 위해 말해야 하는 것처럼 서로에 대해서도 같은 말을 하는 것입니다.

사람들은 정치인에게 리더십을 바랍니다. 그리고 리더십은 예스는 물론 노라고 말할 용기를 가지는 것입니다. 이번 주에도 나는 사람들이 노동당 정부가 보수당의 노조법을 모두 폐지할 것이라고 말하는 것을 들었습니다. 지금 이것이 현실적이거나 우리가 그렇게 할 것이라고 믿는 사람은 영국에 한 명도 없습니다. 어떤 사람도 파업찬반투표가 폐지되어야 한다고 믿지 않습니다. 우리가 왜 이것을 폐지합니까? 우리는 해서도 안 되고 하지도 않을 것입니다.

---

14) 존 흄은 북아일랜드 사회민주주의 노동당(Social Democratic and Labour Party)의 지도자이고 불아일랜드 평화 프로세스의 설계자중의 하나이다. 이 공로로 1998년 그는 독립반대파인 얼스터 통일당(Ulster Unionist Party) 지도자, 데이비드 트림블(David Trimble)과 공동으로 노벨평화상을 수상했다.

나는 절대적으로 완전고용의 목적을 공약합니다. 우리는 이를 달성하기 위한 계획을 개발할 것입니다. 그러나 우리가 완전고용을 하룻밤 만에 할 수 있는 체하지 맙시다. 우리가 화요일에 집권하면 금요일에 완수할 것이라고 생각하게 하여 실업자들을 바보로 만들지 맙시다. 정직하고 솔직하고 현실적이 되어야 합니다.

정말 희망이 필요한 사람들은 진실도 필요합니다. 희망은 그릇된 약속에서 나오지 않습니다. 환멸만이 나올 뿐입니다. 그들은 도그마에 싫증나 있습니다. 그들은 해결책들을 독점한 체하는 정치인들에 싫증나 있습니다. 그들은 가두연설에서는 말하고 집권하면 파기되는 그럴듯한 약속들에 싫증나 있습니다. 우리가 약속할 때 지킬 것이라는 확신을 주어야 합니다. 이것이 정부와 시민간의 새로운 계약에서 제일 중요합니다.

그러나 우리는 더 많은 것을 해야 합니다. 우리는 정부의 규칙을 변화시켜야 하고 할 것입니다.

우리는 가장 큰 민주주의에 대한 변화 프로그램을 제안하고 있습니다.
- 모든 시민은 권리장전(Bill of Rights)에서 규정된 근본적 권리가 국가 또는 동료 시민들에 의해 침해받지 않도록 보호받을 것입니다.
- 정부는 시민에게 더 가까이 갈 것입니다. 우리는 노동당 정부 첫 해에 스코틀랜드 의회(Scottish Parliament)와 웨일스 의회(Assembly for Wales)에 관한 법률을 제정할 것입니다. 그리고 보수당이 만든 특수법인은 적합한 민주적 통제를 다시 받을 것입니다.
- 우리는 공공부문과 민간부문을 불문하고 비밀주의를 없애기 위해 정보공개법(Freedom of Information Act)을 제정할 것입니다.
- 우리는 하원의 운영관례와 조사권을 더 효율화하기 위해 하원을 개혁하고 오랫동안 말해왔던 여성의원수를 노동당 여성의원의 당선을 통해 늘릴 것입니다.

- 우리는 토지법에 대한 낡고 옹호할 수 없는 세습귀족의 투표 특권을 종식시킴으로써 역사적 과업을 달성할 것입니다.
- 우리는 정당의 정치자금 규칙을 강화할 것입니다. 그리고 노조가 정치기부에 따라 투표하듯이 자유 영국에서 주주가 보유주식에 따라 투표하는 것만이 공정합니다.

▍리더십

영국의 국민들은 우리에게 혁명을 기대하는 것이 아닙니다. 그들은 새로운 출발을 원합니다.

이 임무에 당신이 나와 함께 하기를 원합니다. 머리와 가슴으로 당신이 나와 함께 하기를 원합니다. 이 일은 함께 할 수밖에 없기 때문입니다. 리더는 지도하지만 결국 국민들이 통치합니다.

일부 노동당원은 우리의 목적이 너무 온건하고 너무 신중하다고 생각할 것입니다. 일부는 내가 이길 수 있기에 나를 지지합니다. 그러나 이것으로는 충분하지 않습니다. 우리의 신념에도 불구하고 우리는 승리하지 못할 것입니다. 우리의 신념 때문에 오직 우리는 승리할 것입니다. 나는 보수당이 경멸받기 때문이 아니라 우리가 이해되고 지지받고 신뢰받기 때문에 승리하기를 원합니다.

우리는 승리해야 하고 승리할 수 있습니다. 원칙적이지만 당선가능성이 없고 당선가능성이 있지만 원칙적이지 못한 것 간의 선택이 아닙니다. 우리는 너무나 오랫동안 이런 멍청한 선택을 하면서 스스로 번민했습니다. 우리는 우리가 믿는 것 때문에 승리해야 합니다.

영국을 혁신하는 임무는 소심하거나 따분하고 냉소적인 사람들의 일이 아닙니다. 이것은 어려운 선택을 두려워하거나 자기만족적 견해를 갖거나 안락한 삶을 추구하는 사람들의 일이 아닙니다.

다음 선거에서 또 다시 보수당이 승리하여 유권자들은 이 보수당 정부를 17-18년 동안 가질 수 있습니다. 유권자들은 보수당을 혐오합니다. 그러나 보수당을 압니다. 나는 유권자들이 지금 우리를 알기를 원합니다. 우리의 정체성, 당으로서 우리의 성격을 알기를 원합니다. 그리고 변화는 이것의 중요한 부분입니다.

우리는 변해왔습니다. 우리는 변한 것은 옳은 일입니다. 변하지 않은 당은 죽습니다. 그리고 노동당은 역사적 기념비가 아니라 살아있는 운동입니다. 세계가 변하는데 우리가 변하지 않는다면 노동당은 세상에서 쓸모없어질 것입니다. 노동당의 원칙은 원칙이기를 그치고 단지 도그마로 경직화될 것입니다.

우리는 노동당의 원리를 망각하기 위해 변하는 것이 아니라 이를 실현하기 위해 변하는 것입니다. 노동당의 정체성을 상실하기 위해서가 아니라 노동당의 적합성을 유지하기 위한 것입니다.

변화는 국민의 신뢰를 얻는데 중요한 부분입니다. 우리가 작년에 1인 1표(one member one vote)를 도입한 것은 올바른 것이고 이 변화는 이루어졌습니다. 그리고 중앙당이 운영하는 쇄신 프로젝트(Regeneration Project)가 어떻게 당을 지역사회와 더 밀접하게 했는지를 보십시오. 정치가 공허한 회의실에서 많은 서류를 갖고 하는 권모술수 게임이 아니라 사람들의 삶에서 진정 의미 있는 부분이라는 것을 보여주기 위해 이런 식으로 사람들에게 다가가 접촉하는 것은 올바른 것입니다.

이번 주에 우리는 더 나아갈 것입니다. 금요일에 존 프레스콧은 영국에서 한세대에서 가장 큰 정치교육 프로그램을 발표할 것입니다. 프레스콧의 노력은 노동당의 미래를 형성하기 위해 당원을 배가하고 신·구 당원을 강화하는데 중요한 것입니다.

배신의 비아냥을 전혀 두려워하지 않고 다시 한번 우리가 새로운 아이디어, 새로운 생각을 논쟁할 수 있다는 확신을 가집시다. 우리가 의도한 것을 말하고 말한 것이 의도가 되게 합시다. 단지 우리가 무엇에 반대하느냐가 아니라 무엇을 위하는가를 명확히 합시다. 우리가 의도하지 않은 것을 말하지 맙시다. 그리고 우리가 정말 의도하는 것, 우리가 무엇을 지지하는지를 말해야 합니다.

소심해서는 다음 선거에서 이길 수 없습니다. 용기를 가져야 합니다. 노동당의 목적에 대한 명확한 현대화 보고서가 필요한 때입니다. 나와 존 프레스콧은 노동당의 대표와 부대표로서 전국집행위(NEC)에 이 보고서를 제안할 것입니다. 그런 후, 다음 달에 논쟁을 합시다. 나는 모든 당원들이 논쟁에 함께 하기를 바랍니다. 그리고 나는 노동당이 이 논쟁을 환영한다는 것을 알고 있습니다. 그리고 이 보고서가 받아들여지면 이것을 다음 선거에서 노동당의 목적이 되게 하고 다음 세기의 노동당 당헌으로 만듭시다.

이것이 변화의 시대에 살고 있는 현대정당인 것입니다. 이것은 대중이 오해할 수 없고 보수당이 왜곡할 수 없는 용어로 쓰여 진 현대적 당헌을 요구합니다. 우리는 노동당의 신념에 긍지를 갖고 있습니다. 그러므로 이 신념을 말합시다. 단 사람들이 이 나라의 모든 작업장, 모든 집, 모든 가정, 모든 지역사회에서 공명할 수 있는 용어로 말합시다. 그리고 변화에 대한 노동당의 결의가 영국을 변화시킬 수 있다는 신뢰의 상징이 되게 합시다.

영국 국민은 위대한 국민입니다.
- 우리는 민주적 전통을 자랑합니다.
- 우리는 관용, 혁신, 창의성의 나라입니다.
- 우리는 천부적인 페어플레이 정신을 갖고 있습니다.
- 우리는 위대한 역사와 문화를 가지고 있습니다.

- 금세기에 두 번의 거대한 도전에 직면했을 때, 우리는 그에 대처했습니다.

그러나 우리의 결점은 각성하지 않으면 자포자기한다는 것입니다. 우리는 "더 좋아져야한다"기 보다 "더 나빠질 것이다"라고 말합니다. 그리고 보수당은 이 결점을 장려합니다. 보수당은 자기만족 위에서 번영합니다.

나는 우리가 각성할 때라고 말합니다. 솔직해 집시다.

- 우리 정부제도는 구식입니다.
- 우리 경제는 약화되었습니다.
- 우리 국민은 충분하게 교육받지 못했습니다.
- 우리 복지국가와 공공서비스는 낡았습니다.
- 우리 사회는 지난 100년의 어느 시기보다 더 분열되었습니다.

그러나 우리 정치는 이래서는 안 됩니다. 영국은 이래서는 안 됩니다. 노동당의 프로젝트는 우리가 직면한 새로운 세계에서 스스로 준비하기 위해 국가로서, 공동체로서 우리의 공약을 혁신하는 국가혁신 프로젝트입니다.

우리는 자긍심을 갖는 국가를 건설해야 합니다. 경제번영으로 풍요롭고 사회정의로 안전하고 정치적 변화로 확신에 찬 활기찬 공동체를 건설해야 합니다. 우리의 아이들이 희망찬 미래를 갖고 자신들의 아이들을 키울 수 있는 나라를 건설해야 합니다.

이것이 우리의 희망입니다. 변화를 약속하는 것만이 아니라 변화를 달성하는 것입니다.

우리의 당은 새로운 노동당(New Labour)입니다.

우리의 사명은 새로운 영국(New Britain)입니다.

새로운 노동당, 새로운 영국.

2 1997년 노동당선거강령: 「새로운 노동당, 영국은 더 좋아질 수 있기 때문에 영국은 새로운 노동당과 함께 더 좋아질 것이다」

'우리의 대의는 단순하다: 영국은 더 좋아질 수 있고 좋아져야 한다.'
'비전은 국가혁신, 즉 추진력, 목적, 에너지를 갖고 있는 나라이다.'
'정책의 각 영역에서 구좌파와 보수당 우파와 다른 새롭고 선명한 접근이 입안되었다. 이것이 새로운 노동당이 새로운 이유이다.'
'새로운 노동당은 낡은 이데올로기가 아니라 아이디어와 이상의 정당이다. 중요한 것은 작동하는 것이다. 목표는 근본적이다. 수단은 현대적일 것이다.'
"이것이 국민과 우리의 계약이다."

나는 영국을 믿는다. 영국은 위대한 역사를 갖고 있는 위대한 나라이다. 영국인은 위대한 국민이다. 그러나 나는 영국이 더 좋아질 수 있고 좋아져야 한다고 믿는다. 즉 더 좋은 학교, 더 좋은 병원, 더 좋은 범죄퇴치 방법, 현대 복지국가 구축하기 위한 더 좋은 방법, 새로운 세계경제에서 스스로를 준비하는 더 좋은 방법.

나는 영국이 소수 강자가 아니라 다수를 위하고 능력이 특권보다 우선하고 국내와 해외에서 강하고 자신감에 차있는 가치와 목적을 공유하고 있는 하나의 국가라는 것을 믿는다.

나는 미래에 대해 두려워하며 새천년으로 끌려가는 것이 아니라 확신을 갖고 활보하는 영국을 원한다.

나는 새로운 영국을 만드는 정부와 정치의 능력에 대한 영국의 신뢰가 혁신되기를 원한다. 나는 제한된 일련의 중요한 약속을 만들고 이것들을 달성함으로써 신뢰가 혁신되기를 원한다. 이것이 내가 이 서문의 끝에 제시하는 신뢰유대의 목표이고 거기서 10대 특별공약이 표명될 것이다. 이 공약은 당신과 우리의 계약이다.

나는 지난 18년에 대해 정직함으로써 정치에 대한 신뢰가 혁신되기를 원한다. 일부는 보수당이 옳았다. 우리는 이것들을 변경하지 않을 것이다. 우리가 변경하려는 것은 바로 그들이 잘못한 곳이다. 우리는 일련의 도그마를 또 다른 것으로 대체하려는 의도도, 욕구도 없다.

나는 열심히 일하고 법을 지키고 세금을 내지만 나머지 우리들과 점점 멀어져 가는 상층의 소수 엘리트에게 세금감면을 주는 정치제도에 실망한 광범한 다수의 사람들을 위해 통치할 정부를 통해 정치에 대한 신뢰가 혁신되기를 원한다.

그리고 무엇보다 나는 우리가 살아야 하는 새로운 경제와 변화하는 사회의 거칠고 위험한 도전에 직면해 영국을 통합하는 방식으로 통치하기를 원한다. 나는 우리 모두가 소속감을 느끼고 그 미래에 우리 모두가 지분을 갖고 내가 내 아이를 위하여 원하는 것을 당신의 아이를 위해서도 원하는 영국을 원한다.

새로운 정치

새로운 노동당을 창조하는 이유는 다른 세계의 도전에 대응하는 것이다. 새천년은 영국을 위해 열린 새로운 시대를 상징한다. 우리가 변화에 대한 용기를 가지고 이를 더 좋은 영국의 건설에 사용한다면 나는 우리 미래의 번영을 확신하고 심지어 낙관한다.

이것을 달성하는 것은 단지 정권교체 그 이상이다. 우리의 목표는 영국의 정치적 삶이 미래의 새로운 진로를 갖도록 하는 것에 다름 아니다.

국민은 정치에 냉소적이고 정치적 약속을 불신한다. 이것은 놀랄 일이 아니다. 1992년 선거 직전에 메이저(John Major)가 이끄는 보수당이 세금을 올리지 않고 매년 내릴 것이라고 약속했던 것 보다 더 큰 약속위반은 없었다. 그때부터 선거 이후 첫 회계년부터 평시 역사에서 가장 큰 액수로 세금을 계속 올렸다. 경제정책의 초석인 환율조정제도(Exchange Rate Mechanism), 유럽, 보건, 범죄, 학교, 추문. 국가의 기억에는 보수당의 파기된 약속들이 각인되어 있다.

보수당의 파기된 약속은 정치를 완전히 오염시켰다. 이것이 우리가 할 수 없는 것은 약속하지 않겠다는 것을 우리의 지도적 규칙으로 삼았던 이유이다. 대안은 용두사미의 100일 정치가 아니다. 이것은 혁명의 정치가 아니라 새로운 출발의 정치, 인내심 있는 영국의 재건과 혁신, 시간이 지나면서 뿌리내릴 수 있는 혁신이다.

이것은 영국정치가 새로운 삶을 얻을 수 있는 하나의 방식이다. 그러나 또 다른 것이 있다. 우리는 너무나 오랫동안 영국을 분열시켰던 좌우의 치열한 정치투쟁을 극복하는 것을 지향한다. 공공부문 대 민간부문, 고용주 대 근로자, 중산층 대 노동계급 간의 많은 갈등들은 어쨌든 현대세계에서는 적합하지 않다. 영국이 움직이고 전진할 때이다. 우리는 영국의 역사, 영국이 달성했던 것을 자랑스러워 하지만 거기에 얽매이지 않고 영국의 역사로부터 배워야 한다.

▎새로운 노동당

새로운 노동당의 목적은 영국에게 다른 정치적 선택, 즉 권력욕을 제외하고 모든 소진되고 분열된 실패한 보수당 정부와 미래의 정당으로 자신을 혁신하는데 단호했던 새로운 활성화된 노동당 간의 선택을 제공하는 것이다. 우리는 정의 공약(commitment to justice)과 동반하는 기업 공약(commitment to enterprise)을 위해 우리의 당헌 4조를 개정했다. 우리는 노동당의 정책입안 방식을 변화시켰고 노조가 노동당 정부로부터 특혜가 아니라 공정성을 받을 것이라는 현대적 기반 위에 노조와의 관계를 설정했다. 모든 노동당 의원은 지금 소위원회나 압력집단이 아니라 평당원에 의해 선출된다. 당원 수 자체가 40만 명 이상으로 2배 증가했고 그 중 반이 지난 선거 이후 입당했다.

우리는 메니페스토 초안『새로운 노동당, 새로운 영국의 삶(new Labour new life for Britain)』을 전당원의 투표에 부쳐 95%의 지지를 얻었다.

우리는 오늘날 성공한 기업가에서 공공임대주택에 사는 연금 수령자들까지, 모든 계층의 지지를 받는 전국정당이다. 서방세계의 정당들에서 가장 **빠르게** 청년당원이 증가하는 노동당에 입당하기 위해 청년들이 몰려오고 있다.

▌비전

노동당은 진보와 정의를 위한 광범한 운동이다. 새로운 노동당은 다름 아닌 전체 영국인의 정치적 무기이다. 우리의 가치는 동일하다. 즉 누구도 버리지 않는 만인의 평등, 강력한 공동체에서의 공정성과 정의이다.

그러나 우리는 낡은 도그마 또는 독트린으로부터 이 가치들을 해방시켰다. 그리고 우리는 이 가치들을 현대적 세계에 적용했다.

나는 사람들이 삶을 영위하고 잘하고 성공하는 나라를 원한다. 나는 질투의 정치를 할 시간이 없다. 우리는 더 적은 것이 아니라 더 많은 성공한 기업가가 필요하다. 그러나 이 생활기회는 만인을 위한 것이어야 한다. 그리고 나는 야망과 온정이 대립하는 것이 아니라 동반하는 사회를 원한다. 거기서 우리는 물질적 부만큼 공공서비스를 높이 평가한다.

새로운 노동당은 우리가 단순히 자신의 개인적 목표만을 추구하는 것이 아니라 많은 목표들을 공통으로 묶어 이를 달성하기 위해 함께 노력하는 사회를 믿는다. 어떻게 우리가 미래의 산업과 고용기회를 만들 수 있는가. 어떻게 우리가 사회의 분열과 불평등에 대처할 수 있는가. 어떻게 우리가 환경을 보살피고 삶의 질을 향상할 수 있는가. 어떻게 우리가 현대적 교육과 보건서비스를 발전시킬 수 있는가. 어떻게 우리가 상호 존중과 관용이 일상의 질서가 되는 안전한 공동체를 창출할 수 있는가. 이것들이 우리가 국가적 차원에서 달성해야 하는 것들이다.

비전은 국가혁신, 즉 추진력, 목적, 에너지를 갖고 있는 나라이다. 기술변동의 세계경제에서 번영하기 위해 현대적 교육국가, 더 책임 있는 정치, 세계에서 그 지위에 확신을 갖고 있는, 준비된 영국.

▎프로그램: 신중도와 중도좌파 정치

정책의 각 영역에서 구좌파와 보수당 우파의 해결책 모두와 다른 새롭고 선명한 접근방식이 입안되었다. 이것이 새로운 노동당이 새로운 이유이다. 우리는 노동당의 가치가 가진 힘을 믿지만 또한 1997년의 정책이 1947년 또는 1967년의 정책과 같을 수 없다는 것을 알고 있다. 역사상 어느 야당 보다 노동당의 정책이 더 상세했다. 노동당의 방향과 목적지는 분명하다.

구좌파는 산업의 국가통제를 추구했다. 보수당 우파는 모든 것을 시장에 맡기는 것에 만족한다. 우리는 이 두 접근방식을 거부한다. 정부와 산업은 시장의 역동성을 붕괴시키는 것이 아니라 강화하는 핵심목표를 달성하기 위해 함께 노력해야 한다.

　노사관계에서 우리는 피케팅, 동조파업, 찬반투표 없는 파업, 1970년대의 노조법으로 복귀하지 않을 것을 분명히 한다. 그 대신 작업장에서 개인의 최소한의 기본권을 보호할 것이다. 여기서 우리의 목표는 노사 간의 갈등이 아니라 파트너십이다.

　경제관리에서 우리는 세계경제를 현실로 받아들이고 좌우파 양극단의 고립주의와 '일방주의(go-it-alone)' 정책을 거부한다.

　교육에서 우리는 아이들의 상이한 능력을 고려하지 않는 11세 시험(11-plus)[15]과 획일적인 종합중등학교(comprehensive schools)로 복귀하자는 생각 모두를 거부한다. 대신 우리는 개별 학생의 독특한 능력을 확인하고 개별 과목의 향상을 최대화하기 위해 교실별로 편성하는 포괄적 수업(all-in schooling)을 지지한다. 이런 식으로 우리는 30년의 적용 경험으로부터 배운 종합적 원리를 현대화할 것이다.

　보건정책에서 우리가 설립한 국민보건서비스(NHS)의 기본원리를 보호할 것이지만 1970년대의 하향식 관리로 복귀하지 않을 것이다. 그래서 우리는 보건계획과 보건전달을 계속 분리할 것이지만 더 장기적이고 분권화되고 더 협력적인 방식으로 계획할 것이다. 핵심은 불필요한 행정비용을 절감하고 돈을 올바른 곳, 즉 일선 의료서비스에 쓰는 것이다.

　범죄에서 우리는 개인적 책임과 범죄 처벌을 믿지만 근본적인 원인에도 대처해야 한다는 것을 믿는다. 그래서 과거 노동당의 접근방식과 오늘날 보수당의 정책과 다른, 범죄에도 엄격하고 범죄의 원인에도 엄격해야 한다.

---

15)　'11세 시험'은 영국에서 약 11세 정도의 학생을 대상으로 초등학교에서 중등학교로 진학할 때 치르는 경쟁시험이다.

정부의 과도집중화와 책임부재는 좌우파 정부 모두의 문제였다. 노동당은 분권화와 지나친 정부의 비밀주의를 없앰으로써 영국의 민주적 혁신을 공약한다.

추가적으로 우리가 직면한 새로운 이슈들에 맞설 것이다. 우리는 복지개혁의 당(party of welfare reform)이 될 것이다. 국민들과의 협의와 파트너십으로 우리는 현대세계에 적합한, 권리와 의무의 동반 위에 현대적 복지국가를 설계할 것이다.

우리는 지난 6년의 혼란 이후 유럽에서 영국의 국익을 옹호할 것이다. 그러나 이보다 더 우리는 유럽개혁의 캠페인을 지도할 것이다. 유럽은 영국과 유럽이 필요한 방식으로 운영되지 않고 있다. 그러나 지도는 개입적이고 건설적이고 독자적으로 할 수 있는 것이다.

우리는 환경에 대한 관심을 정책입안의 중심에 놓을 것이다. 그래서 부차적인 것이 아니라 주택, 에너지 정책에서 지구온난화, 국제협약까지 정부전체를 계도할 것이다.

우리는 모든 부문에서 새로운 이슈에 대한 새로운 방식과 아이디어를 찾을 것이다. 고용주와 종업원 모두에게 적합한 더 유연한 근로시간과 관례를 장려하는 방법, 새로운 정보기술의 거대한 잠재력을 활용하는 방법, 정부기관의 과정을 단순화하는 방법, 필요한 기반시설과 교통체계를 제공하는 공공부문과 민간부문의 파트너십 방법을 찾을 것이다.

우리는 근본적 정부(radical government)가 될 것이다. 그러나 근본주의(radicalism)는 좌우파의 독트린이 아니라 성과로 규정될 것이다. 새로운 노동당은 낡은 이데올로기가 아니라 아이디어와 이상의 정당(party of ideas and ideals)이다. 중요한 것은 작동하는 것이다. 목표는 근본적이다. 수단은 현대적일 것이다.

따라서 당이 전환되고 있다. 비전은 분명하다. 그리고 이 비전으로부터 영국의 변화와 혁신의 현대적 프로그램이 나온다. 우리는 18년의 일당통치 이후 국민들이 변화를 원한다는 것을 이해하고 있으며 변화가 국가와 민주주의를 위해 필요하지만 변화를 실현하기 위한 신뢰가 필요하다고 믿는다.

그러므로 우리는 국민으로부터 신뢰받을 수 있는 10대 공약의 메니페스토를 제시한다. 이 공약은 구체적이고 현실적이다. 이 공약에 근거해 우리를 판단하라. 우리를 신뢰하면 그 신뢰에 보답할 것이다.

정치에서 우리의 임무는 정부와 국민간의 신뢰관계를 회복하는 것이다. 이것이 민주주의가 번영할 수 있는 유일한 방법이다. 나는 국민의 희망을 공유하고 국민의 두려움을 이해하고 소수 특권자가 아니라 모든 국민과 파트너십으로 일하는 정부를 약속한다. 이것이 국민과 우리의 계약이다.

노동당 정부의 5년

1. 교육은 우리의 최우선순위가 될 것이다. 그리고 우리는 경제적, 사회적 실패에 지출될 비용을 줄임으로써 교육재정에 지출될 국가수입의 몫을 증가시킬 것이다.
2. 소득세의 기본세율과 최고세율을 증가시키지 않을 것이다.
3. 우리는 낮은 물가인상으로 안정적 경제성장을 이루고 국내와 해외에서 역동적이고 경쟁력 있는 기업과 산업을 장려할 것이다.
4. 우리는 25만 명의 청년실업자들이 실업수당을 받지 않고 일자리를 갖게 할 것이다.
5. 우리는 행정비용을 줄이고 환자치료에 대한 지출을 늘려서 국민보건서비스를 재건할 것이다.

6. 우리는 범죄에 엄격하고 범죄의 원인에도 엄격할 것이며 청소년 상습범이 재판받는데 걸리는 시간을 반으로 줄일 것이다.
7. 우리는 강한 가정과 강한 지역사회를 구축할 것이고 연금과 커뮤니티케어(community care)에 현대복지국가의 토대를 구축할 것이다.
8. 우리는 환경을 보호하고 교통 혼잡과 오염을 해결하는 통합교통정책을 발전시킬 것이다.
9. 우리는 정치를 깨끗이 하고 영국 전체에서 정치권력을 분권화하고 정당의 정치자금을 적합하고 책임 있게 할 것이다.
10. 우리는 영국과 유럽이 필요로 하는 유럽의 리더십을 영국에 줄 것이다.

우리는 노동당을 현대화했고 영국을 현대화할 것이다. 이것은 노동당의 목적을 아는 것이다. 즉 국가의 미래에 명석하고 진실을 말하고 어려운 선택을 하고 모든 공공부문의 방만한 운영을 막고 국민들을 억누르는 기득권에 대처하고 모든 부문의 비합리적 요구를 단호히 거부하고 정부가 회피해서는 안 되는 책임 있는 곳에서 도덕적 지도를 제공하는 것이다.

영국은 더 좋아질 수 있다. 그리고 새로운 노동당은 영국을 위해 더 좋아질 것이다.

-토니 블레어

우리는 교육을 최우선순위로 할 것이다

○ 5-7세아의 교실 인원을 30명 이하로 축소
○ 모든 4세아를 위한 탁아소
○ 학교의 수준 저하 방지

○ 컴퓨터 기술의 활용
○ 새로운 산업대학을 통한 평생학습 실시
○ 실업비용을 낮춤으로써 교육에 대한 더 많은 지출

교육은 보수당의 가장 큰 실패였다. 교육은 노동당의 최우선순위이다. 교육은 개인에게만 좋은 것이 아니라 국가의 경제적 필수이다. 우리는 품질의 기반 위에서 성공적으로 경쟁할 것이다. 그렇지 않으면 실패할 것이다. 그리고 품질은 모든 국민의 잠재력을 개발하는 것으로부터 나온다. 우리의 가장 큰 국가자산은 바로 사람이다. 우리는 사람의 잠재력이 실현될 수 있도록 보장할 것이다.

잉글랜드와 웨일스의 11세 아동의 거의 절반이 국어와 수학에서 기대된 수준에 도달하지 못하고 있다. 영국은 다른 주요 산업국보다 17세와 18세 청소년이 더 적게 전업교육을 받는다. 영국 노동력의 거의 2/3가 직업 자격증이 없다.

영국의 공립학교제도에는 좋은 학교들이 있다. 그러나 너무 많은 어린이들이 성공의 기회를 거부당하고 있다. 우리의 임무는 모든 학교의 수준을 올리는 것이다.

우리는 영국의 교육을 미치게 했던 낡은 주장을 버릴 것이다. 우리는 학교구조에 대한 보수당의 망상을 거부한다. 즉 모든 부모가 자신의 힘과 개인적 특질을 가지고 양질의 학교를 통해 진정한 선택을 제공받아야 한다는 주장이다. 11세 학교로 복귀해서는 안 된다. 이것은 어린이들을 너무 어린 나이에 성공과 실패로 나눈다.

우리는 종합중등학교를 현대화해야 한다. 어린이들은 동일한 능력을 갖고 있지 않고 동일한 속도로 배울 수 없다. 이것은 우등생과 열등생 모두의 향상을 최대화하는 학급편성을 의미한다. 초점은 수준저하

(*levelling down*)가 아니라 수준향상(*levelling up*)에 맞춰져야 한다.

노동당 정부에서 교육고용부(Department for Education and Employment)는 지도적 행정부서가 될 것이다. 교육고용부는 모든 학교의 수준을 향상시키기 위해 강력하고 일관되게 지도할 것이다. 구조가 아니라 수준이 성공의 열쇠이다. 노동당은 아동교육에 도그마를 강요하지 않을 것이다. 우리의 접근방식은 성공한 학교가 아니라 문제 있는 학교에 개입하는 것이다.

노동당은 사립이든 공립이든 좋은 학교의 폐쇄를 강압하지 않을 것이다. 그래머 스쿨(*grammar schools*)[16] 입학규정의 변화는 그 지역의 학부모에 의해 결정될 것이다. 교회학교는 독특한 종교적 정신을 유지할 것이다.

우리는 교육격차(*educational divides*)를 줄일 것이다. 공립학교와 사립학교의 격차에 의해 창출된 교육차별(*educational apartheid*)은 전체 교육체계를 약화시키고 있다.

▍낮은 성과에 대한 제로관용(zero tolerance)

모든 학교는 성공할 능력을 갖고 있다. 모든 지방교육청(Local Education Authorities)은 모든 학교의 개선을 증명해야 한다. 개선할 수 없는 불량학교는 장관이 학교를 폐쇄하고 같은 장소에 새롭게 시작하는 '새로운 출발(*fresh start*)'을 명령할 것이다. 좋은 학교와 불량 학교가 나란히 공존하는 곳에서 우리는 좋은 학교가 불량학교를 개선하기 위해 인수할 수 있는 권한을 지방교육청에 부여할 것이다.

---

16) 그래머 스쿨은 16세기에 창립되어 라틴어를 주요 교과로 삼은 학교였으나 1944년부터는 '11세 시험'에 합격한 학력이 상위인 학생에게 대학 진학 준비 교육을 시키는 중등학교가 되었다.

▎모든 4세아에게 보장된 양질의 탁아소 교육

탁아소 바우처(nursery vouchers)는 효과 없는 것으로 입증되었다. 이것은 비싸고, 더 많은 양질의 탁아소를 만들지 못했다. 우리는 4세아의 탁아소를 보장하기 위해 탁아소 바우처를 폐지함으로써 절감된 돈을 사용할 것이다. 우리는 5세 미만아를 위한 교육과 보호를 결합한 조기 우수센터(early excellence centres)를 시범운영할 지방자치단체를 선발할 것이다. 우리는 부모가 원하는 3세아를 위한 보편적 탁아제공에 대한 목표를 세울 것이다.

▎초등학교 수준에 대한 새로운 초점

초등학교는 모든 아동이 기본을 습득하고 학습욕구를 개발하는데 핵심이다. 모든 학교는 학생들이 입학할 때 학생의 기본적 평가와 매년 향상 목표가 필요하다. 우리는 보조교실제도를 단계적으로 폐지하고 이 비용을 매년 1억 8,000만 파운드로 올림으로써 5, 6, 7세아의 교실 인원을 30명 이하로 줄일 것이다.

우리는 모든 학습의 기본인 읽기·쓰기·셈(three 'r's)을 더 잘 교육해야 한다는 것을 인식한다. 우리는 교육인력의 기술을 향상하고 교육과정에 읽기와 쓰기를 더 강조하고 10년 내 모든 아동이 최소한 11세의 읽기 능력을 갖고 초등학교를 졸업하는 새로운 목표(현재는 겨우 반)에 부응하기 위해 읽기와 쓰기 여름학교(literacy summer schools)를 시범운영함으로써 이를 달성할 것이다.

우리 수학 태스크포스는 마찬가지로 야심찬 목표를 개발할 것이다. 우리는 읽기 음향학과 수학 상호작용 교수법을 포함한 가장 효과적인 수업방법의 사용을 장려할 것이다.

▍교육수준의 저하 방지

학교가 어디에 있든 노동당은 낮은 성과를 관용하지 않을 것이다. 민관파트너십(public/private partnerships)은 학교건물의 조건을 향상할 것이다.

불량학교에 최고의 교사와 교장을 채용하고 서민 학생에게 일대일로 지도하는 자원봉사 학습교사를 지원하고 14세 이후 청소년에게 산업과 상업에서 지식과 경험을 얻을 수 있는 새로운 기회를 제공함으로써 교육수준의 저하를 막는 교육행동지대(education action zones)를 설정할 것이다.

도시지역의 교육수준 저하를 막기 위해 우리는 프리미어 리그와 새로운 계획을 개발했다. 중앙정부, 지방정부, 축구클럽과의 파트너십으로 학습지원센터(study support centres)가 지방 어린이를 위해 프리미어 리그 경기장에 세워질 것이다. 이 계획은 1997/8년 시즌에 시범 운영될 것이다.

우리는 특수교육이 필요한 학생들을 위해 특수교육시설이 필수적이라는 것을 인정하지만 일반교육에 최대한 통합할 수 있도록 지원한다.

▍신기술 잠재력의 실현

노동당은 신사고(new thinking)의 선구자이다. 우리는 영국전기통신(British Telecom)과 케이블회사와 학교, 도서관, 대학, 병원에 무료 정보고속도로를 설치하는 것에 합의했다. 우리는 또한 이용 요금을 최대한 낮출 것에 합의했다.

인터넷에 대해 우리는 민관파트너십으로 연결된 전국학습망(National Grid for Learning)을 계획하고 있다. 이것은 교사들의 교육기술을 강화하는 최신 자료와 아동들의 양질의 학습 자료를 제공할 것이다. 우리는 정보기술에 대한 교사의 현재 기술을 향상하기 위해 복권수익금을 사용할 것이다.

　야당으로서 노동당은 어린이들의 신기술 이용을 장려하는 독립적인 스티븐슨 위원회(Stevenson Commission)를 설치했다. 이 위원회의 최근 보고서는 도전적인 미래 보고서이다. 우리는 이 계획을 실행할 방법, 특히 학교에 제공할 품질보장 평가시스템을 통한 교육 소프트웨어의 개발, 모든 어린이의 개인 이메일 주소 제공을 긴급하게 검토하고 있다. 독립적 상임위원회는 우리가 여당이 될 때도 계속해서 계획 집행에 대해 자문할 것이다.

▎부모의 역할

　우리는 부모의 권력과 책임을 제고할 것이다. 학부모 운영위원이 더 많아지고 처음으로 지방교육청에 학부모 대표가 참여할 것이다.

　주요 목표는 각자의 책임을 규정하면서 모든 학교와 학부모간의 계약을 통해 가정 내의 학습 책임 문화를 장려하는 것이다. 국가 가이드라인은 초등학교와 중등학교 학생의 최소 숙제시간을 설정할 것이다.

　교사의 좋은 관심과 규율을 장려하기 위해 학부모의 적극적 지원이 필요하다. 학교는 다루기 힘든 문제 학생들에 의해 고통 받고 있다. 퇴학 또는 정학은 때때로 필수적이다. 그러나 우리는 학교를 보호하기 위해 새로운 학생위탁기관(pupil referral unit)을 시범운영할 것이지만 이 학생들의 교육이 상실되지 않도록 할 것이다.

▎지방교육청의 새로운 직무규정

　지방교육청의 성과에 대한 판단은 수준향상에 대한 기여이다. 지방교육청은 중앙정부보다 학교와 더 밀접하고 선출되어야 한다. 그러나 지방교육청은 교장과 운영위원에게 더 많은 권한과 예산을 줄 필요가 있다. 지방교육청의 성과는 교육평가원(Ofsted)과 감사원(Audit Commission)에 의해 감사받아야 한다. 실패한 지방교육청은 장관이 관련 권한을 유예하고 개선팀에게 보낼 수 있다.

▌보조금 학교(Grant maintained schools)

지금 보조금을 받는 학교는 모든 학교들처럼 노동당의 제안으로 번영할 것이다. 노동당이 이 학교를 폐쇄할 것이라는 보수당의 주장은 그릇된 것이다. 재정지원제도는 학교 간 또는 학생 간에 부당하게 차별하지 않을 것이다. 지방교육청은 학교운영기구를 대표하지만 통제하지 않을 것이다. 우리는 1993년에 도입된 개방적이고 공정한 입학전형 가이드라인을 지지한다. 그러나 우리는 또한 분쟁의 경우에 독립적 위원단에 이의를 제기할 권리를 부여할 것이다.

▌교사: 압력과 지원

학교는 모든 교직원의 질에 결정적으로 의존한다. 다수 교사는 유능하고 헌신적이지만 일부는 떨어진다. 우리는 교사의 훈련을 향상하고 모든 교사가 적합하게 가르칠 수 있게 하기 위해 교사자격을 처음 얻었을 때, 준비 년(induction year)을 갖도록 보장할 것이다.

교사 직업을 대변하고 수준을 높이는 일반교사협의회(general teaching council)를 만들 것이다. 우리는 좋은 교사를 판정하는 새로운 교사평가를 할 것이다. 그리고 일을 할 수 없는 교사를 퇴출하는 신속하고 공정한 절차를 만들 것이다.

학교의 힘은 교장의 질에 결정적으로 의존한다. 우리는 교장 직에 대한 의무적 자격을 확립할 것이다. 교장은 책임을 이행할 수 있도록 완전히 훈련받았을 때만 그 직책에 임명될 것이다.

▌고등교육

고등교육을 향상하고 확대하기 위해 필요한 자금은 일반조세로부터 공급될 수 없다. 자금지원에 대한 우리의 제안은 해외의 성공적 정책과 조화되어 디어링 위원회(Dearing Committee)에서 만들어져 왔다.

학비는 졸업생의 소득에 기초해서 고등교육의 직업적 성공으로부터 상환되어야 한다. 현재의 제도는 부실 운영되고 있고 상환기간이 너무 짧다. 우리는 더 긴 상환기간에 의한 공정성과 함께 효율적인 행정을 제공할 것이다.

▌평생학습

우리는 새로운 향상된 기술로 고용을 유지하기 위해 평생 학습해야 한다. 우리는 일자리와 중요한 심화교육 부문에서 성인교육을 장려할 것이다.

학교와 대학에서 우리는 엄격한 수준과 핵심기술로 뒷받침된 더 광범한 수능시험 A급(A-levels)과 개선된 직업자격증을 지원한다.

고용주는 일자리 관련 기술에서 자신의 노동력을 훈련시킬 일차적 책임을 가진다. 그러나 개인에게 훈련에 투자할 능력이 주어져야 한다. 우리는 훈련을 위한 공적 자금을 가령, 일자리로 복귀하려는 여성처럼 개인이 원하는 기술을 얻기 위해 사용할 수 있는 개인학습계좌(Individual Learning Accounts)에 투자할 것이다. 우리는 더 잘 쓰일 수 있고 개인이 작은 부분을 부담하고 국가가 150파운드를 분담하는 대학 및 직업교육 위원회(TEC) 자금 중 1억 5,000만 파운드를 사용하여 100만 명의 사람들을 위한 프로그램을 시작할 것이다. 고용주들도 이 기금에 자발적으로

기부하도록 장려될 것이다. 우리는 또한 사람에 대한 투자자 이니셔티브(Investors in People initiative)를 훨씬 더 많은 소기업으로 확대할 것이다.

개방대학과 협력하여 우리의 새로운 산업대학은 잠재력을 개발하려는 성인에게 새로운 기회를 줄 것이다. 산업대학에서 정부, 산업, 교육계는 기술과 교육의 강화를 위해 신기술에 사용할 새로운 자원을 창출하는데 협력할 것이다. 산업대학은 소프트웨어를 의뢰하고 평생학습을 확대하기 위한 연계를 발전시키는 민관파트너십이 될 것이다.

교육에 투자하는 정부

보수당은 경제적, 사회적 실패비용이 증가함에 따라 30억 파운드 이상의 국가수입에 상당하는 정부의 교육지출을 삭감했다. 우리는 이 지출경향을 바꿀 것을 공약한다. 다음 5년의 의원임기 동안 우리는 경제적, 사회적 실패비용을 절감함으로써 교육에 대한 국가지출 비율을 올릴 것이다.

우리는 만인을 위한 개인의 번영을 촉진할 것이다

- 투자촉진을 위한 경제적 안정
- 엄격한 인플레이션 목표와 최대한 낮은 모기지율(rate of mortgage)
- 2년간 현재의 지출제한 유지
- 소득세율의 인상 없는 5년 약속
- 기본소득세율 10펜스의 장기목표
- 복지에서 벗어나 일자리를 얻게 하는 초기예산

보수당은 18년 집권기간 동안 금세기 최장, 최악의 불황을 두 번이나 만들었다.

우리는 2차 대전 이후, 어느 유사기간과 비교해도 가장 느린 평균 성장률을 경험했다. 인플레이션, 저성장, 실업의 기본적 원인들에 대처하는데 근본적으로 실패했다. 이것들은 다음과 같다.

- 비정상적 벼락경기를 가진 극심한 경제적 불안정
- 교육과 기술, 신기술의 적용에 대한 너무나 적은 투자
- 구직과 창업의 너무나 적 기회
- 너무나 협소한 산업기반과 작업장 또는 국가적 공동목적의 결여

영국은 더 잘할 수 있다. 우리는 영국의 발명, 창의, 적응력에 기반해야 한다. 새로운 노동당의 목표는 소수가 아니라 다수의 생활수준을 향상하는 것이다. 기업은 생산성을 증가시키는데 성공할 수 있고 해야 한다. 이것은 고임금과 고용의 방법으로 숙련되고 교육받은 노동력과 최신기술혁신에 대한 투자를 결합할 것을 요구한다.

노동당의 분명한 목표는 우리의 부 창출 기반을 강화함으로써 성장률 추세(*trend rate of growth*)를 올리는 것이다. 우리는 산업, 기술, 기반시설, 신기술에 대한 투자를 장려할 것이다. 그리고 우리는 장기실업, 특히 청년실업을 해소할 것이다. 우리의 목적은 만인을 위한 교육과 고용기회(*educational and employment opportunities for all*)이다.

경제적 안정은 지속가능한 성장의 본질적 기반이다. 세계경제에서 성장의 방법은 인플레이션이 아니라 안정이다. 우선순위는 장기성장을 위한 안정적인 낮은 인플레이션 조건이다. 인플레이션과 저성장의 근본원인은 같다. 즉 취약한 경제적, 산업적 기반이다. 정부는 모든 경제적 문제들을 해결할 수 없고 경제주기를 종식시킬 수 없다. 그러나 현명하게 지출하고 공정하게 과세함으로써 정부는 문제해결을 도울 수 있다. 우리의 목적은 생활수준과 높고 안정적인 고용수준을 향상하는 낮

은 인플레이션이다.

▌ 지출과 세금: 새로운 노동당의 접근방식

모든 문제의 해결책이 지출증가라는 신화는 보수당 정부에서 포괄적으로 사라졌다. 지출은 증가해왔다. 그러나 지출을 더 많이 해도 공정성이 많아지거나 빈곤이 줄어들지 않았다. 완전히 반대였다. 우리 사회는 수세대 동안 어느 때보다 더 분열되어 있다. 공적 지출은 더 이상 공익적 정부활동의 효율성을 높이는 최선의 수단이 아니다. 지출규모보다 돈이 실제로 어디에 지출되는지가 중요하다.

국가부채는 존 메이저(John Major) 정부하에서 2배로 증가했다. 국가 재정은 여전히 취약하다. 새로운 노동당 정부는 공적 자금이 더 잘 사용될 수 있는 방법을 찾는데 즉시 우선순위를 부여할 것이다.

새로운 노동당은 큰 지출자(*big spenders*)가 아니라 현명한 지출자(*wise spenders*)이다. 우리는 우리 목적을 달성하기 위해 민간부문과 파트너십으로 일할 것이다. 우리는 기업경영자의 첫 번째 관심 질문을 공적 지출에 적용할 것이다. 즉 우리의 우선순위에 대응하기 위해 현재의 자원을 더 효율적으로 사용할 수 있는가? 그리고 효율성과 돈의 가치가 중심적이기 때문에 장관은 지출하기 전에 절약할 필요가 있다.

▌ 세금과 지출이 아니라 투자를 위한 절약이 우리의 접근방식이다

보수당 정부에서 세금인상은 경제적 실패의 가장 극적인 증거이다. 1992년 이후, 일반가족은 부가적으로 2,000파운드 이상 세금을 냈고 이는 지난 선거에서 존 메이저의 모든 공약을 파기했던 평시의 가장 큰 세금인상이다. 비극적인 것은 세금인상으로 가장 큰 타격을 받은 사람들이 영세민이라는 것이다. 이것이 우리가 연료 부가가치세 부과를 강하게 반대했던 이유이다. 정부의 17.5% 연료 부가가치세 인상을 막은 것은 바로 노동당이었다.

정부가 무엇을 어떻게 과세할 것인지는 정부가 장려하는 경제활동과 정부가 신봉하는 사회가치에 대한 신호를 분명하게 보낸다. 과세 제도를 통해 근로를 장려하고 환경오염을 억제해야 한다는 예가 바로 이것이다.

새로운 노동당과 영국인은 세금에 대한 신뢰를 새롭게 확립할 것이다. 우리가 한 약속은 우리가 지킬 것이다.

우리의 세금정책을 뒷받침할 원리는 분명하다.
○ 만인의 고용기회와 근로인센티브의 장려
○ 저축과 투자의 촉진
○ 공정성

새로운 노동당은 일반가정에 높은 세금을 부과하지 않을 것이다. 새로운 노동당은 사회정의와 공정거래이다. 그러므로 새로운 노동당은 다음과 같은 경제공약을 제시한다.

▎공정한 세금

1970년대 노동당 정부와 보수당 정부 모두의 형벌적 세율로 복귀하지 않을 것이다.

근로를 장려하고 노력을 보상하기 위해 우리는 차기 의회에서 소득세의 기본세율과 최고세율을 인상하지 않을 것을 공약한다.

우리의 장기목표는 1파운드당 10펜스로 기본소득세율을 낮추는 것이다. 최저소득계층의 70 또는 80%의 높은 한계세율을 줄이는 것은 공정할 뿐 아니라 고용 장려에 바람직하다.

이 목적은 소수가 아니라 다수에게 이익이다. 이것은 최소한 이익의 반이 영국에서 가장 부유한 5,000여 가정에 돌아가는 보수당의 자본이득세와 상속세의 폐지와 선명하게 대비된다.

우리는 연료 부가가치세를 최저수준인 5%로 낮출 것이다.

우리는 부가가치세를 식품, 아동용 의류, 도서, 신문, 대중교통요금으로 확대하지 않을 것을 공약한다.

우리는 또한 근로 인센티브를 장려하고 빈곤과 복지의존을 줄이고 지역사회와 가정생활을 강화하기 위하여 세금과 급여체계의 상호작용을 검토하고 이것들을 간소화하고 현대화할 것이다.

▍인플레이션 위험의 제거

우리는 2.5% 이하의 낮고 안정적인 인플레이션 목표를 달성할 것이다. 우리는 통화정책이 더 효율적이고 개방적이고 책임 있고 단기간의 정치조작으로부터 자유롭게 결정되도록 영국은행(Bank of England)을 개혁할 것이다.

▍정부차입의 엄격한 규칙

우리는 공적 지출의 '황금률(*golden rule*)[17]'을 집행할 것이다. 즉 경제주기에서 우리는 현재의 소비가 아니라 투자하기 위해서만 차입할 것이다.

우리는 경제주기에서 공적 부채가 차지하는 국가수입의 비율이 안정적이고 건전한 수준을 유지하도록 보장할 것이다.

---

17) 황금률은 노동당 정부 고든 브라운(Gordon Brown) 재무장관(현 수상)에 의해 채택된 국가재정정책 규칙이다. 황금율은 경제주기에서 정부는 현재의 지출이 아니라 투자를 위해 차입할 것이고 따라서 균형예산을 추구한다. 황금율은 거시경제이론에 의해 정당화되는데 다른 조건들이 동일하다면 정부차입의 증가는 이자율을 높이고 투자를 축소시킨다는 것이다. 따라서 정부의 재정정책은 지속가능한 투자율(Sustainable Investment Rule), 즉 부채를 매년 GDP 40% 이하의 분별 있는 수준으로 유지해야 한다.

▌ 집권 시, 첫 2년 동안 계획된 공적 지출 배분의 유지

우리는 신중하게 결정했다. 이 결정은 보수당이 국가재정을 부실하게 관리했기 때문이다. 다음 2년 동안 노동당은 이미 발표된 정부지출 한도 내에서 일할 것이다. 우리는 비합리적인 공공부문 지출 요구를 포함한 비합리적인 세금에 저항할 것이다.

▌ 경제 실패에서 투자로의 지출 전환

우리는 자원을 더 잘 사용할 수 있는 방법을 평가하고 공적 지출에서 낭비와 비효율을 근절하기 위해 중앙과 부처별 지출을 재검토할 것이다. 공적 지출에서 노동당의 우선순위는 보수당과 다르다.

▌ 저축과 투자를 촉진하는 조세개혁

우리는 새로운 개인저축계좌를 도입하고 면세특별저축계좌(TESSAs)와 개인주주계획(PEPs)의 원리를 장기저축을 촉진하기 위해 확대할 것이다. 우리는 조세제도가 어떻게 더 장기적인 투자를 촉진하는지를 알기 위하여 법인세와 자본이득세 체제를 재검토할 것이다.

▌ 노동당의 생산적 복지(welfare-to-work) 예산

우리는 청년실업자와 장기실업자가 일자리를 얻도록 영국경제를 준비시키고 복지국가를 개혁하기 위해 선거 이후 두 달 내에 관련 예산을 마련할 것이다. 이 생산적 복지 프로그램의 재원은 원칙을 자문 받은 후 도입될, 민영화 기업에 대한 초과이득세로 충당될 것이다.

▌우리는 성공적이고 수익성 있는 기업의 창업을 도울 것이다

○ 기업지원: 기술, 기반시설, 새로운 시장
○ 엄격한 경쟁법을 통한 소비자 권익보호
○ 새로운 소기업 지원 조치
○ 지역개발청(Regional Development Agencies)을 통한 지방경제성장 장려
○ 유럽에서 강하고 효율적인 영향력

　새로운 노동당은 기업에게 미래의 새로운 정책을 제공할 것이다. 우리는 노사관계와 기업에서 1980년대의 주요변화를 그대로 둘 것이다. 우리는 건전한 이윤을 역동적 시장경제의 본질적 동력으로 보고 이 이윤은 품질, 혁신적 기업가, 숙련 종업원에 의존한다고 믿는다. 우리는 더 빠른 성장을 이끄는 21세기 영국 산업의 경쟁력을 향상하기 위해 기업과 새로운 파트너십을 구축할 것이다.
　아직도 영국경제의 많은 토대들이 취약하다. 저임금과 저숙련이 동반되고 있다. 불안전은 경제 불안정의 결과이다. 양질의 일자리가 없는 것은 영국 산업기반의 취약성 때문이다. 우리는 높은 실업과 숙련부족으로 고통 받고 있다. 저임금경제로는 영국의 미래가 없다. 우리는 영국임금의 1/10 또는 1/100을 주는 나라와 임금으로 경쟁할 수 없다.
　우리는 고품질, 기술, 혁신, 신뢰성으로 승리해야 한다. 노동당이 집권하면 영국 투자자와 해외투자자는 영국을 기업하기에 매력적이고 수익성 있는 곳으로 여길 것이다.
　새로운 노동당은 고용주와 종업원 모두에게 기여하는 유연노동시장을 믿는다. 그러나 유연성만으로는 부족하다. 우리는 '유연성 플러스(flexibility plus)'가 필요하다.

- ○ 유연성 플러스 고숙련과 우리 학교와 대학의 높은 수준
- ○ 유연성 플러스 경제적 안정을 보장하는 정책
- ○ 유연성 플러스 기반시설, 과학, 연구에 대한 투자를 늘리고 소기업을 지원하는 기업과의 파트너십
- ○ 유연성 플러스 현재의 정책 표류와 우리의 가장 큰 시장에 대한 방치가 아니라 유럽개혁을 위한 영국의 새로운 리더십
- ○ 유연성 플러스 유럽연합의 내부와 외부에 시장을 개방하여 영국을 기업하기에 매력적인 곳으로 만드는 유럽단일시장에서 영국의 멤버십 보장
- ○ 유연성 플러스 국민최저임금을 포함한 공정한 처우의 최저기준
- ○ 유연성 플러스 장기실업자가 일자리를 얻고 사회보장비용을 감소시킬 수 있는 생산적 복지 프로그램

경쟁법의 개혁과 엄격화

해외 경쟁은 국내 경쟁으로 시작해야 한다. 효과적 경쟁은 소비자에게 가치와 품질을 제공할 수 있다. 초기 우선순위로서 우리는 영국의 경쟁법을 개혁할 것이다. 우리는 반경쟁적 관례와 시장지배력의 남용을 방지하는 엄격한 '금지적' 접근방식을 채택할 것이다.

공익산업에서 우리는 최대한 경쟁을 촉진할 것이다. 경쟁이 효율적 수단이지 않은 곳, 가령 초라한 환경기록을 갖고 있고 대부분 면세인 수도 사업에서 우리는 소비자의 이익을 위해, 수도 사업의 경우에는 환경을 위해 엄격하고 효율적으로 규제할 것이다. 우리는 소비자와 주주에게 모두 공정하고 동시에 경영자가 혁신하고 효율성을 향상시키도록 인센티브를 제공하는 개방되고 예측가능한 규제가 필요하다는 것을 인정한다.

민간금융 이니셔티브(Private Finance Initiative)[18]의 재활성화

영국의 기반시설은 위험스럽게 붕괴되었다. 우리 도로와 철도의 일부는 심각하게 방치되었고 너무나 자주 우리 도시환경이 악화되었다.

노동당은 민관파트너십의 아이디어를 개척했다. 이 파트너십을 지방수준에서 창출하는데 앞장섰던 곳은 바로 노동당 지자체들이다.

노동당 정부는 국가수준에서 민간금융 이니셔티브를 괴롭혔던 문제들을 극복할 것이다. 우리는 프로젝트, 저축기간, 비용 간에 우선순위를 정할 것이다. 우리는 프로젝트 파트너 간에 리스크를 현실적으로 분배할 것이다. 우리는 최선의 실천이 정부 전체에 보급되도록 보장할 것이다. 우리는 결정적 국익이 걸린 주요 기반시설 프로젝트의 계획과정을 단순화하고 가속화할 것이다.

우리는 우체국과 같은 공공부문의 자기금융 상업조직(self-financing commercial organisations)에게 새로운 기회를 활용할 수 있는 더 큰 상업적 자유를 보장할 것이다.

소기업 지원

소기업 고용주의 수는 1990년 이후로 50만까지 줄어들었다. 소기업 지원은 우리의 경제성장 계획에서 주요 역할을 할 것이다. 우리는 불필요한 관료제를 제거할 것이다. 우리는 연체된 부채상환에 대한 법정이자를 제공하고 첨단기술 신생기업에 대한 지원을 향상하고 개혁된 기업연계네트워크(Business Links network)와 산업대를 통해 양질의 적합한 자문과 훈련을 향상하고 해외시장에 더 효율적으로 진입하도록 기업을 도울 것이다.

---

18) 민간금융 이니셔티브는 민관파트너십에 금융지원을 하는 방법이다.

▌지방의 경제성장

번영은 밑으로부터 나와야 한다. 우리는 지역의 경제발전을 조정하고 소기업을 돕고 투자유치를 장려하는 원스톱 지역개발청을 설립할 것이다. 많은 지역들이 이 목적을 위한 비공식적 조치들을 이미 취하고 있고 지원받을 것이다.

▌과학, 기술, 디자인 능력강화

영국은 세계를 선도하는 대학과 연구소의 강력한 과학기반으로 세계적인 신지식을 적극적으로 추구해야 한다. 디어링위원회(Dearing Committee)는 영국고등교육 전체에서 과학교육과 연구의 질을 향상하는 소중한 기회를 대표한다. 우리는 신기술과 좋은 디자인의 사용을 확대하고 영국에서 기업을 지원하는 발명을 이용하기 위해서 연구자와 기업 간의 협력적 접근방식을 지원한다.

▌녹색 신기술과 기업의 장려

영국의 환경기술 개발은 일자리를 창출하고 수출을 증진하고 환경을 보호하는 거대한 잠재력이 있다.

효율적 환경관리는 현대기업의 활동에서 중요해지고 있는 요소이다. 우리는 25세 이하 청년 환경감시단과 연계하여, 특히 주택의 에너지 효율성 증대를 통해 에너지 절약을 촉진할 것이다. 우리는 태양열, 풍력 에너지, 열병합 발전(Combined Heat and Power) 등의 대안 에너지원을 개발하는 것을 포함해서 더 깨끗하고 더 효율적인 에너지 사용과 생산을 장려하는 에너지정책을 공약한다. 우리는 핵발전소를 새로 건설하는 것의 경제적 이점을 찾지 못하고 있다.

▍1980년대 노조개혁의 핵심요소 유지

유연한 노동시장에서는 최저임금을 포함한 근로자를 위한 최저수준이 있어야 한다. 우리는 권리와 의무가 동반하는 노사관계법의 적절한 균형이 필요하다.

노조설립투표, 피케팅, 쟁의행위에 대한 1980년대 노조규제의 핵심요소는 유지될 것이다. 근로자는 노조 가입과 탈퇴에서 자유로워야 한다. 근로자가 노조에 가입하고 관련 근로자 다수가 투표로 노조의 대표권에 찬성하면 노조는 인정되어야 한다. 이것은 안정되고 질서 있는 노사관계를 촉진한다. 이 제안의 집행을 가장 효과적으로 할 수 있는 수단에 대한 충분한 자문이 있을 것이다.

▍작업장에서의 파트너십

최고 기업은 종업원을 기업의 파트너십으로 인정한다. 조건이 좋은 종업원은 자신의 기업에 더 헌신적이고 더 생산적이다. 많은 노조와 고용주는 갈등이 아니라 파트너십을 받아들이고 있다. 정부는 이를 환영해야 한다.

우리는 소유권을 확대하고 종업원지주제(Employee Share Ownership Plans)와 협동조합을 통해 더 많은 종업원이 소유권자가 되는 것을 장려함으로써 다양한 파트너십과 기업 형식을 장려하는데 민감하다. 우리는 또한 유럽연합의 사회헌장(Social Chapter)을 지지하지만 유럽연합이 비유연성이 아니라 고용가능성과 경쟁력을 촉진하기 위해 발전하도록 유럽에서 영국의 영향력을 행사할 것이다.

▍적절하게 결정된 국민최저임금

임금이 그 밑으로 떨어져서는 안 되는 법정수준이 있어야 한다. 최저임금은 경직된 공식이 아니라 당시의 경제적 환경과 소기업을 포함한 고용주와 종업원 대표가 참석하는 독립적 최저임금결정위원회(independent low pay commission)의 권고로 결정되어야 한다.

미국과 일본을 포함한 모든 현대산업국가들은 최저임금이 있다. 영국은 과거에 임금위원회(Wages Councils)에서 결정된 최저임금이 있었다. 적절하게 도입되면 최저임금은 납세자가 매우 낮은 임금을 주는 기업을 보조함으로써 40억 파운드의 엄청난 급여비용의 일부를 줄일 것이고 최악의 저임금과 특히 여성 급여비용의 초과를 없앨 수 있다.

▎우리는 실업자가 복지에서 벗어나 일자리를 얻도록 (from welfare to work)할 것이다

○ 영국에서 극빈층(underclass) 증가 억지
○ 25만 명 청년실업자의 일자리 창출
○ 장기실업자를 위한 일자리를 창출하는 고용주에게 세금감면
○ 편부모에 대한 효율적 지원

영국은 1990년보다 100만 개 이상의 일자리가 더 적다. 다섯 가족 중 한 가족이 일자리를 가진 사람이 한 명도 없다. 100만 명의 편모가 복지급여의 덫에 걸려있다. 한 세대 동안 빈부격차가 더 커지고 있다.

우리는 사회에서 일자리가 없고 이반된 영구적 빈민을 양산하지 않을 것을 결의한다. 우리의 장기적 목표는 높고 안정적인 고용수준이다. 이것이 만인이 사회에 지분을 갖고 책임을 다하는 이해관계자 경제(stakeholder economy)의 진정한 의미이다.

최선의 빈곤퇴치 방법은 사람들이 일자리, 진정한 일자리를 얻도록

도와주는 것이다. 실업자는 훈련 또는 일자리의 기회를 거부하지 않을 책임이 있다. 그러나 이 기회는 진정한 기회여야 한다. 1/10의 성공률만 가진 보수당 정부의 근로복지(*workfare*)는 이 시험에서 실패하고 있다.

노동당의 생산적 복지(*welfare to work*) 프로그램은 실업을 막고 증가하는 사회보장비용의 악순환을 깰 것이다. 민영화기업의 과도한 이윤에 대한 일회의 초과이득세는 우리의 야심찬 프로그램의 재원이 될 것이다.

▎6개월 이상 된 모든 청년실업자에게 일자리 또는 훈련을 제공한다

우리는 25만 명의 25세 이하 청년실업자에게 근로, 교육, 훈련 기회를 줄 것이다. 네 가지 선택권이 제공될 것이다. 자격증을 얻을 수 있는 교육 또는 훈련, 민간부문 일자리, 일자리를 주는 고용주와 노동당의 시민서비스 프로그램(*citizens' service programme*)과 연계된 환경감시단(*environment taskforce*)에 전업학습과정을 제공하는 비영리자원봉사부문(*non-profit voluntary sector*)의 고용주도 6개월간 주당 60파운드의 세금환급을 지원할 것이다. 권리와 책임은 동반되어야 한다. 완전한 급여를 제공하는 다섯 번째 선택권은 없을 것이다.

▎모든 16세, 17세 청소년이 2000년까지 적합한 자격증을 얻게 한다

거의 1/3의 청소년이 19세까지 국가직업자격(NVQ) 2레벨을 얻지 못하고 있다. 16세 이후의 모든 청소년은 파트타임 또는 전업 교육을 제공받을 것이다. 18세 이하의 일하는 청소년은 대학입학을 위한 학습권을 가질 것이다. 우리는 실패한 청소년훈련계획(Youth Training scheme)을 청소년에게 양질의 교육과 훈련을 제공하는 새로운 목표2000 프로그램(Target 2000 programme)으로 대체할 것이다.

▎장기실업 대책

지자체와 자원봉사부문과 완전히 연계된 정부와 기업의 새로운 파트너십은 장기실업을 막을 것이다. 우리는 2년 이상의 실업자를 고용한 고용주에게 초과이득세를 재원으로 6개월간 주당 75파운드의 세금환급을 제공할 것이다. 공공임대주택(*council house*) 판매금을 단계적으로 방출하는 우리의 프로그램은 건설업에 새로운 일자리를 만들 것이다.

▎편부모에게 일자리를 준다

오늘날 일자리 없는 편부모에 대한 국가의 주요한 지원은 복지 급여이다. 대부분의 편부모들은 일하기를 원하지만 구직을 도와주지 않는다. 새로운 노동당은 적극적 정책을 갖고 있다. 가장 어린 자녀가 초등학교 2학년이라면 편부모는 복지수급에서 벗어날 수 있는 구직, 훈련, 방과 후 보호를 적극적 고용서비스(Employment Service)로부터 제공받을 것이다.

▎개인 맞춤형 서비스

우리는 개인의 환경에 적합한 새로운 급여의 결합을 지지한다. 새롭고 혁신적인 고용지대(Employment Zone)에서 실업자가 일자리를 얻어 독립할 수 있는 새로운 기회를 제공하기 위해 현재의 급여와 훈련을 위한 돈을 결합한 개인일자리계좌(*personal job accounts*)를 만들 것이다. 우리는 급여, 고용, 직업서비스를 조정하고 그 질적 수준과 효율성을 향상하기 위해 신기술을 활용할 것이다.

▎불법복지수급

우리가 탈세를 단속하는 것이 납세자에 대한 의무이듯이 급여체계의 불법수급을 단속해야 한다. 우리는 매년 20억 파운드로 추산되는 주택수당(Housing Benefit) 불법수급에 대해 단속하는 것에서부터 시작해서 모든 종류의 불법복지수급을 단속할 것이다.

우리는 국민보건서비스를 구할 것이다

○ 국민보건서비스 대기자에서 10만 명 해결
○ 보수당의 내부시장(internal market) 종식
○ 암수술 대기의 종식
○ 병원의 엄격한 질적 목표
○ 독립적 식품표준청(food standard agency)
○ 새로운 공중보건 조치
○ 매년 실질적인 지출증대와 관료가 아닌 환자에 지출

노동당은 50년 전에 국민보건서비스를 만들었다. 이것이 보수당에 의해 위협받고 있다. 우리는 국민보건서비스를 구하고 현대화하기를 원한다. 그러나 보수당이 다시 집권하면 다음 5년 안에 국민보건서비스는 없어질 수도 있다. 더 이상 국민적이지도 종합적이지도 않을 것이다. 노동당은 역사적 원리의 혁신을 공약한다. 당신이 아프거나 다치면 도와줄 국민보건서비스가 있을 것이다. 그 이용은 당신의 지불능력, 당신의 일반의(GP), 당신의 위치가 아니라 필요에만 근거할 것이다.

1990년에 보수당은 국민보건서비스에 병원경쟁의 복잡한 내부시장을 강요했다. 결과는 모든 개별적 거래를 별도로 기록하게 함으로써 비싼 관료제에 의해 질식되고 있는 국민보건서비스이다. 6년 후, 관료제는 매년 별도로 15억 파운드를 삼키고 있다. 2만 명의 관리자가 더 늘었

고 병실에는 5만 명의 간호사가 더 줄었다. 그리고 100만 명이 대기자 명단에서 기다리고 있다. 정부는 자신이 세운 보건목표조차도 항상 지키지 못하고 있다.

하향식 관리로 복귀할 수 없지만 노동당은 보건에 대한 보수당의 내부시장을 종식시킬 것이다. 의료의 계획과 제공은 필수적이고 독특한 기능이고 그렇게 남아 있어야 할 것이다. 그러나 보수당 정부 하에서 의료구입의 행정비용은 의료제공을 붕괴시켰고 시장체계는 임상의 우선순위를 왜곡시켰다. 노동당은 내부시장의 관료적 과정을 제거함으로써 비용을 줄일 것이다.

이로써 절감된 돈은 직접 환자의 치료에 쓰일 것이다. 우선 처음 절감된 1억 파운드가 10만 명의 환자를 더 치료할 수 있을 것이다. 우리는 암수술의 대기를 끝낼 것이고 이로써 유방암 치료를 기다리는 수천 명의 여성들을 도울 것이다.

▎1차 진료가 선도적 역할을 할 것이다

최근에 기금보유일반의(GP fundholding)[19]는 병원전문의와의 변화된 관계에서 환자를 대변하여 힘을 얻었다. 우리는 이를 지지한다. 그러나 기금보유일반의의 발전은 또한 해악을 가져왔다. 의사결정이 파편화되고 행정비용이 상승했고 의료서비스가 이중화되었다.

노동당은 1차 진료의 선도적 역할을 유지할 것이지만 현 체계가 가진 해악을 제거할 것이다. 일반의와 간호사는 자기 지역의 모든 환자를 위

---

19) 기금보유일반의는 의료제공자 간 경쟁체제를 위해 도입되었다. 기금보유일반의는 환자를 위해서 필요한 서비스를 구매하는 역할을 담당하고 1차 진료팀의 관리자 역할을 한다. 이런 조치로 일반의의 근무량이 증가되었고 수입은 일반의가 하는 일의 수행 정도와 연계된다. 경쟁체제의 도입은 일반의로 하여금 비용-효과적인 의료서비스 제공에 대한 유인을 주지만 이런 역할과 환자의 대변자라는 역할을 제대로 하지 못하게 하여 윤리적 갈등을 초래할 수도 있어 심각한 논쟁이 벌어졌다.

한 더 효율적인 지방 의료서비스의 공동계획을 지도할 것이다. 이것으로 모든 일반의는 개별 병원이 더 좋은 의료를 제공할 수 있게 할 것이다. 이런 변화를 위해 우리는 이미 1,400만 명의 사람들에게 서비스를 제공하는 기존의 협력적 제도를 발전시킬 것이다.

현재의 연도별 계약체계는 비싸고 불안정하다. 우리는 지방의 1차 진료팀과 병원 간의 3-5년의 협정을 도입할 것이다. 그러면 병원은 환자 서비스를 강화하기 위해 더 잘 계획하고 협력할 것이다.

▮ 양질의 환자 서비스

병원은 일상의 행정기능에 대한 자율성을 갖지만 국민보건서비스의 일원으로 병원은 양질의 의료제공 수준에 부합해야 할 것이다. 경영진은 서비스 수준을 책임져야 할 것이다. 이사진은 자신들이 서비스하는 지방 공동체를 더 많이 대표할 것이다. 새로운 환자 헌장(*patients' charter*)은 치료의 질과 성공에 집중할 것이다. 보수당의 소위 '효율성 지수(Efficiency Index)'는 치료의 질 또는 성공이 아니라 환자의 '에피소드' 수를 계산하고 있다. 노동당이 집권하면 척도는 치료결과의 질, 효율성을 위한 인센티브 자체가 될 것이다. 치료의 질을 보장하기 위하여 우리는 혼성병실(*mixed-sex wards*)을 폐지할 것이다.

보건당국은 높은 수준의 의료를 수호할 것이다. 병원당국은 서비스를 모니터하고 모범을 전파하고 높은 의료수준을 보장할 것이다.

보수당이 민간의 돈으로 병원을 건설하려는 시도는 실패했다. 노동당은 민간금융 이니셔티브를 괴롭혔던 문제들을 극복하고 지체를 종식시키고 혼란을 정비하고 더 잘 작동하고 국민보건서비스의 이익을 보호하는 민관 파트너십의 새로운 형식을 개발할 것이다. 노동당은 보수당에 의해 적극적으로 장려되고 있는 병상서비스의 민영화에 반대한다.

노동당은 신기술을 이용하여 우수지역연구소의 전문가 처방을 이웃 수준으로 제공하는 새로운 원격의료(telemedicine)의 발전을 촉진할 것이다.

▎건강

신임 보건부장관은 건강 악화의 근본 원인을 공격하여 삶을 향상하고 국민보건서비스의 돈을 절약할 것이다. 노동당은 빈곤, 불량주택, 실업, 환경오염이 건강에 미치는 영향을 파악하는 국민의 전반적인 건강을 향상하기 위한 새로운 목적을 설정할 것이다.

흡연은 영국에서 예방가능한 병과 수명단축의 가장 큰 단일 원인이다. 그러므로 우리는 담배광고를 금지할 것이다.

노동당은 독립적 식품표준청을 신설할 것이다. 35억 파운드의 손실을 야기한 광우병 파동과 심각한 인명손실을 초래한 대장균 발병 때문에 우리가 제안한 독립적 기관, 식품표준청이 결정적으로 필요하다.

▎국민보건서비스 지출

보수당은 국민보건서비스에 대한 지출을 낭비했다. 우리는 더 잘 할 것이다. 우리는 매년 실질적으로 국민보건서비스에 대한 지출을 늘리고 환자치료에 돈을 쓸 것이다. 그리고 지출된 금액의 더 많은 부분이 관료가 아니라 환자치료를 위해 쓰일 것이다.

▎국민보건서비스의 미래

국민보건서비스는 연속성만큼 계속성이 필요하고 그렇지 않으면 그 체계는 대처할 수 없다. 변화를 보장하기 위한 시범운영이 있어야 한다. 그리고 혁신이 꽃피려면 규정이 경직되어서는 안 되고 유연해야 한다.

우리의 근본적 목적은 단순하지만 엄청나게 중요하다. 즉 경쟁에 의한 상업적 사업이 아니라 환자를 위한 공공서비스로서 국민보건서비스를 복원하는 것이다.

우리는 범죄에 엄격하고 범죄의 원인에도 엄격할 것이다

○ 청소년 상습범에 대한 신속한 처벌
○ 더 많은 범죄자들의 유죄를 입증하는 대검찰청(Crown Prosecution Service)의 개혁
○ 경찰의 서류작업이 아니라 순찰
○ 모든 총기를 금지하는 의회투표

보수당 정부하에서 범죄는 2배로 증가했고 훨씬 더 많은 범죄자들이 자신의 범죄 책임을 모면했다. 유죄판결 받은 사람들의 수는 50개의 범죄 중 하나로, 1/3까지 떨어졌다. 이것은 2차 대전 이후 최악의 정부기록이고 잉글랜드와 웨일스에서는 모든 선진국 중에서 최악의 기록이다. 작년에만 폭력범죄가 11% 증가했다.

우리는 법과 질서의 새로운 접근방식을 제안한다. 즉 범죄에 엄격하고 범죄의 원인에도 엄격한 것이다. 우리는 범죄에 대한 개인의 책임을 주장하고 사회적 박탈을 경감함으로써 범죄의 원인도 공격할 것이다.

우리는 경찰을 강력하게 지원할 것이다. 경찰은 범죄와 무질서에 대한 전쟁에서 일선에 있다. 보수당은 1,000명을 추가 배치할 것이라는 1992년 총선의 공약을 파기했다. 우리는 더 많이 순찰하도록 경찰관의 불필요한 관료적 부담을 경감할 것이다.

▮ 청소년범죄

청소년범죄와 무질서가 급격하게 증가했지만 매우 적은 청소년 범죄자들이 기소되었고 그 중 반이 훈방으로 풀려났다. 청소년 범죄자들은 매년 700만 건의 범죄를 저지르고 있다.

너무나 자주 청소년 범죄자는 수개월간 법원 심문을 기다리면서 계속해서 범죄를 저지른다. 우리는 청소년 상습범이 체포되어 판결 받을 때까지 걸리는 시간을 반으로 줄일 것이다. 광범한 반복적 훈방을 최종의 일회 훈방으로 대체하고 모든 지역에 청소년범죄자 전담팀(Youth Offender Teams)을 창설하고 훨씬 더 효율적으로 청소년재판체계를 간소화할 것이다.

새로운 부모책임명령(parental responsibility orders)은 부모가 자녀의 비행에 책임지도록 할 것이다.

▮ 유죄판결과 선고

대검찰청의 임무는 범죄자를 효과적으로 기소하는 것이다. 사건들을 너무나 자주 불기소처분하고 연기하고 더 가벼운 죄로 낮춰버리기 때문에 대검찰청이 과도하게 중앙집중적이고 관료적이고 비효율적이라는 강력한 증거가 있다.

노동당은 지방경찰과 더 효율적으로 협력하는 지방검찰청으로 대검찰청을 분권화할 것이다.

우리는 심각한 상습범에 대한 처벌을 더 일관되고 엄격하게 하기 위해 모든 주요범죄에 대한 선고를 효율화할 것이다. 법원은 실제로 각 판결의 의미를 명백히 해야 한다. 항소법원(Court of Appeal)은 모든 주요범죄에 대한 선고지침을 의무적으로 설정해야 할 것이다. 부당한 감형선고에 대해 상소할 수 있는 법무부 장관의 권한은 확대될 것이다.

교도소는 지금 심각한 재정적 문제를 겪고 있다. 우리는 이용 가능한 자원을 감사하고 교도소에 대해 장관이 적합하게 책임지도록 하고 교도소 제도가 건설적이고 수감자가 범죄행동을 반성하도록 할 것이다.

▮ 무질서

보수당은 '법'과 '무질서'에서 '무질서' 부분을 망각했다. 우리는 거리에서 용납할 수 없는 반사회적 행동과 범죄에 대처할 것이다. 우리의 '제로 관용' 접근방식은 사소한 청소년 범죄도 진지하게 해결할 것이다.

지역사회의 안전 명령(*community safety orders*)은 위협적이고 파괴적인 이웃사람의 범죄에 대처할 것이다. 노동당은 스토킹과 가정폭력 문제를 해결하는 조치를 제안하는데 앞장 서왔다.

아동보호명령(*child protection orders*)은 밤늦게 방치되어 부모에 의해 버림받고 있는 아이들을 보호할 것이다.

영국은 다인종, 다문화 사회이다. 영국의 모든 구성원들은 법의 보호를 받아야 한다. 우리는 인종적 소수자를 위협으로부터 보호하기 위해 인종희롱죄와 인종폭력죄를 신설할 것이다.

▮ 마약

마약과 범죄의 악순환은 삶을 파괴하고 지역사회를 위협한다. 노동당은 범정부적 마약퇴치를 조정하기 위한 마약전담 책임자를 임명할 것이다. '마약퇴치 책임자(*drug czar*)'는 우리 지역사회에 대한 현대적인 마약의 위협에 대처하는 우리 공약의 상징이 될 것이다.

우리는 마약중독과 범죄간의 연계를 깨기 위해 범죄자의 마약 검사 의무화와 치료명령(*compulsory drug testing and treatment orders*)을 시범운영할 것이다. 이것은 재구류 연기를 국가적 목표로 함으로써 가능할 것이다.

우리는 교도소의 마약문제를 해결할 것이다. 모든 수감자의 임의적 마약검사에 덧붙여 우리는 수감자가 마약을 하지 않았다는 것을 알릴 수 있도록 모든 교도소에 자발적 검사소(voluntary testing unit)를 설치할 것이다.

▍희생자

범죄 희생자는 너무나 자주 형사재판에서 망각되었다. 우리는 희생자가 자신의 사건의 진행경과와 죄가 경감되고 기각된 이유를 알도록 보장할 것이다.

강간과 심각한 성범죄를 당한 희생자와 목격자를 포함하여 위협을 받을 수 있는 사람들을 더 많이 보호할 것이다.

▍예방

우리는 지자체에 범죄예방을 돕기 위한 법정 파트너십을 발전시키는 새로운 책임을 부과할 것이다. 그런 후, 지방의회가 자기지역의 범죄와 무질서를 줄이는 목표를 세우도록 요구할 것이다.

▍총기규제

던블레인(Dunblane)과 헝거포드(Hungerford)의 총기사건 이후, 가장 엄격한 총기규제법만이 최대의 안전을 제공할 수 있다는 것이 명백해졌다. 보수당은 필요한 안전을 제공하는데 실패했다. 노동당은 민간인이 총기를 사용하는 것을 철저하게 금지할 것이다. 개별 의원이 총기의 완전한 금지에 대해 자유 투표할 수 있도록 하는 법안을 마련할 것이다.

노동당은 오늘날 영국에서 법과 질서의 당이다.

▌우리는 가족생활을 강화할 것이다

○ 부모의 일과 가정 양립에 대한 지원
○ 주거 안정과 주택소유자에 대한 지원
○ 공공임대주택의 판매금을 이용한 무주택 문제 해결
○ 퇴직자의 품위와 안전
○ 기본적 국가연금 보호와 안전한 2차 연금 장려

우리는 자녀를 양육하는 가장 안전한 수단으로 가족생활을 지원할 것이다. 가족은 사회의 핵심이다. 가족은 옳고 그른 것을 가르치고 반사회적 행동에 대한 첫 번째 방어막이다. 가족생활의 해체는 사회구조를 손상시킨다.

노동당은 시민의 필요를 제공하는 것에서 가족과 국가를 라이벌로 보지 않는다. 가족은 일상의 안정적이고 애정 있는 환경에서 어린이가 자라도록 지원해야 한다. 그러나 정부가 교육, 필요하다면 청소년의 보호, 환자와 노인에 대한 적합한 도움, 좋은 육아의 지원, 무법상태와 권력남용으로부터 가족의 보호 등에서 독특한 역할을 하지 않는다면 가족은 번영할 수 없다. 정부를 통해 사회는 가족이 단독으로 할 수 없는 것을 집단적으로 성취하도록 지원해야 한다.

그러나 오늘날 영국의 가족은 이전에는 없었던 긴장상태에 있다. 보건서비스가 이전에 제공했던 안전은 붕괴되었다. 거리는 안전하지 않다. 주택의 불안전이 증가하고 있다. 비연금 가족의 다섯 중 하나는 일하는 사람이 한 명도 없다. 영국인은 유럽에서 가장 긴 시간을 일하고 있다.

시계를 거꾸로 돌려서는 안 된다. 일하고 싶은 많은 여성들은 일할 수 있어야 한다. 더 평등한 남녀관계는 우리의 삶을 변화시켰다. 마찬가지로 인종, 성, 성적 취향에 대한 우리의 태도도 근본적으로 변했다. 우리의 임무는 변화와 사회적 안정을 결합하는 것이다.

▍일과 가족

일없는 가족은 독립도 없다. 이것이 우리가 생산적 복지정책을 그렇게 많이 강조하는 이유이다.

노동당의 국가육아전략(*national childcare strategy*)은 현대노동시장의 요구에 부합하고 부모, 특히 여성이 가족과 일을 양립할 수 있도록 도울 것이다.

가족생활을 지원하는 것과 부당한 부담으로부터 기업을 보호하는 것 간에 건전한 균형이 있어야 한다. 이 균형은 이미 가장 성공한 일부 기업에서 시행되고 있다. 현 보수당 정부는 가족 친화적 근로활동을 개발할 필요에 완전히 무관심했다. 시행이 유연해야 되고 어떤 면제가 필요하다는 것을 인정하지만 우리는 주당 48시간 이상 근로하지 않을 종업원의 권리를 지지한다. 그리고 연차유급휴가와 제한된 무급육아휴가를 지지한다. 이 조치들은 가족생활의 가치 있는 버팀목을 제공할 것이다.

파트타임 근로자의 권리는 우리가 환영하는 최근의 법원판결로 분명해졌다.

우리는 가족과 어린이를 지원하기 위해 조세와 급여체계의 모든 측면을 계속해서 재검토할 것이다. 우리는 16세 이하의 모든 아동에게 최소한 물가와 연동하는 보편적 아동급여(Child Benefit)를 공약한다. 우리는 학교와 대학의 학생재학율을 높이기 위해 16세 이상의 학비를 재검토하고 자원을 가장 필요한 학생을 지원하기 위해 사용할 것이다. 이 재검토는 우리가 이미 설정한 지침에 따라 집권해서도 계속될 것이다.

▎주거 안정

대부분의 가족은 자신의 주택을 소유하고 싶어 한다. 우리는 또한 품질과 선택을 제공하기 위해 사회적, 민간적 임대부문이 효율적으로 운영되는 것을 지원할 것이다.

보수당의 주택정책은 이중적으로 실패했다. 주택을 소유한 2/3의 가족은 지난 10년간 기록적인 모기지 연체금, 기록적인 주택가치의 하락, 기록적인 압류에 기인한 엄청난 불안정의 증대로 고통받았다. 그리고 보수당이 주택정책을 결여하고 있기 때문에 공공주택이 사실상 포기되었고 무주택자가 증가했고 임대법을 완전히 개혁하는데 실패했다. 이 모든 것이 보수당의 유산이다.

노동당의 주택정책은 주택소유자와 임차인 모두의 필요를 해결할 것이다.

우리는 주택정책을 붕괴시켰던 보수당의 비정상적 벼락경기 정책을 거부할 것이다.

우리는 모기지 제공자(*mortgage providers*)와 협력하여 일자리 불안이 증가하는 세계에서 가족을 보호하기 위해 더 유연한 모기지를 제공할 것이다.

모기지 구매자는 또한 불리한 모기지 판매에 더 강력한 소비자보호, 가령 금융서비스법(Financial Services Act)의 확대를 요구하고 있다.

부동산 사기가 다시 나타나고 있다. 부동산 거래를 깨려는 사람들은 다른 사람들에게 끼친 손실, 특히 법적 비용과 조사비용을 지불해야 할 책임이 있다. 우리는 책임 있는 주택구매자와 판매자를 위해서 부동산 사기에 대처할 최선의 방법을 찾고 있다.

▎임대주택부문

우리는 좋은 공공주택을 장려하기 위해 민, 관, 주택조합 간의 3자 파트너십을 지원한다. 노동당은 지방의회가 받기만 할 뿐 지출하지 않고 있는 공공임대주택의 판매금을 주택 신축과 재건축에 재투자할 것이다. 재투자가 단계적으로 실행되면 건설업의 능력과 건전한 경제 관리의 요구에 부합할 것이다.

우리는 또한 공공주택을 향상하고 더 큰 다양성과 선택을 도입하기 위해 효율적인 민간금융제도를 지원한다. 이 제도는 관련된 임차인의 지지를 받을 때만 성공할 수 있다. 우리는 임차인의 동의와 임차인의 임대 또는 안전의 보장 없이, 공공주택을 민간의 땅주인에게 넘기는 현 정부의 위협에 반대한다.

우리는 민간임대부문의 활성화를 소중히 여긴다. 우리는 가장 어려운 사람들, 즉 다세대 주택의 임차인들을 보호할 것이다. 임차인과 책임 있는 땅주인 모두에게 이익이 되는 지자체의 적합한 허가제를 만들 것이다.

우리는 아파트 거주자가 자신의 집은 개별적으로 소유하고 전체 아파트는 집단적으로 소유하는 새로운 주택보유형식인 '공동소유(commonhold)'를 도입할 것이다. 우리는 임차인의 자유보유권(freeholds) 구입을 제한하는 현재의 규칙을 단순화할 것이다.

▌무주택자

무주택자는 보수당 정부하에서 2배 증가했다. 오늘날 잉글랜드에서 4만 가족 이상이 비싼 임시숙박시설에 있다. 노동당의 반대에도 불구하고 보수당 정부는 무주택 가족이 영구적인 주택을 얻을 수 있는 지자체의 의무를 제거했다. 우리는 과실이 없는 무주택자의 우선적 필요를 보호하도록 지자체에 새로운 의무를 부과할 것이다.

무주택 청년이 노숙하는 것보다 오늘날 우리 사회에 대한 보수당의 태만을 더 강력하게 상징하는 것은 없다. 가족의 도움이 없는 청년은 특히 취약하다. 우리는 두 가지 주요 방식으로 이 문제에 대처할 것이다. 첫째, 공공임대주택의 판매금을 단계적으로 방출하여 임대주택의 양을 증가시킬 것이다. 둘째, 우리의 생산적 복지 프로그램을 통해 청년실업자가 일하고 금전적으로 독립하게 할 것이다.

▌노인

우리는 노인이 우리사회에 한 기여를 가족, 자원봉사, 근로를 통해 존중한다. 노인의 기술과 경험이 지역사회에서 활용되어야 한다. 가령, 이것이 우리가 노인을 자원봉사자로 아이들이 유치원과 방과 후 학교에서 배우는 것을 도와줄 수 있도록 하는 제안을 지지하는 이유이다. 직장에서 노인이 연령 때문에 차별받아서는 안 된다.

노인에게 적합한 연금을 제공하는 것은 미래의 주요한 도전이다. 오늘날 연금수령자에게 보수당의 정책은 진정한 빈곤, 불평등의 증가, 광범한 불안전을 야기했다.

보수당은 연금에 대한 국가의 기본적 분담을 폐지하고 민간연금으로 대체하고 연금이 최저수준 밑으로 떨어지면 자산조사 국가보장(*means-tested state guarantee*)이라는 공허한 약속을 했다. 이 제안은 반세기 동안 복지에 지출할 저축분을 없애고 새로운 민간연금을 보조하기 위해 세금을 인상할 것이다. 이 계획은 지금부터 2040년까지 세금과 차입을 통해 3,120억 파운드를 추가로 요구하고 이후의 저축분을 없애서 결국 퇴직의 불안전을 심화한다.

우리는 모든 연금수령자가 국가의 증가된 번영에서 공정한 몫을 가져야 한다고 믿는다. 민영화 대신에 우리는 민관 연금제공자 간의 파트너십과 세금에서 지급된 소득과 투자된 저축 간의 균형을 제안한다. 기본적 국가연금은 연금제공의 토대로서 유지될 것이다. 이 연금은 최소한 물가와 연동하여 증가할 것이다. 우리는 소득지원(Income Support)도 받지 못하는 100만 극빈층 연금수령자를 도와줄 더 자동화된 수단을 검토할 것이다.

우리는 예금을 적절하게 보호하여 퇴직예금을 장려할 것이다. 우리는 금융서비스법(Financial Services Act)을 개혁하여 60만 명의 연금수령자가 피해를 입고 지금까지 7,000명만 보상받은 연금 스캔들이 다시는 일어나지 않도록 할 것이다.

너무 많은 근로자들이, 특히 저임금과 고용변화로 고통 받는 근로자들이 좋은 2차 연금에 가입할 수 없다. 노동당은 이 필요에 부응하기 위한 새로운 틀, 즉 이해관계자 연금(*stakeholder pension*)을 만들 것이다. 우리는 이해관계자 연금이 발전할 수 있도록 금융회사, 고용주, 종업원 간의 새로운 파트너십을 장려할 것이다. 이 연금이 높은 수준의 연금수령, 유연성, 안전성에 부응할 때만 사람들이 이 연금에 가입하는 것을 승인할 것이다.

노동당은 연금 제공의 선택을 촉진할 것이다. 우리는 직업연금의 틀을 지원하고 강화할 것이다. 개인연금은 적합하게 규제되면 다수의 좋은 옵션이 될 것이다. 노동당은 국가소득연계연금(SERPS)을 원하는 사람들을 위해 이 연금을 유지할 것이다. 우리는 또한 보호자로서 책임을 다하고 있지만 연금을 받지 못하고 자산조사급여만 받고 있는 사람들을 위한 '시민연금(*citizenship pension*)'을 만들기 위해 국가소득연계연금의 관리구조를 발전시킬 것이다.

우리는 이혼한 남성과 여성에게 연금을 분할하는 것에 대한 정부의 반대를 극복했다. 우리가 집권하면 이를 시행할 것이다.

우리는 현대적 커뮤니티케어 제도를 통해 가족의 진정한 안전을 제공할 것이다. 사람은 나이가 들면 보호의 필요가 증가한다. 보수당의 접근 방식은 민간보험과 요양원의 민영화를 촉진하는 것이다. 그러나 민간보험은 대부분의 사람들이 가입할 수 없다. 그리고 그들의 주거주택정책은 교조적이고 실효가 없다. 우리는 지자체가 혼합적 민관 케어(mix of public and private care)를 발전시키는데 자유로워야 한다고 믿는다.

우리는 식구, 이웃, 친구가 제공하는 보호의 양이 엄청나다는 것을 알고 있다. 1995년 의회에서 보호자법(Carers Act)을 통과시켰던 의원들은 바로 노동당 의원들이다. 우리는 노인장기요양에 대한 공정한 재원마련제도를 만들기 위한 왕실 위원회를 설립할 것이다. 우리는 보건, 주택, 사회서비스와 관련된 서비스의 수준을 규정하는 '장기요양헌장(long-term care charter)'을 도입할 것이다. 우리는 주거주택과 재가보호에 대한 독립적 감사와 규제서비스를 공약한다.

모든 사람들은 존엄한 퇴직의 권리가 있다. 보수당 정부하에서 국가연금의 소득연계는 끝났다. 연료부가가치세가 부과되었고 국가소득연계연금이 붕괴되었고 커뮤니티케어는 누더기가 되었다. 우리는 노인이 불안해하는 중심 분야, 즉 기본연금과 그 가치, 국가소득연계연금을 포함한 2차 연금, 커뮤니티케어를 재검토할 것이다. 그 재검토에서 연금수령자의 견해가 경청될 것이다. 연금과 장기요양 정책을 발전시키기 위한 노동당의 정책 표어는 모든 이해당사자 간의 합의를 구축하는 것이다.

▌우리는 당신이 삶에서 더 많이 얻도록 도와줄 것이다

○ 모든 정부부처의 '녹색'화
○ 만인을 위한 효율적이고 깨끗한 교통
○ 청년을 위한 새로운 예술·과학재능기금(arts and science talent fund)

○ 복권 개혁
○ 농촌의 생활향상
○ 월드컵 유치

새천년을 맞이하여 우리는 환경을 보호하고 개선할 책임을 재확인하여 우리가 후세에게 전해줄 나라를 살기에 더 좋은 곳으로 만들 것이다. 또한 예술, 문화, 스포츠가 영국에 기여할 기회를 장려하고 향상할 것이다. 우리는 '창조적 경제(*creative economy*)'에 대한 새롭고 역동적인 접근방식이 필요하다. 국가유산부(Department of National Heritage)는 영국의 예술, 미디어, 문화산업의 진정한 힘과 에너지에 부응하는 전략적 비전을 개발할 것이다.

▍환경보호

우리세대와 미래세대는 환경보전에 의존한다. 어떤 사람도 비위생적인 식수, 오염된 공기, 부정적 기후변화를 회피할 수 없다. 그리고 이 문제들이 우리 모두에게 영향을 미치듯이 우리는 이 문제들을 대처하는 것에도 함께해야 한다. 어떤 책임 있는 정부도 미래의 이 위험들을 감당할 수 없다. 그 비용이 너무 크고 따라서 지금 행동하는 것은 우리의 의무이다.

노동당의 환경에 대한 접근방식의 토대는 환경보호가 국가 일개 부서의 단독 책임이 될 수 없다는 것이다. 모든 부처가 지속가능한 환경을 위한 정책을 장려해야 한다. 그리고 의회는 환경에 대한 범정부적인 높은 수준을 보장하기 위해 환경감사위원회(*environment audit committee*)를 설치해야 한다.

이 메니페스토 전체에 걸쳐 지속가능한 환경과 경제적, 사회적 진보를 결합하는 정책들이 있다. 이 정책들은 지역사회의 환경에 대한 통제를 강화하는 지방 수준의 공약에서 모든 나라가 환경보호에 기여하도록 하는 국제수준의 이니셔티브까지 포괄한다.

　지속가능한 환경은 무엇보다 국민들의 교통 필요를 만족시키는 진정한 선택을 제공하는 국가적, 지역적, 지방적 수준에서 효율적이고 통합적인 교통정책을 요구한다. 이것을 우리가 확립하고 개발할 것이다.

▌철도

　철도 민영화 과정은 지금 대개 완수되었다. 이것은 소수에게 부를 가져다주었지만 납세자에게는 잘못된 거래였다. 이것은 철도 네트워크를 파편화시켰고 지금 철도 서비스를 위협하고 있다. 우리의 임무는 현재의 상황을 향상하는 것이다. 우리의 우선적인 목적은 철도로 더 많은 승객과 화물을 운송하는 것이다. 더 많은 투자와 철도운행서비스의 효율화를 통해 철도체계는 공익을 위해 운영되어야 한다. 모든 승객의 이익을 위해 편리한 환승, 매표, 정확한 여행정보가 필요하다.

　이 목적을 달성하기 위해 우리는 더 효율적이고 책임 있는 규제를 확립할 것이다. 우리는 공적 보조가 공익에 기여하도록 보장할 것이다. 그리고 승객의 기대를 만족시키는 철도의 발전을 위한 명백하고 통합된 전략 프로그램을 제공하기 위하여 현재 철도회사들과 교통부에서 수행하고 있는 기능을 결합함으로써 새로운 철도공사(rail authority)를 설립할 것이다.

　런던지하철을 전면적으로 민영화하려는 보수당의 계획은 해답이 아니다. 이 민영화는 납세자와 승객 모두에게 잘못된 거래이다. 그러나 다시 공공자산을 저평가된 값으로 매각하려고 한다. 정말 필요한 투자는 지체되고 있다. 지하철의 핵심적인 공적 책임이 위협받고 있다.

　노동당은 런던지하철을 향상하고 그 공익성을 보호하고 납세자와 승객의 돈의 가치를 보장하기 위한 새로운 민관 파트너십을 계획한다.

▎도로교통

　균형 잡힌 교통정책은 자동차, 택시, 버스, 자전거, 오토바이 등, 모든 친밀한 운송양식의 요구에 부응해야 한다. 운송계획에는 모든 운송형식의 최선의 혼합을 보장하고 최대한 양질의 대중교통을 제공하고 환경을 보호하는 것이 포함되어야 한다.

　효율적인 버스서비스의 핵심은 지방의회와 버스사업자 간의 파트너십을 본질적 요소로 함으로써 지방수준에서 적합한 규제를 하는 것이다. 버스전용차선을 시행하고 향상해야 한다. 더 좋은 주차장은 도심지의 편리한 버스 서비스와 연결되어야 한다.

　도로의 안전이 최우선순위이다. 자전거와 도보가, 특히 학교주변에서 더 안전해야 한다.

　우리는 보수당이 44톤 이상의 트럭에 대해 미적대는 것을 납득하지 못한다. 우리는 이 트럭이 환경에 위협적이고 피해를 줄 것을 우려하고 있다.

　오염을 줄이는 우리의 계획은 실질적으로 배출량을 줄이는 미래를 위한 효율적이고 깨끗한 '스마트' 자동차를 개발하도록 자동차산업과 함께 노력하는 것이다. 저배출 자동차를 장려하는 자동차 소비세에 대한 검토는 계속될 것이다.

　우리는 접근가능성, 안전, 경제와 환경의 영향에 대한 도로 프로그램의 전반적인 전략적 재검토를 수행할 것이다. 그리고 도로 유지를 향상하기 위해 민관 파트너십을 사용하고 여행정보를 향상하기 위해 신기술을 활용할 것이다.

▎해운과 항공

　보수당 집권 시기에 영국의 해운은 거의 전멸 당했다. 노동당은 해운회사의 잠재력을 완전히 발전시키기 위하여 해운과 항만에 관심을 가질 것이다.

우리의 항공 전략의 목표는 공정경쟁과 안전, 환경기준이 될 것이다. 우리는 영국의 모든 항공사가 소비자를 위해 공정하게 경쟁할 것을 원한다.

▌ 농촌의 삶

노동당은 농촌지역에 살고 일하는 사람들의 특별한 필요를 인정한다. 보수당은 그렇게 못하고 있다. 농촌지역의 공공서비스와 교통서비스는 악화돼서는 안 된다. 보수당은 우체국을 민영화하려고 했다. 우리는 포괄적 서비스를 제공하는 공공우체국을 위하여 이에 반대했다. 보수당의 계획은 우편에 더 많은 요금을 물리고 농촌 우체국을 위협하는 것이다.

우리는 산림청(Forestry Commission)의 땅을 대규모로 파는 것을 종식시킬 것이다. 우리는 농촌이 거대한 자연적 자산, 신중한 보호가 필요한 우리 유산의 일부라는 것을 알고 있다. 그러나 이는 농촌지역에 살고 있는 사람들의 필요와 조화되어야 한다.

보수당이 광우병 파동을 효율적으로 관리하지 못하고 영국산 쇠고기에 대한 수입 금지를 풀지 못했기 때문에 축산업과 낙농업은 파멸적 타격을 입었다. 지금까지 납세자의 부담은 35억 파운드에 달한다.

노동당은 돈을 절약하고 농촌경제를 지원하고 환경을 보호하기 위해 유럽연합의 공동농업정책(Common Agricultural Policy)을 개혁하려 한다.

모든 학교를 정보고속도로에 연결하려는 우리의 이니셔티브는 농촌지역 어린이들이 최선의 교육적 자원에 접근하는 것을 보장할 것이다.

우리의 정책은 사람들이 열린 농촌을 더 자유롭게 탐험하도록 할 것이다. 그러나 우리는 더 많은 접근에 대한 권리가 남용되지 않게 할 것이다.

우리는 야생동물을 더 잘 보호할 것이다. 우리는 사냥개를 이용한 사냥을 금지하는 법안의 의회통과를 포함한 동물복지(animal welfare)를 장려하는 새로운 조치를 옹호해왔다.

낚시는 영국에서 가장 인기 있는 스포츠이다. 노동당의 낚시꾼 헌장(anglers' charter)은 낚시와 수중환경 보호에 대한 노동당의 오랜 공약을 확인한다.

▎예술과 문화

예술, 문화, 스포츠는 영국을 규정하는 공동체 감각, 정체성, 시민적 긍지를 재창조하는 일에 중심적이다. 그러나 우리는 시민사회의 창출을 돕는 예술과 과학, 즉 아마추어 극장, 예술 갤러리 등의 역할을 일관되게 과소평가하고 있다.

예술, 스포츠, 레저는 삶의 질과 경제혁신에 결정적이다. 이 부문은 영국을 위해 많은 돈을 벌고 있다. 이 부문은 수만 명의 사람들을 고용하고 있다. 이 부문은 매년 영국에 수백만 명의 관광객을 불러 모으고 있고 새로운 양질의 호텔숙박을 위한 노동당의 계획에 의해 도움을 받을 것이다.

우리는 재능 있는 청년을 후원하는 국립과학예술기금(National Endowment for Science and the Arts)의 설립을 제안한다. 국립과학예술기금은 건물이 아니라 재능을 후원하는 21세기를 위한 국립기금이다. 이 기금은 복권을 부분적 재원으로 가질 것이다. 그리고 재능 있는 청년을 지원하고 싶은 유명 예술가들이 특허와 로열티를 이 기금에 기부하도록 장려할 것이다.

▎스포츠

노동당 정부는 스포츠 참여기회를 확대하고 우수한 체육인을 발굴하고 지원하는데 앞장설 것이다.

학교 스포츠는 그 토대가 될 것이다. 우리는 학교 운동장을 매각하도록 강제하는 정부정책을 끝낼 것이다. 우리는 잉글랜드의 2006년 월드컵 유치 노력을 전면적으로 지원할 것이다. 노동당 정부는 또한 영국에서 올림픽 등 국제스포츠 행사를 유치하는데 노력할 것이다.

▌ 국민복권(people's lottery)

복권은 돈을 크게 벌었다. 그러나 돈의 분배에 대한 전반적 전략은 없었고 복권기금의 혜택을 받을 프로젝트를 정하는데 5개 분배단체들 간에 어떤 조정도 없었다. 가령 처칠 문서(Churchill papers)에 대한 수백만 파운드의 지원은 국민적 공분을 자아냈다. 노동당 정부는 복권수익이 최대한 영국 전체에 이익이 되도록 하기 위해 복권수익 분배과정을 재검토할 것이다.

노동당은 이미 현재 복권수익 지원에서 배제된 어린이 연극을 포함한 일련의 교육, 환경, 공중보건 프로젝트에 대한 직접적 지원을 위해 새천년 전람회(Millennium Exhibition)를 폐지하고 새천년위원회(*new millennium commission*)의 설치를 제안했다.

복권은 공익에 대한 기여를 목적으로 하는 독점사업이기 때문에 효율적이고 경제적으로 관리되어야 한다. 현재의 계약이 끝나면 노동당은 가장 많은 돈이 좋은데 쓰이도록 보장하는 효율적인 비영리 관리자를 찾을 것이다.

▌ 미디어와 방송

노동당은 상업적 성공과 공공서비스를 결합한, 번영하는 다양한 미디어 산업을 지향한다. 우리는 BBC가 영국의 창의성과 공공서비스 방송의 대표로 계속 남도록 보장할 것이다. 그러나 우리는 경쟁에서 공공부문과 민간부문의 결합이 혁신과 수준을 높이는 핵심 자극이라고 믿는다. 미디어와 방송의 규제제도는 훨씬 더 개방적이고 경쟁적인 경제와 엄청난 기술진보, 가령 디지털 텔레비전의 현실을 반영해야 한다. 노동당은 시청자의 이익을 위해 방송의 질과 다양성을 유지하는, 분별 있는 규칙, 공정한 규제, 국가적, 국제적 경쟁의 균형을 잡아야 할 것이다.

▌새천년의 시민서비스 (citizens' service)

시민권의 표현으로써 자발적 활동을 하는 독립적, 창의적 자원봉사 부문은 우리의 이해관계자 사회(stakeholder society) 비전에 중심적이다. 우리는 자신의 지역사회에 자원봉사하고 싶어 하는 많은 청년의 열정과 헌신을 활성화하기 위하여 전국시민서비스 프로그램에 대한 계획을 발전시킬 것을 공약한다. 새천년에는 지역사회의 이익을 위해 할 것이 많은 모든 사람들의 상상력이 활용되어야 한다. 우리는 이 프로그램이 위로부터 부과되는 것이 아니라 지역사회의 시민들에 의해 고안되고 발전된 광범한 새로운 이니셔티브를 장려해야 한다고 믿는다.

▌우리는 정치를 정화할 것이다

　○ 상원의 세습원칙 종식
　○ 부패를 끝내는 정치자금 개혁
　○ 스코틀랜드와 웨일스의 분권화
　○ 런던 등의 시장 선출
　○ 더 독립적이지만 책임 있는 지방정부
　○ 정보의 자유와 인권 보장

보수당은 민주주의의 이념을 부정하고 있는 것 같다. 보수당은 세습귀족, 무책임한 특수법인(quangos), 비밀주의 정부를 지지한다. 보수당 의원은 하원에서 질의를 하는 대가로 돈을 받는 등, 민주주의의 품위를 실추시켰다. 보수당은 정부의 분권화 발전을 반대했다. 이전에 보통선거권과 여성선거권을 반대했던 보수당이 지금은 우리 헌법이 너무 완벽하여 개헌할 필요가 없다고 말하고 있다.

▌현대적 상원

상원은 개혁되어야 한다. 미래에 더 이상의 개혁이 필요 없는 초기의 자기완결적 개혁으로서 상원에 출석하고 투표할 세습귀족의 권리는 법률에 의해 종식될 것이다. 이것은 상원을 더 민주적이고 대의적으로 만드는 개혁과정의 첫 단계가 될 것이다. 상원의 입법권은 변경되지 않을 것이다.

상원의 평생귀족 지명제도는 재검토될 것이다. 우리의 목표는 평생귀족으로서 정당 지명자가 이전 총선의 득표비율을 정확하게 반영하도록 하는 것이다. 우리는 평생귀족의 독립적인 초당적 위치가 보장되는 것을 공약한다. 어떤 정당도 상원의 다수당을 추구해서는 안 된다.

상하 양원위원회는 가일층의 변화에 대한 광범한 재검토에 착수하고 개혁안을 제출할 것이다.

우리는 군주제를 대체할 계획이 전혀 없다.

▌효과적인 하원

우리는 하원의 현대화가 필요하다고 믿으며 하원의 의사진행을 재검토하기 위한 특별조사위원회를 설치하도록 요청할 것이다. 최근의 권력남용을 없애기 위해 장관의 책임이 재검토될 것이다. 유럽연합 법률을 면밀히 조사하기 위한 과정이 정비될 것이다.

놀란 위원회의 권고(Nolan recommendations)가 완전히 시행되고 모든 공공단체로 확대될 것이다. 우리는 최소금액 이상의 모든 정치자금 기부자를 공표할 것을 정당들에게 요구할 것이다. 노동당은 자발적으로 이것을 할 것이고 모든 정당들도 해야 한다. 외국의 정치자금은 금지될 것이다. 우리는 놀란 위원회(Nolan Committee)가 정치자금의 규제와 개혁방법을 연구하도록 요청할 것이다.

우리는 하원의원 선거제도에 대한 국민투표를 공약한다. 선거제도에 대한 독립적 위원회는 단순다수제(first-past-the-post system)에 대한 대안으로 비례대표제를 권고하기 위해 조기에 구성될 것이다.

이번 총선에서 노동당은 공공부문에서 여성의 과소대표를 개선하는 데 커다란 진전을 이룬 것을 자랑스러워한다.

▌열린 정부(open government)

정부의 불필요한 비밀주의는 오만한 정부와 불완전한 정책입안을 초래했다. 이라크로의 무기반출에 대한 스코트 보고서(Scott Report)는 보수당의 권력남용을 폭로했다. 우리는 더 열린 정부를 만들고 독립적 국가통계서비스(National Statistical Service)를 제공하는 정보공개법(Freedom of Information Act)을 공약한다.

▌지방분권: 연합의 강화

연합왕국(United Kingdom)은 독특한 민족정체성들과 전통들에 의해 풍성해지는 파트너십이다. 스코틀랜드는 자신의 교육, 법, 지방정부를 가지고 있다. 웨일스는 자신의 언어와 문화적 전통을 가지고 있다. 우리는 국민투표를 통과하면 권력 분권화에 대한 스코틀랜드와 웨일스의 요구에 부응할 것이다.

보조(subsidiarity)는 유럽에서처럼 영국에서도 적절한 원칙이다. 우리의 제안은 연방(*federation*)이 아니라 분권(*devolution*)이다. 주권적 웨스트민스터 의회(Westminster Parliament)는 스코틀랜드와 웨일스로 권력을 분권할 것이다. 연합은 강화되고 분리주의의 위협은 없어질 것이다.

총선 이후 가능한 빨리, 우리는 스코틀랜드와 웨일스 사람들이 백서로 발간될 우리의 제안에 별도의 국민투표를 할 수 있는 법률을 제정할 것이다. 이 국민투표를 1997년 가을까지 실시할 것이다. 각 국민투표는 단순다수제로 결정할 것이다. 국민투표에서의 통과는 우리 제안의 정통성을 강화하고 의회통과를 신속히 할 것이다.

스코틀랜드를 위해 우리는 스코틀랜드 헌법대회(Scottish Constitutional Convention)의 합의에 기반한, 지역대표와 비례대표를 혼합한 선거제도와 제한된 조세권 등의 입법권을 가진 의회의 신설을 제안한다. 스코틀랜드 국민투표에 우리는 의회를 신설하는 안과 제한된 조세권을 부여하는 안을 별도로 부칠 것이다. 스코틀랜드 의회(Scottish parliament)는 현재 스코틀랜드 청(Scottish Office)이 행사하는 행정 책임에 대한 민주적 통제를 확대할 것이다. 연합왕국 의회의 책임은 연합왕국 정책, 가령 경제, 국방, 외교정책에서 여전히 변하지 않을 것이다.

웨일스 의회(Welsh assembly)는 기존 웨일스 청(Welsh Office)의 기능을 민주적으로 통제할 것이다. 웨일스 의회는 이차적 입법권을 갖고 개혁에 대한 특정 권한을 갖고 특수법인 국가(*quango state*)를 민주화할 것이다. 이 의회는 지역대표와 비례대표를 혼합한 선거제도에 의해 선출될 것이다.

국민투표에서 통과되면 우리는 백서에서 개괄된 실질적 지방분권 안을 의회에서 통과시킬 것이다.

▎좋은 지방정부

지방의 의사결정은 중앙정부로부터 덜 제한받고 또한 지방민에 더 책임져야 한다. 우리는 지방의 경제적, 사회적, 문화적 복지를 촉진하는 새로운 임무를 지방의회에 부여할 것이다. 지방의회는 지방민, 지방 기업, 지방 자원봉사단체와 파트너십으로 일해야 한다. 지방의회는 이 파트너십을 발전시키는데 필요한 권력을 가질 것이다. 더 큰 책임성을 보장하기 위하여 각 지방의 지방의원 일정 부분이 매년 선출될 것이다. 우리는 도시의 행정권을 가진 시장 선출을 시범운영하면서 지방정부의 민주적 혁신을 촉진할 것이다.

조잡하고 보편적인 지방의회세(council tax)부과는 폐지되어야 하지만 우리는 과도한 지방의회세 인상을 통제하는 권력을 갖고 있을 것이다.

지방기업의 관심은 좋은 지방정부에 결정적으로 중요하다. 원칙적으로 영업세율(business rate)을 국가가 아니라 지방이 결정해야 할 적절한 민주적 이유들이 있다. 그러나 우리는 기업과의 완전한 협의 없이 현재의 영업세율을 변화시키지 않을 것이다.

보수당이 통제하는 웨스트민스터에 대한 정부보조금의 지원은 현 보조금 제도의 불공정성에 대한 논란을 초래했다. 노동당은 정부 보조금의 공정한 분배를 공약한다. 지방 서비스 제공의 상세한 항목이 아니라 기본적 틀은 중앙정부가 결정해야 한다. 지방의회는 서비스를 매각하도록 강제되지 않지만 최선의 가치를 실현할 것이 요구된다. 우리는 질적 수준 제고를 위해 서비스가 민영화되어야 한다는 교조적 견해를 거부하지만 마찬가지로 다른 더 효과적인 수단이 있는데도 서비스가 직접 전달되어야 할 이유는 없다. 비용은 중요하지만 서비스의 질도 중요하다.

모든 지방의회는 서비스 향상 목표를 제시하는 지방성과 계획(local performance plan)의 발행이 요구되고 이의 달성이 기대된다. 감사원은 성과를 모니터하고 효율성을 촉진하는 부가적 권력을 가질 것이다. 감사원의 자문에 따라 정부는 필요한 경우에 실패를 고칠 완전한 권한을 갖고 있는 관리팀을 파견할 것이다.

노동당 지방의회는 1992년 지구정상회담(Earth Summit)의 지방행동 국제 틀인 지방 어젠다 21(Local Agenda 21)의 환경 이니셔티브에서 선두에 있었다. 노동당 정부는 모든 지자체가 자신의 지방 환경수준을 보호하고 제고하는 계획을 채택할 것을 장려할 것이다.

지방정부는 박탈에 대한 전쟁에서 맨 선두에 있다. 도심지 빈민가 개선을 약속한 보수당이 집권한 10년 동안 마을과 교외지역은 빈곤과 사회적 분열로 고통 받았다. 노동당 정부는 지방정부와 함께 사회적, 경제적 쇠퇴의 다중적 원인, 즉 실업, 열악한 주택, 범죄, 건강악화, 환경오염을 해결할 것이다.

▎런던

런던은 선출직 시정부가 없는 유일한 서방 수도이다. 국민투표를 통과하면 런던은 직접 선출되는 전략사업기관(*strategic authority*)과 시장을 갖게 될 것이다. 전략사업기관과 시장은 시가 필요하고 미래를 위한 계획을 책임질 것이다. 전략사업기관과 시장은 자치구(*boroughs*)의 반복이 아니라 전체 런던의 이슈들, 즉 경제부흥, 계획, 치안, 교통, 환경보호에 대한 책임을 가질 것이다. 런던 전체를 포괄하는 자치정부의 책임이 긴급하게 요구된다. 우리는 이를 실현할 것이다.

▎잉글랜드 지역

보수당은 특수법인과 정부지역청(*government regional offices*)을 통해 잉글랜드에 지역정부를 신설했다. 그 동안 지자체들은 함께 더 조화된 지역의 목소리를 만들었다. 노동당은 교통, 계획, 경제발전, 유럽기금신청, 토지사용계획을 조정하는 지역의회(*regional chambers*)를 창설하여

이 성과를 발전시킬 것이다.

직선 지역정부에 대한 요구는 잉글랜드 전체에서 너무 달라서 단일한 체계를 강요하는 것은 잘못이다. 조만간 우리는 주민들이 직선 지역정부를 원하는가에 대한 지방별 주민투표를 실시하는 법안을 마련할 것이다. 분명한 주민의 동의가 있는 곳에서만 직선지역의회가 만들어질 것이다. 이것은 현재 스코틀랜드와 웨일스에 있는 것과 같은 단일 지방정부체계를 요구하고 부가적 공적 지출이 없다는 것을 독립적 회계감사원에 의해 확인되어야 한다. 우리의 계획은 현재의 잉글랜드 체계에 새로운 정부를 덧붙이려는 것이 아니다.

▮ 시민의 진정한 인권

시민은 영국법원에서 자신의 인권을 집행할 법적 권리를 가져야 한다. 우리는 유럽인권협약(European Convention on Human Right)의 권리를 국내에 도입하고 국민들이 국내법원에서 그 권리에 접근하도록 법률로 유럽인권협약을 영국법에 통합할 것이다. 유럽협약의 통합은 인권의 끝이 아니라 시작이어야 할 것이다. 의회는 가령 정보공개법에 의해 이 권리들을 강화하는데 자유로워야 할 것이다.

우리는 부당한 차별을 최대한 종식시킬 것이다. 가령 우리는 모든 이해당사자들과의 파트너십을 발전시켜 사회 또는 작업장에서의 차별에 대해 장애인의 시행가능한 포괄적 시민권을 지지한다.

노동당은 민법재판 체계(civil justice system)와 법률 구조(Legal Aid)의 개혁에 대한 광범한 재검토에 착수할 것이다. 우리는 납세자와 소비자를 위해 돈의 가치를 실현할 것이다. 지역사회 법률서비스(community legal service)는 지역과 지방의 필요와 우선순위에 따라 법률구조의 발전을 위한 지방, 지역, 국가적 계획을 개발할 것이다. 성공의 열쇠는 자원봉사 부문, 법조계, 법률구조단(Legal Aid Board) 간의 파트너십을 촉진하는 것이다.

모든 나라는 이민에 대해 확고하게 통제하고 있고 영국도 예외가 아니다. 그러나 모든 이민신청은 신속하고 공정하게 다루어져야 한다. 정당하게 남편 또는 부인과 합치기 위해 이 나라에 오고 싶어 하는 사람들에 대한 기준이 있다. 우리는 이 기준을 적합하게 집행할 것이다. 그러나 우리는 기존 '일차목적(*primary purpose*)' 규칙의 자의적이고 불공정한 결과를 없애기 위해 현재의 체계를 개혁할 것이다. 비자를 거부당한 방문자의 이의제도를 간소화할 것이다.

망명 신청자 처리제도는 비싸고 느리다. 미결 신청건이 1993년도 건까지 있다. 우리는 이민과 망명 여부에 대한 결정을 신속하고 공정하게 하고 사악한 이민 브로커를 통제하고 출생증명서의 부정사용을 단속할 것이다.

북아일랜드

북아일랜드 평화프로세스에 대한 노동당의 접근방식은 초당적이었다. 우리는 최근 영국정부와 에이레 정부 간의 협정(Anglo-Irish Agreement), 다우닝 스트리트 선언(Downing Street Declaration), 기본문서(Framework Document)를 지지했다. 정부는 국경 협력, 양정부의 대화 계속뿐만 아니라 새로운 분권 입권기구를 포함한 제안을 제시했다.

에이레 정부와 북아일랜드 정당들과의 협력에서 보수당 정부처럼 노동당 정부도 평화프로세스를 중시할 것이다. 우리는 야당이 된 보수당으로부터 동일한 초당적 협력을 기대한다.

우리는 테러리스트의 위협에 대해 효과적인 조치들을 취할 것이다.

현재, 북아일랜드의 미래가 다우닝 스트리트 선언에서 제시된, 사람들의 동의에 의해 결정되어야 한다는 일반적 합의가 있다. 노동당은 북아일랜드의 에이레와의 통일은 친영 전통(Unionist tradition)의 동의를 얻을 수 없고 기존의 북아일랜드 지위는 아일랜드 민족주의 전통(Nationalist tradition)의 지지를 얻을 수 없다는 것을 알고 있다. 그러므로 우리는 두 전통 간의 화해와 양자의 지지를 받을 수 있는 새로운 정치적 합의를 공약한다. 노동당은 인권을 보장하고 치안을 유지하고 직장에서의 차별을 줄이고 시위행진에 대한 긴장을 줄임으로써 북아일랜드에서 아일랜드 민족주의자와 친영론자 모두의 신뢰와 확신을 구축할 것이다. 노동당은 또한 실업을 줄이기 위해 북아일랜드에서 경제적 진보와 경쟁력을 촉진할 것이다.

▌우리는 영국이 유럽에서 리더십을 발휘하게 할 것이다

- 단일화폐에 대한 국민투표
- 유럽연합의 개혁 지도
- 트라이던트(Trident) 핵미사일 유지: 나토를 통한 강력한 안보
- 국제연합의 개혁
- 세계적 빈곤퇴치 지원

영국은 제한된 자연자원을 가진 섬나라로서 수 세기 동안 세계의 지도국가였다. 그러나 보수당 정부에서 영국의 영향력은 쇠퇴했다.

새로운 노동당 정부에서 영국은 강력한 국방력을 가질 것이다. 즉 국익을 지키는데 결연하고 전 세계의 인권과 민주주의를 수호하고 국제기구에서 신뢰받고 강력한 회원국이 되고 유럽의 리더가 될 것이다.

우리의 유럽비전은 독자적으로 할 수 없는 목적을 달성하기 위해 협

력하는 독립국가들의 동맹이다. 우리는 유럽연방 슈퍼국가(European federal superstate)를 반대한다.

유럽에서 영국은 세 가지 선택만을 할 수 있다. 첫째는 탈퇴이다. 둘째는 회원국이지만 방관하는 것이다. 셋째는 회원국이지만 지도적 역할을 하는 것이다.

많은 보수당 의원들은 분명하게 또는 은밀하게 첫 번째를 지지한다. 그러나 탈퇴는 영국에게 재앙이다. 탈퇴는 수백만 개의 일자리를 위험에 처하게 할 것이다. 탈퇴는 유치된 투자를 증발시킬 것이다. 탈퇴는 국제무역협정에서 영국의 힘을 파괴할 것이다. 탈퇴는 유럽에서 영국을 추방시키는 것이다.

두 번째는 정확히 오늘날 보수당 정부가 하고 있는 것이다. 광우병 파동은 유럽에서 보수당의 실패를 상징한다.

세 번째는 새로운 노동당 정부가 가야할 길이다. 이것은 개혁을 할 수 있는 신뢰를 얻음으로써 유럽에서 새롭게 출발하는 것이다. 우리는 1998년 상반기에 영국이 유럽연합의 의장국이 될 때 실시할 상세한 개혁 어젠다를 제시했다.

- ○ 영국이 유럽의장국이 될 때 최우선 순위로서 단일시장을 완성할 것이다. 우리는 불공정한 국가지원에 대해 엄격한 조치를 취하고 단일시장 규칙을 적절하게 집행함으로써 시장을 경쟁에 개방할 것이다. 이것은 유럽의 경쟁력을 강화하고 영국기업에 새로운 기회를 부여할 것이다.
- ○ 중·동부유럽과 키프로스를 포함하도록 유럽연합을 확대하고 확대된 유럽이 더 효율적으로 작동하는데 필요한 제도개혁을 실시할 것이다.
- ○ 공동농업정책을 긴급하게 개혁할 것이다. 공동농업정책은 비싸고

부정행위에 취약하고 환경보호를 보장하지 않는다. 1999년 유럽연합 확대와 세계무역회담(Enlargement and the World Trade talks)에서 개혁은 훨씬 더 본질적이 될 것이다. 우리는 영국수산업의 장기적 이익을 위해 우리의 어자원을 보호하도록 공동수산정책(Common Fisheries Policy)을 정비할 것이다.

○ 유럽연합 각료이사회(Council of Ministers)의 투표를 공개하고 유럽의회(European Parliament)가 집행위원회(Commission)를 더 효율적으로 감독함으로써 유럽연합의 제도를 더 개방하고 민주화할 것이다. 우리는 오랫동안 유럽의회의 비례대표제를 지지해왔다.

○ 조세, 국방, 안보, 이민, 예산과 조약변경에 대한 결정 등의 국익이 걸린 핵심문제들에 대한 국가의 비토권을 유지하고 영국의 국익이 걸린 제한된 분야에서 질적 다수제(Qualified Majority Voting)의 확대를 고려할 것이다.

○ 영국은 사회헌장에 조인할 것이다. 사회헌장 협상에 영국이 참석하지 않는 것은 재앙이다. 사회헌장은 입법조치들이 합의될 수 있는 기본 틀이다. 범유럽 대기업 종업원의 협의권, 무급육아휴직의 두 조치만이 합의되었다. 성공한 기업은 이미 자기 종업원들과 협력하고 있다. 사회헌장은 사회보장 또는 세법의 조화를 강제하기 위해 사용될 수 없고 일자리를 비싸게 해서는 안 된다. 우리는 높은 사회비용이 아니라 고용가능성과 유연성을 촉진하기 위해 참여할 것이다.

▍단일화폐

영국의 단일화폐 참여는 영국의 경제적 이익에 대한 면밀한 평가를 통해 결정되어야 한다. 오직 노동당만이 이에 대한 신뢰를 얻을 수 있다. 보수당은 분열되었다. 유럽통화연합(EMU)이 1999년 1월 1일 결성되면 영국이 회원국이 되는 것에 대해 엄청난 장애가 있을 것이다. 유럽통화연합이 성공하기 위해 필수적인 것은 규칙을 날조하지 않고 회원국 경제가 진정으로 수렴하는 것이다. 그러나 유럽통화연합에 영국이 영원히 가입하지 않으면 영국은 가입유무와 관계없이 우리에게 영향을 미치는 과정에 대한 영향력을 상실할 것이다. 그러므로 우리는 영국의 국익을 위해 이 논쟁에 완전히 참여해야 한다.

어쨌든 다음 의회임기 동안 영국이 가입하기 전에 만족시켜야 하는 세 가지 사전 조건들이 있다. 첫째, 내각의 동의, 그 후 의회의 동의, 마지막으로 국민투표의 통과이다.

▎나토를 통한 강력한 안보

탈냉전의 세계는 대량살상무기의 확산, 민족주의와 극단주의의 성장, 국제적 테러리즘, 범죄, 마약밀매와 같은 일련의 새로운 안보위협에 직면하고 있다. 새로운 노동당 정부는 이 위협에 대해 강력한 안보를 구축할 것이다. 우리의 안보는 계속해서 나토에 기반을 둘 것이다.

영국군은 세계에서 가장 효율적인 군대에 속한다. 영국은 군인들의 직업정신과 용기에 긍지를 갖고 있다. 우리는 강력한 국방력을 유지할 것이다. 그러나 영국의 안보는 안전한 세계에서 더 잘 지켜질 수 있다. 그래서 우리는 특히, 나토와 유럽연합의 동맹을 통해 그리고 국제연합, 유럽안보협력기구(Organisation for Security and Co-operation in Europe)의 국제기구를 통해 국제평화와 안보에 기여해야 할 것이다.

노동당은 영국의 본질적 안보이익과 방위필요를 재평가하기 위한 전략적 방위와 안보 재검토(*strategic defence and security review*)를 수행할 것이다. 이 재검토는 영국군의 역할, 임무, 능력을 새로운 전략적 현실에 맞게 조정하는 방법에 대해 고찰할 것이다. 우리가 제안하는 재검토는 외교정책의 지침이 될 것이다. 우선 우리의 해외공약과 국익을 평가하고 그 다음 이에 부응하기 위한 영국군의 전개방법을 확립할 것이다.

▌무기통제

새로운 노동당은 트라이던트 핵미사일을 유지할 것이다. 우리는 상호주의, 균형, 검증의 원칙하에 핵무기를 감축하기 위한 다자간 협상을 촉구할 것이다. 핵무기를 보편적으로 감축하는 우리의 목표를 향한 검증가능한 진보가 있을 때, 우리는 영국 핵무기를 다자간 협상에 포함시킬 것이다.

노동당은 화학무기협정(Chemical Weapons Convention)을 효과적으로 실행하고 생물학무기협정(Biological Weapons Convention)을 강화하기 위해 노력할 것이다. 노동당은 모든 형태의 대인지뢰 수입, 수출, 이전, 생산을 금지할 것이다. 우리는 대인지뢰 사용을 즉각 중단할 것이다. 노동당은 국내적으로 억압적이고 국제적으로 침략적인 정부에 무기를 수출하지 않을 것이다. 우리는 무기 수출의 허가를 투명하고 책임있게 결정할 것이다. 그리고 우리는 무기판매에 대한 유럽연합의 규약을 지지할 것이다.

우리는 강력한 영국방위산업을 지지한다. 방위산업은 영국의 방위력만이 아니라 산업기반의 전략적 구성요소이다. 우리는 방위다변화청(*defence diversification agency*)을 통해 방위산업의 일부 전문적 기술을 민간에서 활용할 수 있도록 할 것이다.

▌국제공동체에서의 리더십

새로운 노동당 정부는 국제연합의 실질적 개혁을 추진하기 위해 영국의 안전보장이사회 상임국의 지위를 사용할 것이다. 국제연합의 개혁을 통해 국제연합의 재정위기를 조기에 해결하고 국제연합이 평화유지, 갈등예방, 인권보호, 지구환경보호에서 더 효과적인 역할을 하게 할 것이다.

영연방(Commonwealth)은 역사, 언어, 법체계로 연결된 독특한 네트워크를 영국에게 제공한다. 노동당은 영국의 외교관계에서 영연방을 새롭게 중시할 것을 공약한다. 우리는 무역과 경제협력을 증대시킬 수 있는 기회를 잡고 또한 국제연합의 개혁과 지구환경에 대한 공동행동을 촉진하기 위해 영연방 가입국과 동맹을 구축할 것이다. 영국은 1997년 말, 영국에서 개최되는 영연방 정상회담에서 영연방에 리더십을 제공할 수 있는 실질적 기회를 가지고 있다.

▎경제적, 사회적 발전의 촉진

노동당은 또한 지구적 빈곤과 저발전을 퇴치하는 것에 훨씬 더 높은 우선순위를 부여할 것이다. 세계은행에 따르면 하루 1달러로 생계를 영위하는 절대빈곤층이 전 세계에 13억 명이 있고 예방할 수 있는 질병으로 매일 3만 5,000명의 어린이가 죽고 있다.

노동당은 영국이 지구적 빈곤을 퇴치하는 것을 도와야 할 분명한 도덕적 책임이 있다고 믿는다. 집권하면 노동당은 영국의 원조프로그램을 강화하고 재구성할 것이고 발전 이슈를 정부의 주요한 의사결정 사항으로 삼을 것이다. 국제개발부(department of international development)를 새로운 내각부서로 신설할 것이다.

우리는 극빈국의 극빈층을 도울 프로그램에 원조자원을 재배분할 것이다. 우리는 국제연합의 0.7% 원조 목표에 대한 영국의 공약을 재확인하고 집권하면 노동당은 영국의 원조지출이 줄어드는 것을 바꿀 것이다.

우리는 유럽연합의 원조, 무역, 농업, 경제개혁정책 간의 일관성을 높일 것이다. 우리는 로모 협정(Lomo Convention)의 재협상 기간 동안에 극빈국의 지위를 유지하고 강화하기 위하여 유럽연합에서 영국이 리더십을 발휘하게 할 것이다.

우리는 극빈국이 짊어진 외채 부담을 줄이고 개발도상국이 국제무역에서 공정한 대우를 받도록 보장하는 조치들을 지지한다. 유네스코(UNESCO)에 재가입하는 것은 우리의 목표이다. 우리는 이것이 가장 효과적으로 수행되고 다른 곳에서 절약하여 비용을 충당할 수 있는 방법을 고안할 것이다.

인권

노동당은 외교관계의 성실성 때문에 영국이 세계에서 존경받기를 원한다. 우리는 인권 보호와 촉진을 영국 외교정책의 중심으로 삼을 것이다. 우리는 대량학살, 전쟁범죄, 인도에 반한 범죄를 조사하기 위한 상설 국제형사재판소(permanent international criminal court) 설립을 위해 노력할 것이다.

새로운 환경 국제주의(new environmental internationalism)

노동당은 지구기후에 대한 위협 때문에 국제어젠더에서 환경적 관심이 더 높아져야 한다고 믿는다. 노동당 정부는 기후변화와 오존층 파괴를 포함한 환경 이슈들에서 유럽연합과의 협력을 강화할 것이다. 우리는 2010년까지 이산화탄소 배출량을 20% 줄임으로써 지구온난화 방지를 지도할 것이다.

노동당은 국제무역에 대한 협상에서 국제환경이 보호되어야 한다고 믿는다. 우리는 또한 1997년 기후변화에 대한 교토의정서의 성공적 체결을 위해 노력할 것이다.

▌고립이 아닌 리더십

지구적 변동에 대처하기 위해 국가가 고립주의 또는 보호주의로 후퇴해야 한다고 믿는 사람들과 국제주의와 개입을 믿는 사람들 간에 첨예한 분열이 있다. 노동당은 전통적으로 국제주의 정당(party of internationalism)이었다. 영국은 해외에서 약하면 국내에서 강할 수 없다. 보수당 집권 시기의 비극은 영국의 자산을 탕진하고 영국의 영향력을 상실했다는 것이다.

새로운 노동당 정부는 세계의 이익을 위한 지도적 힘으로서 영국의 자긍심과 영향력을 복원하기 위해 이 자산을 완전히 이용할 것이다. 효과적인 리더십과 분명한 비전을 가진다면 영국은 다시 한번 국제적 의사결정의 주변국이 아닌 중심국이 될 수 있다.

이 메니페스토에 상세한 노동당의 공약이 담겨 있다. 우리는 우리가 할 수 있는 것만 약속했다. 영국은 더 잘 할 수 있고 다음 다섯 가지 공약은 더 좋은 영국을 위한 첫 걸음이 될 것이다. 당신이 더 좋은 영국을 건설하기 위해 우리를 도와주고 싶다면 0990-300-900의 전화로 우리와 함께 할 수 있다.

- ○ 교실지원계획(assisted places scheme)의 돈을 사용함으로써 5-7세 아의 교실 인원을 30명 이하로 줄인다.
- ○ 체포에서 판결까지 시간을 반으로 줄임으로써 청소년 상습범에 대해 신속하게 처벌한다.
- ○ 국가보건서비스의 관료제에서 1억 파운드를 절감함으로써 첫 조치로 10만 명의 환자를 추가로 치료하여 국가보건서비스의 대기자를 줄인다.
- ○ 민영화 기업에 대한 초과이득세의 돈을 이용함으로써 25만 명의

청년이 복지급여에서 벗어나 일자리를 얻게 한다.
○ 소득세율을 인상하지 않고 연료부가가치세를 5%로 낮추며 인플레이션과 이자율을 최대한 낮춘다.

 토니 블레어, 「새로운 영국」

「신민주당(The New Democrat)」, 1998. 3. 1.
토니 블레어(Tony Blair)

나는 새로운 영국에 대해 미국인들에게 말하고 싶다. 오랫동안 영국은 현재 할 수 있는 것이 아니라 과거에 했던 것으로 더 알려졌다. 오랫동안 영국은 현재의 업적에 대한 자신감이 아니라 과거의 영광에 안주하는 것에 만족했다.

나는 많은 사람들이 영국에 대해 생각해왔던 것을 알고 있다. 영국은 "고풍스럽고" 약간 "구식"이라는 것이다. 즉 화려한 격식의 나라로 알려졌다. 지금도 나는 영국의 격식과 냉담한 국민성을 사랑한다. 그러나 오늘날 영국은 그 역사보다 훨씬 더 많은 것에 의해 규정되어야 한다. 오늘날 영국인은 구식의 계급 장벽을 해체하고 새로운 기회를 잡고 새로운 상품을 생산하고 강한 공동체를 건설하고 있다.

오늘날 영국인은 창의성, 독창력, 상상력에 의해 특징지어진다. 영국에는 새로운 역동성이 있다.

영국은 잘 운영되는 다문화사회이다. 영국은 원조 국가이고 열정과 온정의 나라이고 변화를 두려워하지 않는 나라이다. 우리는 확신에 차 있고 진취적이다.

영국은 이전처럼 군사적 의미에서 확실히 강대국으로 돌아갈 수 없다. 그러나 영국은 현대국가들이 동경하는 빛나는 모범이 될 수 있다.

영국은 세계제일의 약학과 정보통신의 고향이다. 영국은 유럽에서 가장 경쟁력 있는 자동차 산업을 가지고 있다. 항공과 신기술에서 영국은 최첨단이다. 영국은 국제직접투자에서 유럽에서 제일이고 미국 다음의 두 번째이다. 영국은 76개국이 런던에 520개의 은행지점을 설치할 정도로 금융서비스에서 유럽을 선도하고 있다. 세계 외환거래의 1/3이 런던에서 이루어지고 있다. 영국은 과학부문에서 90명의 노벨상 수상자를 배출한 나라이다. 자동차 속도에서 신기록을 세울 때, 영국팀이 우승팀이었다. 창의적 디자이너, 건축가, 영화 제작자, 음악가를 원할 때 사람들은 영국으로 온다.

▌ 새로운 정치가 탄생하고 있다.

그러나 아직도 해야 할 일이 훨씬 더 많다. 영국은 아직도 훨씬 더 잘할 수 있고 이것은 힘든 일이 될 것이다. 우리의 유산에 대해 분명히 하자. 거기에는 좋은 점도 있다. 하지만 또한 제도적 인플레이션, 기록을 경신하는 구조적인 공공적자, 영국의 필요에 부응하지 않는 교육과 복지체계가 있다.

이것을 바꾸는 것은 시간이 걸린다. 힘든 2년이 될 것이다. 선거승리에 도취하여 개혁을 하지 않으면 이것은 좌절스러운 것이다. 그러나 우리의 의지로 이것을 할 것이다. 나는 부끄럽지 않은 장기주의자(long-termist)이다. 이것을 가치 있게 하는 것이 바로 정치이다.

통일적 이데올로기가 우리가 하고 있는 변화를 관통하고 있다. 새로운 근본 중도정치(new radical-center politics)가 탄생하고 있다. 내가 영국정부의 핵심 테마들을 설명할 때 미국에서 여러분들이 하고 있는 많은 것들과 유사하다는 것을 알 것이다. 그리고 서방세계 전체에서 때로는 희미하게, 때로는 크게 이 동일한 유사성을 볼 수 있다.

첫째, 신노동당은 신중한 재정, 재무의 당(party of fiscal and financial prudence)이다. 우리는 구조적 적자의 완전한 해소를 목표로 제시하고 조만간 균형예산도 실현할 것이다. 이것은 몇 년 전만해도 적자가 국내총생산의 6.5%에 달했던 영국에서는 놀라운 일이다. 우리는 이자율 설정 권한을 잉글랜드 은행에 부여할 것이다. 통화정책은 인플레이션을 억제하기 위해 강화될 것이다. 그러나 우리는 영국에서 비정상적 벼락경기(boom-or-bust)를 영원히 종식시킬 것이다. 우리는 과도한 세금과 지출(tax-and-spend)의 정부가 아니며 앞으로도 결코 아닐 것이다.

비정상적 벼락경기를 방지하는 것은 장기적 투자와 경제력을 위한 필수적 사전조건이다. 이것은 우리 국민들에게 어려운 일이었지만 실현될 수 있을 것이다.

둘째, 교육은 우리가 가장 우선시하는 국내정책이다. 이것은 경제적 성공과 사회정의의 열쇠이다. 우리는 대규모 개혁 프로그램에 착수했다. 조기 어린이 교육, 더 높은 수준의 초등학교, 불량학교를 접수하여 변화시키는 교육청, 교사 훈련의 개혁, 더 작은 교실규모 등이 그것이다.

셋째, 고통스럽고 어렵지만 우리는 복지국가를 개혁할 것이다. 의존을 줄이고 진정 복지를 필요로 하는 사람들을 돕고 근로를 장려하고 노년보장 제도를 실행가능하게 하는 것이 그것이다. 지출과 빈곤이 상승하는 체계는 잘못된 것이다. 교육, 근로, 복지개혁뿐만 아니라 범죄에 대한 엄격한 정책은 건전한 시민사회를 재구축하는데 핵심적이다. 건전한 시민사회에서 범죄는 줄어들고 최하층(underclass)은 더 이상 사회의 주류와 분리되어 표류하지 않는다.

넷째, 우리는 유럽에서 개입적이고 건설적이며 그 전망에서 고립주의가 아니라 국제주의적인 나라로 돌아오고 있다. 오늘날의 세계에서 고립주의는 미래가 없다.

마지막으로 우리는 헌법과 정부 제도를 개혁하고 있다. 우리는 지방분권, 정부혁신(reinventing government), 공공 부문과 민간부문의 새로운 파트너십을 촉진하고 있다.

진정한 제3의 길

이것은 구좌파와 신우파가 아니라 미래를 위한 신중도와 신중도좌파의 통치철학, 진정한 제3의 길(third way)이다. 제3의 길은 자유(freedom), 진보(progress), 정의(justice)의 가치에 기반한다. 제3의 길은 하나의 목적을 위해 영국의 현대화를 추구한다. 그 목적은 소수 특권자가 아니라 만인이 국가의 번영을 공유하는 영국을 창조하는 것이다.

우리는 노동당을 변화시켰다. 지금 단계적으로 우리는 영국을 더 좋게 변화시키고 있다. 그리고 새롭고 더 확신에 찬 영국은 더 좋은 세계를 만들기 위해 미국의 파트너로 동맹국들과 함께 자신의 역할을 할 것이다.

국제 문서

1. 「블레어-슈뢰더 선언: 유럽의 '제3의 길'」(1999. 6. 8.)

사회민주주의자는 유럽연합의 거의 모든 국가에서 집권했다. 사회민주주의는 전통적 가치를 유지하면서 신뢰할 수 있는 방식으로 아이디어를 혁신하고 프로그램을 현대화함으로써 새롭게 받아들여졌다. 그것은 또한 사회정의만이 아니라 경제적 역동성과 창조성, 혁신을 옹호함으로써 새롭게 받아들여졌다.

슈뢰더

이 노선의 상표는 독일에서 신新중도(New Centre)이고 영국에서는 제

3의 길이다. 다른 사회민주주의자들은 자신의 국민문화에 맞는 다른 명칭들을 사용한다. 그러나 언어와 제도가 다를 수 있지만 동기는 어느 곳에서나 같다. 오래전에 대부분의 사람들은 좌파와 우파의 도그마에 의해 대변되는 세계관을 버렸다. 사회민주주의자는 그 사람들에게 말할 수 있어야 한다.

공정성과 사회정의, 자유와 기회의 균등, 연대와 타자에 대한 책임, 이 모든 가치들은 영원한 것이다. 사회민주주의는 그것들을 결코 단념할 수 없다. 이 가치들을 오늘날의 세계에 적합하게 하기 위해 21세기의 도전에 대처할 수 있는 현실적이고 진취적인 정책이 필요하다. 현대화는 여론조사에 반응하는 것이 아니라 객관적으로 변한 조건들에 적응하는 것이다.

마찬가지로 우리는 정치를 오늘날 현대화된 새로운 경제적 틀에 적용할 필요가 있다. 거기에서 정부는 기업을 지원하지만 기업의 대체물이어서는 안 된다. 시장의 본질적 기능은 정치 행위에 의해 보완되고 향상되어야 하지만 방해받아서는 안 된다. 우리는 시장사회가 아니라 시장경제를 지지한다.

우리는 유럽연합 내에서 공통운명을 공유한다. 우리는 고용과 번영을 촉진하고 모든 개인에게 자신의 독특한 잠재력을 성취할 기회를 제공하고 사회적 배제(social exclusion)와 빈곤과 싸우고 물질적 진보를 환경의 지속가능성과 미래세대에 대한책임과 조화시키고 범죄와 마약 같은 사회통합을 위협하는 공통문제에 대처하고 유럽을 세계의 선을 위한 가장 효율적인 힘으로 만드는 동일한 과제에 직면하고 있다.

우리는 영국과 독일만이 아니라 유럽과 세계에서 같은 생각을 가진 나라의 경험을 벤치마킹해 우리의 정책을 강화할 필요가 있다. 우리는 서로 배우고 다른 나라의 최선의 실천과 경험에 맞춰 평가해야 한다. 우리의 현대화 목적을 공유하는 다른 유럽 사회민주주의 정부가 이 기획에 동참할 것을 호소한다.

Ⅰ. 경험으로부터 배우기

양당은 역사적 업적을 자랑할 수 있지만 오늘날 우리는 우리사회와 경제가 직면한 새로운 도전에 현실적이고 적합한 해답을 발전시켜야 한다. 이것은 우리의 가치에 대한 고수만이 아니라 우리의 낡은 노선과 전통적인 정책수단을 변화시키려는 의지를 요구한다. 과거에:

- 사회정의의 촉진은 때때로 균등한 소득과 혼동되었다. 그 결과, 보상과 책임의중요성이 경시되었고 사회민주주의가 창조성, 다양성, 수월성을 고무하는 것이 아니라 순응과 평준화와 연계되었다.
- 사회정의를 달성하는 수단은 그것의 목적 또는 경쟁력, 고용, 생활수준에 대한 세금의 영향과 무관하게 계속 높아지는 공적 지출과 동일시되었다. 좋은 공공서비스는 사회민주주의자의 결정적 관심이지만 사회적 양심은 공공지출의 수준으로 측정될 수 없다. 사회는 이 지출이 얼마나 효율적으로 사용되는가, 얼마나 많은 사람들을 스스로 돕게 할 수 있는가에 의해 진정으로 평가된다.
- 국가가 해로운 시장실패를 해결해야 한다는 믿음은 너무나 자주 정부의 범위와 관료제의 과도한 확장을 가져왔다. 개인과 집단의 균형은 왜곡되었다. 개인의 성취와 성공, 기업가정신, 개인의 책임과 공동체정신과 같은 시민의 중요한 가치는 너무나 자주 보편적 사회보호에 종속되었다.
- 상당기간 동안 권리는 책임 위에 있었다. 그러나 가족, 이웃, 사회에

대한 개인의 책임은 국가로 이전될 수 없다. 상호의무의 개념이 망각된다면 공동체정신이 쇠퇴하고 이웃에 대한 책임이 결여되고 범죄와 파괴가 상승하고 법체계가 대처할 수 없다.

- 성장과 일자리를 보장하기 위해 경제를 조절하는 일국一國 정부의 능력은 과장되었다. 부의 창출을 위한 개인과 기업의 기획의 중요성은 과소평가되었다. 시장의 약점은 과장되었고 그 장점은 과소평가되었다.

Ⅱ. 변화된 현실에 대한 새로운 프로그램

"좌파"의 정의에 대한 이념은 결코 이데올로기적 족쇄가 되어서는 안 된다. 신중도와 제3의 길의 정치는 급격하게 변화하는 사회에 살고 있고 그에 대처하는 사람들, 승자와 패자 모두의 관심을 해결하는 것이다. 이 새롭게 출현하는 세계에서 사람들은 이데올로기적 선입견이 없이 이슈에 접근하고, 매우 잘 조직되고 실용적인 정책을 통해 문제에 대한 실천적 해법을 찾는 정치인을 원한다. 일상생활에서 경제적, 사회적 변동에 직면해 이니셔티브와 적응력을 발휘해야 하는 유권자는 자신의 정부와 정치인에게 동일한 것을 기대한다.

- 계속 더 빨라지는 세계화와 과학변동의 세계에서 우리는 기존 기업이 번영하고 적응할 수 있으며 신생기업이 설립되고 성장할 수 있는 조건을 창출할 필요가 있다.
- 신기술은 근본적으로 노동의 성격을 변화시켰고 생산조직을 국제화했다. 한편에서 새로운 기술은 탈숙련화와 일부 기업의 퇴출을 야기했고 다른 한편에서 신생기업과 직업의 기회를 창출했다. 현대화

의 가장 중요한 과제는 인적 자본(*human capital*)에 투자하는 것이다. 즉 개인과 기업을 미래 지식기반경제(*knowledge-based economy*)에 적합하게 하는 것이다. 평생직장은 과거의 개념이다. 사회민주주의자는 증가된 유연성의 요구를 수용하고 동시에 최저 사회기준을 유지해야 하고 가족이 변동에 대처하도록 돕고 보조를 맞출 수 없는 자들에게 새로운 기회를 열어야 한다.

- 우리는 미래세대에 대한 환경적 책임과 사회의 물질적 진보를 조화시켜야 하는 증대된 도전에 직면한다. 우리는 환경적 책임과 현대적 시장기반 방식을 결합해야한다. 환경보호에서 가장 현대적인 기술은 자원을 더 적게 소모하고 새로운 시장을 열고 새로운 일자리를 창출한다.
- 국민소득에 비례한 공적 지출은 다소간 용인의 한계에 도달했다. '세금과 지출'의 제한은 돈의 가치를 더 잘 실현하도록 근본적인 공적 부문의 현대화와 공공서비스의 개혁을 강제한다. 공적 부문은 실제로 시민에게 기여해야 한다. 즉 우리는 효율성, 경쟁력, 높은 성과를 장려하는데 주저해서는 안 된다.
- 사회보장제도는 평균수명, 가족구조, 여성 역할의 변화에 적응할 필요가 있다. 사회민주주의자는 범죄, 사회 해체, 약물 남용의 더 긴급한 문제와 싸우는 방법을 찾을 필요가 있다. 우리는 여성과 남성의 균등한 권리를 가진 사회를 형성하는데 앞장설 필요가 있다.
- 범죄는 현대 사회민주주의자에게 결정적 정치 이슈이다. 우리는 거리의 안전을 시민권으로 간주해야 한다. 도시를 살만한 곳으로 만드는 정책은 공동체 정신을 장려하고 새로운 일자리를 창출하고 거주 지역을 더 안전하게 만드는 것이다.
- 빈곤은 특히 자녀를 가진 가족에게 여전히 중심적인 관심이다. 우리

는 주변화와 사회적 배제로 위협받는 자들을 위한 특별조치를 취할 필요가 있다.

이것은 또한 정부에 대한 현대적 접근 방식을 요구한다:

- 국가는 노잡이가 아니라 조타수이다. 즉 통제하는 것이 아니라 도전해야 한다. 문제에 대한 해법들이 결합되어야 한다.
- 공적 부문의 모든 수준에서 관료제를 줄이고 성과 목표를 정식화하고 공공서비스의 질을 엄격하게 모니터하고 나쁜 성과를 퇴출시켜야 한다.
- 현대적 사회민주주의자는 가장 잘 해결될 수 있는 곳에서 문제를 해결한다. 어떤 문제는 지금 유럽수준에서만 대처할 수 있고 최근의 금융위기와 같은 것은 증대된 국제적 협력을 요구한다. 그러나 일반원칙으로써 권력은 가능한 아래로 분권화되어야 한다.

새로운 정치의 성공을 위해 사회의 모든 수준에서 진취적 사고방식과 새로운 기업 정신을 장려해야 한다. 그것은 다음과 같은 것을 요구한다.

- 새로운 책임을 맡고 싶어 하고 그럴 준비가 되어 있는 유능하고 잘 훈련된 노동력.
- 새로운 기회를 열고 이니셔티브, 창조성, 새로운 도전을 할 준비를 고무하는 사회보장제도.
- 기업가의 독립심과 이니셔티브에 긍정적인 풍조. 소기업은 더 쉽게 설립되고 더 잘 생존할 수 있어야 한다.
- 우리는 예술가와 축구선수처럼 성공적인 기업가를 축하하고 모든

생활영역에서 창조성을 존중하는 사회를 원한다.

우리는 국가, 산업, 노조, 사회집단 간의 관계에서 상이한 전통을 갖고 있지만 작업장의 전통적 갈등이 극복되어야 한다는 확신을 공유한다. 이것은 공동체와 연대의 정신을 되살리고 사회의 모든 집단간의 파트너십과 대화를 강화하고 새로운 변화와 개혁의 합의를 발전시키는 것이다. 우리는 사회의 모든 집단이 이 선언에서 제시된 새로운 방향에 대한 우리의 공동헌신을 공유하기를 원한다. 집권하면서 즉각, 독일의 새로운 사민당 정부는 일자리, 직업훈련, 경쟁력의 연합(Alliance for Jobs, Training and Competitiveness)을 만들기 위해 정치, 기업, 노조의 최고 대표자를 협상테이블로 소집했다.

- 우리는 고용주와 피고용인이 성공의 보상을 공유하는 기회를 갖는, 진정한 파트너십을 원한다.
- 우리는 자의적 행태에 대해 개인을 보호하고, 변동을 관리하고 장기적 번영을 창출하기 위해 고용주와 협력하는 현대적 노조를 지지한다.
- 유럽고용협정(European employment pact) 하의 유럽에서 우리는 필요한 경제적 변동을 방해하는 것이 아니라 지원하는 사회적 파트너와 지속적 대화를 가지려고 노력할 것이다.

Ⅲ. 좌파의 새로운 공급 측면 어젠다

유럽이 직면하고 있는 임무는 실재적, 인식적 불확실성에 직면해 사회통합을 유지하면서 세계 경제의 도전에 대처하는 것이다. 고용의 증대와 일자리 기회의 확대는 사회통합의 최선의 보장이다.

과거 20년간의 신자유주의적 자유방임은 끝났다. 그러나 그 대신에 1970년대식의 적자지출과 고압적인 국가개입의 부활이 있어서는 안 된다. 지금 그러한 접근 방식은 잘못된 방향을 가리키는 것이다.

국가경제와 세계의 경제적 관계는 심층적 변동을 겪었다. 새로운 조건과 현실은 낡은 이념을 재평가하고 새로운 개념 개발을 촉구한다.

유럽의 많은 부분에서 실업은 너무 높고 그것의 대부분은 구조적이다. 이 도전을 해결하기 위해 유럽의 사회민주주의자는 다함께 좌파의 새로운 공급측면 어젠다(new supplyside agenda)를 정식화하고 집행해야 한다.

우리의 목적은 복지국가를 해체하는 것이 아니라 현대화하는 것이다. 즉, 경제활동의 동기를 순수한 이기심에 기초하지 않고 타자에 대한 연대와 책임을 표현하는 새로운 방식을 통해 개시하는 것이다.

이 접근의 주요 요소는 다음과 같다.

▮ 튼튼하고 경쟁력 있는 시장의 틀

상품시장의 경쟁과 무역개방은 생산성과 성장을 자극하는데 필수적이다. 따라서 시장의 힘이 적합하게 작동하도록 하는 틀은 경제적 성공에 필수적이고 성공적인 고용정책의 사전조건이다.

- 유럽연합은 세계무역 자유화의 단호한 힘으로써 계속 활동해야 한다.
- 유럽연합은 생산성 성장에 이바지하는 경제적 틀을 강화하기 위해 단일화폐의 업적 위에 구축되어야 한다.

▮ 지속가능한 성장을 장려하는 조세정책

과거에 사회민주주의자는 특히 기업에 대한 높은 세금과 동일시되었다. 현대적 사회민주주의자는 올바른 상황에서 조세개혁과 감세가 더 큰 사회적 목표에 대처하는데 결정적 역할을 할 수 있다는 것을 인정한다.

가령, 법인세 인하는 이윤을 올리고 투자 인센티브를 강화한다. 더 많은 투자는 경제활동을 확대하고 생산 잠재력을 증대시킨다. 그것은 사회적 목표 실현을 위한 공적 지출에 쓸 수 있는 자원을 증대시키는 선순환적 성장(virtuous circle of growth)의 창출를 돕는다.

- 영국의 신노동당이 시행했고 독일연방정부가 계획하고 있듯이 기업세는 단순화되고 법인세는 인하되어야 한다.
- 근로보상을 보장하고 조세제도의 공정성을 향상시키기 위해 독일의 조세감면법(Tax Relief Act), 영국의 소득세 인하와 근로가족 세금공제(working families tax credit)의 도입에서 보듯이 근로가족과 근로자의 조세부담을 경감해야 한다.
- 독일 사민당정부의 영업세 개혁과 영국 신노동당의 자본이득세와 영업세 개혁에서 보듯이 기업, 중소기업의 투자의욕과 능력은 강화되어야 한다.
- 근로와 기업에 대한 조세는 전반적으로 인하되어야 한다. 조세부담은 환경의 '해악'에 따라 다시 균형이 맞춰져야 한다. 사회민주주의자가 통치하는 독일, 영국, 여타 다른 유럽 국가는 이 부문에 앞장 설 것이다.
- 유럽수준에서 조세정책은 불공정경쟁과 탈세와 싸우는 강경한 조치를 지지해야 한다. 이것은 획일성이 아니라 협력의 강화를 요구한다. 우리는 유럽에서 조세부담을 높이고 경쟁력과 일자리를 저해하는 법안을 지지하지 않는다.

▎수요와 공급측면 정책은 양자택일이 아니라 함께 가야 한다

과거에 사회민주주의자는 성장의 목표와 고실업의 극복이 성공적 수요 관리만으로 성취될 수 있다는 인상을 주곤 했다. 현대적 사회민주주의자는 공급측면 정책이 중심적이고 보완적인 역할을 한다는 것을 인정한다.

오늘날의 세계에서 대부분의 정책결정은 공급측면과 수요측면, 양자의 조건에 영향을 미친다.

- 성공적인 생산적 복지(Welfare to Work, 노동할 복지) 프로그램은 이전의 실업자에게 소득을 증대시켰고 고용주에게 쓸모 있는 노동공급을 향상시켰다.
- 현대적 경제정책은 근로자의 세금을 뺀 순소득을 증대시키고 동시에 고용주의 고용비용을 줄이는 것을 목적으로 한다. 그러므로 미래지향적인 사회보장제도의 구조적 개혁, 고용친화적 조세와 분담금 구조를 통한 비임금 노동비용의 축소는 특히 중요하다.

사회민주주의적 정책의 목적은 미시경제적 유연성과 거시경제적 안정성의 유익한 결합을 위해 수요측면과 공급측면 정책 간의 명백한 모순을 극복하는 것이다. 오늘날의 세계에서 더 높은 성장과 더 많은 일자리를 달성하기 위해 경제는 적응성이 있어야 한다. 즉, 유연한 시장은 현대적 사회민주주의의 목적이다.

거시경제정책은 아직도 불가결한 목적을 가진다. 즉, 안정된 성장의 조건을 조성하고 비정상적인 호경기와 불경기(*boom and bust*)를 피하는 것이다. 그러나 사회민주주의자는 올바른 거시경제정책만으로는 더 높은 성장과 더 많은 일자리를 자극하는데 충분하지 않다는 것을 인식해야 한다. 경제의 공급측면이 적응성이 없다면 이자율과 조세정책의 변화는 투자와 고용의 증대를 이끌 수 없을 것이다. 유럽경제를 더 역동적으로 만들기 위해 우리는 그것을 더 유연하게 만들 필요가 있다.

- 기업은 향상된 경제조건을 활용하고 새로운 기회를 포착할 행동의 여지가 있어야 한다. 즉, 규정과 규제가 기업에 재갈을 물려서는 안 된다.
- 상품, 자본, 노동시장은 모두 유연해야 한다. 즉 우리는 경제제도의 한 부분의경직성을 나머지 부분의 개방과 역동성과 결합해서는 안 된다.

▌적응성과 유연성은 미래의 지식기반 서비스경제 (knowledge-based service economy)에서 중요하다

우리의 경제는 산업생산에서 미래 지식기반서비스경제로 이행하고 있다. 사회민주주의자는 이 근본적 경제변동의 기회를 포착해야 한다. 그것은 유럽이 미국을 따라잡을 기회를 제공한다. 그것은 수백만 명의 사람들에게 새로운 일자리를 찾고 새로운 기술을 습득하고 새로운 경력을 추구하고 새로운 기업을 세우고 확대할, 즉 더 좋은 미래의 희망을 실현할 기회를 제공한다.

그러나 사회민주주의자는 경제성공의 기본적 요건이 변했다는 것을 인식해야 한다. 서비스는 저장할 수 없다. 고객은 필요할 때, 하루에도 여러 번, 정규노동시간 외에 서비스를 이용한다. 정보화시대의 급격한 진전, 특히 전자상거래의 거대한 잠재력은 우리가 구입하고 학습하고 의사소통하고 쉬는 방식을 근본적으로 변화시킬 것이다. 경직성과 과도한 규제는 미래 지식기반서비스경제에서 우리의 성공을 방해한다. 그것들은 새로운 성장과 더 많은 일자리를 창출할 혁신의 잠재력을 억

제한다. 우리는 더 유연해질 필요가 있다.

▌역할이 새롭게 기안된 능동적 정부(active government)는 경제발전에서 핵심적 역할을 한다

현대적 사회민주주의자는 자유방임적 신자유주의자가 아니다. 유연한 시장은 새롭게 정의된 적극적 국가의 역할과 결합되어야 한다. 최고의 우선순위는 인적 자본과 사회적 자본(social capital)에 대한 투자이다.

높은 고용이 달성되고 유지되려면 피고용자는 수요의 변화에 반응해야 한다. 우리 경제는 (가령, 정보통신기술 분야에서)빈 일자리와 자격있는 지원자수 간에 상당한 불일치를 겪고 있다.

그것은 교육이 '일회성' 기회여서는 안 된다는 것을 의미한다. 즉, 교육과 직업훈련에 대한 평생 접근과 이용은 현대세계에서 가장 중요한 보장을 나타낸다. 그러므로 정부는 개인이 자신의 자격을 강화하고 잠재력을 실현할 수 있는 틀을 설치해야한다. 이것이 지금 사회민주주의의 최고 우선순위이다.

- 학교교육과 모든 학생의 능력 수준을 올려야 한다. 읽기와 쓰기 능력과 산수능력에 문제가 있다면 해결해야 한다. 그렇지 않으면 개인이 비숙력으로 저임금, 불안전, 실업의 운명에 빠질 것이다.
- 우리는 모든 청년이 양질의 직업훈련을 받아 근로세계에 진입할 기회를 갖게 해야 한다. 지방 고용주, 노조 등과 함께 우리는 충분한 교육과 직업훈련 기회가 지방의 노동시장 요건에 부응하도록 보장해야 한다. 독일에서 정치계는 10만 명의 청년이 새로운 일자리나 직업훈련소를 찾거나 자격을 얻을 수 있도록 일자리와 직업훈련의 즉각적 실행계획으로 이 노력을 지지하고 있다. 영국에서 생산적 복지

프로그램은 이미 9만 5,000명의 청년이 일자리를 찾도록 했다.
- 우리는 인생 후반기의 적응성과 고용가능성을 장려하기 위해 평생교육제도(post-school education)를 개혁하고 그 질을 향상시키고 동시에 교육과 직업훈련프로그램을 현대화할 필요가 있다. 정부는 개인의 평생학습 비용을 위한 저축에 인센티브를 제공하고 원거리 학습의 장려를 통한 접근을 확대하는데 특별한 역할을 한다.
- 우리는 직업훈련이 실업자와 일없는 가정을 위한 적극적 노동시장 정책(active labour market policies)에서 상당한 역할을 하도록 보장해야 한다. 강력한 과학기반을 포함한 현대적이고 효율적인 공적 기반시설은 일자리를 창출하는 경제의 필수적 특징이다. 공적 지출의 구성이 성장에 가장 이바지하고 필요한 구조변동을 장려하는 활동에 쓰일 것을 보장하는 것은 중요하다.

현대적 사회민주주의자는 중소기업을 옹호해야 한다

번영하는 중소기업의 발전은 현대적 사회민주주의자에게 최고의 관심사항이다. 여기에 미래 지식기반사회의 새로운 성장과 일자리의 가장 큰 잠재력이 있다.

상이한 생활영역의 사람이 기업가, 즉 신구 자영업자, 변호사, 컴퓨터 전문가, 의사, 기능공, 기업 컨설턴트, 문화와 스포츠계 명사가 되는 기회를 추구하고 있다. 이 개인들이 경제적 성취욕을 발전시키고 새로운 기업 아이디어를 창출할 여지를 가지도록 해야 한다. 그들이 위험을 감수하도록 고무해야 한다. 그들의 부담이 가벼워져야 한다. 그들의 시장과 야망이 국경에 의해 방해받지 않아야 한다.

- 유럽의 자본시장은 성장하는 회사와 기업가가 자금을 조달할 수 있

도록 개방돼야 한다. 우리는 성장하는 하이테크 회사가 미국의 경쟁회사처럼 자본시장에 동일하게 접근할 수 있도록 보장하는데 함께 노력해야 한다.
- 우리는 행정적 부담을 줄이고 소기업이 성가신 규제를 면제받게 하고 금융에 대한 접근을 확대해 개인이 사업을 하고 신생기업이 성장하는 것을 쉽게 해야 한다. 우리는 특히 소기업이 신입사원을 쉽게 채용할 수 있게 해야 한다. 즉, 규제의 부담과 비임금 노동비용을 낮춰야 한다.
- 산학연계는 연구로부터 더 많은 기업가적 "파생"과 새로운 하이텍 산업 '클러스터'의 장려를 보장하기 위해 강화되어야 한다.

▌건전한 공공재정은 사회민주주의자의 긍지이어야 한다

과거에 사회민주주의자는 고용과 성장을 촉진하는 최선의 방법이 더 높은 정부지출을 조달하기 위해 정부차입을 증가시키는 것이라는 견해와 너무 자주 연관되었다. 우리는 자율적 안정 장치가 작동하도록 주기적 경기침체 시 정부 적자를 배제하지 않는다. 그리고 더 높은 정부투자를 조달하는 차입은 황금률(Golden Rule)과 엄격히 일치해 경제의 공급 측면을 강화하는 데 핵심적 역할을 할 수 있다.

그러나 적자지출은 더 빠른 성장과 더 높은 고용의 장벽인 경제의 구조적 약점을 극복하는 데 사용될 수 없다. 사회민주주의자는 또한 공공부문의 과도한 부채를 허용해서는 안 된다. 부채의 증가는 미래 정부에 대한 불공정한 부담을 의미한다. 그것은 달갑지 않은 재분배 효과를 가질 수 있다. 무엇보다 높은 공공부문 부채에 쓰는 돈은 교육, 직업훈련, 교통 기반시설을 포함한 다른 우선순위에 쓸 수 없다.

좌파의 공급측면 정책의 관점에서 정부차입을 늘리는 것이 아니라 줄이는 것은 필수적이다.

Ⅳ. 좌파의 적극적 노동시장정책

▌국가는 경제실패의 희생자의 단순한 소극적 수령인이 아니라 고용의 적극적 행위자가 되어야 한다

근로경험이 없거나 오랫동안 근로하지 않았던 사람은 노동시장의 경쟁에서 필요한 숙련을 상실한다. 실업의 연장은 또한 다른 식으로 개인의 생활기회를 손상하고 개인이 사회에 완전히 참여하는 것을 어렵게 한다.

▌일자리를 찾는 개인의 능력을 제한하는 복지제도를 개혁해야 한다

현대적 사회민주주의자는 수급권의 안전망(*safety net*)이 자조自助가 실현되는 도약대(*springboard*)로 변형되기를 원한다. 우리 사회에서 사회정의의 명령은 현금 이전(*cash transfers*)식 분배 그 이상이다. 우리의 목적은 사회적 배제와 싸우고 남성과 여성 간의 평등을 보장하기 위해 인종, 연령, 장애와 관계없이 기회균등을 확대하는 것이다.

사람들이 양질의 공공서비스와 도움이 필요한 만인을 위한 연대만이 아니라 또한 그 부담을 부담하는 자들에 대해 공정성을 요구하는 것은 올바르다. 모든 사회정책 수단은 생활기회를 향상시키고 자조(*selp-help*)를 고무하고 개인 책임을 장려해야 한다.

이 목적을 염두에 두고 구시대의 의료제도와 금융안전제도는 독일에서 연대의 원칙을 희생하지 않고 평균수명의 변화와 평생의 고용패턴 변화에 적응함으로써 완전히 현대화되고 있다. 동일한 생각이 영국에서 이해관계자 연금(*stakeholder pensions*)의 도입과 장애급여의 개혁에 적용되고 있다.

평생직장이 없는 경제에서 실업 기간은 자격증을 얻고 개인의 발전을 증진하는 기회가 되어야 한다. 파트타임과 저임금 노동은 실업으로부터 일자리로의 이행을 쉽게하므로 일자리가 없는 것보다 더 좋다.

실업자에게 일자리와 직업훈련을 제공하는 새로운 정책은 사회민주주의의 우선순위이다. 그러나 우리는 또한 만인이 제공된 기회를 잡기를 기대한다.

그러나 사람들에게 노동시장에 진입할 기술과 능력을 제공하는 것으로는 충분하지 않다. 조세와 급여제도는 근로에 대한 사람의 관심을 보장해야 한다. 간결하고 현대화된 조세·급여체계는 좌파의 적극적 공급 측면 노동시장 정책의 중요한 요소이다. 우리는 다음과 같은 것을 해야만 한다:

- 개인과 가족의 근로를 보상받게 만든다(*make work pay*). 소득의 가장 큰 부분이 근로자의 호주머니에 있어야 한다.
- 저임금 일자리에 대한 조세와 사회보장 분담금의 부담을 낮춰 고용주가 노동시장의 진입 일자리를 제공하도록 고무한다. 우리는 환경세의 비임금 노동비용의 부담을 낮출 여지를 탐구해야 한다.
- 장기실업자와 서민에게 권리와 책임의 동반 원칙에 기초해서 노동시장에 재통합될 기회를 주는, 적확한 프로그램(*targeted programs*)을 도입한다.
- 장애급여를 받는 근로연령층을 포함한 모든 장애급여 수령인을 평가하고 일할 수 있는 사람들이 적합한 일을 찾을 수 있도록 돕기 위해 국가고용서비스를 개혁한다.
- 실행 가능한 실업 탈출의 방법으로 기업과 사업을 하는 것을 지원한

다. 그런 결정은 상당한 리스크가 있다. 우리는 이 리스크를 관리함으로써 그 사람을 도와야 한다.

좌파의 공급 측면 어젠다는 구조변동을 서두를 것이다. 그러나 그것은 또한 그 변동의 관리를 더 쉽게 할 것이다. 특히 신기술의 충격 때문에 변동에 대한 적응은 쉽지 않고 변동의 속도는 이전보다 더 빠르다. 변동은 불가피하게 일부 일자리를 파괴하지만, 다른 것을 창출한다.

그러나 한 부문에서의 일자리 상실과 다른 부문에서의 새로운 일자리의 창출 간에 지체가 있다. 경제와 생활 수준의 장기적 이익이 무엇이든지 특정 산업과 공동체는 이득 이전에 손실을 경험할 수 있다. 따라서 우리는 이행의 국지적 문제를 완화하는 데 노력을 집중해야 한다. 변동 과정에서 나타나는 일시적 폐해는 방치해서도 안 되지만 저지하려고만 하면 더 큰 문제를 야기하는 법이다.

노동·상품시장이 더 적절하게 작동할수록 조정은 더 쉬울 것이다. 구조변동의 내재적 특징인 생산성 향상을 위해 해고된 피고용자가 다른 곳에서 일자리를 찾으려면 상대적으로 낮은 생산성 부문에서 고용의 장벽이 낮춰질 필요가 있다. 노동시장은 저숙련 일자리가 가능하도록 저임금 부문이 필요하다. 조세와 급여제도는 저소득 고용을 보충하고 동시에 실업수당을 절약할 수 있다.

Ⅴ. 유럽의 정치적 벤치마킹

우리의 과제는 유럽 사민주의 정치를 새롭게 정의하고 실천하는 것이다. 우리는 단일 유럽 모델을 옹호하지 않으며 유럽연합이 초국가로 이행하는 것은 더욱 원하지 않는다. 우리는 친유럽, 친개혁이다. 사람들은 가치가 있는 통합촉진조치를 지지할 것이고 따라서 사회·고용정책의 공통 목표의 장려만이 아니라 범죄와 환경파괴에 대한 조치도 역시 명백히 정당화될 수 있다. 그러나 동시에 유럽은 긴급한 개혁이 필요하다. 즉, 더 효율적이고 투명한 제도, 구식 정책의 개혁, 낭비와 사기에 대한 결정적 조치가 그것이다.

우리는 우리의 아이디어를 최종 프로그램이 아니라 아우트라인으로 제시하고 있다. 신중도와 제3의 길의 정치는 이미 많은 시의회, 개혁적 국가정책, 유럽의 협력, 새로운 국제적 조치들에서 구현되고 있다.

이 목적을 위해 독일과 영국 정부는 기존 합의를 넘어 더 광범하게 정책발전에 대한 의견을 교환하고자 한다. 우리는 다음과 같은 세 가지 방식으로 이를 제안한다:

- 첫째, 실무자의 빈번한 접촉에 의해 지원받는 일련의 장관급 회담이 있을 것이다.
- 우리는 각국의 맥락에서 사회민주주의의 아이디어를 현대화하기를 원하는 다른 유럽국가 정치지도자와 토론하려 한다. 우리는 지금 이것을 시작할 것이다.
- 우리는 전문가, 원대한 사상가의 네트워크, 정치포럼, 토론회를 만들 것이다. 그것으로 우리는 신중도와 제3의 길의 구상을 심화하고 계속적으로 발전시킬 것이다. 이것이 우리의 우선순위이다.

이 선언의 목적은 현대화에 자극을 주는 것이다. 우리는 혁신의 이 역사적 기회를 흘려보내지 말도록 유럽의 모든 사회민주주의자를 초대한다. 우리의 다양한 아이디어는 우리 미래의 가장 큰 자산이다. 우리 사회는 우리가 새로운 일관된 프로그램에 다양한 경험을 결합하기를 기대한다. 신세기의 사회민주주의의 성공을 함께 이룩하자. 제3의 길과 신중도의 정치가 유럽의 새로운 희망이 되게 하자.

 「파리선언 - 세계화의 도전」

사회주의 인터내셔널(SI) 21차 총회 (파리, 1999. 11. 8-10.)

1. 인류는 세계화 현상에 의해 주목받는 새로운 변동의 시대를 목격하고 있다. 산업사회에서 정보, 지식사회로의 전환이 역사적으로 유례없는 속도와 범위로 일어나고 있다.

2. 생명공학과 정보를 포함한 기술혁명은 이 역사적 과정의 원동력이다. 정보, 경제, 통상, 자본운동의 세계화는 의료, 농업과 같은 분야의 과학변동뿐만이 아니라 신생국, 지역으로의 급격한 발전의 확장이 증명하듯이 광범한 함의를 가진 완전히 새로운 기회를 가져온다. 그러나 지금까지 더 뚜렷한 결과는 국내적으로, 국제적으로 불평등의 극단적인 증가였다.

이런 이유 때문에 여론을 보면, 세계화의 가장 두드러진 특징은 다음과 같다.

- 커뮤니케이션의 근본적 변동과 시공간의 급격한 축소와 함께 정보의 세계화는 어떤 문제라도 실시간으로 세계의 어떤 부분과 접촉할 수 있는 것을 가능하게 했다. 그러한 접촉이 수신자가 필요한 상호동의 없이 대개 일방적으로 진행되기 때문에 정체성이 동질화 위협에 직

면해서 재확인되고 일부국가에서 문화적 반동이 일어나고 있다.
- 경제와 무역의 세계화는 실질적으로 기업, 시장, 산업관계, 투자의 차원과 구조를 변화시키고 있다. 생산성은 증가되고 기술은 기존의 일자리를 쓸모없는 것으로 만들면서 새로운 일자리를 창출하고 있다. 이윤은 불공정하게 분배되고 고용의 전통적 개념은 변화하고 있다.
- 금융제도의 세계화는 예측가능하게 하는 효과적인 규제의 틀이 없기 때문에 단기 자본 운동의 기하급수적 증가를 야기했다. 이 자본 운동의 90% 이상이 일주일도 안 되는 기간에 일어나고 있고 현재의 재화와 상품교환의 패턴에 적합하지 않다. 10년 동안 전체 국가와 지역은 관련분야의 성장, 소득, 고용의 확대를 위협하고 심각하게 삭감하는 일련의 위기를 겪었다. 이 현상은 대부분의 국가에서 시행하고 있는 예산조정 탓에 예금 흐름의 자유화와 함께 증가하고 있다. 10년의 이 금융위기는 신자유주의적 독트린의 해로운 결핍을 명백히 드러낸다.

   이 역사적 시기의 거대한 역설은 인류가 불평등, 기아, 질병, 교육의 부족과 같은 조상 전래의 문제와 싸울, 전에 없는 가능성을 준다. 그러나 이 기회는 현재, 기존의 격차를 좁히는 것이 아니라 증가시키는데 사용되고 있다. 이 경향을 역전시키고 따라서 세계화를 인류의 진보를 위해 작동하도록 하는 것이 우리의 결의이다.

   남성과 여성의 평등권 요구가 금세기 가장 위대한 업적의 하나였다는 사실에도 불구하고 여전히 심각한 불평등의 하나는 양성의 불평등이다.

   우리의 상호의존성은 금융위기, 이주의 흐름, 환경위험, 군사 갈등과 같은 주요 문제의 범위가 전 지구적이 되면서 증가하고 있다.

주요 국가는 금융불안정의 더 심각한 결과를 국경 안에 봉쇄해 신생국으로의 확산을 막으려고 했지만 이것은 점점 더 어려워지고 있다. 동남아시아, 러시아, 라틴 아메리카의 전염병이 세계적으로 확산되고 있다.

열대우림의 파괴는 그것이 위치하고 기아와 저발전이 아직도 우세한 개도국이 아닌 주요국가에서 주된 관심의 원천이다.

3. 10년 전 베를린 장벽의 붕괴는 우리 시대 정치변동의 상징이었다. 20세기 후반기의 지독한 확실성의 문이 마침내 닫혔고 신세기의 불확실한 희망의 창문이 열렸다. "자본주의적" 민주주의에 대한 포괄적 대안으로서 공산주의 모델이 몰락함으로써 신보수주의적, 신자유주의적 이데올로기는 시장경제를 시장사회와 혼동하는 거만하고 근본주의적인 단순한 세계관과 정치경제의 상이한 형식에 대한 이데올로기적 논쟁의 종말을 선포했다.

이에 대한 반응으로 이전에 양극 정치 블록의 체계와 공포의 균형이 기반했던 공산주의와 자본주의의 적대적 모델에 포섭되었던 다양한 정치 이념과 문화 개념이 출현했다. 많은 시민은 공격적인 신보수주의를 거부하고 민주사회주의, 사회민주주의, 노동 등의 진보적 대안에 의해 제공된 더 큰 연대를 지지하게 되었다. 이것은 혁신적 민주 좌파에게 기회를 주고 있고 혁신적 민주 좌파는 자신을 변화시키고 정의, 자유, 연대의 목적을 달성하기 위해 새로운 도구를 이용한다.

베를린 장벽의 붕괴와 블록정치(*bloc politics*)의 종식은 많은 국가에서 상실된 자유를 회복하고 민주주의를 재건시키고 있다. "평화의 배당금(*dividends of peace*)"은 아직 완전히 나타나지 않았다. 공포의 균형을 대체할 새로운 국제질서를 만들어야 했던 기회는 안보, 경제, 금융의 면에서 더 일반화된 무질서로 변했다. 유일한 초강대국을 가진 다자주의는 기성의 프런티어를 파괴하고 새로운 해체를 야기하는 배타적, 공격적 민족주의뿐만 아니라 무수한 민속적, 문화적 갈등을 낳고 있다.

4. 기술혁명, 경제, 금융의 세계화, 적대적 권력 블록 소멸의 결과는 민주주의와 주권의 초점으로서 국민국가의 역할을 변형시키고 있다.

세계 금융시장의 작동에 의해 억제된 거시경제정책은 그 목적에서 제한받고 공공적자, 인플레이션 등과 관련된 엄격한 요구에 부응해야 한다. 상당한 논쟁과 함께 새로운 공공정책은 심각하게 문제시되지 않는 결과 자체가 아니라 필수적 거시결과의 산출을 위한 소득과 지출의 혼합에 초점을 맞췄다. 가격안정을 위한 통화정책과 고용창출을 위한 정책의 조정이 또한 어렵다.

국민국가의 바로 그 구조가 분권화의 이중과정에서 변하고 있다. 즉, 아래로부터 그것은 국가적 공간을 축소시키는 새로운 도전에 대한 더 큰 대응능력을 찾는 초국적 시나리오를 창출하고 있다. 더 큰 유연성, 사람들과의 더 밀접한 접근성, 어떤 경우에는 상이한 민족적, 문화적 정체성에 대한 더 좋은 조정과 관련해서 위로부터 국내적 영토권의 새로운 분배방법이 창출되고 있다. 보완(subsidiarity)의 개념은 권력분배의 수단으로서 출현하고 있지만 독특한 정체성에 기반한 분권(devolution)의 개념은, 그것이 없다면 사회적, 영토적 해체의 위험이 커짐에도 불구하고 아직도 자주 조롱당한다. 이전에 과도하게 개입했던 중앙집중화된 구조는 지금 과거의 것이다. 이 새로운 시대의 필요한 국가 차원을 결정하기 위한 새로운 토론이 지금 진행되고 있다. 아래로부터든, 위로부터든 분권의 과정에서 국민국가는 이 집단 간 응집의 진정한 보장자이다. 따라서 그것의 역할은 근본적이다.

정치의 바로 그 기능이 변하고 있다. 신자유주의적, 신보수주의적 이데올로기에 따른 최소국가화 경향은 소위 시장사회에서 새로운 행위자를 강화하고 있다. 그러나 시장사회는 실제로는 민주주의 사회의 시장경제이다. 공적 공간의 의식과 공존, 자유, 응집의 정신을 해체하는 개인주의의 위험이 있다. '가치와 가격'의 개념이 혼동되고 협소한 비용이익 법칙에 중시하지 않는 부가가치는 경멸 된다. 국민국가 내에서 정치의 범위는 축소되고 있고 국민국가는 더 이상 완전하게 공익을 대변할 수 없다. 그것은 세계화 과정의 다국적 현상에 대응할 능력을 상실했다.

세계화에 대한 신자유주의적, 신보수주의적 이데올로기의 결과에서 교육 또는 의료권과 같은 보편적 권리의 이행이 더 이상 정치적 의무로 간주되지 않는다. 공공 영역이 산업의 직접적 통제로부터 철수했을 뿐만 아니라 이 인정된 권리들을 이행하는 책임이 의문시되었다. 공익에 기여하는 공공 영역의 효용에 대항해 이 시장 신성화에 의해 제기된 도전은 통신, 원격통신, 에너지, 교통과 같은 전통적인 공공서비스 부문의 규제받지 않는 민영화의 문제를 증가시키고 따라서 기회의 균등 또는 불균등을 발생시킨다.

정치적 공간과 기능이 진정 변화하고 있지만 이 문제에 대한 논쟁은 이윤의 최적화를 정치적 의무보다 우선시하는 변호적이고 체념적인 방식으로는 해결될 수 없다. 공공당국은 시민의 균등한 기회를 보장하고 보편적 권리를 이행하고 자연적 독점의 시장 경향에 대해 소비자를 보호하면서 효율적인 시장경제를 장려해야 한다. 언제나 우리의 정치적 접근을 정의해왔던 자본주의와의 비판적 관계는 재분배의 가능성을 향상시키고 동시에 사회적 시장을 지속 가능하게 해야 한다. 그 유일한 목적이 기업 이윤의 최적화인 사적 과점寡占을 위해 공적 독점을 완전히 포기하는 것은 많은 국가에서 나타나기 시작한 심각한 불평등을 야기할 수 있다.

5. 이 새로운 시대는 국제정세에 강한 영향을 주고 있다. 양극 블록이 정치, 안보뿐만 아니라 경제, 통상, 금융 측면에도 헤게모니를 가진 세계의 요건과 제한에 적응했던 전후 구조는 지금 부적합하고 일부 측면에서는 퇴행적이다. 우리가 목격하고 있는 정치적, 기술적 변동은 환경문제, 문화 정체성의 단언, 계속되는 이주 이동, 정치적 자율성 저하와 함께 무질서와 비효율을 야기하고 있다. 도전은 점차 세계화되고 있다. 정치는 보편적 도전에 대응할 필요한 수단이 없이 지방 차원으로 축소되고 있다. 통치성과 안전, 평화, 경제, 금융, 환경의 문제는 불평등과 무질서의 위험을 증대시키고 불확실성을 낳고 있다.

평화에 대한 위협, 인종청소, 대규모 인권위반, 지역갈등에 직면해서 국제연합과 안전보장이사회의 구조는 행위수단이 결여되어 있고 필요한 결정을 내릴 수 없기 때문에 비효율적인 듯하다. 대량살상무기의 확산, 최첨단 무기에 대한 테러리스트 집단의 접근 증대, 신기술에 대해 쉽게 접근하는 국제조직범죄는 모두, 필요한 수단이 없어 무기력한 국제공동체의 새로운 위협이다.

경제적, 통상적 수준에서 세계무역기구는 상이한 발전단계에 있는 국가 간 무역의 새로운 균형을 찾는 데 충분히 노력하지 않았다. 신생국 또는 빈곤국과의 연대는 이 불균형을 악화시키는 보호주의 정책과 양립할 수 없다. 세계무역기구는 '사회적 덤핑(social dumping)'의 가장 불쾌한 사례인 아동노동 또는 노예노동의 착취를 방지하지도 못했고 확립된 게임의 법칙에 대한 존중을 보증할 수도 없었다. 국제노동기구를 고취했던 원리와 행위능력 간의 격차는 이 문제의 사회적 차원에 직면한 국제공동체의 결점을 증명한다. 국제연합 발전프로그램은 지속가능한 발전을 측정하기 위해 유의미한 기준을 도입하고 있다.

금융의 측면에서 브레턴 우즈(Bretton Woods)의 해체와 단기 금융 흐름의 눈부신 성장 이후, 현재의 국제통화기금, 세계은행, 지역 금융기관은 점차 빈번해지고 있는 금융위기에 명백히 대응할 수 없다. 국제통화기금과 세계은행의 상이한 기능과 반세기 전 확립된 규칙과 규제의 퇴행 때문에 국제통화기금과 세계은행의 균열이 생기고 있다. 세계화의 새로운 현실은 그동안 내버려졌던 지역을 통합하면서 발전의 전통적 경계를 바꾸는 한편, 동시에 빈곤을 악화시키고 다른 지역을 극적으로 배제하고 있다.

환경보호와 같은 다른 도전에서 필요한 행위 수단이 결여되어 있다. 리오와 교토 정상회담의 결과로 생긴 약속은 선진국과 세계화 과정에서 가일층 배제되고 있는 개도국 간의 깊은 분열을 드러냈다.

가장 큰 역설은 정보, 무역, 투자에 대한, 자본 이동과 서비스 교환에 대한 국경과 장벽이 해체되고 있는 세계에서 인간 이동에 대한 장벽이 그 대신 설치되고 있다는 사실이다. 진정, 이동의 자유는 광범하게 선언되었지만, 미래와 존엄성이 보증되는지와 무관하게 자신의 나라에서 자기 운명의 죄수로 남아있는 사람들의 이동에는 적용되지 않는다! 그럼에도 불구하고 외국인 혐오증의 반동이 확산되고 있지만 이주의 흐름은 계속되고 있다. 이 경향을 막거나 이주민 유입사회와 유출사회에 대한 그 영향력을 예측하는 것은 불가능하다. 이 이주민의 50% 이상이 여성이고 정치적, 민속적, 문화적, 종교적 박해로부터 피난하는 자들의 수는 아직도 증가하고 있다.

그러므로 핵심 이슈는 사회적, 경제적, 환경적, 인간적 측면에서 정보화사회 또는 더 크게, 지식기반사회(knowledge-based society)라고 부르는 사회의 거버넌스와 지속 가능한 모델의 창출 가능성이다.

우리의 공약은 다음과 같다.

▌ 전지구적 진보 (GLOBAL PROGRESS)

오늘날 사회주의 인터내셔널을 구성하는 조직의 역사에서, 가장 큰 성장의 시기에는 위대한 전통의 연속과 연대에 대한 우리의 헌신을 정의하는 목적을 달성하기 위한 도구와 행위의 융통성과 함께 더 공정하고 더 자유롭고 더 평등하고 더 응집된 사회를 창출할 필요에 대한 동의가 언제나 있었다. 모든 나라의 정체성과 모든 국가 사회사의 상이한 단계의 즉각적 우선순위를 존중하는 역사적인 다원적, 민주적 운동에서 이것은 완전히 자연스러운 것이다.

동시에 빌리 브란트(Willy Brandt)가 상기시켰듯이 민주사회주의, 사회민주주의, 노동 등의 진보 운동은 역사적으로 자신을 혁신하고 새로운 단계를 시작할 수 있다. 가령, 유럽에서 사회민주주의는 그 개혁적 힘을 증명했지만 소위 '현실 사회주의'는 실패했다. 사회민주주의 사상에서 새로운 경향을 시작하기 위한 열망은 자유의 필요에 기반한 정의를 위한 소망에서 출현한다. 이 믿음은 시민의 자유와 양립할 수 없는 공산주의 관념과 우리를 분리시키고 그에 맞서도록 한다. 우리는 우리의 목적을 달성하는 수단이 개혁적이고 첨단적이어야 한다는 것을 인정한다. 우리는 종교나 불변의 관념인 것처럼 수단과 목적을 체계적으로 혼동하는, 사회주의를 자본주의에 대한 한정적 대안으로 보는 관점을 반대한다.

이것이 사회주의 인터내셔널 회원정당 또는 세계의 상이한 지역의 다른 진보적 집단에 의한 다양한 논쟁 포럼에서 우리의 이념을 혁신하는 다양한 노력을 존중하고 소중히 하는 이유이다. 이것은 신보수주의에 직면해 새로운 사상과 행위 형식을 개방하는, 가치 있는 대안이다. 국가 사회와 국제공동체의 연대의 목적과 관련해서만이 아니라 변화하는 우리 시대의 현상과 정보, 경제, 금융의 세계화 또는 블록정치의 해체와 관련해 많은 수렴점이 있다. 상황이 이렇다면 인간과 공동체의 융통성을 증명하는 각 사회의 문화적 다양성에 대한 존중은 또한 공통목적으로 진전하는 수렴의 요소여야 한다. 이 많은 공유된 이념은 한 문화에서 또 다른 문화로 이전될 수 있는 다양하고 상이한 경험을 산출할 개방되고 정중한 대화의 주제가 되어야 하고 될 수 있다.

본질적인 것은 우리를 단결시키는 가치이다. 즉, 민주주의의 본질인 보편적 인권의 존중, 양성평등, 개인적, 집단적 자유에 기반한 더 많은 사회정의의 달성을 위한 인간적 생활 조건의 향상에서의 연대이다.

우리의 추정된 차이는 그러한 열린 대화의 분위기에서 우리의 상호의존을 공유하고 풍부하게 하고 우리의 목적을 함께 진전시키는 방법이 될 것이다.

우리가 시작했고 계속해야만 하는 토론은 이 새로운 시대의 세계적 도전에 직면해 헌신을 혁신하고 엄청난 새로운 기회를 활용하고, 그러한 기회가 신자유주의적 근본주의(*new liberal fundamentalism*)의 해체된 개인주의(*disintegrated individualism*)의 수중에 들어간다면 수반되는 그 위험을 최소화할 가능성을 우리에게 제공한다.

우리는 과학, 혁신, 환경보호에 헌신하는 부문의 참여자, 경제계와 문화계의 새로운 기업가, 책임 있는 시민과의 열린 논쟁을 촉구한다. 이 논쟁은 지식 혁명적인 새로운 사실의 분석과 정책도구의 혁신에서 진취적이어야 한다.

우리 정체성의 표현으로서 연대는 언제나 물질적 부, 교육, 의료, 노인복지의 재분배에 대한 우리의 제안을 인도했다. 연대는 양성평등을 위한 투쟁에서도, 그리고 출신, 신앙, 기타의 것들에 근거한 어떤 형태의 차별에 대한 투쟁에서도 우리를 지도하고 있다.

그러나 우리는 보편적 권리의 인정과 이행이 시민의 책임을 동반하지 않을 때, 소극적 재분배 정책의 위험을 깨닫는다. 우리는 또한 잘 확립된 복지제도를 가진 사회에서 지속 가능한 연대정책의 어려움을 깨닫고 복지 재분배의 압력을 받는다. 그것이 권리와 책임 간의, 가장 많은 사람을 포함하는 능동적 정책(active policies)과 어떤 사람도 배제하지 않는 보편적 정책(universal policies) 사이에서 균형을 촉구하고 있는 이유이다.

우리는 이니셔티브의 재분배, 개인 창조성의 고무, 위험을 감당할 의지를 제안한다. 이것이 부의 창출과 타자를 위한 기회의 사회적 가치를 갖기 때문이다. 경제, 사회, 문화적 문제에서 기업가정신(spirit of enterprise)을 장려하는 것은 개인의 이니셔티브와 창조성을 보상하는 새로운 문화를 발생시킴으로써 교육과 직업훈련제도뿐만 아니라 사회적 태도의 변화를 요구하는 연대의 새로운 차원이다. 이 협력적 의미에서 기업가정신의 재분배는 사회를 부정하는 금전적 개인주의(mercenary individualism)에 정반대되는 연대의 표현이다.

2000년은 우리에게 현재의 세계화 과정에 사회적 차원을 부여하고 세계화를 인류에 기여하게 하는 혁신된 헌신의 시작을 상징한다. 새천년의 시작과 함께 우리는 새 시대의 도전에 직면해 우리의 합의와 헌신의 세계적 강령을 제시하고 있다. 우리는 각자의 우선순위를 반영하는 (유럽, 라틴 아메리카, 아프리카 등으로부터) 지역적 공헌을 가일층 추가할 것이다. 이 기반 위에서 우리는 각국의 정체성에 적응하지만 다른 나라와 유용한 경험을 공유하는 국가 프로그램을 발전시킬 것이다.

대의민주주의와 시민참여의 역할을 장려하고 향상시키는 것이 우리의 의도이다. 남성과 여성이 사적 생활만이 아니라 공적 생활에도 더 평등하게 참여하고 책임을 공유해 성의 이슈가 모든 수준, 모든 분야에서 일상정책의 부분이 될 수 있는 것은 전체 사회에 중요하다.

우리는 전지구적 진보위원회(Global Progressive Commission)가 최근 3년 동안 완수했던 일에 매우 만족하고 환영한다. 그러한 열린 논쟁의 결과로 행동 제안이 만들어졌다.

이것이 우리가 원하는 인터내셔널이고 세계적 가치와 목표가 수렴되는 조직이다. 즉, 여기에는 우리가 다루고 있는 사회의 우선순위와 정체성과 조화되어 우리의 목적을 달성할 수단의 다양성과 사용의지가 있다.

보편적 대화에 개방적이고 불의와 불평등에 대한 투쟁에서 연대의 정신이 넘치는 조직. 국제포럼에 적극적이고 세계화의 새로운 시대에 필요한 개혁을 제안하는 조직. 이런 모든 이유 때문에 신세기의 전야에 우리는 파리에 모였다.

우리는 다음과 같은 것을 확인한다.

정치가 지구상의 모든 민주주의 국가의 시민이 표현하는 공익을 대변하는 데 있어 세계화의 도전과 그 상호의존의 재생에 대응하는 것은 가장 중요하다. 우리의 임무는 우리 시대의 새로운 도전에 부응할 대응과 행동을 고무하고 더 많은 자유, 평등, 연대를 제공하는 것이다.

우리는 배타적 근본주의에 위협받거나 시장의 소위 '보이지 않는 손'으로 버려진 시민에게 호소하고 있다. 우리는 민주주의 제도를 혁신하고 강화한다. 우리는 자유사회를 원한다. 거기서 시민은 자신과 공동체의 운명에 책임을 지고 공동체는 개인과 보편적 사회에 유익한 새로운 부가가치를 창출할 능력과 함께 다양성이 넘칠 것이다.

우리는 연대가 교육, 고용, 빈곤과 기아에 대한 투쟁의 새로운 기회를 열기 때문에 불평등에 대한 투쟁에서 가장 고귀한 인간적 감정이라고 느끼는 사람들에게 호소하고 있다. 우리는 상이한 문화를 가진 상이한 지역 출신의 남성과 여성에게 우리의 공통임무와 공유된 목적에 동참하고 새로운 시대에 인류를 기다리는 새로운 기회의 거대한 희망의 흐름에 동참하기를 호소하고 있다.

우리는 알고 있을지라도 이 거대한 도전에 맞설 수단을 전에는 갖은 적이 없다는 것을 인정한다. 우리 목적을 성취할 수 있도록 이 신기술을 인류에 기여하게 하는 것은 우리의 결단과 헌신에 달려있다.

민주사회주의는 자본주의와의 영구적인 비판 관계에서 태어났고 발전했다. 혜택의 더 공정한 분배, 차별에 대한 투쟁, 사회정의, 양성평등을 위한 투쟁에서 정의된 연대는 이 비판 관계의 존재이유이다. 우리는 시장의 창조적, 생산적 기능을 인정하고 존중한다. 민주주의는 언제나 자유 시장사회에서 발전해 왔다. 그러나 시장이 제공할 수 있는 것 이상의 시장을 요구하지는 않는다. 우리는 시장 없는 민주적 사회는 없지만 권위주의적 제도와 시장을 함께 갖고 있는 사회가 있다는 것을 안다. 따라서 우리는 시장과 민주주의를 혼동하지 않는다. 이윤 최적화를 좌우하는 것 외에 다른 인간적 가치가 있다. 교육, 건강, 문화 모두는 부가가치를 창출하고 개방경제의 작동을 강화하고 지속 가능하게 한다. 그럼에도 불구하고 이 가치는 시장규제에 의해서는 확산될 수 없다. 재화와 기회의 재분배로 이끄는 이 중대한 관계는 민주사회주의가 주요 역할을 하는 사회를 훨씬 더 강하게 만든다.

시장경계를 넘어서서 자유와 기회균등의 사회에서 공존을 보증하는 것은 정치의 임무이고 정책입안자의 시민적, 민주적 헌신이다. 따라서 이것이 이미 성취된 개혁과 향상의 미래 사회의 응집의 부분이기 때문에 모든 사회는 그 발전 수준과 무관하게 영향을 받는다.

세계화의 관리는 더 좋고 더 강한 정치적 행위와 지방, 국가, 지역, 심지어 국제적으로 민주적 참여의 질과 수준을 제고할 것을 촉구한다. 헌신과 규칙이 없는 세계는 불평등과 분열의 경향이 있다. 우리는 지구상에 불신, 불확실성, 불평등, 갈등을 야기하는 이 세계 비전에 단호히 반대할 것이다.

우리는 건전하고 균형 잡히고 성장과 고용을 창출할 수 있는 경제정책을 믿는다. 통화, 경제정책은 안정된 성장과 고용에 기여하는데 함께 한다. 우리는 강박관념에 사로잡힌 통화주의(obsessive monetarism)에 반대한다.

시장발전에서 어떤 독점 경향도 피하고 소비자를 위한 조건을 향상시키는 한편, 경제활동을 장려하고 기업 간 경쟁을 고무하는 것은 정치인의 일이다.

교육, 의료, 노인복지, 어린이와 청년의 보호에 대한 보편적 권리를 이행하는 것은 정치적 책임이다. 사회의 존엄은 기본적 인권을 대변하는 이 목적을 성취하는데 헌신하려는 의지에 의해 측정된다.

관리방식과 무관하게 교통, 동력, 통신, 원격통신과 같은 공공서비스의 적합한 작동을 보증하는 것은 정치적 책임이다. 그것은 모든 시민의 균등한 기회를 제공하는 요건에 부응해야 한다. 그것은 새로운 주변화와 배제의 "게토"를 야기하는 경향이 있는 광대한 도시 지역의 인구의 과도집중을 막아야 한다.

모든 세대의 유산이고 미래 세대와의 더 큰 연대를 요구하는 환경보호는 정치적 책임이다.

권력투쟁의 비정상적 표현인 문화적 차이의 미명아래 인권 위반이 숨겨지는 세계도처에서 인권수호는 정치적 책임이다. 양성의 평등한 권리는 문화적 문제가 아니라 인간의 기본적 요구이다. 육체적, 도덕적 보전은 개인적, 집단적 자유처럼 기본권이고 보편권이다.

정체성의 다양성을 존중하고 동시에 보편적 인권존중과 상이한 가치의 공유를 배우면서 평화와 안보를 보장하는 새로운 국제질서를 창출하는 것은 정치적 책임이다.

이 기본적 목적과 조화되어 우리는 다음과 같은 것이 우리의 전지구적 진보 프로젝트(Global Progress Project)에서 우선순위라는 것을 선언한다.

1. 개도국의 숙련의 내재적 결여를 포함한 빈곤과 기아에 대한 투쟁. 세계 경제와 기술자원에 대한 착취와 불평등한 접근에 대한 투쟁. 2000년은 최빈국의 부채탕감의 결정적 년도여야 한다. G7(Group of 7)은 이 부채탕감의 효과로 최빈국에서 농업, 식량생산, 기본적 기반시설, 교육, 직업훈련에 대한 투자가 다시 시작될 수 있도록 해야 한다. 우리는 여성이 세계화에 의해 특히 악화된 조건으로 가장 고통받고 있기 때문에 빈곤에 대한 투쟁에서 여성을 위한 특수전략을 발전시켜야 한다. 빈곤퇴치를 위해 여성이 자율적이 되는 것은 필수적이다. 여성은 단순히 원조프로그램의 소극적 수령인이 아니라 발전의 적극적 행위자가 되어야 한다.

2. 인권과 민주주의를 위한 투쟁. 우리는 국제법의 틀 안에서 '인도적 근거의 간섭권(right of intervention on humanitarian grounds)'을 지지한다. 어떤 국가이성 또는 정체성 차이도 대량학살 또는 인종청소를 정당화할 수 없고 보편적 인권을 체계적으로 위반하는 독재자에게 면죄부를 줄 수 없기 때문이다. 빈곤과 궁핍은 우리가 인권을 존중하고 민주주의를 확대하지 않는다면 퇴치될 수 없다. 대량학살, 인종청소, 대규모 추방, 용납될 수 없는 여성에 대한 차별이 아닐지라도 곤궁과 배제로 버려진 빈국의 시민이 독재, 압제, 고문을 당하는 것은 빈번하고 우연이 아니다. 전 세계적으로 상이한 모든 문화에서 인권과

민주주의의 확대는 우리가 대변하는 좌파의 기본적 염원이다. 여성의 인권은 보편적 인권의 부분으로써 보전되고 분할할 수 없고 양도될 수 없다. 여성 권리의 인정과 완전한 이행은 여성이 완전한 자유와 존엄을 향유하기 위해 장벽을 제거해야 한다는 것을 의미한다. 이것은 또한 폭력, 인신매매와 강제매춘에 대한 투쟁, 가족계획과 건강에서 선택의 자유의 장려, 여성이주의 특수문제의 해결을 수반한다.

3. 새로운 국제질서를 통한 평화와 안보의 확립. 갈등을 예방하고 관리하고 해결하는 효과적인 다자적 수단은 세계화의 새로운 시대에 정부를 돕는데 필수적이다. 우리는 상임이사국의 수를 민주적으로 확대시킴으로써 국제연합과 안전보장이사회의 개혁을 제안한다. 이것은 국제연합의 민주화에 기여하고 안전보장이사회는 새로운 현실을 더 잘 대변할 것이다.

4. 우리는 새로운 세계 경제, 금융질서를 염원하고 그것은 국제통화기금, 세계은행, 세계무역기구과 같은 약 50년 전에 만들어진 조직의 변화를 필요로 한다. 그 조직 중 어느 것도 변화하는 시대와 보조를 맞출 수 없고 그 모든 조직은 새로운 예방수단과 행위수단을 요구한다. 막대한 단기 자본흐름에 대한 규제 틀의 결여 때문에 자본이동의 증가, 금융위기의 위험, 제도의 방치된 혼란을 예측할 수 없다. 투명성이나 통제가 없고 금융거래를 숨기는 조세피난국(*financial havens*)이 여전하다면 일부국가의 부패와 국제조직범죄의 불법자금세탁을 통제하기가 점차 어려워진다. 국제평화와 안보는 또한 우리의 진보적 입장에서 과감하게 다뤄져야 하는 경제, 금융적 차원을 가진다. 따라서 국제 금융제도의 더 큰 투명성을 보증하고 투기적 투자기금과 역외 단체를

포함한 모든 금융기관의 분별 있는 규칙을 확립하고 조세피난국을 없애고 질서 있는 자본시장 개방으로 신생국으로의 투기적 단기자본 순환의 잠재적인 불안정 효과를 제한하고 채권기관을 위기의 해결에 관련시키고 조직범죄, 국제마약거래, 자금세탁을 제압하고 국제연합의 후원하에 경제안전보장이사회(Economic Security Council)를 창설하는 것은 필수적이다.

5. 미개척 영역이 없는 생태계의 적극적 보호는 즉각적이고 계속적인 대응을 요구한다. 자연의 균형을 보호하는 기술을 장려하는 것은 오늘날 유용하다. 동시에 생명공학의 진전과 연관된 엄청나게 중요한 윤리적, 법적, 문화적 문제가 있다. 오용이 심각한 결과를 가질 수 있다고 두려워하는 사람들의 우려를 우리가 중시한다면 그 문제를 객관적인 과학적 증거에 기반해서 모니터하고 규제해야 한다. 내재적으로 중립적이지만 기술혁명은 지금까지 인류에게 의심할 바 없는 혜택을 제공하지만 동시에 우리의 사생활, 존엄, 보전, 문화적 정체성에 대한 위협일 수 있다. 자연과 문화적 다양성에 대한 우리의 무시가 새로운 방식으로 우리의 평화로운 공존을 위협한다. 이 문제를 이해하고 그것을 해결하는 방식에서 우리는 그것들이 공유되고 다원적인 부를 구성한다는 사실을 존중하고 고려해야 한다.

6. 지역협력이 국제공동체에서 진척되고 있다. 유럽은 경제, 통화연합과 강화된 정치, 문화협력과 필요하다면 공유된 주권을 향해 확고하게 전진하고 있다. 유럽은 국민국가가 혼자서 효과적으로 대응할 수 없는 도전에 대한 가장 적합한 방식의 대응인 것으로 우리가 지지하는 열린 지역주의를 지향하고 있다. 지역적으로 공유된 주권은 그

입장을 강화한다. 상이한 발전단계의 열린 지역주의(*open regionalism*)의 다른 형식이 라틴아메리카에서 아프리카, 아시아까지 세계적으로 시작되고 있다. 우리는 블록정치를 특징지었던 냉전이후 새로운 국제질서가 문화적 다양성을 존중하는 한편, 공통의 이익과 정체성을 가진 국가 간 지역적 협력을 강화함으로써 더 확실한 토대를 얻을 수 있다고 확신한다. 이 구성은 경제와 세계무역, 지역 간 무역의 더 효과적인 발전을 달성할 뿐 아니라 또한 평화와 안보, 환경보호와 기술이전을 위한 더 균형잡힌 정책을 창출할 것이다. 사회주의 인터내셔널을 구성하는 조직은 순수한 다자주의보다 더 효과적으로 국민국가의 역할을 강화할 수 있는 그러한 지역발전을 지지한다.

이것은 정치적 대응이다. 책임 있는 정치인으로서 기술혁명의 거대한 혜택을 이용하고 공포의 균형을 제거하고 새로운 시대에 내재한 위험을 최소화함으로써 불확실성을 희망으로 전환시키는 이 임무에 헌신하는 것이 우리의 의무이다.

우리는 정치가 중심역할을 할 것을 요구하고 정치의 기능과 절차를 혁신하는 한편, 수단들의 융통성을 받아들이고 우리의 각 인간사회와 각 민족사회 안에서의 더 큰 평등, 더 큰 정의, 더 큰 자유에 대한 공약을 확언해야 한다. 우리는 세계화의 도전에 용감하게 맞서기 위해 전지구적 진보(Global Progress)를 제안한다.

마크롱의 대선 전략에 대한 분석 기사

 「마크롱 기적을 푸는 열쇠」

과중한 책임을 떠안은 프랑스의 새 대통령이
새로운 드골이 되려고 열심히 일하는 중이다
The key to the Macron miracle
France's supercharged new president is
shaping up to be a new de Gaulle
The Spectator (2017. 6. 17.)
조나던 펜비(Jonathan Fenby)

에마뉘엘 마크롱

테리사 메이 영국총리가 스스로 만든 쓰레기더미 속에서 버둥대고 있는 동안, 에마뉘엘 마크롱은 프랑스정치의 양지로 성큼성큼 걸어 나오고 있다. 샤를 드골이 제5공화국을 세운 지 60년 만에 그의 7번째 계승자는 엘리제궁의 입주자에게 준準군주적 권위를 복원하려고 시도해야 하는 부담을 먼저 안고 있다. 세 번의 공허한 대통령직이 흘러간 뒤 유럽적 개혁주의 중도(the European reformist centre)의 39세 희망은 광범한 선거적 호소 기반을 가진 대통령 권력의 견지에서 시계를 거꾸로 돌려 1980년대 이래 프랑스에서 대부분의 유권자를 소외시키고 구조변혁을 봉쇄해온 경화된 정치세계 위로 자신을 높이 세우는 데 열중하고 있다. 이것은 지난달 그를 대통령직으로 등극시킨, 그리고 지금은 그를 이번 주 국회의원선거의 결선투표 이후 압도적 다수파 지위를 향해 나아가도록 해준 담대한 도박을 포함했다.

그의 새로운 정당 '라 레푸블리크 앙 마르쉬(La République En Marche, REM)'는 신참후보들의 군진軍陣으로써 여론조사기관에 따르면 577석 중 어디에서든 350에서 450석의 압도적 다수석을 향해 가고 있다. 당 매니저들은 지금 너무 많은 초선 의원들이 변화의 과도한 기대를 안고 부르봉 궁(Palais Bourbon; 국회의사당 건물-역자)으로 떼 지어 몰려 들어갈 것을 걱정하고 있다고 말한다.

85-125석을 얻을 것으로 예견되는 주류 중도우파 공화당원들, 20-35석의 초라한 사회당원들, 11-12석의 '굴하지 않는 프랑스(La France Insoumise)' 및 3석에서 10석의 민족전선과 얼마나 대조적인가!

대통령후보의 매력 요소와 기성정당들에 대한 공공연한 경멸심이 혼합된 상황은 젊은 도전자에게 거대한 추진력을 주었고, 또 그는 그에게 현시된 모든 기회를 최대한 활용할 만큼 명석했다. 그리하여 마크롱은 그의 프로그램을 통해 노동법개혁, 법인세 삭감, 국가적자 축소 개시 등을 밀어붙일 강력한 지위에 있게 될 것이다. 정치를 '도덕화할' 법은 마크롱의 최측근인사 페랑(Richard Ferrand)이 그가 장長을 맡고 있는 주택조합이 거래처와의 '부당' 거래에 관한 폭로로 인해 혐의를 받고 있기 때문에 새 대통령에게 부담을 주고 있을지라도 중도우익 공화당 대통령후보였던 불운의 프랑수아 피용을 강타한 스캔들 이후 반대하기 어려울 것이다.

그러나 마크롱 산産 굴(oyster)에는 세 가지 모래알맹이가 더 들어있다.
첫 번째 모래알맹이는 국회의원선거 1차투표의 기권율이 51%에 달했다는 것이다. 이것은 1차투표와 선거의 무한연속 이후 유권자 피로감을 반영하는 것이다. 이것은 민족전선과 '굴하지 않는 프랑스' 당을 강타했다. 민족전선은 마린 르펜이 대선투표에서 얻은 770만 표에 비해 정확히 300만 표를 얻은 한편, 정치스펙트럼의 다른 편에서 멜랑숑(Jean-Luc Mélenchon)의 정당운동은 700만 표로부터 250만 표 수령으로 빠져들었다. 이와 대조적으로 마크롱의 원래 유권자들 중 38%만이 지난 일요일 투표에 불참했다. 마크롱의 반대 정당들은 이번 주말 충격요법으로 지지자들에게 활기를 불어넣으려고 하고 있지만, 대통령의 뜻을 반영하는 의회 수복 논리가 여전히 강하다. 그래도 낮은 참여는 마크롱이 절반 이하의 선거권자의 투표에 기초해서 거들먹거리는 권력을 즐기고 있다는 반反마크롱 세력들의 부르짖음을 고무할 것이다.

둘째, 예보가 맞는다면 (프랑스 여론조사는 상당히 정확하다) 예견되는 결과의 삐뚤어진 성격은 불평에 대한 다른 원인을 제공할 것이다. 종합해 보면, 사회당, 민족전선, 굴하지 않는 프랑스는 지난 일요일 라 레푸블리크 앙 마르쉬보다 더 많은 표를 얻었지만 마크롱의 당은 10배 많은 의석을 얻는 중에 있다. 공정성은 의석의 비례적 대표를 뜻하지만, 이것은 제어하기 불가능한 입법에 문호를 개방할 것이다.

셋째, 강경좌익과 강경우익으로부터 나올 반대자들이 있게 만들 의석의 적은 대표성이 전제되면, 원외행동의 잠재력은 여전히 높다. 마크롱은 보다 합리적인 노동조합연합 CFDT가 보다 전투적인 CGT를 수적으로 능가한다는 사실로부터 상당한 위로를 얻을 수 있다. 그러나 공산당이 이끄는 그룹은 자기들이 노동법에 대한 올랑드 정부의 보다 소심한 변혁에도 대항해서 대중시위로 소란을 피울 권력이 아직 있다는 것을 보여주었었다.

마크롱이 사태를 들어 엎어버리는 극단주의자들의 기도들에 얼마나 잘 맞섰는지가 그의 대통령 당선을 이해하는 열쇠일 것이다. 그가 니콜라 사르코지가 그랬던 것처럼 물러난다면, 프랑스는 옛 쳇바퀴로 되돌아가 있을 것이다. 그가 의회 다수파에 의해 뒷받침을 받아 확고히 버티고 서 있으면, 프랑스가 수십 년 동안 필요해온 유형의 변화에 대문은 열려있을 것이다.

목표는 국민으로 하여금 프랑스를 외국인들이 찾는 지구의 주요 여행목적지로 만들 유인을 충분히 보유하면서도 국민을 목 잘라가는 세계 안에서 보다 효율적인 경쟁자가 되도록 만드는 것이다. 그러는 동안 정치체제는 제5공화국의 첫 해 이래 본 적이 없는 과정을 통과할 것이다. 넘어지면 일어나지 못하는 프랑스식 땅딸보(The Gallic Humpty Dumpty)는 더 이상 없다. 옛 정치적 계란이 일요일의 결선투표에서 전혀 뜻밖의 역회전을 막고 마크롱의 정상등극을 동반했던 최근 행운의 타격으로 벽을 최종적으로 분쇄했다.

단단한 조가비는 당신들이 보는 어느 곳으로든 멀리, 널리 깨져 흩어져 버렸다. 사회당은 3개의 경쟁하는 정파로 분열해서 북부에서 그들의 아성지역을 잃었고, 그들의 지도자들이 하나씩 하나씩 제거되는 것을 보았다. 공화당 쪽에서는 우뚝 두드러진 중도우익 인사들이 대선 전 마크롱 정부 안에서 수상과 경제장관을 하는 데 동의했던 한편, 다른 인사들은 마크롱 파도를 어떻게 처리할지에 대한 혼란스러워 하며 마크롱과 협력하다가 그가 그들을 먹어치우지 않을까 두려워하고 있다. 강경좌익 멜랑숑은 황야에서 방황하며 그 밖의 모든 사람들에 대해 욕설을 퍼붓는 자임自任 선지자가 되었다.

마린 르펜은 그녀의 주요 대리인이 집중포화를 당하고 그녀의 조카가 두 살 난 아기를 돌보기 위해 정치일선에서 철수하는 꼴을 겪고 있는 민족전선의 분열과 나란히 대선결선투표 동안의 그녀의 가공스런 선거운동의 부담을 짊어져야 한다. 의심할 바 없이 조카는 당의 잔다크로 복귀하라는 요청을 기다릴 것이다.

1958년 마크롱의 부상浮上을 드골의 귀환과 비교하는 것은 우스꽝스럽게 보일지도 모른다. 새로운 소년은 (드골 장군의 신장을 말할 것도 없고) 장군의 역사적 고매함을 결하고, 그의 전임자의 그때 나이보다 거의 30년 더 어리다. 그때 국내 정치투쟁에 뛰어든 자유프랑스인들의 전시 리더 자리에 방금 겨우 첫 선거를 치른 사람, "내가 일정한 지식을 가진" 나라에 대한 낭만적 애착을 가진 노병과 비교되는 테크노크라트적 근대성의 체현자가 앉아 있다. 드골이 높은 곳에 떠 있는 과거의 스승이고 작은 담소를 위한 시간이 없었던 반면, 마크롱은 잡담을 지껄이기 위해 디너파티 뒤에 남아 있는 매력남이다. 초보수적 드골 여사 – 그녀의 남편이 미니스커트를 금하기를 바랬던 "국민 이모 이본느(Tante Yvonne)" – 가 남편보다 24살 많고, Financial Times 지의 패션 편집자 조 엘리슨(Jo Ellison)에 의해 "킬러 미소를 가진 섹시한 60대 여성(*smoking-hot 60-something woman with a killer smile*)"으로 브리기트 마크롱(Brigitte Macron)을 편히 느낄 것이라고 상상하는 것도 어렵다.

그러나 유사한 평행선들이 그래도 있다. 많은 사람들이 길을 잃었다고 생각하는 정치체계, 신뢰를 잃은 정치기득권층, 극우로부터의 도전,

극단들로부터 격렬한 공격에 대항해 돌진하는 단기필마의 사람. 만연한 침체(morosité)를 대신하는, 추락하는 국민 신임, 제도에 대한 쇠퇴하는 신뢰, 좌우익의 굳어진 기득권, 라인 강을 가로지른 파트너/라이벌과의 경제적 경쟁력의 상실을 대신하는 희망의 주문쇄도. 자기에게 주어진 기회들을 움켜쥐고 낡은 질서의 야욕들을 자기에게 유리하게 조작할 줄 알면서도 동시에 프랑스인들이 즐기는 방식으로 세계무대에 뚝 튀어나오는, 정치극장에 대한 민감한 감각을 가진 믿을만한 지도자. 모든 것을 바꾼다는 약속 아래 그가 받아들이지 않는다고 공언하는 기성세대의 많은 믿음들을 체현하는 지도자.

하늘이 돕는 섭리의 인간(l'homme providentiel) 찾기는 보통 백마 탄 사람이 다 너무 인간적인 것으로 드러날 때 실망으로 끝난다. 그러나 1980년대 좌로左路로 항해하게 만들려는 프랑수아 미테랑의 시도의 불가피한 실패 이래 프랑스를 감쌌던 길고 깊은 성격의 진통은 프랑스공화국의 종말을 가져온 변화와 아주 비슷한 국민적 사고방식 안에서 하나의 변화를 위한 맥락을 창조했을지 모른다.

물론 때는 아직 이르지만, 세월이 흐른 뒤 프랑스는 자기 자신을 끔찍이 여길 보다 나은 기회를 맞게 될지 모른다.

※ 조나던 펜비는 *History of Modern France*와 The General: Charles de Gaulle and the France He Saved의 저자다.

「미국을 다시 제정신을 들게 만들 마크롱 압승의 교훈」

프랑스 대통령직을 넘겨받은 중도주의적 반란자가 지금 의회를 정복했다. 그가 그것을 할 수 있다면 미국인은 할 수 있는가? 물론이다, 그러나 그것은 담력이 필요하다.

Macron's Landslide Lessons to Make America Sane Again
The centrist insurgent who took over the French presidency has now conquered parliament. If he can do it, can an American? Yes, but it takes guts.

2017. 12. 6., The Daily Beast.
크리스토퍼 디키(Christopher Dickey)

파리 – 에마뉘엘 마크롱, 5월에 대통령직을 획득하기 위해 무명 상태로부터 폭풍처럼 등장한 것으로 보인 정치적 순박아淳朴兒는 이제 프랑스 의회도 정복했다. 일요일 1차 투표 후 지난해까지 존재하지 않았던 그의 당은 국회의 압도적 다수 의석을 얻게 되어 있다.

좌·우익 극단들이 정치지형을 지배하기에 이른 시대에 (영국선거를 보라!) 겁 없이 "좌익도 아니고 우익도 아닌" 것을 선거전 슬로건으로 내걸었고 지금은 5년 임기 관직에 대한 압도적 선거권적·입법권적 명령을 받은 극중極中(the extreme middle)의 한 무협인武俠人이 갑자기 우리 앞에 우뚝 서있다.

마크롱은 권좌에 앉은 지 겨우 한 달 만에 이미 세계 무대에서 공연하는 스타로 떠올랐다. 그는 꽉 움켜쥐는 악수로 도널드 트럼프의 사람 됨을 공개리에 측정해 보고, 러시아 대통령 프로파간다 기구들을 단지 그런 것으로 비난함으로써 블라디미르 푸틴에게 자기 수준을 알게 해주었다. 그리고 여기 국내에서 프랑스인들은 "마크롱 마니아(macron mania)"에 관해 이야기하고 있다. 아마 그들은 그의 "혁명"에 대해 완전히 확신하는 것이 아닐 것이고, 다만 아주 오랜만에 처음으로 낙관주의의 감각과 나라의 방향에 관한 흥분을 공유하는 것이리라.

의심할 바 없이 미국에서 많은 사람들은 그들이 반란적 중도를 활성화하고 조직할 수 있는 어떤 남자, 어떤 여자, 운동이나 정당을 발견할 수 있기를 바란다. 낡은 얼굴에 죽도록 질리고 극단적 과격파들이 공포를 역이용하고 불완전한 분노를 자극하고 일관성 없는 "포퓰리스트" 정책들을 옹호함으로써 권력을 잡은 것에 격노한 사람들을 위해 발언하기를 바란다. 미국을 다시 제정신이 들게 만들고 싶은 사람들이 마크롱으로부터 뭔가를 배울 수 있을까?

▎아무렴 그렇다. 그러나 교훈은 혹독한 것이다.

확실히 전략의 일부는 전통적 정당들의 짐을 가급적 많이 버리는 것이다. 마크롱은 프랑스 대통령 프랑수아 올랑드의 보좌관으로, 그리고 한때 그의 경제장관으로 봉직했지만, 지난해 일찍이 올랑드와 그의 거대한 비인기 사회당의 껍질을 벗겨내 그가 '운동'이라고 부른 것, 앙 마르쉬!(En Marche!, 앞으로 전진!)를 발진시키는 한편, 중도우파가 제시한 것과 동일한 정책들 중 일부를 대변했다. 다음은 아마 덜 확실한 몇몇 항목들이다.

당신은 몇몇 낡은 정당을 쪼개거나 심지어 파괴하지 않고는 역동적 신당을 창조할 수 없다.

우리가 지금 보는 것은 마크롱이 사회당과 거리를 두고 그의 새로 형성된 라 레푸블릭 앙 마르쉬(LREM)도 사회당과 거리를 취했고 그는 사회당을 몽땅 분쇄해버렸다는 사실이다. LREM과 그의 동맹세력들이 국회 577석 중 455석까지 취하게 되어 있는 반면, 사회당은 운이 좋아야 30석을 얻을 것이고, 전 대통령후보 베누아 아몽을 포함한 많은 저명인사들이 의석을 전혀 보유하지 못할 것이다.

현재 스스로를 '레 ,레퓌블리켕(Les Républicains)'이라고 부르는 우익정당은 약 110석을 얻을지 모르지만, 마크롱에 대항해 투쟁하고 싶은 사람들과 마크롱과 가까이 일하고 싶은 사람들 간에 깊이 분열해 있다. 진정으로, 마크롱이 선택한 총리, 에두아르 필립(Édouard Philippe)은 지난달까지 레 ,레퓌블리켕의 충실한 당원이었다.

그리고 스티브 배넌과 도널드 트럼프의 총아인 마린 르펜은? 그녀의 민족전선은 내분에 휩싸였고, 민족전선이 5석 이상을 얻을 것으로 기대되지 않는 입법부 안에서 한 요소가 아닐 것이다.

▎새로운 얼굴이 새로운 아이디어보다 더 중요하다.

마크롱의 가장 혁명적인 측면은 그의 젊음으로 시작한 마크롱 자신이다. 39세의 그는 나폴레옹 보나파르트 이래 프랑스의 가장 젊은 지도자다. 여기에 그의 상당한(어떤 이의 말로는 '경이로운') 지성, 명확한 방향감각, 그리고 겁 없는 야망을 더해라. 그러면 그 이미지는 나라의 정치생활을 수십 년 동안 지배했던 백발 정치인들의 정체된 늪으로부터 성큼성큼 걸어 나온 아주 역동적인 어떤 사나이의 이미지다.

그러나 마크롱은 반反기성세대가 아닐뿐더러 프랑스 능력주의의 정수, 즉 프랑스에 많은 대통령과, 셀 수 있는 것보다 더 많은 내각각료들, 그리고 많은 산업·상업 지도자들을 제공해온, 에나(ENA)로 알려진 아주 엘리트적인 국립행정학교(École Nationale d'Administration) 출신이다. 아메리카 아이비리그의 네트워크들은 "에나키(the enarchy, ENA출신 지배

체제)"와 비교할 수 있는 것이 아니다.

그것은 정확히 그가 참신한 얼굴이지만 그가 중도좌익이든 중도우익이든 옛 수호자들이 법제화하는 데 거듭 실패한 노동법전의 개혁과 교육체계와 같은 중도주의 정책들을 통해 압박할 수 있기를 바라는 기성세대에 깊은 뿌리를 두고 있기 때문이다.

낡은 수호자들은 그들의 시간이 지나갔다는 것을 깨달아야 하고 새로운 운동을 도우면서 배후에 남아 있어야 한다. (주목하라, 클린턴세력들.)

마크롱은 아주 머리 좋은 젊은 테크노크라트들로 둘러싸여 있다. 그러나 그의 프로모터와 후원자들 중에는 세월이 흐르면서 이런저런 이유로 그 명성이 변색된 몇몇 과거 정부 출신 저명인사들도 있었다.

가령 가장 유명한 사람들 중 하나는 유럽재건개발은행(European Bank for Reconstruction and Development)을 책임졌고 '철의 장막' 붕괴 이후 고투 중의 동구제국에 쓴 것보다 더 많은 돈을 본부건물에 썼다고 알려졌을 때 해임된, 19080년대 프랑수아 미테랑의 측근 조언자 쟈크 아탈리(Jacques Attali)였다. 그보다 전에 아탈리는 복귀할 때 프랑스에서 경제성장을 진흥하는 길을 찾는 블루리본 위원회의 위원장을 맡았고, ENA를 막 나온 젊은 마크롱을 핵심참모로 만들었었다.

거기로부터 마크롱은 로스차일드에서 투자은행가로 일하러 가서 아주 큰 거래를 몇 건 계약했지만, 그의 야심이 정치적이라는 데 어떤 의심도 없었고, 2-3년 뒤 올랑드 대통령은 그를 그의 날개 아래 엘리제궁의 보좌관으로 발탁했다가 곧 경제장관으로 임명했다. 지금은 완전히 빛을 잃은 마린 르펜과 같은 우익과 극우 쪽의 마크롱의 적수들은 마크롱이 사회당의 짐이 없는 올랑드의 계승자에 불과하다고 주장한다.

경제장관실의 마크롱 팀의 많은 멤버들은 도미니크 스트라우스-칸(Dominique Strauss-Kahn)이 거기 있을 때 그와 일했었다. 스트라우스-

칸은 이어서 워싱턴의 IMF(International Monetary Fund) 수장에 임명되었고, 2011년 프랑스의 분석가들은 대부분 DSK가 - 그는 그렇게 불렸다 - 2012년 대통령선거에 이기러 돌아올 것이라고 생각했다. 그러나 그는 뉴욕에서 호텔 하녀에 의해 아주 추악한 성폭력으로 피소되었고, 이 사건으로부터 생겨난 스캔들은 그의 정치이력을 확실하게 종식시키고 말았다. DSK의 한 가까운 친구는 The Daily Beast 지에 그가 마크롱에게 경제정책에 관한 조언을 주었다고 말했다. 그러나 그는 선거운동 기간 동안 완전히 보이지 않는 상태로 물러나 있었고, 거의 확실하게 그런 식으로 머물러 있을 것이다.

최종적으로, 반란적 중도주의자는 중도가 대변하는 것에 대한 확고한 이념(idea)을 가지고 명백하게 전달되도록 만들어야 한다.

마크롱의 선거전이 보여준 충격적 장면들 중 하나는 유권자 대중이 좌우의 극단주의자들을 옹호하고 싶어 한다는 것을 보여주는 것 같은 정치적 트렌드가 나타났을 때도 그가 기본 이념들 - 합리적 주主이념들 - 을 고수한 집요성이었다. 그는 영국의 브렉시트 투표와 미국의 트럼프 선거 후에 일어난 거대한 역풍에 맞서 역주행하고 있었다. 그러나 유럽의 통일과 기후변화, 경제개혁과 안보와 같은 이슈에 관해 그는 풍향계를 무시하고 그의 노선을 견지했다.

이 모든 것은 마크롱이 다스리기 위해 자리에 앉을 때 쉬운 시간을 갖지 못할 것이라는 것을 말해주었다. 의회선거 1차 투표에서의 기권율(투표불참율)은 50%로 올랐고, 이것은 프랑스에서 거대한 것이다. 어떤 관찰자들은 아름다운 날씨를 탓했고, 다른 관찰자들은 수고로운 대통령선거전을 탓했다. 그리고 어떤 관찰자들은 투표불참을 다가올 대결의 조짐으로 묘사한다. 이곳은 사람들이 종종 "가두街頭로 나가는" 나라이고, 개혁을 향한, 특히 마크롱이 노동법전이나 선거제도에서 제안하는 유형의 개혁을 향한 많은 노력이 대중시위와 파괴적 파업들에 의해 좌절된 나라다.

그러나 마크롱은 이전에 그가 어떤 이들이 근본적 중도(the radical center)라고 부르는 것을 어떻게 활성화할지를 안다는 것을 입증했다. 그리하여 적어도 "가두"가 마침내 맞수를 만났다고 생각할 수 있다. 그가 선거전을 치렀을 때만큼 효과적으로 요령껏 다스려 나간다면 "근본적 중도주의자들"은 세계 도처에서 마침내 자신감을 얻을 수 있을지 모른다.

제3부
세계 중도개혁주의 영문자료

01.
Materials of The Democratic Party of USA

02.
UK Labour Party's Documents

03.
International Documents

04.
Articles on Macrons

Materials of the Democratic Party of USA

 **Keynote Address of Gov.
Bill Clinton to the DLC's Cleveland Convention**

DLC | Speech | May 6, 1991

Thank you very much. Mary Rose, thank you for that introduction. I loved listening to it, but all the while I knew that the better politician was speaking first. It is a great honor for us to be in your district and to be in Mayor White's city.

I want to again welcome all of you to this convention. The Democratic Leadership Council has had a very good year, but in a real sense, we are just beginning, for it is here with you that we are being given the chance to shape a new message for the Democratic Party, and to chart a new course for our country.

Bill Clinton

I have read, and you have read, all the people who say that the Democratic Party is dead. I read the New Republic with the cover, Democratic Coma.

Well, I want you to know that I respectfully disagree. Our DLC has over 600 Federal, State, and local elected officials, people who are brimming with ideas and energy, people who are out there on the firing line every day, actually solving problems, and somehow getting the electoral support they need to go forward.

I disagree because, even though our President is very, very popular, and we all pray for his speedy recovery, all is not well in America. We should all be justly proud of our magnificent victory in the Gulf, and we can honestly say that only America, of all the countries in the world, could have put together the political and military coalitions that made it possible.

So in that sense we are still the world's number one country. But if you look at the whole picture, it is very different, for today, as we begin another work week in America, 18 other nations will do a better job than we do of the simple task of bringing babies into the world alive.

And a dozen will do a better job of preparing their children to perform on international tests in science and math that are so critical to our future.

At least 10 will send their working men and women out to their jobs with better reading skills that are so necessary to compete in a world where what you can earn depends largely on what you can learn.

Of all the major countries in the world, we will be the only one that sends our working men and women to their jobs today with the gnawing insecurity that millions of them feel still that, if they get sick or their children get sick, they do not know how they will pay the bills, or whether they will get the care.

Of all the major industrial countries in the world, we are the only country that has no system for moving the kids who do not want to go to college into good jobs with high wages and a good future instead of dead-end jobs.

Regrettably, last year we did become number on in another category: we passed the Soviet Union and South Africa, and now we are the number one nation in the world in the percentage of people we put in prison.

Our competitors for the future are Germany and Japan. Last year they had productivity growth rates three and four times ours, because they educate their people better, they invest more in their future, and they organize their economies for global competition, and we do not.

These are facts that we have to face, but for more than a decade we have lived in a fantasy world in which it was bad form and terrible politics to admit that we had problems of this magnitude, and it was certainly out of the question for anyone in national political leadership to assume personal responsibility for doing something about them.

I hope that the number one consequence of our victory in the Persian Gulf, is that at long last we will have the national self-confidence to face up to our real problems here at home, for they are the national security issues of the future.

More important than the future of the Democratic Party, which is what is preoccupying so much of the press coverage, is the future of America. If these conditions continue, can we preserve America's leadership in the world we have done so much to make? Can we keep the American dream alive here at home? I joined the DLC to help find answers to these questions.

The 1980's glorified the pursuit of greed and self-interest, and we saw the explosion in the number of poor women and their little children. In the 1980's our competitive position eroded, but the CEO's of this country gave themselves pay raises that were four times as much as they gave their employees and three times as much as their corporate profits increased.

Middle income families' earnings declined for the first time in our memory, and not because we are a lazy people. Working class families put in more hours at work and less time with their children in 1989 than they did in 1979.

And it is not because we are overpaid. German factory workers on the average make over 20 percent more than their American counterparts. You may say, well if all these things are out there, why in the wide world haven't the Democrats been able to take advantage of these conditions?

I'll tell you why: because too many of the people that used to vote for us, the very burdened middle class we are talking about, have not trusted us in national elections to defend our national interests abroad, to put their values into our social policy at home, or to take their tax money and spend it with discipline.

We have got to turn these perceptions around, or we cannot continue as a national party. But that is not the most important issue. The most important thing is that this United States of America needs at least one political party that is not afraid to tell the people the truth and address the real needs of real human beings.

We need one political party that does not want to be the hunter or the hunted on those 30-second negative ads that have turned so many people off.

I applaud the changes of the Democratic national party in the last couple of years under the leadership of Ron Brown. He has made a real effort to reach out to the middle class.

He has made a real effort to unify all of our party, to talk to all of its people, with all of their different views, and to help people like me and our Members of Congress to get elected, often in very tough circumstances, and we have held up pretty well. But if we want to be a national party, we have a lot more to do.

We have got to have a message that touches everybody, that makes sense to everybody, that goes beyond the stale orthodoxies of left and right, one that resonates with the real concerns of ordinary Americans, with their hopes and their fears. That is what we are here in Cleveland to do.

The Republican burden is their record of denial, evasion, and neglect. But our burden is to give the people a new choice, rooted in old values, a new choice that is simple, that offers opportunity, demands responsibility, gives citizens more say, provides them responsive government -- all because we recognize that we are a community, we are all in this together, and we are going up or down together.

Opportunity for all means first and foremost a commitment to economic growth. To do it we have to expand world trade, but we ought to demand that when we expand it, our workers get treated fairly and the global environment is enhanced, not torn apart.

Opportunity for all means more investment in emerging technologies, and more incentives to invest by U.S. companies in their own country.

Opportunity for all means, more than anything else, world-class skills, for people who live here while money and management may fly away.

Opportunity for all also means that the government ought to help the middle class as well as the poor when they need it. That is why we favored increases in the earned income tax credits for hard-pressed working Americans who are overtaxed, largely because of the $65 billion surplus in the regressive Social Security tax.

That is why we favor preschool for all children, as an opportunity for all children, as an opportunity, not a mandate. That is why we favor a national system of apprenticeships for non-college-bound young people, and national service so that everybody who wants to can get the money to go to college, if they will in turn give something back to their country, as teachers or police officers.

But opportunity for all is not enough, for if you give opportunity without insisting on responsibility, much of the money can be wasted, and the country's strength can still be sapped. So we favor responsibility for all. That is the idea behind national service. It is the idea behind welfare reform, and we urge every State to vigorously pursue it.

We should invest more money in people on welfare to give them the skills they need to succeed, and to help them with child care and with medical care for their children, but we should demand that everybody who can go to work do it, for work is the best social program this country has ever devised.

The Democrats should be the party which demands the toughest possible child support enforcement. Forty percent, 40 percent of our welfare dollars would not have to come out of the taxpayers' hides if the men who owe child support and can pay it, did it.

There is an idea abroad in the land that if you abandon your children the government will raise them. Well, I will tell you something. For 11 years now I have been providing budgets for the division of children and family services, for maternal and child health, for every conceivable program. I have done everything I could to get more money, but I will let you in on a secret -- governments do not raise children, people do, and it is time they were asked to assume their responsibilities and forced to do it if they refuse.

Responsibility for all means that students ought not to get or keep their drivers license unless they stay in school, and parents ought to have to keep them in school and ought to show up at school if the kids are in trouble. It means there is something for everybody to do, and that we Democrats recognize that we cannot move forward without investing more money in our future. But we can invest all the money in the world, and if people will not do right, it will not do what it is supposed to do.

So the Democrats should be for responsibility for all. And I believe we should be for more choices. Choice is not a code word for elitism or racism. We are living in a world, after all, when all of us want 50 or 60 channels on cable television, when people in Eastern Europe tore down the Berlin Wall because they got sick and tired of some government monopoly telling them what to do and how to live, and they knew it did not work.

In the information age, monopoly decisions handed down on high by government bureaucracies are not always the best way to go. With appropriate protections against discrimination based on race or income, we can provide our people more choices: child care vouchers, public school choice options, job training programs, choices for the elderly who used to be required, when they got a little frail, in order to get government money, to go to nursing homes, to let them have more choices, to stay independent and to stay at home.

We believe in the obligation of Democrats who believe in government to reinvent government, to make it work. We believe that we should follow the successes of our greatest corporations in eliminating middle levels of bureaucracy, pushing decisions down to the lowest possible level, empowering people, increasing accountability, and treating our citizens like they were our customers and our bosses -- because they are.

That is why we favor tenant management of housing projects, and giving principals and teachers more say in how schools are run, and neighborhood policing, where the same police ride the streets or walk the blocks day in and day out and know their neighbors and treat them like partners in the fight for safe streets.

We believe we ought to have a Federal budget which spends more money on the future and less on the present and the past, a Federal budget which ties current increases in consumption to the money that American people can afford to pay because of how much their own income increases.

And finally, let me say again, we believe in community, in repairing a torn fabric of our country at its most fragile point, the millions and millions of children who are being robbed of their childhoods, because we really are all in this together. This is a new choice Democrats can ride to victory on: opportunity, responsibility, choice, a government that works, a belief in community.

Now our new choice plainly rejects the old categories and false alternatives they impose. Is what I just said to you liberal or conservative? The truth is, it is both, and it is different. It rejects the Republicans' attacks and the Democrats' previous unwillingness to consider new alternatives.

Let us just take two examples. Take this fight about civil rights. The Republicans have set it up so that, if you are for the civil rights bill, you have got to be for quotas, so that if you are not for quotas we have to say you are for discrimination. It is a bogus debate. And the White House ought to be ashamed of itself for breaking up the honest attempt of the Business Roundtable and the civil rights groups in this country to have a new choice, where you can have economic growth, small business vitality, you do not wake up every day being scared to death of a lawsuit, but we protect women and minorities and people who deserve it from unfair discrimination on the job, which we all know still exists in this country.

Take the debate about poor children. The way the Republicans set the debate up, they say, well the Democrats are for throwing more money at these problems, and we know you cannot throw money at them. We just said that, and we are for family values.

Well, let me tell you something. Family values will not feed a hungry child, but you cannot raise that hungry child very well without them. We need both.

When I was a little boy, I was raised by my grandparents, with a lot of help from my great-grandparents. My great-grandparents lived out in the country in about a two-room shack up on stilts. The best room on the place was the storm cellar, which was a hole in the ground, where I used to spend the night with a coal oil lantern and snakes. And they got government commodities -- that is what we called it back then -

help from the government.

They did a heck of a job with what they had. My granddaddy ran a country store in a black neighborhood in a little town called Hope, Arkansas, and there were no food stamps, so when his black customers, who worked hard for a living, came in with no money, he gave them food anyway and just made a note of it. He knew that he was part of a community. They believed in family values. They believed in personal responsibility. But they also believed that the government had an obligation to help people who were doing the best they can.

And we made it. If you contrast that to the situation that exists in so much of America today, it is truly shocking. My wife and I were in Los Angeles a year and a half ago, in south-central L.A. in one of the drug-dominated areas, and we spent an hour and a half with a dozen sixth-graders, most of whom had never met their grandparents, could only imagine what a great-grandparent was, and one of them even told me he thought he may have to turn his own parents in for drug abuse.

And do you know what those kids were worried about? They were worried first about getting shot going to and from school, and second, they were most worried that when they turned 13 they would have to join a gang and do crack or they would get the living daylights beat out of them.

Now let me tell you something, friends. Those people do not care about the rhetoric of left and right and liberal and conservative and who is up and who is down and how we are positioned. They are real people, they have real problems, and they are crying desperately for someone who believes the purpose of government is to solve their problems and make progress, instead of posturing around and waiting for the next election.

And there are people like them all over America: A working man at home who asked me in the election, he said, Governor I believe in your education program, and I support raising taxes to pay for it, but I am doing the best I can. When will I ever do better?

A widow with four children I met in the cafi who said, I know I could go on welfare and get medical coverage for my kids, but I think it is immoral if I can work, so I come here and work every day. But what am I going to do if my children get sick?

Those people do not care about the idle rhetoric that has paralyzed American politics. They want a new choice, and they deserve a new choice, and we ought to give it to them.

Do you really believe that if we permit these conditions to go on for 10, or 20, or 30 years and we permit national politics to continue in its present irrelevant track for 10, or 20, or 30 years that America will lead the world we have made, that you can keep the American Dream alive for the next generation of Americans?

I want my child to grow up in the America I did; I do not want her to be part of the first generation of Americans to do worse than their parents did. I do not want her to be a part of a country that is coming apart instead of coming together.

Over 25 years ago, I had a professor of western civilization who told me our country was the greatest country in human history because our people had always believed in two simple things. One is that the present does not have to be as good as the future. The future can always be better. And two, that every one of us has a personal, moral responsibility to make it so. That is what the new choice is all about. That is what we are here in Cleveland to do.

We are not here to save the Democratic Party. We are here to save the United States of America.

Thank you very much, and God bless you.

A Vision for America: A New Covenant - Bill Clinton's Acceptance Speech to 1992 Democratic Convention

July 16, 1992

Governor Richards, Chairman Brown, Mayor Dinkins, our great host, my fellow delegates and my fellow Americans, I am so proud of Al Gore.

He said he came here tonight because he always wanted to do the warm-up for Elvis. Well, I ran for President this year for one reason and one reason only: I wanted to come back to this convention and finish that speech I started four years ago.

Last night Mario Cuomo taught us how a real nominating speech should be given. He also made it clear why we have to steer our ship of state on a new course. Tonight I want to talk with you about my hope for the future, my faith in the American people, and my vision of the kind of country we can build together.

I salute the good men who were my companions on the campaign trail: Tom Harkin, Bob Kerrey, Doug Wilder, Jerry Brown, and Paul Tsongas.

One sentence in the Platform we built says it all. The most important family policy, urban policy, labor policy, minority policy, and foreign policy America can have is an expanding entrepreneurial economy of high-wage, high-skilled jobs.

And so, in the name of all those who do the work and pay the taxes, raise the kids, and play by the rules, in the name of the hardworking Americans who make up our forgotten middle class, I proudly accept your nomination for President of the United States.

I am a product of that middle class, and when I am President, you will be forgotten no more.

We meet at a special moment in history, you and I. The Cold War is over. Soviet communism has collapsed and our values - freedom, democracy, individual rights, free enterprise - they have triumphed all around the world. And yet, just as we have won the Cold War abroad, we are losing the battles for economic opportunity and social justice here at home.

Now that we have changed the world, it's time to change America.

I have news for the forces of greed and the defenders of the status quo: Your time has come and gone. Its time for a change in America.

Tonight 10 million of our fellow Americans are out of work, tens of millions more work harder for lower pay. The incumbent President says unemployment always goes up a little before a recovery begins, but unemployment only has to go up by one more person before a real recovery can begin. And Mr. President, you are that man.

This election is about putting power back in your hands and putting government back on your side. It's about putting people first.

You know, I've said that all across the country, and whenever I do, someone always comes back to me, as a young man did just this week at a town meeting at the Henry Street Settlement on the Lower East Side of Manhattan.

He said, "That sounds good, Bill, but you're a politician. Why should I trust you?"

Tonight, as plainly as I can, I want to tell you who I am, what I believe, and where I want to lead America.

I never met my father. He was killed in a car wreck on a rainy road three months before I was born, driving from Chicago to Arkansas to see my mother.

After that, my mother had to support us, so we lived with my grandparents while she went back to Louisiana to study nursing. I can still see her clearly tonight through the eyes of a three-year-old, kneeling at the railroad station and weeping as she put me back on the train to Arkansas with my grandmother.

She endured that pain because she knew her sacrifice was the only way she could support me and give me a better life. My mother taught me. She taught me about family and hard work and sacrifice. She held steady through tragedy after tragedy, and she held our family - my brother and I - together through tough times.

As a child, I watched her go off work each day at a time when it wasn't always easy to be a working mother.

As an adult, I've watched her fight off breast cancer, and again she has taught me a lesson in courage. And always, always, she taught me to fight.

That's why I'll fight to create highpaying jobs so that parents can afford to raise their children today.

That's why I'm so committed to make sure every American gets the health care that saved my mother's life and that women's health care gets the same attention as men's.

That's why I'll fight to make sure women in this country receive respect and dignity, whether they work in the home, out of the home, or both.

You want to know where I get my fighting spirit? It all started with my mother. Thank you, Mother. I love you.

When I think about opportunity for all Americans, I think about my grandfather. He ran a country store in our little town of Hope. There was no food stamps back then, so when his customers, whether they were White or Black who worked hard and did the best they could, came in with no money, well, he gave them food anyway. He just made a note of it. So did I.

Before I was big enough to see over the counter, I learned from him to look up to people other folks looked down on.

My grandfather just had a high school education- a grade school education- but in that country store he taught me more about equality in the eyes of the Lord than all my professors at Georgetown, more about the intrinsic worth of every individual that all the philosophers at Oxford, more about the need for equal justice under the law than all the jurists at Yale Law School.

If you want to know where I come by the passionate commitment I have to bringing people together without regard to race, it all started with my grandfather.

I learned a lot from another person too: a person who for more than 20 years has worked hard to help our children, paying the price of time to make sure our schools don't fail them. Someone who traveled our state for a year, studying, learning, listening, going to PTA meetings, school board meetings, town hall meetings, putting together a package of school reforms recognized around the nation, and doing it all while building a distinguished legal career and being a wonderful, loving mother.

That person is my wife.

Hillary taught me. She taught me that all children can learn and that each of us has a duty to help them do it.

So if you want to know why I care so much about our children, and our future, it all started with Hillary. I love you.

Frankly, I am fed up with politicians in Washington lecturing the rest of us about family values. Our families have values. But our government doesn't.

I want an America where family values live in our actions, not just in our speeches. An America that includes every family. Every traditional family and every extended family. Every two parent family. Every single-parent family. And every foster family. Every family.

I do want to say something to the fathers in this country who have chosen to abandon their children by neglecting their child support: Take responsibility for your children or we will force you to do so. Because governments don't raise children; parents do. And you should.

And I want to say something to every child in America tonight who is out there trying to grow up without a father or a mother: I know how you feel. You are special too.

You matter to America. And don't you ever let anybody tell you can't become whatever you want to be. And if other politicians make you feel like you are not part of their family, come on and be part of ours.

The thing that makes me angriest about what has gone wrong in the last 12 years is that our government has lost touch with our values, while our politicians continue to shout about them. I'm tired of it!

I was raised to believe the American Dream was built on rewarding hard work. But we have seen the folks of Washington turn the American ethic on its head.

For too long those who play by the rules and keep the faith have gotten the shaft, and those who cut corners and cut deals have been rewarded.

People are working harder than ever, spending less time with their children, working nights and weekends at their jobs instead of going to PTA and Little League or Scouts. And their incomes are still going down. Their taxes are still going up. And the costs of health care, housing and education are going through the roof.

Meanwhile, more and more of our best people are falling into poverty even though they work 40 hours a week.

Our people are pleading for change, but government is in the way. It has been hijacked by privileged private interests. It has forgotten who really pays the bills around here. It has taken more of your money and given you less in return. We have got to go beyond the brain-dead politics in Washington and give our people the kind of government they deserve, a government that works for them.

A President, a president, ought to be a powerful force for progress. But right now I know how President Lincoln felt when General McClellan wouldn't attack in the Civil War. He asked him, "If you're not going to use your army, may I borrow it?"

And so I say: George Bush, if you won't use our power to help America, step aside. I will.

Our country is falling behind. The President is caught in the grip of a failed economic theory. We have gone from first to 13th in the world in wages since Ronald Reagan and Bush have been in office.

Four years ago, candidate Bush said, "America is a special place, not just another pleasant country somewhere on the UN Roll Call between Albania and Zimbabwe." Now under President Bush, America has an unpleasant economy struck somewhere between Germany and Sri Lanka.

And for most Americans, Mr. President, life's a lot less kind and a lot less gentle than it was before your administration took office.

Listen, do it some more.

Our country has fallen so far so fast that just a few months ago the

Japanese prime minister actually said he felt sympathy for the United States. Sympathy. When I am your President, the rest, the rest, of the world will not look down on us with pity but up to us with respect again.

What is George Bush doing about our economic problems?

Now, four years ago he promised 15 million new jobs by this time, and he's over 14 million short. Al Gore and I can do better.

He has raised taxes on the people driving pickup trucks and lowered taxes on the people riding in limousines. We can do better.

He promised to balance the budget but he hasn't even tried. In fact, the budgets he has submitted to Congress nearly doubled the debt. Even worse, he wasted billions and reduced our investments in education and jobs. We can do better.

So if you are sick and tired of a government that doesn't work to create jobs, if you're sick and tired of a tax system that's stacked against you, if you're sick and tired of exploding debt and reduced investments in our future, or if, like the great civil rights pioneer Fannie Lou Hamer, you're just plain old sick and tired of being sick and tired, then join us, work with us, win with us, and we can make our country the country it was meant to be.

Now, George Bush talks a good game, but he has no game plan to rebuild America, from the cities to the suburbs to the countryside, so that we can compete and win again in the global economy. I do.

He won't take on the big insurance companies and the bureaucracies to control health costs and give us affordable health care for all Americans, but I will.

He won't even implement the recommendations of his own commission on AIDS, but I will.

He won't streamline the federal government and change the way it works, cut 100,000 bureaucrats and put 100,000 new police officers on the streets of American cities, but I will. (Applause)

He's never balanced a government budget, but I have 11 times.

He won't break the stranglehold the special interests have on our elections and the lobbyists have on our government, but I will.

He won't give mothers and fathers the simple chance to take some time off from work when a baby is born or a parent it sick, but I will.

We're losing our farms at a rapid rate, and he has no commitment to keep family farms in the family, but I do.

He's talked a lot about drugs, but he hasn't helped people on the front line to wage that war on drugs and crime. But I will.

He won't take the lead in protecting the environment and creating new jobs in environmental technologies for the 21st century, but I will. And you know what else? He doesn't have Al Gore, and I do.

Just in case, just in case, you didn't notice, that's Gore with an E on the end.

And George Bush-George Bush won't guarantee a women's right to choose; I will.

Listen. Hear me now. I am not pro-abortion; I am pro-choice, strongly. I believe this difficult and painful decision should be left to the women of America.

I hope the right to privacy can be protected and we will never again have to discuss this issue on political platforms. But I am old enough to remember what it was like before Roe v. Wade, and I do not want to return to the time when we made criminals of women and their doctors.

Jobs, education, health care- these are not just commitments from my lips; they are the work of my life.

Our priorities must be clear; we will put our people first again. But priorities without a clear plan of action are just empty words. To turn our rhetoric into reality we've got to change the way government does business, fundamentally. Until we do, we'll continue to pour billions of dollars down the drain.

The Republicans have campaigned against big government for a generation, but have you noticed? They've run this big government for a generation and they haven't changed a thing. They don't want to fix government; they still want to campaign against it, and that's all.

But, my fellow Democrats, its time for us to realize we've got some changing to do too. There is not a program in government for every problem, and if we want to use government to help people, we have got to make it work again.

Because we are committed in this Convention and in this Platform to making these changes, we are, as Democrats, in the words that Ross Perot himself spoke today, "a revitalized Democratic Party."

I am well aware that all those millions of people who rallied to Ross Perot's cause wanted to be in an army of patriots for change. Tonight I say to them, join us, and together we will revitalize America.

Now, I don't have all the answers, but I do know the old ways don't work. Trickledown economics has sure failed. And big bureaucracies, both private and public, they've failed too.

That's why we need a new approach to government, a government that offers more empowerment and less entitlement. More choices for young people in the schools they attend- in the public schools they attend. And more choices for the elderly and for people with disabilities and the long-term care they receive. A government that is leaner, not meaner; a government that expands opportunity, not bureaucracy; a government that understands that jobs must come from growth in a vibrant and vital system of free enterprise.

I call this approach a New Covenant, a solemn agreement between the people and their government based not simply on what each of us can take but what all of us must give to our Nation.

We offer our people a new choice based on old values. We offer opportunity. We demand responsibility. We will build an American community again. The choice we offer is not conservative or liberal. In many ways, it is not even Republican or Democratic. It is different. It is new. And it will work. It will work because it is rooted in the vision and the values of the American people.

Of all the things that George Bush has ever said that I disagree with, perhaps the thing that bothers me most is how he derides and degrades the American tradition of seeing and seeking a better future. He mocks it as the "vision thing."

But just remember what the Scripture says: "Where there is no vision, the people perish."

I hope, nobody in this great hall tonight, or in our beloved country has to go through tomorrow without a vision. I hope no one ever tries to raise a child without a vision. I hope nobody ever starts a business or plants a crop in the ground without a vision. For where there is no vision, the people perish.

One of the reasons we have so many children in so much trouble in so many places in this nation is because they have seen so little opportunity, so little responsibility, so little loving, caring community, that they literally cannot imagine the life we are calling them to lead.

And so I say again: Where there is no vision, America will perish. What is the vision of our New Covenant?

An America with millions of new jobs and dozens of new industries, moving confidently toward the 21st century.

An America that says to entrepreneurs and businesspeople: We will give you more incentives and more opportunity than ever before to develop the skills of your workers and to create American jobs and American wealth in the new global economy. But you must do your part, you must be responsible. American companies must act like American companies again, exporting products, not jobs.

That's what this New Covenant is all about.

An America in which the doors of colleges are thrown open once again to the sons and daughters of stenographers and steelworkers. We will say: Everybody can borrow money to go to college. But you must do your part. You must pay it back, from your paychecks or, better yet, by going back home and serving your communities.

Just think of it. Think of it. Millions of energetic young men and women serving their country by policing the streets or teaching the children or caring for the sick. Or working with the elderly and people with disabilities. Or helping young people to stay off drugs and out of gangs, giving us all a sense of new hope and limitless possibilities.

That's what this New Covenant is all about.

An America in which health care is a right, not a privilege, in which we say to all of our people: "Your government has the courage finally to take on the health care profiteers and make health care affordable for every family." But, you must do your part. Preventive care, prenatal care, childhood immunization-saving lives, saving money, saving families from heartbreak.

That's what the New Covenant is all about.

An America in which middle-class incomes, not middle-class taxes, are going up.

An America, yes, in which the wealthiest few, those making over $200,000 a year, are asked to pay their fair share.

An America in which the rich are not soaked, but the middle class is not drowned, either.

Responsibility starts at the top.

That's what the New Covenant is all about.

An America where we end welfare as we know it. We will say to those on welfare: You will have, and you deserve, the opportunity, through training and education, through child care and medical coverage, to liberate yourself. But then, when you can, you must work, because welfare should be a second chance, not a way of life.

That's what the New Covenant is all about.

An America with the world's strongest defense, ready and willing to use force when necessary.

An America at the forefront of the global effort to preserve and protect our common environment- and promoting global growth.

An America that will not coddle tyrants, from Baghdad to Beijing.

An America that champions the cause of freedom and democracy from Eastern Europe to Southern Africa- and in our own hemispheres, in Haiti and Cuba.

The end of the Cold War permits us to reduce defense spending while still maintaining the strongest defense in the world, but we must plow back every dollar of defense cuts into building American jobs right here at home. I know well that the world needs a strong America, but we have learned that strength begins at home.

But the New Covenant is about more than opportunities and

responsibilities for you and your families. It's also about our common community.

Tonight every one of you knows deep in your heart that we are too divided. It is time to heal America.

And so we must say to every American: Look beyond the stereotypes that blind us. We need each other - all of us - we need each other. We don't have a person to waste, and yet for too long politicians have told the most of us that are doing all right that what's really wrong with America is the rest of us- them.

Them, the minorities. Them, the liberals. Them, the poor. Them, the homeless. Them, the people with disabilities. Them, the gays.

We've gotten to where we've nearly them'ed ourselves to death. Them, and them, and them.

But, this is America. There is no them. There is only us.
One nation, under God, indivisible, with liberty and justice for all.
That, that, is our Pledge of Allegiance, and that's what the New Covenant is all about.

How do I know we can come together and make change happen? Because I have seen it in my own state. In Arkansas, we are working together, and we are making progress. No, there's no Arkansas Miracle, but there are a lot of miraculous people. And because of them, our schools are better, our wages are higher, our factories are busier, our water is cleaner and our budget is balanced. We're moving ahead.

I wish I could say the same thing about America under the incumbent President. He took the richest country in the world and brought it down.

We took on of the poorest states in America and lifted it up.

And so I say to all of those, in this campaign season who would criticize Arkansas, come on down. Especially if you're from Washington, come on down.

Sure, you'll see us struggling against some of the problems that we haven't solved yet, but you'll also see a lot of great people doing amazing things, and you might even learn a thing or two.

In the end, my fellow Americans, this New Covenant simply asks us all to be Americans again- old-fashioned Americans for a new time. Opportunity, responsibility, community.

When we pull together, America will pull ahead. Throughout the whole history of this country, we have seen, time and time and time again, when we are united we are unstoppable.

We can seize this moment, make it exciting and energizing and heroic to be American again. We can renew our faith in each other and in ourselves. We can restore our sense of unity and community.

As the Scripture says, "our eyes have not yet seen, nor our ears heard, nor minds imagined" what we can build.

But I can't do this alone. No President can. We must do it together. It won't be easy, and it won't be quick. We didn't get into this mess overnight, and we won't get out of it overnight. But we can do it- with commitment, creativity, diversity and drive.

We can do it. We can do it.
We can do it. We can do it. We can do it.
We can do it. We can do it. We can do it.

I want every person in this hall and every person in this land to reach out and join us in a great new adventure, to chart a bold new future.

As a teenager, I heard John Kennedy's summons to citizenship. And then, as a student at Georgetown, I head that call clarified by a professor name Carol Quigley, who said to us that America was the greatest Nation in history because our people had always believed in two things- that tomorrow can be better than today and that every one of us has a personal moral responsibility to make it so.

That, that, kind of future entered my life the night our daughter, Chelsea, was born. As I stood in the delivery room, I was overcome with the thought that God had given me a blessing my own father never knew- the chance to hold my child in my arms.

Somewhere at this very moment a child is being born in America. Let it be our cause to give that child a happy home, a healthy family and a hopeful future. Let it be our cause to see that that child has a chance to live to the fullest of her God-given capacities.

Let it be our cause to see that child grow up strong and secure, braced by her challenges but never struggling alone, with family and friends and a faith that in America, no one is left out; no one is left behind.

Let it be, let it be, our cause that when this child is able, she gives something back to her children, her community and her country. Let it be our cause that we give this child a country that is coming together, not coming apart, a country of boundless hopes and endless dreams, a country once again lifts its people and inspires the world. Let that be our cause our commitment and our New Covenant.

My fellow Americans, I end tonight where it all began for me- I still believe in a place called Hope. God bless you, and God Bless America.

1992 Democratic Party Platform

Table of Contents

Preamble

Opportunity
- Investing in America
- Support for Innovation
- The Deficit
- Defense Conversion
- The Cities
- Agriculture and the Rural Community
- Workers' Rights
- Life Long Learning
- Domestic GI Bill
- Affordable Health Care
- Fairness
- Energy
- Civil and Equal Rights

Responsibility
- Family
- Welfare
- Choice
- Education
- Labor-Management
- The Environment
- Responsible Government
- Officials

Restoring Community
- Combatting Crime and Drugs
- Community Policing
- Firearms
- Pursuing ALL Crime Aggressively
- Further Initiatives
- Empowering the Poor
- Immigration
- Housing
- National Service
- The Arts
- Preserving Our National Security

Restructuring Our Military Forces
- Military Strength
- Use of Force
- Preventing and Combatting Conflict
- Restoring America's Economic Leadership
- Trade and Trade Agreements
- Promoting Democracy
- Emerging Democracies
- Human Rights
- Human Needs
- Preserving the Global Environment

Conclusion

PREAMBLE

Two hundred summers ago, this Democratic Party was founded by the man whose burning pen fired the spirit of the American Revolution - who once argued we should overthrow our own government every 20 years to renew our freedom and keep pace with a changing world. In 1992, the party Thomas Jefferson founded invokes his spirit of revolution anew.

Our land reverberates with a battle cry of frustration that emanates from America's very soul from the families in our bedrock neighborhoods, from the unsung, workaday heroes of the world's greatest democracy and economy. America is on the wrong track. The American people are hurting. The American Dream of expanding opportunity has faded. Middle class families are working hard, playing by the rules, but still falling behind. Poverty has exploded. Our people are torn by divisions.

The last 12 years have been a nightmare of Republican irresponsibility and neglect. America's leadership is indifferent at home and uncertain in the world. Republican mismanagement has disarmed government as an instrument to make our economy work and support the people's most basic values, needs and hopes. The Republicans brought America a false and fragile prosperity based on borrowing, not income, and so will leave behind a mountain of public debt and a backbreaking annual burden in interest. It is wrong to borrow to spend on ourselves, leaving our children to pay our debts.

We hear the anguish and the anger of the American people. We know it is directed not just at the Republican administrations that have had power, but at government itself.

Their anger is justified. We can no longer afford business as usual - neither the policies of the last 12 years of tax breaks for the rich, mismanagement, lack of leadership and cuts in services for the middle class and the poor, nor the adoption of new programs and new spending without new thinking. It is time to listen to the grassroots of America, time to renew the spirit of citizen activism that has always been the touchstone of a free and democratic society.

Therefore we call for a revolution in government - to take power away from entrenched bureaucracies and narrow interests in Washington and put it back in the hands of ordinary people. We vow to make government more decentralized, more flexible, and more accountable

- to reform public institutions and replace public officials who aren't leading with ones who will.

The Revolution of 1992 is about restoring America's economic greatness. We need to rebuild America by abandoning the something-for-nothing ethic of the last decade and putting people first for a change. Only a thriving economy, a strong manufacturing base, and growth in creative new enterprise can generate the resources to meet the nation's pressing human and social needs. An expanding, entrepreneurial economy of high-skill, high-wage jobs is the most important family policy, urban policy, labor policy, minority policy and foreign policy America can have.

The Revolution of 1992 is about putting government back on the side of working men and women - to help those who work hard, pay their bills, play by the rules, don't lobby for tax breaks, do their best to give their kids a good education and to keep them away from drugs, who want a safe neighborhood for their families, the security of decent, productive jobs for themselves, and a dignified life for their parents.

The Revolution of 1992 is about a radical change in the way government operates - not the Republican proposition that government has no role, nor the old notion that there's a program for every problem, but a shift to a more efficient, flexible and results-oriented government that improves services, expands choices, and empowers citizens and communities to change our country from the bottom up. We believe in an activist government, but it must work in a different, more responsive way.

The Revolution of 1992 is about facing up to tough choices. There is no relief for America's frustration in the politics of diversion and evasion, of false choices or of no choices at all. Instead of everyone in Washington blaming one another for inaction, we will act decisively - and ask to be held accountable if we don't.

Above all the Revolution of 1992 is about restoring the basic American values that built this country and will always make it great: personal responsibility, individual liberty, tolerance, faith, family and hard work. We offer the American people not only new ideas, a new course, and a new President, but a return to the enduring principles that set our nation apart: the promise of opportunity, the strength of community, the dignity of work, and a decent life for senior citizens.

To make this revolution, we seek a New Covenant to repair the damaged bond between the American people and their government, that will expand opportunity, insist upon greater individual responsibility in return, restore community, and ensure national security in a profoundly new era.

We welcome the close scrutiny of the American people, including Americans who may have thought the Democratic Party had forgotten its way, as well as all who know us as the champions of those who have been denied a chance. With this platform we take our case for change to the American people.

I. OPPORTUNITY

Our Party's first priority is opportunity - broad-based, non-inflationary economic growth and the opportunity that flows from it. Democrats in 1992 hold nothing more important for America than an economy that offers growth and jobs for all.

President Bush, with no interest in domestic policy, has given America the slowest economic growth, the slowest income growth, and the slowest jobs growth since the Great Depression. And the American people know the long Bush recession reflects not just a business cycle, but a long-term slide, so that even in a fragile recovery we're sinking. The ballooning Bush deficits hijacked capital from productive investments. Savings and loan sharks enriched themselves at their country's expense. The stock market tripled, but average incomes stalled, and poverty claimed more of our children.

We reject both the do-nothing government of the last twelve years and the big government theory that says we can hamstring business and tax and spend our way to prosperity. Instead we offer a third way. Just as we have always viewed working men and women as the bedrock of our economy, we honor business as a noble endeavor, and vow to create a far better climate for firms and independent contractors of all sizes that empower their workers, revolutionize their workplaces, respect the environment, and serve their communities well.

We believe in free enterprise and the power of market forces. But economic growth will not come without a national economic strategy to invest in people. For twelve years our country has had no economic vision, leadership or strategy. It is time to put our people and our country first.

Investing In America

The only way to lay the foundation for renewed American prosperity is to spur both public and private investment. We must strive to close both the budget deficit and the investment gap. Our major competitors invest far more than we do in roads, bridges, and the information networks and technologies of the future. We will rebuild America by investing more in transportation, environmental technologies, defense conversion, and a national information network.

To begin making our economy grow, the President and Congress should agree that savings from defense must be reinvested productively at home, including research, education and training, and other productive investments. This will sharply increase the meager nine percent of the national budget now devoted to the future. We will create a "future budget" for investments that make us richer, to be kept separate from those parts of the budget that pay for the past and present. For the private sector, instead of a sweeping capital gains windfall to the wealthy and those who speculate, we will create an investment tax credit and a capital gains reduction for patient investors in emerging technologies and new businesses.

Support for Innovation

We will take back the advantage now ceded to Japan and Germany, which invest in new technologies at higher rates than the U.S. and have the growth to show for it. We will make the R&D tax credit permanent, double basic research in the key technologies for our future, and create a civilian research agency to fast-forward their development.

The Deficit

Addressing the deficit requires fair and shared sacrifice of all Americans for the common good. In 12 Republican years a national debt that took 200 years to accumulate has been quadrupled. Rising interest on that debt now swallows one tax dollar in seven. In place of the Republican supply-side disaster, the Democratic investment, economic conversion and growth strategy will generate more revenues from a growing economy. We must also tackle spending, by putting everything on the table; eliminate nonproductive programs; achieve defense savings; reform entitlement programs to control soaring health care costs; cut federal administrative costs by 3 percent annually for four years; limit increases in the "present budget" to the rate of growth in the average American's paycheck; apply a strict "pay as you go" rule to new non-investment spending; and make the rich pay their fair share in taxes. These choices will be made while protecting senior citizens and without further victimizing the poor. This deficit reduction effort will encourage private savings, eliminate the budget deficit over time, and permit fiscal policies that can restore America's economic health.

Defense Conversion

Our economy needs both the people and the funds released from defense at the Cold War's end. We will help the stalwarts of that struggle - the men and women who served in our armed forces and who work in our defense industries - make the most of a new era. We will provide early notice of program changes to give communities, businesses and workers enough time to plan. We will honor and support our veterans. Departing military personnel, defense workers, and defense support personnel will have access to job retraining, continuing education, placement and relocation assistance, early retirement benefits for military personnel, and incentives to enter teaching, law enforcement and other vital civilian fields. Redirected national laboratories and a new civilian research agency will put defense scientists, engineers and technicians to work in critical civilian technologies. Small business defense firms will have technical assistance and transition grants and loans to help convert to civilian markets, and defense dependent communities will have similar aid in planning and implementing conversion. We will strongly support our civilian space program, particularly environmental missions.

The Cities

Only a robust economy will revitalize our cities. It is in all Americans' interest that the cities once again be places where hard-working families can put down roots and find good jobs, quality health care, affordable housing, and decent schools. Democrats will create a new partnership to rebuild America's cities after 12 years of Republican neglect. This partnership with the mayors will include consideration of the seven economic growth initiatives set forth by our nation's mayors. We will create jobs by investing significant resources to put people back to work, beginning with a summer jobs initiative and training programs for inner-city youth. We support a stronger community development program and targeted fiscal assistance to cities that need it most. A national public works investment and infrastructure program will provide jobs and strengthen our cities, suburbs, rural communities and country. We will encourage the flow of investment to inner city development and housing through targeted enterprise zones and incentives for private and public pension funds to invest in urban and rural projects. While cracking down on redlining and housing discrimination, we also support and will enforce a revitalized Community Reinvestment Act that challenges banks to lend to entrepreneurs and development projects; a national network of Community Development Banks to invest in urban and rural small businesses; and microenterprise lending for poor people seeking self-employment as an alternative to welfare.

Agriculture and the Rural Community

All Americans, producers and consumers alike, benefit when our food and fiber are produced by hundreds of thousands of family farmers receiving fair prices for their products. The abundance of our nation's food and fiber system should not be taken for granted. The revolution that lifted America to the forefront of world agriculture was achieved through a unique partnership of public and private interests. The inattention and hostility that has characterized Republican food, agricultural and rural development policies of the past twelve years have caused a crisis in rural America. The cost of Republican farm policy has been staggering and its total failure is demonstrated by the record number of rural bankruptcies.

A sufficient and sustainable agricultural economy can be achieved through fiscally responsible programs. It is time to reestablish the private/public partnership to ensure that family farmers get a fair return for their labor and investment, so that consumers receive safe and nutritious foods, and that needed investments are made in basic research, education, rural business development, market development and infrastructure to sustain rural communities.

Workers' Rights

Our workplaces must be revolutionized to make them more flexible and productive. We will reform the job safety laws to empower workers with greater rights and to hold employers accountable for dangers on the job. We will act against sexual harassment in the workplace. We will honor the work ethic - by expanding the earned income tax credit so no one with children at home who works full-time is still in poverty; by fighting on the side of family farmers to ensure they get a fair price for their hard work; by working to sustain rural communities; by making work more valuable than welfare; and by supporting the right of workers to organize and bargain collectively without fear of intimidation or permanent replacement during labor disputes.

Lifelong Learning

A competitive American economy requires the global market's best educated, best trained, most flexible work force. It's not enough to spend more on our schools; we must insist on results. We oppose the Bush Administration's efforts to bankrupt the public school system - the bedrock of democracy - through private school vouchers. To help children reach school ready to learn, we will expand child health and nutrition programs and extend Head Start to all eligible children, and guarantee all children access to quality, affordable child care. We deplore the savage inequalities among public schools across the land, and believe every child deserves an equal chance to a world class education. Reallocating resources toward this goal must be a priority. We support education reforms such as site-based decision-making and public school choice, with strong protections against discrimination. We support the goal of a 90 percent graduation rate, and programs to end dropouts. We will invest in educational technology, and establish world-class standards in math, science and other core subjects and support effective tests of progress to meet them. In areas where there are no registered apprenticeship programs, we will adopt a national apprenticeship-style program to ease the transition from school to work for non-college bound students so they can acquire skills that lead to high-wage jobs. In the new economy, opportunity will depend on lifelong learning. We will support the goal of literacy for all Americans. We will ask firms to invest in the training of all workers, not just corporate management.

A Domestic GI Bill

Over the past twelve years skyrocketing costs and declining middle class incomes have placed higher education out of reach for millions of Americans. It is time to revolutionize the way student loan programs are run. We will make college affordable to all students who are qualified to attend, regardless of family income. A Domestic G.I. Bill will enable all Americans to borrow money for college, so long as they are willing to pay it back as a percentage of their income over time or through national service addressing unmet community needs.

Affordable Health Care

All Americans should have universal access to quality, affordable health care - not as a privilege, but as a right. That requires tough controls on health costs, which are rising at two to three times the rate of inflation, terrorizing American families and businesses and depriving millions of the care they need. We will enact a uniquely American reform of the health care system to control costs and make health care affordable; ensure quality and choice of health care providers; cover all Americans regardless of preexisting conditions; squeeze out waste, bureaucracy and abuse; improve primary and preventive care including child immunization and prevention of diseases like Tuberculosis now becoming rampant in our cities; provide expanded education on the relationship between diet and health; expand access to mental health treatment services; provide a safety net through support of public hospitals; provide for the full range of reproductive choice - education, counseling, access to contraceptives, and the right to a safe, legal abortion; expand medical research; and provide more long term care, including home health care. We will make ending the epidemic in breast cancer a major priority, and expand research on breast, cervical and ovarian cancer, infertility, reproductive health services and other special health needs of women. We must be united in declaring war on AIDS and HIV disease, implement the recommendations of the National Commission on AIDS and fully fund the Ryan White Care Act; provide targeted and honest prevention campaigns; combat HIV-related discrimination; make drug treatment available for all addicts who seek it; guarantee access to quality care; expand clinical trials for treatments and vaccines; and speed up the FDA drug approval process.

Fairness

Growth and equity work in tandem. People should share in society's common costs according to their ability to pay. In the last decade, mounting payroll and other taxes have fallen disproportionately on the middle class. We will relieve the tax burden on middle class Americans by forcing the rich to pay their fair share. We will provide long-overdue tax relief to families with children. To broaden opportunity, we will support fair lending practices.

Energy Efficiency and Sustainable Development

We reject the Republican myth that energy efficiency and environmental protection are enemies of economic growth. We will make our economy more efficient, by using less energy, reducing our dependence on foreign oil, and producing less solid and toxic waste. We will adopt a coordinated transportation policy, with a strong commitment to mass transit; encourage efficient alternative-fueled vehicles; increase our reliance on clean natural gas; promote clean coal technology; invest in R&D on renewable energy sources; strengthen efforts to prevent air and water pollution; support incentives for domestic oil and gas operations; and push for revenue-neutral incentives that reward conservation, prevent pollution and encourage recycling.

Civil and Equal Rights

We don't have an American to waste. Democrats will continue to lead the fight to ensure that no Americans suffer discrimination or deprivation of rights on the basis of race, gender, language, national origin, religion, age, disability, sexual orientation, or other characteristics irrelevant to ability. We support the ratification of the Equal Rights Amendment; affirmative action; stronger protection of voting rights for racial and ethnic minorities, including language access to voting; and continued resistance to discriminatory English-only pressure groups. We will reverse the Bush Administration's assault on civil rights enforcement, and instead work to rebuild and vigorously use machinery for civil rights enforcement; support comparable remedies for women; aggressively prosecute hate crimes; strengthen legal services for the poor; deal with other nations in such a way that Americans of any origin do not become scapegoats or victims of foreign policy disputes; provide civil rights protection for gay men and lesbians and an end to Defense Department discrimination; respect Native American culture and our treaty commitments; require the United States Government to recognize its trustee obligations to the inhabitants of Hawaii generally, and to Native Hawaiians in particular; and fully enforce the Americans with Disability Act to enable people with disabilities to achieve independence and function at their highest possible level.

Commonwealths and Territories

We recognize the existing status of the Commonwealth of Puerto Rico and the strong economic relationship between the people of Puerto Rico and the United States. We pledge to support the right of the people of the Commonwealth of Puerto Rico to choose freely, and in concert with the U.S. Congress, their relationship with the United States, either as an enhanced commonwealth, a state or an independent nation. We support fair participation for Puerto Rico in federal programs. We pledge to the people of American Samoa, Guam, the Northern Mariana Islands, and the Virgin Islands just and fair treatment under federal policies, assisting their economic and social development. We respect their right and that of the people of Palau to decide freely their future relationship with the United States and to be consulted on issues and policies that directly affect them.

II. RESPONSIBILITY

Sixty years ago, Franklin Roosevelt gave hope to a nation mired in the Great Depression. While government should promise every American the opportunity to get ahead, it was the people's responsibility, he said, to make the most of that opportunity: "Faith in America demands that we recognize the new terms of the old social contract. In the strength of great hope we must all shoulder our common load."

For twelve years, the Republicans have expected too little of our public institutions and placed too little faith in our people. We offer a new social contract based neither on callous, do-nothing Republican neglect, nor on an outdated faith in programs as the solution to every problem. We favor a third way beyond the old approaches - to put government back on the side of citizens who play by the rules. We believe that by what it says and how it conducts its business, government must once again make responsibility an instrument of national purpose. Our future as a nation depends upon the daily assumption of personal responsibility by millions of Americans from all walks of life - for the religious faiths they follow, the ethics they practice, the values they instill, and the pride they take in their work.

Strengthening The Family

Governments don't raise children, people do. People who bring children into this world have a responsibility to care for them and give them values, motivation and discipline. Children should not have children. We need a national crackdown on deadbeat parents, an effective system of child support enforcement nationwide, and a systematic effort to establish paternity for every child. We must also make it easier for parents to build strong families through pay equity. Family and medical leave will ensure that workers don't have to choose between family and work. We support a family preservation program to reduce child and spousal abuse by providing preventive services and foster care to families in crisis. We favor ensuring quality and affordable child care opportunities for working parents, and a fair and healthy start for every child, including essential pre-natal and well baby care. We support the needs of our senior citizens for productive and healthy lives, including hunger prevention, income adequacy, transportation access and abuse prevention.

Welfare Reform

Welfare should be a second chance, not a way of life. We want to break the cycle of welfare by adhering to two simple principles: no one who is able to work can stay on welfare forever, and no one who works should live in poverty. We will continue to help those who cannot help themselves. We will offer people on welfare a new social contract. We'll invest in education and job training, and provide the child care and health care they need to go to work and achieve long-term self- sufficiency. We will give them the help they need to make the transition from welfare to work, and require people who can work to go to work within two years in available jobs either in the private sector or in community service to meet unmet needs. This will restore the covenant that welfare was meant to be: a promise of temporary help for people who have fallen on hard times.

Choice

Democrats stand behind the right of every woman to choose, consistent with Roe v. Wade, regardless of ability to pay, and support a national law to protect that right.

It is a fundamental constitutional liberty that individual Americans - not government - can best take responsibility for making the most difficult and intensely personal decisions regarding reproduction. The goal of our nation must be to make abortion less necessary, not more difficult or more dangerous. We pledge to support contraceptive research, family planning, comprehensive family life education, and policies that support healthy childbearing and enable parents to care most effectively for their children.

Making Schools Work

Education is a cooperative enterprise that can only succeed if everyone accepts and exercises personal responsibility. Students must stay in school and do their best; parents must get involved in their children's education; teachers must attain, maintain, and demonstrate classroom competency; school administrators must enforce discipline and high standards of educational attainment; governments must end the inequalities that create educational ghettos among school districts and provide equal educational opportunity for all; and ensure that teachers' pay measures up to their decisive role in children's lives; and the American people should recognize education as the core of our economy, democracy and society. Labor-Management Responsibilities.

The private sector is the engine of our economy and the main source of national wealth. But it is not enough for those in the private sector just to make as much money as they can. The most irresponsible people in all of the 1980s were those at the top of the ladder: the inside traders, quick buck artists, and S&L kingpins who looked out for themselves and not for the country. America's corporate leaders have a responsibility to invest in their country. CEOs, who pay themselves 100 times what they pay the average worker, shouldn't get big raises unrelated to performance. If a company wants to overpay its executives and underinvest in the future or transfer jobs overseas, it shouldn't get special treatment and tax breaks from the Treasury. Managers must work with employees to make the workplace safer, more satisfying and more efficient.

Workers must also accept added responsibilities in the new economy. In return for an increased voice and a greater stake in the success of their enterprises, workers should be prepared to join in cooperative efforts to increase productivity, flexibility and quality. Government's neutrality between labor and management cannot mean neutrality about the collective bargaining process, which has been purposely crippled by Republican administrations. Our economic growth depends on processes, including collective bargaining, that permit labor and management to work together on their common interests, even as they work out their conflicts.

Responsibility for the Environment

For ourselves and future generations, we must protect our environment. We will protect our old growth forests, preserve critical habitats, provide a genuine "no net loss" policy on wetlands, reduce our dependence on toxic chemicals, conserve the critical resources of soil, water and air, oppose new offshore oil drilling and mineral exploration and production in our nation's many environmentally critical areas, and address ocean pollution by reducing oil and toxic waste spills at sea. We believe America's youth can serve its country well through a civilian conservation corps. To protect the public health, we will clean up the environmental horrors at federal facilities, insist that private polluters clean up their toxic and hazardous wastes, and vigorously prosecute environmental criminals. We will oppose Republican efforts to gut the Clean Air Act in the guise of competitiveness.

We will reduce the volume of solid waste and encourage the use of recycled materials while discouraging excess packaging. To avoid the mistakes of the past, we will actively support energy- efficiency, recycling, and pollution prevention strategies.

Responsible Government

Democrats in 1992 intend to lead a revolution in government, challenging it to act responsibly and be accountable, starting with the hardest and most urgent problems of the deficit and economic growth. Rather than throw money at obsolete programs, we will eliminate unnecessary layers of management, cut administrative costs, give people more choices in the service they get, and empower them to make those choices. To foster greater responsibility in government at every level, we support giving greater flexibility to our cities, counties and states in achieving Federal mandates and carrying out existing programs.

Responsible Officials

All branches of government must live by the laws the rest of us obey, determine their pay in an open manner that builds public trust, and eliminate special privileges. People in public office need to be accessible to the people they represent. It's time to reform the campaign finance system, to get big money out of our politics and let the people back in. We must limit overall campaign spending and limit the disproportionate and excessive role of PACs. We need new voter registration laws that expand the electorate, such as universal same-day registration, along with full political rights and protections for public employees and new regulations to ensure that the airwaves truly help citizens make informed choices among candidates and policies. And we need fair political representation for all sectors of our country - including the District of Columbia, which deserves and must get statehood status.

III. RESTORING COMMUNITY

The success of democracy in America depends substantially on the strength of our community institutions: families and neighborhoods, public schools, religious institutions, charitable organizations, civic groups and other voluntary organizations. In these social networks, the values and character of our citizens are formed, as we learn the habits and skills of self-government, and acquire an understanding of our common rights and responsibilities as citizens.

Twelve years of Republican rule have undermined the spirit of mutual dependence and obligation that binds us together. Republican leaders have urged Americans to turn inward, to pursue private interests without regard to public responsibilities. By playing racial, ethnic and gender-based politics they have divided us against each other, created an atmosphere of blame, denial and fear, and undone the hard-fought battles for equality and fairness.

Our communities form a vital "third sector" that lies between government and the marketplace. The wisdom, energy and resources required to solve our problems are not concentrated in Washington, but can be found throughout our communities, including America's non-profit sector, which has grown rapidly over the last decade. Government's best role is to enable people and communities to solve their own problems.

America's special genius has been to forge a community of shared values from people of remarkable and diverse backgrounds. As the party of inclusion, we take special pride in our country's emergence as the world's largest and most successful multiethnic, multiracial republic. We condemn antisemitism, racism, homophobia, bigotry and negative stereotyping of all kinds. We must help all Americans understand the diversity of our cultural heritage. But it is also essential that we preserve and pass on to our children the common elements that hold this mosaic together as we work to make our country a land of freedom and opportunity for all.
Both Republican neglect and traditional spending programs have

proven unequal to these challenges. Democrats will pursue a new course that stresses work, family and individual responsibility, and that empowers Americans to liberate themselves from poverty and dependence. We pledge to bolster the institutions of civil society and place a new emphasis on civic enterprises that seek solutions to our nation's problems. Through common, cooperative efforts we can rebuild our communities and transform our nation.

Combatting Crime and Drugs. Crime is a relentless danger to our communities. Over the last decade, crime has swept through our country at an alarming rate. During the 1980s, more than 200,000 Americans were murdered, four times the number who died in Vietnam. Violent crimes rose by more than 16 percent since 1988 and nearly doubled since 1975. In our country today, a murder is committed every 25 minutes, a rape every six minutes, a burglary every 10 seconds. The pervasive fear of crime disfigures our public life and diminishes our freedom.

None suffer more than the poor: an explosive mixture of blighted prospects, drugs and exotic weaponry has turned many of our inner city communities into combat zones. As a result, crime is not only a symptom but also a major cause of the worsening poverty and demoralization that afflicts inner city communities.

To empower America's communities, Democrats pledge to restore government as the upholder of basic law and order for crime-ravaged communities. The simplest and most direct way to restore order in our cities is to put more police on the streets.

America's police are locked in an unequal struggle with crime: since 1951 the ratio of police officers to reported crimes has reversed, from three-to-one to one-to-three. We will create a Police Corps, in which participants would receive college aid in return for several years of service after graduation in a state or local police department. As we shift people and resources from defense to the civilian economy, we will create new jobs in law enforcement for those leaving the military.

We will expand drug counselling and treatment for those who need it, intensify efforts to educate our children at the earliest ages to the dangers of drug and alcohol abuse, and curb demand from the street corner to the penthouse suite, so that the U.S., with five percent of the world's population, no longer consumes 50 percent of the world's illegal drugs.

Community Policing

Neighborhoods and police should be partners in the war on crime. Democrats support more community policing, which uses foot patrols and storefront offices to make police officers visible fixtures in urban neighborhoods. We will combat street violence and emphasize building trust and solving the problems that breed crime.

Firearms

It is time to shut down the weapons bazaars in our cities. We support a reasonable waiting period to permit background checks for purchases of handguns, as well as assault weapons controls to ban the possession, sale, importation and manufacture of the most deadly assault weapons. We do not support efforts to restrict weapons used for legitimate hunting and sporting purposes. We will work for swift and certain punishment of all people who violate the country's gun laws and for stronger sentences for criminals who use guns. We will also seek to shut down the black market for guns and impose severe penalties on people who sell guns to children.

Pursuing All Crime Aggressively

In contrast to the Republican policy of leniency toward white collar crime - which breeds cynicism in poor communities about the impartiality of our justice system - Democrats will redouble efforts to ferret out and punish those who betray the public trust, rig financial markets, misuse their depositors' money or swindle their customers.

Further Initiatives

Democrats also favor innovative sentencing and punishment options, including community service and boot camps for first time offenders; tougher penalties for rapists; victim-impact statements and restitution to ensure that crime victims will not be lost in the complexities of the criminal justice system; and initiatives to make our schools safe, including alternative schools for disruptive children.

Empowering The Poor and Expanding The Middle Class

We must further the new direction set in the Family Support Act of 1988, away from subsistence and dependence and toward work, family and personal initiative and responsibility. We advocate slower phasing out of Medicaid and other benefits to encourage work; special savings accounts to help low-income families build assets; fair lending; an indexed minimum wage; an expanded Job Corps; and an end to welfare rules that encourage family breakup and penalize individual initiative, such as the $1,000 limit on personal savings.

Immigration

Our nation of immigrants has been invigorated repeatedly as new people, ideas and ways of life have become part of the American tapestry. Democrats support immigration policies that promote fairness, nondiscrimination and family reunification, and that reflect our constitutional freedoms of speech, association and travel.

Housing. Safe, secure housing is essential to the institutions of community and family. We support homeownership for working families and will honor that commitment through policies that encourage affordable mortgage credit. We must also confront homelessness by renovating, preserving and expanding the stock of affordable low-income housing. We support tenant management and ownership, so public housing residents can manage their own affairs and acquire property worth protecting.

National Service

We will create new opportunities for citizens to serve each other, their communities and their country. By mobilizing hundreds of thousands of volunteers, national service will enhance the role of ordinary citizens in solving unresolved community problems.

The Arts

We believe in public support for the Arts, including a National Endowment for the Arts that is free from political manipulation and firmly rooted in the First Amendment's freedom of expression guarantee.

Ⅳ. PRESERVING OUR NATIONAL SECURITY

During the past four years, we have seen the corrosive effect of foreign policies that are rooted in the past, divorced from our values, fearful of change and unable to meet its challenges. Under President Bush, crises have been managed, rather than prevented; dictators like Saddam Hussein have been wooed, rather than deterred; aggression by the Serbian regime against its neighbors in what was Yugoslavia has been met by American timidity rather than toughness; human rights abusers have been rewarded, not challenged; the environment has been neglected, not protected; and America's competitive edge in the global economy has been dulled, not honed. It is time for new American leadership that can meet the challenges of a changing world.

At the end of World War II, American strength had defeated tyranny and American ingenuity had overcome the Depression. Under President Truman, the United States led the world into a new era, redefining global security with bold approaches to tough challenges: containing communism with the NATO alliance and in Korea; building the peace through organizations such as the United Nations; and advancing global economic security through new multilateral institutions.

Nearly a half century later, we stand at another pivotal point in history. The collapse of communism does not mean the end of danger or threats to our interests. But it does pose an unprecedented opportunity to make our future more secure and prosperous. Once again, we must define a compelling vision for global leadership at the dawn of a new era.

Restructuring Our Military Forces

We have not seen the end of violence, aggression and the conflicts that can threaten American interests and our hopes for a more peaceful world. What the United States needs is not the Bush Administration's Cold War thinking on a smaller scale, but a comprehensive restructuring of the American military enterprise to meet the threats that remain.

Military Strength

America is the world's strongest military power and we must remain so. A post-Cold War restructuring of American forces will produce substantial savings beyond those promised by the Bush Administration, but that restructuring must be achieved without undermining our ability to meet future threats to our security. A military structure for the 1990's and beyond must be built on four pillars: First, a survivable nuclear force to deter any conceivable threat, as we reduce our nuclear arsenals through arms control negotiations and other reciprocal action. Second, conventional forces shifted toward projecting power wherever our vital national interests are threatened. This means reducing the size of our forces in Europe, while meeting our obligations to NATO, and strengthening our rapid deployment capabilities to deal with new threats to our security posed by renegade dictators, terrorists, international drug traffickers, and the local armed conflicts that can threaten the peace of entire regions. Third, maintenance of the two qualities that make America's military the best in the world - the superiority of our military personnel and of our technology. These qualities are vital to shortening any conflict and saving American lives. Fourth, intelligence capabilities redirected to develop far more sophisticated, timely and accurate analyses of the economic and political conditions that can fuel new conflicts.

Use Of Force

The United States must be prepared to use military force decisively when necessary to defend our vital interests. The burdens of collective security in a new era must be shared fairly, and we should encourage multilateral peacekeeping through the United Nations and other international efforts.

Preventing and Containing Conflict

American policy must be focused on averting military threats as well as meeting them. To halt the spread of nuclear and other weapons of mass destruction, we must lead a renewed international effort to get tough with companies that peddle nuclear and chemical warfare technologies, strengthen the International Atomic Energy Agency, and enforce strong sanctions against governments that violate international restraints. A Comprehensive Test Ban would strengthen our ability to stop the spread of nuclear weapons to other countries, which may be our greatest future security threat. We must press for strong international limits on the dangerous and wasteful flow of conventional arms to troubled regions. A U.S. troop presence should be maintained in South Korea as long as North Korea presents a threat to South Korea.

Restoring America's Economic Leadership

The United States cannot be strong abroad if it is weak at home. Restoring America's global economic leadership must become a central element of our national security policies. The strength of nations, once defined in military terms, now is measured also by the skills of their workers, the imagination of their managers and the power of their technologies.

Either we develop and pursue a national plan for restoring our economy through a partnership of government, labor and business, or we slip behind the nations that are competing with us and growing. At stake are American jobs, our standard of living and the quality of life for ourselves and our children.

Economic strength indeed our national security is grounded on a healthy domestic economy. But we cannot be strong at home unless we are part of a vibrant and expanding global economy that recognizes human rights and seeks to improve the living standards of all the world's people. This is vital to achieving good quality, high paying jobs for Americans.

Trade. Our government must work to expand trade, while insisting that the conduct of world trade is fair. It must fight to uphold American interests promoting exports, expanding trade in agricultural and other products, opening markets in major product and service sectors with our principal competitors, and achieving reciprocal access. This should include renewed authority to use America's trading leverage against the most serious problems. The U.S. government also must firmly enforce U.S. laws against unfair trade.

Trade Agreements.

Multilateral trade agreements can advance our economic interests by expanding the global economy. Whether negotiating the North American Free Trade Area (NAFTA) or completing the GATT negotiations, our government must assure that our legitimate concerns about environmental, health and safety, and labor standards are included. Those American workers whose jobs are affected must have the benefit of effective adjustment assistance.

Promoting Democracy

Brave men and women - like the hero who stood in front of a tank in Beijing and the leader who stood on a tank in Moscow - are putting their lives on the line for democracy around the world. But as the tide of democracy rose in the former Soviet Union and in China, in the Baltics and South Africa, only reluctantly did this Administration abandon the status quo and embrace the fight for freedom.

Support for democracy serves our ideals and our interests. A more democratic world is a world that is more peaceful and more stable. An American foreign policy of engagement for democracy must effectively address:

Maintenance of state and local sanctions against South Africa in support of an investment code of conduct, existing limits on deductibility of taxes paid to South Africa, and diplomatic pressure until there is an irreversible, full and fair accommodation with the black majority to create a democratic government with full rights for all its citizens. We deplore the continuing violence, especially in Boipatong Township, and are concerned about the collapse of the negotiations. The U.S. Government should consider reimposing Federal sanctions. The Democratic Party supports the creation of a South African/American Enterprise Fund that will provide a new interim government with public and private funds to assist in the development of democracy in South Africa.

Middle East Peace

Support for the peace process now underway in the Middle East, rooted in the tradition of the Camp David accords. Direct negotiations between Israel, her Arab neighbors and Palestinians, with no imposed solutions, are the only way to achieve enduring security for Israel and full peace for all parties in the region. The end of the Cold War does not alter America's deep interest in our longstanding special relationship with Israel, based on shared values, a mutual commitment to democracy, and a strategic alliance that benefits both nations. The United States must act effectively as an honest broker in the peace process. It must not, as has been the case with this Administration, encourage one side to believe that it will deliver unilateral concessions from the other. Jerusalem is the capital of the state of Israel and should remain an undivided city accessible to people of all faiths.

Human Rights

Standing everywhere for the rights of individuals and respect for ethnic minorities against the repressive acts of governments - against torture, political imprisonment, and all attacks on civilized standards of human freedom. This is a proud tradition of the Democratic Party, which has stood for freedom in South Africa and continues to resist oppression in Cuba. Our nation should once again promote the principle of sanctuary for politically oppressed people everywhere, be they Haitian refugees, Soviet Jews seeking U.S. help in their successful absorption into Israeli society, or Vietnamese fleeing communism. Forcible return of anyone fleeing political repression is a betrayal of American values.

Human Needs

Support for the struggle against poverty and disease in the developing world, including the heartbreaking famine in Africa. We must not replace the East-West conflict with one between North and South, a growing divide between the industrialized and developing world. Our development programs must be reexamined and restructured to assure that their benefits truly help those most in need to help themselves. At stake are the lives of millions of human beings who live in hunger, uprooted from their homes, too often without hope. The United States should work to establish a specific plan and timetable for the elimination of world hunger.

Cyprus

A renewed commitment to achieve a Cyprus settlement pursuant to the United Nations resolutions. This goal must now be restored to the diplomatic agenda of the United States.

Northern Ireland

In light of America's historic ties to the people of Great Britain and Ireland, and consistent with our country's commitment to peace, democracy and human rights around the world, a more active United States role in promoting peace and political dialogue to bring an end to the violence and achieve a negotiated solution in Northern Ireland.

Preserving The Global Environment

As the threat of nuclear holocaust recedes, the future of the earth is challenged by gathering environmental crises. As governments around the world have sought the path to concerted action, the Bush Administration - despite its alleged foreign policy expertise - has been more of an obstacle to progress than a leader for change, practicing isolationism on an issue that affects us all. Democrats know we must act now to save the health of the earth, and the health of our children, for generations to come.

Addressing Global Warming

The United States must become a leader, not an impediment, in the fight against global warming. We should join our European allies in agreeing to limit carbon dioxide emissions to 1990 levels by the year 2000.

Ozone Depletion

The United States must be a world leader in finding replacements for CFCs and other ozone depleting substances.

Biodiversity. We must work actively to protect the planet's biodiversity and preserve its forests. At the Rio Earth Summit, the Bush Administration's failure to negotiate a biodiversity treaty it could sign was an abdication of international leadership.

Developing Nations

We must fashion imaginative ways of engaging governments and business in the effort to encourage developing nations to preserve their environmental heritage.

Population Growth

Explosive population growth must be controlled by working closely with other industrialized and developing nations and private organizations to fund greater family planning efforts.

....

As a nation and as a people, we have entered into a new era. The Republican President and his advisors are rooted in Cold War precepts and cannot think or act anew. Through almost a half century of sacrifice, constancy and strength, the American people advanced democracy's triumph in the Cold War. Only new leadership that restores our nation's greatness at home can successfully draw upon these same strengths of the American people to lead the world into a new era of peace and freedom.

In recent years we have seen brave people abroad face down tanks, defy coups, and risk exodus by boat on the high seas for a chance at freedom and the kind of opportunities we call the American Dream. It is time for Americans to fight against the decline of those same opportunities here at home.

Americans know that, in the end, we will all rise or fall together. To make our society one again, Democrats will restore America's founding values of family, community and common purpose.

We believe in the American people. We will challenge all Americans to give something back to their country. And they will be enriched in return, for when individuals assume responsibility, they acquire dignity. When people go to work, they rediscover a pride that was lost. When absent parents pay child support, they restore a connection they and their children need. When students work harder, they discover they can learn as well as any on earth. When corporate managers put their workers and long-term success ahead of short-term gain, their companies do well and so do they. When the leaders we elect assume responsibility for America's problems, we will do what is right to move America forward together.

Inaugural Addresses of the Presidents of the United States

Bill Clinton
First Inaugural Address
Wednesday, January 21, 1993

My fellow citizens, today we celebrate the mystery of American renewal. This ceremony is held in the depth of winter, but by the words we speak and the faces we show the world, we force the spring. A spring reborn in the world's oldest democracy, that brings forth the vision and courage to reinvent America. When our founders boldly declared America's independence to the world, and our purposes to the Almighty, they knew that America, to endure, would have to change. Not change for change sake, but change to preserve America's ideals: life, liberty, the pursuit of happiness.

Though we march to the music of our time, our mission is timeless. Each generation of American's must define what it means to be an American. On behalf of our nation, I salute my predecessor, President Bush, for his half-century of service to America … and I thank the millions of men and women whose steadfastness and sacrifice triumphed over depression, fascism and communism.

Today, a generation raised in the shadows of the Cold War assumes new responsibilities in a world warmed by the sunshine of freedom, but threatened still by ancient hatreds and new plagues. Raised in unrivalled prosperity, we inherit an economy that is still the world's strongest, but is weakened by business failures, stagnant wages, increasing inequality, and deep divisions among OUR OWN people.

When George Washington first took the oath I have just sworn to uphold, news travelled slowly across the land by horseback, and across the ocean by boat. Now the sights and sounds of this ceremony are broadcast instantaneously to billions around the world. Communications and commerce are global. Investment is mobile. Technology is almost magical, and ambition for a better life is now universal.

We earn our livelihood in America today in peaceful competition with people all across the Earth. Profound and powerful forces are shaking and remaking our world, and the URGENT question of our time is whether we can make change our friend and not our enemy. This new world has already enriched the lives of MILLIONS of Americans who are able to compete and win in it. But when most people are working harder for less, when others cannot work at all, when the cost of health care devastates families and threatens to bankrupt our enterprises, great and small; when the fear of crime robs law abiding citizens of their freedom; and when millions of poor children cannot even imagine the lives we are calling them to lead, we have not made change our friend.

We know we have to face hard truths and take strong steps, but we have not done so. Instead we have drifted, and that drifting has eroded our resources, fractured our economy, and shaken our confidence. Though our challenges are fearsome, so are our strengths. Americans have ever been a restless, questing, hopeful people, and we must bring to our task today the vision and will of those who came before us. From our Revolution to the Civil War, to the Great Depression, to the Civil Rights movement, our people have always mustered the determination to construct from these crises the pillars of our history. Thomas Jefferson believed that to preserve the very foundations of our nation we would need dramatic change from time to time. Well, my fellow Americans, this is OUR time. Let us embrace it.

Our democracy must be not only the envy of the world but the engine of our OWN renewal. There is nothing WRONG with America that cannot be cured by what is RIGHT with America.

And so today we pledge an end to the era of deadlock and drift, and a new season of American renewal has begun.

To renew America we must be bold. We must do what no generation has had to do before. We must invest more in our own people, in their jobs, and in their future, and at the same time cut our massive debt … and we must do so in a world in which we must compete for every opportunity. It will not be easy. It will require sacrifice, but it can be done, and done fairly. Not choosing sacrifice for its own sake, but for OUR own sake. We must provide for our nation the way a family provides for its children. Our founders saw themselves in the light of posterity. We can do no less. Anyone who has ever watched a child's eyes wander into sleep knows what posterity is. Posterity is the world to come, the world for whom we hold our ideals, from whom we have borrowed our planet, and to whom we bear sacred responsibilities. We must do what America does best, offer more opportunity TO all and demand more responsibility FROM all.

It is time to break the bad habit of expecting something for nothing: from our government, or from each other. Let us all take more responsibility, not only for ourselves and our families, but for our communities and our country. To renew America we must revitalize our democracy. This beautiful capitol, like every capitol since the dawn of civilization, is often a place of intrigue and calculation. Powerful people maneuver for position and worry endlessly about who is IN and who is OUT, who is UP and who is DOWN, forgetting those people whose toil and sweat sends us here and paves our way.

Americans deserve better, and in this city today there are people who want to do better, and so I say to all of you here, let us resolve to reform our politics, so that power and privilege no longer shout down the voice of the people. Let us put aside personal advantage, so that we can feel the pain and see the promise of America. Let us resolve to make our government a place for what Franklin Roosevelt called "bold, persistent experimentation, a government for our tomorrows, not our yesterdays." Let us give this capitol back to the people to whom it belongs.

To renew America we must meet challenges abroad, as well as at home. There is no longer a clear division between what is foreign and what is domestic. The world economy, the world environment, the world AIDS crisis, the world arms race: they affect us all. Today as an old order passes, the new world is more free, but less stable. Communism's collapse has called forth old animosities, and new dangers. Clearly, America must continue to lead the world we did so much to make. While America rebuilds at home, we will not shrink from the challenges nor fail to seize the opportunities of this new world. Together with our friends and allies, we will work together to shape change, lest it engulf us. When our vital interests are challenged, or the will and conscience of the international community is defied, we will act; with peaceful diplomacy whenever possible, with force when necessary. The brave Americans serving our nation today in the Persian Gulf, in Somalia, and wherever else they stand, are testament to our resolve, but our greatest strength is the power of our ideas, which are still new in many lands. Across the world, we see them embraced and we rejoice. Our hopes, our hearts, our hands, are with those on every continent, who are building democracy and freedom. Their cause is America's cause. The American people have summoned the change we celebrate today. You have raised your voices in an unmistakable chorus, you have cast your votes in historic numbers, you have changed the face of congress, the presidency, and the political process itself. Yes, YOU, my fellow Americans, have forced the spring. Now WE must do the work the season demands. To that work I now turn with ALL the authority of my office. I ask the congress to join with me; but no president, no congress, no government can undertake THIS mission alone.

My fellow Americans, you, too, must play your part in our renewal. I challenge a new generation of YOUNG Americans to a season of service, to act on your idealism, by helping troubled children, keeping company with those in need, reconnecting our torn communities. There is so much to be done. Enough, indeed, for millions of others who are still young in spirit, to give of themselves in service, too. In serving we recognize a simple, but powerful, truth: we need each other, and we must care for one another. Today we do more than celebrate America, we rededicate ourselves to the very idea of America, an idea born in revolution, and renewed through two centuries of challenge, an idea tempered by the knowledge that but for fate, we, the fortunate and the unfortunate, might have been each other; an idea ennobled by the faith that our nation can summon from its myriad diversity, the deepest measure of unity; an idea infused with the conviction that America's journey long, heroic journey must go forever upward.

And so, my fellow Americans, as we stand at the edge of the 21st Century, let us begin anew, with energy and hope, with faith and discipline, and let us work until our work is done. The Scripture says: "And let us not be weary in well-doing, for in due season we shall reap, if we faint not." From this joyful mountaintop of celebration we hear a call to service in the valley. We have heard the trumpets, we have changed the guard, and now each in our own way, and with God's help, we must answer the call.

Thank you, and God bless you all.

DLC | Talking Points | June 13, 2000
The Third Way

The Third Way is a governing philosophy and a political strategy that is taking root in progressive political parties throughout the world. It is leading them to success in facing the policy challenges of the Information Age and the political challenge of conservatism.

It is called "the Third Way" because it rejects both the big-government paternalism of the traditional left and the abandonment of public responsibilities by the contemporary right.

Instead of telling people "government will take care of you," or "you're on your own," the Third Way seeks to give people opportunity in exchange for the exercise of responsibility. The Third Way also seeks to create a public policy debate that transcends the stale left-right argument over the size and cost of government. It focuses on what government can actually do to help Americans solve their own problems.

The Third Way's first principle is equal opportunity for all and special privileges for none.

Its public ethic is mutual responsibility. Its core value is community. Its outlook is global. It embraces market means for pursuing public goals, and promotes empowering government that equips citizens with the tools they need to succeed. It aims at fostering private-sector growth -- today's prerequisite for equal opportunity. It seeks to strike a balance between the imperatives of economic dynamism and social justice.

The purpose of the Third Way movement is to promote enduring progressive values through modern means.

It is rapidly becoming the most successful and influential political movement in the world, beginning with New Democrats in the U.S., extending to Prime Minister Tony Blair's New Labour in the United Kingdom, and now helping progressive parties win power and govern in Germany, the Netherlands, Italy, and Canada. Third Way ideas are becoming influential in Latin America, Australia, and New Zealand as well.

Led by New Democrats, the Third Way is helping prepare the Western world and its people for the opportunities and challenges of a global Information Age. It promotes the enduring values of the progressive political tradition through new ideas for solving common problems.

**DLC | Blueprint Magazine | July 12, 2001
It's Values And The Economy**

Al From

In 1992, James Carville posted a sign in Bill Clinton's campaign headquarters that read: "It's the economy, stupid."

Three years later, the political commentator Ben Wattenberg wrote a book entitled Values Matter Most.

Economic priorities or cultural values -- who's right? After examining presidential elections over the past 20 years, I've concluded that the correct answer is both. Without winning on economic issues, Democrats aren't even competitive -- and without remaining competitive on values issues, they don't win.

Two decades ago, class divisions in voting were stark. Democrats won low-income voters -- Jimmy Carter in 1980 and Walter Mondale in 1984 won only the 15 percent of voters with the lowest incomes. Republicans won everyone else, including the decisive middle class.

In the 1990s, that changed. Bill Clinton's growth-oriented New Democrat economic policies made Americans more affluent -- nearly three in four voters today identify themselves as middle or upper middle class and seven in 10 own stock -- and convinced more affluent Americans to vote Democratic.

In 1996, Clinton won the middle and the upper middle class, losing only among the 18 percent of the voters with the highest incomes. In 2000, Al Gore split the middle class and ran competitively among the upper middle class, losing only the 15 percent with the highest incomes by a double-digit margin.

As long as we Democrats remain credible on economic growth with middle-class voters, the sharp class divisions that spelled doom for us in the 1980s are not likely to reappear.

But to build a durable majority, we need to close a large cultural gap. Gore lost big among married people with children, gun owners, regular churchgoers, pro-lifers, and advocates of limited government. He won among singles, non-gun owners, infrequent churchgoers, pro-choice voters, and advocates of bigger government. He won high school dropouts and voters with post-graduate degrees. But he lost the equivalent of the educational middle class -- high school graduates, voters with some college, and college grads.

That gap is most evident among white voters -- white men, in particular. And closing it is very complicated. While our pro-choice and pro-gun-safety positions work against us in rural areas, for example, they work for us in the growing suburban areas that are increasingly the key battlegrounds in American politics. A retreat to more conservative positions would be both morally wrong and politically counterproductive.

Nonetheless, I'm convinced that Democrats can successfully traverse this treacherous cultural terrain. In 1996, Clinton won among married people with kids, and he cut his losses among gun owners, pro-lifers, and advocates of limited government. He won high school graduates and voters with some college, and barely lost college grads.

Democrats can learn important lessons from the Clinton experience.

First, we need to promote growth and opportunity, not redistribution. With fiscal discipline, investment in people and technology, and expanded trade, Democrats can hold on to the gains we made in the 1990s among middle- and upper- middle-class voters. We simply can't let the class-oriented voting patterns of the 1980s re-emerge.

Second, by emphasizing New Democrat positions on cultural issues like crime and welfare, we can reinforce our belief in core values like work and family and in the ethic of reciprocal responsibility. With opportunity comes responsibility -- and by asking voters to give something back to their country, we can send a powerful values message to middle-class voters.

Third, we need to stand for big ideas, not big government. As

President Clinton said, "The era of big government is over." We believe in activist government. But activist government can be empowering and catalytic, not bureaucratic and sclerotic. Democrats always do well among advocates of bigger government, but like Clinton we need to cut our losses among the majority of voters who believe the government should do less.

Fourth, we need to support family-friendly policies that help parents raise kids. As Clinton said, "Governments don't raise kids, parents do." The elites ridiculed him in 1996 for small-bore ideas like the V-chip, school uniforms, and keeping kids from smoking. But he connected with beleaguered parents. It is no coincidence that he is the only Democratic presidential candidate in the past quarter-century to win married voters with kids.

Finally, we need to avoid polarizing language on divisive values issues like abortion and guns. Clinton never wavered on his pro-choice stance, but when he said that abortion should be "legal, safe, and rare," he limited his losses among pro-life voters, whose strength increased in the last decade.

Both Carville and Wattenberg are right. Without growth-oriented economic policies, Democrats can't win the increasingly affluent voters who are the key to victory. And, unless they avoid polarizing positions on cultural issues and the size and role of government, Democrats will face a steep climb in an electorate that is half moderate but includes three conservatives for every two liberals.

Al From is founder and CEO of the Democratic Leadership Council.

5 The New Progressive Declaration: A Political Philosophy for the Information Age

DLC/PPI, Key Document, July 10, 1996

At the dawn of the 21st century, America faces a turning point in our history-a pivotal moment in which old civic virtues must find fresh expression in new democratic institutions and in a new covenant between citizens and their commonwealth.

The industrial order of the 20th century, with its great concentrations of economic and political power, is giving way to a new society shaped by the centrifugal forces of the Information Age.

We cannot turn back these forces. But neither can we ignore the insecurity that these revolutionary changes breed or the reactionary impulses they threaten to unleash. We must, instead, manage the transition to enable all Americans to adapt to new conditions and take advantage of new opportunities. Above all, we must have the courage to break free of the past, to sweep aside old political ideas and governing structures that no longer serve the greater public good.

We know we can do this because we have done it before-during the Progressive era early in this century when Americans reinvented their democracy to cope with the dislocations and demands of rapid industrialism and urbanization.

Americans are ready for the challenge. Most have ceased believing that the solutions to today's problems are to be found in a larger, stronger central government-a course still supported by traditional liberals. Nor do they buy the conservative argument that the federal government is the source of our problems and that dismantling it will solve them.

America needs a third choice that replaces the left's reflexive defense of the bureaucratic status quo and counters the right's destructive bid to simply dismantle government. Such a "new progressive" governing philosophy sees government as society's servant, not its master-as a catalyst for a broader civic enterprise controlled by and responsive to the needs of citizens and the communities where they live and work.

New Progressives seek to replace the old politics of top-down paternalism with a new politics of individual and civic empowerment.

Because we can no longer rely on big institutions to take care of us, it is time to craft new policies and institutions that enable us to take care of ourselves and each other. Ultimately, our challenge is to create a new way of governing that fosters the skills and habits of civic enterprise that have atrophied over the past century of centralization.

A Governing Philosophy for the Information Age

The New Progressive Politics rests on three cornerstones-three ideals rooted in the progressive tradition of American democracy: equality of opportunity, mutual responsibility, and self-government.

The first cornerstone-the promise of equal opportunity for all and special privilege for none-has animated generations of American leaders and has attracted millions of immigrants to our shores. It is the ideal of a society in which individuals earn their rewards through their own talents and effort within a system of fair and open rules. It recognizes that there is no invisible hand that creates equal opportunity; it is a conscious social achievement that requires affirmative acts: removing discriminatory barriers, providing meaningful arenas for self-improvement, a commitment to public investment, and a rejection of special-interest subsidies that give the influential a leg up.

The second cornerstone- the principle of mutual responsibility-rests on a core idea: As a moral matter, we cannot rightly benefit from any association to which we are not prepared to contribute our fair share. It rejects libertarianism-the idea that we have no obligations other than the ones we choose; it is equally at odds with the philosophy of entitlement-the belief that we can make demands on others without giving something back.

The third cornerstone-genuine self-government-requires public institutions that empower our citizens to act for themselves by decentralizing power, expanding individual choice, and injecting competition into the delivery of public goods and services. From charter schools to tradeable pollution allowances, the new model uses the flexibility and ingenuity of private markets to serve public purposes.

Together, these principles constitute a very different political purpose, social ethic, and approach to governing from those that prevail today.

Five Strategies for Renewing Democracy

Building on these cornerstone principles, we offer five key strategies to equip Americans to confront the challenges of the Information Age:

We must restore the American Dream by expanding wealth, rather than redistributing it; by increasing opportunity through investing in economic growth and education; and by enhancing the security of workers by empowering them with greater responsibility for their own economic well-being.

We must reconstruct our social order by strengthening families, attacking crime, and empowering the urban poor. A stable social order reflecting mutual trust and responsibility is the foundation upon which successful self-government depends.

We must renew our democracy by both challenging the special interests that dominate decision-making and by returning power to citizens and local institutions. We must create a more open and competitive political system in which the influence of special interest money is sharply reduced. And we must stop complaining about the government and start reclaiming our government by taking back responsibility and political power for the decisions that affect us.

We must defend the common civic ideals and the spirit of tolerance that enable America to draw strength and unity from its amazing diversity. Because we can no longer take our cultural cohesion for granted, we must all work harder to defend America's common ground - the values and institutions we share in common as well as our mutual rights and responsibilities as citizens - against those on either end of the political spectrum who would divide us.

We must confront global confusion by building enduring new international structures of economic and political freedom. The collapse of the Cold War order presents America with an opportunity to reaffirm and safeguard our interests and values by constructing a new international system upon a foundation of democracy, free markets and human rights.

A Time for Radical Reform

These strategies demand political audacity and imagination not seen in America since Franklin Roosevelt launched the New Deal. The politics of incrementalism will not suffice. We must embrace radical reform. We must demonstrate the seriousness of our purpose by confronting difficult issues such as revamping Social Security and Medicare; creating an education system for the Information Age; changing divorce laws to put children first; and reducing urban poverty through economic empowerment.

With this Declaration, we have outlined a New Progressive Politics for the Information Age. In an age of sound bite politics, a movement of transformative ideas may seem beside the point. Nothing could be further from the truth. The challenges of today resemble those of a century ago. And the response we offer mirrors- in new circumstancesthe Progressive movement that reshaped our politics and renewed our country.

The ideas we offer here are proposals, not pronouncements; rough drafts, not finished products. We hope they will serve as a catalyst and framework for a long overdue national discussion to move us beyond the sterile left-right debate. We shall seek the help of leaders from all walks of American life and all political stripes. Like Progressivism a century ago, the New Progressive Politics must be the work of many hands.

Al From's Remarks at the 1996 Annual Policy Forum and Gala

DLC | Speech | December 11, 1996
By Al From

1996 was a very good year for the DLC - and 1997 promises to be an even better one.

We meet today at a time of great triumph, great challenge, and great opportunity for the new Democrat movement.

Our triumph is President Clinton's historic re-election victory, the culmination of an effort we have waged together for more than a decade to pick the Republican lock on the electoral college and to put and to keep a new Democrat in the White House. We will celebrate that triumph with the President later today.

Our challenge is to provide intellectual leadership for meeting our country's next great challenge - to move beyond the stale left-right debate to offer progressive ideas and innovative ways for modernizing our political and governing institutions for the information age and the 21st century.
Our opportunity is to help build a new progressive majority in the vital center of American politics - to end the polarization of the past 15 years and to put America on a progressive-centrist course.

This morning I will talk briefly about all three.

In 1985, a small, but hearty band of new Democrats formed the Democratic Leadership Council - in the grandiose words of our first brochure - to change the face of American politics. Not one of us then could have ever imagined how much the face of American politics would change in the next 12 years - and how much the new Democrat movement would contribute to that change.

Our road wound through Williamsburg, Philadelphia, New Orleans, and Cleveland. And President Clinton stood with us, leading the way, at every stop along that journey.

Remember when we started. Republicans dominated Presidential politics; their lock on the electoral college was so secure that many believed that no Democrat would win the White House again in this century. The Democrats had lost touch with the very middle class our New Deal policies helped to build. More importantly, Republicans controlled the political center. While Democrats flailed on the political fringes, Republicans defined the issues that drove national elections - growth, crime, welfare, and national security. And with their so-called wedge issues, they were gaining political advantage by driving America apart.

We set out to change that - with progressive ideas, grounded in mainstream values carried out by innovative, non-bureaucratic governance - ideas powerful enough to change our party, and more importantly, to change our country.

Our formula was to talk the talk and to walk the walk - to deliver a new progressive political message and to govern as we spoke.

We believed we could win the support of the American people, including the middle class, if we reconnected the Democratic Party with its real tradition, the tradition of Roosevelt, Truman and Kennedy: a tradition of economic growth and opportunity, not redistribution; a tradition of personal and civic responsibility, not "something for nothing"; a tradition of preventing crime and punishing criminals, not explaining away their behavior; a tradition of equal opportunity, not equal outcomes; a tradition of promoting work, not welfare; a tradition of innovative, empowering government, not bureaucracy; and a tradition of energetic internationalism, not neo-isolationism. In short, we believed that Democrats should stand for opportunity, responsibility, community and empowering government, and we were confident that the voters would respond to that message.

And, most importantly, we were confident that if we governed as we believed, our policies would work - and the voters would reward us for that success.

On both counts, we did - and they did. That pure and simple is the story of the Presidential elections of 1992 and 1996.

In 1992, President Clinton promised the American people that he would grow the economy and create jobs, reduce crime, end welfare as we know it, and bring our country together. President Clinton delivered on all of those promises. And five weeks ago, the American people hired him for another four years as our leader.

In 1997, we must apply that formula of progressive ideas and practical governance to meeting a new challenge.

President Clinton's historic destiny is to prepare America for the 21st century, to modernize our political and governing institutions, designed for the industrial age so they can deal with the new challenges of the information age. This President can play the historic role in our time that Theodore Roosevelt and Woodrow Wilson played in theirs, when they redesigned public institutions, shaped for an agrarian society so they could deal with the challenges of an industrial society.

To meet his destiny, President Clinton has promised to build a bridge to the 21st century.

The mission of the DLC and PPI during the next four years must be to help him build that bridge - to move the national debate beyond the old orthodoxies of the left and the right and to offer progressive, innovative ideas for getting that job done. Just as we provided the intellectual leadership for reversing our party's decline in Presidential elections, we must now to provide the intellectual leadership for modernizing our public systems for the information age. That is our challenge.

Senator Lieberman has already described some of the ideas in PPI's new book, Building the Bridge - ideas we believe can be the pillars of that bridge. So I won't dwell on them here, except to make one point.

Modernizing big public systems for the 21st century is an enormous job - and completing it will require broad support from all across the political spectrum. That is why we need to build the center-out, bipartisan coalition the President will talk about later today.

The President is right to define a new vital center - and to challenge the Republican leaders of Congress to work with him to build it. And Majority Leader Lott and Speaker Gingrich are to be commended for the bi-partisan tone of their post election comments.

We can and must rebuild that vital center of American politics.

I am convinced that we have the best chance in nearly two decades to do just that. The voters have set the political predicate for it and the challenges ahead of us demand it.

The voters have made it crystal clear in the last three elections that they want balance, not unrestrained one party rule. In 1993 and 1994 when the Democrats tried to govern alone, the voters threw us out. In 1995 and early 1996, when the Republicans said Democrats were irrelevant, voters threatened to throw them out, as well.

When in the past few months the two parties finally got together and reformed welfare, passed health care reform, the minimum wage, and immigration reform, the voters rewarded the Democratic President and the Republican Congress with re-election - and the voters' feelings about the country's direction turned decidedly positive. The voters are clear: they want partisanship set aside and the President and Congress to rebuild the vital center and to work together to tackle national problems.

Moreover, the challenges we face us demand bi-partisan, centrist solutions. Neither party alone can reform entitlements, revamp the education system, or finish welfare reform. Those awesome challenges demand broader political support than either party can offer by itself.

So the stage is set for rebuilding the vital center in American politics. And, it is in the political interest of Democrats to take the lead in rebuilding it. We need to build a new vital center on our terms, on a foundation of progressive ideas, mainstream values, and innovative, non-bureaucratic approaches to governing. If we do, we will also build the foundation for a new progressive majority in American politics.

If Democrats are going to truly be the party of opportunity, we must by equip every citizen with the tools necessary to get ahead and prosper in information age by radically reforming our public education and our training systems. We will need the help of Republicans, in the Congress, and the Statehouses to do that.

If Democrats are to keep our commitment to elderly Americans and to take new steps toward universal health care coverage, we will have to revamp our entitlement programs in line with the demographic and resource realities of the next century. We will need the cooperation of both parties to do that.

If Democrats are going to honor our historic commitment to disadvantaged citizens, we will need to complete the job of welfare reform by building a new work first system that moves the poor into the economic and social mainstream. We will need the help of members of Congress and governors in both parties to do that.

And, if Democrats are to foster a new ethic and personal and civic responsibility and truly rebuild our national community, we will need to enlist Americans of all parties and all ideologies in that effort.

In short, to honor our party's progressive tradition - the tradition of Roosevelt, Truman and Kennedy - and to achieve the full promise of the new Democrat agenda grounded in opportunity, responsibility, community, and empowering government that the President first outlined at the DLC Conference in Cleveland five and a half years ago, we must rebuild the vital center in American politics. We must do it not just for the political gain of the Democratic Party, but to ready America for the challenges of the 21st century.

Al From is president of the Democratic Leadership Council.

Understanding the Third Way

The New Democrat Editorial, September 1, 1998
By Al From

President Clinton made it the centerpiece of this year's State of the Union Address. British Prime Minister Tony Blair moderated a discussion of it on the Internet. The New York Times played a White House meeting about it on the front page of a recent Sunday edition. E.J. Dionne, a political columnist for The Washington Post, called it the "big idea" in politics worldwide.

"It" is the Third Way - the approach to politics in the Information Age that is rapidly gaining favor among progressive parties throughout the world. In Europe, Latin America, Australia, as well as in the United States and Great Britain, Third Way movements are taking hold.

But for all its popularity and prominence, many people still misunderstand what Third Way politics are about. Here's a primer from someone who was there at their creation.

Decisive Break

The Third Way marks a decisive break from the liberal and conservative approaches to governing that dominated politics for the past half century. It rests on four cornerstones: a commitment to equal opportunity for all, special privilege for none; an ethic of mutual responsibility; a belief in community; and a dedication to self government.

The Third Way is grounded in values that most of us share: work, family, personal responsibility, individual liberty, faith, and tolerance. It is an alternative to the left's reflexive defense of big, centralized government and the right's bid to simply dismantle government. Third Way governments create opportunities, rather than guarantee outcomes, by equipping citizens with the tools they need to solve their own problems in their own communities.

The Third Way has brought progressive parties back from their long exile in the political wilderness. President Clinton followed the Third Way path to the White House in 1992 and 1996, and Blair followed it to 10 Downing St. in 1997. Third Way politics work because they are an effective counter to conservatism at a time when most voters have rejected liberalism.

But the Third Way is far more than a useful tactical manual for Democrats. It is a philosophy for coping with the challenges of the New Economy.

Take the old left-right argument over the size and role of government. We cannot guarantee Americans economic security in a fast paced global economy simply by making government larger, stronger, and more centralized as many liberals suggest. Nor can we create opportunities for Americans or shield them from discrimination by making government disappear as many conservatives desire. Clearly, the solutions to these problems must come from a "third way."

Worldwide "Brand"

The Third Way should seem very familiar to New Democrats. It is our politics. In a sense, the Third Way is the worldwide brand name for progressive politics for the Information Age. In America the local brand is New Democrat; in Britain, it is New Labor. But they are both examples of Third Way politics.

The Third Way's roots are firmly planted in our New Democrat movement. Indeed, the Democratic Leadership Council has a rightful claim to paternity.

The Third Way's core principles were first articulated in the New Orleans Declaration issued at the D.C.'s annual conference in March 1990 - the meeting at which Bill Clinton, then the governor of Arkansas, assumed the D.C.'s chairmanship.

The first Third Way governing agenda was laid out in the New American Choice resolutions approved by the D.C.'s convention in Cleveland in May 1991, with Clinton presiding. In Cleveland, the themes that now define the Third Way movements in the United States and Great Britain - opportunity, responsibility, and community - were first annunciated. The Third Way agenda was fleshed out in the Progressive Policy Institute's 1992 book, Mandate for Change.

The clearest, most complete articulation of the Third Way philosophy to date is The New Progressive Declaration, published in July 1996 by a foundation associated with the D.C. And later this month, the D.C. will launch a new journal of Third Way politics entitled Blueprint: Ideas for a New Century.

Friendly Fire

The Third Way has come a long way. Early on, it ran into fire not only from Republicans but from leaders of our own party. Former House Speaker Tom Foley objected harshly to an early draft of the New Orleans Declaration at a meeting in the Capitol in 1990. A group of liberals led by former Sen. Howard Metzenbaum of Ohio held a counter-convention in Des Moines the same 1991 weekend that the D.C. adopted the New American Choice resolutions in Cleveland. Jesse Jackson came to Cleveland to protest as did the United Auto Workers, who objected to our support of the North American Free Trade Agreement. Even moderate Democrats who were part of the D.C. were nervous. A number of them called me on the carpet for promoting heresies.

In 1992, just one year later, many of those ideas - fiscal discipline, expanded trade, the earned income tax credit, welfare reform, community policing, charter schools, market in government, to name a few - were part of the Democratic Party platform.

Now Third Way ideas are at the Democratic Party's core. That was clearly evident at a White House meeting this summer convened by Hillary Clinton. The first lady invited about 20 of us - roughly divided between associates of the D.C. and the liberal policy journal The American Prospect - to talk about the Third Way with her. The fact that we were there to discuss the Third Way rather than how to revive liberalism speaks volumes about the progress of the policy debate in the party.

The Battles Ahead

No one who attended the meeting challenged the four philosophical cornerstones of the Third Way. Nor did anyone raise objections to the administration's adoption of Third Way positions on crime, welfare, and the balanced budget that a short while ago raised howls of protest.

That's not to say that party liberals are ready to embrace the Third Way unconditionally. New Democrats and our friends on the left continue to differ sharply on issues like trade, education and entitlement reform, and choice and competition in the provision of government services. The debates to come could be long and heated.

But I'm confident we will carry the day. The Third Way has taken hold because the old approaches to problem-solving - whether of the left or the right - simply cannot be adapted to meet the imperatives of the Information Age.

To earn the nation's trust with national leadership - and to stem the Republican tide in Congress and at the state and local levels - Democrats have no choice but to embrace the Third Way. For as President Clinton and Prime Minister Blair are demonstrating, the

Third Way is the way of the future.

Al From is the president of the Democratic Leadership Council.

 The Second Wave of Innovation: Democrats Cannot Afford to Revert to Old Habits

DLC, The New Democrat, August 1, 2000
By Will Marshall

During the 1990s, President Clinton and the New Democrats infused their party with new intellectual energy, making it once again the catalyst for progressive reform in America. As Democrats gather in Los Angeles for their national convention, Vice President Al Gore's challenge is twofold: To prevent Republican presidential candidate George W. Bush from appropriating the mantle of reform and to resist pressure from party traditionalists to go back to the pre-Clinton status quo.

Bush is trying to steal a march on the political center. Even before last month's carefully staged pageant of Republican moderation in Philadelphia, the Texas governor had been busy rustling New Democrat themes and ideas. The list of purloined items is long, including the Progressive Policy Institute's proposals for revamping Washington's school-aid programs as well as for digitizing the federal government. Bush has praised Democratic Sen. John Breaux's centrist Medicare reform plan and invoked Democratic Sens. Bob Kerrey and Daniel P. Moynihan in calling for personal savings accounts funded by a portion of the Social Security payroll tax. He has sermonized on government's obligations to help the poor and even chided his fellow Republicans for their reflexive hostility to any expansion of Washington's role in public education.

On closer examination, however, it's clear that Bush has embraced the rhetoric but not the substance of progressive reform. Like Bush, New Democrats demand more accountability from schools and teachers; unlike Bush, New Democrats are willing to invest significantly more to turn around failing schools and help low-income students meet higher standards. Both Bush and New Democrats favor tax credits to help uninsured Americans buy health insurance, but New Democrats do so as part of a comprehensive plan to guarantee everyone access to quality health care. Both support expanding trade, but New Democrats insist that government do more to help working Americans caught in the downdraft of the new global economy.

Where the New Democrat reforms grew out of a long and difficult period of soul-searching and rigorous rethinking, Bush's message seems to have sprung full-grown from his policy advisers in the last two months. It is a clever pastiche of centrist and conservative themes designed mainly to distance the candidate from the GOP right. The silence of the ultraconservative lambs as Bush leads them to rhetorical slaughter suggests that they don't take "compassionate conservatism" very seriously.

The Big Challenges

Still, Bush's version of triangulation signals a new sense of political realism among some Republicans - and a tacit repudiation of the heavy-handed moralizing and strident libertarianism that has characterized the GOP congressional majority since 1994. This means that the 2000 elections will turn less on the usual left-right choices and more on the question of which candidate and which party offers the most credible ideas for grappling pragmatically with the next set of big challenges facing the country.

That's why Democrats cannot afford to revert to old habits. Yet as Bill Clinton prepares to exit the national stage, some on the Democratic left see a chance to regain control of the party's agenda. Many liberals are willing to concede that Clinton's New Democrat innovations - restoring fiscal discipline, ending the old welfare entitlement, putting more cops on the street, and downsizing the federal government -

have worked and therefore revived public confidence in Democrats' ability to govern in the national interest. But having shed old political liabilities, they argue, Democrats can now get back to their "real" agenda: launching big federal spending initiatives that benefit key voting blocs and favored constituencies.

The bluntest challenge to the Clinton-Gore agenda, of course, comes from organized labor and left-wing activists opposed to open trade. In a series of showdown votes, labor has put tremendous pressure on congressional Democrats to oppose the trade agenda of a Democratic president presiding over the strongest U.S. economy in modern times. This puts Gore in a tough spot: On the one hand, labor's all-out support will be critical in the battleground states of the Midwest. On the other hand, embracing protectionism would demolish Democrats' hard-won credentials as the party of prosperity. Gore is walking a fine line, agreeing to include labor and environmental standards in future trade negotiations while holding firm on the fundamental issue of support for expanding trade.

Some party strategists worry that disgruntled union members and activists will defect in droves to Green Party candidate Ralph Nader. More likely, Nader's anti-business fanaticism will marginalize his candidacy the more the public is exposed to it. Nonetheless, anxious liberals will counsel Gore to move left to preempt the Nader challenge, a tactic that would only complicate his efforts to reach out to the independent and mostly centrist voters who ultimately will decide the outcome in November.

The "Second Wave" of Innovation

These political crosspressures frame the challenge facing Gore and the Democrats in November. Reverting to the old interest-group liberalism would wipe out the enormous political gains of the Clinton-Gore years and yield the political initiative to Bush. Therefore, Democrats must stay on the path of radical centrism that helped to reverse two decades of Democratic futility in presidential elections, even if that means pressing ahead with reforms that discomfit some of the party's most vocal constituencies. With that in mind, here's an illustrative list of "second wave" New Democrat innovations aimed at the challenges of the new century - ideas that can help Gore articulate a dynamic message of political change, keep his party from backsliding to the status quo in government, and prevent George W. Bush from trespassing on the "vital center."

Make the New Economy Work for All Americans

No ClintonGore achievement has been more important than erasing the Democratic Party's image as a "tax and spend" party more concerned with income redistribution than economic growth. Now the Clinton-Gore administration wants to use a healthy chunk of future budget surpluses to pay down the national debt. A swelling chorus of liberal commentators, however, denounce this policy as a return to the "Coolidge economics" of the 1920s.

But Gore is hardly making a fetish of penny-pinching austerity. He and the New Democrats recognize that fiscal discipline is a basic condition for economic success in a world where investment flows to those countries with sound fiscal and monetary policies. Moreover, paying down the debt will lift an enormous burden from our children's shoulders, sustain growth by keeping interest rates down and shifting resources into private investment, and help the United States prepare for the costly challenge of financing the baby boomers' retirement and medical care.

With budget surpluses expected to exceed $4 trillion over the next decade, there is plenty of room within the constraints of fiscal discipline for major new public investments. PPI, for example, has proposed spending roughly $1 trillion over the next 10 years to expand access to health insurance, promote higher standards and accountability in our schools, equip working Americans with skills and other new tools of economic success, make work pay for low-income families, and help families of modest means save and invest more. Democrats in 2000 should oppose both Bush's budgetbusting tax cuts as well as liberals' demands for more spending at the expense of debt reduction.

Create World-Class Public Schools

Education is far and away the top voter concern in 2000. Bush calls for greater accountability, but - as was the case in Texas - won't pony up the resources to help underperforming schools do their job better. Traditional Democrats favor more spending but often shy from meaningful accountability to avoid offending powerful education groups.

The New Democrat approach links more spending to fundamental reform of our archaic education monopoly based on principles of public school choice, high standards, and accountability for results. Over the education establishment's fierce opposition, New Democrats nurtured the charter school movement, which has mushroomed from only one school in 1992 to 1,700 today. President Clinton has called for voluntary national standards to benchmark student performance, ending social promotion, and testing new teachers to assure subject-matter mastery. The party should also get behind a proposal by New Democrat Sens. Joe Lieberman, Evan Bayh, and Mary Landrieu for a dramatic shift in federal education policy that offers states and local districts more money and flexibility in return for measurable progress in lifting the performance of students from lowincome families.

With new research showing that teacher quality is the single most important factor in determining how well students do in school, it's time to get serious about measuring individual teachers' impact on students and paying them according to their classroom performance. Democrats need a tough-minded approach that champions both tougher standards and higher pay for teachers who meet them.

Form a New Social Compact for the New Economy

The 1990s saw a revolution in social policy. Clinton, Gore, and the New Democrats rejected the usual ineffectual tinkering and instead called for "ending welfare as we know it." In a profound conceptual shift, they argued for replacing welfare dependency with a new social compact based on work, mutual responsibility, and family. In policy terms, this meant not only retiring the 61-year-old welfare entitlement, but also significantly expanding tax subsidies, child care, transportation, and other supports for the working poor.

While many traditional liberals predicted a social calamity of unprecedented proportions, the results so far have been promising. With a strong assist from the booming economy, welfare rolls have been cut nearly in half since 1996, most former recipients have found jobs, and a careful evaluation of reform in a Minnesota study found intriguing signs of behavior changes among low-income families: less domestic abuse, more marriages, and greater marital stability. The real crunch, however, looms ahead, as the five-year limit on welfare eligibility nears and as today's tight labor markets inevitably slacken.

If "compassionate conservatism" has a first principle, it is that voluntary, faith-based organizations invariably deal with social problems better than government. While government should indeed work more closely with the voluntary associations of civil society, private efforts to succor the poor are, in social policy analyst Jim Castelli's words, "a blessing, not a miracle." In other words, the voluntary sector's charitable works are indispensable but insufficient; religious and civic organizations simply lack the capacity to deal with the magnitude of America's human needs by themselves.

New Democrats should insist that Washington give states the resources they need to finish the job of welfare reform, which will require more intensive and expensive efforts to help poor families overcome multiple barriers to work and self-sufficiency. And as Gore has argued, we must turn our attention from poor mothers to the fathers, bringing them into the welfare-to-work system so that they can afford to pay their child support.

Above all, New Democrats' postwelfare social policy ought to have a new organizing principle: making work pay. We should expand the Earned Income Tax Credit and child care support and adapt housing, transportation, and other public assistance policies to the goal of enabling and rewarding work. By tying more generous social support to work in private sector jobs, New Democrats can offer a new guarantee: No American family with a fulltime worker will live in poverty.

Expand Access to Health Care

After child poverty, the fact that millions of children and low-income Americans lack health insurance is perhaps our most glaring social defect. Yet Bush and the Republicans offer no plan for achieving universal health care; indeed, they promote medical savings accounts that make health insurance more expensive by giving the young and healthy incentives to abandon larger insurance pools. Democrats old and new agree that we should earmark a chunk of the expected federal budget surpluses for covering people who cannot afford to buy insurance. The rub, however, lies in how to do it.

For much of this century, many American progressives have dreamed of a national health care system based on the European or Canadian models. That dream, however, has foundered on stubborn public resistance to a government monopoly on health care provision. So Democrats have settled on incremental steps, creating Medicare and Medicaid in 1965 and expanding those programs at the margins in the subsequent decades.

In truth, America's $1.2 trillion health care economy is too complex and dynamic to be managed by some all-knowing central authority. Democrats need a modern approach better suited to our cultural predilection for individual responsibility and for choice and competition over one-size-fits-all solutions. For example, PPI has proposed giving needy families a refundable tax credit to buy private health insurance. Coupled with public rules to protect the sick and provide more reliable information about medical outcomes, public support for private insurance will shift power from bureaucrats, doctors, and insurance companies to consumers. It will expand individual choice, spur competition among health care providers, and avoid the bureaucratic price-fixing that breeds inefficiency and stifles innovation.

Modernizing Medicare should be another Democratic priority. The key is to link popular proposals for adding a new Medicare drug benefit to structural reform of the program to allow for more consumer choice and competition. Democrats should follow the lead of Breaux, who has proposed a comprehensive reform that includes prescription drug benefits for all seniors as well as a separate Medicare agency to oversee the competition between private plans and ensure that consumers have the information they need to make sound decisions.

Launch a Second Generation of Environmental Action

National environmental policies, mostly developed in the 1970s, have been remarkably successful in improving the quality of our air and water. But we face a new set of environmental challenges today that cannot be solved with the old strategy of centralized, command-and-control regulation. These challenges include contamination of water from such sources as farm and suburban runoff, loss of open lands, sprawl, and global climate change.

Under the leadership of Vice President Gore, the United States signed the 1997 Kyoto Protocol, which obliges countries to reduce their emissions of greenhouse gases that are likely contributing to climate change. Although the "know-nothing" Republican Senate has refused to ratify the treaty, the United States should begin to exercise leadership and take steps to protect the global environment. But instead of using the old tools of top-down regulation, Democrats should push hard for a modern, market-based approach: a system of tradeable emissions permits that would give factories, power plants, and other sources of air pollution and greenhouse gases a powerful incentive not only to meet but to exceed environmental standards.

Create a New Military Force for a New Global Era

On defense as on domestic issues, Democrats should emphasize the theme of modernization. The defense debate in 2000 should be about more than which party wants to boost military spending the most. Here, congressional Republicans have been especially egregious, raising defense spending even above Pentagon requests. Instead of getting into a bidding war, Gore and the Democrats should call for spending smarter, not just spending more. Specifically, Gore should promise to speed up the "revolution in military affairs" that integrates the new information and communications technologies into our military forces and doctrines.

According to Adm. Bill Owens, former vice chairman of the Joint Chiefs of Staff and the architect of the concept, "The revolution in military affairs is a shift from mass to mobility, from attrition warfare to agility, from overwhelming firepower to smart firepower."

Yet after a decade of high-level defense reviews that mostly ratified the status quo, the United States is left with a force structure that can be best described as "Cold War minus." Democrats should argue that bureaucratic inertia and Pentagon turf battles are preventing America from building an Information Age defense suited for 21st century challenges. By insisting that the issue is modernizing U.S. forces, Gore can demonstrate his superior grasp of defense issues, deflect conservative alarms about the "readiness" of our forces, and call public attention to the astonishing magnitude of military pork barrel spending by GOP congressional barons.

Finally, Al Gore and the Democrats in 2000 should confidently reaffirm their party's internationalist tradition. That tradition, which served America and the world so well from World War II on, is under attack from both ends of the political spectrum. With no evil empire to confront, many congressional Republicans seem to be drifting back to their "Fortress America" mentality. They have, for example, opposed NATO's U.S.-led intervention in the Balkans, cut funding for international operations, and killed the Comprehensive Test Ban Treaty, while demanding more military spending and an enormously costly "comprehensive" missile defense system that rests on unproven technology.

At the same time, today's vertiginous economic changes have sparked a backlash on the left, which has suited up "globalization" for the villain's role in its latest narrative of economic exploitation and injustice. By attacking trade agreements as well as world bodies for economic cooperation, such as the International Monetary Fund and the World Trade Organization, the antiglobalist coalition threatens to slam the breaks on the global economy - and perhaps the U.S. economy as well.

As the heirs of FDR, Harry S. Truman, and John F. Kennedy, the Los Angeles Democrats should be unapologetic in defending liberal internationalism against both the neo-isolationists and the neo-protectionists. By virtue of his long experience in international and defense matters, Al Gore is ideally suited to rally America behind a new strategy for progressive internationalism aimed at building a safer, more prosperous, and more democratic world.

Will Marshall is president of the Progressive Policy Institute.

 It's Values And The Economy

Al From
DLC | Blueprint Magazine | July 12, 2001

In 1992, James Carville posted a sign in Bill Clinton's campaign headquarters that read: "It's the economy, stupid."

Three years later, the political commentator Ben Wattenberg wrote a book entitled Values Matter Most.

Economic priorities or cultural values -- who's right? After examining presidential elections over the past 20 years, I've concluded that the correct answer is both. Without winning on economic issues, Democrats aren't even competitive -- and without remaining competitive on values issues, they don't win.

Two decades ago, class divisions in voting were stark. Democrats won low-income voters -- Jimmy Carter in 1980 and Walter Mondale in 1984 won only the 15 percent of voters with the lowest incomes. Republicans won everyone else, including the decisive middle class.

In the 1990s, that changed. Bill Clinton's growth-oriented New Democrat economic policies made Americans more affluent -- nearly three in four voters today identify themselves as middle or upper middle class and seven in 10 own stock -- and convinced more affluent Americans to vote Democratic.

In 1996, Clinton won the middle and the upper middle class, losing only among the 18 percent of the voters with the highest incomes. In 2000, Al Gore split the middle class and ran competitively among the upper middle class, losing only the 15 percent with the highest incomes by a double-digit margin.

As long as we Democrats remain credible on economic growth with middle-class voters, the sharp class divisions that spelled doom for us in the 1980s are not likely to reappear.

But to build a durable majority, we need to close a large cultural gap. Gore lost big among married people with children, gun owners, regular churchgoers, pro-lifers, and advocates of limited government. He won among singles, non-gun owners, infrequent churchgoers, pro-choice voters, and advocates of bigger government. He won high school dropouts and voters with post-graduate degrees. But he lost the equivalent of the educational middle class -- high school graduates, voters with some college, and college grads.

That gap is most evident among white voters -- white men, in particular. And closing it is very complicated. While our pro-choice and pro-gun-safety positions work against us in rural areas, for example, they work for us in the growing suburban areas that are increasingly the key battlegrounds in American politics. A retreat to more conservative positions would be both morally wrong and politically counterproductive.

Nonetheless, I'm convinced that Democrats can successfully traverse this treacherous cultural terrain. In 1996, Clinton won among married people with kids, and he cut his losses among gun owners, pro-lifers, and advocates of limited government. He won high school graduates and voters with some college, and barely lost college grads.

Democrats can learn important lessons from the Clinton experience.

First, we need to promote growth and opportunity, not redistribution. With fiscal discipline, investment in people and technology, and expanded trade, Democrats can hold on to the gains we made in the 1990s among middle- and upper- middle-class voters. We simply can't let the class-oriented voting patterns of the 1980s re-emerge.

Second, by emphasizing New Democrat positions on cultural issues like crime and welfare, we can reinforce our belief in core values like work and family and in the ethic of reciprocal responsibility. With opportunity comes responsibility -- and by asking voters to give something back to their country, we can send a powerful values message to middle-class voters.

Third, we need to stand for big ideas, not big government. As President Clinton said, "The era of big government is over." We believe in activist government. But activist government can be empowering and catalytic, not bureaucratic and sclerotic. Democrats always do well among advocates of bigger government, but like Clinton we need to cut our losses among the majority of voters who believe the government should do less.

Fourth, we need to support family-friendly policies that help parents raise kids. As Clinton said, "Governments don't raise kids, parents do." The elites ridiculed him in 1996 for small-bore ideas like the V-chip, school uniforms, and keeping kids from smoking. But he connected with beleaguered parents. It is no coincidence that he is the only Democratic presidential candidate in the past quarter-century to win married voters with kids.

Finally, we need to avoid polarizing language on divisive values issues like abortion and guns. Clinton never wavered on his pro-choice stance, but when he said that abortion should be "legal, safe, and rare," he limited his losses among pro-life voters, whose strength increased in the last decade.

Both Carville and Wattenberg are right. Without growth-oriented economic policies, Democrats can't win the increasingly affluent voters who are the key to victory. And, unless they avoid polarizing positions on cultural issues and the size and role of government, Democrats will face a steep climb in an electorate that is half moderate but includes three conservatives for every two liberals.

Al From is founder and CEO of the Democratic Leadership Council.

 Revitalizing the Party of Ideas

DLC, Blueprint Magazine, January 23, 2001
By Will Marshall

Gore would run the third straight presidential race on the New Democrat themes that he and Bill Clinton rode to victory in 1992 and 1996. But the Gore campaign often looked and sounded like a throwback to the doomed Democratic campaigns of the 1980s, replete with vintage class warfare themes and narrowly tailored appeals to constituency groups. This backsliding from reformminded centrism to interest group liberalism was a key factor in turning a race Gore should have won handily into a virtual tie.

To be sure, Gore voiced some key New Democrat themes: preserving fiscal discipline by paying down the national debt, support (though heavily qualified) for expanding trade, and a commitment to vigorous

U.S. global leadership backed by a strong military. By last September, however, those themes had been overshadowed by Gore's business-bashing "populism" and a laundry list of polltested programs and promises aimed at specific slices of the electorate. Often these proposals had merit; seniors really do need a prescription drug benefit. But the campaign's inability to articulate any sense of public purpose larger than the expansion of government for the benefit of favored groups also reinforced George W. Bush's charge that Gore was really a big spending liberal - "Mondale with a surplus," in the tart description of one observer.

Where Clinton had spoken to broad middle-class aspirations and values, Gore framed his appeals to particular group interests. The Gore campaign Web site invited visitors to select from a list of interest or identity group affiliations, so that they could be steered quickly to custom-tailored proposals for that group. Campaign scheduling also reinforced the interest-group oriented message. Gore's unmodulated performance on the stump fed the damaging public perception that he "would say anything" to get elected.

The point here is not that Gore should have shunned the party's most loyal constituencies. No Democrat can win without their support, and no one can argue they did not do their job in 2000. But in an era of political parity, Democrats cannot build electoral majorities by narrow appeals to traditional constituency groups. To build a new progressive majority, Democrats must appeal both to their base and to new constituencies - wired workers, Gen Xers, suburban women and independents - on the basis of crosscutting ideas and values.

When the Gore campaign finally hit upon an overarching theme, "fighting for the people, not the powerful," it had a contrived feel. It's the sort of line campaign consultants love because it gets a strong response in focus groups. It didn't appear to grow naturally out of Gore's political biography or a considered analysis of the structural inequities of American capitalism. Indeed, Gore's combative "populism" was jarringly out of sync with a population basically satisfied with the country's direction and heartily sick of partisan warfare. It was also confusing: When an incumbent with a strong record adopts the rhetoric of an insurgent, he gives the impression of running against himself. "The biggest problem," lamented one Gore campaign aide, "was that our message didn't fit our policy."

After all, the strongest argument for a Gore presidency was the one that most voters already agreed with: America had made great progress on the Clinton-Gore watch and continued to move in the right direction. Gore was instrumental in shaping the policies that helped restore fiscal discipline, spur the emergence of an explosively inventive New Economy, produce the longest and strongest economic expansion in memory, reduce violent crime and welfare dependency, and create a relatively stable international environment in which American interests and values have rarely been more secure. In the end, the strength of these fundamentals came achingly close to overcoming an ill-conceived and ill-executed presidential campaign. But not close enough - and Democrats who wonder how victory slipped from their hands must now assess the costs of that failure.

In exchanging a winning New Democrat message for a faux populism and narrow appeals to interest groups, the Gore campaign lost the political ground his party had gained during the last decade along five critical philosophical dimensions: the role of government, economic opportunity, civic responsibility, mainstream values, and security.

Big Government vs. Enabling Government

Bush's success in hanging the albatross of "big government" around Gore's neck set back efforts by New Democrats over the last decade to identify their party with a less centralized and bureaucratic model for public activism. Clinton famously declared that "the era of big government is over," and Gore himself led the administration's "reinventing government" initiative that produced the smallest federal bureaucracy since the early 1960s.

On the campaign trail, however, the vice president offered few new ideas for reforming government and plenty of proposals for expanding it. Take education, a top public concern in 2000. Voters are dissatisfied with the quality of public education and strongly support national tests, ending social promotion, and other measures to raise student performance. While Democrats usually dominate the issue, exit polls showed the party had only a modest 52 percent to 44 percent edge over the GOP on improving education. Bush gained ground by blurring differences: He too called for more federal aid to schools, although considerably less than Gore. Crucially, however, he stressed holding schools accountable for lifting students to higher standards and narrowing the achievement gap between poor and middle-class students.

Of course, many of Gore's spending proposals were popular. And voters gave him the advantage on most of the individual issues they deemed important, from preserving Social Security to debt reduction to prescription drug benefits. But the cumulative impact of the Gore message was to lend credence to Bush's criticism of the vice president as both a big spender and a defender of the status quo in government.

Social Security offers a case in point. Since Social Security has traditionally been a "third rail" for politicians - touch it and you die - Bush took a considerable gamble in proposing that workers be allowed to use part of their payroll tax to create private savings accounts they control and own. The vice president rightly took Bush to task for failing to tell voters how we would make up the Social Security revenue diverted to private accounts. But Gore's attempts to paint "privatization" as a mortal threat to Social Security proved less persuasive. Voters favored private accounts by a solid 57 percent to 39 percent margin, prompting pollster John Zogby to remark that "the third rail has been broken."

When asked which candidate would demand more accountability from government as well as more personal responsibility, voters picked Bush. Among Bush voters, 41 percent cited his philosophy of smaller, better government as the main reason for voting for him. Voters believed Gore held the more traditionally liberal view that the government's role is to protect people and solve problems for them rather than the New Democrat view that government should equip people with the tools to tackle their own problems.

In the end, Bush's antigovernment populism trumped Gore's anti-corporate populism. For Democrats, the lesson is clear: More spending may please the party's progovernment constituencies, but the broader public also expects structural reforms to improve government's performance. To restore public confidence in progressive government, progressives must be unrelenting in their determination to revive government's capacity to solve problems.

Class Warfare vs. Economic Growth

The Democrats' biggest political achievement of the past decade was restoring their reputation as the party of economic growth and expanding opportunity. After a decades-long detour into the politics of wealth redistribution in the name of "fairness," Democrats finally rebuilt their credibility as the party of sound fiscal and economic management and general prosperity.

Yet Gore failed to frame the 2000 debate as a referendum on the nation's remarkable economic progress. And he undermined his own comparative advantage on economic issues by reverting to old class warfare themes that villainized U.S. corporations and cast working families as victims. One problem with this strategy is that most Americans don't feel like victims. According to Penn's Poll, 79 percent of the public thinks the economy is headed in the right direction and a solid majority says they are better off now than they were eight years ago.

The limits of class warfare were evident in the Gore campaign's attack on the centerpiece of Bush's economic plan, a $1.3 trillion tax cut over 10 years. The vice president rightly pointed out that the Bush plan would perversely redistribute wealth up the income scale. But Democrats should have been equally concerned with the plan's likely economic impact. Prominent economists from Alan Greenspan on down warned that a massive tax cut could promote consumption rather than investment, overheat the economy, fuel pressure for interest rate hikes, leave America saddled with large debt servicing costs, and gobble up most if not all of the projected fiscal surplus - in short, put screeching brakes on the longbooming economy and hit the middle class right in its wallet.

In the end, Gore's "fighting for you" populism may have thrilled upscale liberals, but it failed to sway the voters to whom it was primarily aimed: white working-class men and women. According to liberal political analyst Ruy Teixera, Bush won white working-class households with incomes of less than $75,000 a year by 13 points, and noncollege whites by 17 points. Gore also lost among the "wired workers" who now make up fully a quarter of the electorate and who are decidedly more upbeat about the nation's economic prospects.

The emergence of the New Economy has been the biggest story in America in recent years. But it was conspicuously absent in the campaign debate. It is especially surprising that Gore shied away from the subject, since no national leader has peered deeper into how technology is reshaping our economic lives and the social implications of these changes. New Democrats should embrace the New Economy, which has generated strong productivity and wage gains in the last five years and is beginning to reverse the two-decade trend toward growing economic inequality. To build electoral majorities in the future, the party must appeal to New Economy entrepreneurs and knowledge workers who have little use for the old left-right debate and are looking for a political home.

Entitlement vs. Civic Responsibility

Civic responsibility was another key New Democratic theme that went absent without leave in 2000. In the late 1980s, New Democrats called for a new balance between citizen rights and responsibilities and advanced national service as a way to revive the slumbering spirit of civic obligation. Clinton carried the theme into the 1992 election, promising an end to government policies that offered "something for nothing" and challenging citizens who receive public benefits to give something back to the community.

The politics of civic reciprocity - of expanding opportunity while also demanding more personal responsibility - shaped not only Clinton's AmeriCorps national service plan, but also his plan to "end welfare as we know it." It said that public assistance should not be a permanent entitlement but an earned benefit conditioned on peoples' willingness to work and contribute to the common pot. This shift from welfare paternalism to mutual responsibility helped to realign Democrats with most Americans' understanding of the social bargain. It also helped Clinton win the presidency twice.

In the 2000 race, however, Gore seldom invoked the ethic of civic responsibility or challenged Americans to do anything but receive new blessings from government. An emblematic moment came during a presidential debate, when a single, 34-year-old woman asked the candidates what their campaign proposals would do for her. Gore responded with a lucid litany of new programs from which the questioner might benefit - though no one thought to ask why she needed government's help in the first place.

Looking ahead, Democrats must recapture the themes of civic reciprocity and self-reliant citizenship. One way is to call for a dramatic expansion of national service, so that more young Americans can be exposed to opportunities to serve their communities in return for college aid. Another is to focus more on the contributions that civic and faith-based institutions can make in solving our social problems - a theme Gore broached in a thoughtful speech last June but seldom returned to in the general campaign.

Mainstream Values vs. Cultural Relativism

From Richard Nixon in 1968 to the elder George Bush's 1988 campaign, Republicans practiced a brutally effective wedge politics that divided the New Deal coalition, pitting working middle-class voters against liberal elites and minorities on such issues as crime, affirmative action, family breakdown, welfare dependency, and sexual permissiveness.

New Democrats set out to realign their party with mainstream social and cultural values. Styling himself a "different kind of Democrat," Clinton in 1992 called for replacing welfare with work, stemming the tide of teen pregnancy and out-of-wedlock births, and reinforcing the police in their "unequal struggle" against crime. He backed abortion rights but disappointed prochoice absolutists by saying that abortions should be "safe, legal, and rare." On the inflammable issue of race, Clinton also struck a moderate tone. While championing diversity, he dispensed with the old language of racial victimization. Speaking in black churches in Memphis in 1993, Clinton memorably argued that society's moral obligation to help poor minority communities "from the outside in" must be matched by a revival of personal responsibility and moral leadership from "the inside out." He spoke more candidly than liberal politicians about the scourge of juvenile crime and family breakdown in black communities. Acknowledging that racial and gender preferences sometimes go too far, he promised in 1995 to "mend, not end" affirmative action. The shifts on crime, race, and other polarizing issues, along with New Democrats' stress on personal responsibility, helped to realign the party with mainstream moral sentiments. By 1996, Bob Dole's attempts to resurrect the old hot button issues fell flat.

In 2000, however, Gore's rhetoric often evoked the stark divisions of the past. Where Clinton had a fine ear for nuance and acknowledged voters' ambivalence on issues like group preferences, abortion, gay marriage, and gun control, Gore tended to draw bright lines and deploy "us vs. them" invective. Gore's social liberalism may have helped him with some voters but appears to have hurt him with white men, whom he lost by 24 points compared to Clinton's 11-point loss in 1996. Voters also saw Gore more as a liberal than a moderate; in fact, he was seen as more liberal than the Democratic Party itself. Gore's positions on social and cultural issues probably cost him dearly in the 11 states that he lost in 2000 but that Clinton won in 1996, including West Virginia, Arkansas, and his own home state of Tennessee.

Rather than take sides in the cultural wars, Democrats should seek common ground based on shared civic values. Rejecting both the right's coercive moralism and the left's relativism and identity groupthink, the party should embrace what scholar William Galston has called a "tolerant traditionalism" that respects differences while honoring mainstream values of work, family, individual responsibility, and self-reliance.

Personal and National Security

Finally, there were two notable exceptions to the Democrats' advantage on specific issues: crime and national security. In fairness to Team Gore, the Republicans seem to have begun the 2000 campaign with a built-in advantage on these concerns, the legacy of decades of GOP "get tough" rhetoric on crime and support for high levels of defense spending, as well as Clinton's uneasy relationship with the military. Although crime and defense were less salient in 2000 than in previous elections, the GOP's lock on white men is no doubt linked to its image of strength on these prototypically "masculine" issues.

Nonetheless, the Gore campaign could have made a stronger case that New Democrat innovations aimed at preventing crime have been more effective than the GOP's traditional fixation on punishment after the fact. The Clinton-Gore administration's "100,000 cops" initiative not only put more police on the streets, it also carved out an important new role for Washington as a catalyst for innovative law enforcement strategies such as community-oriented policing. By combining a no-nonsense approach to criminals with commonsense efforts to foster cooperation between the police and communities to tackle conditions that breed crime, the New Democrat approach helped break the political deadlock between "root cause" liberals and "lock 'em up" conservatives.

While Republicans can no longer credibly accuse Democrats of being "soft on defense," they evidently enjoy lingering if unearned credibility on questions of national strength and resolve. After all, it was Gore, not Bush, who possessed sterling credentials and wide experience in

Clinton-Gore diplomacy and the great national security debates of the past two decades. Yet Gore declined to exploit his huge comparative advantage, rarely addressing international issues on the stump to the consternation of his foreign policy team.

Democrats must avoid the trap of treating national security as a natural GOP issue and the military itself as a Republican interest group. That would only deepen an already wide chasm between the mores of the professional military and the society it defends. Moreover, GOP military policy since 1994 has been an unwholesome mix of pork barrel politics and "go-it-alone" unilateralism that demands huge investments in unproven national missile defense systems and opposes international efforts, like the Comprehensive Test Ban Treaty, to stem the proliferation of nuclear weapons and missiles. In contrast to the GOP's cramped and insular nationalism, Democrats should embrace a progressive internationalism that combines energetic U.S. global leadership with unequivocal support for a strong military capable of projecting power around the world.

Generating Ideas for a New Progressive Majority

Government's role, economic progress, civic responsibility, mainstream values, and personal and national security - in these five areas Gore failed to build on New Democrats' success in modernizing the party's governing agenda and occupying the "vital center." Instead, Democrats seemed to revert to type - and lost an election they should have won.

Above all, Democrats need to take two lessons away from the fumbled opportunity of 2000. First, the party must not return to the micro-politics of the 1970s and 1980s, in which it subdivided its message to woo a myriad of cause-oriented activists and interest groups. Second, to be competitive in today's evenly divided politics, Democrats must remain intellectually dynamic. They must be the party of new ideas to equip Americans for the challenges of the New Economy, not guardians of the old economic order.

This of course will cause friction with traditional constituencies that fear economic and political change. But, as the Clinton-Gore success showed, those frictions are manageable. It's better for the party to have an honest and respectful debate than to unify behind worn-out ideologies, obsolete programs, failing public systems, and interest group litmus tests. New Democrats' task after 2000 is the same as it was before 1992: generating new ideas for advancing the party's enduring values - ideas for a new progressive majority.

Will Marshall is president of the Progressive Policy Institute.

 The Third Way

DLC | Talking Points | June 13, 2000

The Third Way is a governing philosophy and a political strategy that is taking root in progressive political parties throughout the world. It is leading them to success in facing the policy challenges of the Information Age and the political challenge of conservatism.

It is called "the Third Way" because it rejects both the big-government paternalism of the traditional left and the abandonment of public responsibilities by the contemporary right.

Instead of telling people "government will take care of you," or "you're on your own," the Third Way seeks to give people opportunity in exchange for the exercise of responsibility. The Third Way also seeks to create a public policy debate that transcends the stale left-right argument over the size and cost of government. It focuses on what government can actually do to help Americans solve their own problems.

The Third Way's first principle is equal opportunity for all and special privileges for none.

Its public ethic is mutual responsibility. Its core value is community. Its outlook is global. It embraces market means for pursuing public goals, and promotes empowering government that equips citizens with the tools they need to succeed. It aims at fostering private-sector growth--today's prerequisite for equal opportunity. It seeks to strike a balance between the imperatives of economic dynamism and social justice.

The purpose of the Third Way movement is to promote enduring progressive values through modern means.

It is rapidly becoming the most successful and influential political movement in the world, beginning with New Democrats in the U.S., extending to Prime Minister Tony Blair's New Labour in the United Kingdom, and now helping progressive parties win power and govern in Germany, the Netherlands, Italy, and Canada. Third Way ideas are becoming influential in Latin America, Australia, and New Zealand as well.

Led by New Democrats, the Third Way is helping prepare the Western world and its people for the opportunities and challenges of a global Information Age. It promotes the enduring values of the progressive political tradition through new ideas for solving common problems.

 The Right Fight

Al From and Bruce Reed
DLC | Blueprint Magazine | January 8, 2004

Democrats can't beat Bush just by being mad at him. They have to offer something better. Now's the time for a new Democratic contract with the middle class.

DLC MEMO

**TO: The Democratic Nominee
(Whoever That Turns Out to Be)
FROM: Al From and Bruce Reed
SUBJECT: The Middle-Class Bargain**

Democrats won't help a single person find work, get health care, or afford college if they don't win the White House in 2004. The stakes are particularly high. If Democrats lose this time, the Bush administration will continue on the path toward destroying the country's finances for a generation, shifting the tax burden away from wealth to work, and losing ground in the war on terror. Over the next several weeks, Democrats would be foolish indeed to choose a nominee who makes a tough election even tougher.

But, as we've said in our previous memos, we won't beat Bush simply because we're mad at him or by hoping that things will go badly for the country. We will beat him only if we offer a compelling vision and agenda.

That's as it should be -- because what we'll do in office is what really matters to voters. Presidential elections should be fought over principle and the direction of the country. Everything else is just politics.

We believe our vision ought to be a new bargain with the middle class and those aspiring to get there -- a bargain that puts the needs of the majority ahead of the narrow interests of the few.

**Putting Country First:
Our New Bargain With America's Forgotten Middle Class**

In the sterile national debate between Republicans who only seem to care about the rich and some Democrats who only seem to care about the war, America's middle class has been forgotten. Bush has failed to address the problems that most Americans face: getting good jobs with a future, paying the soaring costs of health care and college, saving for retirement, and balancing work and family. Instead of answers, he has offered the middle class more burdens.

Middle-class families don't need a political party that undermines their values, ignores their interests, and saddles them with debt, as Bush's Republicans have done. Democrats need to show the middle class that we will honor their values, defend their country, and think twice before spending the tax dollars they worked so hard to earn.

Most important, we need to give the middle class hope again -- to allay their fears and to assure them that their future can be better than the past.

For more than two centuries, America has been guided by a simple, profound principle: Hard work and responsibility are the ticket to a better life and a stronger country. Today, that principle is under attack here at home, at the very time our nation's enemies are out to destroy our way of life.

Under Bush, our political system has become nothing more than a selfish clash of narrow and moneyed interests. Our middle class -- the greatest engine of social and economic progress the world has ever known -- has been burdened, betrayed, and abandoned by those at the top. On Bush's watch, our private sector has been shaken by the worst corporate scandals in a century. Too many of our leaders have forgotten their highest responsibility: to put their country first.

If we continue on the present course, the promise of America will never be the same. We will not remain the strongest nation on earth if we forget the values that made us strongest, at home and abroad. America was not created to be a nation of privilege. We must be a land of opportunity again. Our mission in the world is to be a beacon of hope, freedom, and respect.

Democrats want more for America. We will ensure that the values, security, and aspirations of the middle class are forgotten no more. Bush and his allies have a plan that threatens America's future and is breaking the backs of the middle class. The party that helped build the middle class now must offer a plan to save it.

We propose a 10-point Contract with America's Forgotten Middle Class:

1. We pledge to make America safe.
Under the Bush administration, we have seen the greatest intelligence lapses since Pearl Harbor. We will strengthen our domestic defenses by reforming the security and intelligence agencies the current administration has been too timid to fix. We will reform the FBI, by creating a new domestic intelligence agency that can detect and prevent terrorist plots on our soil. Instead of cutting law enforcement assistance and driving up state and local taxes, as this administration has done, we'll give communities the resources to keep their citizens safe, so they can hire more police to reduce crime and prevent terrorism, and more firefighters and first responders to answer the call in the event of an attack.

2. We will win the war on terror and the causes of terror and earn America the respect and allies we need to succeed.
By steering a unilateral course, the Bush administration has isolated the United States, breeding global mistrust of our motives and leaving us to bear the lion's share of the costs and risks of policies that benefit other countries, as well as our own. We will pursue a strategy of tough-minded internationalism that puts America's enormous power to work in ways that enhance our security and respect, not in ways that give our allies and enemies alike the dangerous excuse of anti-American resentment. We will drain the swamp that produces terrorists by supporting democracy, not stability, in the Middle East. We will seed the garden with a Middle East trade initiative to help bring the region into the modern world. We will reward reform by making our foreign aid more strategic, more generous, and more selective. We will transform our military for the 21st century with the personnel, weapons, and doctrine to win conflicts quickly, decisively, and with lasting results.

3. We will ask all Americans to give something back to their country.
Instead of challenging America, the Bush administration has embraced an ethic of every man for himself. We will expand AmeriCorps tenfold to give every young American the chance to serve. We will enlist Americans in a national effort to make America safe, with a civil defense corps that makes sure every citizen and community is ready for emergencies in a time of terror. If you're willing to serve your country, we'll guarantee you the chance to go to college and make sure you will never be denied that chance because you can't afford it.

4. We will expand prosperity for all Americans, not just the few, and reform the tax system to increase middle-class incomes, not stick the middle class with a higher share of the tax burden.
The Bush administration believes that prosperity is something the wealthy share with the rest of us, and that jobs don't matter as long as the GDP is going up. We'll grow the economy and restart the great American job machine by harnessing the high-paying jobs of the future in emerging industries like clean energy technology and energy conservation.

The Bush administration's war on work has shifted the tax burden from the wealthy onto the middle class. It's wrong to burden the middle class to make the rich richer. We won't raise middle-class incomes by raising middle-class taxes. Instead, we propose sweeping tax reform to give middle-class and working Americans the opportunity to own a home, save and invest for college or retirement, and support their families. Every poor and middle-class American should be able to save and invest as much as he or she can, tax-free. For the middle class and working poor, we will reduce the capital gains rate or eliminate it altogether.

We will consolidate the confusing array of tax-favored savings programs into a single, universal pension that every American can take from job to job. We will strengthen Social Security by expanding retirement savings, making the necessary reforms to modernize benefits and keep costs from exploding, and putting the nation's fiscal house in order. We will offer tax credits for first-time homebuyers so that every American willing to work for it can get the help he needs to own a home. We will replace the array of child tax credits with a single Simplified Family Tax Credit so that anyone willing to work full time to support a family can be part of the middle class.

5. We won't let government spending go up faster than your paycheck does.
Bush has abandoned the ethic of fiscal integrity and brought the era of big government back. We will stop giving tax cuts we can't afford to those who don't need them, and stop paying back narrow interests with pork and corporate welfare. Instead, we will restore annual spending caps and pay-as-you-go rules so Washington can't enact new spending or tax cuts without offsetting savings. We will create an independent commission to end corporate welfare as we know it. And we will cancel the tax-cut windfall for the very wealthy, and cut taxes instead for the middle class.

6. We will ensure a strong economic climate so the private sector can succeed, but we'll make corporations live up to their responsibility to play by the rules and do right by their employees.
Bush has delivered neither responsibility nor reform at a time when Washington and Wall Street cry out for both. Sustained economic growth is the prerequisite for opportunity for all. But we will also put economic policy back in line with our values. We will replace crony capitalism with democratic capitalism that gives Americans who do the work and pay the taxes a smaller share of the country's burdens and a greater stake in their companies' success. We will give stockholders more say over the companies they own, and stop the scandal of excessive CEO pay by making sure firms that give options to their top executives give options to all their workers.

We will help America lead the world in developing new energy technologies that are good for both the environment and the economy. We will restart America's growth engine by reducing barriers abroad to American goods and services, and put money in family bank accounts by eliminating regressive import taxes on clothes, shoes, and other goods at home. We will also make sure that workers, not just consumers, can join the winners' circle. We will do this by streamlining the overly bureaucratic vocational training system and providing New Economy Work Scholarships that let dislocated workers choose the training and skills they need.

7. We will give you the opportunity to afford health insurance -- if you take responsibility to make sure your children get it.
While rising health costs are crippling businesses and workers, the Bush administration has done nothing to make health care more affordable. We will ensure that all Americans have access to affordable health insurance, but with the requirement that parents take responsibility for covering their families. We will allow Americans to buy into the same plan that members of Congress have, offer tax credits to make coverage more affordable, and create a National Cure Center to help find cures for major chronic diseases.

8. We will demand more from our public schools, and invest more in them. Bush has broken his promise to invest in reform, and shortchanged states and communities when they need help most. By refusing to fund federal mandates for school reform, the Bush administration is leaving too many children behind. We will make public schools the pride of every community by keeping Washington's pledge to provide the resources to make reform work. We will help schools rise to the challenge of reform. We will put a qualified teacher in every classroom by paying teachers better and asking more of them in return. We will let parents choose which public schools their children attend. We will make sure they have good schools to choose from, by improving or closing schools that fail and by creating more charter schools and smaller schools that work.

9. We will give young people the chance to work or serve their way through college without the crushing burden of debt.
Bush has presided over the steepest rise in public college tuition in a quarter-century -- at a time when a college education is more important than ever. We will simplify the bewildering array of education tax credits and replace them with a single education

credit and a single set of definitions that every family can use and understand. And we will make it easier to go to college, not harder, by dramatically expanding AmeriCorps and work-study programs so that any American who is willing to work or perform community service can earn his or her way through college and graduate without plunging into debt.

10. We will give parents more opportunity to live up to their most important responsibility -- their families.
Instead of helping Americans balance work and family, the Bush administration has put new burdens on families by cutting after-school programs and denying states the chance to offer paid parental leave. We will offer tax credits and a system of paid leave that enable new parents to spend more time with their newborn children. We will provide after-school care for every child who needs it. And we will end the motherhood penalty in Social Security by allowing parents who take time off during the first three years of their child's life to make up the tax-free retirement contributions they missed.

We pledge these steps to save and expand America's middle class, because our spirit and our future depend on it. The promise of American life cannot be the province of the privileged few. Our nation serves a higher purpose: to make sure all our citizens have the chance to rise as far and as high as their hard work and God-given potential will take them.

Al From is founder and CEO of the Democratic Leadership Council. Bruce Reed is president of the DLC and was President Clinton's domestic policy adviser.

 What We Stand For; Americans don't know what Democrats believe in. It's time to tell them.

Al From and Bruce Reed

Here are some simple truths every Democrat needs to hear. To win back the White House in 2008, our party must change. We must be willing to discard political strategies that may make us feel good but that keep falling short. We must finally reject the false choice between exciting our base and expanding our appeal, because unless we both motivate and persuade, we'll lose every time.

But above all, Democrats must be bold and clear about what we stand for. It's time to show the millions of people who can't tell what Democrats stand for that any American who believes in security, opportunity, and responsibility has a home in the Democratic Party.

As Bill Clinton told us many times in 1992, change is never easy. Our party's greatest challenge is to offer new, innovative, and progressive ways to expand opportunity, demand responsibility, and defend freedom and American interests in the world. That will require challenging party orthodoxy and, from time to time, making some in our party uncomfortable. But during the next four years, we have to be willing to surprise people once again. If we do that, we will earn the chance to put our ideas into action; if we don't, we will not win, no matter how much money we raise or how good our party machinery may be.

We congratulate Gov. Howard Dean on his new job as chairman of the Democratic National Committee. He needs to raise hundreds of millions of dollars, hone the party's political machinery to rival the Republican juggernaut, and rebuild state parties, particularly in red states. That's a tall order, even for someone with Dean's energy and tenacity. We've had differences with Governor Dean in the past, but we wish him well in this endeavor. If he succeeds in building and funding our party, all Democrats will benefit.

In the end, the success of any national party chairman depends not on how well he does his job, but on whether his party wins the White House on his watch. The chairman's role is to be chief cheerleader for the party. But if Democrats are to win in 2008, we must be willing to take on a few basic problems that party headquarters is in no position to fix. A party gets only one chance every four years to define itself for the voters. That comes in the presidential nominating process, and that definition is determined by the party's presidential nominee and what he or she stands for. Ironically, the best thing a party chairman can do is to keep his head down and his nose to the grindstone, and give potential candidates a clear field to have that debate. Dean will do fine as long as he remembers the Hippocratic Oath: First, do no harm.

Since Roosevelt, only two Democratic candidates in 15 elections -- Johnson in 1964 and Carter in 1976 -- have won a majority of the popular vote for president. In that six-decade period, only one Democrat -- Clinton in 1992 and 1996 -- has won election and re-election to the White House.

If we're going to improve on that track record, we need to discard failed strategies, not return to them.

For example, it's a delusion to think that if we just turned out our voters, we could win national elections. The 2004 election should have dispelled that myth, once and for all. With an unprecedented effort to get out our vote, Democrats far exceeded all expectations -- and we still lost. Next time, we need to mount an unprecedented effort in persuasion, not just turnout. A party that has averaged 44.5 percent of the vote in the last 10 presidential elections and has only won a majority of the popular vote for president twice in six decades needs to start winning over some of the voters it's losing.

The argument about base versus swing voters is the longest running false choice in Washington. We simply need both to win. If we only win our base vote, we'll lose every time. If our base doesn't come out to vote in large numbers, we won't win, even if we do well with swing voters. But if we offer a clear, progressive approach for tackling the big challenges facing America, we'll do well every time, and so will the country.

Democrats like to believe that we have the right message and our problem is one of communication -- of getting our message out more effectively. The Republicans, we like to argue, win with an inferior message, because they're better at getting it out. But after losing two presidential and three congressional elections in a row -- all of which Democrats thought they would win -- maybe it's time to think hard about what we say, not just how loudly we say it.

Finally, Democrats like to feel that if we just pull together and sharpen our differences with the Republicans, we'll win. We're all for Democrats standing our ground to defend what we believe in -- and no one has opposed President Bush's corporate conservatism more sharply than we have. But at the same time, we couldn't disagree more with those in our party who are so green with Karl Rove envy that they want to try to out-smashmouth the Republicans. If Democrats want to make a lasting difference in American life, we have to define ourselves by what we're for, not simply what we're against.

Let's not kid ourselves: Americans didn't have any trouble telling the difference between John Kerry and George W. Bush. The trouble they had was figuring out what our side stood for.

We faced a similar problem after the 1988 election. Then, as now, many Democrats argued that the party's troubles were all about mechanics -- that we had a communications problem, a turnout problem. Clinton realized that all those troubles would take care of themselves as soon as he solved the root one -- Democrats' vision problem.

A recent Democracy Corps survey found that twice as many voters say Republicans know what they stand for. The two biggest Democratic weaknesses identified in the survey -- support for gay marriage and offering no strong direction for the country -- bracket the party's twin problems: Voters don't know what we stand for, and have grave doubts about what they think we stand for.

Shoring up our weaknesses will not come without real debate -- even real fights over national security and domestic priorities. We should not shy away from them. It's far less important that Democrats come together now than on Election Day. And we are far more likely to be together on Election Day if we battle out our differences now -- so we can decide the direction of our party and rally an actual majority of the voters around the choices we make.

If we want voters, especially those in America's heartland, to take a new look at the Democratic Party, we must have the courage to take on the great challenges of our time: making America safe; building an opportunity society; standing up for core values of responsibility and family; and reforming a political system that is broken and corrupt.

Closing the national security gap. The most important challenge for Democrats, and the country, is security. It cost Democrats the Senate in 2002. It cost us the White House in 2004. In the next decade, it will determine whether we can recapture the glory days of FDR, JFK, and Clinton, or whether we will go the way of the Whigs and the Know-Nothings. Fair or not, too many voters doubted our party's toughness and resolve in the face of new dangers. Until we recapture the muscular, progressive internationalism of Roosevelt, Truman, and Kennedy -- and convince voters that national security is our first priority, not just something we talk about until we can change the subject to more comfortable domestic issues -- we'll have a hard time convincing them to return us to national power.

That is why a distinguished group of Democratic elected officials and thinkers has signed an open letter urging Democrats to put security first, because the "American people will not trust leaders who will not vigorously defend their ideals."

Our challenge is to articulate our own set of national security ideas on a scale that matches the size of today's problems, the way the United Nations, the Marshall Plan, containment, and the Peace Corps did in theirs. For example, Will Marshall, president of the Progressive Policy Institute, and others have suggested that NATO be given an entirely new mission, to win the war on terror. We should think just as big here at home. If we truly believe that the poor and minorities shouldn't bear the brunt of keeping America safe in this new era, why don't we propose a system of voluntary universal service that asks all to do their part?

After the last disappointing election, in 2002, President Clinton gave a speech to the DLC warning Democrats not to underestimate the potency of security as an issue. In uncertain times, he said famously, "strong and wrong beats weak and right." Ironically, many Democrats seem to have missed Clinton's point. A few days after becoming party chairman, Dean cited that very Clinton quote to argue that Democrats have a communications problem, not a security problem. "There is no crisis of ideology in the Democratic Party," Dean said, "only a crisis of confidence."

It's easy to warm Democratic hearts by promising "competence, not ideology," as Michael Dukakis did in 1988, or "confidence, not ideology," as Dean has done now. But in the end, ideas and ideology decide elections, and Democrats rise or fall based on whether we get them right. Like it or not, making the world safe from terror will be America's central challenge for the next decade, if not beyond, and voters deserve a better choice that is neither weak nor wrong, but strong and right.

Building an Opportunity Society. At our strongest, Democrats have been the party of the middle class and those who aspire to join its ranks. Opportunity is the value that unites our party like no other. Moreover, we are the party of opportunity in a decade that is likely to produce the greatest concentration of wealth since the 1920s and the greatest erosion of middle-class opportunity since the 1970s.

But Americans will never know we're the opportunity party unless we offer a bold, clear vision of economic growth that will help them get ahead. Our side has been talking about programs for so long, we've forgotten that it took an overarching vision for Democratic presidents to create them. The New Deal, the Great Society, and the New Covenant came first, and made later victories on Social Security, Head

Start, and the Earned Income Tax Credit possible.

The good news is that we share a common vision of a country that gives every citizen willing to work hard the promise of a better life and the chance to make the most of it. Bush has promised an Ownership Society. John Edwards and others are right to propose an Opportunity Society instead. Once again, our ideas ought to be on the scale of the problem: Demand tax reform that rewards work, not wealth, and gives everyone a chance to own a piece of the rock, not a bigger piece of the debt. Make college free for all who are willing to work or serve. Close corporate loopholes to restore fiscal responsibility and make the market work.

These ideas and others offer an upward mobility strategy for all those who, in Clinton's words, go to work every day and play by the rules, and who see rapid economic change and competition from low-wage nations clouding the future for them and their children. The Republicans have no such strategy; we Democrats need to articulate one.

Standing up for responsibility. We can't let the Republicans set the moral and cultural debate in election after election. If we do, they'll keep using wedge issues to help them, hurt us, and divide the country. It doesn't have to be that way, and we don't need to compromise our values to change it. We can win the cultural debate, but only if we offer a values and cultural agenda of our own.

The last two elections were all reflex, all the time -- deflecting Republican charges on same-sex marriage, guns, and abortion. The best way to stop having the same old phony debate on cultural issues is to force a real one on issues that matter: strengthening families, helping parents teach kids right from wrong, coupling rights with responsibilities, and asking all Americans to give something back to their country.

Americans in the heartland will stop thinking Democrats look down on them once we demonstrate that we honestly understand their concerns. Parents are right to worry about the coarsening of the culture, and about needing more time with their children. Sen. Hillary Clinton is right to make clear that our goal should be fewer unwanted pregnancies and fewer abortions. Sen. Barack Obama is right that there's a limit to what government can achieve if we forget about personal responsibility. Republicans will never step up as the responsibility party. Why can't we?

Reforming a broken system to bring democracy back. In order to restore these great values, Democrats need to remember our calling as the true party of reform. Last time we looked, the Republicans controlled the White House, both houses of Congress, a majority of governorships, and a plurality of state legislatures. Yet the Republicans are the party of fiscal profligacy, special interests, and K Street corruption. Congressional leaders rewrite their rules faster than the old Soviet Union. In a country built on a free press, the administration has admitted putting columnists on the take.

Democrats have a duty to blow the whistle and champion radical reform. We need to be willing to take political risks and embrace new ideas: breaking the redistricting racket that leaves most incumbents more likely to die in office than be defeated; ensuring all Americans can vote and have their votes counted; opening primaries to enfranchise independents and break the grip of organized interests on the nominating process and the parties; restoring spending caps and pay-as-you-go policies to put our fiscal house back in order; promoting family-friendly tax policies that help middle-class families with retirement savings, college costs, homeownership, and raising families; putting a stop to Washington's costly revolving door; and ending corporate welfare that puts the tax code up for sale.

We need to reclaim the mantle of reform and innovation and show the Republicans for what they are -- the party of Washington, corruption, and the status quo. Then we can speak to Americans, as we did in our finest days under Roosevelt, Kennedy, and Clinton, in terms of our vision, our values, and our sense of national purpose, not in the bureaucratic doubletalk of Washington.

The American people deserve a Democratic Party that champions the values, interests, and safety of the broad middle class and all who aspire to join it. We can and will be a majority party again, but only if we do the hard work to earn the majority's trust. When we look at that map from Election Night 2004, it breaks our hearts to see America's heartland covered in red. Only time will tell who our party's Moses will be. In the meantime, we all have a job to do to make that Red Sea part.

Al From is founder and CEO of the Democratic Leadership Council. Bruce Reed is president of the DLC.

Waking the Dems: How the New Democrat Movement Made the Party of Roosevelt, Truman, and Kennedy Relevant Again.

DLC, Blueprint Magazine, February 9, 2006
By Al From

The New Democrat philosophy is the modernization of liberalism. It is a modern-day formula for activist government: progressive policies that create opportunity for all, not just an entitled few; mainstream values like work, family, responsibility, and community; and practical, nonbureaucratic solutions to governing. It reconnects the Democratic Party with its first principles and its grandest traditions by offering new and innovative ways to further them.

It is not an effort to move the party to the right, not a compromise between liberalism and conservatism, not triangulation.

Just as Franklin Roosevelt and the New Dealers - with new ideas to fit their times - modernized the Democratic Party for the Industrial Era, Bill Clinton and the New Democrats modernized their party for today. In the same Democratic tradition of innovation, the New Dealers brought America back from economic depression, and the New Democrats led an economic resurgence in the 1990s. By tempering the excesses of capitalism, Roosevelt saved capitalism. By modernizing progressive governance, Clinton saved progressive governance.

The New Democrat movement began as an effort to revitalize the Democratic Party as the New Deal coalition broke apart.

For three-quarters of a century before 1932, Democrats were, in a sense, the remainder party in American politics. They were largely a confederation of disgruntled constituencies that seldom won the White House and had little sense of national purpose.

Roosevelt changed that. Under FDR, Democrats offered a broad agenda for economic and social progress. Policies begun under the New Deal - and boosted by the war effort - rebuilt the American economy, created the great American middle class, conquered fascism, and saved the free world. The New Deal message was crystal clear: economic progress and upward mobility for the greatest number of Americans and antitotalitarianism on the global scene.

As the 1960s passed into the 1970s, the liberal agenda - largely because of its success - ran out of steam, and the intellectual coherence of the New Deal began to dissipate. The Democratic coalition split apart over civil rights, Vietnam, economic change, and culture and values, and the great cause of liberal government that had animated the Democratic Party for three decades degenerated into a collection of special pleaders. Not surprisingly, Democrats began losing presidential elections again - five out of the six between Lyndon Johnson's victory in 1964 and Clinton's in 1992.

The first seeds of a New Democrat movement were sown by Sen. Edmund Muskie of Maine in the mid-1970s. In two groundbreaking speeches - to the Liberal Party of New York in October 1975 and to the Democratic Party platform committee in May 1976 - Muskie delivered a blunt message to his fellow liberals: To preserve progressive governance, we had to reform liberalism.

"Why can't liberals start raising hell about a government so big, so complex, so expansive, and so unresponsive that it's dragging down every good program we've worked for?" Muskie asked. "Our challenge is to restore the faith of Americans in the basic competence and purposes of government. ... Well-managed, costeffective, equitable, and responsible government is in itself a social good. ... Efficient government is not a retreat from social goals, ... simply a realization that without it, those goals are meaningless."

The first organized effort that led to the New Democrat movement began in the House Democratic Caucus after the 1980 Republican landslide. Faced with a Republican president, a GOP Senate, and a sharply diminished Democratic majority in the House, a group of young House members - including Al Gore of Tennessee, Geraldine Ferraro of New York, Tim Wirth of Colorado, Dick Gephardt of Missouri, and Les Aspin of Wisconsin - gathered weekly in a windowless room on the top floor of the Longworth House Office Building to discuss policies and strategies to revitalize their sagging party. First in April 1981, and again in September 1982 and in January 1984, they issued policy manifestos aimed at modernizing their party.

Their themes were strikingly New Democrat - to expand opportunity for all, to rekindle private enterprise, to regenerate our sense of community and mutual commitment, and to reaffirm our commitment to a stronger America. "Our program amounts to a clean break with the recent rhetoric - but not the traditional values - of the Democratic Party," Caucus Chairman Gillis Long of Louisiana wrote in the introduction to the 1984 effort.

In early 1985, many of these House members joined with about a dozen senators and another group of reformers - innovative Democratic governors, including Arkansas' Governor Clinton - to form the Democratic Leadership Council. New-age governors, particularly in the South, were reforming their state governments and Clinton was a leader among them.

To understand the impetus behind the DLC and the New Democrats, it is important to understand the plight of the Democratic Party in the 1980s.

Democrats had run out of ideas - and liberalism was in great need of resuscitation. Liberals confused expanding government with expanding opportunity. They forgot what John Kennedy had taught - that opportunity and responsibility must go hand in hand. They worried more about police power than public safety at home and more about American power than America's enemies in the world.

In the minds of too many Americans, government, once an engine of opportunity, had become an obstacle to opportunity. And, still reeling from the aftermath of the party's split over Vietnam, Democrats in the 1980s stood for weakness abroad and for equal outcomes, entitlements for favored constituencies, and big government at home.

The American people said, "No, thanks." Democrats lost at least 40 states in each of the three presidential elections during the decade. In 1984, the party hit bedrock losing 49 states for the second time in four national elections. Many experts said the Republicans had a lock on the presidency. Politically and intellectually, the Democratic Party was in a state of near- collapse.

Writing in The New Republic after the 1984 vote, analyst Bill Schneider described the Democrats' plight: "Beginning in the mid-1960s, two streams of voters began leaving the Democratic Party - white Southerners and Catholic 'ethnic' voters in the North. The first stage of this realignment occurred in 1968 and 1972, when race and foreign policy were the major issues of contention. ... The second stage, 1980-84, has been much more devastating because the party has lost its credibility on economic issues."

The harsh consequences of both stages of realignment were evident again in 1988, when Democrats lost a presidential election that they thought they would win.

"Democrats must come face to face with reality," wrote William A. Galston and Elaine C. Kamarck in their landmark 1989 study The Politics of Evasion: Democrats and the Presidency. "Too many Americans have come to see the party as inattentive to their economic interests, indifferent if not hostile to their moral sentiments and ineffective in defense of their national security."

The Democrats' dilemma after 1988, according to Schneider, was that there was no alternative between "those who want to reaffirm the party's old-time religion and those who want to turn to the right." But by moving to the left, Democrats would make things worse for themselves, he said, and, because they were a liberal party, it was unlikely they would nominate a candidate unacceptable to liberals.

What the Democrats needed, Schneider wrote, was a "tough liberal" in the mold of Roosevelt, Harry Truman, Kennedy, and Johnson - tough guys who "couldn't be pushed around by the Russians or the special interests in Washington."

Into that breach stepped Clinton and the New Democrats.

By the end of the 1980s, it was evident that conservatism, like liberalism, was bankrupt of ideas, creating what Clinton and the New Democrats saw as a false choice between two tired, old approaches that no longer worked.

Forging a Third Way was the challenge facing Democrats when Clinton assumed the DLC chairmanship in New Orleans in March 1990. His first act as DLC chairman was to issue The New Orleans Declaration, a seminal document that laid out the core New Democrat beliefs and served as the philosophical foundation for the Third Way approach and the Clinton presidency.

Here are those core beliefs:

We believe the promise of America is equal opportunity, not equal outcomes; that the Democratic Party's fundamental mission is to expand opportunity, not government; and in the politics of inclusion.

We believe that America must remain energetically engaged in the worldwide struggle for individual liberty, human rights, and prosperity, not retreat from the world, and that the United States must maintain a strong and capable defense that reflects dramatic changes in the world, but recognizes that the collapse of communism does not mean the end of danger.

We believe that economic growth is the prerequisite to expanding opportunity for everyone; that the right way to rebuild America's economic security is to invest in the skills and ingenuity of our people and to expand trade, not restrict it; that all claims on government are not equal; that our leaders must reject demands that are less worthy, and hold to clear governing priorities; and, that a progressive tax system is the only fair way to pay for government.

We believe in preventing crime and punishing criminals, not in explaining away their behavior; that the purpose of social welfare is to bring the poor into the nation's economic mainstream, not to maintain them in dependence; in the protection of civil rights and the broad movement of minorities into America's economic and cultural mainstream, not racial, gender or ethnic separatism; and that government should respect individual liberty and stay out of our private lives and personal decisions.

We believe in the moral and cultural values that most Americans share: liberty of conscience, individual responsibility, tolerance of difference, the imperative of work, the need for faith, and the importance of family.

Finally, we believe that American citizenship entails responsibility as well as rights, and we mean to ask our citizens to give something back to their communities and their country.

During the next 14 months - with time out to get re-elected as governor of Arkansas in 1990 and for a legislative session in early

1991 - Clinton traveled across the country meeting with elected, party, business, labor, and civic leaders, as well as ordinary citizens, to discuss those beliefs and innovative ideas for furthering them. During that period, Clinton shaped much of the agenda on which he was to run in 1992 - the first New Democrat agenda.

He called that agenda "The New Choice" and presented it for ratification to the DLC's Convention in Cleveland in May 1991. That Cleveland meeting turned out to be a pivotal event for the New Democrat movement. The New Choice resolutions broke new ground, advocating ideas like national service, an expanded Earned Income Tax Credit, welfare reform, charter schools, community policing, expanding trade, and reinventing government.

Those ideas may not seem radical or even particularly bold today, but in 1991 they provoked plenty of controversy. Jesse Jackson protested outside the convention hall. So did other Democratic interest groups. A rival group of liberals called the Coalition for Democratic Values, led by Sen. Howard Metzenbaum of Ohio, met in Des Moines, Iowa, that same weekend, arguing that Democrats should reject Clinton, the DLC, and the New Democrat approach.

The highlight of the Cleveland convention was ">Clinton's keynote address. In it, he coined the three words - opportunity, responsibility, community - that became the mantra of the New Democrats and their center-left allies all over the world. "This is the New Choice we offer: opportunity, responsibility, choice - a government that works and a belief in community," Clinton said. "Our New Choice plainly rejects the old ideologies and the false choices they impose. Our agenda isn't liberal or conservative. It is both, and it is different. It rejects the Republicans' attack on our party, and the Democrats' previous unwillingness to consider new alternatives.

"People don't care about the idle rhetoric that has paralyzed American politics. They want a new choice, and they deserve a new choice, and we ought to give it to them," he continued. "I want my child to grow up in the America I did. I don't want her to be part of the first generation of Americans to do worse than their parents did. I don't want her to be part of a country that's coming apart instead of coming together. That is what the New Choice is all about. That is what we are here to do. We're not out to save the Democratic Party. We're out to save the United States of America."

In his book, My Life, Clinton called the Cleveland speech "one of the most effective and important" he ever gave. He wrote: "It captured the essence of what I had learned in 17 years of politics and what millions of Americans were thinking. It became the blueprint for my campaign message. ... By embracing ideas and values that were both liberal and conservative, it made voters who had not supported Democratic presidential candidates in years listen to our message."

When he announced his presidential candidacy on Oct. 3, 1991, in Little Rock, Ark., the New Choice became the New Covenant, but the themes - opportunity, responsibility, and community - remained the same.

The 1992 Democratic Party platform incorporated Clinton's New Democrat message. It called for a Third Way - a New Covenant "that will expand opportunity, insist upon greater individual responsibility in return, restore community, and ensure national security in a new era."

In five ways, this New Democrat platform was fundamentally different from Democratic Party platforms of the previous quarter-century.

First, its centerpiece was economic growth, not redistribution.

Second, the policies it proposed were grounded in the mainstream American values - personal responsibility, individual liberty, faith, tolerance, family, and hard work.

Third, it emphasized a new spirit of reciprocity. It called both for activist government and for those who benefit from government to give something back to their country and community.

Fourth, it rejected calls for a new isolationism from both political extremes and committed Democrats to an internationalist foreign policy that defends American interests and promotes democratic values in the world. And it declared in unequivocal language: "The United States must be prepared to use military force decisively when necessary to defend our vital interests."

Finally, it called for a revolution in government to take power away from entrenched bureaucracies and narrow interests in Washington and put it back in the hands of ordinary people by making government more decentralized, more flexible, and more accountable, and by offering more choices in public services.

The choices Clinton made in his New Democrat message and the 1992 platform reconnected the Democratic Party with its first principles and grandest traditions.

By choosing to emphasize growth over redistribution, Clinton reconnected the Democratic Party with Andrew Jackson's credo of opportunity for all, special privileges for none. By choosing reciprocity over entitlement, he reconnected his party with Kennedy's ethic of mutual responsibility. By choosing toughminded internationalism over isolationism, he reconnected Democrats to the progressive internationalism of Woodrow Wilson, Roosevelt, Truman, and Kennedy. And, by choosing empowering government over bureaucracy, he reconnected his party with Roosevelt's tradition of innovation and reform.

Every one of those choices was difficult for a Democrat in 1992. But the toughness to go against party orthodoxy and the political tide distinguished Clinton from three straight losing Democratic candidates. It made it credible for him to run as a "different kind of Democrat."

In essence, Clinton's New Democrat formula offered what Schneider said Democrats needed after their 1988 defeat - a candidate who couldn't be pushed around by special interests in Washington and who offered an alternative to the unacceptable choice between those who wanted the party to reaffirm its "old-time religion" and those who wanted to turn it to the right.

Put into place, Clinton's New Democrat policies were extraordinarily successful for our country. When he left office, Americans were enjoying the best economy in our lifetime and the longest period of sustained economic growth in American history. Twenty two and a half million jobs were created; employment was at an alltime high; and unemployment at a three-decade low. Inflation remained under control, and the budget was in surplus. Incomes and wages were going up, child poverty was down, and the welfare rolls had been cut by 60 percent.

Minorities and women achieved record gains. The violent crime rate was the lowest in a quarter-century, and the federal government was the smallest since the Kennedy administration. Clinton had the best environmental record of any president since Theodore Roosevelt and moved 100 times more people out of poverty than Ronald Reagan and George H.W. Bush.

Because his ideas worked, Clinton not only redefined progressivism in this country, but served as the model for the resurgence of center-left political parties, from Europe and Latin America to Asia and Africa. That is his true legacy.

Clinton will be remembered as the modernizer of progressive politics - for his insistence on new means to achieve progressive ideals.
That is his living legacy, because for decades to come, Democratic elected officials across our country and leaders around the world will emulate his approach to governing.

Al From is founder and CEO of the Democratic Leadership Council.

15 Democrats Must Adopt a Centrist Course

The San Diego UnionTribune, Opinion, November 19, 2006
By Al From

The 2006 midterm election was a sweeping victory for the Democrats. Next January, for the first time in a dozen years, we will control a majority of both houses of Congress and statehouses and a plurality of state legislatures.

The election also represented a striking repudiation of both the performance and the political strategy of the Bush administration and the Republican Party. Voters punished a Republican Party that subordinated problem-solving to power-seeking, competence to ideology, honesty and integrity to corruption and cronyism, and the politics of national unity to the politics of polarization. The administration's failed Iraq policies and the many scandals involving Republicans in Congress became central to the election in no small part because they illustrated all these Republican failures.

Finally, this election was a victory for the vital center of American politics over the extremes. In pursuing the Bush-Rove formula over the last six years, Republicans have deliberately abandoned the political center, and invited Democrats to occupy it. Democrats haven't always taken advantage of such opportunities, but if you look at the victorious Democratic candidates in "red" and "purple" states and districts, it's clear that this year they did. And while Democrats benefited from an energized party base, the key to the victory was in the contested center of the electorate, among moderates, independents, middle-class voters and suburbanites. These voters could represent an expanded Democratic base, and keeping them in the Democratic camp is vital to building an enduring progressive majority.

That is why what comes next is so important. Democrats should view this election as a beginning, not as an end. As the dust settles from the election, Democrats will face many choices, but none greater than the choice about what kind of party we want to be.

To me, it is critical that Democrats avoid the temptation to follow up the electoral repudiation of the Bush-Rove polarization strategy with their own version of the same thing. The independent and moderate voters who keyed our victory want real-world results from their government and from both parties, not just a choice between two noise machines. They want to know what each political party is fighting for, not just fighting against. And they will have a lot to say about control of the White House in 2008, and about the fate of the large Democratic freshman class of 2006, many of whom will have tough re-election races in a presidential year.

If Democrats are smart, they can make these new and "returned" Democratic voters part of an expanded party and an enduring national majority. That's why we should all be wary of intra-party arguments that Democrats did well simply by "fighting" or maximizing partisan differentiation from Republicans, or that they can paste together a majority by insisting on ideological unity and ignoring parts of the country or parts of the party - e.g., "red states" - that call for a more diverse and inclusive message.

That's an especially important message for the large number of potential Democratic presidential candidates. There's a perception in some media and political circles that Democratic White House wannabes, like their Republican counterparts, must systematically bend the knee to ideologically inflexible and noisy party activists to have any prayer of nomination or election. They should pay attention to what happened in Connecticut on Nov. 7, where even in a strongly anti-war blue state, voters rejected a high-profile effort to exclude Joe Lieberman from the Democratic Party. The reality is that, unlike the Republicans who are a much more homogenous party, Democrats can only win with a broad coalition. An expanded party base depends on a spirit of inclusiveness; certainly the House Democratic caucus is more ideologically diverse than it was before Election Day. To remain in the majority, it will need to stay that way.

It's good to see that Democratic congressional leaders are planning to hit the ground running with a legislative package next year. But Democrats need to commit for the long haul to a comprehensive agenda that meets the big challenges facing the country that Republicans have failed to address; an agenda that not only unites but expands the Democratic electoral base, and addresses lingering negative perceptions of Democrats that may well re-emerge in the near future.

The big challenges include: keeping America safe in the midst of a war with jihadist terrorism; coping with the "creative destruction" of economic globalization with a new social bargain that provides opportunity, security, and reduced inequality; restoring fiscal and ethical discipline to government and demanding that it achieve results; demanding immediate steps to provide energy security, reducing dependence on oil and placing America back on top in the global competition for clean-energy technologies and jobs; ending the health care price spiral while expanding coverage and choice for American families, making it clear that Democrats are on the side of working parents who are worried about the quality of life - and the kind of values their kids inherit at a time of distressing social and cultural change.

A final challenge for Democrats will be to exercise self-restraint in promoting new public-sector activism. Republican claims that Democrats would return Washington to old "tax-and-spend" habits didn't get much traction, given the fiscally ruinous record of the GOP Congress and administration. But surveys continue to show that a clear majority of Americans favor a government that is smaller and does less to one that is larger and does more. It won't be enough for Democrats to show they won't emulate Republicans by creating a government that is larger and does less.

The Democrats' 2006 midterm election victory can represent the beginning of a new progressive majority, or like a similar Democratic congressional win in 1974, a temporary interruption in a long rightward march in American politics and government. How Democrats respond to victory right now will determine which path their party and their country follow.

Al From is founder and CEO of the Democratic Leadership Council.

UK Labour Party's Documents

 Tony Blair's New Labour Vision – 1994: New Labour, New Britain

LABOUR PARTY CONFERENCE 1994
BLACKPOOL, ENGLAND

Today I set out my vision for our party and our country: what we are; where we stand; how we will govern.

We meet in a spirit of hope, hope that change can come.... hope that we can rid our country of this Tory Government, their broken promises, their failed policies, their discredited philosophy and elect in its place, a Labour Government for Britain.

Tony Blair

We all remember where we were, and what we were doing, when we heard that John Smith had died. Together, one nation, all parties united in mourning, and in celebration of his integrity, his honesty and his decency. We were proud to know him and proud to be led by him. We will honour his memory best, by ensuring the Party he loved becomes, once again, the Government of the country he loved.

We have begun our task. The people have already elected us to control 175 councils. In May we won over two and half thousand new seats. We have won 4 by-elections this year, and three of our four new Mps are women.

In the European elections we gained record numbers of seats. These were not opinion polls. They were elections. We are winning them.

And we are proud that one of our MEPs, Pauline Green, is the first woman leader of the Socialist Group in Strasbourg. There is one other representative in Europe to whom we pay tribute... Commissioner Kinnock, a credit to our party here, as he will be to our country in Brussels.

We had our own election too. One million people took part in a leadership contest that was a tribute to our democracy, and from which we emerged with our unity and strength enhanced.

I would like to thank John Prescott for his magnificent contribution to our party, and on behalf of all of us pay tribute to Margaret Beckett for the credit she brought to our party in picking up the reins of leadership and leading us with such dignity.

We celebrate too the record growth in our membership. 14,000 members in August alone. I can announce today that by the end of this month, we will have passed the 300,000 mark.

And I am glad, too, we have an active young Labour section again, three time as many as members as the Young Conservatives. I am the first leader in a generation who can say with confidence to our youth section: I want to see an increase in your influence.

One other debt of gratitude.
Larry Whitty is to leave the post of General Secretary of the Party to take up a new and important job co-ordinating the Party's links with

Europe. Larry is one of the most genuine and least self-serving people I know and we thank him for all the loyalty and dedication he has shown us.

We are a Party proud of our international solidarity.

I am delighted to welcome representatives here this afternoon from the government of the new Republic of South Africa. I was 10 years old when Nelson Mandela was imprisoned on Robben Island. Since then, the words Nelson Mandela have been an inspiration. But aren't the words President Mandela even more inspiring?

We welcome too representatives of the Israeli government. We applaud Yitzhak Rabin's Labour government and Yasser Arafat's PLO, for breaking new ground to help the Palestinian people towards self government in the Gaza Strip and Jericho and bring peace to the Middle East.

We also congratulate our sister parties in Sweden, Australia, Denmark and Holland on their recent election successes. And we wish every success to socialists and social democratic parties in Austria and Germany in their forthcoming elections.

Fifty years ago, the British Labour government helped to form the United Nations. We will continue to work for it to be stronger, more cohesive and capable of bringing new order to a world no longer dominated by the Cold War.

In particular, in Bosnia, we urge acceptance of the peace plan now on the table to avoid further brutality and bloodshed. We live in a world where a quarter of its population lack drinking water and a fifth starve; where civil war in Rwanda and elsewhere is rife.

We should not forget those people. I can tell you overseas aid and development will always be a central part of the Labour Party I lead. We should show courage too, over a quite different sphere of international relations: Europe.

Britain's interests demand that this country is at the forefront of the development of the new Europe. Of course Europe should change. Of course we should stand up for British interests, as others stand up for theirs.

Indeed we should be taking on the Common Agricultural Policy costing the average British family 20 pounds a week and about which the Tories do nothing.

But, the Tories are playing politics with Europe and the future of this country. Let them. Under my leadership, I will never allow this country to be isolated or left behind in Europe.

The tide of ideas in British politics is at last on the turn. For the first time in a generation, it is the right-wing that appears lost and disillusioned. No longer believing in their own language, they turn to ours.

Some are trying out "community". "Partnership". Even "fairness."
Some are now talking of Civic Conservatism.
A contradiction in terms.

Most absurd, "full employment" was tried out by desperate David Hunt at the TUC. His reward - the most humiliating demotion imaginable: one day, counting the unemployed... the next, he's counting traffic cones.

Today politics is moving to our ground. Across the nation, across class, across political boundaries, the Labour Party is once again able to represent all the British people. We are the mainstream voice in politics today.

Back on the side of the vast majority... to speak out for them and against the entrenched interests that hold them back. To parents wanting their children to be taught in classrooms that are not crumbling, to students with qualifications but no university place, let us say, the Tories have failed you, we are on your side, your ambitions are our ambitions.

To men and women who get up in the morning, and find the kitchen door smashed in, again... the video gone, again... to the pensioners who fear to go out of their homes, let us say the Tories have abused your trust, we are on your side - your concerns are our concerns.

To the small businesses, pushed to the wall by greedy banks, employers burdened by government failure, to employees living in fear of the P45... and above all to the men in their 40s, shamefully laid off at Swan Hunter, the thousands others insecure in their jobs in every part of this county... let us say the Tories have forgotten you, but we will not - your anxieties are our anxieties.

To middle and lower income Britain, suffering the biggest tax rises in peacetime history, the Tories have betrayed you,

We are back as the Party of the majority in British politics. Back to speak up for Britain. Back as the people's party. Look at Britain 15 years after Mrs Thatcher stood on the steps of Downing Street.

Where there was discord, is there harmony?
Where there was error, is there truth?
Where there was doubt, is there faith?
Where there was despair, is there hope?
Harmony?
When crime has more than doubled.
Truth?
When they won an election on lies about us and lies about what they would do?
Faith?
When politics is debased by their betrayal.
Hope?
When three million people are jobless, nearly 6 million on income support.... and one in three children grow up in poverty?

They have brought us injustice and division but these have not been the price of economic efficiency. Because tax is also up - 800 pounds a year extra for the average family.

Spending is up and growth over the last 15 years is down.

And look at what they wasted on the way. Billions of pounds gifted by Nature, the God-given blessing of North Sea oil, billions we could have invested in our future. Billions they squandered.

One hundred and eighteen billion pounds - five thousand pounds for every family in this country - gone, wasted, vanished.

And to hide the truth of the nation's problems they have sold our nation's capital assets, built up over many years and used the proceeds not to invest, but to cover current spending . Seventy billion pounds gone forever.

Its time to take these Tories apart for what they have done to our country. Not because they lack compassion, though they do.

But because they are the most feckless, irresponsible group of incompetents ever let loose in the Government of Britain.

Their time is up. Their philosophy is done. Their experiment is over. Their failure is clear. It is time to go.

And why are they incompetent? Not just because of the individuals. It is not this or that Minister that is to blame, it is an entire set of political values that is wrong.

They fail because they fail to understand that a nation, like a community, must work together in order for the individuals within it to succeed. It is such a simple failing and yet it is fundamental.

Go and look at a company that is succeeding.

It won't treat its workforce as servants but as partners.

They will be motivated and trained and given a common purpose.

Of course sweatshop conditions in the short-term can make do. But in the end they fail. The quality and commitment isn't there. Its the same with a country.

It can be run on privilege and greed for a time; but in the end it fails.

This is not theory. We have living proof of it.

At the end of 15 years, we are taxing and spending more not to invest in future success but to pay for past failure.

I don't mind paying taxes for education and health and the police. What I mind is paying them for unemployment, crime and social squalor.

After 15 years we spend more of our national income on unemployment and poverty and less on education.

If the share of national wealth invested in housing was the same as in 1979, we would spend 11billion more; next year we will spend 11 biliion on housing benefit.
Now they want to cut the benefit.

Instead of cutting benefit, why not cut the homeless queue, cut unemployment, and build the houses.

And if it needs an initial capital investment, release the money tied up in local authority bank accounts and put it to work to start the house building programme.

The Tory economics is based on a view of the market that is crude, out of date and inefficient. And their view of society is one of indifference, to shrug their shoulders and walk away.

They think we choose between self-interest and the interests of society or the country as a whole.

In reality, self interest demands that we work together to achieve what we cannot do on our own.

More and more, I believe that though, of course, ability plays a great part in life, what most distinguishes those at the top from those at the bottom is their life-chances.

So much talent is wasted. So much potential underdeveloped. I don't just mean the unemployed. I mean those who just have jobs, when they should have careers with prospects and a hope of advancement.

We can learn from the family.
The Tories have posed as the Party of the family for too long.

They are no more the Party of the family than they are the Party of law and order. They have done more to undermine stable family life in this country than any other Government in memory.

The Tory view of the family is the same as its view of the individual: you are on your own. But the essence of family life is that you are not on your own.

You are in it together.

Families work best when the members of it help and sustain each other.
The same is true of communities and of nations.

Community is not some piece of nostalgia.
It means what we share.
It means working together,
It is about how we treat each other.

So we teach our children to take pride in their school, their town, their country.

We teach them self-respect; and we teach them respect for others too.

We teach them self-support and self-improvement; and we teach them mutual support and mutual improvement too. The Tories despise such principles.

Their view is simple: let's just watch as the hospitals spring up, as the schools rise in green and pleasant playing fields.

Let's just sit tight on this planet of miracles, where the free market builds business, trains employees, controls inflation, preserves demand, ensures everlasting growth.

Let's congratulate ourselves that thanks to our inspiring inaction the elderly live in comfort. The young play in safety.

All around, people on this planet sing hymns of gratitude to the invisible hand of the market, as it brings equality and prosperity to all, as 'cascades of wealth' tumble down from generation to generation. Welcome to Planet Portillo.

It is the theatre of the politically absurd. Market forces cannot educate us or equip us for this world of rapid technological and economic change.

We must do it together. We cannot buy our way to a safe society. We must work for it together. We cannot purchase an option on whether we grow old. We must plan for it together. We can't protect the ordinary against the abuse of power by leaving them to it; we must protect each other.

That is our insight. A belief in society. Working together. Solidarity. Cooperation. Partnership. These are our words. This is my socialism. And we should stop apologising for using the word.

It is not the socialism of Marx or state control. It is rooted in a straight forward view of society. In the understanding that the individual does best in a strong and decent community of people with principles and standards and common aims and values.

We are the party of the individual because we are the Party of community.
It is social-ism.

Our task is to apply those values to the modern world. It will change the traditional dividing lines between right and left. And it calls for a new politics. Without dogma and without swopping our prejudices for theirs.

It is time to break out of the past and break through with a clear and radical and modern vision for Britain.

Today's politics is about the search for security in a changing world. We must build the strong and active society that can provide it. That is our project for Britain.

It will be founded on four pillars:

- opportunity
- responsibility
- fairness.
- trust

A society of opportunity must be built around a strong and stable economy in which all of us have a stake. Mass unemployment is inconsistent with a civilised society.

It is time to state clearly, in the words of the pioneering White Paper of 1944, that it is the duty of government to maintain a high and stable level of employment.

It is a responsibility we share as a society. That commitment - the goal of full employment - I reaffirm today. It will take time.

The means of doing it will change. But it must be done if this is to become a society of which everyone feels a part.

Above all, we must conquer the weaknesses of our economy that hold our country back. It won't be done by state control. But it won't be done by market dogma. It can only be done by a dynamic market economy based on partnership between Government and industry, between employer and employee and between public and private sector.

Take investment in infrastructure. Only in Tory Britain could the Government have tried to build the Channel Tunnel without public investment. They even passed a law against it. In desperation they had to ask the taxpayer to fork out more than half the cost.

Now it's up and running... trains speed through France at 185 miles per hour, through the tunnel at 85 miles per hour, and then go through Kent - at 47 miles per hour.

The French got the high-speed link. We got the slow coach link. But then we've got the Tories.

Government must take the lead, and a Labour Government would do that. We would get public and private finance working together in transport in housing, in capital projects in health and education.

And if there are Treasury rules or antiquated concepts of public borrowing that hold us ack, change them. That is what intelligent Government is for.

In technology, there is an information revolution under way.

- Fifty per cent of employees in Britain now work in information processing.
- In the next century, Seventy per cent of wealth will be created in the information industries.
- And 80 per cent of all the information stored anywhere in the world

is in English.

Massive markets. Massive competitive advantage. But massive Tory failure.

We should be investing in the new electronic superhighways - satellite and telecommunications technology that is the nerve centre of a new information economy - doing for the next century what roads and railways have done for this one.

The Government failed to see this revolution coming and because of that, a new market is operating under old rules which work against our companies, large and small.

We will set the framework which encourages the new investment so we coordinate a new national effort so that British companies are at the head of the competition not falling behind.

We have to invest for the long term. In the Tory years, dividends have risen by 12 per cent per year in manufacturing, profits by 6 per cent, and investment by only two per cent.

We have to invest in economic regeneration. There are areas of the country laid waste by the shedding of old industry. The market won't rebuild them on its own.

A partnership economy will, and where imaginative Labour authorities have worked with business it is. But we want more of it. That is why we have proposed one stop shop development agencies for our regions to help create the wealth they need.

Small and medium-sized businesses will be the driving force of a new economy.
The Tories have done nothing for them.

Labour has put forward recently the most comprehensive programme for small business development seen in this country. Welcomed by small business. Active Government working in partnership.

Now, I hear people, some of them in our own party, falling for the Tory attack that we have no policies. What nonsense.

We have a huge body of policy which we are now developing. The difference is that we now have policies that win us votes rather than lose them.

Most of all, we need to train and educate our people. Education will be the passion of my Government. I know how important the education of my children is to me.

I will not tolerate children going to run-down schools, with bad discipline, low standards, mediocre expectation or poor teachers, and nor should anyone else.

If schools are bad, they should be made to be good.
If teachers can't teach properly, they shouldn't be teaching at all.
And if the Government can't see why education matters - then sack the Government and get one that does.

Nowadays, if you want to earn, you have to learn, throughout life.

The University for Industry, the nineties equivalent of the Open University, will use satellite, cable and the new information highways to give every home and workplace access to information, to skills and to teaching, to achieve our objective of permanent educational opportunity for all.

Switching on your computer to link up with work and education opportunities will one day be as natural as switching on your TV to watch a football match.

And education is just one of the public services we provide together to improve the quality of opportunity for each of us. It cannot be left to the market.

Nor can our health service. Or our armed forces. Or our police. Neither should the railways or the Post Office.

These are public services - they should be run for the public; and they should stay in public ownership for the people of this country.

And if the Tories say there is no money to fund better public services, then let us tell them the cuts they could make.

They could save 700 million pounds on the costs and fees and city charges of railway privatisation.

700 million could have been used to build a high speed link from London to Manchester and Liverpool, upgrade lines between there and Hull and Middlesborough, and still have enough left over to improve commuter services on Network South East.

While waiting lists are past 1 million, when patients are lying unattended on hospital trolleys, when dentistry has virtually gone out of the NHS, they could save the 1.6 billion they are spending on the NHS changes and spend it on patient care.

Or the 30 million to turn Police Authorities into quangos. Let that money go on putting police on the beat.

And while students scrimp to get through college, a University Vice-Chancellor gets a huge vote of no confidence, and is rewarded with a 500,000 pound pay-off.
We could have bought half a million exercise books with that.

It's their system. Their dogma. Their shambles. But it's our children.

Labour's way is to fund the frontline of the public services. Its time to change.

I want hospital resources released, from the administrative chaos of opting out, so that nurses can nurse again. I want schools released from form filling and red tape, so that teachers can teach again.

And I want our uniformed services, freed from paper pushing. So that we can put police officers on the beat again.

With opportunity must come responsibility.

For the Tories, the language of responsibility is what those at the top preach to the rest, whilst neglecting it themselves. But the left have undervalued the notion of responsibility and duty and it is time we understood how central it is to ourselves.

Parents should have responsibility for their children. Fathers too. Companies to their employees and their community. Ministers to the truth. Citizens to each other.

It is at the heart of our message about crime.
The Labour Party is now the Party of Law and Order in Britain today. And quite right too.

- 1 in 50 crimes ever goes punished.
- Sentencing is haphazard.
- Victims are given short shrift.

Meanwhile, the Home Secretary protests that he has been attacked, week after week, for being too tough.

He's dreaming. He'd love to be attacked for being tough. He's attacked because he is long on rhetoric and short on policies that work.

Michael Howard, the man in charge of prison catering. Last year he told the Tory conference he was building six tough new prisons.

Butlins wouldn't win the contract, he said. He was right. The Savoy got it. We can all get angry because crime hurts, and it hurts most the people who are least able to fight back.

But it is not enough to get angry, to stamp your feet, and shout from the Tory conference platform. That is the soft option.

We need a new approach. One that is tough on crime, and tough on the causes of crime. Over the past year we have put forward a range of detailed programmes to fight crime.

Tough on crime:
- Measures to tackle juvenile offending
- to crack down on illegal firearms
- to punish properly crimes of violence, including racial violence
- to give victims the right to be consulted before charges are dropped or changed

Tough on the causes of crime:
- a comprehensive crime prevention programme
- an anti-drugs initiative
- long term measures to break the culture of drugs, family instability, high unemployment, and urban squalor in which some of the worst criminals are brought up.

Responsibility means a recognition that there is no divorce from the outside world.
Social responsibility for all.

The unemployed youngster has no right to steal your radio. But let's get just as serious about catching the people in the city with an eye on your pension. This is where the Tories fall down.

Responsibility is a value shared. If it doesn't apply to everyone it ends up applying to no-one.

It applies to those who defraud the state of benefits. It applies to those who evade their taxes. And it also applies to those water, gas, electricity company bosses, running monopoly services at our expense, awarding themselves massive salaries, share options, perks and pay-offs.

They have responsibility too.

It applies in the health service. Remember how the reforms were sold in the name of better, quicker patient care - we'd all be able to get the doctor I want, at the time I want, in the hospital I want.

Who have those reforms benefited? Not the patient but the penpusher, getting the carpet I want, the wallpaper I want, and the nice big company car I want... and can we get the wife on the board too.

It applies in the financial services. The big bang...
their pensions claim lost all sense of their role and responsibility to the nation...

A society without responsibility is the enemy of the society built on merit and hard work. It creates an economy in which enterprise is just another word for the quick buck.

The Thatcherites used to boast they were anti-establishment.
But the trouble with them is that they never wanted to bust the establishment, just buy their way into it.

And the new establishment is not a meritocracy, but a power elite of money-shifters, middle men and speculators... people whose self interest will always come before the national or the public interest.

If they are allowed to go on running the country in their interests, is it any wonder that it is not run in ours.

So it is hardly surprising if after 15 years, sleaze in high places has given birth to the yob culture. Tory philosophy is the most effective yob creation scheme ever devised.

We have one further proposal to make here.

There are nearly one million young people in this country who have no work, or training or education. This is not just a waste of talent but the breeding ground for resentment, crime, and drugs.

The Social Justice Commission has called for a new civilian service. A voluntary national task force of young people given constructive tasks to do. I support that. I think they do as well.

Working for the community that is useful, on environmental projects, or caring for the elderly, something useful to the community and personally fulfilling, to instill a sense of responsibility, self-discipline, self respect, a sense of achievement and value.

Responsibility and opportunity require fairness, justice, the right to be treated equally as a citizen. That means a strong stand against discrimination on grounds of race, sex, creed, or sexuality.

But, justice is about much more than fighting discrimination.
It is about our lives at work.
The laws we live under, and about the tax we pay.
If you ever want to know whose side the Tories are on, look at the tax system.

Millionaires with the right accountant pay nothing while pensioners pay VAT on fuel. Offshore trusts get tax relief while homeowners pay VAT on insurance premiums. Middle income taxpayers get stung, whilst perks and privileges at the top roll on unstopped. And because the Government changed the rules, two million more people now pay the top rate of tax.

We will create a tax system that is fair which is related to ability to pay. Where the abuses end, the perks stop, and where ordinary families are not squeezed to pay for the privileged.

It sticks in my gullet when I see Tory Mps, some of whom earn more for a half day's consultancy work than some of my constituents earn in a month, denounce our plans for a minimum wage.

And it is also wrong that the tax payer ends up paying more than a billion pounds on benefits to subsidise poverty pay.

A minimum wage exists in every European country, in America too, for the simple reason that it makes social and economic sense.

Of course the minimum wage should be set sensibly. And it will be, but there will be no retreat from its basic principle because it is right.

And we will sign the Social Chapter because it is right for our country. And we will give the right to people at work to join a trade union, and where they want it, to have that union recognised. And let one small but significant act be a signal of our commitment to people at work. That is the restoration to the workers of Cheltenham GCHQ of their trade union rights.

We will make work pay. John Smith put it simply when he set up the Commission on Social Justice: 'People don't want hand-outs; they want a chance to achieve'.

The Tories always complain that the welfare state costs too much. The answer is not just increasing benefits, adequate though those benefits should be. But the people on benefits need and deserve better. Not more benefits, but help in getting off benefits.

Welfare should be about opportunity and security in a changing world. It is about helping people to move on and move up.

Because the world has changed, the welfare state has to change with it. And we are the only people who can be trusted to change it, because we are the people who believe in it. The Tories will cut benefits and make poverty worse. We will put welfare to work.

A nation at work not on benefit. That is our pledge.

But there is one big obstacle in the way of all our plans for change. It is the legacy of the Tory years - disillusion with politics itself.

And if we want to remove it, we must show that our politics is not theirs. Not just that our vision for Britain is different, but also our means of achieving it.

A new politics. A politics of courage, honesty and trust.
It means telling it as it is, not opposing everything every other party does for the sake of it.

If the Government are getting it right, as over Northern Ireland, we give credit.

We welcome without reservation new hope beginning there. We pay tribute to our own government, the Irish government, Unionist and Nationalist opinion in the North for their efforts in the peace process.

And let us pay a special word of tribute to John Hume, leader of our sister party, who we welcome tomorrow to address us, for his unceasing commitment to that cause. It means speaking the same language to each other as we know we need to speak to the country.

People look to politicians for leadership. And leadership is about having the courage to say no as well as yes.

Even this week I have heard people saying a Labour government must repeal all the Tory trade union laws.

Now there is not a single person in this country who believes that to be realistic, or that we will do it.

No one believes strike ballots should be abandoned. So why do we say it? We shouldn't, and I won't.

I am absolutely committed to the goal of full employment. We will develop the plans to achieve it.

But let's not pretend that we can deliver it overnight.
Let's not seek to fool the unemployed into thinking we will walk into

power on Thursday and they will walk into a job on Friday.

Let us be honest. Straight. Realistic.

Those most in need of hope deserve the truth. Hope is not born of false promises; disillusion is.

They are tired of dogma. They are tired of politicians pretending to have a monopoly on the answers. They are tired of glib promises broken as readily in office as they were made on the soap box.

When we make a promise, we must be sure we can keep it. That is page 1, line 1 of a new contract between Government and citizen.

But we should do more. We have to change the rules of government and we will.

We are putting forward the biggest programme of change to democracy ever proposed by a political party.

- Every citizen to be protected by fundamental rights that cannot be taken away by the state or their fellow citizens enshrined in a Bill of Rights.
- Government will be brought closer to the people. We will legislate for a Scottish Parliament, an Assembly for Wales, in the first year of a Labour government. And the Tory quangos will be brought back under proper democratic control.
- We will enact a Freedom of Information Act to attack secrecy wherever it exists, public or private sector.
- We will reform the House of Commons to make its working practices and its powers to investigate more effective, and to achieve through our Party the increase in the number of women Mps that we have talked about for so long.
- We will make history by ending the ancient and indefensible privilege of hereditary peers voting on the law of the land.
- We will tighten the rules of financing of political parties.

And since trade unions are balloted on their political contribution, it is only fair that in this free country shareholders are balloted on theirs.

The people of this country are not looking to us for a revolution. They want us to make a start.

I want you with me in that task. I want you with me. Head and heart. Because this can only be done together.
Leaders lead, but in the end the people govern.
Some of you will think we are too modest in our aims, too cautious.

Some of you support me because you think I can win. But it is not enough.
We are not going to win despite our beliefs.
We will only win because of our beliefs.
I want to win not because the Tories are despised, but because we are understood, supported, trusted.

There is no choice between being principled and unelectable; and electable and unprincipled. We have tortured ourselves with this foolishness for too long.
We should win because of what we believe.

The task of renewing our nation is not one for the faint hearted, or the world weary, or cynical. It is not a task for those afraid of hard choices, for those with complacent views, or those seeking a comfortable life.

At the next election, the voters will have had this Tory government for 17 or 18 years. They may hate them, but they know them. I want them now to know us.
Our identity. Our character as a party.

And change is an important part of that. We have changed. We were right to change. Parties that do not change die, and this party is a living movement not an historical monument.

If the world changes, and we don't, then we become of no use to the world. Our principles cease being principles and just ossify into dogma. We haven't changed to forget our principles, but to fulfil them. Not to lose our identity but to keep our relevance.

Change is an important part of gaining the nation's trust. We were right to introduce one member one vote last year and that change is done.

And look at how the Regeneration Project being run from Party HQ has begun the task of taking the party closer to those communities.

Are we not right to reach out and touch the people in this way, to show them that politics is not some byzantine game played out over screeds of paper in wintry meeting rooms but a real and meaningful part of their lives.

This week we reach out further. On Friday John Prescott will announce the biggest programme of political education undertaken by any party in Britain for a generation.

John's efforts will be central not just to building our membership but in engaging those members - new and old - to help shape this party's future.

Let us have the confidence once again that we can debate new ideas, new thinking, without forever fearing the taunt of betrayal.

Let us say what we mean and mean what we say.

Not just what we are against.
But what we are for.

No more ditching. No more dumping.

Stop saying what we don't mean. And start saying what we do mean, what we stand by, what we stand for.

Caution will not win us the next election. Courage will.

It is time we had a clear, up-to-date statement of the objects and objectives of our party. John Prescott and I, as leader and deputy leader of our party, will propose such a statement to the NEC.

Let it then be open to debate in the coming months. I want the whole party involved, and I know this party will welcome this debate.

And if that statement is accepted, then let it become the objects of our party for the next election and take its place in our constitution for the next century.

This is a modern party living in an age of change. It requires a modern constitution that says what we are in terms the public cannot misunderstand and the Tories cannot misrepresent.

We are proud of our beliefs. So let's state them. And in terms that people will identify with in every workplace, every home, every family, every community in our country.

And let this party's determination to change be the symbol of the trust they can place in us to change the country.

The British people are a great people.

- We have proud democratic traditions.
- We are a nation of tolerance, innovation and creativity.
- We have an innate sense of fair play.
- We have a great history and culture.
- And when great challenges face us, as they have twice this century, we rise to them.

But if we have a fault, it is that unless roused, we tend to let things be. We say "things could be worse" rather then "things should be better". And the Tories encourage this fault. They thrive on complacency.

I say it is time we were roused.
Let us be blunt.

- Our system of Government has become outdated.
- Our economy has been weakened
- Our people have been under-educated
- Our welfare state and public services have been run down
- and our society has been made more divided than at any time for 100 years,

But our politics need not be like this. Our country need not be like this.

Ours is a project of national renewal, renewing our commitment as a nation, as a community of people in order to prepare and provide for ourselves in the new world we face.

We must build a nation with pride in itself. A thriving community, rich in economic prosperity, secure in social justice, confident in political change. A land in which our children can bring up their children with a future to look forward to.

That is our hope. Not just to promise change - but to achieve it.

Our Party - New Labour.
Our mission - New Britain.
New Labour. New Britain.

 New Labour, because Britain deserves better, Britain will be better with new Labour

'Our case is simple: that Britain can and must be better'

'The vision is one of national renewal, a country with drive, purpose and energy'

'In each area of policy a new and distinctive approach has been mapped out, one that differs from the old left and the Conservative right. This is why new Labour is new'

'New Labour is a party of ideas and ideals but not of outdated ideology. What counts is what works. The objectives are radical. The means will be modern'

'This is our contract with the people'

I believe in Britain. It is a great country with a great history. The British people are a great people. But I believe Britain can and must be better: better schools, better hospitals, better ways of tackling crime, of building a modern welfare state, of equipping ourselves for a new world economy.

I want a Britain that is one nation, with shared values and purpose, where merit comes before privilege, run for the many not the few, strong and sure of itself at home and abroad.

I want a Britain that does not shuffle into the new millennium afraid of the future, but strides into it with confidence.

I want to renew our country's faith in the ability of its government and politics to deliver this new Britain. I want to do it by making a limited set of important promises and achieving them. This is the purpose of the bond of trust I set out at the end of this introduction, in which ten specific commitments are put before you. Hold us to them. They are our covenant with you.

I want to renew faith in politics by being honest about the last 18 years. Some things the Conservatives got right. We will not change them. It is where they got things wrong that we will make change. We have no intention or desire to replace one set of dogmas by another.

I want to renew faith in politics through a government that will govern in the interest of the many, the broad majority of people who work hard, play by the rules, pay their dues and feel let down by a political system that gives the breaks to the few, to an elite at the top increasingly out of touch with the rest of us.

And I want, above all, to govern in a way that brings our country together, that unites our nation in facing the tough and dangerous challenges of the new economy and changed society in which we must live. I want a Britain which we all feel part of, in whose future we all have a stake, in which what I want for my own children I want for yours.

A new politics

The reason for having created new Labour is to meet the challenges of a different world. The millennium symbolises a new era opening up for Britain. I am confident about our future prosperity, even optimistic, if we have the courage to change and use it to build a better Britain.

To accomplish this means more than just a change of government. Our aim is no less than to set British political life on a new course for the future.

People are cynical about politics and distrustful of political promises. That is hardly surprising. There have been few more gross breaches of faith than when the Conservatives under Mr Major promised, before the election of 1992, that they would not raise taxes, but would cut them every year; and then went on to raise them by the largest amount in peacetime history starting in the first Budget after the election. The Exchange Rate Mechanism as the cornerstone of economic policy, Europe, health, crime, schools, sleaze - the broken promises are strewn across the country's memory.

The Conservatives' broken promises taint all politics. That is why we have made it our guiding rule not to promise what we cannot deliver; and to deliver what we promise. What follows is not the politics of a

100 days that dazzles for a time, then fizzles out. It is not the politics of a revolution, but of a fresh start, the patient rebuilding and renewing of this country - renewal that can take root and build over time.

That is one way in which politics in Britain will gain a new lease of life. But there is another. We aim to put behind us the bitter political struggles of left and right that have torn our country apart for too many decades. Many of these conflicts have no relevance whatsoever to the modern world - public versus private, bosses versus workers, middle class versus working class. It is time for this country to move on and move forward. We are proud of our history, proud of what we have achieved - but we must learn from our history, not be chained to it.

New Labour

The purpose of new Labour is to give Britain a different political choice: the choice between a failed Conservative government, exhausted and divided in everything other than its desire to cling on to power, and a new and revitalised Labour Party that has been resolute in transforming itself into a party of the future. We have rewritten our constitution, the new Clause IV, to put a commitment to enterprise alongside the commitment to justice. We have changed the way we make policy, and put our relations with the trade unions on a modern footing where they accept they can get fairness but no favours from a Labour government. Our MPs are all now selected by ordinary party members, not small committees or pressure groups. The membership itself has doubled, to over 400,000, with half the members having joined since the last election.

We submitted our draft manifesto, new Labour new life for Britain, to a ballot of all our members, 95 per cent of whom gave it their express endorsement.

We are a national party, supported today by people from all walks of life, from the successful businessman or woman to the pensioner on a council estate. Young people have flooded in to join us in what is the fastest growing youth section of any political party in the western world.

The vision

We are a broad-based movement for progress and justice. New Labour is the political arm of none other than the British people as a whole. Our values are the same: the equal worth of all, with no one cast aside; fairness and justice within strong communities.

But we have liberated these values from outdated dogma or doctrine, and we have applied these values to the modern world.

I want a country in which people get on, do well, make a success of their lives. I have no time for the politics of envy. We need more successful entrepreneurs, not fewer of them. But these life-chances should be for all the people. And I want a society in which ambition and compassion are seen as partners not opposites - where we value public service as well as material wealth.

New Labour believes in a society where we do not simply pursue our own individual aims but where we hold many aims in common and work together to achieve them. How we build the industry and employment opportunities of the future; how we tackle the division and inequality in our society; how we care for and enhance our environment and quality of life; how we develop modern education and health services; how we create communities that are safe, where mutual respect and tolerance are the order of the day. These are things we must achieve together as a country.

The vision is one of national renewal, a country with drive, purpose and energy. A Britain equipped to prosper in a global economy of technological change; with a modern welfare state; its politics more accountable; and confident of its place in the world.

Programme: a new centre and centre-left politics

In each area of policy a new and distinctive approach has been mapped out, one that differs both from the solutions of the old left and those of the Conservative right. This is why new Labour is new. We believe in the strength of our values, but we recognise also that the policies of 1997 cannot be those of 1947 or 1967. More detailed policy has been produced by us than by any opposition in history. Our direction and destination are clear.

The old left would have sought state control of industry. The Conservative right is content to leave all to the market. We reject both approaches. Government and industry must work together to achieve key objectives aimed at enhancing the dynamism of the market, not undermining it.

In industrial relations, we make it clear that there will be no return to flying pickets, secondary action, strikes with no ballots or the trade union law of the 1970s. There will instead be basic minimum rights for the individual at the workplace, where our aim is partnership not conflict between employers and employees.

In economic management, we accept the global economy as a reality and reject the isolationism and 'go-it-alone' policies of the extremes of right or left.

In education, we reject both the idea of a return to the 11-plus and the monolithic comprehensive schools that take no account of children's differing abilities. Instead we favour all-in schooling which identifies the distinct abilities of individual pupils and organises them in classes to maximise their progress in individual subjects. In this way we modernise the comprehensive principle, learning from the experience of its 30 years of application.

In health policy, we will safeguard the basic principles of the NHS, which we founded, but will not return to the top-down management of the 1970s. So we will keep the planning and provision of healthcare separate, but put planning on a longer-term, decentralised and more co-operative basis. The key is to root out unnecessary administrative cost, and to spend money on the right things - frontline care.

On crime, we believe in personal responsibility and in punishing crime, but also tackling its underlying causes - so, tough on crime, tough on the causes of crime, different from the Labour approach of the past and the Tory policy of today.

Over-centralisation of government and lack of accountability was a problem in governments of both left and right. Labour is committed to the democratic renewal of our country through decentralisation and the elimination of excessive government secrecy.

In addition, we will face up to the new issues that confront us. We will be the party of welfare reform. In consultation and partnership with the people, we will design a modern welfare state based on rights and duties going together, fit for the modern world.

We will stand up for Britain's interests in Europe after the shambles of the last six years, but, more than that, we will lead a campaign for reform in Europe. Europe isn't working in the way this country and Europe need. But to lead means to be involved, to be constructive, to be capable of getting our own way.

We will put concern for the environment at the heart of policy-making, so that it is not an add-on extra, but informs the whole of government, from housing and energy policy through to global warming and international agreements.

We will search out at every turn new ways and new ideas to tackle the new issues: how to encourage more flexible working hours and practices to suit employees and employers alike; how to harness the huge potential of the new information technology; how to simplify the processes of the government machine; how to put public and private sector together in partnership to give us the infrastructure and transport system we need.

We will be a radical government. But the definition of radicalism will not be that of doctrine, whether of left or right, but of achievement. New Labour is a party of ideas and ideals but not of outdated ideology. What counts is what works. The objectives are radical. The means will be modern.

So the party is transformed. The vision is clear. And from that vision stems a modern programme of change and renewal for Britain. We understand that after 18 years of one-party rule, people want change, believe that it is necessary for the country and for democracy, but require faith to make the change.

We therefore set out in the manifesto that follows ten commitments, commitments that form our bond of trust with the people. They are specific. They are real. Judge us on them. Have trust in us and we will repay that trust.

Our mission in politics is to rebuild this bond of trust between government and the people. That is the only way democracy can flourish. I pledge to Britain a government which shares their hopes, which understands their fears, and which will work as partners with and for all our people, not just the privileged few. This is our contract with the people.

Over the five years of a Labour government:

1. Education will be our number one priority, and we will increase the share of national income spent on education as we decrease it on the bills of economic and social failure
2. There will be no increase in the basic or top rates of income tax
3. We will provide stable economic growth with low inflation, and promote dynamic and competitive business and industry at home and abroad
4. We will get 250,000 young unemployed off benefit and into work
5. We will rebuild the NHS, reducing spending on administration and increasing spending on patient care
6. We will be tough on crime and tough on the causes of crime, and halve the time it takes persistent juvenile offenders to come to court

7. We will help build strong families and strong communities, and lay the foundations of a modern welfare state in pensions and community care
8. We will safeguard our environment, and develop an integrated transport policy to fight congestion and pollution
9. We will clean up politics, decentralise political power throughout the United Kingdom and put the funding of political parties on a proper and accountable basis
10. We will give Britain the leadership in Europe which Britain and Europe need

We have modernised the Labour Party and we will modernise Britain. This means knowing where we want to go; being clear-headed about the country's future; telling the truth; making tough choices; insisting that all parts of the public sector live within their means; taking on vested interests that hold people back; standing up to unreasonable demands from any quarter; and being prepared to give a moral lead where government has responsibilities it should not avoid.

Britain does deserve better. And new Labour will be better for Britain.

- Tony Blair

....

We will make education our number one priority

- Cut class sizes to 30 or under for 5, 6 and 7 year-olds
- Nursery places for all four year-olds
- Attack low standards in schools
- Access to computer technology
- Lifelong learning through a new University for Industry
- More spending on education as the cost of unemployment falls

Education has been the Tories' biggest failure. It is Labour's number one priority.

It is not just good for the individual. It is an economic necessity for the nation. We will compete successfully on the basis of quality or not at all. And quality comes from developing the potential of all our people. It is the people who are our greatest natural asset. We will ensure they can fulfil their potential.

Nearly half of 11 year-olds in England and Wales fail to reach expected standards in English and maths. Britain has a smaller share of 17 and 18 year-olds in full-time education than any major industrial nation. Nearly two thirds of the British workforce lack vocational qualifications.

There are excellent schools in Britain's state education system. But far too many children are denied the opportunity to succeed. Our task is to raise the standards of every school.

We will put behind us the old arguments that have bedevilled education in this country. We reject the Tories' obsession with school structures: all parents should be offered real choice through good quality schools, each with its own strengths and individual ethos. There should be no return to the 11-plus. It divides children into successes and failures at far too early an age.

We must modernise comprehensive schools. Children are not all of the same ability, nor do they learn at the same speed. That means 'setting' children in classes to maximise progress, for the benefit of high-fliers and slower learners alike. The focus must be on levelling up, not levelling down.

With Labour, the Department for Education and Employment will become a leading office of state. It will give a strong and consistent lead to help raise standards in every school. Standards, more than structures, are the key to success. Labour will never put dogma before children's education. Our approach will be to intervene where there are problems, not where schools are succeeding.

Labour will never force the abolition of good schools whether in the private or state sector. Any changes in the admissions policies of grammar schools will be decided by local parents. Church schools will retain their distinctive religious ethos.

We wish to build bridges wherever we can across education divides. The educational apartheid created by the public/private divide diminishes the whole education system.

Zero tolerance of underperformance

Every school has the capacity to succeed. All Local Education Authorities (LEAs) must demonstrate that every school is improving. For those failing schools unable to improve, ministers will order a 'fresh start' - close the school and start afresh on the same site. Where good schools and bad schools coexist side by side we will authorise LEAs to allow one school to take over the other to set the underperforming school on a new path.

Quality nursery education guaranteed for all four year-olds

Nursery vouchers have been proven not to work. They are costly and do not generate more quality nursery places. We will use the money saved by scrapping nursery vouchers to guarantee places for four year-olds. We will invite selected local authorities to pilot early excellence centres combining education and care for the under-fives. We will set targets for universal provision for three year-olds whose parents want it.

New focus on standards in primary schools

Primary schools are the key to mastering the basics and developing in every child an eagerness to learn.

Every school needs baseline assessment of pupils when they enter the school, and a year-on-year target for improvement.

We will reduce class sizes for five, six and seven year-olds to 30 or under, by phasing out the assisted places scheme, the cost of which is set to rise to £180 million per year.

We must recognise the three 'r's for what they are - building blocks of all learning that must be taught better. We will achieve this by improving the skills of the teaching force; ensuring a stronger focus on literacy in the curriculum; and piloting literacy summer schools to meet our new target that within a decade every child leaves primary school with a reading age of at least 11 (barely half do today).

Our numeracy taskforce will develop equally ambitious targets. We will encourage the use of the most effective teaching methods, including phonics for reading and whole class interactive teaching for maths.

Attacking educational disadvantage

No matter where a school is, Labour will not tolerate under-achievement.

Public/private partnerships will improve the condition of school buildings.

There will be education action zones to attack low standards by recruiting the best teachers and head teachers to under-achieving schools; by supporting voluntary mentoring schemes to provide one-to-one support for disadvantaged pupils; and by creating new opportunities for children, after the age of 14, to enhance their studies by acquiring knowledge and experience within industry and commerce.

To attack under-achievement in urban areas, we have developed a new scheme with the Premier League. In partnerships between central government, local government and football clubs, study support centres will be set up at Premier League grounds for the benefit of local children. The scheme will be launched on a pilot basis during the 1997/8 season.

We support the greatest possible integration into mainstream education of pupils with special educational needs, while recognising that specialist facilities are essential to meet particular needs.

Realising the potential of new technology

Labour is the pioneer of new thinking. We have agreed with British Telecom and the cable companies that they will wire up schools, libraries, colleges and hospitals to the information superhighway free of charge. We have also secured agreement to make access charges as low as possible.

For the Internet we plan a National Grid for Learning, franchised as a public/private partnership, which will bring to teachers up-to-date materials to enhance their skills, and to children high-quality educational materials. We will use lottery money to improve the skills of existing teachers in information technology.

In opposition, Labour set up the independent Stevenson Commission to promote access for children to new technology. Its recent report is a challenging programme for the future. We are urgently examining how to implement its plans, in particular the development of educational software through a grading system which will provide schools with guarantees of product quality; and the provision for every child of an individual email address. An independent standing committee will continue to advise us on the implementation of our plans in government.

The role of parents

We will increase the powers and responsibilities of parents.

There will be more parent governors and, for the first time, parent representatives on LEAs.

A major objective is to promote a culture of responsibility for learning within the family, through contracts between all schools and parents, defining the responsibilities of each. National guidelines will establish minimum periods for homework for primary and secondary school pupils.

Teachers will be entitled to positive support from parents to promote good attendance and sound discipline. Schools suffer from unruly and disruptive pupils. Exclusion or suspension may sometimes be necessary. We will, however, pilot new pupil referral units so that schools are protected but these pupils are not lost to education or the country.

New job description for LEAs

The judge and jury of LEA performance will be their contribution to raising standards.
LEAs are closer to schools than central government, and have the authority of being locally elected. But they will be required to devolve power, and more of their budgets, to heads and governors. LEA performance will be inspected by Ofsted and the Audit Commission. Where authorities are deemed to be failing, the secretary of state may suspend the relevant powers of the LEA and send in an improvement team.

Grant maintained schools

Schools that are now grant maintained will prosper with Labour's proposals, as will every school.

Tory claims that Labour will close these schools are false. The system of funding will not discriminate unfairly either between schools or between pupils. LEAs will be represented on governing bodies, but will not control them. We support guidelines for open and fair admissions, along the lines of those introduced in 1993; but we will also provide a right of appeal to an independent panel in disputed cases.

Teachers: pressure and support

Schools are critically dependent on the quality of all staff. The majority of teachers are skilful and dedicated, but some fall short. We will improve teacher training, and ensure that all teachers have an induction year when they first qualify, to ensure their suitability for teaching.

There will be a general teaching council to speak for and raise standards in the profession. We will create a new grade of teachers to recognise the best. There will, however, be speedy, but fair, procedures to remove teachers who cannot do the job.

The strength of a school is critically dependent on the quality of its head. We will establish mandatory qualifications for the post. A head teacher will be appointed to a position only when fully trained to accept the responsibility.

Higher education

The improvement and expansion needed cannot be funded out of general taxation. Our proposals for funding have been made to the Dearing Committee, in line with successful policies abroad.

The costs of student maintenance should be repaid by graduates on an income-related basis, from the career success to which higher education has contributed. The current system is badly administered and payback periods are too short. We will provide efficient administration, with fairness ensured by longer payback periods where required.

Lifelong learning

We must learn throughout life, to retain employment through new and improved skills. We will promote adult learning both at work and in the critical sector of further education.

In schools and colleges, we support broader A-levels and upgraded vocational qualifications, underpinned by rigorous standards and key skills.

Employers have the primary responsibility for training their workforces in job-related skills. But individuals should be given the power to invest in training. We will invest public money for training in Individual Learning Accounts which individuals - for example women returning to the labour force - can then use to gain the skills they want. We will kickstart the programme for up to a million people, using £150 million of TEC money which could be better used and which would provide a contribution of £150, alongside individuals making small investments of their own. Employers will be encouraged to make voluntary contributions to these funds. We will also promote the extension of the Investors in People initiative into many more small firms.

Our new University for Industry, collaborating with the Open University, will bring new opportunities to adults seeking to develop their potential. This will bring government, industry and education together to create a new resource whose remit will be to use new technology to enhance skills and education. The University for Industry will be a public/private partnership, commissioning software and developing the links to extend lifelong learning.

Government spending on education

The Conservatives have cut government spending on education as a share of national income by the equivalent of more than £3 billion as spending on the bills of economic and social failure has risen. We are committed to reversing this trend of spending. Over the course of a five-year Parliament, as we cut the costs of economic and social failure we will raise the proportion of national income spent on education.

We will promote personal prosperity for all

- Economic stability to promote investment
- Tough inflation target, mortgage rates as low as possible
- Stick for two years within existing spending limits

- Five-year pledge: no increase in income tax rates
- Long-term objective of ten pence starting rate of income tax
- Early Budget to get people off welfare and into work

The Conservatives have in 18 years created the two longest, deepest recessions this century.

We have experienced the slowest average growth rate of any similar period since the second world war. There has been a fundamental failure to tackle the underlying causes of inflation, of low growth and of unemployment. These are:

- too much economic instability, with wild swings from boom to bust
- too little investment in education and skills, and in the application of new technologies
- too few opportunities to find jobs, start new businesses or become self- employed
- too narrow an industrial base and too little sense of common purpose in the workplace or across the nation.

Britain can do better. We must build on the British qualities of inventiveness, creativity and adaptability. New Labour's objective is to improve living standards for the many, not just the few. Business can and must succeed in raising productivity. This requires a combination of a skilled and educated workforce with investment in the latest technological innovations, as the route to higher wages and employment.

An explicit objective of a Labour government will be to raise the trend rate of growth by strengthening our wealth-creating base. We will nurture investment in industry, skills, infrastructure and new technologies. And we will attack long-term unemployment, especially among young people. Our goal will be educational and employment opportunities for all.

Economic stability is the essential platform for sustained growth. In a global economy the route to growth is stability not inflation.

The priority must be stable, low-inflation conditions for long-term growth. The root causes of inflation and low growth are the same - an economic and industrial base that remains weak. Government cannot solve all economic problems or end the economic cycle. But by spending wisely and taxing fairly, government can help tackle the problems. Our goals are low inflation, rising living standards and high and stable levels of employment.

Spending and tax: new Labour's approach

The myth that the solution to every problem is increased spending has been comprehensively dispelled under the Conservatives. Spending has risen. But more spending has brought neither greater fairness nor less poverty. Quite the reverse - our society is more divided than it has been for generations. The level of public spending is no longer the best measure of the effectiveness of government action in the public interest. It is what money is actually spent on that counts more than how much money is spent.

The national debt has doubled under John Major. The public finances remain weak. A new Labour government will give immediate high priority to seeing how public money can be better used.

New Labour will be wise spenders, not big spenders. We will work in partnership with the private sector to achieve our goals. We will ask about public spending the first question that a manager in any company would ask - can existing resources be used more effectively to meet our priorities? And because efficiency and value for money are central, ministers will be required to save before they spend.

Save to invest is our approach, not tax and spend.

The increase in taxes under the Conservatives is the most dramatic evidence of economic failure. Since 1992 the typical family has paid more than £2,000 in extra taxes - the biggest tax hike in peacetime history, breaking every promise made by John Major at the last election. The tragedy is that those hardest hit are least able to pay.

That is why we strongly opposed the imposition of VAT on fuel: it was Labour that stopped the government from increasing VAT on fuel to 17. 5 per cent.

Taxation is not neutral in the way it raises revenue. How and what governments tax sends clear signals about the economic activities they believe should be encouraged or discouraged, and the values they wish to entrench in society. Just as, for example, work should be encouraged through the tax system, environmental pollution should be discouraged.

New Labour will establish a new trust on tax with the British people. The promises we make we will keep. The principles that will underpin our tax policy are clear:

- to encourage employment opportunities and work incentives for all
- to promote savings and investment
- and to be fair and be seen to be fair.

New Labour is not about high taxes on ordinary families. It is about social justice and a fair deal.
New Labour therefore makes the following economic pledges.

Fair taxes

There will be no return to the penal tax rates that existed under both Labour and Conservative governments in the 1970s.

To encourage work and reward effort, we are pledged not to raise the basic or top rates of income tax throughout the next Parliament.

Our long-term objective is a lower starting rate of income tax of ten pence in the pound. Reducing the high marginal rates at the bottom end of the earning scale - often 70 or 80 per cent - is not only fair but desirable to encourage employment.

This goal will benefit the many, not the few. It is in sharp contrast to the Tory goal of abolishing capital gains and inheritance tax, at least half the benefit of which will go to the richest 5,000 families in the country.

We will cut VAT on fuel to five per cent, the lowest level allowed.

We renew our pledge not to extend VAT to food, children's clothes, books and newspapers and public transport fares.

We will also examine the interaction of the tax and benefits systems so that they can be streamlined and modernised, so as to fulfil our objectives of promoting work incentives, reducing poverty and welfare dependency, and strengthening community and family life.

No risks with inflation

We will match the current target for low and stable inflation of 2.5 per cent or less. We will reform the Bank of England to ensure that decision-making on monetary policy is more effective, open, accountable and free from short-term political manipulation.

Strict rules for government borrowing

We will enforce the 'golden rule' of public spending - over the economic cycle, we will only borrow to invest and not to fund current expenditure.

We will ensure that - over the economic cycle - public debt as a proportion of national income is at a stable and prudent level.

Stick to planned public spending allocations for the first two years of office

Our decisions have not been taken lightly. They are a recognition of Conservative mismanagement of the public finances. For the next two years Labour will work within the departmental ceilings for spending already announced. We will resist unreasonable demands on the public purse, including any unreasonable public sector pay demands.

Switch spending from economic failure to investment

We will conduct a central spending review and departmental reviews to assess how to use resources better, while rooting out waste and inefficiency in public spending.

Labour priorities in public spending are different from Tory priorities.

Tax reform to promote saving and investment

We will introduce a new individual savings account and extend the principle of TESSAs and PEPs to promote long-term saving. We will review the corporate and capital gains tax regimes to see how the tax system can promote greater long-term investment.

Labour's welfare-to-work Budget

We will introduce a Budget within two months after the election to begin the task of equipping the British economy and reforming the welfare state to get young people and the long-term unemployed back to work. This welfare-to-work programme will be funded by a windfall levy on the excess profits of the privatised utilities, introduced in this Budget after we have consulted the regulators.

We will help create successful and profitable businesses

- Backing business: skills, infrastructure, new markets
- Gains for consumers with tough competition law
- New measures to help small businesses
- National minimum wage to tackle low pay
- Boost local economic growth with Regional Development Agencies
- A strong and effective voice in Europe

New Labour offers business a new deal for the future. We will leave intact the main changes of the 1980s in industrial relations and enterprise. We see healthy profits as an essential motor of a dynamic market economy, and believe they depend on quality products, innovative entrepreneurs and skilled employees. We will build a new partnership with business to improve the competitiveness of British industry for the 21st century, leading to faster growth.

Many of the fundamentals of the British economy are still weak. Low pay and low skills go together: insecurity is the consequence of economic instability; the absence of quality jobs is a product of the weakness of our industrial base; we suffer from both high unemployment and skills shortages. There is no future for Britain as a low wage economy: we cannot compete on wages with countries paying a tenth or a hundredth of British wages.

We need to win on higher quality, skill, innovation and reliability. With Labour, British and inward investors will find this country an attractive and profitable place to do business.

New Labour believes in a flexible labour market that serves employers and employees alike. But flexibility alone is not enough. We need 'flexibility plus':

- plus higher skills and higher standards in our schools and colleges
- plus policies to ensure economic stability
- plus partnership with business to raise investment in infrastructure, science and research and to back small firms
- plus new leadership from Britain to reform Europe, in place of the current policy of drift and disengagement from our largest market
- plus guaranteeing Britain's membership of the single market - indeed opening up further markets inside and outside the EU - helping make Britain an attractive place to do business
- plus minimum standards of fair treatment, including a national minimum wage

plus an imaginative welfare-to-work programme to put the long-term unemployed back to work and to cut social security costs.

A reformed and tougher competition law

Competitiveness abroad must begin with competition at home. Effective competition can bring value and quality to consumers. As an early priority we will reform Britain's competition law. We will adopt a tough 'prohibitive' approach to deter anti-competitive practices and abuses of market power.

In the utility industries we will promote competition wherever possible. Where competition is not an effective discipline, for example in the water industry which has a poor environmental record and has in most cases been a tax-free zone, we will pursue tough, efficient regulation in the interests of customers, and, in the case of water, in the interests of the environment as well. We recognise the need for open and predictable regulation which is fair both to consumers and to shareholders and at the same time provides incentives for managers to innovate and improve efficiency.

Reinvigorate the Private Finance Initiative

Britain's infrastructure is dangerously run down: parts of our road and rail network are seriously neglected, and all too often our urban environment has been allowed to deteriorate.

Labour pioneered the idea of public/private partnerships. It is Labour local authorities which have done most to create these partnerships at local level.

A Labour government will overcome the problems that have plagued the PFI at a national level. We will set priorities between projects, saving time and expense; we will seek a realistic allocation of risk between the partners to a project; and we will ensure that best practice is spread throughout government. We will aim to simplify and speed up the planning process for major infrastructure projects of vital national interest.

We will ensure that self-financing commercial organisations within the public sector - the Post Office is a prime example - are given greater commercial freedom to make the most of new opportunities.

Backing small business

The number of small employers has declined by half a million since 1990. Support for small businesses will have a major role in our plans for economic growth. We will cut unnecessary red tape; provide for statutory interest on late payment of debts; improve support for high-tech start-ups; improve the quality and relevance of advice and training through a reformed Business Links network and the University for Industry; and assist firms to enter overseas markets more effectively.

Local economic growth

Prosperity needs to be built from the bottom up. We will establish one-stop regional development agencies to co-ordinate regional economic development, help small business and encourage inward investment. Many regions are already taking informal steps to this end and they will be supported.

Strengthen our capability in science, technology and design

The UK must be positively committed to the global pursuit of new knowledge, with a strong science base in our universities and centres of excellence leading the world. The Dearing Committee represents a significant opportunity to promote high-quality standards in science teaching and research throughout UK higher education. We support a collaborative approach between researchers and business, spreading the use of new technology and good design, and exploiting our own inventions to boost business in the UK.

Promoting new green technologies and businesses

There is huge potential to develop Britain's environmental technology industries to create jobs, win exports and protect the environment.

Effective environmental management is an increasingly important component of modern business practice. We support a major push to promote energy conservation - particularly by the promotion of home energy efficiency schemes, linked to our environment taskforce for the under-25s. We are committed to an energy policy designed to promote cleaner, more efficient energy use and production, including a new and strong drive to develop renewable energy sources such as solar and wind energy, and combined heat and power. We see no economic case for the building of any new nuclear power stations.

Key elements of the 1980s trade union reforms to stay

There must be minimum standards for the individual at work, including a minimum wage, within a flexible labour market. We need a sensible balance in industrial relations law - rights and duties go together.

The key elements of the trade union legislation of the 1980s will stay - on ballots, picketing and industrial action. People should be free to join or not to join a union. Where they do decide to join, and where a majority of the relevant workforce vote in a ballot for the union to represent them, the union should be recognised. This promotes stable and orderly industrial relations. There will be full consultation on the most effective means of implementing this proposal.

Partnership at work

The best companies recognise their employees as partners in the enterprise. Employees whose conditions are good are more committed to their companies and are more productive. Many unions and employers are embracing partnership in place of conflict. Government should welcome this.

We are keen to encourage a variety of forms of partnership and enterprise, spreading ownership and encouraging more employees to become owners through Employee Share Ownership Plans and co-operatives. We support too the Social Chapter of the EU, but will deploy our influence in Europe to ensure that it develops so as to promote employability and competitiveness, not inflexibility.

A sensibly set national minimum wage

There should be a statutory level beneath which pay should not fall - with the minimum wage decided not on the basis of a rigid formula but according to the economic circumstances of the time and with the advice of an independent low pay commission, whose membership will include representatives of employers, including small business, and employees.

Every modern industrial country has a minimum wage, including the US and Japan. Britain used to have minimum wages through the Wages Councils. Introduced sensibly, the minimum wage will remove the worst excesses of low pay (and be of particular benefit to women), while cutting some of the massive £4 billion benefits bill by which the taxpayer subsidises companies that pay very low wages.

We will get the unemployed from welfare to work

- Stop the growth of an 'underclass' in Britain
- 250,000 young unemployed off benefit and into work
- Tax cuts for employers who create new jobs for the long-term unemployed
- Effective help for lone parents

There are over one million fewer jobs in Britain than in 1990. One in five families has no one working. One million single mothers are trapped on benefits. There is a wider gap between rich and poor than for generations. We are determined not to continue down the road of a permanent have-not class, unemployed and disaffected from society. Our long-term objective is high and stable levels of employment. This is the true meaning of a stakeholder economy - where everyone has a stake in society and owes responsibilities to it.

The best way to tackle poverty is to help people into jobs - real jobs. The unemployed have a responsibility to take up the opportunity of training places or work, but these must be real opportunities. The government's workfare proposals - with a success rate of one in ten - fail this test.

Labour's welfare-to-work programme will attack unemployment and break the spiral of escalating spending on social security. A one-off windfall levy on the excess profits of the privatised utilities will fund our ambitious programme.

Every young person unemployed for more than six months in a job or training

We will give 250,000 under-25s opportunities for work, education and training. Four options will be on offer, each involving day-release education or training leading to a qualification: private-sector job: employers will be offered a 60 pound-a-week rebate for six months work with a non-profit voluntary sector employer, paying a weekly wage, equivalent to benefit plus a fixed sum for six months full-time study for young people without qualifications on an approved course a job with the environment taskforce, linked to Labour's citizens' service programme. Rights and responsibilities must go hand in hand, without a fifth option of life on full benefit.

Every 16 and 17 year-old on the road to a proper qualification by the year 2000

Nearly a third of young people do not achieve an NVQ level two qualification by age 19. All young people will be offered part-time or full-time education after the age of 16. Any under-18 year-old in a job will have the right to study on an approved course for qualifications at college. We will replace the failed Youth Training scheme with our new Target 2000 programme, offering young people high-quality education and training.

Action on long-term unemployment

New partnerships between government and business, fully involving local authorities and the voluntary sector, will attack long-term joblessness. We will encourage employers to take on those who have suffered unemployment for more than two years with a 75 pound-a-week tax rebate paid for six months, financed by the windfall levy. Our programme for the phased release of past receipts from council house sales will provide new jobs in the construction industry.

Lone parents into work

Today the main connection between unemployed lone parents and the state is their benefits. Most lone parents want to work, but are given no help to find it. New Labour has a positive policy. Once the youngest child is in the second term of full-time school, lone parents will be offered advice by a proactive Employment Service to develop a package of job search, training and after-school care to help them off benefit.

Customised, personalised services

We favour initiatives with new combinations of available benefits to suit individual circumstances. In new and innovative 'Employment Zones', personal job accounts will combine money currently available for benefits and training, to offer the unemployed new options - leading to work and independence. We will co-ordinate benefits, employment and career services, and utilise new technology to improve their quality and efficiency.

Fraud

Just as we owe it to the taxpayer to crack down on tax avoidance, so we must crack down on dishonesty in the benefit system. We will start with a clampdown on Housing Benefit fraud, estimated to cost £2 billion a year, and will maintain action against benefit fraud of all kinds.

We will save the NHS

- 100,000 people off waiting lists

- End the Tory internal market
- End waiting for cancer surgery
- Tough quality targets for hospitals
- Independent food standards agency
- New public health drive
- Raise spending in real terms every year - and spend the money on patients not bureaucracy

Labour created the NHS 50 years ago. It is under threat from the Conservatives. We want to save and modernise the NHS.

But if the Conservatives are elected again there may well not be an NHS in five years' time - neither national nor comprehensive. Labour commits itself anew to the historic principle: that if you are ill or injured there will be a national health service there to help; and access to it will be based on need and need alone - not on your ability to pay, or on who your GP happens to be or on where you live.

In 1990 the Conservatives imposed on the NHS a complex internal market of hospitals competing to win contracts from health authorities and fundholding GPs. The result is an NHS strangled by costly red tape, with every individual transaction the subject of a separate invoice. After six years, bureaucracy swallows an extra £1.5 billion per year; there are 20,000 more managers and 50,000 fewer nurses on the wards; and more than one million people are on waiting lists. The government has consistently failed to meet even its own health targets.

There can be no return to top-down management, but Labour will end the Conservatives' internal market in healthcare. The planning and provision of care are necessary and distinct functions, and will remain so. But under the Tories, the administrative costs of purchasing care have undermined provision and the market system has distorted clinical priorities. Labour will cut costs by removing the bureaucratic processes of the internal market.

The savings achieved will go on direct care for patients. As a start, the first £100 million saved will treat an extra 100,000 patients. We will end waiting for cancer surgery, thereby helping thousands of women waiting for breast cancer treatment.

Primary care will play a lead role

In recent years, GPs have gained power on behalf of their patients in a changed relationship with consultants, and we support this. But the development of GP fundholding has also brought disadvantages. Decision-making has been fragmented. Administrative costs have grown. And a two-tier service has resulted.

Labour will retain the lead role for primary care but remove the disadvantages that have come from the present system. GPs and nurses will take the lead in combining together locally to plan local health services more efficiently for all the patients in their area. This will enable all GPs in an area to bring their combined strength to bear upon individual hospitals to secure higher standards of patient provision. In making this change, we will build on the existing collaborative schemes which already serve 14 million people.

The current system of year-on-year contracts is costly and unstable. We will introduce three- to five-year agreements between the local primary care teams and hospitals. Hospitals will then be better able to plan work at full capacity and co-operate to enhance patient services.

Higher-quality services for patients

Hospitals will retain their autonomy over day-to-day administrative functions, but, as part of the NHS, they will be required to meet high-quality standards in the provision of care. Management will be held to account for performance levels. Boards will become more representative of the local communities they serve. A new patients' charter will concentrate on the quality and success of treatment. The Tories' so-called 'Efficiency Index' counts the number of patient 'episodes', not the quality or success of treatment. With Labour, the measure will be quality of outcome, itself an incentive for effectiveness.

As part of our concern to ensure quality, we will work towards the elimination of mixed-sex wards.

Health authorities will become the guardians of high standards. They will monitor services, spread best practice and ensure rising standards of care.

The Tory attempt to use private money to build hospitals has failed to deliver. Labour will overcome the problems that have plagued the Private Finance Initiative, end the delays, sort out the confusion and develop new forms of public/private partnership that work better and protect the interests of the NHS. Labour is opposed to the privatisation of clinical services which is being actively promoted by the Conservatives.

Labour will promote new developments in telemedicine - bringing expert advice from regional centres of excellence to neighbourhood level using new technology.

Good health

A new minister for public health will attack the root causes of ill health, and so improve lives and save the NHS money. Labour will set new goals for improving the overall health of the nation which recognise the impact that poverty, poor housing, unemployment and a polluted environment have on health.

Smoking is the greatest single cause of preventable illness and premature death in the UK. We will therefore ban tobacco advertising.

Labour will establish an independent food standards agency. The £3.5 billion BSE crisis and the E. coli outbreak which resulted in serious loss of life, have made unanswerable the case for the independent agency we have proposed.

NHS spending

The Conservatives have wasted spending on the NHS. We will do better. We will raise spending on the NHS in real terms every year and put the money towards patient care. And a greater proportion of every pound spent will go on patient care not bureaucracy.

An NHS for the future
The NHS requires continuity as well as change, or the system cannot cope. There must be pilots to ensure that change works. And there must be flexibility, not rigid prescription, if innovation is to flourish.

Our fundamental purpose is simple but hugely important: to restore the NHS as a public service working co-operatively for patients, not a commercial business driven by competition.

We will be tough on crime and tough on the causes of crime

- Fast-track punishment for persistent young offenders
- Reform Crown Prosecution Service to convict more criminals
- Police on the beat not pushing paper
- Crackdown on petty crimes and neighbourhood disorder
- Fresh parliamentary vote to ban all handguns

Under the Conservatives, crime has doubled and many more criminals get away with their crimes: the number of people convicted has fallen by a third, with only one crime in 50 leading to a conviction. This is the worst record of any government since the Second World War - and for England and Wales the worst record of any major industrialised country. Last year alone violent crime rose 11 per cent.

We propose a new approach to law and order: tough on crime and tough on the causes of crime. We insist on individual responsibility for crime, and will attack the causes of crime by our measures to relieve social deprivation.

The police have our strong support. They are in the front line of the fight against crime and disorder. The Conservatives have broken their 1992 general election pledge to provide an extra 1,000 police officers.

We will relieve the police of unnecessary bureaucratic burdens to get more officers back on the beat.

Youth crime

Youth crime and disorder have risen sharply, but very few young offenders end up in court, and when they do half are let off with another warning. Young offenders account for seven million crimes a year.

Far too often young criminals offend again and again while waiting months for a court hearing. We will halve the time it takes to get persistent young offenders from arrest to sentencing; replace widespread repeat cautions with a single final warning; bring together Youth Offender Teams in every area; and streamline the system of youth courts to make it far more effective.

New parental responsibility orders will make parents face up to their responsibility for their children's misbehaviour.

Conviction and sentencing

The job of the Crown Prosecution Service is to prosecute criminals effectively. There is strong evidence that the CPS is over-centralised, bureaucratic and inefficient, with cases too often dropped, delayed, or downgraded to lesser offences.

Labour will decentralise the CPS, with local crown prosecutors co-operating more effectively with local police forces.

We will implement an effective sentencing system for all the main offences to ensure greater consistency and stricter punishment for serious repeat offenders. The courts will have to spell out what each sentence really means in practice. The Court of Appeal will have a duty to lay down sentencing guidelines for all the main offences. The attorney general's power to appeal unduly lenient sentences will be extended.

The prison service now faces serious financial problems. We will audit the resources available, take proper ministerial responsibility for the service, and seek to ensure that prison regimes are constructive and require inmates to face up to their offending behaviour.

Disorder

The Conservatives have forgotten the 'order' part of 'law and order'. We will tackle the unacceptable level of anti-social behaviour and crime on our streets. Our 'zero tolerance' approach will ensure that petty criminality among young offenders is seriously addressed.

Community safety orders will deal with threatening and disruptive criminal neighbours. Labour has taken the lead in proposing action to tackle the problems of stalking and domestic violence.

Child protection orders will deal with young children suffering neglect by parents because they are left out on their own far too late at night.

Britain is a multiracial and multicultural society. All its members must have the protection of the law. We will create a new offence of racial harassment and a new crime of racially motivated violence to protect ethnic minorities from intimidation.

Drugs

The vicious circle of drugs and crime wrecks lives and threatens communities. Labour will appoint an anti-drugs supremo to co-ordinate our battle against drugs across all government departments. The 'drug czar' will be a symbol of our commitment to tackle the modern menace of drugs in our communities.

We will pilot the use of compulsory drug testing and treatment orders for offenders to ensure that the link between drug addiction and crime is broken. This will be paid for by bringing remand delays down to the national targets.

We will attack the drug problem in prisons. In addition to random drug testing of all prisoners we will aim for a voluntary testing unit in every prison for prisoners ready to prove they are drug-free.

Victims

Victims of crime are too often neglected by the criminal justice system. We will ensure that victims are kept fully informed of the progress of their case, and why charges may have been downgraded or dropped.

Greater protection will be provided for victims in rape and serious sexual offence trials and for those subject to intimidation, including witnesses.

Prevention

We will place a new responsibility on local authorities to develop statutory partnerships to help prevent crime. Local councils will then be required to set targets for the reduction of crime and disorder in their area.

Gun control

In the wake of Dunblane and Hungerford, it is clear that only the strictest firearms laws can provide maximum safety. The Conservatives failed to offer the protection required. Labour led the call for an outright ban on all handguns in general civilian use. There will be legislation to allow individual MPs a free vote for a complete ban on handguns.

Labour is the party of law and order in Britain today.

We will strengthen family life

- Help parents balance work and family
- Security in housing and help for homeowners
- Tackle homelessness using receipts from council house sales

- Dignity and security in retirement
- Protect the basic state pension and promote secure second pensions

We will uphold family life as the most secure means of bringing up our children. Families are the core of our society. They should teach right from wrong. They should be the first defence against anti-social behaviour. The breakdown of family life damages the fabric of our society.

Labour does not see families and the state as rival providers for the needs of our citizens. Families should provide the day-to-day support for children to be brought up in a stable and loving environment. But families cannot flourish unless government plays its distinctive role: in education; where necessary, in caring for the young; in making adequate provision for illness and old age; in supporting good parenting; and in protecting families from lawlessness and abuse of power. Society, through government, must assist families to achieve collectively what no family can achieve alone.

Yet families in Britain today are under strain as never before. The security once offered by the health service has been undermined. Streets are not safe. Housing insecurity grows. One in five non-pensioner families has no one working; and British men work the longest hours in Europe.

The clock should not be turned back. As many women who want to work should be able to do so. More equal relationships between men and women have transformed our lives. Equally, our attitudes to race, sex and sexuality have changed fundamentally. Our task is to combine change and social stability.

Work and family

Families without work are without independence. This is why we give so much emphasis to our welfare-to-work policies.

Labour's national childcare strategy will plan provision to match the requirements of the modern labour market and help parents, especially women, to balance family and working life.

There must be a sound balance between support for family life and the protection of business from undue burdens - a balance which some of the most successful businesses already strike. The current government has shown itself wholly insensitive to the need to help develop family-friendly working practices. While recognising the need for flexibility in implementation and for certain exemptions, we support the right of employees not to be forced to work more than 48 hours a week; to an annual holiday entitlement; and to limited unpaid parental leave. These measures will provide a valuable underpinning to family life.

The rights of part-time workers have been clarified by recent court judgements which we welcome.

We will keep under continuous review all aspects of the tax and benefits systems to ensure that they are supportive of families and children. We are committed to retain universal Child Benefit where it is universal today - from birth to age 16 - and to uprate it at least in line with prices. We are reviewing educational finance and maintenance for those older than 16 to ensure higher staying-on rates at school and college, and that resources are used to support those in most need. This review will continue in government on the guidelines we have already laid down.

Security in housing

Most families want to own their own homes. We will also support efficiently run social and private rented sectors offering quality and choice.

The Conservatives' failure on housing has been twofold. The two thirds of families who own their homes have suffered a massive increase in insecurity over the last decade, with record mortgage arrears, record negative equity and record repossessions. And the Conservatives' lack of a housing strategy has led to the virtual abandonment of social housing, the growth of homelessness, and a failure to address fully leaseholder reform. All these are the Tory legacy.

Labour's housing strategy will address the needs of homeowners and tenants alike.

We will reject the boom and bust policies which caused the collapse of the housing market.

We will work with mortgage providers to encourage greater provision of more flexible mortgages to protect families in a world of increased job insecurity.

Mortgage buyers also require stronger consumer protection, for example by extension of the Financial Services Act, against the sale of disadvantageous mortgage packages.

The problems of gazumping have reappeared. Those who break their bargains should be liable to pay the costs inflicted on others, in particular legal and survey costs. We are consulting on the best way of tackling the problems of gazumping in the interests of responsible home buyers and sellers.

The rented housing sector

We support a three-way partnership between the public, private and housing association sectors to promote good social housing. With Labour, capital receipts from the sale of council houses, received but not spent by local councils, will be re-invested in building new houses and rehabilitating old ones. This will be phased to match the capacity of the building industry and to meet the requirements of prudent economic management.

We also support effective schemes to deploy private finance to improve the public housing stock and to introduce greater diversity and choice. Such schemes should only go ahead with the support of the tenants concerned: we oppose the government's threat to hand over council housing to private landlords without the consent of tenants and with no guarantees on rents or security of tenure.

We value a revived private rented sector. We will provide protection where most needed: for tenants in houses in multiple occupation. There will be a proper system of licensing by local authorities which will benefit tenants and responsible landlords alike.

We will introduce 'commonhold', a new form of tenure enabling people living in flats to own their homes individually and to own the whole property collectively. We will simplify the current rules restricting the purchase of freeholds by leaseholders.

Homelessness

Homelessness has more than doubled under the Conservatives. Today more than 40,000 families in England are in expensive temporary accommodation. The government, in the face of Labour opposition, has removed the duty on local authorities to find permanent housing for homeless families. We will impose a new duty on local authorities to protect those who are homeless through no fault of their own and are in priority need.

There is no more powerful symbol of Tory neglect in our society today than young people without homes living rough on the streets. Young people emerging from care without any family support are particularly vulnerable. We will attack the problem in two principal ways: the phased release of capital receipts from council house sales will increase the stock of housing for rent; and our welfare-to-work programme will lead the young unemployed into work and financial independence.

Older citizens

We value the positive contribution that older people make to our society, through their families, voluntary activities and work. Their skills and experience should be utilised within their communities. That is why, for example, we support the proposal to involve older people as volunteers to help children learn in pre-school and after-school clubs. In work, they should not be discriminated against because of their age.

The provision of adequate pensions in old age is a major challenge for the future. For today's pensioners Conservative policies have created real poverty, growing inequality and widespread insecurity.

The Conservatives would abolish the state-financed basic retirement pension and replace it with a privatised scheme, with a vague promise of a means-tested state guarantee if pensions fall beneath a minimum level. Their proposals mean there will be no savings on welfare spending for half a century; and taxes will have to rise to make provision for new privately funded pensions. Their plans require an additional £312 billion between now and 2040 through increased taxes or borrowing, against the hope of savings later, with no certainty of security in retirement at the end.

We believe that all pensioners should share fairly in the increasing prosperity of the nation. Instead of privatisation, we propose a partnership between public and private provision, and a balance between income sourced from tax and invested savings. The basic state pension will be retained as the foundation of pension provision. It will be increased at least in line with prices. We will examine means of delivering more automatic help to the poorest pensioners - one million of whom do not even receive the Income Support which is their present entitlement.

We will encourage saving for retirement, with proper protection for savings. We will reform the Financial Services Act so that the scandal of pension mis-selling - 600,000 pensions mis-sold and only 7,000 people compensated to date - will not happen again.

Too many people in work, particularly those on low and modest incomes and with changing patterns of employment, cannot join good-value second pension schemes. Labour will create a new framework - stakeholder pensions - to meet this need. We will encourage new partnerships between financial service companies, employers and employees to develop these pension schemes. They will be approved to receive people's savings only if they meet high standards of value for money, flexibility and security.

Labour will promote choice in pension provision. We will support and strengthen the framework for occupational pensions. Personal pensions, appropriately regulated, will remain a good option for many. Labour will retain SERPS as an option for those who wish to remain within it. We will also seek to develop the administrative structure of SERPS so as to create a 'citizenship pension' for those who assume responsibility as carers, as a result lose out on the pension entitlements they would otherwise acquire, and currently end up on means-tested benefits.

We overcame government opposition to pension splitting between women and men on divorce. We will implement this in government.

We aim to provide real security for families through a modern system of community care. As people grow older, their need for care increases. The Conservative approach is to promote private insurance and privatisation of care homes. But private insurance will be inaccessible to most people. And their policy for residential homes is dogmatic and will not work. We believe that local authorities should be free to develop a mix of public and private care.

We recognise the immense amount of care provision undertaken by family members, neighbours and friends. It was a Labour MP who piloted the 1995 Carers Act through Parliament. We will establish a Royal Commission to work out a fair system for funding long-term care for the elderly. We will introduce a 'long-term care charter' defining the standard of services which people are entitled to expect from health, housing and social services. We are committed to an independent inspection and regulation service for residential homes, and domiciliary care.

Everyone is entitled to dignity in retirement. Under the Tories, the earnings link for state pensions has been ended, VAT on fuel has been imposed, SERPS has been undermined and community care is in tatters. We will set up a review of the central areas of insecurity for elderly people: all aspects of the basic pension and its value, second pensions including SERPS, and community care. The review will ensure that the views of pensioners are heard. Our watchword in developing policy for pensions and long-term care will be to build consensus among all interested parties.

We will help you get more out of life

- Every government department a 'green' department
- Efficient and clean transport for all
- New arts and science talent fund for young people
- Reform the lottery
- Improve life in rural areas
- Back World Cup bid

The millennium is the time to reaffirm our responsibility to protect and enhance our environment so that the country we hand on to our children and our grandchildren is a better place in which to live. It also provides a natural opportunity to celebrate and improve the contribution made by the arts, culture and sport to our nation. We need a new and dynamic approach to the 'creative economy'. The Department of National Heritage will develop a strategic vision that matches the real power and energy of British arts, media and cultural industries.

Protecting the environment

Our generation, and generations yet to come, are dependent on the integrity of the environment. No one can escape unhealthy water, polluted air or adverse climate change. And just as these problems affect us all, so we must act together to tackle them. No responsible government can afford to take risks with the future: the cost is too high. So it is our duty to act now.

The foundation of Labour's environmental approach is that protection of the environment cannot be the sole responsibility of any one department of state. All departments must promote policies to sustain the environment. And Parliament should have an environmental audit committee to ensure high standards across government.

Throughout this manifesto, there are policies designed to combine environmental sustainability with economic and social progress. They extend from commitments at local level to give communities enhanced control over their environments, to initiatives at international level to ensure that all countries are contributing to the protection of the environment.

A sustainable environment requires above all an effective and integrated transport policy at national, regional and local level that will provide genuine choice to meet people's transport needs. That is what we will establish and develop.

Railways

The process of rail privatisation is now largely complete. It has made fortunes for a few, but has been a poor deal for the taxpayer. It has fragmented the network and now threatens services. Our task will be to improve the situation as we find it, not as we wish it to be. Our overriding goal must be to win more passengers and freight on to rail. The system must be run in the public interest with higher levels of investment and effective enforcement of train operators' service commitments. There must be convenient connections, through-ticketing and accurate travel information for the benefit of all passengers.

To achieve these aims, we will establish more effective and accountable regulation by the rail regulator; we will ensure that the public subsidy serves the public interest; and we will establish a new rail authority, combining functions currently carried out by the rail franchiser and the Department of Transport, to provide a clear, coherent and strategic programme for the development of the railways so that passenger expectations are met.

The Conservative plan for the wholesale privatisation of London Underground is not the answer. It would be a poor deal for the taxpayer and passenger alike. Yet again, public assets would be sold off at an under-valued rate. Much-needed investment would be delayed. The core public responsibilities of the Underground would be threatened.

Labour plans a new public/private partnership to improve the Underground, safeguard its commitment to the public interest and guarantee value for money to taxpayers and passengers.

Road transport

A balanced transport system must cater for all the familiar modes of transport: cars - whether owned, leased or shared; taxis; buses; bicycles and motorcycles. All needs must be addressed in transport planning to ensure the best mix of all types of transport, offer quality public transport wherever possible and help to protect the environment.

The key to efficient bus services is proper regulation at local level, with partnerships between local councils and bus operators an essential component. There must be improved provision and enforcement of bus lanes. Better parking facilities for cars must be linked to convenient bus services to town centres.

Road safety is a high priority. Cycling and walking must be made safer, especially around schools.

We remain unpersuaded by the case for heavier, 44-tonne lorries mooted by the Conservatives. Our concern is that they would prove dangerous and damaging to the environment.

Our plans to reduce pollution include working with the automotive industry to develop 'smart', efficient and clean cars for the future, with substantially reduced emission levels. The review of vehicle excise duty to promote low-emission vehicles will be continued.

We will conduct an overall strategic review of the roads programme against the criteria of accessibility, safety, economy and environmental impact, using public/private partnerships to improve road maintenance and exploiting new technology to improve journey information.

Shipping and aviation

The Tory years have seen the near-extinction of Britain's merchant fleet. Labour will work with all concerned in shipping and ports to help develop their economic potential to the full.

The guiding objectives of our aviation strategy will be fair competition, safety and environmental standards. We want all British carriers to be able to compete fairly in the interests of consumers.

Life in our countryside

Labour recognises the special needs of people who live and work in rural areas. The Conservatives do not. Public services and transport services in rural areas must not be allowed to deteriorate. The Conservatives have tried to privatise the Post Office. We opposed that, in favour of a public Post Office providing a comprehensive service. Conservative plans would mean higher charges for letters and put rural post offices under threat.

We favour a moratorium on large-scale sales of Forestry Commission land. We recognise that the countryside is a great natural asset, a part of our heritage which calls for careful stewardship. This must be balanced, however, with the needs of people who live and work in rural areas.

The total failure of the Conservatives to manage the BSE crisis effectively and to secure any raising of the ban on British beef has wreaked havoc on the beef and dairy industries. The cost to the taxpayer so far is £3.5 billion.

Labour aims to reform the Common Agricultural Policy to save money, to support the rural economy and enhance the environment.

Our initiatives to link all schools to the information superhighway will ensure that children in rural areas have access to the best educational resources.

Our policies include greater freedom for people to explore our open countryside. We will not, however, permit any abuse of a right to greater access.

We will ensure greater protection for wildlife. We have advocated new measures to promote animal welfare, including a free vote in Parliament on whether hunting with hounds should be banned by legislation.

Angling is Britain's most popular sport. Labour's anglers' charter affirms our long-standing commitment to angling and to the objective of protecting the aquatic environment.

Arts and culture

The arts, culture and sport are central to the task of recreating the sense of community, identity and civic pride that should define our country. Yet we consistently undervalue the role of the arts and culture in helping to create a civic society - from amateur theatre to our art galleries.

Art, sport and leisure are vital to our quality of life and the renewal of our economy. They are significant earners for Britain. They employ hundreds of thousands of people. They bring millions of tourists to Britain every year, who will also be helped by Labour's plans for new quality assurance in hotel accommodation.

We propose to set up a National Endowment for Science and the Arts to sponsor young talent. NESTA will be a national trust - for talent rather than buildings - for the 21st century. NESTA will be partly funded by the lottery; and artists who have gained high rewards from their excellence in the arts and wish to support young talent will be encouraged to donate copyright and royalties to NESTA.

Sport

A Labour government will take the lead in extending opportunities for participation in sports; and in identifying sporting excellence and supporting it.

School sports must be the foundation. We will bring the government's policy of forcing schools to sell off playing fields to an end. We will provide full backing to the bid to host the 2006 football World Cup in England. A Labour government will also work to bring the Olympics and other major international sporting events to Britain.

A people's lottery

The lottery has been a financial success. But there has been no overall strategy for the allocation of monies; and no co-ordination among the five distributor bodies about the projects deserving to benefit from lottery funding. For example, the multi-million-pound expenditure on the Churchill papers caused national outrage. A Labour government will review the distribution of lottery proceeds to ensure that there is the widest possible access to the benefits of lottery revenues throughout the UK.

Labour has already proposed a new millennium commission to commence after the closure of the Millennium Exhibition, to provide direct support for a range of education, environment and public health projects, including those directed at children's play, a project currently excluded from lottery benefit.

Because the lottery is a monopoly intended to serve the public interest, it must be administered efficiently and economically. When the current contract runs out, Labour will seek an efficient not-for-profit operator to ensure that the maximum sums go to good causes.

Media and broadcasting

Labour aims for a thriving, diverse media industry, combining commercial success and public service. We will ensure that the BBC continues to be a flagship for British creativity and public service broadcasting, but we believe that the combination of public and private sectors in competition is a key spur to innovation and high standards. The regulatory framework for media and broadcasting should reflect the realities of a far more open and competitive economy, and enormous technological advance, for example with digital television. Labour will balance sensible rules, fair regulation and national and international competition, so maintaining quality and diversity for the benefit of viewers.

Citizens' service for a new millennium

An independent and creative voluntary sector, committed to voluntary activity as an expression of citizenship, is central to our vision of a stakeholder society. We are committed to developing plans for a national citizens' service programme, to tap the enthusiasm and commitment of the many young people who want to make voluntary contributions in service of their communities. The millennium should harness the imagination of all those people who have so much to offer for the benefit of the community. We do not believe programmes should be imposed from the top down, but on the contrary wish to encourage a broad range of voluntary initiatives devised and developed by people within their own communities.

We will clean up politics

- End the hereditary principle in the House of Lords
- Reform of party funding to end sleaze
- Devolved power in Scotland and Wales

- Elected mayors for London and other cities
- More independent but accountable local government
- Freedom of information and guaranteed human rights

The Conservatives seem opposed to the very idea of democracy. They support hereditary peers, unaccountable quangos and secretive government. They have debased democracy through their MPs who have taken cash for asking questions in the House of Commons. They are opposed to the development of decentralised government. The party which once opposed universal suffrage and votes for women now says our constitution is so perfect that it cannot be improved.

Our system of government is centralised, inefficient and bureaucratic. Our citizens cannot assert their basic rights in our own courts. The Conservatives are afflicted by sleaze and prosper from secret funds from foreign supporters. There is unquestionably a national crisis of confidence in our political system, to which Labour will respond in a measured and sensible way.

A modern House of Lords

The House of Lords must be reformed. As an initial, self-contained reform, not dependent on further reform in the future, the right of hereditary peers to sit and vote in the House of Lords will be ended by statute. This will be the first stage in a process of reform to make the House of Lords more democratic and representative. The legislative powers of the House of Lords will remain unaltered.

The system of appointment of life peers to the House of Lords will be reviewed. Our objective will be to ensure that over time party appointees as life peers more accurately reflect the proportion of votes cast at the previous general election. We are committed to maintaining an independent cross-bench presence of life peers. No one political party should seek a majority in the House of Lords.

A committee of both Houses of Parliament will be appointed to undertake a wide-ranging review of possible further change and then to bring forward proposals for reform.

We have no plans to replace the monarchy.

An effective House of Commons

We believe the House of Commons is in need of modernisation and we will ask the House to establish a special Select Committee to review its procedures. Prime Minister's Questions will be made more effective. Ministerial accountability will be reviewed so as to remove recent abuses. The process for scrutinising European legislation will be overhauled.

The Nolan recommendations will be fully implemented and extended to all public bodies. We will oblige parties to declare the source of all donations above a minimum figure: Labour does this voluntarily and all parties should do so. Foreign funding will be banned. We will ask the Nolan Committee to consider how the funding of political parties should be regulated and reformed.

We are committed to a referendum on the voting system for the House of Commons. An independent commission on voting systems will be appointed early to recommend a proportional alternative to the first-past-the-post system.

At this election, Labour is proud to be making major strides to rectify the under-representation of women in public life.

Open government

Unnecessary secrecy in government leads to arrogance in government and defective policy decisions. The Scott Report on arms to Iraq revealed Conservative abuses of power. We are pledged to a Freedom of Information Act, leading to more open government, and an independent National Statistical Service.

Devolution: strengthening the Union

The United Kingdom is a partnership enriched by distinct national identities and traditions. Scotland has its own systems of education, law and local government. Wales has its language and cultural traditions. We will meet the demand for decentralisation of power to Scotland and Wales, once established in referendums.

Subsidiarity is as sound a principle in Britain as it is in Europe. Our proposal is for devolution not federation. A sovereign Westminster Parliament will devolve power to Scotland and Wales. The Union will be strengthened and the threat of separatism removed.

As soon as possible after the election, we will enact legislation to allow the people of Scotland and Wales to vote in separate referendums on our proposals, which will be set out in white papers. These referendums will take place not later than the autumn of 1997. A simple majority of those voting in each referendum will be the majority required. Popular endorsement will strengthen the legitimacy of our proposals and speed their passage through Parliament.

For Scotland we propose the creation of a parliament with law-making powers, firmly based on the agreement reached in the Scottish Constitutional Convention, including defined and limited financial powers to vary revenue and elected by an additional member system. In the Scottish referendum we will seek separate endorsement of the proposal to create a parliament, and of the proposal to give it defined and limited financial powers to vary revenue. The Scottish parliament will extend democratic control over the responsibilities currently exercised administratively by the Scottish Office. The responsibilities of the UK Parliament will remain unchanged over UK policy, for example economic, defence and foreign policy.

The Welsh assembly will provide democratic control of the existing Welsh Office functions. It will have secondary legislative powers and will be specifically empowered to reform and democratise the quango state. It will be elected by an additional member system.

Following majorities in the referendums, we will introduce in the first year of the Parliament legislation on the substantive devolution proposals outlined in our white papers.

Good local government

Local decision-making should be less constrained by central government, and also more accountable to local people. We will place on councils a new duty to promote the economic, social and environmental well-being of their area. They should work in partnership with local people, local business and local voluntary organisations. They will have the powers necessary to develop these partnerships. To ensure greater accountability, a proportion of councillors in each locality will be elected annually. We will encourage democratic innovations in local government, including pilots of the idea of elected mayors with executive powers in cities.

Although crude and universal council tax capping should go, we will retain reserve powers to control excessive council tax rises.

Local business concerns are critical to good local government. There are sound democratic reasons why, in principle, the business rate should be set locally, not nationally. But we will make no change to the present system for determining the business rate without full consultation with business.

The funnelling of government grant to Conservative-controlled Westminster speaks volumes about the unfairness of the current grant system. Labour is committed to a fair distribution of government grant. The basic framework, not every detail, of local service provision must be for central government. Councils should not be forced to put their services out to tender, but will be required to obtain best value. We reject the dogmatic view that services must be privatised to be of high quality, but equally we see no reason why a service should be delivered directly if other more efficient means are available. Cost counts but so does quality.

Every council will be required to publish a local performance plan with targets for service improvement, and be expected to achieve them. The Audit Commission will be given additional powers to monitor performance and promote efficiency. On its advice, government will where necessary send in a management team with full powers to remedy failure.

Labour councils have been at the forefront of environmental initiatives under Local Agenda 21, the international framework for local action arising from the 1992 Earth Summit. A Labour government will encourage all local authorities to adopt plans to protect and enhance their local environment.

Local government is at the sharp end of the fight against deprivation. Ten years after the Conservatives promised to improve the inner cities, poverty and social division afflict towns and outer estates alike. A Labour government will join with local government in a concerted attack against the multiple causes of social and economic decline - unemployment, bad housing, crime, poor health and a degraded environment.

London

London is the only Western capital without an elected city government. Following a referendum to confirm popular demand, there will be a new deal for London, with a strategic authority and a mayor, each directly elected. Both will speak up for the needs of the city and plan its future. They will not duplicate the work of the boroughs, but take responsibility for London-wide issues - economic regeneration, planning, policing, transport and environmental protection. London-wide responsibility for its own government is urgently required. We will make it happen.

The regions of England

The Conservatives have created a tier of regional government in England through quangos and government regional offices. Meanwhile local authorities have come together to create a more co-ordinated regional voice. Labour will build on these developments through the establishment of regional chambers to co-ordinate transport, planning, economic development, bids for European funding and land use planning.

Demand for directly elected regional government so varies across England that it would be wrong to impose a uniform system. In time we will introduce legislation to allow the people, region by region, to decide in a referendum whether they want directly elected regional government. Only where clear popular consent is established will arrangements be made for elected regional assemblies. This would require a predominantly unitary system of local government, as presently exists in Scotland and Wales, and confirmation by independent auditors that no additional public expenditure overall would be involved. Our plans will not mean adding a new tier of government to the existing English system.

Real rights for citizens

Citizens should have statutory rights to enforce their human rights in the UK courts. We will by statute incorporate the European Convention on Human Rights into UK law to bring these rights home and allow our people access to them in their national courts. The incorporation of the European Convention will establish a floor, not a ceiling, for human rights. Parliament will remain free to enhance these rights, for example by a Freedom of Information Act.

We will seek to end unjustifiable discrimination wherever it exists. For example, we support comprehensive, enforceable civil rights for disabled people against discrimination in society or at work, developed in partnership with all interested parties.

Labour will undertake a wide-ranging review both of the reform of the civil justice system and Legal Aid. We will achieve value for money for the taxpayer and the consumer. A community legal service will develop local, regional and national plans for the development of Legal Aid according to the needs and priorities of regions and areas. The key to success will be to promote a partnership between the voluntary sector, the legal profession and the Legal Aid Board.

Every country must have firm control over immigration and Britain is no exception. All applications, however, should be dealt with speedily and fairly. There are, rightly, criteria for those who want to enter this country to join husband or wife. We will ensure that these are properly enforced. We will, however, reform the system in current use to remove the arbitrary and unfair results that can follow from the existing 'primary purpose' rule. There will be a streamlined system of appeals for visitors denied a visa.

The system for dealing with asylum seekers is expensive and slow - there are many undecided cases dating back beyond 1993. We will ensure swift and fair decisions on whether someone can stay or go, control unscrupulous immigration advisors and crack down on the fraudulent use of birth certificates.

Northern Ireland

Labour's approach to the peace process has been bipartisan. We have supported the recent agreements between the two governments - the Anglo-Irish Agreement, the Downing Street Declaration and the Framework Document. The government has tabled proposals which include a new devolved legislative body, as well as cross-border co-operation and continued dialogue between the two governments.

There will be as great a priority attached to seeing that process through with Labour as under the Conservatives, in co-operation with the Irish government and the Northern Ireland parties. We will expect the same bipartisan approach from a Conservative opposition.

We will take effective measures to combat the terrorist threat.

There is now general acceptance that the future of Northern Ireland must be determined by the consent of the people as set out in the Downing Street Declaration. Labour recognises that the option of a united Ireland does not command the consent of the Unionist tradition, nor does the existing status of Northern Ireland command the consent of the Nationalist tradition. We are therefore committed to reconciliation between the two traditions and to a new political settlement which can command the support of both. Labour will help build trust and confidence among both Nationalist and Unionist traditions in Northern Ireland by acting to guarantee human rights, strengthen confidence in policing, combat discrimination at work and reduce tensions over parades. Labour will also foster economic progress and competitiveness in Northern Ireland, so as to reduce unemployment.

We will give Britain leadership in Europe

- Referendum on single currency
- Lead reform of the EU
- Retain Trident: strong defence through NATO
- A reformed United Nations
- Helping to tackle global poverty

Britain, though an island nation with limited natural resources, has for centuries been a leader of nations. But under the Conservatives Britain's influence has waned.

With a new Labour government, Britain will be strong in defence; resolute in standing up for its own interests; an advocate of human rights and democracy the world over; a reliable and powerful ally in the international institutions of which we are a member; and will be a leader in Europe.

Our vision of Europe is of an alliance of independent nations choosing to co-operate to achieve the goals they cannot achieve alone. We oppose a European federal superstate.

There are only three options for Britain in Europe. The first is to come out. The second is to stay in, but on the sidelines. The third is to stay in, but in a leading role.

An increasing number of Conservatives, overtly or covertly, favour the first. But withdrawal would be disastrous for Britain. It would put millions of jobs at risk. It would dry up inward investment. It would destroy our clout in international trade negotiations. It would relegate Britain from the premier division of nations.

The second is exactly where we are today under the Conservatives. The BSE fiasco symbolises their failures in Europe.

The third is the path a new Labour government will take. A fresh start in Europe, with the credibility to achieve reform. We have set out a detailed agenda for reform, leading from the front during the UK presidency in the first half of 1998:

- Rapid completion of the single market: a top priority for the British presidency. We will open up markets to competition; pursue tough action against unfair state aids; and ensure proper enforcement of single market rules. This will strengthen Europe's competitiveness and open up new opportunities for British firms.
- High priority for enlargement of the European Union to include the countries of central and eastern Europe and Cyprus, and the institutional reforms necessary to make an enlarged Europe work more efficiently.
- Urgent reform of the Common Agricultural Policy. It is costly, vulnerable to fraud and not geared to environmental protection. Enlargement and the World Trade talks in 1999 will make reform even more essential. We will seek a thorough overhaul of the Common Fisheries Policy to conserve our fish stocks in the long-term interests of the UK fishing industry.
- Greater openness and democracy in EU institutions with open voting in the Council of Ministers and more effective scrutiny of the Commission by the European Parliament. We have long supported a proportional voting system for election to the European Parliament.
- Retention of the national veto over key matters of national interest, such as taxation, defence and security, immigration, decisions over the budget and treaty changes, while considering the extension of

Qualified Majority Voting in limited areas where that is in Britain's interests.
- Britain to sign the Social Chapter. An 'empty chair' at the negotiating table is disastrous for Britain. The Social Chapter is a framework under which legislative measures can be agreed. Only two measures have been agreed - consultation for employees of large Europe-wide companies and entitlement to unpaid parental leave. Successful companies already work closely with their workforces. The Social Chapter cannot be used to force the harmonisation of social security or tax legislation and it does not cost jobs. We will use our participation to promote employability and flexibility, not high social costs.

The single currency

Any decision about Britain joining the single currency must be determined by a hard-headed assessment of Britain's economic interests. Only Labour can be trusted to do this: the Tories are riven by faction. But there are formidable obstacles in the way of Britain being in the first wave of membership, if EMU takes place on 1 January 1999. What is essential for the success of EMU is genuine convergence among the economies that take part, without any fudging of the rules. However, to exclude British membership of EMU forever would be to destroy any influence we have over a process which will affect us whether we are in or out. We must therefore play a full part in the debate to influence it in Britain's interests. In any event, there are three pre-conditions which would have to be satisfied before Britain could join during the next Parliament: first, the Cabinet would have to agree; then Parliament; and finally the people would have to say 'Yes' in a referendum.

Strong defence through NATO

The post-Cold War world faces a range of new security challenges - proliferation of weapons of mass destruction, the growth of ethnic nationalism and extremism, international terrorism, and crime and drug trafficking. A new Labour government will build a strong defence against these threats. Our security will continue to be based on NATO.

Our armed forces are among the most effective in the world. The country takes pride in their professionalism and courage. We will ensure that they remain strong to defend Britain. But the security of Britain is best served in a secure world, so we should be willing to contribute to wider international peace and security both through the alliances to which we belong, in particular NATO and the Western European Union, and through other international organisations such as the UN and the Organisation for Security and Co-operation in Europe.

Labour will conduct a strategic defence and security review to reassess our essential security interests and defence needs. It will consider how the roles, missions and capabilities of our armed forces should be adjusted to meet the new strategic realities. The review we propose will be foreign policy led, first assessing our likely overseas commitments and interests and then establishing how our forces should be deployed to meet them.

Arms control

A new Labour government will retain Trident. We will press for multilateral negotiations towards mutual, balanced and verifiable reductions in nuclear weapons. When satisfied with verified progress towards our goal of the global elimination of nuclear weapons, we will ensure that British nuclear weapons are included in multilateral negotiations.

Labour will work for the effective implementation of the Chemical Weapons Convention and for a strengthening of the Biological Weapons Convention. Labour will ban the import, export, transfer and manufacture of all forms of anti-personnel landmines. We will introduce an immediate moratorium on their use. Labour will not permit the sale of arms to regimes that might use them for internal repression or international aggression. We will increase the transparency and accountability of decisions on export licences for arms. And we will support an EU code of conduct governing arms sales.

We support a strong UK defence industry, which is a strategic part of our industrial base as well as our defence effort. We believe that part of its expertise can be extended to civilian use through a defence diversification agency.

Leadership in the international community

A new Labour government will use Britain's permanent seat on the Security Council to press for substantial reform of the United Nations, including an early resolution of its funding crisis, and a more effective role in peacekeeping, conflict prevention, the protection of human rights and safeguarding the global environment.

The Commonwealth provides Britain with a unique network of contacts linked by history, language and legal systems. Labour is committed to giving renewed priority to the Commonwealth in our foreign relations. We will seize the opportunity to increase trade and economic co-operation and will also build alliances with our Commonwealth partners to promote reform at the UN and common action on the global environment. Britain has a real opportunity to provide leadership to the Commonwealth when we host the heads of government meeting in Britain at the end of 1997.

Promoting economic and social development

Labour will also attach much higher priority to combating global poverty and underdevelopment. According to the World Bank, there are 1. 3 billion people in the world who live in absolute poverty, subsisting on less than US$1 a day, while 35,000 children die each day from readily preventable diseases.

Labour believes that we have a clear moral responsibility to help combat global poverty. In government we will strengthen and restructure the British aid programme and bring development issues back into the mainstream of government decision-making. A Cabinet minister will lead a new department of international development.

We will shift aid resources towards programmes that help the poorest people in the poorest countries. We reaffirm the UK's commitment to the 0.7 per cent UN aid target and in government Labour will start to reverse the decline in UK aid spending.

We will work for greater consistency between the aid, trade, agriculture and economic reform policies of the EU. We will use our leadership position in the EU to maintain and enhance the position of the poorest countries during the renegotiation of the Lomo Convention.

We will support further measures to reduce the debt burden borne by the world's poorest countries and to ensure that developing countries are given a fair deal in international trade. It is our aim to rejoin UNESCO. We will consider how this can be done most effectively and will ensure that the cost is met from savings elsewhere.

Human rights

Labour wants Britain to be respected in the world for the integrity with which it conducts its foreign relations. We will make the protection and promotion of human rights a central part of our foreign policy. We will work for the creation of a permanent international criminal court to investigate genocide, war crimes and crimes against humanity.

A new environmental internationalism

Labour believes that the threats to the global climate should push environmental concerns higher up the international agenda. A Labour government will strengthen co-operation in the European Union on environmental issues, including climate change and ozone depletion. We will lead the fight against global warming, through our target of a 20 per cent reduction in carbon dioxide emissions by the year 2010.

Labour believes the international environment should be safeguarded in negotiations over international trade. We will also work for the successful negotiation of a new protocol on climate change to be completed in Japan in 1997.

Leadership, not isolation

There is a sharp division between those who believe the way to cope with global change is for nations to retreat into isolationism and protectionism, and those who believe in internationalism and engagement. Labour has traditionally been the party of internationalism. Britain cannot be strong at home if it is weak abroad. The tragedy of the Conservative years has been the squandering of Britain's assets and the loss of Britain's influence.

A new Labour government will use those assets to the full to restore Britain's pride and influence as a leading force for good in the world. With effective leadership and clear vision, Britain could once again be at the centre of international decision-making instead of at its margins.

This manifesto contains the detail of our plans. We have promised only what we know we can deliver. Britain deserves better and the following five election pledges will be the first steps towards a better Britain. If you would like to help us build that better Britain, join us by calling 0990 300 900.

- cut class sizes to 30 or under for 5, 6 and 7 year-olds by using money from the assisted places scheme
- fast-track punishment for persistent young offenders by halving the time from arrest to sentencing
- cut NHS waiting lists by treating an extra 100,000 patients as a first step by releasing £100 million saved from NHS red tape
- get 250,000 under-25 year-olds off benefit and into work by using money from a windfall levy on the privatised utilities
- no rise in income tax rates, cut VAT on heating to 5 per cent and inflation and interest rates as low as possible

③ The New Britain

Tony Blair
Dlc | The New Democrat | March 1, 1998

I want to tell the American people about a new Britain. For years, we were known more for what we once were than what we could be. For years we were content to rest on former glories rather than the self-confidence of present-day achievement.

I know what many used to think of us: We were "quaint" and a little "old-fashioned"; a country of pageantry and ceremony, bowler hats and stiff upper lips. Now, I love British pageantry and the phlegmatic strength of the British character. But Britain today is defined by much more than its history. Today, the British people are breaking down old-fashioned class barriers, seizing new opportunities, creating new products, and building strong communities.

Today the British people are characterized by creativity, ingenuity, and imagination. There is a new dynamism in our country.

Britain is a multiracial society that works. Britain is a giving country, a country of passion and compassion, a nation unafraid of change. We are confident and forward-looking.

We are never going to be as powerful, certainly in military terms, as we once were. But we can be a shining example to all of what a modern state aspires to.

Britain is home to world-beating pharmaceuticals and telecommunications companies. It has the most competitive car industry in Europe. In aerospace and new technology, we are at the cutting edge. We are first in Europe and second only to the United States for international direct investment. We lead Europe in financial services with 520 overseas banks in London from 76 countries. A third of the world's foreign-exchange business comes through London. We are a nation of 90 Nobel prize winners in science. When the land speed record was broken recently, it was a British team that triumphed. When people want creative designers, architects, film makers, and musicians, they turn to Britain.

A New Politics Being Born

Yet there is still much more to do. We can still do a lot better, and it will be tough while doing it. Let us be clear about our inheritance. Yes, there was some good in it. But there was also inflation in the system, a structural public deficit that had hit record debts, and an education and welfare system incapable of matching Britain's needs.

To turn it around takes time. There will be two tough years. And while we are in what I call the post-euphoria, pre-delivery stage, it will be frustrating. But do it we will. I am an unashamed long-termist. It is the only sort of politics that's worth it.

A unifying thread of ideology runs throughout the changes we are making. There is a new radical-center politics being born. When I spell out the key themes of the British government, there will be familiar echoes to much of what you are doing here. And these same echoes can be heard, sometimes faint, sometimes louder, around the Western world.

First, New Labour is the party of fiscal and financial prudence. We are set to cut out our structural deficit completely. In time, we too will balance the budget, no mean achievement for a country that a few years ago was running a deficit at 6.5 percent of gross domestic product. We have given over the setting of interest rates to the Bank of England. Monetary policy has been tightened to squeeze out inflation. But we are going to end boom-or-bust in Britain for good. We are not a tax-and-spend government and never will be.

Beating boom-or-bust is the essential precondition for long-term investment and economic strength. It has been hard for our people, but it will work.

Second, education is our No. 1 domestic priority. That is the key to economic success and social justice. We have launched a huge reform program: early childhood education; higher standards in primary schools; education authorities that take over and change failing schools; teacher training reformed; smaller class sizes; and more.

Third, painful and difficult though it is, we are going to reform the welfare state: cutting dependence, getting help to those who really need it, promoting work and a viable system of security for old age. A system where spending is up and poverty is up is a system that is not working. Education, work, and reformed welfare as well as a tough policy on crime are the keys to rebuilding decent civic society, where crime is reduced and an under-class of people no longer drift apart from society's mainstream.

Fourth, we are back as a country engaged and constructive in Europe, internationalist not isolationist in perspective. There is no future in isolationism in today's world.

Finally, we are refashioning our constitution and system of government. We are decentralizing power, reinventing government, and promoting a new partnership between the public and private sectors.

Indeed a Third Way

It is indeed a third way, not old left nor new right but a new center and center-left governing philosophy for the future. It is based on the values of freedom, progress, and justice. It seeks to modernize Britain but for a purpose; to create a Britain where all share in our country's prosperity, not a privileged few.

We have changed the Labour Party. Now, step by step, we are changing Britain for the better. And a new and more confident Britain will play our part, along with our allies, friends, and partners in the

United States, in shaping a better world.

The Right Honorable Tony Blair is Prime Minister of Britain. This article is adapted from a speech he delivered at the State Department on Feb. 6. For more information on Blair's efforts to modernize his party and the British government, visit the Labour Party web site at http://www.labour.org.uk/

International Documents

 Tony Blair and Gerhard Schroeder Manifesto - Europe: 'The Third Way'

June 8, 1999

Social democrats are in government in almost all the countries of the Union. Social democracy has found new acceptance but only because, while retaining its traditional values, it has begun in a credible way to renew its ideas and modernize its programmes. It has also found new acceptance because it stands not only for social justice but also for economic dynamism and the unleashing of creativity and innovation.

Schroeder

The trademark of this approach is the New Centre in Germany and the Third Way in the United Kingdom. Other social democrats choose other terms that suit their own national cultures. But though the language and the institutions may differ, the motivation is everywhere the same. Most people have long since abandoned the world view represented by the dogmas of left and right. Social democrats must be able to speak to those people.

Fairness and social justice, liberty and equality of opportunity, solidarity and responsibility to others these values are timeless. Social democracy will never sacrifice them. To make these values relevant to today's world requires realistic and forward-looking policies capable of meeting the challenges of the 21st century. Modernisation is about adapting to conditions that have objectively changed, and not reacting to polls.

Similarly, we need to apply our politics within a new economic framework, modernised for today, where government does all it can to support enterprise but never believes it is a substitute for enterprise. The essential function of markets must be complemented and improved by political action, not hampered by it. We support a market economy, not a market society.

We share a common destiny within the European Union. We face the same challenges to promote employment and prosperity, to offer every individual the opportunity to fulfil their unique potential, to combat social exclusion and poverty, to reconcile material progress with environmental sustainability and our responsibility to future generations, to tackle common problems that threaten the cohesion of society such as crime and drugs, and to make Europe a more effective force for good in the world.

We need to strengthen our policies by benchmarking our experiences in Britain and Germany, but also with like-minded counterparts in Europe and the rest of the world. We must learn from each other and measure our own performance against best practice and experience in other countries. With this appeal, we invite other European social democratic governments who share our modernising aims to join us in this enterprise.

I. LEARNING FROM EXPERIENCE

Although both parties can be proud of our historic achievements, today we must develop realistic and feasible answers to new challenges confronting our societies and economies. This requires adherence to our values but also a willingness to change our old approaches and traditional policy instruments. In the past:

- The promotion of social justice was sometimes confused with the imposition of equality of outcome. The result was a neglect of the importance of rewarding effort and responsibility, and the association of social democracy with conformity and mediocrity rather than the celebration of creativity, diversity and excellence. Work was burdened with ever higher costs.
- The means of achieving social justice became identified with ever higher levels of public spending regardless of what they achieved or the impact of the taxes required to fund it on competitiveness, employment and living standards. Decent public services are a vital concern for social democrats, but social conscience cannot be measured by the level of public expenditure. The real test for society is how effectively this expenditure is used and how much it enables people to help themselves.
- The belief that the state should address damaging market failures all too often led to a disproportionate expansion of the government's reach and the bureaucracy that went with it. The balance between the individual and the collective was distorted. Values that are important to citizens, such as personal achievement and success, entrepreneurial spirit, individual responsibility and community spirit, were too often subordinated to universal social safeguards.
- Too often rights were elevated above responsibilities, but the responsibility of the individual to his or her family, neighbourhood and society cannot be offloaded on to the state. If the concept of mutual obligation is forgotten, this results in a decline in community spirit, lack of responsibility towards neighbours, rising crime and vandalism, and a legal system that cannot cope.
- The ability of national governments to fine-tune the economy in order to secure growth and jobs has been exaggerated. The importance of individual and business enterprise to the creation of wealth has been undervalued. The weaknesses of markets have been overstated and their strengths underestimated.

II. NEW PROGRAMMES FOR CHANGED REALITIES

Ideas of what is 'leftwing' should never become an ideological straitjacket.

The politics of the New Centre and Third Way is about addressing the concerns of people who live and cope with societies undergoing rapid change - both winners and losers. In this newly emerging world people want politicians who approach issues without ideological preconceptions and who, applying their values and principles, search for practical solutions to their problems through honest well-constructed and pragmatic policies. Voters who in their daily lives have to display initiative and adaptability in the face of economic and social change expect the same from their governments and their politicians.

- In a world of ever more rapid globalisation and scientific changes we need to create the conditions in which existing businesses can prosper and adapt, and new businesses can be set up and grow.
- New technologies radically change the nature of work and internationalise the organisation of production. With one hand they de-skill and make some businesses obsolete, with another they create new business and vocational opportunities. The most important task of modernisation is to invest in human capital: to make the individual and businesses fit for the knowledge-based economy of the future.
- Having the same job for life is a thing of the past. Social democrats must accommodate the growing demands for flexibility - and at the same time maintain minimum social standards, help families to cope with change and open up fresh opportunities for those who are unable to keep pace.
- We face an increasing challenge in reconciling environmental responsibility towards future generations with material progress for society at large. We must marry environmental responsibility with a modern market-based approach. In environmental protection, the most modern technologies consume fewer resources, open up new markets and create new jobs.

- Public expenditure as a proportion of national income has more or less reached the limits of acceptability. Constraints on 'tax and spend' force radical modernisation of the public sector and reform of public services to achieve better value for money. The public sector must actually serve the citizen: we do not hesitate to promote the concepts of efficiency, competition and high performance.
- Social security systems need to adapt to changes in life expectancy, family structures and the role of women. Social democrats need to find ways of combating the ever more pressing problems of crime, social disintegration and drug abuse. We need to take the lead in shaping a society with equal rights for women and men.
- Crime is a vital political issue for modern social democrats. We consider safety on the street to be a civil right. A policy to make cities worth living in fosters community spirit, creates new jobs and makes residential areas safer.
- Poverty remains a central concern, especially among families with children. We need specific measures for those who are most threatened by marginalisation and social exclusion.

This also requires a modern approach to government:

- The state should not row, but steer: not so much control, as challenge. Solutions to problems must be joined up.
- Within the public sector bureaucracy at all levels must be reduced, performance targets and objectives formulated, the quality of public services rigorously monitored, and bad performance rooted out.
- Modern social democrats solve problems where they can best be solved. Some problems can now only be tackled at European level: others, such as the recent financial crises, require increased international co-operation. But, as a general principle, power should be devolved to the lowest possible level.

For the new politics to succeed, it must promote a go-ahead mentality and a new entrepreneurial spirit at all levels of society. That requires:

- a competent and well-trained workforce eager and ready to take on new responsibilities

- a social security system that opens up new opportunities and encourages initiative, creativity and readiness to take on new challenges
- a positive climate for entrepreneurial independence and initiative. Small businesses must become easier to set up and better able to survive
- we want a society which celebrates successful entrepreneurs just as it does artists and footballers and which values creativity in all spheres of life.

Our countries have different traditions in dealings between state, industry, trade unions and social groups, but we share a conviction that traditional conflicts at the workplace must be overcome. This, above all, means rekindling a spirit of community and solidarity, strengthening partnership and dialogue between all groups in society and developing a new consensus for change and reform. We want all groups in society to share our joint commitment to the new directions set out in this Declaration.

Immediately upon taking office, the new Social Democratic government in Germany gathered the top representatives of the political sector, the business community and the unions around the table to forge an Alliance for Jobs, Training and Competitiveness.

- We want to see real partnership at work, with employees having the opportunity of sharing the rewards of success with employers.
- We support modern trade unions protecting individuals against arbitrary behaviour, and working in co-operation with employers to manage change and create long-term prosperity.
- In Europe under the umbrella of a European employment pact we will strive to pursue an ongoing dialogue with the social partners that supports, not hinders, necessary economic change.

III. A NEW SUPPLYSIDE AGENDA FOR THE LEFT

The task facing Europe is to meet the challenge of the global economy while maintaining social cohesion in the face of real and perceived uncertainty. Rising employment and expanding job opportunities are the best guarantee of a cohesive society.

The past two decades of neo-liberal laissez-faire are over. In its place, however, there must not be a renaissance of 1970s-style reliance on deficit spending and heavy-handed state intervention. Such an approach now points in the wrong direction.

Our national economies and global economic relationships have undergone profound change. New conditions and new realities call for a re-evaluation of old ideas and the development of new concepts.

In much of Europe unemployment is far too high and a high proportion of it is structural. To address this challenge, Europe's social democrats must together formulate and implement a new supply-side agenda for the left.

Our aim is to modernise the welfare state, not dismantle it: to embark on new ways of expressing solidarity and responsibility to others without basing the motivation for economic activity on pure undiluted self-interest.

The main elements of this approach are as follows:

A robust and competitive market framework

Product market competition and open trade is essential to stimulate productivity and growth. For that reason a framework that allows market forces to work properly is essential to economic success and a pre-condition of a more successful employment policy.

- The EU should continue to act as a resolute force for liberalisation of world trade.
- The EU should build on the achievements of the single market to strengthen an economic framework conducive to productivity growth.

A tax policy to promote sustainable growth

In the past social democrats became identified with high taxes, especially on business. Modern social democrats recognise that in the right circumstances, tax reform and tax cuts can play a critical part in meeting their wider social objectives.

For instance, corporate tax cuts raise profitability and strengthen the incentives to invest. Higher investment expands economic activity and increases productive potential. It helps create a virtuous circle of growth increasing the resources available for public spending on social purposes.

- The taxation of companies should be simplified and corporation tax rates cut, as they have been by New Labour in the UK and are planned by the federal government in Germany.
- To ensure work pays and to improve the fairness of the tax system, the tax burden borne by working families and workers should be alleviated, as begun in Germany (through the Tax Relief Act) - and the introduction of lower starting rates of income tax and the working families tax credit in Britain.
- The willingness and ability of enterprises, especially small and medium-sized enterprises, to invest should be enhanced, as intended by the Social Democratic government in Germany through the reform of the taxes on businesses and as shown by New Labour's reform of capital gains and business taxes in Britain.
- Overall, the taxation of hard work and enterprise should be reduced. The burden of taxation should be rebalanced, for example towards environmental 'bads'. Germany, the UK and other European countries governed by social democrats will lead the way in this regard.
- At EU level, tax policy should support tough action to combat unfair competition and fight tax evasion. This requires enhanced co-operation, not uniformity. We will not support measures leading to a higher tax burden and jeopardising competitiveness and jobs in the EU.

Demand and supplyside policies go together, they are not alternatives

In the past social democrats often gave the impression that the objectives of growth and high unemployment would be achieved by successful demand management alone. Modern social democrats recognise that supply side policies have a central and complementary role to play.

In today's world most policy decisions have an impact on both supply- and demand-side conditions.

- Successful Welfare to Work programmes raise incomes for those previously out of work as well as improve the supply of labour available to employers.
- Modern economic policy aims to increase the after-tax income of workers and at the same time decrease the costs of labour to the employer. The reduction of non-wage labour costs through structural reform of social security systems and a more employment friendly tax and contribution structure that looks to the future is therefore of particular importance.

The aim of social democratic policy is to overcome the apparent contradiction between demand- and supply-side policies in favour of a fruitful combination of micro-economic flexibility and macro-economic stability.

To achieve higher growth and more jobs in today's world, economies must be adaptable: flexible markets are a modern social democratic aim.

Macro-economic policy still has a vital purpose: to set the conditions for stable growth and avoid boom and bust. But social democrats must recognise that getting the macro-economics right is not sufficient to stimulate higher growth and more jobs. Changes in interest rates or tax policy will not lead to increased investment and employment unless the supply side of the economy is adaptable enough to respond. To make the European economy more dynamic, we also need to make it more flexible.

- Companies must have room for manoeuvre to take advantage of improved economic conditions and seize new opportunities: they must not be gagged by rules and regulations.
- Product, capital and labour markets must all be flexible: we must not combine rigidity in one part of the economic system with openness and dynamism in the rest.

Adaptability and flexibility are at an increasing premium in the knowledge-based service economy of the future

Our economies are in transition from industrial production to theknowledge-based service economy of the future. Social democrats must seize the opportunity of this radical economic change. It offers Europe a chance to catch up with the United States. It offers millions of our people the chance to find new jobs, learn new skills, pursue new careers, set up and expand new businesses - in summary, to realise their hopes of a better future.

But social democrats have to recognise that the basic requirements for economic success have changed. Services cannot be kept in stock: customers use them as and when they are needed, at many different times of day, outside what people think of as normal working hours. The rapid advance of the information age, especially the huge potential of electronic commerce, promises to change radically the way we shop, the way we learn, the way we communicate and the way we relax. Rigidity and over-regulation hamper our success in the knowledge-based service economy of the future. They will hold back the potential of innovation to generate new growth and more jobs. We need to become more flexible, not less.

An active government, in a newly conceived role, has a key role to play in economic development

Modern social democrats are not laissez-faire neo-liberals. Flexible markets must be combined with a newly defined role for an active state. The top priority must be investment in human and social capital.

If high employment is to be achieved and sustained, employees must react to shifting demands. Our economies suffer from a considerable discrepancy between the number of job vacancies that need to be filled (for example in the field of information and communication technology) and the number of suitably qualified applicants.

That means education must not be a 'one-off' opportunity: lifetime access to education and training and lifelong utilisation of their opportunities represent the most important security available in the modern world. Therefore, governments have a responsibility to put in place a framework that enables individuals to enhance their qualifications and to fulfil their potential. This must now be a top social democratic priority.

- Standards at all levels of schooling and for all abilities of pupils must be raised. Where there are problems of literacy and numeracy these must be addressed, otherwise we condemn unskilled individuals to lives of low pay, insecurity and unemployment.
- We want all young people to have the opportunity to gain entry into the world of work by means of qualified vocational training. Together with local employers, trade unions and others, we must ensure that sufficient education and training opportunities are available to meet the requirements of the local labour market. In Germany, the political sector is supporting this endeavour with an immediate action programme for jobs and training that will enable 100,000 young people to find a new job or training place or to obtain qualifications. In Britain the Welfare to Work programme has already enabled 95,000 young people to find work.
- We need to reform post-school education and raise its quality, at the same time modernising education and training programmes so as to promote adaptability and employability in later life. Government has a particular role in providing incentives for individuals to save in order to meet the costs of lifelong learning ?and in widening

access through the promotion of distance learning.
- We should ensure that training plays a significant role in our active labour market policies for the unemployed and workless households.

A modern and efficient public infrastructure including a strong scientific base is also an essential feature of a job-generating economy. It is important to ensure that the composition of public expenditure is being directed at activities most beneficial to growth and fostering necessary structural change.

Modern social democrats should be champions of small and medium-sized enterprise

The development of prosperous small and medium-sized businesses has to be a top priority for modern social democrats. Here lies the biggest potential for new growth and jobs in the knowledge-based society of the future.

People in many different walks of life are looking for the opportunity to become entrepreneurs, long-standing as well as newly self-employed people, lawyers, computer experts, medical doctors, craftsmen, business consultants, people active in culture and sport. These individuals must have scope to develop economic initiative and create new business ideas. They must be encouraged to take risks. The burdens on them must be lightened. Their markets and their ambitions must not be hindered by borders.

- Europe's capital markets should be opened up so that growing firms and entrepreneurs can have ready access to finance. We intend to work together to ensure that growing high-tech firms enjoy the same access to the capital markets as their US rivals.
- We should make it easy for individuals to set up businesses and for new companies to grow by lightening administrative burdens, exempting small businesses from onerous regulations and widening access to finance. We should make it easier for small businesses in particular to take on new staff: that means lowering

the burden of regulation and non-wage labour costs.
- The links between business and the science base should be strengthened to ensure more entrepreneurial 'spin-offs' from research and the promotion of 'clusters' of new high-tech industries.

Sound public finance should be a badge of pride for social democrats

In the past, social democrats have all too often been associated with the view that the best way to promote employment and growth is to increase government borrowing in order to finance higher government spending. We do not rule out government deficits during a cyclical downturn it makes sense to let the automatic stabilisers work. And borrowing to finance higher government investment, in strict accordance with the Golden Rule, can play a key role in strengthening the supply side of the economy.

However, deficit spending cannot be used to overcome structural weaknesses in the economy that are a barrier to faster growth and higher employment. Social democrats also must not tolerate excessive levels of public sector debt. Increased indebtedness represents an unfair burden on future generations. It could have unwelcome redistributive effects. Above all, money spent on servicing high public sector debt is not available to be spent on other priorities, including increased investment in education, training or the transport infrastructure.

From the standpoint of a supply-side policy of the left, it is essential that high levels of government borrowing decrease and not increase.

IV. AN ACTIVE LABOUR MARKET POLICY FOR THE LEFT

The state must become an active agent for employment, not merely the passive recipient of the casualties of economic failure.

People who have never had experience of work or who have been out of work for long periods lose the skills necessary to compete in the labour market. Prolonged unemployment also damages individual life chances in other ways and makes it more difficult for individuals to participate fully in society.

A welfare system that puts limits on an individual's ability to find a job must be reformed.

Modern social democrats want to transform the safety net of entitlements into a springboard to personal responsibility.

For our societies, the imperatives of social justice are more than the distribution of cash transfers. Our objective is the widening of equality of opportunity, regardless of race, age or disability, to fight social exclusion and ensure equality between men and women.

People rightly demand high-quality public services and solidarity for all who need help - but also fairness towards those who pay for it. All social policy instruments must improve life chances, encourage self-help and promote personal responsibility.

With this aim in mind, the health care system and the system for ensuring financial security in old age are being thoroughly modernised in Germany by adapting both to the changes in life expectancy and changing lifelong patterns of employment, without sacrificing the principle of solidarity. The same thinking applies to the introduction of stakeholder pensions and the reform of disability benefits in Britain.

Periods of unemployment in an economy without jobs for life must become an opportunity to attain qualifications and foster personal development. Part-time work and low-paid work are better than no work because they ease the transition from unemployment to jobs.

New policies to offer unemployed people jobs and training are a social democratic priority - but we also expect everyone to take up the opportunity offered.

But providing people with the skills and abilities to enter the workforce is not enough. The tax and benefits systems need to make sure it is in people's interests to work. A streamlined and modernised tax and benefits system is a significant component of the left's active supply-side labour market policy. We must:

- Make work pay for individuals and families. The biggest part of the income must remain in the pockets of those who worked for it.
- Encourage employers to offer 'entry' jobs to the labour market by lowering the burden of tax and social security contributions on low-paid jobs. We must explore the scope to lower the burden of non-wage labour costs by environmental taxes.
- Introduce targeted programmes for the long-term unemployed and other disadvantaged groups to give them the opportunity to reintegrate into the labour market on the principle of rights and responsibilities going together.
- Assess all benefit recipients, including people of working age in the receipt of disability benefits, for their potential to earn, and reform state employment services to assist those capable of work to find appropriate work.
- Support enterprise and setting up an own business as a viable route out of unemployment. Such decisions contain considerable risks for those who dare to make such a step. We must support those people by managing these risks.

The left's supply-side agenda will hasten structural change. But it will also make that change easier to live with and manage.

Adapting to change is never easy and the speed of change appears faster than ever before, not least under the impact of new technologies. Change inevitably destroys some jobs, but it creates others.

However, there can be lags between job losses in one sector and the creation of new jobs elsewhere. Whatever the longer-term benefits for economies and living standards, particular industries and communities can experience the costs before the gains. Hence we must focus our efforts on easing localised problems of transition. The dislocating effects of change will be greater the longer they are resisted, but it is no good pretending that they can be wished away.

Adjustment will be the easier, the more labour and product markets are working properly. Barriers to employment in relatively low productivity sectors need to be lowered if employees displaced by the productivity gains that are an inherent feature of structural change are to find jobs elsewhere. The labour market needs a low-wage sector in order to make low-skill jobs available. The tax and benefits system can replenish low incomes from employment and at the same time save on support payments for the unemployed.

V. POLITICAL BENCHMARKING IN EUROPE

The challenge is the definition and implementation of a new social democratic politics in Europe. We do not advocate a single European model, still less the transformation of the European Union into a superstate. We are pro-Europe and pro-reform in Europe. People will support further steps towards integration where there is real value-added and they can be clearly justified such as action to combat crime and destruction of the environment as well as the promotion of common goals in social and employment policy. But at the same time Europe urgently needs reform, more efficient and transparent institutions, reform of outdated policies and decisive action against waste and fraud.

We are presenting our ideas as an outline, not a finalised programme. The politics of the New Centre and the Third Way is already a reality in many city councils, in reformed national policies, in European co-operation and in new international initiatives.

To this end the German and British governments have decided to embed their existing arrangements for exchanging views on policy development in a broader approach. We propose to do this in three ways:

- First, there will be a series of ministerial meetings, supported by frequent contacts among their close staff.

- We will seek discussion with political leaders in other European countries who wish to take forward with us modernising ideas for social democracy in their respective national contexts. We will start on this now.
- We will establish a network of experts, farsighted thinkers, political fora and discussion meetings. We will thereby deepen and continually further develop the concept of the New Centre and the Third Way. This is the priority for us.

The aim of this declaration is to give impetus to modernisation. We invite all social democrats in Europe not to let this historic opportunity for renewal pass by. The diversity of our ideas is our greatest asset for the future. Our societies expect us to knit together our diverse experiences in a new coherent programme.

Let us together build social democracy's success for the new century. Let the politics of the Third Way and the Neue Mitte be Europe's new hope.

Declaration of Paris: The Challenges of Globalisation

XXI Congress of the Socialist International
Paris, 810 November 1999

1. Humankind is witnessing a new change of era marked by the phenomenon of globalisation. The transformation of an industrial society into one dominated by information and knowledge is taking place at a pace and extent hitherto unknown in history.

2. The technological revolution including biotechnology and information is the driving force in this historic process. The globalisation of information, the economy, commerce and capital movements brings, completely new opportunities with far reaching implications, as evidenced by the extension of rapid development

to new countries and regions as well as scientific changes in areas such as healthcare and agriculture. So far, however, the more visible results have been extreme increases in inequality, within nations and throughout the different regions of the world.

For this reason, in terms of public opinion, the most notable features of globalisation are:

- The globalisation of information together with radical changes in communications and the drastic reduction in time and distance has made it possible for contacts to be made to any part of the globe on any matter in real time. The fact that such contacts usually go in one direction, without mutual agreement being necessary with the receiver, is in some countries provoking a cultural reaction, as identities are reaffirmed in the face of what is felt to be a homogenising threat.
- The globalisation of the economy and trade is substantially altering the dimensions and structures of companies, markets, industrial relations and investments. Productivity is increasing, technology is breeding redundancies in existing jobs, while creating new ones, surpluses can be distributed unfairly, and the traditional concept of employment is changing.
- The globalisation of the financial system has brought about the exponential increase of short term capital movements, without an effective regulatory framework that would make them predictable. Over 90 per cent of these capital movements take place in periods of less than a week, and do not fit the existing pattern in the exchange of goods and services. Since the beginning of the decade, entire countries and regions have been subjected to a series of crises which threaten to spread and seriously curtail growth, earnings and employment in the areas affected. This phenomenon tends to increase with the liberalisation of savings flows due to the budgetary adjustments that are being made in most countries. This decade's financial crises clearly expose the detrimental deficiencies of neo-liberal doctrine.

The great paradox of this historical period is that never before has mankind had more possibilities of fighting ancestral problems such as inequality, hunger, disease or lack of education. Yet these opportunities are currently being used to increase and not to bridge the existing gaps. It is our resolve to reverse this trend and thus put globalisation to work at the service of human progress.

One of the more severe remaining inequalities is that between men and women, in spite of the fact that the demand for equal rights has been one of the century's greatest achievements.

Our interdependence increases as the scale of major problems such as financial crises, migration flows, environmental hazards and military conflicts encompass the entire planet.

The principal countries have managed to contain the more serious consequences of the financial instability within their borders, preventing their spread to the emerging nations, but this is becoming increasingly difficult. The Southeast Asian, Russian and Latin American epidemics could become pandemics.

The destruction of the tropical forests are a source of major concern in the principal countries as opposed to developing countries in which they are located and where hunger and underdevelopment still prevail.

3. The fall of the Berlin Wall ten years ago was a symbol of the political changes of our time. The doors to the terrible certainties of the second half of the 20th Century were finally closed and the windows of uncertain hope for the new century were opened.

The elimination of the communist model as an all encompassing alternative to "capitalist" democracies encouraged neo conservative and neo liberal ideologies towards an arrogant, fundamentalist simplistic view of the world which confused market economies with market societies and proclaimed the end of ideological debate about different forms of political economy.

The reaction to this has resulted in the emergence of the large diversity of political ideas and cultural concepts previously subsumed in the opposing models of communism and capitalism on which the systems of bipolar power blocs and the balance of terror were based. The rejection of aggressive neo conservative fundamentalism has turned a large number of citizens towards the greater solidarity offered by democratic socialism, social democracy, labour and other progressive alternatives. This opens the doors to a renewed democratic left, that will be able to commit itself to change and to use the newly available instruments to achieve its goals of justice, freedom and solidarity.

The fall of the Berlin Wall and the end of bloc politics has brought about in many countries a recovery of lost freedoms and re-established democracy. The "dividends of peace" have not yet fully appeared. What was supposed to be the opportunity to create a new international order which would replace the balance of terror has turned into more generalised disorder in terms of security, economy and finance. Multilateralism with only one global power is giving rise to innumerable ethnic and cultural conflicts as well as exclusive and aggressive nationalisms which are destroying established frontiers and threatening new disintegration.

4. The effects of the revolution of technology, economic and financial globalisation and the disappearance of opposing power blocs are transforming the role of the Nation State, as the focus of democracy and sovereignty.

Macroeconomic policies which are disciplined by the operation of the global financial markets have been constrained in what they can attempt to achieve and compelled to meet stringent requirements relating to public deficits, inflation etc. With considerable debate, a new public policy focus has been established in the mix of income and expenditure destined to produce the required macro outcomes, and not the outcome itself, which is not seriously questioned. There are also difficulties in coordinating monetary policies for the stabilisation of prices and policies for the generation of employment.

The very structure of the Nation State is changing in a twofold process of decentralisation: from bottom up, it is creating supranational scenarios which seek greater capacity of response to new challenges in shrinking national space. Whereas from top to bottom, new ways of distributing internal national territorial power are being created with a view to achieving greater flexibility, closer proximity to the people, and, in some cases, better adjustment to differing national and cultural identities. The concept of subsidiarity is emerging as a means of distribution of power but, as yet, the concepts of devolution on the basis of distinct identities is often derided despite the fact that without these there are greater risks of social and territorial disintegration. The centralised structures which formerly intervened excessively are now a thing of the past. New discussions are now underway to determine the necessary dimensions of a State in this new era. In the processes of decentralisation whether from bottom up or top to bottom, the Nation State is the true guarantor of cohesion between these groups. Its role is thus fundamental.

The very functions of politics are changing. The tendency towards a Minimum State in line with the neo-liberal ideology and the new conservatism goes hand in hand with the strengthening of new actors in the so-called market society, which is really a market economy in a democratic society. There is a danger of an individualism which disintegrates the sense of public space and spirit where coexistence, freedom and cohesion prevail. The concepts of 'value and price' are confused and anything which adds value without heeding the narrow rules of cost benefit is scorned. Within the Nation State the scope of politics is shrinking and the Nation State can no longer fully represent the public interests. It has lost its capacity to respond to the transnational phenomena resulting from the process of globalisation.

In the neo-liberal and neo-conservative ideologies consequent on globalisation, the satisfaction of universally proclaimed rights such as the right to education or health are no longer considered political obligations. The public sector not only withdraws itself from direct control of industry, it further questions its responsibilities to satisfy these recognised rights. The challenge presented by this sanctification of the market as against its utilisation to serve the public interest, generates increasing problems in unregulated privatisation of the sectors delivering the traditional public services, such as communications, telecommunications, energy, transport, thus generating equalities or inequalities of opportunities.

Political space and functions are indeed changing but the debate on these matters cannot be addressed in a defensive nor resigned manner where the optimisation of profits is placed before political obligation. The public authorities must promote an efficient market economy while guaranteeing equal opportunities to their citizens, satisfying their universal rights, defending consumers against the natural monopolistic market trends. A critical relationship with capitalism which has always defined our political approach, improving the possibilities of redistribution while at the same time making the social market model sustainable. To abandon public monopolies wholly for the sake of private oligopolies whose only aim is to optimise corporate profits, could lead to the serious inequalities which are starting to show in many countries.

5. This new era is having a strong impact on the international scene. The post war structures which were adapted to the requirements and restrictions of a world organised around two blocs whose hegemonies covered not only politics and security but also economic, commercial and financial aspects, are now inadequate and in some cases obsolescent. The political and technological changes which we are witnessing, along with environmental problems and the assertion of cultural identities, the unstoppable migratory movements, and the dwindling of political autonomy are causing disorder and inefficiency. Challenges are becoming increasingly global. Politics is reduced to local dimensions, without the necessary instruments to respond to universal challenges. The problems of governability and security, peace, economy, finances, and the environment are creating uncertainty, increasing inequalities and the danger of disorder.

Faced with the threats to peace, ethnic cleansing, the massive violation of human rights and regional conflicts, the structure of the United Nations and its Security Council appear ineffective, lacking the means of action and blocked from making the necessary decisions. The dissemination of arms of mass destruction, the increasing access of terrorist groups to highly sophisticated weapons, international organised crime with similar easy access to new technologies, all constitute new threats to the international community with which it is powerless to deal for lack of the necessary instruments.

On the economic and commercial levels the World Trade Organisation has not advanced sufficiently in its efforts to find new balances in trade between countries at different stages of development. Solidarity with emerging or poor countries is not compatible with protectionist policies which worsen this imbalance. Neither has the WTO succeeded in preventing the exploitation of child labour or slave labour which are the most painful examples of 'social dumping', nor has it been able to ensure respect for the established rules of the game. The gap between the principles which inspire the ILO and its capacity to take action is proof of the shortcomings of the international community vis à vis the social dimensions of these problems. The UN developement programme introduces significant criteria to measure sustainable development.

In terms of finance, following the breakdown of Bretton Woods and the spectacular growth of short-term financial flows, the IMF, the World Bank and the regional financial institutions as presently constituted are clearly unable to respond to the increasingly frequent financial upheavals. The fissures in the IMF and the World Bank can be explained by the different functions of both institutions and the obsolescence of the rules and regulations which were established half a century ago. The new emerging reality of globalisation is shifting the traditional boundaries of development, incorporating regions hitherto left out, while, at the same time it is dramatically excluding other regions which are sinking further into poverty.

For other challenges, such as the preservation of the environment, the necessary instruments for action are lacking. The commitments made as a result of the Rio and Kyoto summits, instead of producing solutions, have brought to light the deep divisions between the developed and developing countries which have been further excluded from the process of globalisation.

The greatest paradox is the fact that in a world where the borders and barriers to information, trade and investments, to movement of capital and exchange of services are being dismantled, the barriers to human movement are being put in place. Indeed, freedom of movement is widely proclaimed, but not for the people, who remain prisoners of their own fate in their own country, regardless of whether or not their future and their dignity are ensured! Nevertheless, the migration flows continue, despite widespread xenophobic reactions. It is proving impossible to stem these tides or to foresee their impact on our own societies and those from which they originated. Over 50 per cent of these migrants are women and the numbers of those fleeing from political, ethnic, cultural or religious persecution are still growing.

Therefore the key issue in this new era is governance, and the possibility of creating a sustainable model of what we have come to call the information society or, more grandly, the knowledge-based society, in social, economic, environmental and human terms.

Our Commitment:

GLOBAL PROGRESS

In the history of the organisations which today make up the Socialist International, in this its period of greatest growth, there has always been agreement on the need to create fairer, freer, more equal, more cohesive societies along with the great range of traditions and the versatility of the instruments and actions taken to achieve the goals which are defined in our commitment to solidarity. This is perfectly natural in a historic plural and democratic movement which respects the identity of every country and the immediate priorities in the different stages of the history of all national societies.

At the same time democratic socialist, social democratic, labour and other progressive movements have been capable, throughout history, to renew themselves and to initiate new phases, as Willy Brandt reminded us. In Europe, for example, social democracy has demonstrated its reformatory strength, while the so-called 'real socialism' was shown to be a failure. The desire to initiate new trends in social democratic thinking emerges from a wish for justice, based on the need for liberty. This belief separated us from and led us to confront the concept of communism, which was incompatible with the freedom of citizens. We are recognised for the reformatory and up-to-date nature of the means we use to achieve our goals. We stand out against a view of socialism as a limited alternative to capitalism which has only served to confuse systematically means and ends as though they were religions or immutable concepts.

That is why we respect and value the various efforts to renew our ideas in various fora for debate, by member parties of the Socialist International or other progressive groups elsewhere in different regions of the world. These are valuable alternatives to open out new forms of thought and action in the face of the new conservatism. There are many points of convergence, not only as regards the objectives of solidarity in national societies and the international community, but also as regards the understanding of the phenomenon of our changing times and the globalisation of information, the economy, finance or the removal of politics of blocs. All of this requires of us reforms in our new political instruments and the renewal of the political content of our policies. And this being so, respect for the cultural diversity of each society, which demonstrates the versatility of human beings and their communities, must also be an element of convergence to advance towards common objectives. This shared wealth of ideas should and could become the subject of an open, respectful dialogue which would produce a variety of different experiences that could be transferred from one culture to another.

What is essential are the values that bring us together: solidarity in the improvement of human living conditions to attain more social justice, based on the universal respect of human rights, the equality of the sexes and individual and collective freedoms which is the essence of democracy.

Our supposed differences would become in such a climate of open dialogue a way of enriching, allowing us to share interdependence and act together to advance our goals.

The discussion which we have begun, and which we must continue, offers us the possibility of renewed commitment to face the global challenges of this new era, taking advantage of the immense range of new opportunities on offer and minimising the risks entailed if such opportunities were to fall into the hands of disintegrated individualism which is promoted by neo liberal fundamentalism.

We call for an open debate with participants from the sectors which are committed to science and innovation, the protection of our environment, new entrepreneurs from the business or the cultural worlds, and responsible citizens. This debate should be forward-looking in the analysis of new facts which revolutionise knowledge, and the renewal of instruments of policy.

Solidarity, as an expression of our identity has always guided our proposals for the redistribution of material wealth, of education, health and the care of the elderly. It directs us in our fight for equality of the sexes, and our struggles against any form of discrimination based on origins, beliefs or others.

However, we are aware of the dangers of passiveness towards redistribution policies when the recognition and satisfaction of universal rights do not go hand in hand with civic responsibility. We are also aware of the difficulties of sustaining policies of solidarity in societies which have well-established welfare systems and are subject to pressure when it comes to the redistribution of welfare. That is why we are calling for a balance between rights and responsibilities, between active policies which include the largest number of persons and universal policies which do not exclude anyone.

We propose the redistribution of initiative, the encouragement of personal creativity, a willingness to take risks, since this has the social value of creating wealth and opportunities for others. Promoting a spirit of enterprise in economic, social or cultural matters is a new dimension of the solidarity which requires change in social attitudes, as well as education and training systems, by generating a new culture where individual initiative and creativity are rewarded. The redistribution of the spirit of enterprise in this cooperative sense is an expression of solidarity which is directly opposed to the mercenary individualism which rejects society.

The year 2000 symbolises for us the start of a renewed commitment to give a social dimension to the current process of globalisation and to place it at the service of humanity. At the start of this millennium we are presenting a global platform of our agreements and commitments in the face of the challenges of the new era. We shall further add the regional contributions (from Europe, Latin America, Africa and elsewhere) which will reflect their respective priorities. On this basis we shall develop national programmes which, though adapted to our respective identities, remain open to any exchange of useful experiences with others.

It is our intention to foster and improve the role of representative democracy and civic participation. It is crucial for society at large that men and women participate more equally and share responsibilities in public as well as in private life, so that the issue of gender may become a part of every policy, at all levels and in all areas.

We are very satisfied with and welcome the work that the Global Progress Commission has accomplished in the course of these three years. The results of such open debates will engender proposals for action.

This is the International that we want, an organisation in which global values and objectives converge; where there is diversity and a willingness to use the instruments to achieve our goals, in accordance with the priorities and the identities of the societies which we are addressing.

An organisation that is open to an increasingly universal dialogue, where the spirit of solidarity prevails in the fight against injustice and inequality. An organisation which is active in international fora and proposes the reforms that are needed in this new era of globalisation.

For all the above reasons, and having convened in Paris, on the eve of a new century,

WE AFFIRM:

the prime importance that politics respond to the challenges of globalisation and the revival of its independence in representing the public interest which is expressed by the citizens of all the democracies on this planet. Our task is to encourage responses and actions which will meet the new challenges of our times and to provide more freedom, equality and solidarity.

We are addressing the citizens who are threatened by exclusive fundamentalism, or who feel abandoned to the so-called 'invisible hand' of the market. We offer to renovate and strengthen the democratic systems. We want free societies, in which citizens can assume responsibility for their own fate and that of their communities, where diversity prevails, along with the ability to create new forms of added value that will benefit both the individuals and the universal society.

We are addressing those who feel that solidarity is the noblest of human sentiments in the struggle against inequality because it opens doors to new opportunities for education, employment and the fight against poverty and hunger. We are addressing men and women from different regions with different cultures, inviting them to commit themselves to join in our common tasks and shared goals and to join the great current of hope in the new opportunities that await humankind in the new era before us.

We recognise that we have never before had such means to face these great challenges, but although our intelligence may grasp them, everything will depend on our determination and commitment to achieve our goals by placing these new technologies at the service of humankind.

Democratic socialism has been born and has developed in permanent critical relationships with capitalism. Solidarity, which is defined in the struggle for social justice, equality of the sexes, the fight against discrimination as well as a fairer distribution of benefits are all the raison d'être for this critical relation. We recognise and respect the creative and productive function of the market. Democracy has always developed in free market societies. But we do not demand more of the market than it can offer. We recognise that there are societies that have authoritarian systems and markets, whereas there are no democratic societies without markets. Hence we do not confuse markets and democracy. There are other human values besides those which govern the optimisation of profits. Education, health, culture all add value and enhance the good working of an open economy, making it sustainable. Nevertheless, these values cannot be spread by means of market regulation. This crucial relationship, which has led to a redistribution of goods and opportunities, has rendered far stronger those societies in which democratic socialism has played a major role.

It is the task of politics, that is the civic and democratic commitment by policy makers, to ensure co-existence in society of freedom and equal opportunities which reach beyond the boundaries of the markets. All societies are thus affected, regardless of their level of development, because this is part of future social cohesion of those reforms and improvements that have already been achieved.

The management of globalisation calls for better and stronger political actions, better quality and level of democratic participation locally, nationally, regionally and even internationally. A world without commitments and rules will tend towards inequality and disjunction. We will firmly oppose this vision of a world which is generating distrust, uncertainty, inequality and conflict in all parts of the planet.

We believe in economic policies which are healthy, balanced and capable of generating growth and employment. Monetary and economic policies are a tandem at the service of a stable growth and employment. We reject obsessive monetarism.

It is the job of politicians to promote economic activity and encourage competition among companies while avoiding any monopolistic tendencies in the development of the market whilst improving the conditions for the consumers.

It is a political responsibility to satisfy the universal rights to education, health care and the care of the elderly, the protection of children and young people. The dignity of a society is measured by the willingness to commit itself to achieving these goals which represent the basic human rights.

It is a political responsibility to ensure the proper operation of public services such as transport, power, communications and telecommunications, regardless of the manner in which they are managed. They must meet the requirements of providing equal opportunities to all the citizens. They must prevent excessive concentrations of the population in vast urban areas which tend to generate new "ghettos" of marginalisation and exclusion.

It is a political responsibility to preserve the environment which is the heritage of all generations and which calls for greater solidarity with those who will take our place in the future.

It is a political responsibility to defend human rights in all corners of the world where abuse is concealed under the surface of cultural differences which are an aberrant expression of the struggle for power. Equal rights for both sexes is not a cultural problem, it is a basic requirement for human beings. Physical and moral integrity is a basic and universal right, as it is an individual and collective freedom.

It is a political responsibility to create a new international order which guarantees peace and security, respecting the diversity of identities and at the same time learning to share the different values while respecting universal human rights.

In accordance with all these aims, we hereby declare that the following are the priorities in our Global Progress Project:

1. The struggle against poverty and hunger, including the inherent lack of skills in the developing countries. The struggle against exploitation and unequal access to worldwide economic and technological resources. The year 2000 must be decisive in the annulment of the debt of the poorest counties. The commitments of the Group of 7 must be implemented so that the effects of this annulment will serve to relaunch investments in those countries, in agriculture, food products, basic infrastructure, education and training. We must develop specific strategies aimed at women in the struggle against poverty, since it is they who suffer the worst of conditions particularly exacerbated by globalisation. To eradicate poverty it is essential that women be autonomous. They must become active agents of development and not just passive recipients of support programmes.

2. The fight for human rights and democracy. We support the need to advance the 'right of intervention on humanitarian grounds', within the framework of international law, because no reasons of state or difference in identity can ever justify genocide or ethnic cleansing, or provide impunity to dictators who systematically violate universal human rights. Poverty and need cannot be eradicated unless we respect human rights and extend democracy. Frequently, and not by chance, the citizens of poorer countries which have been abandoned to misery and exclusion, are subjected to dictatorships, oppression, torture, if not genocide, ethnic cleansing, mass deportation and unacceptable discrimination against women. Human rights and the expansion of democracy throughout the world and among all the different cultures are the basic aspirations of the left which we represent. Women's human rights are integral,

indivisible and not transferable as part of universal human rights. Their recognition and full implementation means obstacles must be overcome in order that women enjoy full freedom and dignity. This also entails fighting against violence, trafficking and enforced prostitution, promoting freedom of choice in family planning and health, and resolving the particular problems of female migration.

3. The establishment of peace and security through a new international order, with multilateral efficient instruments to prevent, manage and resolve conflicts is essential to facilitate government in this new era of globalisation. We propose the reform of the UN and its Security Council by democratically increasing the number of its permanent members. This would contribute to the democratisation of the United Nations, while the Security Council would be more representative of the new reality.

4. We aspire to a new global economic and financial order, which will necessitate some changes in the organisations which were created some 50 years ago, such as the IMF, the World Bank, and the World Trade Organisation. None of them have been able to keep up with the changing times, they all require new instruments of prevention and action. The absence of a regulatory framework for the vast short-term flows of capital makes it impossible to forecast increases in their movements and risks of financial crises and unchecked upheavals in the system. As there is no transparency or control, and the financial havens which conceal financial transactions survive, it becomes increasingly difficult to control the laundering of illegal money obtained from corrupt practices in some countries and international organised crime. International peace and security also have economic and financial dimensions which must be dealt with bravely from our progressive position. Hence it is essential to ensure greater transparency in the international financial system and to establish prudential rules for all financial institutions, including the speculative investment funds and extraterritorial entities; to abolish fiscal havens, to limit the potentially destabilising effects of the circulation of short-term speculative flows of capital to emerging countries, by opening

their capital markets in a more orderly manner; to involve the lender institutions in the solution of crises to which they were a contributory factor; to fight against organised crime, international drug trafficking and money laundering. To establish, under the auspices of the UN, an Economic Security Council.

5. Active protection of the ecosystem, which knows no human frontiers, calls for prompt and continuing responses. The promotion of technologies for preserving the balance of nature are available today. At the same time there are enormously important ethical, legal and cultural problems relating to biotechnological advances. They must be monitored and regulated on the basis of objective scientific evidence if we are to heed the concerns expressed by some who fear that misuse might have serious consequences. The technological revolution, though intrinsically neutral, offers hitherto unsuspected benefits for humanity, but at the same time it can represent a threat to our privacy, dignity, integrity, and our cultural identity. Our peaceful coexistence is threatened in new ways by our disregard for nature and cultural diversity. In understanding these problems and the way to act to solve them we must be guided by respect and consideration of the fact that they constitute a shared, plural wealth.

6. Regional cooperation is making headway in the international community. Europe is firmly moving towards economic and monetary union and strengthening political and cultural cooperation and, where necessary, shared sovereignty. Europe is aiming at an open form of regionalism which we support and consider to be the most appropriate way of meeting the challenges which cannot be met efficiently by Nation States acting on their own. A sovereignty which is shared regionally enhances their position. Other forms of open regionalism in different stages of development are starting in other parts of the world from Latin America to Africa and Asia. We are convinced that after the bipolarity which characterised the politics of blocs, the new international order will be more soundly based by strengthening regional cooperation between countries with common interests and identities, while respecting cultural

diversity. These formations will not only achieve more effective development of their economies and their inter-regional trade, as well as trade with the rest of the world. They will also create new balanced policies for peace and security, environmental protection and the transference of technologies. The organisations which make up the Socialist International are in favour of such regional developments which can strengthen the role of Nation States more effectively than pure multilateralism.

These are the political responses. As responsible politicians, it is our duty to commit ourselves to this task of transforming uncertainty into hope, by availing ourselves of the immense advantages of the technological revolution, the elimination of the balance of terror and the minimisation of risks inherent to any new era.

We must claim the central role of politics, renew its functions and procedures while accepting the versatility of the instruments and affirming the commitment to greater equality, justice and freedom in each of our human and national societies. We propose Global Progress to face the challenges of globalisation.

Articles on Macrons

> **The Key to the Macron Miracle**
> France's supercharged new president is shaping up to be a new de Gaulle

Jonathan Fenby, *The Spectator*, 17 June 2017

While Theresa May flounders in a mess of her own making, Emmanuel Macron is striding out on to the sunlit uplands of French politics. Six decades after Charles de Gaulle set up the Fifth Republic, his seventh successor is charging ahead with his attempt to restore a quasimonarchical authority to the occupant of the Elysée Palace. After three hollow presidencies, the 39-year-old hope of the European reformist centre is bent on turning the clock back in terms of presidential power with a broad-based electoral appeal, positioning himself above the sclerotic political world that has alienated most voters and blocked structural change in France since the 1980s. This has involved an audacious gamble that carried him to the presidency last month and has now set him on course for a crushing majority after the second round of the National Assembly elections this weekend.

Macron

His new party, La République En Marche (REM), with its array of untried candidates, is heading for an overall majority of anywhere from 350 to 450 of the 577 seats, according to pollsters. Party managers now say they are worried that too many untried deputies will flock into the Palais Bourbon with excessive expectations of change.

What a contrast to the mainstream centre-right Republicans, predicted to win 85-125 seats, the humbled Socialists with 20-35, the hard-left La France Insoumise (The Unbowed) with 11-21 and the National Front with as few as three to ten.

A mixture of the presidential attraction factor and public disdain for the established parties has given a huge boost to the young contender, and he has been brilliant at making the most of every opportunity presented to him. So Macron should be in a strong position to push through his programme to reform the labour laws, cut corporate taxes and start reducing the state deficit. A law to 'moralise' politics will be hard to oppose after the scandal that hit the ill-fated François Fillon, the centre-right presidential runner for the Republicans, though it also poses a problem for the new president, since one of his closest associates, Richard Ferrand, is under a cloud because of revelations about 'sweetheart' deals done with his partner by a housing association he headed.

But there are three more substantial grains of sand in the Macronite oyster. The first is that the voter abstention rate in the National Assembly first round reached a record 51 per cent, reflecting voter boredom after an endless succession of primaries and elections. This hit the National Front and La France Insoumise hardest - the Front won just 3 million votes compared to 7.7 million for Marine Le Pen in the presidential ballot, while on the other side of the political spectrum Jean-Luc Mélenchon's movement slumped from 7 million to 2.5 million. In contrast, only 38 per cent of Macron's original voters stayed away last Sunday. His opponents are hoping to galvanise supporters this weekend, but the logic of returning a parliament that reflects the president remains strong. Still, the low turnout will prompt wailing from anti-Macronites that he enjoys overweening powers on the vote of less than half the electorate.

Secondly, if the forecasts are correct (and French polls have been pretty accurate) the skewed nature of the likely outcome will be another cause for complaint. Taken together, the Socialists, the National Front and La France Insoumise got more votes last Sunday than REM, but Macron's party is on course to win ten times as many seats. Fairness would point to proportional representation, but this would open the door to an unruly legislature.

Thirdly, the potential for extra-parliamentary action remains high, given the small representation likely for opponents from the hard left and right. Macron can take some comfort from the fact that the more reasonable trade union federation, the CFDT, has outstripped the more militant CGT in numbers - but the Communistled group showed it still has the power to cause trouble with mass demonstrations against the Hollande administration's more timid changes to the labour laws.

How well Macron resists extremist attempts to stir things up will be the key to his presidency. If he retreats, as Nicolas Sarkozy did, France will be back to the old treadmill. If he stands firm, backed by his majority in parliament, the door will be open to the kind of change France has needed for decades.

The aim is to make the nation a more efficient competitor in a cut-throat world while retaining enough of the lures that make it the globe's leading foreign tourist destination. In the process, the political system would go through a process not seen since the early years of the Fifth Republic. The Gallic Humpty Dumpty is no more - barring a stunning reverse in Sunday's second round of voting, the old political egg has finally crashed off the wall in the latest stroke of good fortune to accompany Macron's rise to the summit.

The shell is scattered far and wide whichever way you look. The Socialists have split into three competing factions, have lost their heartland in the north and have seen their leaders eliminated one by one. On the Republicans' side, prominent centre-right figures agreed to be prime minister and economics minister in the pre-election government, while others are at sixes and sevens about how to deal with the Macron surge, fearing that cooperation may lead to him gobbling them up. Left-winger Mélenchon has become a self-anointed prophet wandering in the wilderness and spewing invective against everybody else. Marine Le Pen has to bear the burden of her terrible campaign for the second round of the presidential election, along with National Front splits that have seen her main lieutenant under concerted internal attack and her charismatic niece staging a withdrawal from politics to care for her two-year-old child - no doubt awaiting a call to return as the party's Joan of Arc.

To compare Macron's elevation with de Gaulle's return in 1958 may seem ridiculous. The new boy lacks the General's historic stature (not to mention his height) and is nearly 30 years younger than his predecessor was at the time. In the place of the wartime leader of the Free French who then plunged into domestic political battles is a man who has just fought his first-ever election, the embodiment of technocratic modernity compared to the old soldier with his romantic attachment to the country 'of which I have a certain idea'. While de Gaulle was a past master at aloofness and had no time for small talk, Macron is a charmer who stays on after dinner parties to shoot the breeze.

It is also hard to imagine the ultra-conservative Madame de Gaulle - 'Tante Yvonne', who hoped her husband would ban miniskirts - feeling at home with Brigitte Macron, 24 years her husband's senior and described by the Financial Times fashion editor Jo Ellison as a 'smoking-hot 60-something woman with a killer smile'.

But the parallels are there, all the same. One man tilting against a political system that many people think has lost its way, a discredited political establishment, a challenge from the far right, and violent attacks from extremists. A rush of hope in place of pervasive morosité, falling national confidence, flagging trust in institutions, entrenched vested interests on left and right and a loss of economic competitiveness with the partner/rival across the Rhine. A confident leader with a fine sense of the theatre of politics who knows how to grasp the opportunities presented to him and manipulate the ambitions of the old order to his advantage while striking out on the world stage in a way the French relish - one who, beneath his promise to change everything, embodies many of the beliefs of the establishment he professes to repudiate.

Searches for l'homme providentiel usually end in disappointment when the man on the white horse turns out to be all too human. But the long and deep nature of the travails that have shrouded France since the inevitable failure of François Mitterrand's attempt to chart a leftward path in the early 1980s may have created the context for a change in the national mindset akin to the one that brought the end of the Fourth Republic.

It is still early days, of course, but after all those wasted years, France may be in with a better chance of making more of itself.

Jonathan Fenby is the author of the *History of Modern France and The General: Charles de Gaulle and the France He Saved*.

 Macron's Landslide Lessons to Make America Sane Again

The centrist insurgent who took over the French presidency has now conquered parliament. If he can do it, can an American? Yes, but it takes guts.

Christopher Dickey. The Daily Beast. 6 December 2017

PARIS - Emmanuel Macron, the political ingenue who seemed to come storming out of nowhere to win the French presidency in May, has now conquered the French parliament as well. After the first round of voting on Sunday his party, which didn't exist until last year, is set to win an overwhelming majority of seats in the the National Assembly.

In an era when extremes of left and right have come to dominate the political landscape (take a look at the British elections), suddenly there stands before us a paladin of the extreme middle whose campaign slogan was unabashedly "neither left nor right," and who now has an overwhelming electoral and legislative mandate for his five-year term in office.

After barely a month in power, Macron already has played the world stage and emerged a star: publicly taking the measure of Donald Trump with a death-grip handshake; cutting Vladimir Putin down to size by denouncing the Russian president's favorite propaganda organs as just that. And here at home, the French are talking about "macronmania" - perhaps not entirely convinced by his "revolution," but sharing a sense of optimism and excitement about their country's direction for the first time in a very long time.

No doubt many in the United States wish they could find a man or woman, a movement or a party, that could galvanize and organize the insurgent center - speaking for people who are weary as hell of old faces and mad as hell that the fringes have taken power by exploiting fear, inciting inchoate anger, and embracing incoherent "populist" policies. Could those who want to make America sane again learn something from Macron?

Definitively yes. But the lessons are tough ones.

Obviously part of the strategy is to shed as much of the baggage of the traditional parties as possible. Macron had served as an advisor to French President François Hollande and for a time as his minister of economy, but early last year he launched what he called a "movement," En Marche! (Onward), peeling off from Hollande and his hugely unpopular Socialist Party while advocating some of the same policies promoted by the center-right.

Following are some points that are perhaps less obvious:

You can't create a dynamic new party without dividing and even destroying some of the old ones.

What we see now is that Macron has not only distanced himself and his newly formed La République en Marche party from the Socialist Party, he has crushed it altogether. While LREM and its allies are set to take up to 455 out of 577 seats in the Assembly, the Socialists will be lucky to get 30, and many of their most prominent figures, including erstwhile presidential candidate Benoît Hamon, failed to hold their seats at all.

The right-wing party currently calling itself Les Républicains may garner about 110 places, but it is deeply divided between those who want to fight against Macron, and those who want to work closely with him. Indeed, his chosen prime minister, Édouard Philippe, was until last month a Les Républicains stalwart.

And Marine Le Pen, the favorite of Steve Bannon and Donald Trump? Her National Front is racked by internal squabbles, and will not be a factor in the legislature, where it's not expected to get more than five seats.

New faces are more important than new ideas.

The most revolutionary aspect of Macron is Macron himself: starting with his youth. At 39 he is the youngest leader of France since Napoleon Bonaparte. Add to that his considerable (some say astounding) intellect, clear sense of direction, and unabashed ambition, and the image is of someone who is hugely dynamic striding out of the stagnant morass of hoary political figures who've dominated the country's political life for decades.

But Macron not only is not anti-establishment, he is the quintessence of the French meritocracy: a product of the very elite École Nationale d'Administration, known as the ENA, that has given France many of its presidents, more cabinet members than one can count, and also many leaders of industry and commerce. The networks of America's Ivy League universities are nothing compared to "the enarchy."

It is precisely because he is a fresh face but has deep roots in the old establishment that he hopes to be able to push through centrist policies like reforms of the labor code and the education system that the old guard, whether center-left or center-right, repeatedly failed to enact.

The old guard has to realize its time is past, and remain in the background while helping the new movement. (Take note, Clintons.)

Macron surrounded himself with very smart young technocrats. But among his promoters and patrons were some towering figures from past governments whose reputations had been tarnished for one reason or another over the years.

One of the best known, for instance, was Jacques Attali, a close adviser to President François Mitterand in the 1980s, who was put in charge of the European Bank for Reconstruction and Development - then removed when it allegedly spent more money on its headquarters building than it did in the struggling countries of Eastern Europe after the collapse of the Iron Curtain. More recently Attali, on the rebound, headed a blue ribbon commission to look at ways to promote economic growth in France: and made young Macron, fresh out of the ENA, a key member of the staff.

From there, Macron went to work as an investment banker at Rothschild and sealed some very big deals, but there was never any doubt his ambitions were political, and after a couple of years President Hollande took him under his wing as an advisor at the Élysée Palace and made him economy minister. Macron's enemies on the right and far right, like the now completely eclipsed Marine Le Pen, claim he is nothing but a successor to Hollande without the baggage of the Socialist Party.

Many members of Macron's team at the economy ministry had worked with Dominique Strauss-Kahn when he was there. He subsequently was appointed head of the International Monetary Fund in Washington and in 2011 most analysts in France thought DSK, as he was called, would come back to win the presidential elections of 2012. But he was accused of a very ugly sexual assault by a hotel maid in New York and the scandals that grew out of that case effectively ended his political career. One close friend of DSK has told The Daily Beast that he has given Macron advice about economic policy. But he remained entirely invisible during the campaign, and almost certainly will stay that way.

Finally, an insurgent centrist has to have a firm idea, clearly conveyed, of what the center represents.

One of the striking aspects of Macron's campaign was the tenacity with which he held on to basic ideas - rational mainstream ideas - even as political trends seemed to show masses of voters wanted to embrace extremes of right or left. He was navigating against huge headwinds after the Brexit vote in the United Kingdom and the election of Trump in the United States. But on issues like European Unity and climate change, economic reforms and security, he ignored the weathervanes and held his course.

All that said, as Macron settles down to govern, he's not going to have an easy time of it. The abstention rate in the first round of the legislative elections was upwards of 50 percent, which is huge in France. Some observers blamed the beautiful weather, others fatigue after the fraught presidential campaigns. And some portray the abstentions as a sign of confrontations to come: this is a country where people often "take to the street," and many an effort at reform especially the kind Macron is proposing in the labor code or the education system has been defeated by mass demonstrations and devastating strikes.

But Macron has shown before that he knows how to galvanize what some call the radical center, and it's at least conceivable that "the street," at last, will have met its match. If he does manage to govern as effectively as he campaigned, "radical centrists" everywhere may at last be able to take heart. ♠